此成果获得教育部人文社会科学重点研究基地"中国人民大学新闻与社会发展研究中心"资助

北京新闻史

（1421—1949）

王润泽 等 著

人民出版社

序

中国地方新闻研究，北京是非常重要的组成部分。欣闻《北京新闻史（1421—1949）》即将出版，这将极大弥补一直以来该地区新闻史系统研究成果缺失的遗憾。

北京地区首次成为中国首都是在元朝，称为元大都，但元朝并没有继承宋以来的邸报制度，也没有发行正式的官报。明朝建立后，先以南京为都城，1421年（永乐十九年），明成祖朱棣正式迁都到此处后，确立其重要的政治和战略地位，以中央官报体系为主的新闻传播活动开始在北京出现并发展起来，一直持续下来。因此北京新闻史由1421年算起，是成立的。

这部《北京新闻史（1421—1949）》是2019年立项的"北京市与中央高校共建双一流大学"遴选认定项目，在项目负责人王润泽教授的组织下，一批年轻学者共同努力，在比较短的时间内完成。成果按时间分为明清（前中期）古代新闻事业、清末的近代新闻事业、北洋军阀时期的新闻事业，1928年南京国民政府成立后北平的新闻事业，包括国民党、日伪的新闻活动，以及中国共产党的新闻活动；以上研究以报刊活动为主，同时也系统梳理了北京地区通讯社和广播电台发生发展的历史，有很多一手资料和新发现，补充和丰富了目前关于北京新闻史研究的不足，为中国地方新闻史研究补上重要一环。尤其是近年来山西等地集报爱好者（介休严永福先生和晋中苗世明先生）关于中国最早印刷官报"邸报"原件的发现，为北京地区乃至中国和世界范围内现存最早印刷报纸的时间又提早几年。

期待《北京新闻史（1421—1949）》成为关于北京地区新闻传播史研究的重要成果，也和最近已经在进行的其他众多关于北京地区新闻传播活动历史的研究成果一起，丰富中国新闻传播史的内容。

我还希望，本著作是研究北京新闻传播史的阶段性成果，未来还应该继续完成 1949 年以后的北京新闻传播史研究工作，将中国这一最重要的地区新闻传播史整体呈现给学界和业界。

方汉奇

2023 年 7 月于北京宜园

目　录

前　言

北京，是地理空间，更是政治空间。

作为地理空间的北京，可以追溯到远古黄帝时代，相传黄帝曾率本部落和炎帝部落在现在北京附近的涿鹿打败九黎部落，杀死酋长蚩尤，建立都邑。黄帝第三代颛顼，曾到幽陵祭祀，幽陵或幽州即北京地区的总称，帝尧时代建立幽都，幽都即古代北京。而后经历各个朝代更迭，公元前 11 世纪中期周武王灭商后，封帝尧后代于蓟，封周宗室召公于北燕，北京的历史迈进"方国都邑"时期。

春秋（公元前 770—前 476 年）中期，燕侯吞并了蓟，并迁都蓟城，建立自己的国家。战国时期，燕国成为"七雄"之一，燕都蓟城一跃成为"富冠海内"的名城。据考古学家考证，当年的蓟城就在现北京城区的西南部。

从晋朝开始，北京改名叫幽州。隋朝改为涿郡，唐复称幽州。926 年契丹人在接收后晋割让的燕云十六州后改国号为"辽"，并于 938 年在幽州建立了陪都，称"南京"，又叫"燕京"。1153 年金国完颜亮正式建都于燕京，称为"中都"。金中都是在辽南京城的基础上扩建而成的，其皇城的建筑布局直接影响以后元、明、清三朝皇城的格局，实际为开辟元大都和明清皇城建设的先河。

1260 年元世祖忽必烈将统治中心南移到燕京，1267 年在原金中都城址的东北侧兴建了元大都，1276 年新城全部建成，意大利旅行家马可波罗在游记中称之为"世界莫能与比"。从此，北京成为中国的政治中心，并延续到明、清两代。

明朝开国定都南京，1421 年朱棣迁都北京，直到清朝末年；1912 年中华民国成立，定都南京，同年 2 月清帝逊位，北京作为帝都的历史到此结束。此后三十余年，北京历经战乱，先是连年不断的军阀战争，后遭日寇入侵，直至抗日战争胜利。

1949 年 10 月 1 日中华人民共和国成立，北京成为新中国首都。

北京地区的新闻事业，可以从明朝定都北京算起，虽然不知道正式官报系统确切在北京建立并开始在京城内发行的时间，但从目前发现的 1580 年（明万历八年）很可能是民间报房的《急选报》、1627 年（明天启七年）的《邸报》等实物，结合自宋以降正式官方邸报系统出现的历史轨迹，基本可以确定北京官方邸报系统出现在明迁都北京城前后，因此，北京地区新闻史暂时借鉴历史学意义的 1421 年作为起始年份。另外，学界基本认定明朝晚期，与官方报纸相呼应的民间报房系统也开始出现。

北京地区新闻事业发展从时间段上分为古代、近代、现代和当代几个时期。古代包括自明朝永乐（从明成祖朱棣定鼎北京时）至清朝灭亡，此间《邸报》《邸抄》《京报》等古代媒体的生产、传播、发行、影响等，以官方的政治传播为主要内容，具有相当稳定的历史样貌。中国近代报刊是西方传教士带来的，1815 年 8 月西方传教士在马六甲创办《察世俗每月统记传》被视为中国近代报刊的开端，1833 年中国本土澳门广州等地开始出现此类报刊，此后来自西方社会的近代报刊随着西方势力在中国扩张而渐渐遍布各地，并在社会发展中产生巨大影响；1872 年 8 月西方传教士在北京创办《中西闻见录》，被视作该地区近代报刊肇始，这标志着外国人可以在中国政治中心创办报刊，也意味着中国本土的任何地方都可以出版这种新式报刊，亦标志着中国半殖民地程度的深化。至清朝灭亡，北京地区活跃着晚清改良派、维新派知识分子创办的改良报刊、资产阶级革命派的革命报刊、立宪派人士的官报以及民营报刊等新闻媒体。

民国元年（1912 年）至新中国成立（1949 年）期间的新闻传播业即为现代新闻事业发展阶段，从时间段上包括辛亥革命至民初的新闻传播业、北洋政府时期的新闻业、国内革命战争时期的新闻业、抗战时期的新闻业、解放战争时期的新闻业等，从媒体形态上包括报刊、通讯社和广播电台，从媒体创办主体属性上包括国民党、共产党以及盘踞在北平沦陷时期的日伪等。

本书关注的北京地区新闻事业暂截止到现代阶段为止。

1949 年后，北京作为中华人民共和国首都，成为中国报纸、电台、电视台、通讯社等主流媒体的中心，为当代新闻事业阶段，因涉及新闻事业众多，内容极其丰富，待日后再作专门研究。

北京地区的新闻发展史，所含报刊等新闻媒体众多，涉及领域也复杂，囿于篇幅和课题完成时间有限，作为第一部较为系统研究北京地方新闻史的著作，主要关注新闻媒体基本状况的梳理，同时也在以下问题领域做一些探索：如，北京古代新闻业的媒介形态和新闻传播状况，及其与近代新闻传播的承递关系；清末北京新闻业与政治变革的关系；北洋军阀时期新闻业，北京新闻业现代化的过程和路径；五四时期的北京新闻业在推动民族的思想解放运动、新文化运动等方面的影响作用；中国共产党领导北京地区新闻事业发展的艰苦历程等；同时也关注日伪在北京地区的新闻活动以及人们对其反抗斗争；等等。

希望此部著作的出版可以系统挖掘整理北京地区新闻传播史料，探索作为政治中心的北京在中国新闻史中的地位和价值，弥补北京新闻史系统研究长期缺乏的不足，繁荣和发展北京地区的文化建设事业。

北京新闻业的发端

　　悠悠历史长河中，北京是一颗璀璨的明星，自古以来就拥有重要的战略地位。春秋战国时期，它是燕国的首都，以"蓟"为名。秦汉时期，为了加强对旧燕之地的统治，蓟城从一个诸侯国的都城，变为汉族建立统一封建王朝的重要边镇，成了经由华北平原进入东北疆域最为重要的城市之一，在汉族和东北少数民族关系上发挥着包括经济、政治、军事、文化等方面极为关键的作用。直至唐、宋时期，北京始终在国家政局大势中扮演着军事和贸易重镇的角色。之后的金、元两朝曾以北京为国都，明代成祖皇帝迁都北京后，更使此地长期担任国家政治中心的角色，直至民国时期南京国民政府建立全国统治、改北京为北平之前，它始终肩负着首都的职能。1928 年后，北京虽然往日地位不再，但由于地理位置和历史文化的特殊性，它仍然是各方势力争相竞逐的重要空间，具有影响全国形势的力量，为共产党、国民党、日本侵略者等多方面势力所特别关注。

基于如此独特的区位特点，北京新闻业的发展历史十分引人瞩目，尤其在各朝各代定都北京之后，它成为政治新闻的主要汇聚地，是帝制王朝官报的首发之地，清末以来，更是近代政论报刊文化的发源地，是政论报人云集的舆论高地，它孕育了近代中国社会的办报高潮，见证政权更迭后新闻界昙花一现的繁荣、政治军事高压下的凋敝，见证新闻业随着资本主义发展逐步走向成熟。自清末传教士引入近代新闻业，北京地区新闻媒体在数量、质量、种类和影响等方面都取得了辉煌成就，聚焦北京新闻事业的发展历史，具有传承新闻文化和繁荣人文社会学科的重大战略意义。

近代新闻业传入中国之前，中国古代新闻传播活动主要在各个帝制王朝既有的政治传播体系内展开，在内容、形式、传播范围、社会影响、管理制度等各个方面都与传统官僚体制和封建政治具有极为密切的关系。古代新闻传播活动以作为政治官报的各式邸报为主，在不同朝代的更迭中逐渐发展；同时，具有民间性质的小报虽屡被朝廷禁止，但依然在政治缝隙中获得生存空间，直到清朝中后期，民间报房及其发布的《京报》日渐发达，成为北京新闻业的代表，在中国新闻业发展史中留下重要的一笔。

第一节　清代之前新闻业的发展

一、明前的新闻传播活动

学界普遍认可唐代的《开元杂报》为中国历史上最早的古代官报，之后的敦煌进奏院状从信息传递的双边模式来看，具有近代西方新闻信的一些特征。二者都属于唐代新闻业发展的早期实践，是中国古代报纸雏形。"早期"体现在这些报纸尚未脱离官文书性质，在采编、传布的过程中都较为原始；但同时，它们与传统的官文书相比又有很大不同，如广泛采集新闻、在官文书之前传递消息等。正因如此，方汉奇等专家认为以《开元杂报》、"敦煌进奏院状"为代表，唐代成为中国古代新闻事业的开端。

进入宋代后，朝廷对邸报的传抄工作进行革新，中国最早的中央官报出现并确定了"邸报"的名称。同时，伴随雕版印刷术发明，中国古代官报形式在生产方式上不断向前发展。此外，宋代还出现了民间"小报"，是进奏院官吏们传播的"中外未知"的小道消息，以获利为目的，追求在官报之前披露消息，常常登载官报未登或不被许可登载的内容，所以经常触及官方的禁区。

明成祖朱棣迁都后，北京成为中国古代帝制王朝的传播中心。自此一直到 1928 年南京国民政府成立，北京始终是中国的首都和政治中心，新闻业的发展受到政治因素的影响，也呈现出较为独特的一面。明代邸报延续前朝的脉络和特征，在明代继续发展，此外，塘报和告示也成为明代新闻传播业中的重要形态。

二、明代的新闻传播活动

元代取消了邸报制度，中国古代官报的发展暂时中断；明成立后，恢复了宋代的官报制度，使邸报这一媒介形式被重新传继。

明太祖时期，朝廷在中枢部门设立吏、户、礼、兵、刑、工六科，六科设值房，负责谕旨、奏章的发抄工作。之后，朝廷又设立了通政司，"掌受内外章疏敷奏、封驳之事"，"有喉舌之司，以通上下之情，以达天下之政"，号称"明朝中央政府九大行政部门之一"[①]。明朝的邸报便是由通政司及六科负责编辑发布。

---

① 尹韵公：《中国明代新闻传播史》，重庆出版社 1990 年版，第 23 页。

同时，各省巡抚、总兵在京师亦有派驻官员，称为提塘官，又称提塘，他们的职责类似于唐代的进奏官，将在京城抄录的邸报进行重新编排和加工，发回给地方官员。

在名称上，明代邸报的别称还有朝报、邸钞、钞报、京报、报帖等。值得注意的是，明代邸报中还有一类特殊的报纸，即"塘报"。塘报是专门传播军事信息、由下级向上级所作的军事汇报；与中央抄录后，向地方传布的邸报略有不同。

明代的邸报每日均出一本，在内容上相较于前朝更加丰富，除了皇帝诏书谕旨、皇室消息、官员升迁、官员奏章、军事活动外，还包括农事、气象、自然灾害和一些社会新闻。通过《万历邸钞》和《天变邸抄》，后人可以更直观地窥得明代邸报一斑。

《万历邸钞》是明神宗万历元年至四十八年（1573 年至 1620 年）间的邸报抄件，时间跨度约 45 年，按照时间的先后顺序抄录而成，但其中有一些年份都存在缺失；抄录者在抄录时也经过整理（删节、增加摘由和注释）。中国台北于 1969 年出版了《万历邸钞》的影印本，共三册。《万历邸钞》的抄本，对明代万历年间邸报的原貌进行了部分还原，对之后的研究者了解中国古代的政治官报具有重要的价值。

《天变邸抄》，全文约有 2000 多字，对明熹宗天启六年（1626 年）五月初六日发生的灾异事件进行了记载。这次"天变"发生于北京内城西南隅，以王恭火药库附近一带为中心，波及周围近百里地区，当时的许多史书均有记载，并把报道这一事件的邸报称为《天变邸抄》，邸报的原件现在已经无存。《天变邸抄》原文摘录如下：

> 天启丙寅五月初六日巳时，天色皎洁，忽有声如吼，从东北方渐至京城西南角，灰气涌起，屋宇动荡，须史大震一声，天崩地塌，昏黑如夜，万室平沉。东自顺城门大街，北至刑部街，长三四里，周围十三里，尽为齑粉，屋以数万计，人以万计。王恭厂一带糜烂尤甚，僵尸重叠，秽气熏

天。瓦砾盈空而下，无从辨别，街道门户伤心惨目笔所难述。震声南自河
西务，东自通州，北自密云昌平，告变相同。城中即不被害者，屋宇无不
震裂。狂奔肆行之状，举国如狂。象房倾圮，象俱逸出。遥望云气有如乱
丝者，有五色者，有如灵芝黑色者，冲天而起，经时方散。合科道火药局
失火，缉拿奸细，而报伤甚多。此真天变。大可畏也。①

　　此段文字为《天变邸抄》的第一段，对这次"天
变"的状况进行了简单概括，与现在新闻的导语颇
为类似。报道涉及的时间跨度较长，涉及的地区较
为广，涉及的人物也非常多，如皇帝、钦天监、太
监、道士、贩夫走卒等各类人群均有所体现，显示
出撰写《天变邸抄》之人在报道前做了大量收集资料、
采访等工作。

图1—1　《天变邸抄》

　　在印刷术技术的使用方面，明代邸报也有所革
新，目前学界一般认为中国现存最早的印刷报纸就是
于1580年明神宗时期印发的《急选报》，称其为"明
代邸报的一种不定期的增刊或者说号外"②。该报流传
于世，现藏于国家图书馆，封皮呈黄色，共六页，"急
选报·四月份"几个大字印在封皮左上方，加黑框。
该报使用雕版印刷，刊载了吏部准备考察和选拔的官
员名单，具有新闻价值，大约出自民间报房，反映出

图1—2　《急选报》

明代政治生活和邸报报道的透明度高低状况。此后，
学界又发现了发行于明熹宗天启七年六月二十五日（1627年8月6日）这一
天的邸报。不同于《急选报》，这份正式的邸报有力证实这类媒介形式在明末

①　方汉奇、史媛媛主编：《中国新闻事业图史》，福建人民出版社2006年版，第7页。

②　尹韵公：《急选报：明代雕版印刷报纸》，《新闻与传播研究》1994年第1期。

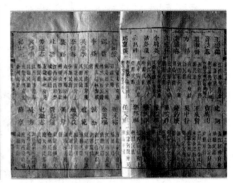

图1—3　1571年《邸报》

已公开发行，且开始使用名为"邸报"的正式报头[1]，这对中国古代新闻业发展而言具有极为重要的意义。

但这一纪录最近又被刷新。日前山西两位集报爱好者又提供了两份更早的邸报原件[2]，均为刻本。其中一份刊刻于隆庆五年（1571年），十页，两面印刷，共二十面。内载进士题名碑录内容，涵括该年同科进士的科第及姓名、籍贯、社会身份等个人信息，计一甲赐进士及第三名、二甲赐进士出身七十七名、三甲赐同进士出身三百一十六名，信息齐全、内容系统。它是中国最早的印刷报纸，而且也有正式的"邸报"名字，从刊刻质量上推测有可能是官方报纸。这份报纸的出现，将中国最早的印刷报纸原件、最早定名为"邸报"的官方报纸原件出现时间都提早了不少。另一份《邸报》是1607年，即明万历三十五年出版的，内容也以进士信息为主。

在这之后，活版印刷的邸报也开始出现，代表着邸报印刷技术在明代亦不断进步。如顾亭林《与公萧甥书》中所载："窃念此番纂述，止可以邸报为本，粗具草藁，以待后人；如刘昫之旧唐书是也。忆昔时邸报，至崇祯十一年（1638年）方有活版；自此以前，并是写本。而中秘所收，乃出涿州之献，岂无意为增损者乎？访问士大夫家，有当时旧钞，以俸薪别购一部，择其大关目

---

① 方汉奇：《记新发现的明代邸报》，《新闻与传播研究》2009年第2期。

② 1571年隆庆邸报收藏人为山西介休严永福；1607年万历邸报收藏人为山西晋中苗世明。

处，略一对勘，便可知矣。"①

随着明代新闻传播业的发展，"抄报""送报"等与新闻业相关的工作也逐渐成为专门的职业。1582 年，户部尚书张学颜在一份题奏中，提到当时的北京，已经有了被称为抄报行的行业，属于当时北京市内 132 个行业之一。1632 年，明思宗崇祯年间，御史祁彪佳在他所写的日记中，记录了他的外甥何光烨在北京以"送邸报为业"的情况。何光烨因此成为中国新闻史上第一个有姓名可考的和邸报的发行活动有关的人。这些历史记载，体现出邸报的抄录、传布、阅读人群已经具备一定范围，新闻业在明代愈加成熟。

邸报、塘报之外，明代还出现了散布范围更广、传播辐射能力更强的传播工具——告示。告示这种传播形式最早起源于春秋战国时期，在宋代已经发展得非常成熟②。明代的告示类型更丰富，包括晓谕、诏令、布告、榜文、檄文、广告等，大体上分为宫廷告示、中央政府告示和地方政府告示三类，是政府面向一般民众的重要传播工具和信息流通渠道，兼具宣传性、新闻性。有学者称告示"是没有'报头'的报纸，它的影响广于邸报"③。

在明朝后期的农民起义中，竹筹、揭帖、旗报和牌报成为他们重要的新闻传播手段。其中，竹筹大约是一种写有各种紧急信息的竹签；揭帖则类似于近代的小字报或传单，有手写的，也有印刷的；旗报渊源于古代的露布，明末农民起义时所使用的旗报，就类似于这种露布，旗报通常由专人扛着骑在马上，在敌前敌后奔驰传送，供沿途的军民人等阅览；牌报则是一种写在木牌上的新闻传播工具，一般由农民起义军的营、镇、各军都督府和大顺政权的地方行政机构等各级军政部门分别发出。牌报的内容十分庞杂，包括起义军的战报、政策法令和声讨明王朝的政治檄文。1644 年，崇祯十七年四月，北京附

①　《亭林文集》第三卷，第 15 页，转引自戈公振：《中国报学史》，湖南大学出版社 2014 年版，第 29 页。

②　台湾学者朱传誉在《宋代新闻史》一书中对此类传播形式进行了较为深入的研究。

③　《尹韵公自选集》，学习出版社 2009 年版，第 226—247 页。

近就发现了农民起义军自昌平一带发出的牌报："知会乡村人民不必惊慌，如我兵到，俱各公平交易，断不淫污抢掠。"①

通常，"京报"被视为在清代初期才出现，但也有研究认为，明末时已经出现了"京报"。如清朝俞正燮所著的《癸巳存稿》中有过这样的记载："《平话》中说熊廷弼、汪文言、傅櫆、吴孔嘉、吴养春事甚详，前于王氏见明时不全京报，天启四年四月，傅櫆参内阁中书汪文言，即休宁县犯赃遣戌之库吏汪守泰，六月，审确，杖革为民。检《熹宗本纪》不载……十月，《本纪》有'丙申，逮中书舍人吴怀贤下镇抚司狱，杖杀之'，不见《京报》。"②有学者通过对包括《癸巳存稿》在内许多明代"京报"新史料的研究提出，明代的"京报"确实存在过，至少在明代中叶嘉靖以后，"京报"已经成为传播朝野政事、军事情报、科举信息的重要媒体。从现有关于明代"京报"文献来看，明代"京报"具有双重属性，即政府官报性和民间私报性③。

新闻业快速发展的同时，明政府对其管理也愈加严格。1621年，政府命令邸报"禁抄发军机"。1637年，明朝当局发布命令，规定凡涉及机密的事件，不许抄传。1640年，明朝当局发布"上谕"，重申"严军机抄传之禁"。1642年，崇祯帝密令当时的兵部尚书陈新甲与清兵和议，一日，兵部职方马绍愉从边关发回议和条件的密函，陈新甲放在了桌子上，但被他的家僮误以为是塘报，遂交给各省驻京办事处传抄。如此重要的密函被泄露，群臣哗然，崇祯帝恼怒之下处决了陈新甲。这些史实彰显出明代政府对新闻业的管理理念，可以看出邸报刊载的消息虽然越来越丰富，但军事、国家机密等信息依然是新闻报道的禁区。

---

① 计六奇：《明季北略》卷二〇，中华书局1984年版，第449页。转引自方汉奇主编：《中国新闻事业编年史》（第二版），福建人民出版社2018年版，第7页。

② 俞正燮：《癸巳存稿》，辽宁教育出版社2003年版，第430—431页。

③ 孔正毅、陈晨：《明代"京报"考论》，《国际新闻界》2012年第2期。

第二节　清代的新闻传播活动

清军入关后，在几代帝王励精图治后，逐渐从大乱走向大治，实现了政治稳定、经济繁荣、国力强大和文化昌盛。在"康乾盛世"的影响下，清代新闻传播业也获得了广阔的发展空间。晚清时期，随着西方资本主义势力开始侵略中国并逐步加深，国家局势与政治经济环境产生巨变，新闻业的发展脉络亦随之变化。

一、具有封建官报性质的邸报

清代延续了明代对邸报的传抄制度，在抄录和传布谕旨奏章方面，与明代类似，需要经过通政使司、六科、提塘等环节。根据清代规定，臣僚的上书中，公事用题本，私事用奏本，通称为奏章，通政使司负责收受这些奏章；六科官员给事中负责题奏文书的发抄工作，"严发抄日期以慎关防"，"细阅本章以慎抄参"，"稽查邸报以防虚伪"[①]；之后由各驻京提塘抄录后，形成邸报并传布到国家的各个地区。清代的提塘包括各省驻京提塘、驻各省提塘、各镇提塘，各省驻京提塘负责递送中央与地方往来公文，被称为"提塘官"；从京城派驻各省负责传递文书、邸报的，称为"京拨塘兵"或"塘拨"。自清初至清末，驻京提塘将公文与邸报一起发给地方官员，这种邸报的发行制度始终存在。

提塘在清代邸报抄发的过程中扮演着十分重要的角色，不但要收发转录公文，还需要日日抄录，十分费心费力。因此清代初期开始，提塘就自设报房；1756年，清朝当局正式批准各省提塘设立公报房，负责有关抄发事宜。"其应行发抄事件，亲赴六科抄录，刷印转发各省。所有在京各衙门抄报，总由公

[①]　方汉奇主编：《中国新闻事业编年史》（第二版），第7页。

报房抄发。"①其目的是使提塘官亲办邸报，实现官方对邸报的监控管理，避免报房脱离提塘成为商业性营利机构。

朝廷设立公报房的背景是，之前提塘报房于运营中多次出现了私自发抄小报的事件，如1714年，左都御史在给康熙皇帝的奏章中称，"近闻各省提塘及刷写报文者，除科抄外，将大小事件采听写录，名曰小报……"②同年，清朝当局查禁小报，宣称"各省提塘除传递公文本章并奏旨科抄事件外，其余一应小抄，概行禁止"③，这里的"小抄"指的就是"小报"。1746年，乾隆朝明令禁止提塘违章发抄，行私报秘。这些事件显示，朝廷作此决定是为了解决提塘报房抄发小报的问题，自此提塘所设报房不再是自行私设，而成为半官方的机构。

清代邸报的内容非常丰富，涉及政治、经济、社会、文化、日常生活等方方面面，具体包括：皇帝健康、出行、出外参加各种活动；皇室成员的重要动态，如皇帝即位、生辰、封后、册妃、立储、公主出嫁等；皇帝所下谕旨；官吏的升迁、罢黜、奖惩、派遣、请假等；科举考试的消息；各类值得关注的社会现象；国家经济动态；重大军事消息，如战事大捷、荡平叛乱等；地方重大刑事案件；奇闻怪谈，如三年并育、祥瑞之兆、珍奇异兽等；各地发生的自然灾害，如地震、旱涝灾害、蝗灾、飓风等；朝廷与周边属国的交往，包括进贡、朝

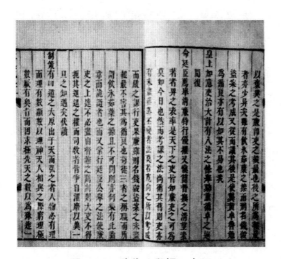

图1—4　清代《邸报》内页

---

① 史媛媛：《清代前中期新闻传播史》，福建人民出版社2008年版，第59页。

② 蒋良骐：《东华录》卷二十二，转引自方汉奇主编：《中国新闻事业编年史》（第二版），第7页。

③ 《大清会典》康熙五十三年上谕，转引自方汉奇主编：《中国新闻事业编年史》（第二版），第7—8页。

贺、册封等。

清代邸报具有中国传统报纸的典型特征，由提塘采编，但并不体现提塘的言论和观点，其本质是对官文书的摘录。因此，清代邸报均是对事实的陈述或报道，经过朝廷把关后具有较高的真实度。同时，清代邸报由提塘每日抄录，基本可以做到一日一报，具有较高的时效性。在复制手法上，清代邸报在康熙朝以前兼用抄写和印刷两种方式，雍正以后多使用印刷的方式，且乾隆之后一部分邸报使用活字印刷，在技术的更迭上不断前进。

作为官报的代表，清代邸报与前朝类似，最主要的读者是朝廷大员，此外各地的大小官员和士林文人也均有机会见到邸报，主要集中在士大夫阶层。普通百姓不但没有获取邸报的渠道，也被禁止阅览邸报，体现出极为森严的等级制度。如雍正初年，曾有地方官明令"胥役市贩"禁止阅读邸报，"倘有犯者，立拿重惩"，理由是"此辈一阅邸抄，每多讹传以惑众听，亦风俗人心所关"①。

这一时期，新闻传播业在获得快速发展，清政府在管理邸报时也非常严格，对待"伪造""私造""伪传"等事件时基本处以重刑，以儆效尤，加强官方对新闻传播业的监管。如 1656 年，吏部书办冯应京因在一份尚未批行的保举程文光堪任要地知府的旧题本上，伪造了"依议"的御批，后发交邸报抄传，被当局查获，主犯冯应京被处绞刑。1716 年，有人在邸报上刊出了伪造的题奏和上谕，称康熙将对侵扰哈密一带的策旺阿拉布坦用兵。贵州巡抚刘荫枢听信邸报的传抄上书，因此获罪，最初罪名为"绞立决"，后来改为"发往傅尔丹等地方种地"。1726 年，小报发行人何遇恩、邵南山因报道雍正在圆明园事实失实，被处决。此份小报对皇帝登舟、作乐、赐酒、游园等细节，以及回宫时间与事实不符，何遇恩与邵南山因此获罪，先被判处斩决，后来改为"斩监候"，于同年秋后被处决。这是中国新闻史上最早因办报获罪被杀的有姓名可考的两个人。1728 年，清朝当局明令禁止刊刻传播未经御览批发之本章，对邸报传播活动进行规范。

---

① 《朱批谕旨》第十七册，转引自史媛媛：《清代前中期新闻传播史》，第 86 页。

二、作为民间报刊代表的《京报》

北京民间报房出版的《京报》，是清代新闻传播业中最接近近代化意义上的报刊，以营利为目的，与邸报不同，是具有私营性质的报纸。清代民间报房诞生于清初，一部分是从提塘报房分化而来，得到清政府的默许并与提塘报房同时存在、共同发展。

目前可见最早的《京报》是 1770 年由署名"公慎堂"的民间报房发行的"邸报"，这间报房是乾隆时代非常具有影响力的民间报房，在乾嘉两朝公开营业达 30 年以上。这也是目前知道的第一家有名号可考的民间报房。自乾隆至清末，北京还有许多民间报房，比较著名的有聚兴、聚升、合成、杜记、集文、同顺、天华、公兴、聚恒等 10 多家。其中，聚兴报房的历史最为长久，自咸丰年间创办，至 1921 年尚在营业。这些报房大多位于正阳门外大街西侧的小胡同中，其中以铁老鹳庙胡同附近的报房数量最多，随着历史发展，这片地区亦成为清末时期民间报房聚集和《京报》发行的中心。

从现存的清代报房《京报》实物来看，同治之前的报纸，一般没有报头，也没有封面，大多采用白色连史纸印刷，因此也被称作"白本"报纸，出版这些白本《京报》的报房，也获得"白本报房"的称呼。这些"白本"报纸，一般每日出版一期，外形与书册类似，"每册四页至十页不等，每页长宽约为 24×18 厘米，每册第一页的第一行印有出版那一天的年月日，版心部分印有'题奏事件'四个字，每册第一页和最后一页的空白处都印有报房的堂名"①。

同治之后，《京报》开始有了封皮，普遍采用黄色连史纸，因而被称为"黄皮京报"，这些报房也被称为"黄皮报房"。此外，这些《京报》开始普遍使用"京报"两个字作为统一报头，红色大字，位于封面左上角，并在报头下加盖各自报房的名戳。这是《京报》在形式上的重大改革，也结束了中国千年来报纸没有报头的历史。

---

① 方汉奇主编：《中国新闻事业通史》（第一卷），中国人民大学出版社 1992 年版，第 209 页。

清代初期的《京报》曾采用手抄形式，乾隆之后则以印刷为主，既有使用泥版印刷的，也有使用活字印刷的。采用活字印刷的《京报》，以木活字为主，也有一些采用胶泥活字，聚兴报房采用的就是胶泥活字，印刷出来的字体更大，但较为粗糙，而且味道非常不好闻。

《京报》的抄录发行工作，一切都以营利为目的，因此读者所付的报费是这些报房最主要的收入。在发行上，《京报》既有订阅，也有零售；既对京内销售，也对京外销售，主要派发形式为由送报人直接送到订户家中。根据记载，当时北京城内

图1—5 清代报房《京报》

所有的送报人，都是山东籍，他们"背着一个用蓝色布做成，五尺多长，五寸多宽，两头有兜的报囊，囊上钉有白布写黑字的'京报'二字"①。

《京报》的内容主要由三部分组成，分别是宫门抄、上谕和奏折。宫门抄是对朝廷政事活动的报道，包含常规性与非常规性两类，内容庞杂，记载简约。上谕是皇帝明发的特降谕旨，内容丰富，以对官员的升迁、奖惩为主。奏折部分主要包括经过朱批的京中各衙门及各省督抚将军的题本、奏折，是经过皇帝批准由内阁下发允许抄录的寻常事件，一般直接刊载原文，内容相比前两类更加丰富，涉及清代政治、经济、社会、文化、军事、外交等多个方面，非常鲜活，是最能反映清代社会发展的部分。此外，《京报》中也出现过类似评论的内容。如西方传教士在中国创办的英文报刊《中国丛报》就曾经对《京报》的报道进行过引用，内容为报人对朝廷及其官员的抨击：

> 当前世风日下，地方官员尔虞我诈，普通百姓弄虚作假。官员玩忽

---

① 齐如山：《清末京报琐谈》，转引自刘斯奋主编：《今文选·捌·品鉴卷》，中国言实出版社2015年版，第1—8页。

职守、不理政事，黎民百姓陷入虚幻无望的期盼，生活潦倒。维系权贵与弱势群体的纽带断裂。社会人心不古，羞耻感丧失。他们不听我的警告，反而向那些极力反对我的奸诈匪徒示好。他们不仅思想受到影响，还不顾百姓的生死。这是非常荒唐的！他们重视的只是他们个人和自己的家庭，完全不在乎朝廷和社稷。忠心为国的人会流芳百世，而那些叛逆的人将遗臭万年。身在统治阶级却没有才能的人享受着官职俸禄，碌碌无为地度日。①

《京报》的读者群与邸报有所重合，都以士大夫阶层的官僚和文人为主。不同的是，《京报》公开发售，所以读者群体更加丰富，一些商贾、来华外国人也注重通过阅读《京报》获取重要的消息，许多西方传教士通过翻译《京报》了解中国，以便为其军事侵略或文化渗透服务。

综合来看，清代报房《京报》的出现和发展具有十分重要的历史意义：从发行来看，《京报》每日固定发行，每期发行量近一万份左右②，读者群覆盖多个阶级（与作为官报的邸报相对）；从印刷技术的使用来看，《京报》在清中后期基本全面实现印刷，使新闻事业的发展更加脱离古代新闻业的传统模式，在技术使用上接近近代新闻传播活动；从《京报》的形式来看，它突破了千年来中国传统报纸没有报头和日期的局限，与其他官文书形成了明显的对比；从《京报》背后的新闻业生产体系来看，清代时这些民间新闻事业得到官方认可，具有合法性，而且《京报》房拥有独立的空间、独立的机构、基础的设备、专业的编辑者、专门的配送者。最重要的是，《京报》作为一种商品对外独立发行，以营利为目的，在运营和管理方面与近代新闻事业有很多相似之处。虽然从内容来看，《京报》依然无法脱离邸报官文书的性质，但已经体现出非常丰富的进步特质，是清代新闻业的代表，亦是中国古代民间新闻事业发展的巅

---

① [美]柏德逊：《中国新闻简史（古代至民国初年）》，王海、刘栗杉、丁浩译，暨南大学出版社 2013 年版，第 15 页。

② 方汉奇主编：《中国新闻事业通史》（第一卷），中国人民大学出版社 1992 年版，第 214 页。

峰。道光咸丰年间，有人在北京郊区良乡设立信局，《京报》出版后由良乡信局雇人传递，称为"良乡报"，比普通《京报》贵出数倍费用，但传播速度更快、发行范围更广。因价格较贵，各省又采取买"良乡报"再翻印出售的办法。

三、晚清时期的北京新闻业的迟滞

18 世纪以英国率先开始的工业革命，极大地改变了这些资本主义国家的生产方式，使其生产力水平大幅提高，科学文化也更加发达。伴随着工业革命展开，西方资本主义国家开启了一场全球范围内的殖民扩张，中国这个神秘而庞大的国度便是其重要的目标之一。

鸦片战争拉开中国近代化的帷幕，西方资本主义的侵略对中国这个传统农业大国造成了巨大的冲击，除了体现在政治、经济、军事等各个方面，也影响着新闻业的发展脉络。

早在鸦片战争之前，西方传教士已经在马来西亚的马六甲创办了历史上第一份近代化的中文刊物，即 1815 年出版的《察世俗每月统记传》。这份报刊成为中国近代化新闻业的开端，自此之后近代报刊作为西方侵略的伴生物，在中国各个地区逐渐扎根，并促进中国本地新闻业实现近代化。

表 1—1 是近代新闻业在中国一些地区的发展脉络。

表 1—1　19 世纪外国人在华创办的重要报刊

时间	报刊名称	地区	其他
1822	《蜜蜂华报》	澳门	中国境内出版最早的近代化报纸
1824	《澳门报》（或译为《澳门钞报》）	澳门	葡文报刊
1827	《广州记录报》	广州	在华最早的英文报纸；广州最早的近代报刊
1831	《华人差报与广州钞报》	广州	美国人在华创办的第一份英文报刊
1831	《广州杂志》	广州	
1832	《中国丛报》	广州	美国传教士裨治文主办
1833	《东西洋考每月统记传》	广州	中国境内出版的第一种近代化中文报刊；马礼逊、郭士立等主编

续表

时间	报刊名称	地区	其他
1833	《澳门杂文篇》	澳门	马礼逊主办的中英文对照杂志
1841	《香港钞报》	香港	香港地区最早出版的近代报刊
1842	《中国之友》	香港	《香港钞报》并入该刊
1845	《德臣报》	香港	英文报刊
1850	《北华捷报》	上海	上海最早的英文刊物，《字林西报》的前身
1853	《遐迩贯珍》	香港	香港地区最早的中文刊物
1854	《中外新报》	宁波	宁波地区最早的近代中文刊物
1857	《六合丛刊》	上海	上海地区最早的中文期刊，伟烈亚力主编
1857	《孖剌报》	香港	香港最早的英文日报
1858	《福州信使报》	福州	福州地区最早的近代化报纸
1860	《教会使者报》	福建	外国传教士在福建出版的第一份报刊
1861	《上海新报》	上海	华东地区最早的中文日报
1866	《汉口时报》	汉口	武汉地区出版最早的近代化报刊
1872	《中西闻见录》	北京	北京地区最早的近代化报刊

这个表格反映出很多重要的信息：首先，中国近代新闻业由西方传入，伴随西方传教士的传教活动而发展，体现为中国各地最早的近代报刊基本上都是由西方传教士创办；其次，近代新闻业的发展，呈现出自南向北、自沿海向内陆的发展趋势，自澳门、广州向上海、宁波，对外开放程度越高、西方势力越容易接触的地区，近代新闻业诞生得越早；第三，除了马六甲出版的《察世俗每月统记传》为中文外，中国境内各地区最早出版的近代报刊，基本以外文报刊居多，其中又以英文报刊为主，各地的中文报刊基本是在英文报刊发展一段时间后才出现。

国人在西方资本主义大潮的影响下，也逐渐增加对近代报刊的认识和认可。如鸦片战争前的1839年，林则徐令所属定期翻译在澳门出版的各外文报刊的消息和评论。其中一部分译稿被汇集成册，以《澳门新闻纸》或《澳门月报》的名称流传于世。如1859年，太平天国军师干王洪仁玕向天王洪秀全进呈《资政新篇》，这个具有资产阶级性质的纲领文件提出了很多向西方学习的主张，其中包括设立新闻馆、设置新闻官、收集新闻篇等主张，是在中国传统新闻业实际情况下的重大革新。但洪仁玕的建议未得到洪秀全同意。

　　可以看出，在西方影响下，中国新闻业出现了很多近代化的趋势，无论形式、内容或理念方面，都呈现出快速发展之态；遗憾的是，北京因为地理空间、政治局势等多重因素的影响，迟迟未跟上新闻业近代化的步伐，在南方各城市纷纷兴起近代报刊之时，首都北京中甚至连刊刻邸报的提议都遭到拒绝。1851 年咸丰元年，张芾奏请刊刻邸报，发交各省，为清廷所拒绝，并被斥责"见识错误，不知政体，可笑之至"①。晚清时期北京新闻业发展的迟滞可见一斑，尤其在其他地区的对比下，更彰显出近代化之风吹拂到北京之困难。

---

① 戈公振：《中国报学史》，湖南大学出版社 2014 年版，第 36 页。

第二章

清末时期的北京新闻业

清末时期北京新闻业的起步呈现出明显的阶段特征。1872 年以丁韪良为首的西方传教士将报刊作为一种新式媒介引入北京，在内容和形式两方面为封禁已久的皇城带来传播新气象，这一时期北京新闻业处于起步阶段，主要任务是对中国民众进行启蒙，特点是参与者以西方传教士群体为主。19 世纪 90 年代后中国社会环境产生更激烈的变革，国人自办报刊在北京出现，以维新派知识分子为首将政论报刊作为参政论政的重要形式，将其从北京向其他城市进行扩散，这一时期北京新闻业在国人努力下初步发展，以觉醒民众挽救时局为目的，特点是由维新派知识分子主导。20 世纪后，北京新闻业因官方政策和社会环境的变革进入新的发展阶段，民间资本逐渐涌入新闻业，使新一波国人办报高潮到来，在体例、题材、编排、主旨等多个方面各放异彩，并推动社会风气逐渐开化，国家启蒙程度不断加深。值得关注的是，因与政治中心太过接近，清末北京新闻业无论在哪个阶段都受到政治环境的强烈干预，政治甚至成为新闻业前进的风向标。

第一节　近代新闻业在北京诞生

西方传教士群体在中国近代历史发展过程中扮演着重要的角色，他们以传教为目的叩开中国的大门，试图将宗教信仰散布在神州大地上；与此同时，他们将包括教义在内的其他知识进行传播，使中国人民接触到西方先进的科学技术和别具特色的思想文化。近代报刊便是在这个过程中作为传教的媒介进入国人视野，它不仅带来中国人未曾接触到的器物和知识，也在潜移默化中改变着中国人的思想和中国社会的信息传播方式。

由于地理区位、政治环境等因素影响，相比于中国其他城市，报刊进入北京的时间稍晚一些，但都由西方传教士正式开启，《中西闻见录》《华北新闻》是这一时期北京新闻业发展的重要代表。

一、丁韪良与《中西闻见录》

北京作为清政府的政治中心，直到 1872 年 8 月才出现第一份近代报刊，它就是由传教士丁韪良等人创办的《中西闻见录》。

丁韪良，原名 William Alexander Parsons Martin，是一名来自美国的传教士，与英国传教士艾约瑟、包尔腾在 1871 年于北京成立了"在华实用知识传播会"，以宣扬西方先进的科学技术为主要目的，《中西闻见录》是该组织的机关刊物。后来，艾约瑟与包尔腾相继离开北京，丁韪良成为这份报刊的主要负责人。此外，同文馆算学教习李善兰、同文馆从学天文算法人员刘业全等都曾为该刊撰稿。

《中西闻见录》在1872年8月（同治十一年七月）出版第一号，每月出版一号，1874年8月未出版，1875年8月停刊，共出版36号。与中国很多城市的早期近代报刊一样，《中西闻见录》由外国传教士创办，不论在形制还是内容上都具有显著的"中西结合"特征。

主编丁韪良在第一号《中西闻见录·序》中对办刊的原因及目的这样叙述：

中国人于外国学问及一切器具并各国风俗，果能博见广识，择善而从，未始不可为他山之助。兹印行《中西闻见录》，每月一次，其书中所论者，乃泰西诸国创制之奇器，防河之新法，以及古今事迹之变迁，中西政俗之同异。盖土域疆界，各国大有变更，流风遗俗，阅世亦多移易。览万国图说，天下地皆了然于胸中；述海外奇闻，宇内事俱恍然于耳前矣。凡新法奇器、珍禽异兽并万国舆图，俱绘有图式，以便查阅，按月分续，公诸同好。

这篇序言阐明了《中西闻见录》的特点：

首先，它虽然由外国人创办，但看起来完全与中国人自办刊物毫无二致。形制上，它采用中国传统图书的样式，全部以中文书写，文辞章法都十分地道。但仔细读来，就会发现其中不同，作为一份以西方报纸为范本的报刊，它的内容完全以欧美各国为主，志在向中国读者介绍他们从未见过、从未听过、从未接触过的世界。

其次，《中西闻见录》刊登的内容非常明确，是西方各国"创制之奇器""防河之新法""古今事迹之变迁""中西政俗之同异"，结合后来该刊登载的内容来看，它始终围绕着丁韪良所说的这些门类但又不局限于此，还登载过外国寓言、读者问答、杂记等内容。

第三，丁韪良创办《中西闻见录》的目的是让中国人接触这些西方学问，丰富他们的见闻，让他们汲取其中优秀的知识，以便于促进中国人及中国的发展。

自 1872 年创刊到 1875 年终刊，《中西闻见录》一共出版 36 号，包括专题文章、杂记、各国近事、读者问答、医学、寓言、杂咏等多个栏目，其中各国近事是唯一固定的栏目。这是《中西闻见录》作为北京近代第一份报刊最重要的特色，即对报刊新闻属性的强调。值得一提的是，《中西闻见录》很少报道中国的国内新闻，尤其敏感的时事政治，该刊都尽量避免，它所关注的大都是英国、美国、日本、西班牙、南海等地的"近事"。

《中西闻见录》的另一大特色是传播科学知识。丁韪良、艾约瑟、包尔腾、德贞等英美传教士为该刊的主要撰稿人，发表了包括《论土路火车》《泰西河防》《星学源流》《地学指略》《自行撤水机》《铁索运物》《印书新机》《火器新式》《煤气新录》《镜影传说》《论玻璃》《海中验光》《飞车测天》《车轮轨道说》《电报略论》等各类自然和科学知识的文章，致力于将资本主义国家在工业革命中的优秀成果引介给国人，帮助国人了解世界科学发展的进程。同时一些中国学者也撰述了不少文章，比如数学家、同文馆教习李善兰在该刊共发表了 10 多篇文章，包括《数根法：则古昔斋算学十四》《天文馆新术》《星命论》等，同文馆学生刘业全发表了《聊斋志异辨解》《地圆考证》《尚书尚字考辨》等。

该刊文章不吝篇幅，讲解详细，图文并茂，十分生动。将这些文章进行大致分类，其内容涵盖科学技术（主要指器物类层面，包括机械类技术、防洪技术、照明技术、摄影技术、电报技术、技术史等）、医学、数学、天文学等多个领域。

AVELING & PORTER'S TRACTION ENGINE AND WAGGONS.

图 2—1　《中西闻见录》第 1 号·《论土路火车》插图

此外，《中西闻见录》还注重与读者互动，通过在报刊中回答读者来信增进与读者关系，更好地发挥宣传科学知识的作用。如在第 1 号中，刊登《某客问旱磨》与《答某客问旱磨》，分析旱磨的"机""阻"相对大小，提出"机器惟能通力，而不能生力"的原理，需要借助"风水火汽人马等力"才能更好运行，最后建议提问的读者因地制宜，"贵处高原多风，莫若使风磨为妙"。其有来有往的对话打破了传播官报和邸报的单一传播模式，提升读者参与感，让读者的阅读体验更加友好。《中西闻见录》中类似的篇章虽然不多，但作为北京的第一份报刊，能有此创新，已实属不易。

《中西闻见录》虽然发行量不大，每号印 1000 份，大多免费传布，但它的社会影响和在新闻史上意义却不能被低估。它标志着近代报刊终于突破清廷的防守线，进入最核心的政治腹地，开启近代报刊在中国的全面发展。

就读者群体而言，《中西闻见录》主要面对北京的官绅学界，这样的定位与报刊编辑群体的社会关系息息相关。除了"在华实用知识传播会"，丁韪良、包尔腾等人还在当时重要的教育机构"北京同文馆"担任重要职务。这是一所最初以培养译员为主要目的的小学校，后来逐渐成为第一所官办的外语专门学校，恭亲王奕䜣在这所学校的成立和发展中发挥重要作用，丁韪良于 1869 年走马上任成为同文堂总教习，得到奕䜣的肯定。此外，丁韪良还与李鸿章、郭嵩焘、郑观应等清廷大员都有交往，他在《花甲记忆》中提到自己在来北京之前，已经与清政府总理衙门的三位大臣认识，并且经常会晤，"包括恭亲王在内"，"彼此也很熟悉"①。

前文已经提到，在《中西闻见录》中撰稿的除了西方传教士，还有很多同文馆的学生，包括朱格仁、杨兆鋆等，后来都成为清廷的官员。这些官绅士子与《中西闻见录》的联系点是主编丁韪良，该刊的发行、运转亦是丁韪良本人社交圈在京城扩散的证明。

---

① ［美］丁韪良：《花甲记忆》（修订译本），沈弘等、恽文捷、郝田虎译，学林出版社 2019 年版，第 290 页。

通过丁韪良的人际关系及社交圈层，能够看出《中西闻见录》创办的背景和基础，它以丁韪良的传教士身份和西学储备作为背景，以丁韪良所处的京师同文馆为资源整合空间进行内容生产和发行，并依靠丁韪良与清政府官员的私人交往进行传播并扩大影响。因此，与丁韪良有交往的北京官绅学界，能够并有意愿接触到《中西闻见录》的内容，以《中西闻见录》为媒介来增加对西方的了解。通过这样的逻辑，可以说《中西闻见录》的刊发和传播在客观上对19世纪中后期洋务运动和清廷改良提供了助力。

《中西闻见录》之后，《中西闻见录选编》《闻见选录新编》等衍生书目纷纷诞生，《万国公报》还大量转载其中关于西方科学技术的文章。这说明这份诞生于首都北京的第一份近代报刊具有非常重要的社会价值和历史意义，在自然科学知识方面，它大力推广，有利于提升国人对西方先进知识的了解；在新闻方面，它持续刊登国际讯息，保障了国人对时新消息的掌握；在思想观念方面，它密切结合洋务运动背景，向朝廷展示西方器物便利的图景，有助于统治阶级思想的转变；在报刊发展方面，它标志近代报刊在首都出现，突破外国人在华办报的最后一个禁区，实现了中国报界对近代报刊的全面开放。

二、梅子明与《华北新闻》

1891 年，《华北新闻》（*The North China News*[①]）在北京创刊。这是一份由基督教华北公理会主办的中文月刊，美国传教士梅子明（William Scott Ament）担任该刊的主编，每期发行约 500 份。[②]1897 年，梅子明休假回美国暂离主编职位，次年回到中国时重新主持报纸编辑工作[③]。据梅子明的信件记载，该报

[①] 关于《华北新闻》的名称，梅子明在第一次提到时称其为 *The North China News*，但后来在讲报纸始末的文章中称其为 *The Church News*。笔者根据梅子明多封信件前后关联判断，这两个名称指的是同一份报纸，即梅子明在北京主编的《华北新闻》。

[②] 根据梅子明的信，该刊在 1893 年发行量约为 550 份。

[③] William Scott Ament, Missionary of the American Board to China, Porter, Henry Dwight, New York, Revell［c1911］,1845—1916, p.111.

WILLIAM SCOTT AMENT, 1885

图 2—2 《华北新闻》主编梅子明

在 1900 年 2 月左右停刊。①

《华北新闻》是对开白报纸，双面印刷，与其他报纸相比，这样的形制在当时还算比较独特。梅子明主编《华北新闻》时，他的工作包括翻译外国电报，调查时事，编辑教会新闻，挑选文章等。此外，该报还刊登皇帝敕令，这部分的编辑工作梅子明一般直接交给抄写工。

由于《华北新闻》是面向中国读者的报刊，受众大多为基督徒和对基督教感兴趣的人，其办刊目的亦是为了宣传基督教扩大在中国的新教徒群体，所以报纸非常注重语言风格的运用，大多数文章都是用简单的、口语化的中文书写，少数文章则用简明易懂的文言文书写。

作为一名外国传教士，创办完全用中文书写的报刊，梅子明一人之力当然并不足够应对所有工作，所以他邀请了中国学者来帮助自己。其中一位中国学者被梅子明推荐去了德国，并在柏林大学担任中文教师；另外一位杰出的助手张洗心（Chang Hsi Hsin），后来协助美国传教士、圣经翻译者、汉学家富善（Chauncey Goodrich）翻译《圣经》，并在译经过程中发挥了重要作用。

梅子明始终以传教士身份将布道工作作为自己在华的第一要务，但他对《华北新闻》的报纸编辑工作非常重视，也颇富热情。

由于发行量并不大，受众群体比较集中，且以传教为宗旨，《华北新闻》在新闻史中并不出名。但作为北京早期的中文报刊，它仍有不少创新之举，尤其是注重语言简明易懂，少用文言文，充分体现出办报者对读者的考虑。

---

① William Scott Ament, Missionary of The American Board to China, Porter, Henry Dwight, New York, Revell〔c1911〕, 1845—1916, p.173. 梅子明在 1900 年 2 月 7 日写给妻子的信中提到"报纸的工作要结束了，而我也将闲下来"，由此可知《华北新闻》的终刊时间在 1900 年 2 月左右。

三、传教士与早期北京新闻业

近代报刊传入中国的缘由是西方资本主义扩张、运用武力等手段强制打开中国大门，进行资源掠夺；报刊在东方落地的契机是通商口岸陆续开放，促使西方与东方在经济、文化等多个层面开始接触；报刊真正开始发展的媒介则是西方传教士，他们将宗教内涵置于报刊这种形式，将报刊作为传教的工具，一方面加速了对中国进行文化输入，另一方面则催生了近代报刊在中国的发芽。

1815 年诞生于马六甲的《察世俗每月统记传》是西方传教士创办最早的中文近代报刊，彼时清政府延续雍正元年（1723 年）颁布的禁教令，实施禁教政策，因此传教士涉足中国境内是一件很难的事情，所以他们先在东南亚地区开始传教活动。1844 年中美《望厦条约》和中法《黄埔条约》签订后，西方传教士获得在华进行传教的权力，1846 年清政府又废除了禁教令，这使得西方传教士在中国这片广阔的宗教处女地上获得无限机会。在这之后，西方传教士大量涌入中国，仅新教传教士人数，至 1874 年已达 436 人，至 1889 年达到这个数字的 3 倍之多，至 1905 年上升至 3445 名[①]。

19 世纪中后期，随着中国殖民化不断加深、开放口岸不断增多、对传教活动的接纳程度越来越高，由传教士创办的报刊快速由南向北、由沿海向内地城市扩散，借着宗教报刊的形式对西学进行传播，试图让这群沉寂已久的东方人开眼看世界。

1872 年，近代报刊终于突破皇权的种种禁制在北京出现，它代表了传教士中文报刊发展获得更广阔的发展空间；但是，它也昭示着清政府统治的节节溃败，中央政府已经无法再实现对全国思想文化的把控，闭关自守的大门被西方的船坚炮利撞击出千疮百孔后，传教士携着近代报刊穿过这些孔洞，将西方的

---

① ［美］费正清、刘广京编：《剑桥中国晚清史 1800—1911》（上卷），中国社会科学出版社 1985 年版，第 539—540 页。

宗教、科学、技术、文化进行挥洒，试着从东方人的观念开始进行"洋风"的渗透。

从丁韪良到梅子明，从《中西闻见录》到《华北新闻》，传教士在北京办报，将这种新式媒体带入皇权中心的禁制中，具有十分重要的社会意义。

作为率先出现在北京的近代报纸，它们在新闻报道、知识传播、民众启蒙等方面发挥着重要作用。以《中西闻见录》为例，它将各种实用科技知识和理论知识传递给中国读者，将先进的工业发明和制造技术介绍给尚处于落后境地的中国，将西方的文化和制度宣扬给中国民众，极大地开阔了中国读者的眼界，增长了中国读者的知识，对长期处于王朝禁锢和传统思想束缚的国人来说具有重要的思想启蒙意义。

客观上，这些传教士报刊促进近代报刊落地和发展，有利于国人的启蒙，但是这些报刊在当时都带有替国外收集信息、侵略中国主权的目的。丁韪良和梅子明都是坚定的传教士，他们以宣传基督教为首要任务，这些报纸就是他们宣传教义的重要工具。而且这些外国传教士在中国工作时虽然经历着"汉化"，但他们的政治态度始终倾向于资本主义列强，丁韪良曾参与起草侵略中国主权的《天津条约》，还被指责在八国联军侵华时参与抢劫和侵略，梅子明本人坚定地反对义和团运动，曾参与美军绞杀义和团。

综合来看，虽然西方传教士的办报活动带有侵略和传教的目的，但不可以否认他们对中国近代化发展作出了重要的贡献。一方面，传教士将近代报刊带入被政治封锁的北京，打开沉睡的古都发展近代新闻业之路，促进传统的官绅士子接触到西方先进的科技知识，激发他们对新思想的接受，为洋务运动和维新思想的发展提供了助力；另一方面，传教士报刊作为"评论社会与讨论公共事务的工具，尤疑为 19 世纪 90 年代后期将要出现的、新型的社会政治性的中国报业树立了榜样"①，催发国人自办报刊的崛起。

---

① [美] 费正清、刘广京编：《剑桥中国晚清史 1800—1911》（上卷），第 276 页。

第二节　政论报刊与新式政治舞台的兴起

帝国列强的侵略使清末社会经历剧烈变革，民族危机的加深促使广大知识分子群体意识到局势的危难。紧扣时局激化的应召，怀抱科举、做官、报国信念的传统知识分子迅速觉醒，发展出新式参政论政的方式，将拯救国家、拯救民族危亡的期望寄托于新式报刊，希望通过这种媒体的社会传播功能唤醒国民、影响政府、改变局势。作为戊戌变法主导的维新派，以兴学会、办报刊的方式积极鼓动舆论、为政治建言献策、扩大社会影响，不但在清末社会掀起政治思想改革，也为近代报刊发展开辟了新的方向。戊戌变法虽然以失败告终，但维新派开创的政论报刊、同人办报模式却延续下来，对新闻业产生了重要的历史影响。

一、社会环境变革与知识分子的转向

甲午战争之后，中国面临严重的民族危机。郑观应在《盛世危言》中称，"时势又变，屏藩尽撤，强邻日逼"①，梁启超则言"自甲午以前，吾国民不自知国之危也。不知国危，则方且岸然自大，傲然高卧，故于时无所谓保全之说。自甲午以后，情见事绌……而保全中国之议亦不得不起。"②无论是先知先觉的维新知识分子，还是保守的传统士大夫，都在这场败给邻国日本的战争里感受到前所未有的刺激和创伤。从政治上来说，甲午战争把清政府统治的根本缺陷完美暴露出来，让爱国者意识到"救亡"成为必须考虑的命题。从经济上来说，甲午战争失败后，《马关条约》规定中国向日本赔款二万万两，后又增加三千万两，给清政府本就捉襟见肘的财政带来非常沉重的负担，中国不得不

---

① 《〈盛世危言〉初刊自序》，载（清）郑观应：《盛世危言》，华夏出版社2002年版，第11页。
② 梁启超：《戊戌政变记卷五·第五篇　政变后论·第一章　论中国之将来》，载沈云龙主编：《近代中国史料丛刊·第92辑　戊戌政变记·丁酉重刊》，文海出版社1973年版，第171页。

举借外债和加紧对人民的搜刮，从而使社会矛盾更加激化。从军事上来说，北洋海军在战争中全军覆没，清朝的军事统治出现了难以弥补的实力真空期，在列强虎视眈眈的围伺中，中国的安全随时遭受着威胁。①

甲午的溃败让激进知识分子群体快速觉醒，如果说之前只是在政府主导的洋务运动中感受到西方资本主义的强大势力，那么这次则是被一记重拳击倒直接体验到外国的冲击。这些寒窗苦读、试图以科举为途径进入中央政权的普通读书人在康有为的号召下对传统儒学、对科举制度、对官方主导的意识形态发起质疑。虽然这些知识分子仍然处于旧时代的窠臼中，在反科举的同时维护科举，在反传统的时候维护传统，但他们的群体意识和批判思想依然具有重要的时代意义。

这些维新派知识分子提出新的社会发展模式——"日本模式"②，与洋务派"师夷长技以制夷"的传统心态有所不同，突破了政府高高在上的视角，将改革的着手处放到以往不敢触及的政治制度，向日本的革新之路学习，以图从深处改变国家的落后局面。这种一方面因败于日本而产生强烈的排斥愤怒情绪，另一方面以敌人为模板向其学习的心态非常奇妙，"它标志着日本西化成功对东方文化圈的空前震荡，标志着中国知识分子经过漫长觉醒过程，开始滋生对世界政治文化的认同心理，由这种认同心理产生的同步发展愿望逐渐与拯救危亡的历史要求相适应，从而把学习西方的主张提高到必须进行社会总体调控的认识水平。"③

基于这样的转向，无法言政、参政的知识分子们集结起来，于 1895 年向清帝"公车上书"，带着拯救国家、拯救民族危亡的期望直接将自己对政治的意见呈送到最高统治者眼前。虽然历史上的"公车上书"并未成功，但是以康有为、梁启超为首的知识分子以此为契机开始登上历史舞台，以游离于官方之外的身份开启了一条独特的知识分子参政救国之路。

---

①　金冲及：《二十世纪中国史纲》，社会科学文献出版社 2009 年版，第 10—11 页。

②　李良玉：《动荡时代的知识分子》，浙江人民出版社 1990 年版，第 21 页。

③　李良玉：《动荡时代的知识分子》，第 23 页。

二、维新派办报活动与政论报刊兴起

兴学会、办报刊是维新派知识分子面对腐败的政局时，所持有的独特斗争方式。维新运动时期，在康有为等人的号召下，全国兴起许多社团，如保川会、保滇会、南学会、质学会、算学会、法律学会、戒鸦片烟会等涉及各个领域的学会，打破了明清之后的结社禁忌。1895 年至 1898 年，以维新派领袖康有为、梁启超为首掀起了一场轰动全国的办报高潮，仅仅三年时间，全国出版的报刊达到 120 余种，其中 80% 都由国人自办①。这些报刊，不论形式、内容、销量如何，共同促进着维新运动与国人启蒙的进行，贯彻着知识分子救亡图存的诉求，亦推动政论报刊在新闻史中达到第一次高峰。

(一) 兴学会、办报刊

"公车上书"失败后，康有为为了坚持自己的政治诉求，寄希望于通过"办学会"来联合有志维新的知识分子，宣传政治维新的倡导，扩大社会影响。军机处章京、帝师翁同龢的门生陈炽则提倡先"以报通其耳目"②，然后再兴办学会，如此则可以更好地达到舆论宣传的效果。因此在筹备北京强学会时，这些维新派知识分子先行创办了《万国公报》，它是近代北京第一份政论报刊，也开启了我国近代政论报刊的先河。

1895 年 8 月 17 日，《万国公报》在陈炽、翁同龢、梁启超、麦孟华等人的多方努力下终于创刊，康有为的弟子梁启超、麦孟华负责具体的编辑事务。在北京创办《万国公报》，实属不易，开办资金由康有为多方奔走筹得，徐勤与陈炽也都在经济上予以支援，当时在天津小站练兵的新派官员袁世凯也捐了五百两。据梁启超回忆，印刷机器当时在北京很少见，而且以同人所筹资金也无力购买机器专门用来印报，所以该报是托售卖京报处用粗木板雕版印刷而成。

---

① 方汉奇主编：《中国新闻传播史》，中国人民大学出版社 2012 年版，第 83 页。

② 纪能文、罗思东：《康有为传》，安徽人民出版社 1998 年版，第 86 页。

《万国公报》共出版了四十五号，前后历时三个月。该报并无独立的印刷和发行机构，由《京报》刊印，并夹在《京报》中一同派发，隔天出版，每次印一千份，直接呈递给京城中的官宦名流、军政要人等。《万国公报》每期刊载一篇论说，大多是转录上海广学会的《万国公报》和其他书刊中的文章，其他未署名的文章多出自梁启超和麦孟华之手，宣传"富国""养民""救民"之法，目的便是让士大夫们"渐知新法之益"。其中比较著名的文章有《万国矿物考》《地球万国说》《铁路情形考》《铁路通商说》《铁路改漕说》《铁路备荒说》《农学略论》《农器说略》《佃渔养民说》《报馆考略》等，内容涉及地理、农业、交通、教育、新闻等多个方面。

根据梁启超回忆，《万国公报》由于言辞尖锐、主张激进，随着销量的扩大，引起了保守势力的警惕和送报人的拒绝，"办理月余，居然每日发出三千张内外，然谣诼已蜂起，送至各家门者，辄怒以目，驯至送报人惧祸，及悬重赏亦不肯代送矣。"[1]从这段话中可以看出该报并不是维新派同人闭门造车的产物，它的发行和传播对保守的官僚阶级产生了一些震荡，虽然无法量化，但它的社会意义确实存在且并不微弱。

《万国公报》发行一段时间后，北京"强学书局"正式开局，意味着强学会在北京已经成立，于是维新派在 1895 年 12 月 16 日（十一月初一）将《万国公报》改名为《中外纪闻》，具体事务主要由梁启超和汪大燮负责。值得注意的是，《中外纪闻》出版时，康有为已经南下，试图说服张之洞在上海开办强学会。因此虽然康有为是这些维新派政论报刊的发起人和主持人，但其实他只扮演决策者的角色，真正负责报刊编辑工作的是梁启超等人。

改名后的《中外纪闻》，使用木活字竹纸印刷，双日刊，每册约十页，未标期数，仅于中缝注明发刊日期，目前可见最后一册是"（光绪二十一年）十二月三日"。该刊封面书写"中外纪闻"四个大字，呈紫红

---

① 中国史学会主编：《中国近代史资料丛刊·戊戌变法·四》，上海人民出版社 1957 年版，第254 页。

图 2—3　《中外纪闻》封面、凡例

色，似出自康有为之手，刊内每面 10 行，每行 22 个字。《中外纪闻》按月收费，京内每月收三钱，其他地方按照路程增加收费。为了推广，自创刊日起十日内不收取报费，十日后需要向强学书局订阅（之后增加十日，于创刊后二十日后起再收费）。《中外纪闻》作为强学会的机关报，由强学书局统一发行，由京报房分售，发行地点为宣武门外后孙公园。

《中外纪闻》首先收录上谕阁抄，其次全文登载英国路透社电报，然后在各国大报中选择一些进行翻译转载，如《泰晤士报》《水陆军报》等，之后在各省所办的一些报刊中选择性转载，如《直报》《沪报》《申报》《新闻报》《汉报》《循环报》等，接着翻译一些西方介绍科学技术的书籍篇目，最后是论说。①《中外纪闻》中刊载的文章包括：《英国幅员考》《普国矿利考》《各国商船及海上贸易价额考》《格物穷理论（录格致汇编西人韦廉臣稿）》《中西纪年比较表》《论垦荒广种屯田为农务之本》《英国度支考（五续）》等，涉及地理、铁路、矿业、轮船、农业、历史等多个方面，致力于全方位引介先进的西方科技知识，提升国人的科学素养和对西方世界的了解。

不同于它的前身《万国公报》，改名后的《中外纪闻》经费更加充足。前者的经费来源是康有为、陈炽等人筹集或自捐，后者则拥有更强有力的支持群

---

① 《中外纪闻》凡例。

体，朝中大员张之洞、刘坤一等人都对强学会和《中外纪闻》进行捐款，在经济来源上保障了报纸的顺利刊行。

在北方，梁启超等人主持北京强学会（因回避北京结社立会的禁令，时人称为"强学书局"）和《中外纪闻》，宣传维新派的政治理念；在南方，康有为说服了张之洞在上海组建强学会，并于 1896 年 1 月 12 日在上海出版《强学报》。《强学报》封面有"强学报"三个大字，同时使用孔子纪年与皇帝年号，该报与北京的《中外纪闻》不同，使用铅字排印，每天出一册，免费阅览，由上海强学会发行。

《强学报》与康梁在北京创办的报刊有所不同，《强学报》的言论机关意味更重，康有为意欲在该报登载大量变革政治制度、抨击传统儒学的论说。然而《强学报》只在创刊当天和 1896 年 1 月 17 日出版了共 2 号就被勒令停刊，与该报同一时期被停刊还有北京的《中外纪闻》，主要原因是维新派办会办刊的行为令顽固派非常不满。1896 年 1 月，御史杨崇伊参北京强学会结党营私，且威胁京中大员索取"封口费"。在这些蓄意构陷中，《中外纪闻》停刊，仅刊发 18 期，强学书局也被改为官书局。至此，维新派在北京的报刊暂时告一段落，但维新派的办报活动并未结束。

七个月后，《时务报》在上海诞生，取得了前所未有的成功，梁启超鼓吹维新变法的政论在整个中国社会引发了巨大震动，尤其是《变法通议》，提出"法者，天下之公器也；变者，天下之公理也"，"变而变者，变之权操诸己，可以保国，可以保种，可以保教"，"变之权操诸人"[①]，则会遭遇亡国灭种的灾难。梁启超的论说高屋建瓴，笔锋倾注感情，行文汪洋恣肆，极富感染力，对广大知识分子和爱国人士具有非常强的感召力。自《时务报》开始，传统知识分子寻找到一条新的报国之路，那就是办报论政，以文章影响舆论，以舆论实践参政。此后，政论报刊以具有爱国报国情怀的知识分子为依托，开启在中国的蓬勃发展之路。

---

① 梁启超：《变法通议》，载《时务报》1896 年 8 月—1897 年 9 月。

（二）戊戌变法与维新派新闻活动

虽然"公车上书"失败，位于北京的"强学书局"和《中外纪闻》都被关闭，但维新派的政治实践依然在全国有序开展，他们凭借在各地开办学会、创办报刊声势日盛，以《时务报》和各地的维新报刊宣传自己的改良主义政治诉求，在与清廷保守势力的对抗中愈战愈勇，在社会中产生了深远的影响。

与此同时，清廷内部的政治势力也发生微妙的变化，甲午战争后帝后党争日趋激烈，尤其帝党在光绪帝"大婚"及"亲政"后或明或暗地向后党争权，因此利用维新派的出谋献策和其愈加浩大的社会影响，与维新派进行结盟。对帝党与维新派来说这是一个对双方皆有利的策略，帝党可以借机"把宫廷内的斗争引出宫墙之外"，维新派则"把帝党看作通向中央政权的桥梁"①。

基于相合的政治诉求，以及不得不应对并解决的社会问题，清廷决定接受康有为等人的建议，由中央政权主导，在 1898 年夏（光绪二十四年）正式开启一场轰轰烈烈、自上而下的戊戌变法运动。标志是光绪帝在接到御史杨深秀、翰林院侍读学士徐致靖的奏章后，于六月十一日召集军机处亲王大臣下"定国是"诏书，正式宣布变法。

其实杨深秀、徐致靖所上光绪帝奏折均为康有为先代拟，这在《康南海自编年谱》和《梁任公先生年谱长编初编》中都可以得以印证。6 月 16 日康有为被光绪帝亲自接见，他当面向皇帝洋洋洒洒陈述了自己涉及诸多领域的变革主张，并得到光绪赏识。之后康有为被授予总理衙门章京上行走职位，并准许专折奏事，获得直接向权力中央进言的机会。

康有为在这段时间向光绪帝提出了许多建议，其中亦涉及报刊发展。

1898 年 7 月 11 日，康有为代宋伯鲁②拟《奏改〈时务报〉为官报折》，提出将上海《时务报》改为官报，不但要呈给皇帝预览，还要颁布给各省官署学堂，促进全国官僚"广耳目而开风气"。具体措施包括：（一）将《时务报》改

---

① 章开沅：《甲午战争与晚清政局》，载《章开沅文集》第三卷，华中师范大学出版社 2015 年版，第 151 页。

② 宋伯鲁，光绪十二年进士，1896 年授山东道监察御史。

为时务官报，由梁启超和其他主笔等一同办理。（二）报中的论说、翻译，仍然照旧刊登无须忌讳。每次出版报刊，都需要先进呈御览，同时令各省督抚让其属员也购阅。（三）将官报移设北京，以上海为分局，都归并译书局、相辅而行。（四）下令两江督抚大臣，每月提拨五百两作为京师时务官报局的经费。①

为什么康有为如此看重报馆与新闻报刊？因为在他看来，"为政之道，贵通不贵塞，贵新不贵陈，而欲求通、欲求新，则报馆为急务矣。"②报刊的功能在于给政府提供建议、传达民间疾苦、了解外国国情、提供时新消息。这个奏折经宋伯鲁上奏后，得到光绪帝批复，由孙家鼐③负责办理。

孙家鼐在七月二十六日上疏光绪帝《奏拟官报〈时务报〉章程三条》，针对《时务报》改官报一事，提出发展官报的三条章程，包括慎重主笔的选择、废除以往官书局的禁忌、官报经费预算收入问题④，当天得到光绪帝御批：

> 报馆之设，所以宣国是而通民情，必应亟为倡办。该大臣所拟章程三条，均尚周妥，著照所请，将《时务报》改为官报，派康有为督办其事，所出之报，随时呈进。其天津、上海、湖北、广东等处报馆，凡有报单，均着该督抚咨送都察院及大学堂各一册，择其有关时务者，由大学堂一律呈览。至各报体例，自应以指陈利害、开阔见闻为上，中外时事，均许据实昌言，不必意存忌讳，用副朝廷明目达聪、勤求治理之至意。所筹官报经费，即依议行。钦此。⑤

---

① 康有为：《奏改〈时务报〉为官报折》，载汤志钧编：《康有为政论集》，中华书局1981年版，第323—324页。

② 康有为：《奏改〈时务报〉为官报折》，载汤志钧编：《康有为政论集》，第322页。

③ 孙家鼐，清咸丰九年进士、状元，曾历任清廷工、礼、吏部尚书和光绪皇帝的师傅，戊戌变法时任朝廷学务大臣。

④ 孙家鼐：《奏拟官报〈时务报〉章程三条》，载倪延年主编：《中国新闻法制通史·第5卷·史料卷·上》，南京师范大学出版社2015年版，第82页。

⑤ 光绪（爱新觉罗·载湉）：《关于开放报禁的御批》，载倪延年主编：《中国新闻法制通史·第5卷·史料卷·上》，第84页。此条为光绪皇帝对孙家鼐奏章的批复，标题为《中国新闻法制通史》编辑所加。

由此可见，戊戌变法时期，作为清朝最高统治者的光绪帝已经充分认识到报刊的作用是"宣国是而通民情"。更重要的是，他试着解除在中国传统文化中根深蒂固的言语禁忌，让报纸"据实昌言，不必意存忌讳"，这对近代新闻界来说是具有划时代意义的事情。

除了对官报体系及相关政策的构建，这场变法中维新派的改革还涉及新闻法律的颁布。1898 年 8 月 9 日，康有为上《请定中国报律折》，提出："臣查西国律例中，皆有报律一门，可否由臣将其书译出，凡报单中所载，如何为合例，如何为不合例，酌采外国通行之法，参以中国情形，定为中国报律。"①

这是近代中国历史上第一次明确提出制定报律，是中国近代第一次新闻立法的尝试，无疑是新闻思想的巨大进步。

遗憾的是，这场过于激进且基础不稳的变法行动在百余日之后以失败告终，维新派对新闻业发展的种种设想均未实现。但在戊戌变法短暂的 103 天中，以康有为为首的维新派第一次将自己的报刊思想、报刊理论与对报刊管理的措施直接呈递到清朝最高统治者面前，让中国近代新闻业第一次得到最高统治者的正视。同时，在这场前所未有的变法活动中，维新派报刊成为社会变革时期唤醒国民思想的利器，也是政治斗争中捍卫权力的必要辅助力量。

（三）维新派报刊的历史贡献

戊戌变法是资产阶级维新派在历史上留下的最浓墨重彩的一笔，他们所倡导的政治变革以北京为中心向全国各地辐射，以立学会、办报纸、兴学堂为主要手段，发动了一场自上至下全面的政治、社会和思想变革。

在思想启蒙和国民教育方面，维新派发挥了重要作用，他们以国人自办报刊来激励国人，用最贴近中国人感受的笔触来激发他们心底的爱国热情，将国人从传统的桎梏中解救，将他们从天朝大国的美梦中唤醒，让他们意识到国家面临的真正处境，激励他们进行自强爱国、救亡图存。

在新闻业发展方面，维新派宣传自由思想，努力冲破集权统治对言论的

---

① 康有为：《请定中国报律折》，载汤志钧编：《康有为政论集》，第 334 页。

禁锢，他们号召广开言路，如实报道，积极为政治发展建言献策，督促政治变革和社会发展，让近代报刊自传入中国以来首次将影响扩散至国家权力核心，在社会影响上达到前所未有的地步。

同时，维新派开创了中国近代同人办报的模式，以学会、学堂为基本组织集结了大批具有共同政治倾向或类似背景的知识分子，形成了依托学会开办报刊的范式。不同于早期报刊较为松散的状况，同人办报一般拥有较为固定的撰稿和编辑人员，且两种身份往往重合，同人拥有更一致的目标追求，也都致力于通过报刊实现他们的抱负。①维新派在共同的政治诉求下开办报刊，并通过报刊发表政见、鼓动舆论，不但在社会中普通读书人间产生了影响力，还让处于权力核心位置的皇帝有所感知，最终开启了一场政治变革运动。

对传统知识分子来说，维新派开创了办报论政、言论报国的先例，让广大处于权力边缘的读书人获得独特的论政参政集会，让庶人不议政的禁制被打破，让社会权力下沉到普通的知识分子中间，给予他们"指点江山，激扬文字"的热情和机会，对传统社会垂直的权力体系和传播体系产生了冲击，激发广大知识分子政治表达的想法，对晚清时期政论报刊的快速发展具有重要意义。

此外，以梁启超为首的知识分子利用报刊抒发议论，开创了"报章文体"，为近代新闻界的文风开创了新模式。在这样突破传统文章风格的潮流中，"报章文体"半文半白、平易畅达、感情丰沛更好地发挥对民众的启蒙功用，成为文言文和白话文的过渡，并对之后的"五四"白话文运动奠定了重要的基础。

第三节　清政府与新闻业发展

清末北京新闻业的发展受到政治环境的强烈影响，戊戌变法、清末新政、辛亥革命重大历史事件作为政治风向标主导着新闻业的前进方向。慈禧训政后

---

① 杨永兴：《张闻天的新闻实践研究》，光明日报出版社 2017 年版，第 42 页。

北京报业陷入沉寂，庚子国难后北京报业连同北京社会被带往无序状态，随后局势动荡，清廷于危亡之时尝试变革自救，报禁因之松动，新闻业也获得发展契机。作为整个社会的管理机构，清廷在报业近代化过程中表现出非常复杂的态度，一方面逐渐接受作为新式媒体的近代报刊，主动创办新式官报并进行推广；另一方面又以始终采用专制思想管控报刊，以政策、法律的形式为报刊的言论出版自由带上沉重的枷锁。

一、慈禧训政与报业沉寂

戊戌变法以慈禧训政、光绪皇帝被软禁瀛台宣告失败。1898 年 9 月 26 日（戊戌年八月十一日），慈禧发布上谕，宣布停办《时务官报》，10 月 9 日（戊戌年八月二十四日），慈禧再发上谕，查禁报馆，访拿全国报馆主笔。10 月 11 日（八月二十六日），清廷更进一步发布禁立会社、严拿会员的上谕，对出版报刊最力的各种社会团体一律予以严禁。1900 年 2 月 14 日（光绪二十六年正月十五日），清廷发布上谕，缉捕康有为、梁启超，查禁康党所设报馆，并对购阅康党报纸的读者实行"一体严拿惩办"。

至此，处于政治旋涡中心的北京陷入沉寂，康有为、梁启超逃亡海外，他们主办的报馆也都被查禁，那些倡导变法和改良的报刊如昙花一现般退出历史舞台，第一次国人办报高潮落下帷幕。

在这之后，北京新闻业的发展陷入停滞，先天不足又发展迟缓，它并不像上海报纸那样可以挂靠租界和外国人的名义继续出版。由于特殊的地理位置，北京新闻业只能随着上位者的命令旋起旋灭，被政治所左右，无法继续向前。

二、庚子事变与清末新政

清朝末年的动荡不仅是外患，亦是内忧。伴随义和团运动而来的是八国联军侵华，"拳民"们不但未实现"扶清灭洋"目的，反而加速了帝国的崩溃。

在西方列强主导下，清政府与 11 个国家达成屈辱的《解决 1900 年动乱最后议定书》，条约中的"庚子赔款"引发举国震动。

面临腹背受敌的困境，清政府不得不在 1901 年 1 月 29 日（光绪二十六年十二月初十）宣布进行变法，彼时慈禧太后尚在西安。接着又在 4 月 21 日（光绪二十七年三月初三）下令设"督办政务处"，并公布政务处公开条议。

将公布新政后五年间清政府的改革进行总结，不外乎"废科举，设学校，派游学"[1] 九个字，虽然这些变革不触及政治制度的根本，只是慈禧太后"假变法的各种诏旨来遮一遮羞"[2] 的把戏。但对当时经受了多重磨难、积愤萦于胸中的国人来说，这似乎是政府改头换面重整旗鼓的标志，他们为之振奋，"涣汗既宣，文明重奋，海内之士闻风，喁喁奔走相告，色舞眉飞，诉诉然如排云翳而睹天日，于□哉，我国家中兴之基肇此矣！"[3]

"新政"的颁布虽然未触及国之根本，但对近代新闻业发展而言，却发挥了重要的作用。国家在这之后开始有限度地开放"报禁"，允许民间开办报纸。于北京而言，政治管理的松动促进这一时期新闻业开始繁荣，包括北京最早的白话报《京话报》《白话学报》等报刊开始在京城出现，一改北京报业滞后的状况。

1903 年（光绪二十九年），四川学政吴郁生上折提出"广刻邸抄"并刊录京中折件，助益政事。政务处讨论后回复："嗣后凡有内外各衙门奏定各折件，拟由军机处抄送政务处。其非事关慎密，即发交报房刊行，日出一编，月成一册。传观既速，最易流通。则现行政要，外间均可周知。"[4] 经此事后，邸抄相比之前更加详尽，本被严格限制在权力体系内的信息也能够外传，昭示着官方封闭的传播体系开始松动。

1904 年（光绪三十年），御史黄昌年建议"各衙具奏奉旨准驳之件，须令

---

① 李剑农：《中国近百年政治史》，上海人民出版社 2014 年版，第 184 页。

② 李剑农：《中国近百年政治史》，第 182 页。

③ 《变法私议》，《申报》1901 年 2 月 25 日。

④ 戈公振：《中国报学史》，上海古籍出版社 2014 年版，第 40 页。

各衙门皆知。重要则明发谕旨；次要则编发阁抄"①，得到政务处同意。可以看出，清政府在通过邸报来传播政事方面的意识越来越强，对报刊的态度也有所放宽，政府对新闻业的认知随着新政的推进而发展。

直到 1905 年日俄战争结束，日本一个小小的岛国却战胜了俄国那样的庞然大国，清廷上下倍感震动，国人从日本的快速崛起看到立宪的优势，"仿佛一纸宪法便可抵雄兵百万"②。一时间，国内对立宪的呼吁愈发强烈，清政府再次被推着往前一步，走到了"预备立宪"的当口。1906 年 9 月 1 日（光绪三十二年七月十三日），清政府正式宣布"预备仿行宪政"。

立宪不仅是政治制度的变革，与其相匹配的社会基础也应被提上日程，御史赵炳麟在同年 12 月 5 日（光绪三十二年十月三十日）上折指出如果立宪，就需要参照东西方各国的官报体例，"使绅民明悉国政，为预备立宪制意"③，于是提出创办官报的建议。政务处同意了赵炳麟的提议，批复："取东西各报敏速之意，先办日报一种。俟抄送日多，流布浸广，再行查照前次奏案，择其尤要，编辑月报，一体印行以期周备。"④ 第二年（1907 年），清政府创办了近代历史上第一份由我国政府直接创办的中央机关报《政治官报》。1911 年 8 月 24 日，新内阁成立，《政治官报》改为《内阁官报》，由清政府内阁印铸局承办。

清政府对新闻报刊的观念在 20 世纪的前 10 年中一直在缓慢地进步，无论是报禁的开放还是官报的创办，都体现出对近代化的包容和接纳。虽然它从始至终都是被迫改变和前进的。而且从它的改革实践来看，所谓的新政，无论在制度或是观念层面，都浮于表面，并未达到彻底的近代化，这也昭示着清廷对政局的小修小补都不过是大厦将倾前徒劳的挣扎。北京作为政治风气浸染最

---

① 戈公振：《中国报学史》，上海古籍出版社 2014 年版，第 41 页。

② 李剑农：《中国近百年政治史》，第 186 页。

③ 《清考察政治馆〈奏设印刷官报局片〉》，载《中华大典》编纂委员会编纂：《中华大典·理化典·中西会通分典 1》，山东教育出版社 2018 年版，第 85 页。

④ 倪延年主编：《中国新闻法制通史·第 5 卷·史料卷·上》，第 101 页。

深的地方，它的新闻业发展历程高度呼应着中央的变革，无论是君主立宪派报刊对清廷的拥护和期望，还是革命派对当局的反抗和唱衰，都同步地映射出政治对该地域新闻业发展的深刻影响。

三、清末新闻法律制度与政府管控

（一）清末新闻法制建设

清末新闻立法的尝试始于戊戌变法时期，康有为在《请定中国报律折》中提出"酌采外国通行之法，参以中国情形，定为中国报律"的建议并得到光绪帝认可。无奈随着变法失败，这些维新派的主张全部被推翻，无论是官报还是新闻法都并未出现在 19 世纪。

1901 年《大清律例增修统纂集成》公布了《大清律例》中有关言论出版的一些条款，作为专门的新闻法或报律诞生之前的政府管理依据：

> 凡造谶纬、妖书、妖言，及传用惑众者，皆斩（监候。被惑人不坐。不及众者，流三千里，合依量情分坐）。若他人造传，私有妖书，隐藏不送官者，杖一百，徒三年。

> 凡妄布邪言，书写张贴，煽惑人心，为首者，斩立决；为从者，皆斩监候。若造谶纬、妖书、妖言，传用惑人，不及众者，改发回城给大小伯克及力能管束之回子为奴。至狂妄之徒，因事造言，捏成歌曲，沿街唱和，及以鄙俚亵嫚之词，刊刻传播者，内外各地方官，即时察拿，审非妖言惑众者，坐以不应重罪。

> 各省抄房在京探听事件，捏造言语，录报各处者，系官，革职；军民，杖一百，流三千里。该管官不行查出者，交与该部，按次数分别议处。①

---

① 《大清律例》，天津古籍出版社 1993 年版，第 362 页。

在《大清律例》中这些律令统一归于"刑律"目录下"贼盗"的"造妖书妖言"条目中。从量刑轻重程度，可以看出清廷对言论和出版管理非常严苛，只要是妖书、邪言、张贴等擅自传播违背社会治安的言论，都将面临"斩立决""斩监候"等处决。

1901 年，管学大臣张百熙（治秋）上疏建议清廷创办官报，同时提出应制定专门的报律："应请饬各省及有洋关设立等处，酌筹的款，或劝谕绅董各设报馆一所，并粗定报律：一、不得轻议宫廷；二、不得立论怪诞；三、不得有意攻讦；四、不得妄受贿赂"①。从之后清廷并未回应张百熙颁布报律来看，这位管学大臣的建议没有被落实。但从张有关报律的建议可以看出，清廷官员对报律的范围和内容已经有初步的认识。除了维护皇家威严不得妄议宫廷之外，其余条目与今日我们对新闻界"客观""真实""公正"的要求有很多相似之处。

1905 年，清廷军机处针对社会上蜂起的革命派报刊散布"狂言""坏我世道人心"的现象，下令各省都督查禁《支那革命运动》《革命军》《新广东》《新湖南》《浙江潮》《并吞中国策》《自由书》《中国魂》《黄帝魂》《野蛮之精神》等"悖逆书刊"。

1906 年 7 月，清政府颁布商部、巡警部、学部共同制定的《大清印刷物专律》，共 6 章 41 条。这是近代我国官方指定的第一个专门针对新闻出版的法律，对"印刷人""记载物件""毁谤""教唆""时限"等方面作出了具体规定。其中对新闻出版管理作了如下规定：

> 所谓记载物件者，或定期出版，或不定期出版，即新闻丛录等，依本律名目，谓之记载物件。
>
> 凡欲以记载物件出版发行者，可向出版发行所在之巡警衙门呈请注册，其呈请注册之呈预备两份，并各详细叙明记载物件之名称，或定期出版，或不定期出版，出版发行人之姓名、籍贯及住址，出版发行所所在，

---

① 参见朱寿朋：《东华续录》，中华书局 1958 年版。

有股可分利人之姓名、籍贯及住址，及各种经理人之姓名、住址。

各该巡警衙门收到此种呈请注册之呈后，即查明呈内所叙情形，各种列名人之行状，及所担负之责任。如该巡警衙门以为适当，即并同原呈一份申报于京师印刷注册总局，并以申报总局之日，为该件注册之日。

经理记载物件出版之人，须将所出版发行之记载物件，每件备两份，呈送于发行所在之巡警衙门，并同时由邮局禀呈一份于京师印刷注册总局。①

政府欲将新闻出版纳入系统管理之中，提出所有出版物需要先备案，也就是"呈请注册"，被批准之后，在正式出版时，还需要将出版内容进行报备，给巡警衙门和京师印刷注册总局各一份。如果出版人违背了相关规定或内容涉及"毁谤""教唆"等条目，则面临罚款或监禁的处罚措施，且根据情况的不同分为民事诉讼和刑事诉讼，都有不同的量刑标准。

将《大清印刷物专律》与之前《大清律例》中的相关条目进行对比，可以看到政府对言论管理更加专业化和系统化，不再笼统地归入一个"妖言""邪书"门类，管理的思想中也加入了近代法治观念，尤其是刑法标准的设定更加仔细，也不再动辄"斩立决""斩监候"，而是按照情节轻重量刑，并设立最高罚款和监禁标准，在立法上避免处罚随意性。

1906 年 10 月，京师巡警总厅奉巡警部命令，订立《报章应守规则》，颁给京津各报，在刊发内容上对报刊做出了限制："不得诋毁宫廷""不得妄议朝政""不得妨害治安""不得败坏风俗""凡管外交内政之件，如经该管衙门传谕报馆秘密者，该报馆不得揭载""凡关涉词讼之案，于未定案以前，该报馆不得妄下断语，并不得有庇护犯人之语""不得摘发人之隐私，诽谤人之名誉""记载有错误失实，经本人或有关系人声请更正者，继续速为更正"。这个规定的颁行范围较小，仅针对京津报刊，并未公开面向全国报刊。与之前的《大清印刷

---

① 《大清印刷物专律》，载张静庐辑注：《中国近代出版史料初编》，中华书局 1957 年版，第 315 页。

物专律》相比，它对报刊登载内容做了更详细的规定，从中可以看出对《大清印刷物专律》对报道真实性要求的延续，同时还体现王朝特色的傲慢，尤其是对朝政和宫廷内容的禁止。在这之后，两广总督周馥于1907年1月颁布自订报律，公开对两广报刊的管理和处罚措施，这也是地方报律的重要尝试。

1907年，清政府民政部推出《报馆暂行条规》，共10条，作为正式《报律》颁布前管制报刊的法令。《报馆暂行条规》对报刊内容的限制与之前的规定有类似，都禁止"诋毁宫廷""妄议朝政"，此外在开办报馆需要向政府报备审批的条文后加了"其以前开设之报馆均应一律补报"①一条。不同于《报章应守规则》只在京津施行，该法规本欲在全国推广，随后引发多地报馆反对。

1908年1月，参考日本法律的《大清报律》草案由民政部、法部拟定完成，共42条，报请清廷审批。3月14日，经宪政编查馆修改审定的《大清报律》正式批准公布，增加到45条。与之前的草案相比，这份经过奕劻、袁世凯、张之洞等"六大臣"修补和改正的正式版本，对"诋毁宫廷""淆乱政体""扰害公安"三类报道内容的刑罚有所加重，除了监禁和罚款，还增加了入刑治罪。这意味着报刊、报人仍随时面临着"因言获罪"的可能，一旦入刑，他们面临的处罚便没有上限，只能任由朝廷决定。此外，在报道内容的限定上，报律对"报道失实""诉讼事件""预审事件""外交海陆军事件""谕旨奏章"等报道边界进行了明确，衙门禁止的、朝廷杜绝的，都是报刊"依法"所无法触碰的内容。

自《大清印刷物专律》到《大清报律》，政府对报界层层设防，对自由办报、自由发表言论的阻碍越来越多。

各地报馆对此报律亦十分反感，许多报馆拒不遵守其中的规定。上海《新朔望报》在社说中指责："报律兴则报纸可废，报纸废则舆论可灭，舆论灭则一二执政者可以恣横而无忌，一二执政者恣横而无忌则于是贤者吞声、愚者饮泣，彼乃至于卖权鬻国，亦非不可为。"②汉口《江汉日报》发表时评，称"政

---

① 《奏拟定〈报馆暂行条规〉折》，载倪延年主编：《中国新闻法制通史·第5卷·史料卷·上》，第110页。

② 无为：《论报律》，《新朔望报》1908年第2期。

府诸公仇视舆论之隐衷，今日已大昭而表示天下……则曷不直接限制，曰中国人民不准设报。"①

1910 年（宣统二年），民政部对之前颁布的《大清报律》进行修改，并交由资政院议覆后重新颁布。同年 10 月，北京《国民公报》《帝国日报》等 7 家报馆联合上书资政院，请求修改报律，减轻对报纸言论的限制。

对清末颁布的新闻相关律法进行分析，可以看出清末法律制度在言论传播和文字出版管理方面逐渐系统化和具体化。最初《大清律例》将"妖书邪言"一律处以重刑（斩立决或斩监候），《大清印刷物专律》细化违禁言论的处罚办法，京师巡警总厅奉巡警部命令颁布《报章应守规则》明确报刊不得报道的范围，《大清报律》加重对宫廷、政体相关报道的警戒并加重对报刊的处罚，清廷在新闻法律制度建设过程中最明确的意图就是"钳制舆论"。

在清廷的眼中，报刊成为极度危险、需要政府严密防范、严加管束的事物，清末十年对报律的制定、颁布和不断修订的过程，体现出的并不是政府规范新闻业以期待它更好地发挥传播信息、服务社会、启蒙大众的作用，而是担忧它不受控制、煽动民众、威胁统治，所以逐渐加重对言论出版的枷锁和禁锢。

（二）清廷对新闻出版的管控

综观晚清报业发展的十年中，清政府将自己的管控实践与逐渐成形、不断修订的律法相结合，凌驾于整个新闻业之上，具体体现在报刊在出版前需要向政府申请、报备，出版后需要警惕报律中规定的内容界限，一旦违背将被政府主管机构处以刑罚。自戊戌变法后到辛亥革命，清政府面对报刊，最常采用的管控措施是查禁、封停、关闭、拘捕甚至处死等措施，积极的协调或引导在清末新闻业发展中则非常少见。

戊戌变法失败后，清廷开始对海内外的报纸实施控制，尤其是保皇派的报纸和革命派的报纸被严加禁止。据不完全统计，1898—1911 年间，至少有

---

① 刘望龄：《黑血·金鼓——辛亥前后湖北报刊史事长编》，湖北教育出版社 1991 年版，第145—146 页。

53 家报纸被查禁，占报纸总数的三分之一，被查封的 30 家，勒令停刊的 14 家，其余分别遭受传讯、罚款、禁止发行、禁止出口、禁止邮递等处分；办报人被杀 2 人，被捕 15 人。① 尤其是 1900 年后，新闻出版案件的数量达到高峰。

进入 20 世纪，清政府对舆论钳制随着统治日渐崩溃逐渐深化，尤其是 1903 年发生的"沈荩案"和"苏报案"，充分暴露了清政府在面对新闻报刊和负面报道的粗暴蛮横，以及清政府在执行法律中的废弛。

1903 年 7 月 19 日，《天津日日新闻》的"报馆访事"沈荩因报道了有关中俄密约消息，被清廷秘密逮捕。7 月 31 日，沈荩被慈禧下令用竹鞭行刑，即日被杖毙于刑部监狱。沈荩因此成为中国近代历史上第一个因新闻言论触怒政府而被杀害的记者。

《苏报》是 1896 年 6 月创办于上海的报刊，创办人为胡璋，该报以其妻子生驹悦的名义注册，社址在上海公共租界内。1903 年 5 月，该报聘请章士钊担任主编后言论逐渐激烈，大量刊登公开鼓吹革命的报道，如《〈读〉革命军》《贺满洲人》《呜呼保皇党》等。《苏报》"反动"的言论为清廷不容，清政府控告邹容"曾著革命书任意污蔑今上，排诋政府，大逆不道，欲使国民仇视今上，痛恨政府，心怀叵测，谋为不轨"②。

1903 年 6 月 30 日起，陈吉甫、章太炎等人先后被捕，邹容于 7 月 1 日投案自首。7 月 6 日，章太炎被捕后在狱中所写的《狱中答新闻报记者书》在《苏报》上发表，继续表达反满和革命的决心。7 月 7 日，苏报正式被上海租界当局查封。

"苏报案"发生后，上海租界会审公廨负责审理，清廷本欲从租界当局手中"引渡"章太炎、邹容等人，由清政府自行处理。但期间"沈荩案"的发生引发中外舆论动荡，清政府计划未能如愿。"苏报案"最终以章太炎被判处监禁三年、邹容监禁两年告终。1905 年，邹容因不堪折磨病死狱中，1906 年，章太炎出狱。

---

① 方汉奇：《中国近代报刊史》，山西教育出版社 1991 年版，第 596—597 页。另据统计，有 170 余家报刊 200 余次遭到各种处分。（参见张运君：《晚清书报检查制度研究》，社会科学文献出版社 2011 年版，第 304—328 页。）

② 《中国政府控告邹容条款》，《鹭江报》1903 年第 41 期。

　　辛亥革命前，国内的革命呼声愈加高涨，面对汹涌的民意，清政府依然以最简单粗暴的方式对待，下表将清政府在处理一些报刊激进言论的电文列出，从中能够更直观地看出其管控革命报刊时的态度：

表2—1　清末军机处、外务部对部分社会运动及革命报刊处理电文

时间	事件	军机处、外务部指示	各地做法
1908 年 3 月	广东自治会因为辰丸案，决议抵制日货，并且联络许多人（包括自上海的广东人）一同执行，他们还预备将此事登报以扩大影响。	外务处：已向沪道警告弹压，请速电严禁①。	南洋大臣端方：一面嘱梁道即刻通告各报馆，切勿登录广告，如今晚各报已刷印，应嘱各报馆另加传单，声明抵制日货，系出一二人之意，并非全体公认云云②。
			两江总督端方：正各报出版之时，已立刻派员至各馆止发。并分致商会及粤会馆董，一律嘱报馆缓登。③
			上海道梁如浩：现已函嘱以后新闻亦勿宜登载，以重交涉。④
1908 年 8 月	汉口《江汉日报》反帝反清，宣传革命。	军机处：希尊处严行查禁，照现行报律究办。倘该报系洋商出名，或在租界开设，应饬阌道照商该管领事官查禁，一面通饬巡警道、邮政轮船、铁路各局，不准在华人处营销，尤不准寄送他处。⑤	湖广总督陈夔龙：先已饬厅严行谕禁，先后派板道、巡警道会同驰往，将该报馆照律封闭，屡示惩儆矣。⑥

---

① 《外务部致南洋大臣端方江海关道梁如浩电》，光绪三十四年二月十九日（1908 年 3 月 21日），载骆宝善、刘路生主编：《袁世凯全集》，河南大学出版社 2013 年版。

② 《南洋大臣端方致外务部电》，光绪三十四年二月十九日（1908 年 3 月 21 日），载骆宝善、刘路生主编：《袁世凯全集》。

③ 《两江总督端方致外务部电》，光绪三十四年二月十九日（1908 年 3 月 21 日），载骆宝善、刘路生主编：《袁世凯全集》。

④ 《上海道梁如浩致外务部电》，光绪三十四年二月二十日（1908 年 3 月 22 日），载骆宝善、刘路生主编：《袁世凯全集》。

⑤ 《军机处致湖广总督陈夔龙电》，光绪三十四年七月十七日（1908 年 8 月 13 日），载骆宝善、刘路生主编：《袁世凯全集》。

⑥ 《湖广总督陈夔龙覆军机处电》，光绪三十四年七月十九日（1908 年 8 月 15 日），载骆宝善、刘路生主编：《袁世凯全集》。

续表

时间	事件	军机处、外务部指示	各地做法
1908 年 10 月	《自由新报》宣传革命，呼吁反对政府。	军机处：所有沿海、沿江各处，务将该报严禁营销。其津、沪一带，尤为人口要路，并饬各海关严加搜禁，毋任传播。①	四川总督赵尔巽：《自由新报》川尚未发见，已密饬认真查禁，并于入川夔、渝各口岸，格外加意。其各学堂，佥系饬专员检查外寄学习书函，曾已查获《支那革命报》一种，通饬销毁。惟此类多系由邮局代寄，拟请钧处妥定稽查邮局章程，庶较扼要。②
			两江总督端方：逆党在外洋刊行之逆报，种类甚多，如《民报》《复报》《汉帜》《洞庭波》，及近时在法国刊行之《新世纪报》、日本刊行之《日华新报》，均经方随时严密查禁，并饬海关，遇有进口逆报，扣留销毁。此项《自由新报》，亦经电饬沪道、税司严行搜禁。除再遵电转饬各关，严查禁遏，遇即销毁，不准传播外。③
			两广总督张人骏：檀香山所出《自由新报》，现查粤省尚无此报营销。兹已札饬各关税司，严禁入口，并行巡警道，分饬稽查，不准内地铺户人等，代为派送，以杜煽惑。④

通过上表的电文和之前的两个案件，可以看出，面对无法缓和的社会矛盾和层出不穷的革命报刊，清政府最主要的管理办法就是强行镇压。对待群众事件的报道，它的方法是"缓登""勿登"，发出声明转移责任；对待无法遏制的报刊，它的方法是封闭报馆、查禁报刊、扣留销毁、不准派送。诸如此类的案例还有许多，如对革命派报刊《新世纪报》的严行查禁、一律禁购销毁，对

① 《军机处致沿江沿海各督抚电》，光绪三十四年九月二十九日（1908 年 10 月 23 日），载骆宝善、刘路生主编：《袁世凯全集》。

② 《四川总督赵尔巽致军机处电》，光绪三十四年九月三十日（1908 年 10 月 24 日），载骆宝善、刘路生主编：《袁世凯全集》。

③ 《两江总督端方致军机处电》，光绪三十四年九月三十日（1908 年 10 月 24 日），载骆宝善、刘路生主编：《袁世凯全集》。

④ 《两广总督张人骏致军机处电》，光绪三十四年十月初一日（1908 年 10 月 25 日），载骆宝善、刘路生主编：《袁世凯全集》。

有激进言行的人亦抓捕承办，"迭经严饬各属文武加以镇慑，严密稽查，遇有造言生事，潜谋构煽之人，随时严拿惩办"①。

清政府的专横随着统治的失势逐渐加深，尤其对革命派报刊的报道和言论，清政府越想加强控制，越昭示出它统治的腐败和无力。层出不穷的革命言论意味着社会矛盾的加剧，报刊只是反映舆论的媒介，即便政府能够关停所有的激进报刊、限制所有的"反动"言论，也无法掩盖它统治的弊端。可以说，此时的清政府已是"强弩之末"，社会矛盾在鸦片战争、甲午战争、庚子之役及带来的不平等条约后被全面激化、革命风潮已经势不可挡。无论是政治统治、军事实力、社会经济，还是民心向背，清廷的面前都是一片混乱，它无法改善，无法解决，只能机械地挥动权力的大棒来实现更无理的控制，这就是清末时期政府对新闻报刊主要的管理态度和管控活动。它的后果便是在群情激奋下，革命愈演愈烈并给予清政府致命一击，使其迅速走向灭亡。

四、清末官报的发展

对待新式报刊，清廷的态度经历了一个由傲慢轻视到被迫接纳的过程，其间清廷创办新式官报是一个重要的节点。当下新闻史学界普遍认可袁世凯主导下创办于天津的《北洋官报》是早期最具有代表性的官报，因为它在形式、内容和影响力上都对清廷官报的发展产生了重要影响。其实在《北洋官报》前，清廷也曾有办官报的尝试，不过并不成熟。

"公车上书"后，康有为、梁启超等人于 1895 年在北京率先创办资产阶级改良派第一份报刊《万国公报》，并在之后将其改名为《中外纪闻》。1896年《中外纪闻》与它背后的强学书局被关闭后，御史胡孚宸上书，请将强学书局改为官办。同年 3 月，工部尚书孙家鼐被任命为管理官书局大臣，除印发书

---

① 《广西巡抚张鸣岐致军机处请代奏电》，光绪三十四年十月二十八日（1908 年 11 月 21 日），载骆宝善、刘路生主编：《袁世凯全集》。

籍外，还出版《官书局报》和《官书局汇报》两种官方报刊。这两种刊物可以被视为清廷最早的官方报刊，虽然在形式上与传统的《京报》非常类似，都以黄纸作为封面，外形与书类似，但在内容上有所突破，它刊登"路透电新闻""西国近事""本国新闻""各种外国新闻""先儒格言论说"等部分，但并不对时事做任何议论。戊戌政变后，官书局被裁撤，《官书局报》和《官书局汇报》也相继停刊。

1898 年 7 月 17 日，康有为曾代宋伯鲁拟《奏改〈时务报〉为官报折》，提出将上海《时务报》改为官报的建议并得到光绪帝的批准。但是后来《时务官报》在戊戌变法失败后被随即停办。

伴随着 1901 年开始实施的"新政"，民间报禁开放，越来越多的信息和纷繁复杂的言论引起清廷重视。管学大臣张百熙（治秋）上疏建议清廷创办官报：

> 中国通商各埠，由民间自行办理者不下数十种，然成本少而宗旨乱，除略佳之数种外，多不免乱是非而淆视听。又多居租界，挂洋旗，彼挟清议以訾时局，入人深而藏力固，听之不能，阻止不可，惟有由公家自设官报，诚使持论通而记事确，自足以收开通之效而广闻见之途。应请饬各省及有洋关设立等处，酌筹的款，或劝谕绅董各设报馆一所……①

当时的背景是国人自办报刊蜂起、民间舆论渐成气候，清政府在社会舆论场中的权威越来越低；此时作为管理者的政府积极加入并争取舆论的一席之地很有必要。张百熙已经认识到报刊的重要性，它可以使官吏了解民情，百姓知道时局，国家上下、内外之间信息通达，对整个清帝国的发展来说裨益良多。而且当时报刊初兴，民间报刊的确存在数量多而质量不高的问题，有些报道未加核实便随意刊发，容易混淆视听——因此需要官方建立一个正统的、权

---

① 朱寿朋：《东华续录》，中华书局 1958 年版。

威的信息传播平台，以引领舆论、打击谣言、肃清风气、树立国家正确言论的标杆。可以说，张百熙的出发点和设想都很具前瞻性。

袁世凯也意识到创办官报的重要性，他在 1901 年 4 月的《遵旨敬抒管见上备甄择折》提出："似宜通饬各省，一律开设官报局，报端恭录谕旨，中间纪载京外各省政要，后附各国新政近事，以及农工商矿各种学术……专以启发民智为主。庶几风气日辟，耳目日新，既可利益民生，并可消弭教案。"①

1902 年，慈禧"新政"下的官报活动正式开启。这一年 5 月，《政务处汇编政要》在北京创办，每月将政务处的重要文件汇编成册，月出一册。同一时间，各地官报纷纷兴起，如《湖南官报》《晋报》《江西官报》《北洋官报》（又名《直隶官报》）等均在这一年出现。其中，以袁世凯主导创办的《北洋官报》最为成功。《北洋官报》贯彻袁世凯"开民智"的目的，除了圣谕广训和谕旨外，本省的学务、兵事、时务、农学、工学、商学、兵学、教案、交涉以及外省和各国的新闻都列于其中，还有告诫文章和时事风景的图画，戈公振称其"诚可谓开风气之先矣"②。

除了地方当局主办的官报，清廷还出现由各政府部门主办的官报。1905 年，军队方势力主办的《训兵报》《兵学白话报》出版，以说教为主，宣传忠君爱国思想。1906 年 3 月，清廷官方主办的五日刊《北京五日报》创刊，内容和形式类似《京报》，采用中式书籍版面，线装活版单面印刷，由河北书局负责

图 2—4 《北洋官报》1911 年 1 月 1 日封面及广告页

---

① 《遵旨敬抒管见上备甄择折》，光绪二十七年三月初七日（1901 年 4 月 25 日），载骆宝善、刘路生主编：《袁世凯全集》。

② 戈公振：《中国报学史》，上海书店 1990 年版，第 48 页。

印刷工作。1906 年 4 月，清廷商务部主办《商务官报》在北京创刊（前身为 1903 年创办的《商务报》，商部郎中吴桐林为总司理人），每月出版 3 期，逢五出版，每期约 40 页，每年休刊一月，宗旨是发表商部之方针，启发商民之知识，提倡商业之前途，调查中外之商务，主要内容包括论说、译述、公牍、法律章程、调查报告、专件、记事、附录等栏目①。1906年 7 月，北京外城警厅出版《警务通告》，主要登载警务相关公文和报告，该刊只送给相关机构阅览，并不在民间公开发行。

图 2—5 《商务官报》1906 年第 1 期封面、目录

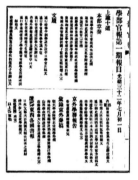

图 2—6 《学部官报》1906 年第 1 期封面、目录

1906 年 8 月，清廷学部主办《学部官报》在北京创刊，最初为月刊，自第 3 期后改为旬刊，由清廷学部图书处发行，戴展诚担任主编，包括上谕、本部奏章、文牍、审定书目、京外学务报告、京外奏稿、选译东西各国书报等栏目，专门刊载有关学务的文告以及有关各国教育、教育史、教育制度、教学方法、学校章程、课程安排等内容，出版至 1911 年 7 月。

与地方官报和特定部门官报蓬勃发展的景象不同，中央官报的出现要更晚一些。

1906 年 12 月，御史赵炳麟、邹庆设立印刷官报局，出版官报，"将朝廷

① 张伟仁主编：《中国法制史书目》第二册，"中央"研究院历史语言研究所 1976 年出版，第 862 页。

立法行政，公诸国人""使绅民明悉国政，为预备立宪基础之意"。清廷命交考察政治馆议付。1907年4月，考察政治馆方采纳赵炳麟的建议，同意筹办《政治官报》。清廷于4月17日批准，23日设立官报局，着手筹办官报。

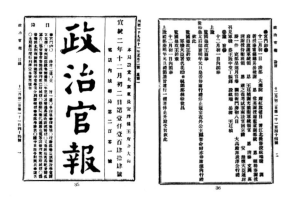

图2—7 《政治官报》第1144期封面、内页（宣统二年十二月初二）

1907年10月，清廷第一份中央政府机关报《政治官报》创刊。《政治官报》创刊于北京，由考察政治馆负责主编，社址在北京王府井大街，日出一册，16开大小，每册20多页不等。该报于1911年8月停刊，共出版1370期。根据清政府宪政编查馆大臣奕劻主持起草,1907年3月5日清廷批准的《政治官报》章程，可以对这份中央机关报有所了解。该章程共5条：

（一）名称。《政治官报》为日刊，专载国家政治文牍，由考察政治馆主办。

（二）宗旨。《政治官报》根据光绪三十二年七月十三日上谕而办：使绅民明悉国政预备立宪之意，凡有政治文牍无不详慎登载，期使通国人民开通政治之智识，发达国家之思想，以成就立宪国民之资格。

（三）办法。报先出日报一种，将每日发钞咨送到馆文件，依类登录，必详必备。如日后钞送渐多，再行按照前政务处奏定章程，择取精要，编辑月报一体印行，以求完善而备掌故。所有办事人员，约分四部：一编辑，二校对，三印刷，四发行。

（四）体例。官报分为下列十类：第一，谕旨、批折、宫门抄，如有廷寄业经覆奏发钞者，一并敬谨登录。第二，电报、奏咨。第三，折奏，登录次序，约分外务、吏政、民政、财政、典礼、学校、军政、法律、农工商政、邮电航路政十门，除军机、外交秘密不宣外，凡由军机处发钞，暨内外各衙门具奏事件，随时录送到馆，以备登载。以下各类文牍仿此。如咨割、章程等件漏未咨送者，并由馆随时咨取，以期详备。第四，咨札。第五，法制章程，如改定官制、军制、民法、刑法、商律、矿律及部章、省章一切规条，均归此类。第六，条约、合同，如订定颁行条约、契约，及聘订东西各国教习、工师、技师等员合同文件，均归此类。第七，报告、示谕，如统计报告及各部示谕、各省督抚衙门紧要告示等件，均归此类。第八，外事，如翻译路透电报、泰晤士报及东西各国紧要新闻，及在外使臣、领事报告等件，均归此类。第九，广告，如官办银行、钱局，工艺陈列各所，铁路、矿务各公司，及经农工商部注册各实业，均准送馆代登广告，酌照东西各国官报广告办法办理。第十，杂录，如各学堂、公所训词演说，及已经采录之各条陈，或见于各官报之紧要调查记事等件，均归此类。上列十类，每日有则录登；不必具备，凡私家论说及风闻不实之事，一概不录。

（五）发行。本报为开通政治起见，无论官民皆当购阅，以扩见闻。除京内各部院暨各省督抚衙门，由馆分别送寄外，其余京师购阅者，由馆设立派报处，照价发行，外省司道府厅州县及各局所学堂等处，均由馆酌按省份大小，配定数目，发交邮局寄各督抚衙门，分派购阅。所有报价，应俟开办后酌定知照办理。[①]

作为第一份中央官报，《政治官报》有许多值得关注之处。

首先，《政治官报》章程中对报纸内容的规定非常详细，除了常见的上谕、电报、奏疏等，还包括条约合同、广告的细则。而其最后一条"凡私家论说及风闻不实之事"不登载的规定，一方面表现出该报作为中央政府官报的慎重，一方面又颇具保守意味。对"私家论说"的拒绝意味着民间言论不会出现在官

---

① 本书编委会编：《中国全鉴（1900年—1949年）》第1卷，团结出版社1998年版，第592页。

报中，也意味着民间自办报刊的言论难以被官方承认——推及具体的新闻实践，则意味着官方对自由言论的否认。

其次，《政治官报》章程明确地将报纸的工作人员按照职能划分为四类，分别是编辑、校对、印刷和发行。可以看出除了记者外，中国近代第一份中央官报的内部人员构成与现在的报纸相比，存在非常高的相似程度。这意味着在清末的官报内部，报刊的人员分工，或者说职业化已经逐步形成，这对后来官报的发展和体制确立都有重要的先鉴作用。

同时，《政治官报》的主要内容中特辟了广告门类，虽然刊登的广告为官办银行、钱局，工艺陈列各所，铁路、矿务各公司，及经农工商部注册各实业单位，基本都是与政府存在密切关系隶属机构，但可以看出报刊广告这种来源于资本主义的盈利形式已经得到清廷认可。从另一个侧面来说，资本主义对整个中国的影响越来越深，第一份中央官报就被批准登载广告，既可以被认为是清廷的妥协，也可以说是清廷在近代化路上的进步。

此外，该报的发行体现出强烈的"官方"意味。在中央主导下，《政治官报》扩大影响力和发行量的方式主要是朝廷强制性地摊派，订阅该报似乎成为政治任务。将这一点"清廷特色"与前文提到的刊登广告的"资本主义特色"结合起来看，《政治官报》像一个矛盾的结合体，颇有几分讽刺意味。

随着清廷政治制度的变革，1911 年内阁成立，同年 8 月 24 日，《政治官报》改名为《内阁官报》，成为清廷的新中央机关报。该报体例与《政治官报》类似，都是日刊，发行则由内阁印铸局负责。在内容的安排中，该报包括"宫门抄""事由单""法令""折奏"几个主要部分，丰富程度较《政治官报》有所减少，政事公示的意味更重。

《内阁官报》条例规定，"内阁官报为公布法律命令之机关，凡谕旨、章奏及颁行全国之法令，统由《内阁官报》刊布""凡京师各衙门通行京外文书，均由《内阁官报》刊布""凡法令除专条别定施行期限外，京师以刊登《内阁官报》之日始，各行省以《内阁官报》递到之日起，即生一体遵守之效力""各省除行政司法各官厅皆有购读官报义务外，凡武职旗营、自治团体学堂及候

补人员、本地绅民均可向布政
司或度支司衙门经理官报处购
买"。这一点非常重要，它说
明《内阁官报》在公布、传播
清廷官方律令方面具有绝对权
威性，报纸本身已经不单单是
传播新闻的媒介，更成为政府
管理体制中的信息传播的重要
机构。

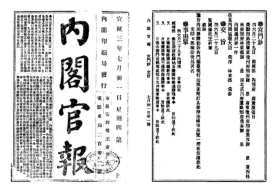

图2—8　《内阁官报》第一号（宣统三年七月一日）

　　从《官书局报》《官书局汇报》到《政治官报》《内阁官报》，清末官报发展与中央政策变化密切呼应，对民报、商报的忌惮反向推动着官报一步步走向近代化。在发展方向上，清末官报越来越承担着政府喉舌的功能，它宣达政令、传播（政府筛选过的）新知，试图与民间舆论抗衡。但由于缺乏自由的观念和多元的言论，它终究无法发挥预期的左右舆论的功能。

第四节　民族资本主义与清末新闻业发展

　　戊戌变法失败后，以慈禧太后为首的顽固派重新掌握清廷最高政权，政治氛围愈加保守，北京新闻业陷入沉寂。直到进入20世纪，北京新闻业才在社会动荡和政府管理的空隙中重新苏醒，逐渐焕发生机。

一、作为启蒙社会、改良政治的早期民办报刊

　　对创立报刊的清末知识分子来说，报刊是他们寄托政治理想、社会目标的凭借。他们大多寄希望于新式报刊能够传播先进的文化，启蒙民众，以达到增强国力的目的。其中一部分人是接受传统文化教育的旧式知识分子，因此即

便对落后的国情、腐败的朝政不满，也从无推翻重来之意。他们创办的报刊大多持有改良维新立场。

蒋国珍在《中国新闻发达史》中，提出《中西闻见录》是北京民报之始，然后是 1901 年（应为 1900 年）的《白话爱国报》，"其面积不过两页一尺见方的东西"①，之后的《京话日报》《北京日报》《顺天时报》代表了清末北京民报发展的基本路径。因此，可以看出民国新闻学界认为，20 世纪北京最早的民办报刊是 1900 年的《白话爱国报》。其实在这一年，北京并不只有这一份报刊诞生，还有《新闻汇报》和《支那泰晤士报》，它们都创刊于 1900 年，共同开启 20 世纪北京新闻业的篇章。

《北京新闻汇报》，又名《新闻汇报》，创刊于 1900 年 1 月，月刊，由文海出版社印行，样式类似于传统书本杂志，黄色封面，木刻线装，使用毛边纸印刷。这是一份早期文摘报，篇幅多，内容非常丰富，每期多达五六百页，富有史料价值，主要内容包括上谕、奏折、国内重要报刊的新闻和社论。该报在《本馆告白》中曾交代办报宗旨"仅在广人见闻，而不敢妄分门户，凡所刊论议，皆系述而不作，是非得失自有公评，与本馆无涉"②。这说明《北京新闻汇报》的基本理念是"述而不作"，只负责整合信息、撰述报道，并不直接表明政治立场，但从它辑录中外报刊中关于国家危难局势、变法图强、八国联军勒索抢劫等报道③，即可知本报暗含的维新改良思想。

《经济丛编》，1902 年 3 月 24 日（光绪二十八年二月十五日）在北京创刊，由安徽桐城学派学者创办，北京华北译书局出版发行。该刊由吴汝纶主持，廉泉、常堉璋负责相关事务，邓毓怡负责编纂。主创者仿照欧美各国的丛报、日

---

① 蒋国珍：《中国新闻发达史》，世界书局 1927 年版，第 49 页。

② 《〈北京新闻汇报〉本馆告白》，载张雪根：《从〈邸报〉到〈光复报〉——清朝报刊藏记》，浙江工商大学出版社 2014 年版，第 40 页。

③ 如 1901 年 2 月刊载的《吴君保初论中俄密约关系中国之存亡》，1901 年 1 月刊载的《论倚任外人之失当》，1910 年 5 月刊载的《论筹款不可剥民脂膏》，1901 年 8 月刊载的《西人殴打华人全案供词》，1901 年 9 月刊载的《西报论俄人心志叵测》等文章，都暗含着《北京新闻汇报》编辑者对国事的关切与隐忧，其中亦可看出其基本政治立场。

本的杂志，创办此刊，名称取自《中庸》"经纶天下"、《论语》"博施济众"之义，认为"必经世济物而后可以言学□俗历学"①。该刊主要栏目有中外大事记、舆论、教育、文学、宗教、农商、兵学、理财、法律、历史、琐记等，内容非常丰富，包括我国与资本主义国家签订的商业条约、国内工商界的规章、商会组织的条例、国外各项制度介绍等。1904年第42期（1904年5月14日）起该刊更名为《北京杂志》，并改为月刊，当年秋天停刊。

图 2—9　《北京新闻汇报》封面、目录

《今日请看报》，1903 年创刊，创办者杜关，原名杜德舆，字若州，晚年自号柴扉野老，后人称之为杜

图 2—10　《经济丛编》第一号扉页、目录

柴扉。四川长宁上西乡人，祖籍湖北麻城孝感乡。为达到启民救国的目的，杜关约同广西王某创办了《今日请看报》，后又同杭辛斋创办《京华报》。

《华字汇报》，1905 年 6 月 20 日创刊，社址在北京东单二条南路，分馆在前外铁老鹳庙路东。这是一个以选登各报篇章为主的文摘式日报，创办人李洵，内容也由李洵自编自选，每天出 6 版，每月报价为铜圆 28 枚。李洵在创刊号的《华字汇报缘起》中提出"愿牺牲一己之目力脑力，举中外所出华字各报，全行购备，精选汇登，按日出版，撷其精华，芟其冗琐，有长必录，无美或缺，特以此饷同胞。一展卷而五洲在目，万国罗胸，当代之要政悉知，四方

---

① 《经济丛编序例》，《经济丛编》第 1 期（1902 年 3 月 24 日）。

之治情毕露……读此一报，已无异读数十百种报，且胜于读数十百种报。"①该报经常选刊的报纸多达 47 种，包括《京报》《北洋官报》《南洋日日官报》《四川官报》《河南官报》《山东官报》《北京报》《燕都报》《天津日日新闻》《顺天时报》《大公报》《满洲日报》《申报》《新闻报》《时报》《同文沪报》《汇报》《南方报》等。

《金台组报》，1905 年 12 月 6 日（光绪三十一年十一月初十）在北京创刊，馆址在北京琉璃厂西门内路北，每天出版三面印刷一张，每期分为 6 个版，零售价格为每张报纸一枚铜圆，每月三十五枚。沈郢闻担任主笔。该报的主要栏目有宫门抄、上谕、外论、各国新闻、国政要闻、学界要闻、实业新闻、时事琐闻、谈丛等。除正张外，该报还出有附张《白话开通报》，随正张附送，但如果单看则需要付费。该报除在北京发行外，还在上海、天津、香港、锦州等地设立分销处。

二、主张建立君主立宪政体的报刊

在清末历史发展中，改良派和立宪派的政治立场比较接近，所以一些研究将他们创办的报刊同一而论，只与革命派相区分，分别代表清末的新旧势力②。但是在清末复杂的社会思潮中，改良与立宪的主张存在不少差别。为了更清晰勾勒出清末民办报刊的发展趋势及发展特点，本书将两种主张的报刊单独成节，政治立场不太鲜明的、以传播西方先进文化为主旨的报刊列入第一小节；而公然拥护君主立宪制度，政治主张明确的则置于此小节。这类报刊的特点是具有爱国热忱，忧心民族国家命运，积极为国家发展建言，主要出于忠君立场，体现出传统文人的保守性和历史局限性。

---

① 李洵：《华字汇报缘起》，《北京华字汇报》创刊号（1905 年 6 月 20 日）。

② 如黄河编著的《北京报刊史话》一书中将 1900 年后北京出版的报刊分为官报和民报两类，其中民报类被分为君主立宪和民主立宪报。前者包括改良派与立宪派主张的报刊，后者专指革命派创办的报刊，并未将改良派与立宪派进行细致区分。

（一）立宪派的改革精神与报刊实践

随着清末科举制度的消解及废除，传统知识分子群体的处境和心态发生了巨大的变化。一些读书人在科举制度废除前另谋生路，比如山西太原县刘大鹏所在地区在 1896 年时就有废除科举的传闻，士子们"人心动摇，率皆惶惶"，其中一些人已经"欲废读书而就他业"①。还有一些读书人，继续从事与文字相关的营生方式，在谋生糊口的同时继续维持对国事的关注，以另一种方式实践参政报国的志愿。清末政治报刊的兴盛便是这一趋势的体现，知识分子通过创办报刊提升政治参与感，而其"实质就是政治价值的实现过程"②。

知识分子的这种政治参与和政治传播，体现在清末北京新闻事业的发展中，主要表现为立宪派报刊兴起；革命派虽亦尝试在北京传播其政治主张，但由于环境的限制，其社会影响和规模比立宪派稍弱一些。本节主要关注清末北京的知识分子在社会转型中的新闻实践和政治抱负。

《京师公报》，文实权于 1905 年主办，社址位于宣武门外后铁厂，文子龙、杨曼卿、黄佛舞、赵静宜担任编辑。该报倡导君主立宪，主张维护清朝统治，"报虽小实为旗族人士之言论机关"③。该报的倡导引发京中其他报刊的同情，文实权、章廉甫、李仲悌等人组成君主立宪维持会，恒诗峰、刘若曾、康甲丞等人组成君主立宪期成会。当时报界诸人，暂时抛弃成见，废寝忘食，将国家大局置于第一位，积极进行演讲、开会、写作、奔走、呼吁、宣传等工作。"此为报人大卖力气时代，实为空前绝后者。"④清帝退位后，该报曾刊登《清帝退位号外》。民国成立后，该报更名为《新民报》继续出版。

《暮鼓晨钟》，1907 年 7 月 10 日创刊，北京《爱国报》附出的文摘性副刊，由丁宝臣负责编撰，每天出版 16 开 1 页，随《爱国报》免费附送。该报如此

---

① 罗志田：《权势转移：近代中国的思想、社会与学术》，湖北人民出版社 1999 年版，第 175 页。
② 唐海江：《清末政论报刊与民众动员：一种政治文化的视角》，清华大学出版社 2007 年版，第 157 页。
③ 管翼贤纂辑：《新闻学集成》第五—八册，上海书店 1992 年版，第 287 页。
④ 管翼贤纂辑：《新闻学集成》第六册，中华新闻学院 1943 年出版发行，第 303 页。

命名，取朝警夕惕之义。《暮鼓晨钟》以选录各报刊言论为主，创刊号上刊载了丁宝臣的序，称该刊宗旨为"博采群言，广知时势"，"激发合群自强之思想，振起爱国保种之精神"，"唤醒我四万万同胞，各知尽当然之义务，免为外人之马牛"，以及"新后生之耳目""开蒙幼之知识"。《暮鼓晨钟》所刊文字以选自《竹园报》《大公报》《北京日报》《公言报》《迩报》《顺天时报》《时报》《新报》《天津时报》等 9 家报刊的最多，其中又以选自《竹园报》的最多。该报倾向于维护清朝统治，促进政治改良，鼓吹忠君爱国、改良立宪。后来逐渐倾向于革命派，揭露黑暗统治，唤醒群众觉悟。本报共出 21 期，1909 年 3 月 21 日停刊。

《大同日报》，1908 年 3 月 27 日创刊，社址在北京琉璃厂土地祠内。恒钧（字诗峰）、乌泽声等宗室留学生主办，每日出版两大张，使用文言文撰述，主要撰稿人有恒钧、乌泽声、康甲丞、严慎夫等，主要栏目有论说、杂俎、时评、小说，颇受读者欢迎，一度销量达日 5800 份[1]。该报前身为 1907 年 6 月 25 日（光绪三十三年五月十五日）在日本东京创办的《大同报》，宗旨是"主张建立君主立宪政体；主张开国会以建设责任政府；主张满、汉人民平等；主张统合满、汉、蒙、回、藏为一大国民"[2]，提出"立宪乃所以救中国也"[3]。

《大同日报》创办后亦延续该立场，注重"满汉融合"，解决"满汉不平等"，[4]提议改革政治，实行君主立宪政体，开设国会。该报代表君主立宪派的诉求，是与资产阶级革命派进行论战的主要舆论阵地之一。1909 年，《大同日报》与《中央日报》合并，改名为《中央大同报》继续出版，日出一大张，恒钧任社长，"以变通旗制，促进宪政为宗旨"；致力于君主立宪的宣传。当年 9

① 叶再生：《中国近代现代出版通史》第一卷，华文出版社 2002 年版，第 901 页。
② 乌泽声：《大同报序》，载《大同报》第 1 号（1907 年 6 月）。
③ 乌泽声：《大同报序》。
④ 黄兴涛：《现代"中华民族"观念形成的历史考察》，《中国近代史》2002 年第 4 期。

月，《中央大同报》与北京《国报》
因在报上登载"东三省交涉事"①
（实为安奉路条约），被外务部奏请
停版。

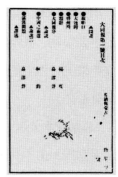

《官话京都日报》（又名《京都
日报》）1908 年 3 月 29 日（一说创
办于 1910 年）创刊，1912 年 2 月
14 日起改名为《中华日报》，萧德

图 2—11　《大同报》第 1 号封面、目录

霖创办并担任发行人，编辑白法张、印刷人黄德清，社址在北京前门外樱桃斜
街中间路南。该报采用文言撰述，每日出白报纸铅印 16 开 6 页，设演说、录
件（命令，电报）、要紧新闻、本京新闻、各省新闻、各国新闻、杂评等栏目，
还刊登京剧等戏剧内容的报道及戏园演出广告。此外，该报注重刊发社会新
闻，对北京社会各阶层的动态都有所关注。政治立场上，该报倾向于君主立宪
派，曾在"演说"栏目中连续发表《宪法浅说》《立宪》等评论文章，对慈禧
太后、光绪皇帝等进行赞美，宣称立宪制度的好处。民国成立后，该报改名为
《中华日报》继续出版。

《简字报》，1910 年 2 月 15 日（宣统二年正月初六）创刊。邵笠农等人集
资创办，自称"专以开通民智，提倡宪政为宗旨"②。

《宪志日刊》，1910 年 5 月 9 日出版，孟昭常主编，地址在北京顺治门外
达智桥，原为上海预备立宪公会的会刊，后来改名为"宪志"并移至北京，由
于每日出版，所以更名为《宪志日刊》，是国会请愿同志会的言论机关。该刊
主要内容包括论著、时评、译述三大类，关注宪法、国会、官制（设官分职）、
地方自治、政党、法令、财政、教育、实业九大类话题，此外亦登载外交军事
等与宪政相关的话题。该刊在刊登于京津报刊的《定期出版广告》宣称"其论

---

① 《时报》1909 年 9 月 17 日。
② 《又有新报将次出现》，《大公报》1910 年 2 月 1 日。

说用短篇大字，其批评皆按切时事，短练警醒为本报之特色"①。该报是立宪派的主要报刊，鼓吹宪政，反对革命，但很少公开以激进言辞指责革命，反而对立宪推进过程中的问题详尽指出，言论清醒持正，揭露时弊，对推进社会发展颇有益处。

《帝京新闻》，1910年5月18日（宣统二年四月初十）创刊，社址位于北京李铁拐斜街西首路南，陆鸿逵担任社长，康士铎主编，主要编辑人员还有恒钧，每日出版对开2大张。该报以"扶翼民气，鼓吹宪政，指导舆论，发表政见"②为宗旨，主要栏目有谕旨、言论、新闻、奏议、时评、文苑、杂俎等，内容包括币值、税法、军事、农业、茶务、警察、财政、保险、教育等多个方面。王慕陶在给汪康年的书信中曾提到《帝京新闻》"其中有沤隐者"，"颇似老学究"③。

《国民公报》，1910年8月24日创刊，社址在宣武门外后铁厂，日出对开两张。名誉社长孙伯兰，社长文实权，编辑徐佛苏、黄舆之、吴赐岭、黄荫狐、黄佛午等。该报是立宪派团体"国会请愿同志会"的机关报，使用文言文撰述，自称"鼓吹国会、扶植宪政之惟一机关"④。该报的编辑徐佛苏、黄舆之都是梁启超的得意门生，常刊载梁启超、黄远生、谭祖安、汤济武、蒲伯英等人的文章，获"学识高深，文章奇隽"⑤的好评，在士大夫中非常受欢迎。《大公报》称该报"为吾国多一养成舆论机关，其于中国立宪前途或大有裨益"⑥。业务方面，外勤记者夏颂求、张少溪等善于采访，使得该报能够最快速、全面地获得政界新闻，在北京众多报纸中脱颖而出。1910年12月11日，《国民公

---

① 《宪志日刊定期出版广告》，《大公报》1910年5月4日。
② 《帝京新闻出版预告》，《大公报》1910年4月28日。
③ 《王慕陶四十四通·三十七》，载上海图书馆编：《汪康年师友书札·1》，上海书店出版社2017年版，第138页。
④ 《国民公报到津》，《大公报》1910年9月30日。
⑤ 管翼贤纂辑：《新闻学集成》第六册，第286页。
⑥ 《对于国民公报之感言》，《大公报》1910年8月24日。

报》因"诋毁宫廷"① 被内城总厅判罚从 12 日起停版 5 天。1911 年，立宪派团体"国会请愿同志会"改组为"宪友会"，《国民公报》不再承担机关报之责，转由徐佛苏个人经营。民国成立后该报宣传研究系的主张，成为进步党的机关报。1919 年 10 月被北洋政府封禁。

《公论实报》（有的著作中称《公论时报》，应为"实"），1910 年 10 月 14 日创刊，前身为《公论报》，沈实甫（乃诚）担任该报社长，社址位于宣武门外北柳巷路西，售价为每月 6 角大洋。该报自称宗旨是"伸起国家公理，铸成国民公德"②，主要任务是研究宪政、鼓吹国会成立，主要栏目包括公论长言、宫门抄、谕旨、交旨、国外电、要政奏事等二十二类。该报隔日出版一张图画，讽谏时事、警醒世人。1910 年 11 月，该报因登载《御史真爱多管闲事》一文中涉及太监德彰盗库之事，被处罚款 400 元并停版三天。1911 年 1 月 6 日，该报因连载《狗说》《群狗竞争图》等文章和插画，将资政院议长议员二百余人都比作狗，被罚款 30 大洋，并勒令停刊 7 天。1911 年 4 月，该报因连续在报道中将日本公使称为"倭奴"，受到日本驻华使馆抗议，并向京师地方审判庭提出控诉；4 月 19 日案件公开审讯，该报编辑公开在法庭"允援公理，力驳日人"③。

《刍言报》，1910 年 11 月 2 日创刊，每五日出版一期，逢一逢六出版，社址设在北京梅竹胡同，汪康年主办并负责所有编辑事务。该报以"变法图存"为宗旨，"专主评论，兼载时事"④，售价为每期一枚铜圆，由《北京日报》代为发行。汪康年在《刍言报》第一期刊载的《〈刍言报〉小引》中提出，该报主要登载评论及旧闻，每期报纸分为八小叶和内编、外编，内编关涉时事，外编不关时事，不拘题材，该报不登"告白"，但书本除外。

《刍言报》是汪康年一生所办的最后一份报纸，承载了他对于新闻事业的

① 《新闻报》1910 年 12 月 11 日。

② 《公论实报广告》，《大公报》1910 年 10 月 13 日。

③ 《时报》1911 年 4 月 24 日。

④ 《刍言报告白》，《大公报》1910 年 11 月 3 日。

最后理想。这份以言论为主的报刊独资经营，不对外筹款，也不刊登广告，可以说是汪康年私人的言论机关。该报言论持正，立场鲜明，体现出汪康年警告当局、匡救政府、警觉社会的良苦用心。陶葆廉曾评价："《刍言报》持论平正通达，足砭流俗，钦佩之至。"① 严复曾评价："读其议论，如渴得水，如痒得搔"，"逮睹足下言论，则朝阳鸣凤出诸羸病之夫，毅然与怒潮恶风相抵拒，又心平气闲，犁然意尽，故不觉面发怍而首俯至地耳"②。

《刍言报》出版后，受到社会各界欢迎，清廷学部甚至对该报进行推广，"以《刍言报》用意纯正、立言得体，其纠正各报均其确正"③，令各学堂自行购阅，以起到社会教化、培育风气的作用。同时，当时关心时政但无心革命之意的士绅亦十分欣赏《刍言报》的风格，对此报颇为拥趸。叶昌炽④ 曾在其日记中提及此报，称《刍言报》"专纠各报之横议，亦警世钟也"。⑤ 后来汪康年病重，该报停刊，出版至 1911 年 9 月。

《帝国大同报》，由倾向于革命的《帝国日报》与倾向于保守的《大同日报》在 1911 年合并而成，清帝逊位后，该报自动停刊。起因是《帝国日报》社长陆洪逵曾经与田桐等革命党人士往来密切，清末清廷对革命党人大加搜捕，引起陆洪逵恐慌，于是他联络担任《大同日报》社长的清廷宗室恒钧（诗峰），提出愿意与《大同日报》合并、拥护清廷、拥护皇权，以保证报纸顺利出版，同时保障自己的人身安全。之后《帝国大同报》诞生。⑥ 此事在当时被传为笑谈。

《民视报》，1911 年 12 月 13 日出版，由《宪报》改组而成，接手原《宪报》的各项设施，社址位于前门外八角琉璃井。该报为君主立宪派报刊，"专

---

① 上海图书馆编：《汪康年师友书札·2》，上海书店出版社 2017 年版，第 1924 页。

② 上海图书馆编：《汪康年师友书札·4》，上海书店出版社 2017 年版，第 3004 页。

③ 《刍言报能使学部札派》，《时报》1911 年 8 月 8 日。

④ 叶昌炽，字鞠裳，又作菊裳，光绪十五年进士，曾任国史馆总纂官、国子监司业、甘肃学政等职。

⑤ 含凉：《刍言报——四十年前报界之权威者》，《民报》1936 年 1 月 7 日。

⑥ 管翼贤纂辑：《新闻学集成》第六册，第 303—304 页。

以发表正确政见、铸造健全舆论为宗旨"①，自称其特色是言论不偏激、记载力求征（真）实。该报曾刊登劳乃宣②攻击武昌起义的《共和正解》一文，称"近者革命之风四方蜂起，一似人心皆同，然者实则为少数无知妄人所煽动，不轨军队所劫持耳，寐者不察，遽谓民主之制可以实行，亦愚者矣"③，显示出其政治立场的局限性。

立宪派报刊兴起是对清政府实行"立宪"政策的有机呼应，上文提到的一些报刊随着清政府灭亡而停刊，但有一些在民国时期依然发行，说明了宪政在20世纪初极受欢迎，是许多士绅的政治诉求。这一时期北京报界因政治氛围的影响，产生了许多立宪派报刊，在维护清帝统治的基础上发表对政治的议论、提出对政治的主张，宪法、国会、宪政、政党是这些报刊中最常见的议题。

（二）面向士大夫阶层的"大报"

黄天鹏主编的《新闻学名论文集》中，一位叫作"采菊诗屋主人"④的人对北京的新闻业发展作出评价，认为义和团运动之后所诞生的《白话爱国报》和《京话日报》是近代北京民报的先驱，但它们"只是下级社会的读物"⑤，并不入官绅之眼。直到朱淇创办《北京日报》，"才开始见着有类似于新闻之体裁和内容的新闻"⑥。此评论道出当时北京民办报刊的现状，针对不同的读者群体产生了不同类型的报刊，而以朱淇《北京日报》为代表的报刊被视为面向士大

---

① 《民视报出版广告》，《大公报》1911年12月5日。

② 劳乃宣，近代音韵学家，同治年间进士，笃信封建礼教，鼓吹儒家复古思想，抵制资产阶级改良主义，反对戊戌变法，主张取缔、镇压义和团运动。后曾历任宪政编查馆参议、资政院硕学通儒议员、江宁提学使、京师大学堂总监督兼学部副大臣。

③ 中国社科院近代史所编：《近代史所藏清代名人稿本抄本·第三辑·第六册》，大象出版社2017年版，第172页。

④ 这位"采菊诗屋主人"的真实身份是民国时期《文字同盟》的编辑，日本人桥川时雄，1894年生于日本，1918年来到中国，曾在共同通信社、《顺天时报》内供职。

⑤ 采菊诗屋主人：《中国之新闻和舆论》，载黄天鹏主编：《新闻学名论文集》，上海联合书店1929年版。

⑥ 采菊诗屋主人：《中国之新闻和舆论》，载黄天鹏主编：《新闻学名论文集》。

夫阶层的"大报"（当时称华人所办的文言文书写的报刊为"大报"）。

《北京报》，1904 年 8 月由朱淇创刊于北京，社址在琉璃厂西门，后迁至旧刑部街，宣统年间迁至镇江胡同，并自设印刷厂。1905 年 8 月 16 日《北京报》改名为《北京日报》，每日出铅印 16 开 16 页 1 册。该报用文言文写作，以政治新闻为主，政治立场倾向于君主立宪派。朱淇担任该报主办，协助朱淇办报的有张殿云、杨小欧等。该报于 1935 年 6 月停刊，是北京近代报刊中寿命最长的报刊。

朱淇，字季箴，原字篆孙，是清代广东名儒朱次琦朱九江先生（康有为的师父）的侄子，早年研习经史之学，后加入兴中会。朱淇曾在青岛创办《胶州日报》，后得到山东布政使尚其亨的资助，前往北京办报。根据 1904 年（光绪三十年）《东方杂志》第 6 期记载，"现有德人在琉璃厂开设报馆，命曰北京报，聘青岛胶州主笔朱淇、李承恩为之编述"①。但其实《北京报》背后的势力并不是德国人，而是山东官员尚其亨和曹倜，因为青岛在德国势力范围内，才借"德人"之名；同时尚和曹以其人脉及资源在朝廷进行疏通，朱淇的《北京报》才能顺利出刊。这显示出当时国人办报的不易，尤其在北京办报，如果没有"后台"和"关系"，则举步维艰。《北京报》出版一段时间后，朱淇声誉渐隆，结交了当时清廷商部尚书载振，便以廪生的身份在商部担任商部官报总办一职，朱淇与袁世凯势力亦有联系，不论清末还是民初，朱淇与其报纸一直站在袁氏一方。1906 年《大清印刷物专律》颁布后，北京报界受限颇多，和政府摩擦、交涉的机会越发增多，北京报界在宾宴茶楼聚会，成立北京报业公会，朱淇被推举为第一任会长，这也是北京近代第一个报业团体。在这之后，凡需要与官方交涉的报界事宜，均由朱淇负责沟通协商。

《北京日报》在朱淇主持下有以下几个特色：第一，秉持谨慎稳健的立场。报刊上登载的重要新闻和评论，朱淇一定要亲自审阅后才发排；如果是朱淇自己撰述的文章，都会明确署上自己的名字。他的文章不重辞藻，语言质朴，简

① 《各省报界汇志》，《东方杂志》第 6 期（1904 年 8 月 6 日）。

洁明快，很受读者欢迎。第二，注重报道内容的客观、公正。《北京日报》初
创时期，缺乏访员，很多稿件都是报外来稿。《北京日报》在报中"告白"宣
称"本报所登新闻系照访友来稿登录，一秉至公，并无成见"①，对于刊登内容
如果有读者觉得不合，该报即刻致函更正。朱淇曾经聘请一位有名的记者撰
稿，但后来发现此人的稿件在外交问题上"别有作用"②，就把剩下未登完的稿
件论调完全改掉，但依然使用这位记者的名字出版。因为此事，该记者了离开
《北京日报》。第三，非常注重业务经营。如该报在"售报价目"中提出如果读
者自取报刊，可对报费适当减少，省下派报人的中间费用；还针对京外寄送报
刊情况，提出每日邮寄报刊和每七日邮寄报刊收费的不同，以满足不同需求的
读者，增加报纸销量。第四，《北京报》注重商业营销。北京之外，该报在天
津、青岛、济南、上海、香港、广东、山西多地都设有分报馆，且通过刊登广
告来增加报纸收益，其广告（即"告白"）明码标价，为同行代登广告。

在北京具有影响力的报刊还有《中华报》。1904 年 12 月 7 日（光绪三十
年十一月初一），《中华报》在北京创刊，馆址在前门外五道庙街路西，由彭翼
仲和他的妹夫杭辛斋主办，杭辛斋任主编。该报以"恢复国权、启导民智"③
为宗旨，标明该报华商创办，"不假外人势力"④，自称"代表我四万万民族之
言论思想，发挥我四千年社会之精神"⑤。

《中华报》每日出版一册，初为 8 张 16 页 32 开，后增为 18 页，之后改
版为 16 开 16 页。目前该报最后一期为 1906 年 9 月 28 日出版。⑥《中华报》

---

① 王天根：《清末民初报刊与革命舆论的媒介建构》，合肥工业大学出版社 2010 年版，第 41 页。
② 《朱淇和〈北京日报〉》，载朱传誉：《报人·报史·报学》，台湾商务印书馆 1967 年版，第
14 页。
③ 《纪中华报》，《四川官报》1905 年第 1 期。
④ 《纪中华报》，《四川官报》1905 年第 1 期。
⑤ 《中华报例言》，《中华报》第 1 期（1904 年 12 月 7 日），转引自《〈启蒙画〉和〈中华报〉
简介》，载彭望苏：《北京报界先声：20 世纪之初的彭翼仲与〈京话日报〉》，商务印书馆
2013 年版，第 20 页。
⑥ 《〈启蒙画〉和〈中华报〉简介》，载彭望苏：《北京报界先声：20 世纪之初的彭翼仲与〈京
话日报〉》，第 18—19 页。

图2—12 《中华报》第180册
（光绪三十一年五月十一日）

与彭翼仲之前主办的《启蒙画报》和《京话日报》有所不同，是一份面向官绅阶层，以文言文书写的"大报"，旨在"开通官智"①，鼓吹社会改良，宣传宪政。主要栏目包括宫门抄、批评、时事要闻、中央新闻、学界调查、选报、译报、阁抄等。其中"选报"栏目对国内报刊重要报道进行摘录，包括《大公报》《中外实报》《济南日报》《申报》《上海时报》《楚报》等，"译报"栏目将国外一些报刊的报道进行摘录和翻译，如《神户西报》《字林西报》《万朝报》等。

1906年八九月间，《中华报》连续报道保皇党人吴道明、范履祥被捕和被处死的消息，揭露清廷"预备立宪"中的政治丑行。9月29日（光绪三十二年八月十二日），京师外城巡警部奉警厅之命查封报馆，《中华报》和《京话日报》被叫停，彭翼仲和杭辛斋被逮捕。

《中华报》的创办与《北京报》具有密切关系。1904年秋，朱淇预备创办《北京报》，但资金不足无法自己承担报刊印刷工作，所以与彭翼仲签订合同，由彭负责《北京报》的印刷事宜。合同签订后，彭翼仲添设了许多工人和机器设备。前已提及，彭对报刊背景的"纯正"非常重视，但此时彭翼仲发现朱淇的报纸具有德商背景，于是与朱撕毁合同、分道扬镳。虽然不再与朱淇合作，但彭新增的设备和人员却无法退回，于是彭翼仲与杭辛斋决定利用现有的基础设施重新创办一份报刊，《中华报》随之诞生。

对彭翼仲这样一个报人来说，报刊就是他的事业，是他不可割舍的一部

① 《彭翼仲五十年历史》，转引自文昊主编：《他们是怎样办报的》，中国文史出版社2005年版，第6页。

分，具有非常重要的意义；然而与国家兴衰和政治昌明相比，报刊却又随时准备就义。在报道《保皇党之结果》时，彭翼仲已意识到这篇报道将会带来怎样的结果，但他依然义无反顾地刊登这篇新闻，"宁牺牲报馆之营业，以杜绝其将来，维持人道即所以维持政体也。"①

彭翼仲对报刊的理念昭示出传统知识分子办报的特点，他们虽然投身于报界，成为"士农工商"中的"商"，但他们骨子里士人报国的情怀依然占据主流，读书人的政治抱负、政治义务、政治理想是他们最为看重的，报刊是他们进行政治实践的另一种途径。

《京报》，1907 年 3 月 28 日创刊，汪康年主办，社址在北京宣武门外五道庙。汪康年、汪禾青（汪康年继室）夫妇担任编辑，文实权任采访主任。因汪康年是大学士瞿鸿机的门生，因此《京报》一度成为瞿鸿机与军机大臣奕劻对抗的政治工具，对庆亲王奕劻及其儿子常发表讥讽的言论。《京报》为日刊，每日出版对开 2 张 8 版，"附送上谕条一纸"，"网罗既富，印刷亦精"。该报在形制上颇有创新，时人称赞"（《京报》）以大幅裁叠成小页，便车行浏览，颇特别，消息亦颇灵捷"②。该报主要关注政治新闻，以督责政府为己任，以"通上下之意，平彼此之情"为宗旨，政治立场偏向君主立宪，在北京报界颇具名气。

汪康年非常重视言论，也颇为敢言，《京报》在揭穿政界腐败、抨击官员恶行时毫不忌讳；虽然其动机不乏前文中提到的助力瞿鸿机与奕劻进行政治较量。但与其他言论稳健平和的报刊相比，《京报》的确激进辛辣，所以引发当权者忌惮。如《京报》将受贿赂的政府与失节操的妇人作对比，称"失节操之妇人因不能以礼制情以至陷于逾闲荡检；受贿赂之政府因不能以俭养廉以至陷于受金暮夜"，"失节操之妇人纵欲无度终至流为卖淫妇；受贿赂之政府纵欲无度终至于广开苞□之门。失节操之妇人恶人言而老羞成怒至屡屡与人忿争；受

---

① 《彭翼仲五十年历史》，转引自文昊主编：《他们是怎样办报的》，第 7 页。

② 金梁：《光宣小记》，上海书店出版社 1998 年版，第 13 页。

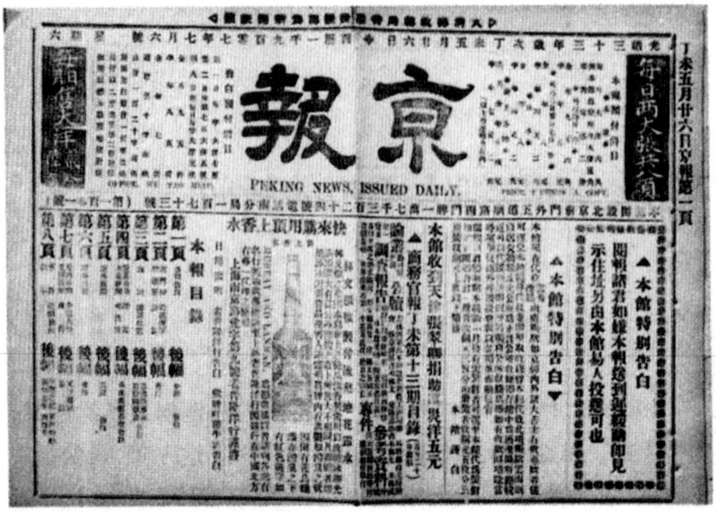
丁未五月廿六日京報第一頁

每日兩大張共八頁

京報

PEKING NEWS, ISSUED DAILY.

本館特別告白

本報目錄

图 2—13 《京报》丁未五月廿六日（1907 年 7 月 6 日）

贿赂之政府恶人言而老羞成怒至于罢台谏封报言”，“失节操之妇人因色衰爱迁与所私者大抵□终隙末；受贿赂之政府因势失柄移与献金者大抵□终隙末”①。

1907 年 8 月 26 日，《京报》因登载议论立储言论，并揭发庆亲王奕劻的丑闻，被民政部勒令停刊，停刊令由京城外巡警总厅于前一天下达。

《京报》停刊的导火索是对“杨翠喜案”的报道。1907 年 3 月间，庆亲王奕劻的儿子载振（时任农工商部尚书）途经天津，袁世凯请他看戏，参演的女演员杨翠喜得到载振青睐。负责接待的段芝贵曲意趋附，遂重金买下歌妓杨翠喜进献给载振。不久，段芝贵竟以候补道越级晋升为黑龙江巡抚，此事引发社会热烈讨论。奕劻和袁世凯的政敌瞿鸿机尤其借机反对此事。受瞿鸿机资助的汪康年利用《京报》将“杨翠喜案”公诸报端，言语十分尖锐，称朝廷“优礼亲贵，保全名誉”，并嘲弄亲王，抨击官场黑暗。舆论发酵后，载振自请免去御前大臣和农工商部尚书职，段芝贵的巡抚一职也被罢免。汪康年的《京报》因在此事中言论过于激进而被朝廷问责，落得停刊的下场。《京报》对此案的

---

① 《论政府宜为贿赂所昏》，《通学报》转录于《京报》，见《通学报》1907 年第 3 卷第 9 期。原文部分内容不可辨，以□代替。

态度虽受到瞿鸿机政见的影响，带有抨击政敌的意图；但该报确实对官场的黑暗进行了揭露，对朝廷的腐败进行了抨击，敢于直言而不惧权柄。汪康年的《京报》在近代新闻史中虽然只存短短的半年，但它因言论风格别具特色和被政府关停一事更具盛名，成为20世纪初北京新闻业的一颗明星。

三、立场激进的革命派报刊

1900年1月25日，《中国日报》创刊于香港，这是资产阶级革命派创办的第一个正式机关报，开启了资产阶级革命派在华办报的历史。之后，革命派报刊逐渐兴盛，尤其以上海、武汉、广州等地为主。北京作为首都，受到政治的严密监控，革命派报刊想要获得一席之地并非易事。直到1909年，第一份革命派报刊终于在北京落地。

《帝国日报》，1909年11月24日（宣统元年十月十二日）创刊，社址在北京前门外五道庙堂子胡同，是资产阶级民主革命派在北京最早的言论机关。陆洪逵担任主编，协助担任编辑工作的有宁调元（太一）、刘少少等，以"扶持宪政，指导舆论，扩张国权，发表政见"[①]为宗旨。该报将原《中央大同报》设备一律盘下，在其基础上改建而成。

《帝国日报》每日出版2张共8版，在周年庆等特殊时间会增出1张，主要栏目包括社说、宫门抄、电报、专件、小说、剧曲、外稿、紧要新闻、中央新闻、车站纪事、广告、告白、地方新闻、文苑、奏牍、世界珍闻、调查表、漫画、译丛等。一般而言，每张报纸的第一版和第四版主要刊登广告，新闻、论说登载于第二、三版。该报除一些固定栏目（社说、宫门抄、电报、新闻等）外，内容不拘一格，栏目众多，有对各省户口总数调查信息的汇总，或对国外小说的翻译。

作者群体方面，该报主要撰稿人有大一、乐天、仙、悔庵、有澜、少少、

---

① 《北京〈帝国日报〉出版广告》，《大公报》1909年11月17日。

炎炎、秋桐、段世垣、民父、明耻、烂柯山人、吹剑、观我等。大一，即后来的编辑宁调元 ①，在该报的《大一丛话》《燕尘琐录》《滑稽新闻》《我之言》《世界珍闻》等多个栏目都有所发表。少少，即刘少少，是该报《社说》栏目的主要作者，在《时事小言》栏目也多有发表。此外，炎炎、秋桐等人也是该报言论的主要撰述者，代表了该报的基本政治倾向。

内容方面，该报最关注的莫过于政体制度和社会变革等话题。

首先，该报对宪政和资政院的设立非常关注，曾集中报道政府在宪政实行过程中的弊端，如《似是而非之宪政》（1910 年 10 月 18 日社说）、《政府对于资政院之玩弄》《不可名状之议员》（同月 19 日时评）、《议长听者》（同月 22 日报道）、《资政院议事之幼稚》（同月 29 日紧要新闻）等。同时，政党制度、内阁制度也是该报极为关注的话题，如《中国应即组织之政党其性质当如何》（1911 年 3 月 12、13 日社说）、《论政党之作用及其进行之法》（1911 年 3 月 17、18 日社说）、《论皇族不可入责任内阁》（1911 年 3 月 24、25 日社说）等。此外，该报还非常关注举借外债、法制建设、军制改革、教育等时政热点或社会重大议题，表露出对国家内忧外患的关切，对政府一些政策（尤其关于借外债、让路权）的嘲讽，对不彻底改革（尤其是内阁制度、立宪问题）的失望气愤。

该报对社会变革、移风易俗的事情亦非常关注。尤其在剪发这件事上，该报将发辫看作旧制度、旧社会的象征，长期在社说、紧要新闻的板块谈论剪发辫的事情，比如 1910 年 12 月 21 日在第 1 张第 3 版《紧要新闻》栏目刊出《剪发辫之大波澜》组合报道，用"庆邸之阻挠""农部之诡秘""军人之激昂""涛邸之慨愤""港商之希望"一系列板块道出剪发辫这一活动在中国实施的情况。该报还在第 2 张第 3 版用各种漫画来讽刺留发辫的行为，比如将其与猪羊等生

---

① 宁调元，近代民主革命者，1905 年赴日本公派留学并参加中国同盟会，1906 年在上海创办《洞庭波》杂志。曾因参加革命运动被捕，在狱中时间长达三年，民国时期因策划反袁运动而遇害，是一个富有爱国热情和革命意志的民主斗士。他曾担任《帝国日报》总编辑，"除编纂紧要新闻及中央地方新闻外，尚有时评、丛话、文苑之责。"他在长沙狱中所做的长篇小说《碧血痕》也在该报副刊中连载。

物的尾巴做比较，或将剪发的情形画出来，将留有发辫的人吊起来，将发辫、小脚和大烟讽刺为"中国三大美术品"，将剪发辫的人进行对比，称剪发的"发短心长"、未剪发的"发长心短"。该报还致力于用科学研究的成果宣传发辫的危害，如 1911 年 3 月 19 日第 1 张第 3 版的《发辫为疫病之介绍物》，称美国派来东北研究疫病的医学博士发现，"将中国人之受病者及死亡者之身体仔细检验之下，始知菌虫之发见于身体表面者皆群集于中国人发辫之中"。类似的言论或报道在该报极为常见，充分体现出《帝国日报》对"发辫"这一颇具象征意义的旧事物的决绝，也体现出该报对新制度的宣传和吹捧。

业务方面，为了获取其他地方的一手新闻，《帝国日报》曾在报中长期刊登招聘访员的广告，称有兴趣的作者只需函寄自己的稿件到报馆即可，登满三日即合格，且"酬金格外从丰"。此外，该报于 1911 年 2 月 26 日的《本报特别启事》栏目刊出"本报前后所刊登各项小说版权所有，无论何人何报不得转登"①。可见此时该报作者已经具有版权意识，开始注重对自己文字所有权进行保护。这也是这一时期新闻业务（包括出版行业）发展的一个特点。

此外，该报对新闻环境、政府管理政策、新闻业务的发展等话题也非常关注。如在 1910 年 10 月 15 日刊登社说《论修正本报律条文根本之错谬》，在 1910 年 10 月 17 日刊登紧要新闻《新闻界之刺激》，在 1910 年 10 月 23—24 日刊登《北京报界同人上资政院陈情书》《北京报界公会代表朱淇上资政院请愿书》，在 1910 年 11 月 22 日刊登署名为少少的社说《报律修正案评》，在 1911 年 1 月 11—12 日刊登署名为秋桐的社说《言论自由与报律》等。这些关于报界的言论或报道体现出《帝国日报》对政府限制言论自由的愤慨，对严苛报律的批判，对新闻界良性发展的关怀，对中国新闻业振兴与全球化的期待。

作为革命派报刊，该报对革命党的态度非常值得关注。1911 年 6 月 14 日，《帝国日报》第 1 张第 3 版于《紧要新闻》栏目刊登《革命党之哀史》，对林文等革命党人的牺牲经历进行了概述，表达出对革命党人的同情。此外，该报

---

① 《本报特别启事》，《帝国日报》1911 年 2 月 26 日。

图2—14 《帝国日报》1911年8月20日第2张第2版

还刊登《革命党无处不现身》（1911年5月30日紧要新闻）、《黄兴南走越矣》（1911年7月9日紧要新闻）、《革党之头颅》（1911年7月21日地方新闻·广东）、《汴省大闹革命》（1911年8月20日地方新闻）等报道，对清末各地蜂拥而起的革命情势进行了交代。1911年12月，该报刊载《日报对于中国革命之干涉论》一文，文中日媒围绕"一国之革命本为国内之事，他国不得干涉之，此文明国之通例也，但如谓中国亦在此通例之内，则未免蔑视明白之事实"①的观点进行阐述，提出中国并不在文明国之列，所以为了自己（日本）、周边国家及中国本身的利益，西方列强有权干涉中国革命。这篇报道反映出西方列强对中国革命的一种态度，提醒国人应当保持警醒，革命者更应该慎重对待。

通过这一时期《帝国日报》的报道，可以看出资产阶级革命派报刊的特点，他们对社会发展、政治制度变革非常关注，具有明确的政治立场和强烈的爱国情感。但由于身处北京，即便是革命派创办的报刊，也仍旧较为谨慎，并未将对革命党的支持和对清廷的反对鲜明地表达出来，尤其从《帝国日报》关于革命党的报道中可以体现。即便如此，因身处报刊管理高度严苛的北京，该报也曾遭到官方处罚。1911年9月，《帝国日报》与《国民公报》等四家报刊"以登载乔树楠入禁烟公所调验有私藏夹带情事"②，被京师地方审判庭以有碍名誉罪名罚款50元。9月16日该报特发表《帝国日报控地方审判厅及检察厅文》（同

---

① 《日报对于中国革命之干涉论》，《帝国日报》，转载自《大公报》1911年12月3日。
② 《北京报界风云记》，《时报》1911年9月17日。

时被《大公报》《时报》等报转载）来表示抗议，并声明将向高等审判庭提出上诉。

《国风日报》，1911年2月12日由资产阶级革命派主办，每日出版对开1张，售价为铜钱12枚，社址在北京宣武门外南柳巷。景定成（梅九）出资主办，白逾桓（化名为吴又民）出面任社长，两人都是同盟会成员，在发行《国风日报》中逐渐汇集了越来越多同盟会成员，该报亦渐成为革命党人在北京的据点，如田桐（梓琴）、仇亮等人加入报纸并负责编辑工作。

该报最初以白话文书写，同年7月起改为以文言撰述，主要关注政治、法律、实业、教育、军事等议题。《国风日报》在出版广告上自称其办刊宗旨为："赞助真实立宪，提供爱国精神，以世界之眼光，发精确之论议，指导政府不使政令偏颇，引诱国民勿令责任卸驰"①。实际上该报以"有闻必录"为由，经常刊登或转载关于革命党行动的报道，抨击清廷腐败统治，通过讽刺或隐喻在民间煽动革命情绪、号召推翻清朝统治。正因这种疾风骤雨的风格，该报在创刊后不久即声名鹊起，但也常常因报道过于激进受到政府的处罚。

1911年4月26日，《国风日报》因刊载《三女成奸戕毙一男》的报道，涉及"某女师范学生"，被京师女子学堂以诽谤罪控诉于京师地方审判庭。经审讯后，《国风日报》被处100元罚款结案。武昌起义后，该报还对革命电报进行伪造并刊登，北京警厅在预检时将这些新闻抽去。次日该报《专电》《要闻》栏全部都是空白，只印了一行小字："本报得到武昌方面消息甚多，因警察干涉，一律削去，阅者恕之。"②读者看到此言后更加紧张，担心被警方抽去的是革命报道，对社会情势更加不安。北京警方无奈之下应允不再检查该报内容，于是《国风日报》更加对革命党新闻大力报道，为革命党宣传造势。

辛亥革命前后，《国风日报》不仅是革命派的言论机关，也是革命派同志往来聚会的秘密活动机关和在北京活动时隐匿之所。革命党人彭家珍，曾借住

---

① 《国风日报出版广告》，《大公报》1911年3月3日。

② 张鸣：《辛亥：摇晃的中国》，广西师范大学出版社2011年版，第242页。

在国风报馆内，并在后来炸死清朝高官良弼。

由于《国风日报》宣传革命，态度激进，与其他主张立宪的报刊本就不和，加之"温世霖事件"，它与《京师公报》的矛盾被点燃。温世霖，清末时期曾担任直隶省议员，在各省谘议局联合发起请愿斗争要求召开国会、成立责任内阁的过程中作为天津请愿活动的首领。然而立宪派的斗争并未获得期待的收益，朝廷将其请愿活动禁止，甚至将温世霖发配新疆。《国风日报》作为革命派的鼓吹者，对这件事情进行了报道，借机揭穿清廷的虚伪面目，认为它根本没有立宪的意愿。而支持立宪的《京师公报》抱定自己的立场，继续宣传君主立宪，恰逢此时《京师公报》从后铁厂搬迁到南柳巷永兴寺，与《国风日报》成为门对门的邻居。双方编辑年轻气盛、言论激进，立场本就不和、摩擦不断，又日日相见，终于矛盾爆发，不但在见面时互相讥诮怒骂，甚至发生了殴打事件。后来在文实权与朱民史出面调停后，情况才得以缓解，双方编辑见面时不再剑拔弩张，但也并未握手言和，而是将对对方的不满转至报刊的报道言论之中。①

民国成立后，《国风日报》言辞依然维持着尖锐激烈的风格，对袁世凯政府多加指摘，因此多次受到政府的停刊处分。

《国光新闻》，1911 年 8 月 15 日（闰六月十五）创刊，编辑处在北京外城延旺庙街，发行所在北京北柳巷路西。每日出版对开 1 张，田桐、景定成、续西峰、井勿幕、龚国煌等担任主编。该报名义上倡导立宪，实则进行民主革命宣传，以"督促宪政之进行，鼓动军国民之教育，联络海外华侨声气，实行国民外交政策事务"②为宗旨，是"京津中国同盟会"③的机关刊物，即同盟会在北京地区的言论机关和北方革命党人的秘密联络机关。

《国光新闻》自称"本新闻本政治家之眼光，运以文学家之手笔，所有论

---

① 管翼贤纂辑：《新闻学集成》第六册，第302—303页。

② 《国光报出现》，《大公报》1911 年 7 月 24 日。

③ 京津中国同盟会，又称为中国同盟会京津分会，清末革命团体，汪精卫等人发起，积极宣传民主共和思想，为华北的革命运动发挥重要推动作用。

文，莫不本于中外政治，史上因革及现今政治之趋势，为有根据之言论"，"痛国人之疲，玩外族之强横，非武装不足以求平和，极力鼓励军国民教育"[1]，清晰反映出该报强烈的政治取向。与其他报刊一样，政治是其最关注的议题，但不同的是该报明确提出对"武装"的推崇，体现出支持民主革命的倾向。同时，该报还标榜注重联络商业、指导外交、改良新闻事业、维持社会道德与政治道德、唤醒国民"公共心及自专心"。

革命报刊在北京的发展较晚，而且基本都打着"立宪"的牌子，在内容方面关注政治改革、政治环境等话题，在言辞方面并不十分激进。除了《国风日报》在武昌起义前后使用特殊的策略对革命进展进行报道外，这些报刊对革命的直接宣传并不强势。这充分显示出在北京办报的特殊之处，除了位于全国政治中心受到政府密切监视，还无租界暂时庇护（虽然租界的设立损害了中国的主权，但对受到清廷迫害的报刊来说，是规避清廷管控的重要场所），出版自由和表达自由在这里举步维艰，尤其主张革命的同盟会成员，他们的立场更为清政府警惕。虽然这些同盟会成员站在革命的一方，尝试用所办报刊对其政治目的进行宣传，但由于限制过多、环境复杂、危险重重，他们在北京的新闻实践都表现得较为克制。

四、启蒙民众的白话报刊

作为与"大报"相对的报刊种类，针对普通百姓的通俗报刊在这段时间也纷纷涌现。这些报刊主要以北京的普通百姓为对象，在内容上更加贴近日常生活，在表达上更加通俗，体现在主要以白话书写这方面。

北京最早的白话报是《京话报》，创刊于 1901 年 9 月 27 日（光绪二十七年八月十五日），社址位于北京琉璃厂工艺局内。该报最初的设想是每 10 日出一次，但后来因为京内纸张缺少且工艺局机器较少无法承载旬刊的印刷

---

[1] 《新闻界之霸王国光新闻出现》，《大公报》1911 年 7 月 26 日至 8 月 6 日。

图2—15 《京话报》第一回封面、目录

量，所以自第二期起改成半月刊①，每册约60页，使用油光纸铅印，主编为黄中慧，由京师工艺局负责印刷。该报是《辛丑条约》签订后北京创办的第一份报纸，全部用北京官话写作，主要栏目包括论说、中外新闻、西学入门、地学问答、海国妙喻、海外拾遗等，转载过《无锡白话报》《杭州白话报》等报刊的内容。

该报基本态度是提倡改良变法、开启民智，曾刊登《变法懿旨谁敢不遵》《论变法机会》《日本变法记》等篇章，体现出基本的改良主义思想；但由于身处北京的政治环境中，其思维相对保守，如第一期刊登《论创办这京话报的缘故》中，称"试问咱们中国四万万人这里头，哪一个不是咱们大清国的百姓？既作了咱们大清国的百姓，可就要知道这'忠君爱国'的四个字怎么讲"②。该报未认识到清末动荡的根源是资本主义列强的侵略，站在皇权角度强烈批判义和团运动；虽表现出对改良变法的呼吁，但仍旧存在局限性，且最终落脚点是维护朝廷的统治。

《京话报》第一期还刊登了《论看这京话报的好处》③一文，提出人心不齐的一大问题是语言不统一，因此"要望中国自强，必先齐人心，要想齐人心，必先通语言"。该报用北京官报写就，致力于使洋人、各国钦差衙门领事、翻

---

① 《京话报》第二回告白，1901年10月。原文为："启者：本馆原拟逢一出报，每月三次，现因京中纸张缺少，一时无从购办，且工艺局机器只有两副，本馆需报甚多，十日内未能印齐，是以暂行每月出报两次，一俟机器添购、纸张充足，再行按期出版。此启。"

② 《论创办这京话报的缘故》，《京话报》第1期（1901年9月27日）。

③ 《论看这京话报的好处》，《京话报》第1期（1901年9月27日）。

译官、海员等也学习官话，将其"劝化"，使中外交涉更加便捷平和。

作为北京第一份白话报刊，该报的特征很明显。首先体现在其政治的保守性、局限性，对皇权过分尊崇，始终存在"下民"对权力的仰视感。因此，该报对白话报刊社会影响的预想非常长远，但由于政治认知的幼稚和不成熟，尤其对外交预设过于乐观，使该报对社会影响的判断也出现偏差。但值得注意的是，这类通俗报刊的语言极富特色，不论议事或说理，都娓娓道来，非常口语化，阅读难度更小，更易接受，对基础平民启蒙、平民教育具有更直接的效果。

《白话学报》，1902 年创刊，采用木活字排版印刷，每星期出版一册，售价 500 文，社址在崇文门内方巾巷。该刊创办人是崇实中学校长文实权，他有感于国家危亡局势，希望振兴教育、启发民智、使国家转弱为强，因此与学校的教员们共同创办这份《白话学报》，"篇首贯以浅简白话论说，其次以京话讲解各门科学，如地理、历史、理化算学等科"[1]。

《今日请看报》，1903 年创刊，白话报，创办者杜关，原名杜德舆，字若州，晚年自号柴扉野老，后人称之杜柴扉。四川长宁上西乡人，祖籍湖北麻城孝感乡。为达到启民救国的目的，杜关约同广西王某创办了《今日请看报》，后又同杭辛斋创办《京华报》。

《京话日报》，1904 年 8 月 8 日（光绪三十年七月初一[2]）创刊于北京。彭翼仲主办，吴梓箴、文饬龛、秦治先、刘炳堂编辑，以普及教育、开通民智为主旨。1905 年 8 月 1 日，扩大篇幅，由 6 开改为 4 开，增加到 7000 份，并在城内各地设置了 10 余处免费阅报处。1906 年 9 月 28 日因彭翼仲被捕，该报被查封。《京话日报》设演说、要紧新闻、本京新闻、各省新闻、各国新闻、宫门抄、告示、电报、小说、时事新歌、儿童解字、来函、讲书等栏目，全部采用京话来书写，日出样式书示一页，主要供市民阅读。该报最大的特色就是

---

① 管翼贤纂辑：《新闻学集成》第六册，第 282 页。

② 《京话日报》创刊时间根据《东方杂志》1904 年第 8 期，原文为："五道庙路西新设京话日报馆，已于七月初一日出版。"

平民性，梁漱溟曾赞誉《京话日报》"特足贵者"，在于"眼睛非向上看，而是向下看广大人民群众"①。该报初创时，由于京内报刊少、民众尚无阅报风气，所以市场很难打开，甚至遭到不明真相的百姓抵制。但随着时间推移，该报的优势逐渐体现，市场也被打开，日销曾达到一万余份。除了得到普通百姓支持，京师的上层官员，甚至帝后亦对该报有所赞赏，日本公使亦曾订购该报并寄回日本，便于日本学子学习京话②。

《京话日报》鼓吹君主立宪和社会改良，宣传爱国思想，抨击帝国主义侵华阴谋，反对资产阶级革命，发起偿还庚子赔款的"国民捐"运动。它先后发起反对南非英国殖民当局虐待华工的宣传、抵制美货的宣传和南昌人民反洋教斗争的宣传，对报刊读者进行爱国反帝教育。它对西方先进的科技进行宣传，对久居国内、不谙时势的国人进行商品经济的宣传，希望国人在经济、实业等方面也能够有所发展。它反对旧私塾，主张办新式学堂，采用新式教材而非传统的四书五经。它致力于戏曲改良，发扬国粹。它提倡妇女解放，反对缠足，提倡对妇女的歧视，反对早婚。它还大力推行官话文字，希望提升普通百姓的知识水平和文化素养，从而促进国力提升。

《京话日报》的成功除了与它的宗旨、内容相关，也离不开它独特的宣传和销售方法。它在北京城内设置了20多处阅报处和讲报处，每一处都有读者自愿捐贴报纸，让更多的人共同读报。还有一些人自愿承担讲报、读报的角色，为不识字儿的百姓来阅读报纸内容，阐释文章含义。此外，一些书馆和茶馆被改成"说报馆"，供百姓读报和讲报。如民间有名的说报人"醉郭"，自发用"数来宝"的形式宣讲《京话日报》上的内容，彭翼仲还亲自为醉郭写了许多唱词，促进报刊内容的传播。如此一来，《京话日报》在下层民众中获得更广泛的支持，也发挥了更强的社会影响力。

《京话日报》之后，白话报逐渐被北京百姓接受，这类以传播知识、开启

---

① 彭望苏：《北京报界先声：20 世纪之初的彭翼仲与〈京话日报〉》，第 59 页。

② 《日本定购京话日报》，《新闻报》1905 年 6 月 18 日。原文为："京函云：日本公使定购《京话日报》一百份，令每日径寄东京文部省，以便分发各学堂，为学习京话之用。"

民智为宗旨的通俗报刊渐成风气，并获得迅速的发展。下表列出清末至民国成立前在北京出版的白话报刊：

表 2—2　清末至民国成立前北京的白话报 [①]

报刊名称	创刊时间	创办人	基本介绍
《京话报》	1901.9		主编黄中慧，京师工艺局负责印刷。详见本节。
《白话学报》	1902	文实权	周刊，以北京官话记述，附设论说。
《今日请看报》	1903		具体情况不详，仅见于《大公报》1905 年 5 月《报界最近调查表》。
《京话日报》	1904.8	彭翼仲	日报。详见本节。
《白话普通学报》	1905		周刊，社址在北京崇文门内方巾巷。
《军事白话报》	1905.9	知府肇鸿	出版半个月就被袁世凯查封，原因是军报不能由民间发行。
《兵学白话报》	1905	北京练兵处	日刊，记载中外名将逸事、忠君爱国、行军对敌等事。针对军营、学堂人员，向兵士宣讲，目的在于开兵智 [②]。
《宪法白话报》	1906.10	金天银	主旨是开民智、宣传立宪。我国最早的宪法类期刊，针对"下等社会"，便其购阅，养成立宪国民的资格 [③]。
《正宗爱国报》	1906.11	王子贞、丁国珍	社址在北京琉璃厂东北园。宣传反帝爱国，致力于开启民智、匡正时弊、传达民情，唤起各族人民协同一心、保卫国家；内容方面，注重推崇实业、提倡公益、注重教育、发展公益；因针砭时弊激怒北洋政府，1913 年停刊，丁宝臣被袁世凯政府杀害。
《白话国民报》	1906.12	春麟洲、文衍龛、胡湄溪、王筱山等	社址在北京宣武门外北柳巷北首路西。出正张外，另出附张 1 页，专刊当日上谕，全用白话体例。
《京都日报》	1907	萧益三、董秋婵、徐仰宸	日报。
《进化报》	1907.4	蔡友梅	旗人报刊。因主办者等人都是旗人，所以该报新闻言论关注八旗生计问题。

[①]　参见叶再生：《中国近代现代出版通史》第一卷。

[②]　《东方杂志》第 2 卷第 9 期（1905 年 10 月）。

[③]　《东方杂志》第 3 卷第 11 期（1906 年 12 月）。

续表

报刊名称	创刊时间	创办人	基本介绍
《官话北京时报》	1907.12	志仲悌、喜云趾、吴铭三、魁捷臣、贾润田等发起	日报，分正副两张宣传立宪。以"敷陈时事，条举时弊，挽救时局，而唤起预备立宪时代之国民"① 为主义。
《京话实报》	约1907	谭天池	
《大同白话报》	1908年秋	恒钧、颜慎夫	日报。
《神京白话报》	1909	荣光	因刊登宫廷新闻被封。
《官话正报》	约1909	志仲悌	
《北京新报》	1910.8		与《京都日报》《白话简报》《爱国报》《京话实报》四家白话报共同抵制报律修改。
《白话简报》	1910.8		宗旨为"提倡商务改良农业"②，并且"对于女学事宜尤为注重"③。
《公益报》	不详	文实权	以普及教育为宗旨，以敢言出名。有人将代理湖广总督梁鼎芬参劾庆亲王、袁世凯狼狈为奸把持朝廷密折暗中投稿至《公益报》，该报以"吾人为国之志士在此"④ 毅然刊登密折，后报纸销量增至2万份，但被清廷下令停刊。

图2—16　1910年12月27日出版的《正宗爱国报》

清末时期，白话报在北京的盛行，一方面，体现出印刷技术在国内逐渐普及，一改以往只有上海等城市拥有多种报刊的局面；另一方面，昭示着社会观念对报刊逐渐习惯和接受，不再有《京话日报》刚出现时被百姓反对的局面。白话报的繁荣不仅意味着百姓观念"启蒙"程度的提高，也推动着社会普通百姓启蒙进程的深化，是一个双向影响的过程。相比于办给士绅阅读的文言报刊，白话报的受众群体更广泛，在发行量上更容

---

① 《官话北京时报出版预告》，《大公报》1907年12月8日。

② 《大公报》1910年8月11日。

③ 《大公报》1910年8月11日。

④ 管翼贤纂辑：《新闻学集成》第六册，第301页。

易突破，对丰富百姓生活、提供日常娱乐、普及实用知识、提升文化素养方面发挥着重要的历史意义。

五、专业、行业类报刊促使清末报界多元化发展

由于政治局势和社会环境的影响，清末北京报界中最常见的报刊是政论性质的报刊，寄托了办报的读书人通过报刊言论建言献策的目的。政治之外，北京报界还对其他领域的近代化进程颇多关注，因此一些聚焦特定领域，致力于传播知识、进行信息沟通、提升专业水平、促进社会发展的报刊也随之出现，如本节所提到的军事类、教育类、法政类、文化类等报刊，在特定的专业或行业内协同发展，促使清末报界更加丰富多元。

《工艺报》，1901 年在北京创刊，1902 年迁至上海出版，虽然名称为"报"，其实是一份早期的近代杂志。据《工艺报》第一期所刊登的由罗振玉所做的序①，可知该刊创办于光绪二十六年十月，也就是 1900 年 11 月到 12 月。罗振玉在序中交代该刊创办的背景是"百工失业，束手待毙，财政日绌，朝野兴慨"，该刊创办的动机是"今欲谋挽回，首在增益民智，而开通民智，则译印书籍实为要端……爰仿东西洋各国杂志体，月出一册，俾人人知振兴工业当由学术，先振发士夫之聋聩，乃能徐及操业者。盖不如是不能探欧美之秘，复考工之盛也。"该刊创办宗旨与同时期报刊类似，均为"开通民智"；不同的是《工艺报》侧重于振兴工业，专门登载传播资本主义国家的精良工艺，同时该刊明确地将"报"与"刊"的概念区别开，以杂志自居，在北京新闻业还未兴起时明确树立了报刊专门化的标杆。《工艺报》第二期中刊登了徐华封为该刊写的后序，其中交代"奚君挺筠从事于此者有年矣，不欲靳其所知，而欲以广同志，为斯世转移风气，博采载籍，益以心得，辑为《工艺报》，月出一册"②，

---

① 罗振玉：《序》，《工艺报》第 1 期。
② 徐华封：《后序》，《工艺报》第 2 期。

可知《工艺报》的创刊者是奚挺筠。奚挺筠，即奚世干，晚清秀才，出身于南汇，是浦东学派的代表人物，著有《说文解字笔记》等。

《见闻杂志》，1906 年由北京五城学堂学生创办，是一本面向学生的刊物，资金来源于该校师生募捐，"专报告本学之事，而同学之见闻亦一并列入，以求自治而广见闻"①，每期出版油印 1 册。

《经济选报》，1907 年 10 月 31 日（光绪三十三年九月二十五日）创刊。最初创办人欲为此报命名为"经济汇选"，但因该报是对其他报刊重新摘录编排而成，分类办法等与选报相同；而当时不用报章的名义无法对各报刊进行摘录，因此改名为《经济选报》方出版。②

《震旦学报》，1907 年 10 月 7 日创刊，每月出版 1 册，北京作新社发行。吴起潜、侯毅是该刊的发起人并担任编辑，在简章中称"以述高等完备之学，供学子研究之资为宗旨"③，对中外各学科的理论知识、参考资料、研究方法等内容进行编译后登载，如《严侯官先生题辞》《震旦学报简章》《震旦学报序言》《海夫定氏心理学》等，涉及心理学、数学、美学等多个学科。

《商报》，1908 年在北京创刊，徐皆平集资创办，内容包括商界、制造、实业等栏目。④

《国学丛刊》，1911 年 3 月创刊，北京国学会研究会主办，双月刊，每期石印 1 册，罗振玉担任该刊主编，主要撰稿人有王国维、缪荃荪、罗振玉等。王国维在《国学丛刊》序言中，交代办刊的背景是"学之义不明于天下久矣。今之言学者，有新旧之争，有中西之争，有有用之学与无用之学之争。"⑤该刊致力于研究发扬国学，目的是"方将广鲁于天下，增路于椎轮，张皇未发之幽潜，

---

① 《各省报界汇志·京师》，《东方杂志》第 4 卷第 7 期。

② 《报界调查》，《大公报》1907 年 11 月 6 日。

③ 上海图书馆编：《中国近代期刊篇目汇录（3）》第二卷（中册），上海人民出版社 1981 年版，第 2304 页。

④ 《东方杂志》第 5 卷第 3 期。

⑤ 王国维：《国学丛刊序》，《国学丛刊》第一期（1911 年）。

开辟无前之涂术，信斯
文之未坠，仁古学之再
昌"①。在体例上，该刊
分为八个门类，分别是
经、史、小学、地理、
金石、文学、目录、杂
识。该刊非常注重对史
料的辑佚，对掌握的史
料进行了充分的考证
和注疏工作，发表了

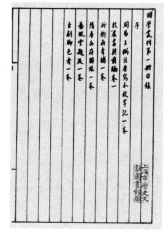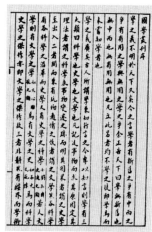

图 2—17 《国学丛刊》第一期目录及王国维撰写的序言

很多前人未发的议论，使得《国学丛刊》在学术研究方面具有重要的开拓意义，
并为近代国学的研究整理保存了珍贵的历史资料，为后人开展研究贡献良多。

　　《法政浅说报》，1911 年 4 月 29 日创刊，旬刊，白鋆担任编辑人兼发行
人，冯云和担任印刷
人，爱国报馆与京都
日报馆联合发行，五
道庙同益印书局负责
印刷，社址位于北京
琉璃厂土地祠内西
院。该报自称"以浅
鲜之文字，达精深之
义理"，是"研究法政
简捷门径"②，目的在于
为国人普及法政知识，

图 2—18 《法政浅说报》第三期封面、目录

①　罗振玉：《国学丛刊序》，《国学丛刊》第一期（1911 年）。
②　《法政浅说报不可不看》，《大公报》1911 年 7 月 5 日。

主要栏目有社说、宪法、法学通论、法令、地方自治、警察、财政学、法政名辞解释、谈丛、杂俎等，包括对宪法、刑法、民法、国会组织法等法律的解释，对内阁、统治权、众议院、私法人、普通选举、处分、行政诉愿、禁治产者、准禁治产者等法政概念或名词进行了专业的解释，在为国人普及法律知识、增强法律素养方面发挥了重要的作用。

图 2—19 《法学会杂志》第二期封面、目录

《法学会杂志》，1911 年 6 月 11 日创刊，月刊，是我国近代第一个全国性法学会"北京法学会"的会刊，辛亥革命后停刊。民国成立后，于 1913 年 2 月复刊。该刊主要撰稿人有张伯桢、杨荫杭、汪阵声、寄簃、毅庵等，主要栏目包括论说、法治解释、外国法制、各国法制史、问答录、判决录、监狱协会报告等，内容主要是对国内外法制发展的聚焦，翻译登载外国司法制度和法典，探讨清廷法律及宪法问题，对一些法律案件进行跟进和讨论等。如《各国商法法典编纂小史》《三权分立论》《美国法院之组织权限》等篇章关注国外的行政和司法制度，《国风日报上告判决书》《论大清刑律重视礼教》《历代刑法考略》等篇章关注国内法制发展、聚焦一些法律案件，贴近国人文化认知，更容易引起国人共鸣。该刊虽创办于清末，但在民国时期继续出版且多次复刊，时间跨度较广，对研究法制史、法律变迁与社会改良关系、社会体制变革等问题具有重要的史料价值。

《军华》杂志，1911 年 7 月创刊，月刊，军国学社 ① 主办发行，杨曾蔚、

---

① 军国学社，成立于 1911 年，由陆军毕业举人杨曾蔚组织创办，受到清廷军事当局和军界要员的支持。

图 2—20 《军华》杂志刊登的照片《军谘府大臣朗贝勒》

何澄等主持，自称以"研究军事学问，鼓吹军国主义"为宗旨，辛亥革命爆发后终刊。该刊主要撰稿人有杨曾蔚、寰游、何澄、翊武等人，主要栏目包括论说、谕旨、折奏、军要新闻、调查、文苑、译丛等。内容方面，该刊鼓吹忠君爱国、自强御辱、强军强兵思想，对军事相关的谕旨、奏折、论文非常关注，大量登载国外国防技术发展、军队制度、军事现状的报道。如《调查：俄国交通路之扩张》《调查：英国陆军现员》等篇章介绍资本主义国家军事发展的经验；如《学术：中国马队改良编制之私议》《学说：中国辎重一百难题研究录》等篇章从军事专业角度进行分析，对国内军事改革、军事战略部署具有参考意义。此外，该刊还刊登了一些军政要员的照片，从图文并茂角度使刊物内容更丰富；也体现随着照相技术的发展，照相在北京上层人士间越来越流行；在社会文化与心态方面，于出版物上刊登照片的行为颇具意义，意味着传统社会权力的"神秘性"逐渐被打破，上层社会的保守心态在社会变革和转型中逐渐变化。

《北京法政学杂志》，1911 年 9 月 2 日创刊，月刊，社址位于宣武门外潮州会馆，法政科举人法部京官马有略担任该刊主编，凡例中称以"招集同志以与海内之业法政学者研究法律政治"为宗旨。该刊主要撰稿人有法政科举人外务部主事郭经、法政科举人内阁中书单毓华、法政科举人外务部京官周衡等。内容方面，本刊除了论说、折奏外，按照不同法律门类进行讨论，具体包括国际法、行政法、宪法、刑法、民法、商法、诉讼法等，对法律制度、法学理论、法律应用进行讨论，如《国际立法条约集序》《论条约之履行与国法上之关系》《论领土主权之限制而及于中国外交之己事》《选举法私议》等。此外，该刊还对政治学、经济财政学的问题进行讨论，为研究近代法制变迁提供了丰富的参考资料，并初步体现出近代法治精神。

《中国国民禁烟总会杂志》，由中国国民禁烟总会于 1911 年创刊于北京，主要配合禁烟总会的工作，宣传科学的医药卫生事业，关心国民身心健康，号召国人抵制鸦片，曾刊登《调查中国禁烟之概略》等文章。

六、作为民间文化写生的画报

画报作为通俗报刊的一种，相较于文字更为直观形象，对清末时期众多文化水平不高的百姓来说更易理解，也更易达到启蒙之功用。因此许多报人在文字报之外尝试创办画报，将对社会、政治的感悟寓于图画之中，来传达自己的救世报国情怀。与上海相比，画报在北京出现较晚，直到 20 世纪才诞生了第一份画报，但随着政治环境的剧烈变化，画报在北京有了一席之地并迅速发展，在清朝最后十年实现了从无到有，并达到 10 多种。北京的画报在画风、立意、印刷质量等多个方面都颇具代表性，显现出技术与观念的进步；但由于特殊的地理位置和政治思想氛围，可以看出一些画报虽有求新之意，但仍旧难脱保守框架之局限。

《启蒙画报》，1902 年 6 月 23 日创刊。这是北京最早的儿童画报，也是北京最早的画报，由彭翼仲主办，社址位于前门外五道庙路西，最初为日刊，周一到周六出版，周日不出，每期四开一张，使用双面印刷，每面分 4 版，有版框，版框之间留有空白骑缝，双面共计 8 版。1903 年 3 月 28 日到 7 月 24 日《启蒙画报》改为月刊，纵向十六开本。1903 年 9 月 21 日后该刊改为半月刊，主要为大三十二开本，页数不定。

《启蒙画报》的宗旨是向少年儿童宣传维新、普及科学知识，特点是图文并茂，通俗易懂。在创刊的《〈启蒙画报〉缘起》中，该刊阐明其目的是"将欲合我中国千五百州县后进英才之群力，辟世界新机，特于蒙学为起点，而发

图 2—21　《启蒙画报》第 176 号封面及内页

其凡……孩提脑力，当以图说为入学阶梯，而理显词明，庶能受博物多闻之益。"①显示出对儿童启蒙、教育的重视，致力于从青少年开始广博其见闻、增强其素质，从而在根本上提高国家的实力。除了传播知识外，该刊还具有朴素的破除封建迷信、解放妇女思想功能，曾对缠足等恶习进行抨击。

《启蒙画报》主要栏目有伦理、地舆、掌故、格致、算数、动植物、海国轶事、各国新闻、笑林、妖怪谈、小说等。文字以 2 号铅字排印，全部使用以北京方言为基础的白话文，彭翼仲担任文学撰述，文字叙述简洁流畅，并使用空格断句，使读者阅读起来更为方便。图画部分采用木质刻板，由清末著名画家永清刘炳堂（用烺）负责，将写实与艺术的风格结合，画风清新朴素，富有生机。

《启蒙画报》先后出版约 44 期，约于 1904 年底 1905 年初停刊。该刊出版后，在当时中国社会产生了深远的影响，其"销场旺盛，日渐推广"②，不仅在北京发行，还在锦州、奉天、杭州、上海、成都、重庆、开封、武昌等地都设有销售所，"近来各国西人纷纷致函购定，并极称该报办法之善、用心之苦，以为即此一端足见中国无论如何皆有不能不变之势"③。近代中国很多文化名人在回忆中都提及《启蒙画报》，如郭沫若、萨空了、梁漱溟等人，在回忆年少

---

① 彭望苏：《北京报界先声：20 世纪之初的彭翼仲与〈京话日报〉》，第 15 页。

② 《文学小史·纪启蒙画报》，《选报》1902 年第 25 期。

③ 《纪启蒙画报》，《大公报》1902 年 9 月 13 日。

的启蒙读物时，都对该报作出很高评价。

《北京画报》，1906年5月23日（光绪三十二年闰四月初一）创刊，旬刊，每册十多页，社址位于北京羊肉胡同北京女报报馆内。《北京女报》主编张展云协同友人孙玉占创办该刊，聘请著名画师刘炳堂负责绘画事宜。该刊画面细腻逼真，富有意趣，内容以时事现象、社会风俗为主，附有文字说明，通俗易懂，对了解世俗百态和社会风情有重要意义。该刊发行后非常受欢迎，然而因为该刊印刷精美、成本较高，导致一些人无力购阅。《大公报》曾评论："倘能用次纸印刷、遍街张贴、加以大字白话演说，未始不能开化愚民也"①。

图2—22 《北京画报》封面、内页②

《北京画报》虽然在思想上具有一定进步性，但主要体现在提倡新学、社会开化、知识普及、抨击侵略者、宣传爱国思想方面；当面对政府时，该刊的态度回归保守。这是《北京画报》《启蒙画报》等报刊的共性，一方面体现出士绅阶级在思想上的传统和保守，另一方面也源于处在"天子脚下"、它们不得不随时保持高度自我审查的意识，因此这些刊物在立场上坚持忠君爱国思想，在抒发言论时都极为注意"边界"。

《开通画报》，1906年9月11日创刊，每周出版一册，采用石印，每册出

---

① 《纪北京画报》，《大公报》1906年6月20日。

② 陈平原：《图像晚清：〈点石斋画报〉之外》，东方出版社2014年版，第76、86页。

16开8页16面，馆址位于京师弓弦胡同，由京师官书局负责印刷。英铭轩担任主编，松寿卿任编辑，总理为金润轩，李菊侪和英铭轩负责图画绘制。《开通画报》创刊号刊登的《说本报的宗旨》中提到画报相较于其他报刊的优势，点出了该报的宗旨是"开民智、正人心"，意在通过画报这种新兴的媒介形式提升国民智慧，破除迷信，击破谣言，尤其针对妇女和未接受教育的下层民众，让国人"识字、合群、爱国、爱种"，从而提升素质，成为国家栋梁

图2—23　《开通画报》创刊号①

之材。之所以采用画报而不是白话报纸，因为画报图文兼备、浅显易懂，不但用白话注解对事、对理进行叙述，还辅之以图样，兼具白话报的功能外，还更加具有说服力，同时对未接受过教育的百姓而言阅读的难度更低。但该刊在态度和立场上蕴含精英对愚民的说教，将女性与小孩子作为目标对象，认为妇女是最不好开通的群体，暴露出传统社会的权力结构和受教育程度不均的问题。

《普通科学画报》，1907年1月创刊，主要登载物理、博物、生物等科学方面的内容与通俗报刊进行区别，体现出画报在业务细化方面的发展。

《北京时事画报》，1907年3月创刊，社址在前门外西河沿五斗斋，出版时间不定，每期出8页图画、再加2到4页文字。刘泽生负责编纂和发售，常伯勋、匡墨庄负责绘画，印刷由兴华局负责，每册售价十枚铜圆。该报不设固定栏目，曾刊登上谕、宫门抄、谐谈、灯虎、演说稿、同人诗文等，内容方面主要是提倡新学，开化风气，批判社会不良风气。同年5月，该报停刊，共出版12期。

《日新画报》，1907年11月6日（光绪三十三年十月初一）创刊，五日刊，每册出版8页16面，总发行所位于东四牌楼北什锦花园西头路北，由北京日新学堂经理陈式主办，主要画师有李菊侪、李翰园。《日新画报》的主要目的

----

① 陈平原：《图像晚清：〈点石斋画报〉之外》，东方出版社2014年版，第123页。

是运用图画传播的优势对百姓进行启蒙，使百姓注重文化教育的重要性，从而提升国民素质。该刊主要内容包括对百姓日常生活的描绘，对社会制度的变迁和社会新气象进行记载，其中涉及很多新式学堂和女性生活新风尚的话题，如《女学开课》记载淑范女学校在教习号召下捐款重新开课；《女界现象》记载大街上十七八岁的大姑娘拿着风筝来回奔跑"实在不好看"，并提出这是女学不兴的影响，以图文结合的方式实现另一种"新闻"报道或时事评论，既丰富了当时百姓的文化娱乐生活，也为后世研究者提供了清末北京百姓生活的写真。

图 2—24　《北京时事画报》封面及内页①

《浅说日日新闻画报》，创办时间约为 1908 年 10 月间②，由北京浅说画报社出版，报馆设在北京琉璃厂东门路南观音阁庙内。姚月侪担任经理人，何华臣担任发行人，柳赞成、徐善清担任编辑。该报每日出版，每期 6 至 8 面，售价为铜圆一枚。内容包括演说、掌故、社会新闻、时事、连载小说等，图画多以新闻画、讽刺画为主，主要关注北京普通百姓的生活百态，对家长里短、琐事逸闻进行描绘。《浅说日日新闻画报》后改名为《浅说画报》，王子英担任发行主任，德泽臣等人负责绘画，主要栏目有讽画、琐闻、故事等，对政府腐

① 陈平原：《图像晚清：〈点石斋画报〉之外》，第 91—95 页。
② 陈平原：《图像晚清：〈点石斋画报〉之外》，第 325 页。

败、社会恶习进行了揭露和讽刺，颇具现实意义。

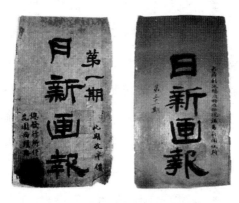

图2—25　《日新画报》封面①

图2—26　《浅说日日新闻画报》②与改名后的《浅说画报》

　　《当日画报》（又名《北京当日晚报》），1908年创刊，石印画报，总理为张少泉（又作张小泉），李瑞臣担任文字编辑，英铭轩担任图画编辑。该刊致力于通过画报的浅显直白来加深读者对所传播内容的印象，从而"开通妇孺的见识……振起爱国之心"③。该刊主要内容包括京师新闻、时事画、讽刺画、灯

---

① 陈平原：《图像晚清：〈点石斋画报〉之外》，第195页。

② 陈平原：《图像晚清：〈点石斋画报〉之外》，第325页。

③ 《演说：本报出版刊辞》，《当日画报》第一期（1908年）。转引自唐海江、刘欣：《近代中国新闻界对摄影术的认知与运用考》，《现代传播》2018年第5期。

图 2—27　《当日画报》插画

谜等。如一幅讽刺当朝官员忽视百姓请求、置国家民族危亡于不顾，假装"听不见，看不见"的插画，反映画报编辑者对腐败官僚制度的嘲讽和政治现状的不满。①

《白话画图日报》，1908 年 11 月创刊，日刊，每期出八面，社址位于北京琉璃厂东北园南芟路东，售价为铜圆一枚，后期价格进行上调。该报刊登"演说"或讽刺漫画，讽谏时政、宣传新知，同时报道社会新闻，对清末北京城普通百姓的日常生活和富有趣味的市井新闻进行描绘和记录。如对开明人士购报后贴在门口供大家浏览，巡警为周围人读报等各种场景的报道，充分反映出通俗报刊在百姓间蔚然成风，对开启民智、丰富百姓生活发挥着重要的作用。

该报刊登的讽刺漫画则主要针对政府的腐败和官僚的不作为，比如，《对牛弹琴》对清廷中的顽固派进行讽刺，《大清铜币不值钱》讽刺清政府经济不兴物价飞升。②该刊还曾刊登一幅漫画，讽刺清政府面对帝国列强宰割中国百姓时不死解救，反而恐吓百姓不得出声，将当时清政府的谄媚和残忍表现出来，反映出对当政者的不满和对百姓苦难的同情。③

《燕都时事画报》，1909 年 6 月 16 日（宣统元年四月二十九日）创刊，社址位于前门外琉璃厂土地祠庙内，日刊，每期出版 8 页。广仁山、来寿臣负责编辑工作，刘燕如担任经理及督印，内容有北京新闻、名人演说、讽刺画等，主要关注北京的百姓生活、社会风俗及教育状况等。该报自称"以开通风俗为重，并不是专以营利为目的"④，并提出要"条举时弊""敷陈时事""维持公益"，

①　毕克官：《中国漫画史话》，山东人民出版社 1982 年版，第 19 页。

②　韩丛耀主编：《中华图像文化史：插图卷》上，中国摄影出版社 2016 年版，第 281 页。

③　朱小平：《清朝，被遗忘的那些事》，作家出版社 2015 年版，第 254 页。

④　《燕都时事画报本报发刊词》，《燕都时事画报》第一期（1909 年）。

在办报立场上颇具读书人心怀家国、舍我其谁的意趣。

图 2—28 《燕都时事画报》封面 ①　　　图 2—29 《燕都时事新闻》
第 32 号《职官携妓》

与这一时期在北京纷纷涌现出的各种通俗画报一样，《燕都时事画报》的宗旨是在朝廷预备立宪之际，开通民智、增强民识、提升国民素质，该刊刊文认为只有"极有魄力""极有学理"②的画报方能承担起教化百姓的任务；不过在刊登内容的选取中，该报的眼光显得有些局限，缺乏对政治的尖锐批评，登载的报道在新闻时效性、特殊性方面不够强。

《醒世画报》，1909 年 11 月创刊，日刊，社址位于樱桃斜街路南，张凤纲担任编辑人，韩九如担任总理人，恩树人作为发行人，魏根福作为印刷人，李菊侪和胡竹溪负责绘图。该刊为方 16 开本，每日出版 4 版，每版 2 幅图，售价为每张铜圆 1 枚，每月 30 枚。除封面外，该刊每期刊登 6 幅图画，图文并茂，夹叙夹议，文字通俗易懂，画面流畅富有艺术价值。主要栏目有灯谜、演说、讽字、讽画、时画、仕女图等。内容方面，《醒世画报》主要刊载社会新闻画，以时事要闻和市井轶事为主，一般不涉及重大时政话题，如《军人互

---

① 陈平原：《图像晚清：〈点石斋画报〉之外》，第 282 页。
② 海硕鹏：《燕都时事画报祝词》，《燕都时事画报》第 14 号。

图 2—30　《醒世画报》封面与内页报道《女学生文明》

殴》《学徒可恶》《洋人无理》《大打车夫》《巡警挨打》等。该刊中女性的出现频率非常高，除了半固定栏目"仕女图"外，对女性教育、女性道德、女性风俗等话题多为关注，尤其该刊因靠近"八大胡同"对妓院内外趣事多有报道，如《买良为娼》《妓女可恶》《暗娼何多》等。除了北京百姓生活外，《醒世画报》还对抨击清廷腐朽、揭露官场黑暗，具有朴素的爱国情怀。1910 年 2 月 1 日停刊，共出版 60 期。

《正俗画报》，1909 年 3 月 22 日创刊（宣统元年闰二月初一），日报，雷震达作为发行与编辑人，项德斋作为印刷人，绘图李菊侪、胡竹溪等人，馆址位于前门外廊坊头条胡同中间路北，售价为每张铜圆 1 枚每月 30 枚，每期 8 页。共出版 29 期（至同年闰月二十九日）。

图 2—31　《正俗画报》封面与内页报道《这也算国耻》[1]

---

[1]　陈平原：《图像晚清：〈点石斋画报〉之外》，第 210、216 页。

《正俗画报》第一期刊登了《浅说》，称"本报同人为挽救时局起见，组织这种画报，以期纠正人心"①。可以看出该报与同一时间发行的京师通俗画报类似，都具有挽救时局的倾向，致力于以图文报道反映现实社会并阐发编辑的思考。该刊内容主要是对日常生活的关注，如《巡警尽职》《法政学堂》《给外国人扩充博物馆》等，将社会变革中的一些特殊社会现象进行报道，表现出清末社会转型时特有的一些场景，趣味与讽刺性兼顾，反映出独特的社会风貌。

清末时期北京的画报与白话报协同发展，共同促进着平民启蒙、社会风气开化的推进，尤其随着阅报社、讲报社的兴起，吸引了大量下层民众的兴趣，逐渐培养普通百姓的阅报习惯，对北京报刊的近代化发展具有至关重要的意义。画报的报道在时效性、新闻性、重大性方面虽然不如前文所提的政治性大报，但对于广大普通民众来说，具有润物细无声之效，潜移默化地推动着百姓思想启蒙。

七、女性报刊中的社会新风气

清末社会在资本主义的冲击下经历着巨大的变革，除了体现在政治、经济制度方面，也对社会思想产生了剧烈的震动。男性作为社会权力的主要参与者引导了思想界的革新，这个过程中，随着女性的自我意识的觉醒和社会参与的增加，女性解放思想也逐渐进入人们视野。1898 年，我国最早的妇女报刊——《官话女学报》诞生于上海，后《女报》《女学报》《女子周刊》等女性刊物纷纷出现。北京的女性报刊相较于上海诞生稍晚，但在 20 世纪初却实现了较快速的发展，昭示着进步思想在北京的传播和发展，在呼吁女性启蒙、男女平权、妇女自由、女子教育、破除迷信等方面作出了重要的贡献。

---

① 《正俗画报》第一期（1909 年 3 月 22 日），转引自陈平原：《图像晚清：〈点石斋画报〉之外》，第 211 页。

　　《北京女报》，创刊于 1905 年 8 月 20 日①，日刊，社址位于北京前门外延寿寺街羊肉胡同中间路北，每天出 3 开纸一横张，铅印，是近代北京最早的妇女类报刊，也是我国最早的妇女日报。它的创办人是张筠芗，具体的编辑和印行等工作由张氏儿子张毓书（字展云）来负责，后来王子真、葆淑舫郡主②也曾担任该报主笔及名誉主笔。该报终刊时间约为 1909 年 1 月 15 日。该报在正式创刊之前，曾在其他报刊上登出《创设北京女报缘起》，宣布即日起筹备在北京创办一份以主要妇女为对象的日报，定名为《北京女报》，以"开女智"为宗旨，"专用白话，以浅近文理，俾各人皆可购阅"③。

　　《北京女报》作为开女报风气的先锋，在思想上颇为先进，尤其在男权主宰的帝制王朝中，能够提出这样的倡导，实属不易。在内容上，该报体例严谨，上谕、宫门抄、论说、电报、新闻、小说皆有，完全与其他市面上的报刊无二。业务方面，张筠芗提出了很有见地的观点，提出刊载的新闻需要达到精、确、丰富、迅速的特点，与后来新闻理论对"准确性""时新性"的要求非常类似，体现出清末时期新闻业在发展中已经开始形成一套本土化适用的新闻理论体系。

　　该报先后有 80 多个栏目，主要包括演说、时评、短评、女界新闻、时事要闻、中外大事、女学调查、益智录、家政学、小说、戏曲等。④其中女界新闻、中国女界史、唱歌、家政学等栏目专为女性开设，与其他报刊相比凸显女报特色，有利于培养女性性别意识，丰富女性娱乐方式，在当时北京的女性中间很受欢迎。

　　《北京女报》正式出版后，积极宣传爱国思想，提倡男女平权、女性自由、

---

①　也有说法认为该报的创刊日期为 1905 年 9 月 21 日。本文根据该报在《大公报》上登载的创刊广告，在 1905 年 8 月 17 日（光绪三十一年七月十七日）称"定于二十日出版"，推定该报出版时间应为光绪三十一年七月二十日，即 1905 年 8 月 20 日。

②　肃亲王府郡主，曾任淑范女学教员，后来自己创办淑慎女学堂，在当时女界很有名气。

③　张筠芗：《〈北京女报〉缘起》，《大公报》1907 年 6 月 28 日。

④　北京市妇女联合会编：《北京妇女报刊考（1905—1949）》，光明日报出版社 1990 年版，第 45—50 页。

女子教育，致力于推动清末社会风气开化，反对女性缠足、传统迷信、旧式婚姻和一些不良的社会风气。在新闻报道中，该报内容（尤其是对北京社会）非常全面细致，既有对政治高层报道，也关注普通百姓身边发生的琐事，对了解清末时期北京社会的风貌具有重要的史料价值。在政治立场上，该报倾向于立宪保皇，对资本主义、帝国主义进行抨击，揭露侵略者对国人的迫害，批评国家的政治腐败，指责一些官僚对百姓的

图 2—32　1905 年 9 月 12 日出版的《北京女报》①

盘剥和压迫。值得注意的是，该报虽然对清廷出现的腐败极度不满，但对太后和皇帝却歌颂拥护；此外，该报致力于揭露民族危机，希望以残酷的现实来唤醒蒙昧的国民，激励国人正视落后的时局，亦振兴国势。如该报曾发表《国不如人为大耻》，提出"中国强盛不起来的根子，也是因为大家没有知耻的心啊，有了知耻的心，那忧国的念头，管保想叫谁止住也不能了。"②

《中国妇人会小杂志》，1907 年 3 月 14 日创刊，是中国妇人会③的会刊，北京有史可考最早的妇女类杂志。《中国妇人会小杂志》的创刊广告称："此杂志乃中国妇人会一部分之组织，内容极为完善，为女界报志中独一无二之作。纯用官字白话，阅者不但增进智识，鼓动热血，且能研究普通文字话语。而刷

① 张雪根：《从〈邸报〉到〈光复报〉——清朝报刊藏记》，第 154 页。
② 《国不如人为大耻》，《北京女报》，转引自《振华五日大事记》，1907 年第 51 期。
③ 中国妇人会成立于 1906 年 5 月，廖太夫人创办，是北京近代史上第一个具有规模的妇女社团，宗旨是"提倡女界文明，共担国民一分子之责任"，总会设于北京女学卫生医院，在天津、上海设有分会，《大公报》英敛之的夫人英淑仲为天津分会长，上海分会长为钟稚珊。廖太夫人，本名邱彬忻，四川广汉人，因其子廖廉能官居户部主事，所以被尊称为廖太夫人。该会创办后，主要参与者是当时的贵族女眷，她们以中国妇人会为主要机构进行救灾募捐，关心国家大事，具有妇女解放思想。

印精工，纸墨佳美，尤能使女界快心悦目。每月二次，朔、望出版。每册铜圆三枚。"①可知该刊为半月刊白话报，形制约为32开本每册约24张②，售价较一般日报贵一些。该刊创刊后，共出版两期，第一期于1907年3月刊发，第二期于1907年4月刊发，登载了中国妇人会的章程，其中指出该会的义务有四条，分别是"救灾恤难""扶助进化""讲求实业"和"敬爱同体"。由此可知，该会的诉求是开通女性智慧、提升女性教育、提倡女性自立，该刊作为中国妇人会的会刊，也承担相应的责任。

《中国妇女会报》，1907年3月30日创刊，杜药洲（德舆）、黄铭训③夫妇主持，社址位于北京南城绳匠胡同度支部杜宅。该报隔日出版，每月大洋三角，在出版广告中称以"联合女界，保存国粹"④为宗旨。因中国妇人会会员在江北赈灾活动中出现分歧⑤，另立中国妇女会，《中国妇女会报》是该会会刊。《中国妇女会报》内容丰富，包括经史、论说、诗歌、图表、实业、新闻、政治、风俗等多个栏目，致力于提升女性智慧。与其他女报强调通新式教育、道德教化来"开启女智"有所不同，《中国妇女会报》提出"保存国粹"的口号，专设"经史"栏目，注重在女性中弘扬优秀的传统文化而非普及白话。

《星期女报》，1907年7月创刊，周刊，每星期日出版⑥。善保（字佑臣）及其夫人王淑媛⑦主办。该刊设有论说、历史、地理、绘画、算学、要闻、琐闻、文苑等十二个栏目，主要记载女界各事项，目的是发达女学，是北京历史

---

① 《〈中国妇人会小杂志〉出版第一期》，《大公报》1907年3月15日。

② 北京市妇女联合会编：《北京妇女报刊考（1905—1949）》，第74页。

③ 黄铭训作为妇女会的发起人，因其冠夫姓，在一些记载中也被称为杜黄。

④ 《中国妇女会报出版广告》，《顺天时报》1907年3月28日。

⑤ 根据《大公报》1907年4月2日所载《中国妇人会之分离》一文，可知两会之间的关系。中国妇女会重视教育，创办了义务小学、妇女民办夜校等教育机构，为中国近代女性知识素养的提升作出贡献。

⑥ 该刊名称、创办日期皆根据姜纬堂考证版本。北京市妇女联合会编：《北京妇女报刊考（1905—1949）》，第94—96页。

⑦ 根据《东方杂志》记录，该报为王淑媛女士组织创办，实则应为其夫妇二人共同创办。参见《各省报界汇志》，《东方杂志》1907年第4卷第7期。

上第一个妇女周刊。

清末时期，北京的女性报刊的发展，源于女性自我意识在社会变革中受到影响开始觉醒，于是女性也积极走上报坛，创办出专属于女性的报刊。这些报刊的最大特色是由女性创办，目标群体亦是女性，它们都关注女界事宜，提倡女性教育，期待实现女界文明。内容方面，不同报刊的侧重点有所不同，有的注重教育，有的注重道德风俗，有的注重女性自立，立场都比较稳健温和。相较之下，同一时期上海的《中国女报》更为激进，曾刊登秋瑾的自传体长篇弹词《精卫石》，描述女性走出包办婚姻，反对传统家庭，甚至出国留学参加革命的故事，对被束缚的中国传统女性来说更具有冲击性。京沪女性报刊在这方面的不同，既是报刊主办者政治倾向所致，也与两地报界环境不同相关。

八、新闻业近代化程度加深

清末新闻业发展的历史，不仅是行业自强革新的历史，也是被政府管控压制、与政治势力博弈的历史。北京新闻业近代化发展受到特殊环境的限制，与上海、广州、汉口等地相比，表现得虽然较为缓慢，但在全国报业发展大潮的推动与北京报人的努力下，依然缓缓前行。体现在行业内部，主要是行业群体意识的觉醒和报刊业务的改良。

(一) 政治压力下行业群体意识的觉醒

清政府在近代报刊兴起和发展的过程中实施严刑峻法，试图阻挠和压制"反动"的声音，其间不少报刊遭到政府的迫害。对诸多秉持言论信仰的报刊而言，同行的遭遇让他们愤愤不平，同时他们对自身所处环境也更加忧虑，因此许多报刊联合起来与持有权柄的政治势力抗衡，或提出对政策的不满，或提出对不平等遭遇的不忿，团结起来试图为报界争得更多自由及权利。

1907年9月5日（光绪三十三年七月二十八日），清廷民政部公布暂行报律，加深对报刊出版发行的钳制。面对此事，北京报界同人意识到清政府管理的失控，决意对其反动统治进行抗议——1907年10月，北京各报联合联名公呈民政部，提出五项要求：

（一）官报界畛域宜设法沟通；

（二）核减邮政电报各费；

（三）准派专人每日恭录阁抄；

（四）公裁判准访员旁听；

（五）如有犯例勒令停止出版等事务，求宣布理由并准其控诉。[①]

　　民政部在舆论的压力下同意了第一项和第五项，大理院对第四项也表示通过。但第二、三项与内阁和邮传部相关的请求始终未被采纳。

　　即便诉求并未完全实现，但这是清末时期北京报界针对政府不当管理所发起的一次有组织的抗议活动，它反映出北京报界在近代化发展过程中已经萌发出朴素的共同体意识，并且让北京报界认识到集体力量在对抗国家权力时的重要性和必要性。在这之后，北京报界协同发展、互相支援的趋势愈加显著，直到第二年报界团体诞生。

　　1908 年，北京报界公会诞生。其原因便是北京报界在报律颁布后，"和官厅交涉日繁"[②]，原先较为零散、各行其是的报馆们逐渐意识到组织一个团体一致应对各项事宜更有成效，所以在宾宴茶楼开会，组织成立了北京报业公会（即北京报界公会）。《北京日报》的朱淇担任公会会长，《中央大同日报》的康甲丞（即康士铎）担任副会长。成立后的北京报界公会积极承担起一个组织应担负的义务，负责北京报界对外交涉的各项事宜。

　　1908 年《京华报》（又作《京话报》）因转载美国旧金山华侨报纸《世界日报》上的新闻被军警当局封禁，该报经理唐继星被判处 10 年监禁。北京报界公会闻讯后联名上书给直隶总督，请求开释唐继星。六个多月后，经过直隶

① 《时报》1907 年 10 月 15 日。

② 《朱淇和〈北京日报〉》，载朱传誉：《报人·报史·报学》，第 14 页。

总督批示、北京报界公会呈递保结后，唐在北京被当堂释放。①这个案件中，北京报界公会发挥着非常重要的作用，无论是给直隶总督的上书，还是递交保释书，都直接推动了唐继星被提前释放，体现出报界作为一个团体所拥有的社会力量。

1910年7月，京师巡警总厅因报刊对吏部贿卖官职一案进行登载，传令北京报界公会，希望能以公会的名义转饬各报停止登载此案。但是报界公会的回复是："不示以登载范围，实难转令停止"②。这体现出北京报界公会的社会认可程度。对政府而言，公会已经成为被视为报界内外沟通和协调的重要纽带，承担着传达意见和命令的功能。此事中报界公会的做法颇为巧妙，面对巡警厅的无理要求，既不直接拒绝，也不违心遵守，反而以一个非常正式的理由将问题推回去，为报界博得一点自由的空气。

1910年资政院对报律进行修订，其中一些条款对报刊的限制更为严苛。北京报界对此极为不满，由北京报界公会统一意见，上书资政院，对报律中一些条文的不当之处提出反对意见，指出"所有新订报律条文议案限制太苛，非斟酌删除，碍难遵守"③。报界公会成立时也是类似的背景，面对政府法令后愈发紧缩的自由空间，提出意见、反抗压迫、维护报界权益是报界公会的重要责任。

1910年11月至12月，湖北道御史温肃因《北京日报》在报道中登载了对自己不利的事情，对该报进行斥责，要求重订报律，同时提出京师巡警总厅对《北京日报》主笔进行传讯，并要求在报上更正。当年12月，北京报界公会以其名义致函京师巡警总厅，对温肃的要求进行了反驳，并对其进行嘲讽，称："尊厅恳请抄录敝公会此函移覆温御史，嘱其赶紧学习法律，纵不能深悉立法之精微，亦望粗知法律之大略。庶不至鲁莽做事，贻羞全台。"④北京报界

①　《唐继星行将开释》，《大公报》1909年5月15日。

②　《时报》1910年7月20日。

③　《北京报界公会上资政院陈请书》，《时报》1910年10月26—27日。

④　《北京报界公会覆巡警总厅书》，《时报》1910年12月13—14日。

在此次与官方的对抗中并未因压力而就范，可以说离不开报界公会的努力。同时，北京报界公会在《北京日报》与御史温肃的纠纷中发挥着对报刊的庇护作用，使一家报纸的孤军奋战上升为北京报界的共同作战，提升了报界反对官员无理要求时的底气，也增加了报界一致对外维护权利的力量。

此外，北京报界公会在1910年还以报界的名义对美国商团进行宴请[①]；1911年北京报界公会推举了《帝国日报》宁调元作为报界代表，同实业团一同前往日本进行调研游历[②]。这些北京报界公会的活动，充分体现出这个组织在成立后对北京报界对外交流的积极推进，有利于促进北京报界汲取更多国际报界的经验，以实现更好的发展。

除了在北京地区内部组织行业公会进行协作发展，北京报界还积极参与全国性的报界组织，致力于全国报业凝聚协作、良性发展。

中国近代历史上第一个全国性新闻界团体是"中国报界俱进会"，于1910年9月4日在南京成立，由《时报》《神州日报》等报刊联合发起，来自全国20个省市的21家报纸积极参与其中，《北京日报》《帝国日报》《中国报》《帝京新闻》《国民公报》《宪志日刊》《京津新闻》等报刊作为北京报界代表列席该会。

1911年10月15日，中国报界俱进会的第二次常会在北京召开，此次北京报界的参与程度更高，《北京日报》的朱淇还被推举为常会主席。根据记载，此次常会到会者共有17人，包括《帝国日报》陆鸿逵（咏沂）、《北京日报》朱淇、《中国报》叶怙荪（崇怙）等。大会通过了《中国报界俱进会章程》，共16条，宣布该会"由中国人自办之报馆组织而成"，"以结合群力，联络声气，督促报界之进步为宗旨"。会中主要讨论了以下议案："一、奉天《大中公报》被封一事，议决由俱进会电致赵督，要求维持；二、系因近来官吏对于报馆不肯实行遵守报律，任意摧残，拟要求政府及行政官，彼此共同实行遵守报律。定议由报界上呈请资政院议员，提议要求以后行政及报馆两方面，均须共同实行遵守

---

① 《美商团之答谢词》，《大公报》1910年10月13日。

② 《时报》1911年10月9日。

报律，不得违犯；三、系在北京组织中国报界俱进会北京事务所，选举干事，办理会务，解散旧有北京报界公会。"①

　　清末时期，报界在清廷严酷管制下逐渐萌生出群体意识，在逐渐扩大的行业规模中产生更多自由发展的诉求。报界团体应运而生，北京报界公会作为全国报刊发展同业组织的一部分，积极承担着组织、沟通、传达的责任，在报界与官方势力对抗时发挥着保护与协调的作用，在报界受到来自外界迫害时积极声援，在报界业务发展时促进对外交流合作，为清末时期北京新闻业发展作出了重要贡献。

　　（二）技术革新中的业务改良

　　中国近代报刊的发展体现出由南向北、由沿海向内陆扩散的趋势，报刊出版响应的技术扩散也具有这一特点。最初的报刊都采用与传统书籍类似的雕版印刷，后来随着技术的升级与报业的发展，西方的新式印刷设备逐渐被引入国内，如广州、上海等地的报馆先后都引进了新设备。

　　相比之下，北京报业在技术方面落后不少，北京最早的白话报《京话报》从旬刊改为半月刊就是因为受印刷设备的局限，朱淇在创办《北京日报》时亦是因为资金缺乏、无力自行印刷方与彭翼仲合作，说明印刷设备、印刷技术对报刊发展的重要性。

　　20世纪北京报业开始兴起时，一些报刊采用木印（如《白话学报》），一些采用铅印（如《京话报》），相比之下铅印的印刷质量更高，成本也更高，许多报刊不具备印刷的条件，便由专门的印刷局或印刷社来负责。后来随着北京报业逐渐兴盛，报界资本得到积累，一些报馆便自行购置印刷设备，比如朱淇在《北京日报》业务渐兴后便立即成立了专门的印刷厂，当时采用的就是铅印；彭翼仲的《中华报》、汪康年的《京报》等也在印刷设备方面实现了自给自足。

　　值得关注的是20世纪初《京报》的改良。聚兴京报房、协通印字馆主人王绍棠在1907年升级了印刷设备，对传统的黄皮《京报》进行改良。原先的

----

① 《报界俱进会二次开会纪事》，《大公报》1911年10月25日。

《京报》使用胶泥烧成的活字，字体很粗，而且歪歪斜斜；此次王绍棠将《京报》改为铅活字印刷，标榜"纸墨精美，印刷工整，并添多篇幅，选录要折，仍照原价，不加分文，以便诸公快览"①。同时，王绍棠利用更新后的设备，承接对外印刷的工作，只要是新闻报章、杂志、传单、章程、书籍、西式名片，都可以印制。代印市场的背后是逐渐兴盛的报业与无法匹配的印刷能力，一方面报刊的种类和数量越来越多，报刊的单册内容也愈加丰富，但另一方面，印刷设备的稀缺与成本的高昂让报刊业的发展仍面临不少阻碍。

对这一时期的报界来讲，印刷设备的关键性和重要性已经得到公认，所以，北京报界除了从日本引进设备、学习工艺外，还从上海等报业较为发达之地购入设备。通过以这样的方式进行行业内部革新，北京新闻业在世纪初获得源源不断的发展动力，逐渐成为南方口岸城市之外的另一个报刊业重镇，在近代化的道路上徐徐前行。

（三）新派报模式打破报房垄断

报刊的兴盛除了需要印刷技术的支持，还需要有配套的发行模式，晚清时期，北京的报纸都由报房雇佣送报人来统一派送。

民间报房的发展与清朝时期邸报、京报的传播密切相关，最初一部分人对提塘及其所设报房的内容进行抄录、刊刻、发行，后来逐渐分化，一些人开始私设报房并刊刻抄报，而且专门以此营生，遂形成具有特色的报房。②清代民间报房发展兴盛，大多位于永兴寺、铁老鹳庙一带，主要由山东人经营，从事贩报行业，后来以曹思明为首，这些报房结成了团体并垄断送报行业。

20世纪北京报业的发行主要垄断在六家报房③手中，这种关系导致报房与报馆之间的关系并不平等，一旦送报人对报馆不满便停止为其送报，直接影响了报纸的顺利发行和传播。在报费收益的分配上，报房与报馆之间矛盾重重，当时北京的报费约是大报每月八吊钱，小报每月三吊钱，送报人收取报费

---

① 《京报改良特别广告》，《大公报》1907年7月19日。

② 方汉奇：《清代北京的民间报房与京报》，《新闻研究资料》1990年第4期。

③ 分别是聚兴、聚恒、聚升、信义、合成、集文六家报房，每家雇用数十人担任报夫。

的三成作为提成。但报房对自己的收益颇为不满，拒绝给报馆按时付报费，甚至出现三个月都不结清的情况；即使付账时，也结给报馆砂片钱，难以使用。①

报房的垄断和专横行为让北京的报馆深受其苦，也为北京报业的发展设置了不少障碍。随着报刊种类和数量的增加，越来越多的报馆对报房派报的弊端无法忍受，遂萌生自己雇人来派送报纸的想法。最初是《京话日报》与《公益报》进行联合，自行雇佣一些北京人来送报；之后越来越多的报馆纷纷加入其中，不再仰赖于专横的山东报房。北京报界的垄断局面逐渐被打破，持续多年的送报一行终于不再是铁板一块。

不过，传统的报房模式依然存在，直到民国元年，《新民报》社长文实权在南柳巷永兴寺创建报市，建立起一个集中统一的报刊发行处，才终于彻底击溃延续已久、阻滞北京报业发展的山东报房团体，实现了北京地区报纸派送的自由化。随后，沿街叫卖报纸的情形开始出现在北京的大街小巷内，促进北京报业在发行销售的下游实现良性发展。

（四）阅报处兴起加速平民启蒙进程

20 世纪报业获得全方位的发展，一方面体现在报纸数量和种类的增加，另一方面也体现在读报群体的扩大。随着报刊开民智、增智识，更多的百姓有报可读、愿意读报，同时反向促进了报业的繁荣，这是一个双向影响、互相发展的过程，其间新闻业的近代化进程被不断推进。

政治主导下各类"大报"与通俗类"小报"的兴起，构成世纪初北京新闻业的发展图景，与之相伴的是纷纷出现的平民阅报组织，将报刊张贴在显眼的场所，为百姓读报讲报，增加报刊的影响力，提升百姓对时事、知识的了解程度，从而为国民素质的提升作出重要贡献。

据《顺天时报》记载，北京第一家阅报处位于琉璃厂工艺商局的楼上，但由于普通百姓很少去此地，所以该阅报处不久便关闭。②

① 管翼贤纂辑：《新闻学集成》第六册，第 302 页。
② 《奉劝诸君多立阅报处》，《顺天时报》1905 年 7 月 13 日。

北京阅报处的兴盛始于 1905 年由黄琮等人创办的"西城阅报处"，经费由黄琮等共 10 人 [①] 各捐足银 2 两，又每月常捐各 2 元而得。该阅报处属于公益性质，不收取任何费用，目的就是为了开通民间风气，提升百姓智慧。在报刊的选择方面，京内、京外皆有，文言、白话皆有，并不局限于某一类报刊。西城阅报处成立后，为了扩大影响力，该社在北京城中许多街巷张贴广告，上面写着"请看报"三个大字，下方注明何处可以看，且"不区分文" [②]。这样的宣传手段为西城阅报处吸引了越来越多的读者，也使阅报处这种基层教育形式被逐渐推广。

西城阅报处之后，北京城中"风气大开，阅报处逐渐设立" [③]，据天津《大公报》统计，至 1905 年 7 月，北京的阅报处已经增至十几处 [④]，至 1906 年 6 月，达 26 所之多 [⑤]，分布在北京城各区：

表 2—3　北京阅报社情况表 [⑥]

名称	地址	发起人
西城阅报社	西斜街	黄琮
会友讲报社	东安市场	卜广海
尚友阅报社	化石桥	王子贞
首善阅报社	西河沿	赵钰
日新阅报社	安定门大街	曾荫
乐群阅报社	朝阳门外	马璇

---

① 西城阅报处的主持人为黄琮，号璘初，湖南人，时任刑部主政。该阅报处创办时除了收到主创人士的捐款外，还收到魏某捐赠的许多报刊，包括《中国白话报》十六册，《福建白话报》三册，《广报》一册，《广雅俗报》四册，《幕席斋旬报》《湖南俗话报》《新白话》《爱国行纪》《童子世界》《杰女十界》《二十世纪》各一册。参见《阅报详志》，《大公报》1905 年 5 月 5 日。

② 《热心开通社会》，《大公报》1905 年 4 月 27 日。

③ 《各省报界汇志·京师》，《东方杂志》第 2 卷第 9 期。

④ 《文明进步》，《大公报》1905 年 7 月 30 日。

⑤ 《京师阅报社调查表》，《大公报》1906 年 6 月 27 日。

⑥ 根据《京师阅报社调查表》，《大公报》1906 年 6 月 27 日。

续表

名称	地址	发起人
经正阅报社	米市胡同	吴云庵
西北城阅报社	西城宝禅寺	崇芳
广益阅报社	西安门	陆振华
讲报说书处	骡马市	刘瀛东
左安阅报社	左安门外	张子江
合群阅报社	东直门	李福
爱国阅报社	北新桥东	吴绍埙
多闻阅报社	西直门	赵廷弼
进化阅报社	北新桥北	贵福
正俗阅报社	烟袋斜街	多福①
半日讲报社	前门大街	朱克忠
同人阅报社	皇城根	马广润
爱群阅报社	旧刑部街	志恺
代立阅报社	朝阳门外	僧人续成
草市讲报说书处		陈汉章
公议阅报社	西交民巷	雷德润
宣明阅报社	宣武门	僧人觉先
福禄轩讲报社	西四牌楼	勋荩臣
公艺局阅报处	土地庙	公艺局
阜城阅报处	顺城街	祥瑞卿

　　阅报社仅仅在 1905 年至 1906 年一年多的时间内便实现如此快速的发展，充分证明了北京报业发展的良好势头，为报刊出版后传播效果的落地及扩散发挥着极其重要的作用。

　　在西城阅报社这样比较正式的、需要启动资金的阅报组织之外，北京城的百姓也积极参与到共同读报的活动中。他们虽然没有丰厚的经济基础，但用

---

① 《东方杂志》记载进化阅报社创办人为邓寿峰，而《大公报》调查中为多福，因材料缺乏不可靠，遂特别注释。

自己独特的方式将报刊的内容和精神进行传播，主要表现为张贴报纸、演讲报纸等。如京师大学堂教习刘瀛东，自己出资制造了三十份木牌，安设在北京的一些路口，并将《京话日报》贴于其上，供路人阅览。医者卜广海将药铺旁的棚屋（本为茶馆）改为讲报处，定期张贴《京话日报》。

阅报处设立的地点多选在寺庙、茶楼、茶馆等百姓聚集的公共场所。这是因为阅报处的目的就是为给予普通百姓读报阅报的机会，从而提升他们的文化素养，增进他们对时事的了解及关心，从而提升国家实力，振兴国家命运。将阅报的场所定在他们习惯、喜欢且容易到达的地点非常重要，而且通过寺庙、茶楼、茶馆营造出阅报的公共空间，不仅可以阅报，还有利于百姓进行沟通交流，比私下单独阅报更能增进传播效果。

报纸的选择方面，这些阅报处并不拘泥于当地报刊，而是博采各地报刊，将更全面、多元的消息呈现给前来读报的百姓。西城阅报社内提供《中华报》《京话日报》《大公报》等报，涵盖京师和外埠；后来成立的日新阅报社采备的报刊更丰富，在此基础上增加了《官话报》《汇报》《外交报》《天津日日新闻》等报刊，同时购定了时新杂志如《东方杂志》《译报汇编》和一些致力于富强的书籍学报。

清末北京报业的发展过程中，阅报处、讲报处的兴盛是一大特点，这标志着报刊作为"开民智"的手段、对普罗大众进行教化、提升国民素质已经基本得到社会的共识。社会通过报刊的传播、群体间共同阅报的行为被有机地整合和运动起来，百姓的生活习惯、知识储备、政治认知和思维模式在阅报读报的过程中得到改变，正式开启了属于中国社会的"启蒙"运动。

第五节　清末外国人在京创办报刊

伴随清末民间报禁逐渐松动，外国在华势力也积极在北京创办报刊，作为其对华宣传、情报搜集、政治对抗的有力武器。

　　《尚贤堂月报》，1897 年 6 月创刊，月刊，每月二十日出刊，由美国传教士丁韪良担任该刊主编，自第三期起，该刊改名为《新学月报》。该刊是美国传教士在中国成立的组织名为"尚贤堂"①主办的刊物，以"益国利民、振兴新学为主"②。该刊在第一期的告白中称，该刊"所持论者，以兴利除害为宗旨，至阐明各国新学，为补日学之不足，旁稽六洲时政，借鉴事务之因革"③。该刊的栏目有文论、中外采风、寓言、学堂汇志、谕折摘抄、摘译要电（或电报摘译）、助学杂录等，以介绍各国风物、西方科学技术为主，对政治、经济、历史、军事、外交、医学、法律、电学、天文、生物等科学知识都有涉及。如《防霍乱症法》《记广东癫狂院》《记新架（加）坡中西医院》《医聋耳机》等篇章介绍国内外医学发展状况；《海军添舰》《变通武场说》《德制华舰》《各国水师船数年饷表》《美国武备》等篇章介绍各国军事状况；《富国策摘要：论钱币》《富国策摘要：论以金银为货币》《条陈开财之源四则》等篇章致力介绍经济理论，以图在经济实践中发挥功用；《电报邮政之便》《第一铁路公司》《铁桥各式》《电制宝石》《电学指用》《以光通信》《以水代火论》《新觅金矿》《日本油产》《天文新说》《乘气球探北极》《动物分类》等篇章介绍从通信、交通、技术、实业、天文、地理、生物等方面帮助国人了解世界；《性学发轫》《记不缠足会》《以教兴华论》《学堂汇志》从道德、教育革新的角度探讨中国社会的改良问题。丁韪良、谢子荣（潞河书院院长）是该刊的主要撰稿人，发表了不少翻译、论说稿件，此外，梁启超也曾在该刊第二期发表《记尚贤堂》一文。1898 年 6月该刊停刊，共出版 12 期。

---

① 尚贤堂，英文名称为 International Institute of China，1897 年由美国传教士李佳白（Gilbert Reid）倡设于北京，原名中国国际学会，受到英美驻华公使窦纳乐、田贝的赞助和清廷李鸿章、翁同龢等的支持。以"扩充封建旧识和启迪基督新知""美化庸众，转移人心，使中外教民趋于和洽"为宗旨，宣扬殖民主义。

② 《本报小启》，《尚贤堂月报》（每期均刊登），转引自赵晓兰、吴潮：《传教士中文报刊史》，复旦大学出版社 2011 年版，第 308 页。

③ 《尚贤堂月报告白》，《尚贤堂月报》第一期（1897 年），转引自胡素萍：《李佳白与清末民初的中国社会》，中山大学出版社 2009 年版，第 101—102 页。

《北京公报》，1900 年创刊，英文名称为 Peking Gazette，是 1900 年八国联军侵华后日本人在北京创办的报刊，后来因销量不佳而停刊。

《北京德人报》，1900 年由德国势力创办于北京，是北京的第一张德文报纸。

《中国时报》，1901 年创刊，英文名称为 The China Times，由英国人科恩兄弟主持，主要面向外国的侨民，最初使用中、英、日、德、法、意多种文字刊印。后来该报迁至天津，只用英文出版。

《燕京时报》，1901 年 10 月创刊，后改名为《顺天时报》，是日本帝国主义在华创办的中文报刊。由日本东亚同文会福州支部主任中岛真雄创办，历任主编龟井陆良、平山武清、辻武雄、有留重利等人均为精通中文的日本人，雇用的编辑也以日本人为主。该报创办后，日本逐渐在华建立起遍布各地的通讯调查网络，并用来对中国政治、经济、军事、社会、物产等各种讯息进行搜集。政治方面，该报支持亲日派军阀，是日本对中国进行军事侵略过程中重要的宣传武器，也是日本军国主义在中国进行特务活动的秘密基地。日俄战争爆发期间，该报积极支持日本政府对沙俄宣战，鼓吹日本对华扩张，揭露俄国在华侵略行径，与俄国在华言论机关《燕都报》等展开论战，在舆论上对俄国施加压力。1905 年 3 月，《顺天时报》由日本驻华公使馆正式接办，成为由日本外务省直接控制的半官方性质的言论机关，社长改由上野岩太郎接任。除出版中文日报外，还增刊一种英文杂志。该报对中国内政问题多有干涉，对中国革命采用压制态度。1930 年 3 月在中国人民的抵制下，《顺天时报》被迫停刊。

《顺天时报》每期出版对开 2 张 8 版，大量刊登日本邮船公司、商船公司、银行、照相馆、洋行、旅馆、药房、医院的广告，主要栏目有宫门抄、谕旨、论说、路透电报、德京电报、中外汇报、选录、各省新闻、通信、奏折录要、白话、花界外稿、时事要闻、京师新闻、市井琐闻等，在编排与体例上与当时国内的报刊非常类似。该报在特殊节日会设专版庆祝，如 1908 年正月初一时出"特编新年号"5 大张 20 版，用整个头版庆祝中国新年，书"敬颂新禧"字样，在第二版论说刊登《丙申新年颂》，表现对中国文化的融入。内容方面，该报关涉中国时事问题，如借款修路问题、宪政问题、戒鸦片问题、蒙古问题、结

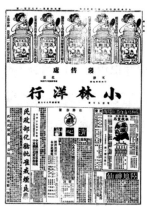

图2—33　《顺天时报》第 1801 号（1908 年 2 月 23 日）第 1 版、第 6 版

社集会问题、派遣留学生问题等，似以旁观者的角度对中国的发展"建言献策"，但基本从日本的利益出发，是"挂羊头卖狗肉"①式的伪装华报。任白涛本着研究考察的目的对该报在民初的报道进行持续多日的分析，了解了该报的"宣传阴谋和造谣伎俩"，指出其中"显著的妄谬和欺骗"，提出该报"乃迎合我国一般堕落社会之心理而使未堕落者悉陷于堕落之境之阴毒方法也"②。

　　《燕都报》，1904 年创刊，是沙俄在京亦是在华创办的第一家报刊，经费由俄国道胜银行支付，是沙俄设在北京的言论机关，由俄国在京买办创办。该刊创刊于日俄战争期间，是俄国人为了与日本人《顺天时报》对抗而兴办，与旅顺的《关东报》、奉天的《盛京报》协同，鼓吹沙俄的远东政策，夸大沙俄在远东地区作战的成果。但由于日本在华宣传机关时间更久，根基更深厚，《燕都报》在宣传效果方面有所不及。该报于创办后不久即停刊。

　　《北京回声报》，创办于 1905 年，是法国在北京创办的第一家报刊，宣称"这张报纸代表法国和比利时人的利益"③。1911 年，法国人冯勒培在北京创办《北京新闻报》（*Jouvnal de Pekin*），每日出版 10 版，其中法文 8 个版，中文 2 个版。

---

① 任白涛：《日本对华的宣传政策》，商务印书馆 1940 年版，第 61 页。

② 任白涛：《日本对华的宣传政策》，第 62—67 页。

③ 北京市地方志编纂委员会编：《北京志·新闻出版广播电视卷　报业·通讯社志》，北京出版社 2006 年版，第 40 页。

　　总体来看，这一时期外国人在京新闻活动以创办报刊、鼓吹各自主张为主，与19世纪外国传教士在京创办的报刊相比，新闻性有所提高，对中国社会各方面介入程度也更深。以《顺天时报》为代表，这些外报成为帝国主义在华言论机关，既有以本国文字出版的，亦有以中文出版的，政治特征非常显著，大都具有宣传和情报搜集目的，在丰富北京新闻业生态的同时，主要作为各国攫取在华利益的辅助工具而存在。

第三章

北洋军阀统治时期的北京新闻业

民国成立后，北京新闻业因社会环境的变化取得飞速发展，报刊种类和数量迅速增长，然而随着"二次革命"和袁世凯的帝制复辟，北京新闻业再次被政府率先惩办，瞬间归于萧瑟。袁世凯去世后，北洋政府对袁氏极其严苛的新闻政策进行修正，虽整体沿袭之前的理念，但在管理上稍露宽松之态，北京新闻业遂重新振作，并随着民国资本主义经济发展焕发出新的活力。这一时期新闻业发展呈现出新的特征，无论数量、种类、专业化程度还是社会影响都更进一步。

这一时期，社会思潮在愈加激烈的中西文化冲突中更加动荡，以报刊为主的新闻业作为传播思想的主要媒介，通过各地知识分子创办的言论阵地实现唤醒青年、激励国民、鼓舞人心、改造传统文化、发起思想论争的目的，成为一场空前的社会运动。

第一节　民初北京新闻业的倏兴倏灭

1912年民国成立，中国持续两千多年的皇权专制以溥仪退位告终。受到西方资本主义制度的诸多影响，具有资产阶级性质的共和国成立，《中华民国临时约法》（以下简称《临时约法》）暂时成为中华民国运行的根本法律保障。

《临时约法》明确规定"人民有言论、著作、刊行及集会结社之自由"。这意味着依照法律规定，报刊进行常规报道、议论、发行等活动都受到法律保护，而不再受上位者个人意志的干扰，也不会遭到行业之外的国家机关（如警察）强行介入。这与前清的境况完全相反，因此中国新闻业在民初一度呈现出异常繁荣的局面，据戈公振记载，"当时统计全国（报纸）达五百家，北京为政治中心，故独占五分之一，可谓盛矣"[①]。遗憾的是，报界的繁荣只是昙花一现，"二次革命"、袁世凯帝制复辟之际，报纸的数量和发行量都极大减少，国民党及赞同其政治立场的报纸几乎都被查禁，反对帝制的报纸在筹安会的威逼利诱下也被迫关闭，剩下的不是态度暧昧依附于某些势力，便是沦为筹安会的同党鼓吹复辟。报界在这一时期的发展倏兴倏灭，令人唏嘘。

一、民主、共和影响下的短暂繁荣

辛亥革命的胜利不仅意味着政权更替，更带来前所未有的思想革命。北京新闻业发展受到社会民主氛围和《临时约法》影响，亦因官方对言论自由表

[①] 戈公振：《中国报学史》，上海书店1990年版，第184页。

现出与前清截然不同的宽容态度，而呈现出勃勃生机。以北京为首，全国报刊种类及发行量呈现出大幅增长的趋势。

（一）社会氛围期待民主自由

进入民国后，新闻界脱离了清政府对言论的桎梏，期待可以进入言论昌明的时代，因此报界将表达自由奉为圭臬，开启了对自由新闻界的不懈追求。政府亦不负民众期待，将言论自由写进具有宪法效力的《临时约法》。1912 年 3 月 2 日，南京临时政府内务部宣布废除大清报律。3 月 11 日，《临时约法》正式公布，共 7 章 56 条。其中第二章第六条第四项规定，"人民有言论、著作、刊行及集会结社之自由"。该条法令从根本上保障了人民的言论自由，成为民初自由发展的强心剂。

公布《临时约法》前，南京临时政府内务部曾在 3 月 4 日公布《民国暂行报律》① 三章，对报刊出版发行及言论报道设立了一些规定。此令公布后，引发报界强烈不满，《申报》《时报》《新闻报》《大共和日报》等报刊和上海报界俱进会联名致电临时大总统孙中山，反对民国政府颁布暂行报律，称："政府丧权失利，报纸监督并非破坏共和，今杀人行劫之律尚未定，而先定报律，是欲袭满清专制之故制，钳制舆论，报界全体万难承认。"②3 月 9 日，孙中山令内务部取消《民国暂行报律》，并称"案言论自由，各国宪法所重，善从恶改，古人以为常师，自非专制淫威，从无过事摧抑者。该部所布暂行报律，虽出补偏救弊之苦心，实昧先后缓急之要序，使议者疑满清钳制舆论之恶政复见于今，甚无谓也。"③ 这次先制定、后取消报律的事件被称为"《暂行报律》风波"。

在这次风波中，新成立的临时政府与从枷锁中挣脱、对时代抱有憧憬的

---

① 《民国暂行报律》规定，新闻杂志出版前后需要向内务部呈明注册或就近地方高级官厅呈明咨部注册；如果刊登煽害共和国体的流言将受到惩处；如果调查失实、诬害个人名誉需要进行勘正，如果不履行且被原告提起诉讼时将被酌量科罚。

② 《上海报界上孙大总统要电》，《新闻报》1912 年 3 月 6 日。

③ 《大总统令内务部取消暂行报律文》，《临时政府公报》1912 年 3 月 9 日。

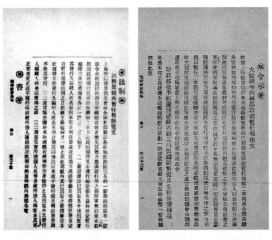

图3—1　1912年3月6日、9日，《临时政府公报》登载《内务部暂颁布行报律电文》及《大总统令内务部取消暂行报律文》

报界之间第一次产生交锋。政府出于规范管理的角度想要对报界制定规则，却遭到报界强烈抵制，最终以临时大总统亲自下令废除《暂行报律》结束。一方面政府的妥协虽与不同政治势力的博弈有关，但更关键的是，它表明了民初新闻界已经具有绝对的新闻自由观念①，同时上海报界俱进会在其中发挥的重要作用也说明报界具有同业群体意识，其对报律的拒绝是新兴职业社团与国家政权相互制约的有效印证②。另一方面，临时政府能够接受报界意见取消暂行报律，充分显示出临时政府尤其是以孙中山为首的国家管理者对社会呼吁的重视和对民主自由的维护。

　　3月17日，孙中山以临时大总统名义饬令交通部办理报界公会请减邮电费的申请，并指明"报纸代表舆论，监督社会，厥功甚巨"③，肯定了报界在辛亥革命中的贡献。3月29日，交通部奉临时大总统令，下令上海电政总局对报界电费进行适当减少，"报界之电费照现时已定价目再予减轻四分之一，邮费减轻二分之一。"④这一举措从政策上体现出临时政府对报界的优待，表明官方对新闻报刊自由流通的允许和鼓励，并为报刊传播力和影响力扩大提供了很大助力。

　　民国初年社会环境发生着巨大的变化，言论出版自由在这一时期得到了

---

①　卢家银：《民初报界抵制报律的深层原因分析——以〈暂行报律〉事件为中心》，《国际新闻界》2009年第3期。

②　赵建国：《分解与重构：清季民初的报界团体》，生活·读书·新知三联书店2008年版，第131—135页。

③　《大总统令交通部核办报界公会请减邮电费文》，《临时政府公报》1912年3月17日。

④　《交通部令上海电政总局遵减报界电费并转令各分局文》，《临时政府公报》1912年3月29日。

充分的保障，不论政界或业界，都高举着民主、自由、共和的旗帜，为新闻事业的繁荣保驾护航。

（二）袁世凯表面上展现出对言论自由的尊重

虽然新闻业的发展是众多新闻工作者共同努力的结果，但如果没有相对宽松的政治环境，那么即便办一份报刊，发表一句言论，也举步维艰。清末报界面临着来自朝廷的诸多阻碍，动辄得咎，难以让言论之花在中华大地自由扎根；民国成立后，总统袁世凯受限于《临时约法》和复杂的政治局势，认识到舆论对自身形象塑造的作用，担忧负面的舆论会影响政治威信，因此被动地对舆论进行包容，与前清主政时的态度呈现出较大不同，因此造就了这一时期比较宽松的言论环境。虽然这个宽松的时期并不长，但客观上却促进了民国初年新闻业的蓬勃发展。

1.《临时约法》的限制与对舆论的顾忌

民国成立之初，袁世凯接任临时大总统后，虽然他大权在握成为中华民国的元首，但是行为受到《临时约法》的规定和限制。在接见曾担任《国风日报》主创的白逾桓等人时，袁世凯表示，"诸君要知，自南京参议院厘定临时约法，限制总统之处甚多，予一举一动，时时为遵守约法之故，致有许多事左牵右制，不能放手去作。"[1]

与清末相比，袁世凯对待报纸的态度也表现出一些不同，袁世凯在清末时期面对政治主张不同的报刊时，经常批复"查禁""关闭""销毁"等字眼，态度十分强硬。然而进入民初，袁世凯的处理方法显示出一种较为和缓的状态。民初王芝祥"督直改委"一事被认为是导致唐绍仪内阁辞职的原因，此事引发了强烈的社会关注，报纸中记载"王芝祥督直一事因北方军界抗不承认将取消前议"[2]，"王芝祥已到京直隶军界反对甚力"[3]。此时身为临时大总统的袁世

---

① 《接见白逾桓等人之谈话》，中华民国元年十一月二十六日（1912 年 11 月 26 日），载骆宝善、刘路生主编：《袁世凯全集》。

② 《申报》1912 年 4 月 28 日。

③ 《申报》1912 年 5 月 30 日。

凯认为，"迩来报纸喧传，谓南北有恶感，又或谓南北有嫌猜……大约误解最多之处，在于王芝祥督直一事"①，袁将其称之为"喧传"和"误解"，与以往勃然大怒的态度大相径庭。

这与他接见白逾桓等人时的谈话形成呼应。因为共和初建，为了守护辛亥革命的果实，整个社会都向往民主自由的风气，袁世凯作为临时大总统，更需要以身作则，不能触怒社会舆论。他认识到"自共和以后，言论自由"②的社会现状，不再用以前专制社会的一套来对付报纸中相左的言论，而选择看起来比较民主、包容的方式："一班颠倒黑白，倡为邪说谬论者，亦不一而足，自可置之不理。今该报于冯督之事，亦不过有挟而为，谅无他故。无须小题大做，贻蹂躏舆论之口实。或以个人名义与之起诉，亦无不可。"③他称赞很多报纸能够谨守自己的职能，对一些于政府不利的言论也能够置之不理，并强调不能用官方的力量去压迫报纸言论，而应当竭力保护言论自由，俨然一副尊重社会舆论、宽容报纸言论的形象。

类似的例子还有很多。1912 年 11 月，沙俄不顾中国政府不承认外蒙独立的严正声明，强迫外蒙傀儡政府签订《俄蒙协约》，引起国内激烈反对，对政府外交也多有责难："俄蒙协约虽发表者仅仅四条实已举吾国数百年以来与外蒙古之关系斫丧殆尽……此种手段施之吾国，则痛彻心髓，闻之国际，则骇人耳目，俄人其谓我国如困兽，已不能斗而听其宰割，以去乎逼之过甚，适以激起吾民破釜沉舟之念"④，"夫俄蒙交涉之失败也，由于前清贻孽者，半由于梁总长之无能者，半由于外交总长之屡屡易人而未及有所措手者"⑤。面对舆论对政

---

① 《与某某两都督之晤谈》，中华民国元年六月二十日（1912 年 6 月 20 日），载骆宝善、刘路生主编：《袁世凯全集》。

② 《对于〈中国报〉控案之评论》，中华民国二年三月十三日刊载（1913 年 3 月 13 日），载骆宝善、刘路生主编：《袁世凯全集》。

③ 《对于〈中国报〉控案之评论》，中华民国二年三月十三日刊载（1913 年 3 月 13 日），载骆宝善、刘路生主编：《袁世凯全集》。

④ 《俄蒙新约之影响》，《申报》1912 年 11 月 15 日。

⑤ 《外交总长之地位》，《申报》1912 年 11 月 17 日。

府的斥责，袁世凯在与国务总理赵秉钧商议协约签订后的对策时提到，"查阅各报纸，大加评论，甚责政府……应饬内务部转知各报馆，关于此项问题之密议，不得遽行登载，尤须慎重着笔，以觇国民之趋向。"① 此时的国家首脑袁世凯没有采取他熟悉的封报馆、禁报纸的做法，而开始顾虑国民态度和社会评价。

考虑到此时的社会背景，袁世凯的表现的确与《临时约法》的限制有关，同时，也可以看出袁世凯自身对新闻舆论的看法。在对一位记者的谈话中，袁世凯这样表述："各省人民因相互之感情，时常抗争，全国舆论不得一律。加以外人尚未承认，民国国民若无协同处事之心，则民国之前途殆不堪设想。"② 不论袁世凯对民国前途的设想是怎样的，该怎样实现，是专制还是共和，都可以看出他期待"全国舆论一律""国民协同处事"。在这样举国畅言民主的氛围中，袁世凯只得从善如流。

2.《中央新闻》案中维稳与宽容

《中央新闻》是国民党早期革命志士张树荣主办，隶属于同盟会国民党一派，1912 年 5 月，该报先后登载了两条新闻，一则为奉天的赵尔巽、张作霖、陈昭常、陈夔龙等与宗社党密谋，预谋复辟清王朝并请求政府给予军饷支持；一则为揭露内务部总长赵秉钧营私舞弊任用乌珍掌握兵权，并揭露军警督察长乌珍劣迹。两则对政府官员的非正面报道使当事人非常愤怒，新闻刊出不久，乌珍弟弟便带着士兵冲进报社并绑走了十多人将其监禁，"且有各队分驻该社前后及南北两巷口，隔断交通似捕大盗，逾时闻院内摔砸之声，又逾时由内绑出该报社之十一人，形似斩决，当由振林袁得亮指挥兵丁在胡同口外扭来旧式骡车数辆，立令营兵垫底，将绑获报社十一人分装车内，复令队兵荷枪拥护，解往崇文门外抽分厂南营参将衙门寄监候讯"③。

---

① 《与国务总理赵秉钧密议俄蒙条约后之局势与对策》，中华民国元年十一月十一日刊载（1912 年 11 月 11 日），载骆宝善、刘路生主编：《袁世凯全集》。

② 《接见某报记者之谈话》，中华民国元年五月二十八日刊载（1912 年 5 月 28 日），载骆宝善、刘路生主编：《袁世凯全集》。

③ 《申报》1912 年 6 月 8 日。

　　事件发生后，《中央新闻》报馆被封，北京报界请求袁世凯释放被抓捕的报人，但并未成功。后在于右任的两方调解下，事件和平解决，赵秉钧设宴款待记者，《中央新闻》也重新出版。于右任指出，军警携私愤绑走报人是对舆论的蔑视也是对法律的蔑视，但同时《中央新闻》未核实消息来源便刊载谣言也并不在言论自由的保护范围之内。

　　在军警抓捕报人、关闭报馆之后，报界对政府的行为非常不满，中央新闻报馆代表王藩在意见书中以《临时约法》中对言论自由的保护来质疑政府的行为："盖言论出版，既为国民自由之权利，即为报馆不受侵犯之根据，此次临时约法规定甚明……今俱进会既已成立，声气联络，机关统一，即有□淫威以摧残舆论者，亦不足虚矣。"[1]当时恰逢全国报界俱进会召开，针对此事报界同仁决定向参议院致电，称："赵秉钧以行政官，擅用军队，侵害法权，破坏共和大局，莫此为甚，贵院代表国民，理宜弹劾以保言论自由，而重民国约法。"[2]

　　此事亦引起袁世凯关注：

　　　　中央新闻记者被捕事出现后，袁大总统于今早（二号）即召赵、乌两人到总统府面询底蕴。乌、赵等即以东三省都督等来电为词，谓"该报诬造宗社党，有妨治安"云云。袁总统颇不以此举为然。谓乌珍曰："汝如此办理，人将谓我拿破仑复出何。该报如确系扰乱治安，查明切实，自有相当办法。今汝等滥使职权，蔑视舆论，罪奚辞？"又谓赵氏曰："智庵何亦如此粗率。"赵氏唯唯，并云："我辈惟有辞职而已。"[3]

　　在这件事情中，袁世凯对赵秉钧、乌珍的做法提出批评，指出他们这是

---

[1]　《北京中央新闻报馆代表王藩意见书》，《申报》1912 年 6 月 8 日。

[2]　《申报》1912 年 6 月 8 日。

[3]　《召见赵秉钧乌珍之谈话》，中华民国元年六月二日（1912 年 6 月 2 日），载骆宝善、刘路生主编：《袁世凯全集》。

"滥使职权，蔑视舆论"。清末时期的袁世凯主要扮演的是一个铁腕政治人物，他奉行强权，如果政府的行为引起民众不满和社会指责，他的处理方式是改变报纸言论（或查封或禁止销售），而非承认政府自身的过错。民初的袁世凯面对此事，意外地提出了政府对报刊言论约束过于"粗率"，警惕舆论指责自己像拿破仑一样专权独断。由此可以看出，这个时期袁世凯对待新闻的表现与前大有不同，他开始关注社会对政府的认可程度，关注自己的社会评价，担忧负面的舆论影响自己的政治威信。

客观上讲，袁世凯这一姿态为民初新闻业发展提供了良好的环境，虽然他对新闻报纸的"宽容"并不意味着对新闻自由的完全认可与维护，而是出于政治利益的权衡。此时袁世凯初为国家元首，南北问题仍悬而未决，他的政治权力还不稳固，同时民初社会思潮向往民主，为了更好地维护自己的地位，他必须作出符合舆论期待的举措：表现出对报刊和舆论的"宽容"，正是他推出的"维稳"良策。他的做法本质上从属于政治战略的一环，具有鲜明的投机意味，他可以在历史大势下尊重舆论，也会随着权力上升而抛弃这层伪装，这也预示着他在走向权力顶峰过程中必将滑向专制独裁的一面。

（三）民初北京报界盛况

民国初年，社会整体对言论自由、民主共和的向往推动报刊进入了前所未有的"黄金时间"，全国报刊种类和数量呈现出井喷式的增长。

1912 年 3 月，根据政府收到的申请，全国要求创办的报纸已经多达 200 多种。其中申请在北京出版的达到 50 多种，居全国首位，超过申请在上海出版的 40 多种。同年 10 月 22 日，内务部公布调查报告，称自 1912 年 2 月 12 日起，截至公布报告之日，北京报部立案者共有 90 多种[1]。据时人统计，截至民国元年，全国报纸增加到 500 余种，总销数达到 4200 万份[2]。

北京报业在这段时期呈现出异军突起的发展态势，不论是官方报刊、政

---

[1]　方汉奇：《中国近代报刊史》，第 676 页。
[2]　戈公振：《中国报学史》，上海古籍出版社 2014 年版，第 140 页。

图 3—2 《亚东丛报》第一期封面及内页

党报刊，抑或是民间自办报刊，都获得源源不竭的生命力，展现一派生机勃勃之象，下列报刊在当时较有社会影响：

《亚东新报》，1912 年 5 月下旬在北京创刊，社址位于北京宣武门外南横街。宋教仁为该报负责人，仇鳌任社长，易象任总编辑，赵缵等负责编撰事务，向瑞琨、黎尚雯曾任该报主编。该报每日出版 3 张，销量约为 1000 份，主要栏目有社论、命令、电闻、要闻、时评、专件、杂录等，自称以"监督政府，指导国民，巩固共和政体，注重民生主义"[1] 为宗旨，宣传资产阶级议会政治，力主实行"责任内阁""政党内阁"制；号召组织国民党，实行政党竞争，以钳制袁世凯独裁专制，提倡男女平权和女子参政。宋教仁常以"桃源渔父"笔名撰发长篇评论。该报因内部变更停刊后改组为《亚东丛报》杂志，以"提倡女权、发挥民生主义、促进个人自治"[2] 为宗旨，刊登了大量鼓励女性参政、女性兴办实业、女性教育、抨击旧式婚姻的篇章，提倡女性独立解放、男女平权、破除封建道德对女性的束缚。

《大自由报》，1912 年 6 月 11 日在北京创刊，总发行位于顺治门外海北寺街。该报每日出版对开 3 张，主要栏目包括各地要闻、世界新闻、各界新闻、自由言论等，刊载内容包括提倡教育、女性解放、反对缠足等社会新风尚。该报曾刊文称女性提倡天足任重而道远，尤其"京师妇女注重缠足，自古已然，破除旧习殊难着手，虽经官方劝令，概视为具文而不问，既有苦口婆心而终不

---

① 章开沅：《辛亥革命辞典》，武汉出版社 2011 年版，第 117 页。

② 《亚东丛报简章》，《亚东丛报》1912 年 12 月第 1 期。

放，是非现身说法无济也。"①1912 年 7 月，《民国报》因与《大自由报》政见不和发生笔战，甚至上升到对个人进行攻击，《民国报》社员遂前往《大自由报》报社并将其捣毁，来表达愤怒的情绪。

《国权报》，1912 年 6 月 15 日创刊，由国家学会会员主办，日刊。该报本欲设于上海，后"因临时政府及参议院迁移北京，思就近权商，督道引之责"②，遂改于北京创办，社址位于前门外西河沿岸排字胡同，阎孝荃担任该报经理。该报日出对开 2 张，设有社论、专电、国内新闻、外国新闻、时评、小说等栏目。该报自称有六个特色，分别是：（一）主张正确；（二）消息灵敏；（三）内容丰富；（四）趣味浓深；（五）附设月报和时报汇编；（六）除中文记述外，专设外字记事一栏，使用英法德日等国文字。③该报与袁世凯关系匪浅，被视为袁世凯的言论机关④。袁世凯称帝后，虽未登基，但《国权报》自 1916年 1 月 1 日起不用民元纪年，而改用"中华帝国元年一月一日"的字样⑤，以示对袁的奉承。

《民主报》，1912 年 6 月 20 日创刊，社址位于顺治门外椿树二条胡同。仇亮⑥主办，反对袁世凯和进步党。该报的宗旨是"发挥民主立宪精神，巩固共和建国基础"⑦，主要栏目包括政治、经济、法律、军政、财政、教育、外交、国内新闻、国外新闻、社会事业等。1912 年 9 月，该报曾刊登政府与六国银行团借款的条件及秘密会议上议员的发言，对政府语多指责（如报道中称国务

---

① 《大自由报·女界》1913 年 11 月 11 日。

② 《申报》1912 年 5 月 14 日。

③ 《中华民国破天荒之日刊国权报定期出版》，《申报》1915 年 6 月 13 日。

④ 《时报》在刊登电文时直言"与袁总统有关系之国权报"（1913 年 3 月 4 日），"袁世凯机关报国权报"（1913 年 3 月 6 日），"半官报国权报"（1914 年 7 月 23 日），说明《国权报》背后的势力为袁世凯。

⑤ 《时报》1916 年 1 月 3 日。

⑥ 仇亮，原名式匡，字韫存，湖南湘阴人，早年留学日本，于东京加入同盟会，被推为湖南分会会长，参与创办《民报》。1912 年 1 月南京临时政府成立，他任陆军部军衔司司长。"二次革命"时，赴南京加入孙文阵营，失败后潜回北京，被袁世凯杀害。

⑦ 方汉奇主编：《中国新闻事业编年史》第二版，第 335 页。

图3—3　《群强报》头版与内页

总理赵秉钧为"赵犯"）且政治主张倾向于国民党，因此常常被起诉。

《群强报》，1912年6月创刊，社址位于北京正阳门外樱桃斜街中间路北，四开小型报纸，每期出8版，以白话文书写。该报外形与其他报纸不同，采用竖长形制竖排。据徐铸成回忆，《群强报》日销量最高曾达到5万份以上①，受到广大普通百姓群众的拥趸，比如人力车夫，经常在树荫下一边读报，一边招徕客人。该报文字简单通俗，内容丰富生动，注重对社会新闻和经济新闻的报道，贴近日常生活。该报最具特色的是刊登大量戏剧节目广告，十分齐全，占据全报篇幅的一半以上，不仅登载当日戏目，还对近几日上演的戏剧进行预告，不但刊登大剧院的戏目广告，甚至连天桥小剧场的戏目也进行刊登。这一点极大地迎合了北京人爱看戏的日常爱好，大力促进了该报的销量。此外，《群强报》还刊登非常通俗易懂的小说、掌故、谜语、歇后语、民俗民谚等内容，非常符合识字不多但关心生活琐事、希望从报刊中获得通俗愉悦的北京小市民读者定位。

《亚细亚日报》，1912年由薛大可主办，黄大罗主编，樊增翔、易实甫、丁佛言等人担任撰述，社址位于北京前门外李铁拐斜街。该报日出三大张，以"民间报纸"身份出版，创刊时言论倾向于共和党，后来被袁世凯收买，成为袁世凯的御用报纸，竭力攻击以孙中山为代表的革命党人，且常散布流言损人名誉，为新闻界诸人所不齿。1915年薛大可受袁世凯政府委托前往上海创办沪版《亚细亚日报》，为袁世凯帝制复辟进行舆论鼓吹，为读者不齿，报社先后在1915年9月和12月遭到炮弹袭击，并于次年3月停刊，可知该报在读者

---

①　徐铸成：《旧闻杂忆》，生活·读书·新知三联书店2009年版，第47页。

与同行间均是声名狼藉。

《新中国报》，1912 年 9 月 11 日创刊①，主编汪怡安，隶属于进步党②。社址位于北京棉花八条胡同，每日出版对开 2 张，并附画报 1 张，以"国家主义之精神，世界主义之眼光，牗启国民之智识，扶植人群之道德"③ 为宗旨。该报有社说、命令、译论、公电、专电、紧要新闻、议院纪事、本京琐闻等 25 个主要栏目，编辑专业，富有逻辑、文辞通顺，注重收集一手消息，在中央重要机关和各行省通商大埠都设专门访员。

《女子白话旬报》，1912 年 10 月创办，编辑所位于北京前青厂武阳馆夹道。《女子白话旬报》主办者唐群英是女子参政同盟会总理，因此该刊是女子参政同盟会的舆论宣传阵地，唐群英（1—3 期）和沈南雅（4—7 期）先后出任总编辑，主要撰稿人有唐群英、慕新、陈遵统等。该报自称以"普及女界知识起见，故以至浅之言，引申至真之理，务求达到男女平权目的"④ 为宗旨，鼓吹妇女参政，普及女界知识，宣传男女教育平等，提倡女子从事实业，致力于"使我二万万女同胞智识增进，能力扩充……复其固有之平等自由、大同博爱之地位"⑤。

图 3—4　《亚细亚日报》

该刊登载内容分为政论、教育、实业、时事、丛录 5 个门类，刊登《女子参政同盟会宣言书》《女子参政同盟会简章草案》等文，为

---

① 根据《时报》1912 年 9 月 1 日第 6 版广告，《新中国报》本定于 9 月 1 日出版，但因"机器尚未装就"，遂改期为 9 月 11 日出版。《中国新闻事业通史》中记载该报出版日期为 9 月 1 日，此处对其进行修正。

② 根据四川省档案馆藏《进步党成立概略书》，档案号 53/2，汪怡安为进步党本部 255 名参议之一，转引自别琳：《进步党与民初政治（1912—1914）》，四川大学出版社 2015 年版，第 228 页。

③ 方汉奇主编：《中国新闻事业编年史》，福建人民出版社 2000 年版，第 657 页。

④ 《女子白话报简章》，载《女子白话旬报》第 2 期插页（1912 年 11 月）。

⑤ 唐群英：《创办女子白话报意见书》，《女子白话旬报》第 1 期（1912 年 10 月）。

图 3—5　《女子白话旬报》第二期封面及目录

女性讲解"政治"的含义，鼓吹女子参政；刊登《女学界之障碍》《女子教育方针》等文，提倡男女应接受同等的教育、女性要养成完全的人格必须接受教育；刊登《请看京师女子师范学校校长吴鼎昌之罪状》《女子救蒙敢死队之组织》等文对妇女运动和国内外时事新闻进行报道。该刊富有进步精神，对女性独立自主的提倡涉及身体、精神各个方面，认识到男权社会数千年对女性的轻视和愚弄，中国女性解放之路仍然漫长而艰难。自第 8 期起该刊改名为《女子白话报》，期数续前。1913 年 5 月该报出版至第 11 期后停刊。

此外，还有许多报刊也在民国初年创刊，详见下表：

表 3—1　1912 年创办于北京的部分报刊

报刊名称	创刊时间	负责人	其他
《商业日报》	1912 年 1 月 10 日	尹厚田	以商业新闻为主，自称日销 8700 份
《汇报》	1912 年 1 月 24 日		三日刊，文摘性质，社址在北京琉璃厂宣元阁
《国风报》	1912 年 2 月		恢复出版
《新民报》	1912 年 2 月		原《京师公报》
《新支那》	1912 年 3 月	藤原镰见	日文周刊，社址在北京前门外香炉营
《军事日报》	1912 年 4 月 1 日		
《新纪元报》	1912 年 4 月 22 日		章太炎为该刊撰写发刊词
《政府公报》	1912 年 4 月		
《中华民国政府公报》	1912 年 5 月		北洋政府主办
《新中华报》	1912 年 6 月		
《五民日报》	1912 年 6 月		
《经济杂志》	1912 年 7 月		月刊，北京商务印书馆发行
《军学杂志》	1912 年 8 月		

续表

报刊名称	创刊时间	负责人	其他
《农林公报》	1912 年 8 月		农林部主办
《新纪元星期报》	1912 年 9 月		
《军事杂志》	1912 年 10 月		月刊，北洋政府陆军参谋本部发行
《国风报》	1912 年 11 月 1 日		
《民誓》	1912 年 11 月		月刊
《中国学报》	1912 年 11 月		月刊
《西北杂志》	1912 年 11 月		月刊

由此可知，民元之际北京报业呈现出异彩纷呈之态，不论从报刊发行的种类、数量，还是报刊的形式、内容、倾向来说，都颇有"百花齐放，百家争鸣"的景象。

向往民主自由的社会思潮和相对宽松的言论环境造就了新闻事业的急速发展，但也暗藏着不少问题。政党报刊蜂拥而起的背后是报界的失序，被政治浸润的北京报界即将面临前所未有的挑战，因政治昌明而勃兴的报刊也必将因政治斗争而陷入末路。

二、政党斗争与报界兴衰

辛亥革命后，民国虽然成立，但国家政权并不稳定，究竟应该实施何种政治体制成为全社会的议题，对政治制度的讨论让拥有相同目的的势力集结在一起，形成不同的党派群体。加之清朝被推翻后，党禁被解除，使得这一时期各类政党或政治团体的数量迅速增长。它们为了实现政治目的、扩大政治利益、获取政治权力，在民初上演了一幕幕争斗的戏码，北京因位于权力中枢，更成为众党派激战之地。报刊作为最常见、有效的宣传手段，顺理成章地成为它们的主流斗争方式，据内务部调查报告，截至 10 月，北京各党会报部立案者已有 80 余种。

众声喧哗中，北京报界在民元获得飞速发展的直接推力。然而随着袁世凯政治手段逐渐转向专制，"二次革命"后"癸丑报灾"爆发，报界的繁荣局面被政府严苛的管制所代替，失去自由与活力。

（一）党同伐异：报界繁荣的推手与隐患

北京报界虽然获得暂时的繁荣，报刊数量到达高峰，但因政治权力角逐而兴起的报刊亦存在诸多问题。

当时北京新闻界一度因政党纷争形成泾渭分明的两个集团，《国风日报》《国光新闻》《民国报》《亚东新报》《民主报》等组成"国民党新闻团"，宣传资产阶级"国会政治""责任内阁""地方自治"，反对中央集权，企图通过和平的方法争取国民党在国会中取得多数议席，产生"政党内阁"，以此来分散袁世凯的专制独裁；《国民公报》《天民报》《新纪元》《北京时报》《京津时报》《亚细亚日报》等组成"北京报界同志会"，主要由统一党和共和党组成，政治立场上宣称支持民主共和，实际拥护袁世凯。

政党纷争中，双方将报刊作为攻讦政敌的根据地，以社会公器来谋求私利，使新闻界呈现出虚假繁荣甚至乌烟瘴气的局面。比如《中央新闻》案中袁氏阵营官员肆意抓捕记者、诋毁报纸造谣，又如同盟会七家报刊工作人员一同捣毁《国民公报》、殴打主笔。

《中央新闻》案在上一节中已经进行了详细阐述，从中可以看出当报刊消息或言论触及对立政治阵营时，往往引发对方过分在意，甚至将一则失实报道或不当言论演变成武力争斗，乃至于军政干涉。当时北京报界环境的复杂和言论环境的脆弱可见一斑。

"《国民公报》案"发生在 1912 年 7 月 5 日，《国风日报》同盟会干事白逾桓、《民主报》同盟会干事仇亮、《国光新闻》同盟会干事田桐以率领《亚东新报》《民国报》《女学日报》《民意报》共七报工作人员数十人前往《国民公报》报馆问罪，将该报经理徐佛苏、主笔蓝公武殴伤，并将承印《国民公报》的群化印书馆全部捣毁。徐佛苏"口鼻流血，面青气喘，后脑左颊均有裂痕，左手青肿，两足跟筋露血出，其内伤更重"；蓝公武"内外受伤""咯血不支"。

事发后，双方均向法院提起公诉。《国民公报》称：

窃思民国约法，国家有保护人民生命财产之条，人民应有身体言论之自由，今敝报时评中沿用日报中"假政府"三字，何得有违国法？及加以谋反叛逆之恶名？纵稍措辞稍有不合之处，自有官厅干涉，否则提起诉讼，自有法庭审判。白、田等得怀挟党见，仇视异己，遽行统率多人，肆行凶殴？似此情形，不独违犯警律，扰乱治安，而其罪之尤重者，实在破坏共和国法。[1]

《国风日报》等同盟会七报则称：

顷阅七月初六日《国民公报》时评，载有"南京所设假政府以迄今日"云云，窃现在政府，产自南京，参议院由南迁徙而来，约法由南京所指定，袁大总统由南京所选举，国务员由南京议员所通过，若得"假"，参议院亦假也，国务院亦假也，约法亦假也，民国与袁大总统何亦非假。据该报所载，其反叛民国，破坏约法，罪据昭然，警厅有捕拿之责任，检察厅有提起公诉之职务，人民有告发之特权。[2]

非同盟会报纸对《国民公报》的处境表示同情，对同盟会《国风日报》等报刊的行径表示不满，《新纪元报》《亚细亚日报》《新中华报》等报刊在北京城南广和居举行集会，决定向大总统提起申诉。据《大公报》报道，该事亦引起包括袁世凯、徐季隆，扬州第二军师长徐宝山等军政界人士的重视，徐宝山电文说"似此蔑视法律、摧锄舆论，实为民国之蟊贼，公理所不容，不按律严惩，何以戢凶横而彰国纪？"[3]袁世凯"（大总统）闻耗，深不以白田辈之举动为然，谓审判厅当按照法律秉公判断以惩凶顽"[4]，但他其实并不愿双方发生

---

[1]　《申报》1912 年 7 月 14 日。

[2]　《申报》1912 年 7 月 13 日。

[3]　《大公报》1912 年 7 月 14 日。

[4]　《报界风潮后之大总统》，《亚细亚日报》1912 年 7 月 10 日。

诉讼，"已授意赵为之设法和解矣"①；另外，这件事使他注意到报刊冲突背后的党派矛盾，"十一号特召赵智庵总长，询问当日一切情形"②，"嘱秘书将京中各报纸分流别派列成一表以便政余浏览"③。

后来，法院对双方均未判处，此事以不了了之告终。然而不论《国民公报》对南京政府的"假"字评论是否出于政见不同故意为之，《国风日报》擅自闯入其他报馆施暴的行为已经违背了新闻界崇尚的"言论自由"。此事充分暴露出民国初建时新闻界环境的复杂和混乱，尤其是政党斗争对新闻界良性发展埋下重重阻碍。

除了《中央新闻》案和《国民公报》案，类似报刊因报道失实或偏颇而遭到攻击的事件时有发生。

1912 年 7 月 8 日，《大自由报》被同盟会主办的《民国报》一行人捣毁。④原因是《大自由报》近日"立论略为持正，稍有异同"⑤，遭到同派激进势力的不满。此案发生后，同盟会曾因"两方面皆系同党，自相争斗，贻人口实"⑥尽力调停，但两报均不愿罢休。审判厅于 7 月 12 日、13 日对此事进行预审，《大自由报》经理王仲刘作为原告，控告《民国报》孙炳文、郭小风于报馆打砸一事，双方都指出对方先在报上损害本报名誉并要求交出供稿人，但最终在交人上未达成一致，由审判厅改日开庭审判。

---

① 《大公报》1912 年 7 月 14 日。

② 《大公报》1912 年 7 月 14 日。

③ 《报界风潮后之大总统》，《亚细亚日报》1912 年 7 月 10 日。

④ 根据《亚细亚日报》1912 年 7 月 9 日记载，《民国报》记者偕同三人前往《大自由报》报馆，指责其"连日诋毁唐绍仪、刺刺不休"，抛掷茶杯，并损坏自由报馆内的家具，后经过巡警干涉才离开。7 月 10 日，《民国报》刊出自白解释：两报的龃龉源于组织内阁之事，7 日《大自由报》"自由俱乐部"一栏以"极污秽之语诬毁个人人格"，并涉及《民国报》。因此，《民国报》编辑胡某当即前往《大自由报》报馆进行理论，但无人接待；9 日该报孙某 4 人再去拜访但依然未被接待，也未得到合理的解释。因此《民国报》的孙炳文"大怒，毁其桌上烟盂一具及坐镜一具而出。"详见《第二次报馆风潮再志》，《亚细亚日报》1912 年 7 月 10 日。

⑤ 《时报》1912 年 7 月 10 日。

⑥ 《大自由报两次之预审》，《大公报》1912 年 7 月 20 日。

　　1912 年 12 月 13 日，北京《亚东新闻》因所刊青年会副会长、女子参政同盟会会长沈佩贞被步军统领衙门拘拿的消息失实，于下午 6 时，被沈佩贞带领的一群人捣毁，《亚东新闻》的招牌甚至被沈取走。《申报》报道，沈佩贞在捣毁该报时"破口大诟，带哭带骂"，"我系女界革命元勋，我系女子参政同盟会会长，何人不怕，曾打参议院，曾打国务院，曾闹总统府，曾闹国民党，谁人不知？今日到步军统领衙门及总统府去，该处护军卫士莫不举枪立正，何尝有拿我之事，尔报所载，全系诬我，我岂甘休！"[①] 当时郑师道在旁意欲劝

图 3—6　青年会副会长、女子参政同盟会会长沈佩贞

解，被沈佩贞当成《亚东新闻》职员，用所持竹杠乱挥，差点伤到郑。

　　次日，《亚东新闻》刊出评论对沈的行为进行痛斥，称："夫新闻不实，更正有例，据实要求，本报岂敢不遵"，"沈佩贞口唱文明，而身履野蛮，其何以服男子，其何以对女界，其何以争参政"。[②]

　　这些由政治势力引爆，并将怒火引至报刊的例子都暴露出一个共同的问题，那就是当时报界背后政治势力的强势，就在报界疾声奔走呼吁、要求言论自由的同时，太多不自由的事情却频频发生。本应承担社会公器之责的报纸沦为政党斗争情绪宣泄的出口，不同党派势力各执一词，对不同问题展开辩论甚至互相对骂，互戴"乱党""贼党"的帽子；即便同党之内，也因言辞过激而争斗不休。矛盾升级后，党派和报刊之间的文斗甚至发展成为武斗，使当时的报界变得喧嚣甚至乌烟瘴气。

　　（二）"二次革命"与"癸丑报灾"

　　不仅是北京报界，全中国的新闻界都在 1913 年迎来"寒冰期"，政治势

①　《申报》1912 年 12 月 19 日。

②　《申报》1912 年 12 月 19 日。

图 3—7　宋教仁

力的斗争与政局的变幻让"二次革命"为报界的黄金时段画上句号。

"二次革命"的导火索是宋教仁遇刺一案。1913 年 3 月，国民党领袖宋教仁在上海火车站被暗杀并不治身亡。由于此时国民党在国民大选中取得绝对优势，宋教仁此行意欲前往北京组阁，实现自己"责任内阁制"的政治主张；而这对坚持总统制的袁世凯来说，无异于极大的政治阻碍。因此暗杀事件后，很多人直指袁世凯是暗杀活动的背后主谋。举国关注之下，案件很快告破，行刺者是武士英，直接指使他行刺宋教仁的是青帮出身、被袁世凯委以江苏驻沪巡查长之职的应夔丞，而通过电报、信件往来在背后指使这次行动的，则是国务总理赵秉钧的机要秘书洪述祖。

但是此结果并不能平息社会愤怒，国民党一方提出洪述祖等人的行刺动机和执行能力都显不足，其背后的赵秉钧、袁世凯才应该是刺杀宋教仁的主谋。揣测袁世凯居心不良的势力以国民党报刊为首大肆指责袁世凯，国民党报刊《民立报》中直言："可逆知此可骇、可诧之暗杀案，非仅二、三奸徒为之，而内幕中，必有政治关系有力之人，为之指使。"[1]北京亲国民党的《国风日报》《国光新闻》《新中国报》等报刊在 4 月 29 日就宋教仁案发表评论，对袁世凯政府发起猛烈的抨击，使用包括"万恶政府""政府杀人""政府罪状""民贼独夫"等激进的词句。九江的国民党人还公然散布袁世凯与赵秉钧同谋行刺宋教仁的传单约 3000 张，发往北京。其文曰："袁总统不能再称为大总统，而赵秉钧不能为总理，该二人实为犯罪，要求大总统与国务总理送往上海审讯。"[2]

---

① 《民立报》1913 年 3 月 22 日。

② 《盛京时报》1913 年 5 月 15 日。

一时间国民党将舆论的枪口对准袁世凯政府，对其极尽抨击和指责。

面对国民党的口诛笔伐，袁氏集团也顺势而为，积极利用报刊为自己辩护。除了在已有报刊上与国民党针锋相对，赵秉钧、陆建章还出资创办了《国报》。该报由黎宗岳主办，4月8日在北京正式发刊，主笔为宋通儒，主要将目光集中于国民党，尤其是黄兴、李烈钧、柏文蔚等人。

1.“二次革命”前后北洋政府的政令变更

面对各种不利的言论和喧闹的报刊，政府从管理者的角度介入，以通令、函电的方式来主动约束报刊的言论。下表是“二次革命”前后袁世凯政府颁布的关于报刊管理的政策或通告：

表 3—2 “二次革命”前后北洋政府关于报刊管理的政令

时间	内容
1913 年 3 月 21 日	京师警察厅正式向各报转发陆军部致内务部函，宣布自即日起，“由（陆军）部派员实行新闻检阅签字办法。倘有故违，立即派员究办”。
1913 年 5 月 3 日	北洋政府交通总长朱启钤奉袁世凯令，转饬北京电报局检查京外各报馆新闻电稿。
1913 年 5 月 6 日	京师警备厅总监王治馨具呈北洋政府内务部，要求对北京各报所发号外传单实行预检，未经检查的号外传单，一律没收。
1913 年 5 月	北洋政府交通部通知各报凡“碍及国家治安或滋生乱事”的新闻电报，将按照“万国电报通例”，一律扣发。
1913 年 5 月	内务部发表训令：“据五月一日总统令：凡罪案未经审判以前，照律不得登载新闻。乃有《国风报》《国光新闻》《中国报》等，任意污蔑，有‘万恶政府’‘政府罪人’等语，应据报律十一、十三条，刑律二百二十一及三百二十九及三百六十条，先行告诫云云。”①
1913 年 6 月 2 日	北洋政府司法总长许世英奉袁世凯令，发布约束报纸的通令，称“有闻必录虽为世界之通例，传闻失实最足以混淆是非”，“且报律刑律均有应遵守之范围，是言论自由仍须以法律为标准”，“惟深愿法言切勿为成见所拘，勿为感情所迫，勿伐异而党同，勿扬汤而止沸”。②
1913 年 6 月 22 日	北洋政府内务部发布通令，告诫报纸不得“谩骂”及“漏泄秘密”，否则按刑律、报律惩办。

① 《申报》1913 年 5 月 7 日。

② 《国民公报》1913 年 6 月 10 日。

续表

时间	内容
1913 年 6 月 26 日	北洋政府内务部再次发布限制报纸言论自由的通令。称，"内外报纸对于宋案、借款以后多所误会。不问是非，肆意诋諆，痛加污蔑，且于外交、陆海军实践尽情登载，漏洩无疑……若不依法限制，实足扰乱大局，妨害治安"，"用特剀切布告各该报馆须知……不得蜚短流长，徒逞胸臆……不得有一毫成见参乎其间"，否则"法律具在，断难宽容"。①
1913 年 7 月 26 日	北洋政府内务部发布第 578 号训令，命所属转饬京内外新闻界，禁止各报发表有碍"中日国交"的"激烈言论"，称"新闻记者发抒正当言论，尤必洞悉世界大势，注意于国际间相互之感情，固无待政府之长虑而却顾也。此次湖口暴徒倡乱，政府依法用兵，所有救国救民之苦心，友邦早已共谅……乃查京外报界，间有以道路传闻之词，竟谓东南乱事与日本人有如何之关系，并谓商界现已决意为抵制日本之计等语……惟此等言论，并无事实可指，即于邦交有碍。"②
1913 年 7 月 27 日	北洋政府内务部命令京师警察厅转饬各报馆不得刊载经官方查禁的有关外交、军事、政务等方面的消息，称："本部为整齐言论维持地方起见，舆论固当尊重，法权尤应保持。为此训令该厅转饬各报馆，除关于外交、陆军、海军事件及其他政务，曾经该管官署禁止登载者，不得登载外，其余各项专电访稿，仍须以国家为重，一律慎重登载。倘有不顾大局，不问是非，漫无检查，任意登载，或造谣事实，耸人听闻，则是有意妨害秩序，有碍治安。法律具在，断难宽容。"③
1913 年 7 月 31 日	京师警察厅发布命令，告诫北京报馆，"勿用过激言词，损害中日邦交"，并禁止各报发表排斥日货的言论。
1913 年 11 月 5 日	北洋政府交通部对所属邮政部门，发出第 428 号训令，宣布："此后再有以国民党名义发布印刷品者，应一律拿办，勿稍宽纵"，并规定四条办法："一、凡封面题有国民党字样之寄件，一体扣留，送交地方官检查；二、凡戒严地方之地方官派员到局检查寄件，即应遵照办理；三、凡属地方官指名停寄某报，亦应遵办；四、所有反对中央传单及一切印刷、抄写等件，停止寄递。"④
1913 年 11 月 8 日	北洋政府内务部通电各省都督、民政长，宣布："如遇有意煽惑，登载报纸或印刷品，或散布传单，是即以乱党自居……应即严饬各地方官吏、警察厅署，一律严加取缔，并就近知照该地邮局不准递送。"⑤

① 《申报》1913 年 6 月 27 日。

② 《民权报》1913 年 7 月 28 日。

③ 《申报》1913 年 7 月 29 日。

④ 《湖南公报》1913 年 11 月 10 日。

⑤ 《湖南公报》1913 年 11 月 12 日。

续表

时间	内 容
1913 年 11 月上旬	北洋政府内务部行文各省长公署，要求转饬所属，通知当地报馆，根据《报律》第一条的规定，将各报出版及停止变更情形，立即造具表册，报部存案，"嗣后如有新设报馆及变更情形，仍按月汇报一次，以便考核"。
1913 年 11 月 15 日	北洋政府内务部再次通电各省都督、民政长，宣布："报纸如有登载失实，或故甚其词，任意捏造事实，或訾议命令，淆乱是非，有竟为该党辩护者，亦照曲庇党人例拿办。"①
1914 年 1 月 7 日	北洋政府以大总统名义通令各省切实查禁国民党印刷品。规定，"如有散布或售卖该乱党各种印刷文件"者，"从严惩办"。
1914 年 3 月 2 日	袁世凯颁布《治安警察法》，规定：警察官对被认为有"扰乱秩序之安宁"之嫌的，包括报刊在内的印写物品，有权予以禁止及扣留。
1914 年 7 月 28 日	陆军部函咨京师警察厅，要求该厅转告各报，对于"军事政事"，不得"随意登载"，并要求该厅转饬北京各报，将所处报纸逐日分送该部及统率、外交、礼官各部处，以备随时查核。原因是"现在欧洲战机甚迫，我中国为新造之邦，一举一动皆为列强注意，而内地报纸大抵不加审慎，于军事政事随意登载，细则淆乱人心，大则贻害国家。贵厅于报馆营业，有管辖之责任，即请密为告诫：嗣后不惟本国军事，如关于编制及剿匪等项，应按照条例，审慎登载，即对于列强战争，亦不宜轻率发议，或引起意外之交涉。"②
1914 年 8 月 6 日	京师警察厅根据外交部、陆海军部的咨文，通饬各报馆："关于欧美战事消息，译登外电外报仍将名目载明外，其稍涉影响，无确切根据之词，一律不准登载。"
1915 年 1 月	北洋政府通令所属各省市地方政府，派员进驻当地邮局，检查往来邮件，遇有国民党人出版的反袁报纸和书刊，当即没收。
1915 年 3 月 13—14 日	袁世凯的顾问莫理循密函袁政府政事堂机要局，建议北京各报在报道日本时注意言辞，避免使两国外交恶化，"得可靠消息，谓本京各华文报纸措辞激昂，日本军界大为愤怒，思有以报复云云。理循愚见所及，宜立即命警厅传谕各报，际两国交涉进行之时，静候消息，勿再出言无状，以免惹起两国之恶感也。"③次日，北洋政府内务部以莫理循建议为令，转饬京师警察厅。
1915 年 9 月 8 日	袁世凯发布政令，禁止报纸刊载议论国体的文电，"大总统谕：凡政界军界文电关于议论国体实践，应由内务部通告各报馆一概不准登载。"
1915 年 11 月 12 日	北洋政府通令各省，严禁"党人"报刊印刷品由海外寄往内地，规定一旦查出将立即销毁。

① 《申报》1913 年 11 月 18 日。

② 《申报》1914 年 8 月 4 日。

③ 中国第二历史档案馆北洋政府内务部档案编号第 1001/3143，转引自方汉奇主编：《中国新闻事业编年史》，第 769—770 页。

可以看出，"宋教仁案"和"二次革命"是袁世凯政府对国民党及其报刊清算的关键节点。1913 年 3 月之后，政府开始实施对报刊、电报、传单的内容检查。接着政府禁止报纸在宋教仁案件和中日关系的报道中"谩骂""漏洩秘密""徒逞胸臆"。"二次革命"后，北洋政府于 1913 年 11 月宣布国民党非法，并解散国民党，政府的通令开始直接将对这个对立政党的报道写进禁令中，"以国民党名义发布印刷品者，应一律拿办，勿稍宽纵"，直到袁世凯称帝前，政府对国民党的宣传禁令依然十分严格。

除了对政党相关报道的警惕，北洋政府还利用此次禁止国民党报刊的时机，将对整个报界的管理层层强化。为了统一舆论、维持稳定，报刊在内容方面逐渐无法触碰"外交、军事、政务等方面的消息"；在经营流程方面，报刊被迫接受军方、警方以及各级官吏的检查管理；在国家法律层面，报刊被北洋政府制定的《报纸条例》等诸多律法约束。在层层加重的链条下，全中国的报界在重压下陷入沉寂。

2. 北洋政府对报界的清算与"癸丑报灾"

"宋教仁案"使国民党与北洋政府的矛盾彻底激化，"二次革命"爆发后，辛亥革命后甫进入和平状态的中国大地上再起战火。随着"二次革命"和国民党人的失败，袁世凯北洋集团的独断统治不断走向顶峰；对新闻界而言，一场历时恒久的灾难正式开启。

下表是 1913 年前，政府对北京新闻界的一些"管理实践"：

表 3—3　北洋政府对北京新闻界的"捕""禁""关""停"（截至 1913 年）

时间	事件
1912 年	《新民公报》社长文实权因"君宪余孽"的罪名被逮捕，不久后释放。
1913 年 1 月 8 日	《亚细亚日报》因报道农林总长陈振先狎妓的新闻，被陈振先指控。
1913 年 2 月 28 日	《中国日报》因所发稿件中含有攻击冯国璋的文字，被法庭传讯。该报于 3 月 1 日更为《大中华民国日报》继续出版。
1913 年 5 月 8 日	《民主报》因刊载张勋部消息被指为报道失实，遭到宪兵马队滋扰。

续表

时间	事件
1913 年 5 月 12 日	《国风日报》因刊载《忠告政府与军警同胞——对于民国为忠良，对于某氏为叛逆》一文，触怒当局，在当日下午 6 时，被京师警察厅派出军警百余人包围，以"登载叛逆之论说"，"煽动军警，妨碍治安"等罪名将该报协理裴梓青、编辑郭究竟及经理部门工作人员 2 人逮捕，交由检察厅审讯。同时，北京地方检察厅发出传票，对《国风日报》记者吴虎头、张秋白、胡思平、王赓雅等实行传讯。
1913 年 5 月 30 日	北京京畿警察厅执法处一早派出军警百余人对《国光新闻》进行搜查，该报被迫停刊 3 日。
1913 年 5 月 31 日	北京京师警察厅以"贮有关于煽惑军界之印刷物品"为由，派出军警对北京通讯社进行搜查。该社文件、新闻电报稿件、存款，以及其他贵重物品均被抄走。
1913 年 5 月	袁世凯以北京《国风日报》《国光新闻》《新中国报》等报纸所载文章言辞激烈，命令北洋政府内务部"严重取缔"以上报刊。
1913 年 7 月 20 日	京师警察厅查封北京《日日新闻》。
1913 年 7 月 20 日	北京《亚东新闻》刊载九江北军战败，死伤 1300 余人的消息。第二天（7 月 21 日）陆军部派出宪兵 10 余人包围该报报馆，该报发行人刘绍传、经理彭佛公受到盘问。
1913 年 7 月 22 日	午后 2 时，京师警察厅以《民国报》在 7 月 20 日发表评论"扰害治安""鼓吹'二次革命'"，勒令该报停刊。
1913 年 7 月 22 日	晚 7 时，北京《民主报》遭到宪兵 20 余人包围，报纸工作人员陈某被逮捕，该报亦被迫停刊。
1913 年 8 月 1 日	京师警察厅封禁《正宗爱国报》《京话报》，并逮捕《正宗爱国报》主笔丁宝臣。
1913 年 8 月 19 日	《正宗爱国报》主笔丁宝臣被军事裁判所以"受贿赂造谣，为秘党机关"等罪名，被判处死刑，并于当日处决。
1913 年 8 月 25 日	《国风日报》因进行反袁宣传，被北洋当局封禁。
1913 年 9 月 9 日	《国报》因刊载社论反对先举总统后定宪法，并攻击袁世凯党的梁士诒，称其有"御用党"，被京师警察厅封禁，该报经理梁国岳被逮捕。
1913 年 10 月 21 日	《超然报》因所刊《顺天府总之黑幕》一文，涉及顺天府中路巡防队队长寇宗华，被寇率领队员包围。后经过警署调节，寇宗华带领队员离开。
1913 年 10 月 29—30 日	10 月 29 日，赵秉钧指责《超然报》言语不端，下令京师警察厅对该报进行惩处。10 月 30 日，北京京师警察总监吴炳湘发布命令，勒令《超然报》立即停刊，称其"肆意丑诋，毁损军人名誉，致动公愤，实足妨害时机。"因此，"令行该厅即将该报馆停止出版，一面将该报编辑人提讯，认真追究"。① 该报主编章纵瀛在当日被传讯。

---

① 《申报》1913 年 11 月 5 日。

通过表3—2、表3—3，可以得知袁世凯在北京如何制造出"癸丑报灾"，民初报界的发展为何被称为"昙花一现"？北洋政府在袁世凯权力的膨胀中愈加傲慢，将报刊登载的消息与发表的言论视为对政府职权的挑战，稍有不满，随即派兵遣警，或包围，或逮捕，或起诉，或封禁。

京师警察厅在北京报界的衰落中扮演着至关重要的角色，在上表列出的事件中，大多数都由它负责执行，这说明国家为了维护社会稳定、对抗暴力争端而设置的警察成为解决社会争论和言论界问题的主力军。此外，地方军事长官仍掌有重权，他们也随时运用自己的暴力来平息反对言论，以达到舆论"统一"的目的。

在这场由北洋政府发动的清算中，北京的报刊被陆续关闭，报人被频频传讯，编辑、记者被接连逮捕，直到政府将不愿意听到的声音消除，这场"报灾"才落下帷幕。据统计，因"二次革命"失败及袁世凯政府的迫害，截至1913年底，全国报纸总数锐减至139种，与前一年的兴盛局面形成鲜明对比。

三、袁世凯政府的新闻法律系统

为了加强对报界的控制，除了发布政令，袁世凯政府还制定了各类新闻法，包括《报纸条例》《修正报纸条例》《出版法》等，将对新闻界的管理纳入系统的法制框架，成为政府应对反对言论时采取暴力措施的有力依据。

表3—4　袁世凯时期颁布的主要新闻法律

时间	名称
1914 年 4 月 2 日	袁世凯政府制定的《报纸条例》正式公布，共35条。
1914 年 12 月 15 日	袁世凯政府制定《出版法》经国务卿徐世昌副署后正式公布。
1915 年 7 月 10 日	北洋政府公布修改《报纸条例》，由之前的35条减至34条。
1915 年 11 月 7 日	北洋政府颁布《著作权法》。

以上法律中，1914年4月2日公布的《报纸条例》是最早颁行的，也是其他法律制定时的参考依据，所以研究袁世凯统治时期新闻业的法律框架，可以《报纸条例》为代表。

《报纸条例》共35条。其主要内容包括：

（一）发行报纸，须经该管警察官署认可，并缴纳保证金一百至三百五十元。

（二）禁止国内无住所或居所者、精神病者、褫夺公权尚未复权者、海陆军军人、行政司法官吏、学校学生，充当报纸编辑、发行人，且报纸编辑、印刷人不可以一人兼任。

（三）报纸应于发行日递送该管警察官署检查存档。

（四）禁止报纸刊登以下八类文字，分别是："混淆政体者""妨害治安者""败坏风俗者""外交军事之秘密及其他政务经该管官署禁止登载者""预审未经公判之案件及诉讼之禁止旁听者""国会及其他官署会议按照法令禁止旁听者""煽动曲庇赞赏救护犯罪人刑事被告人，或陷害刑事被告人者""攻讦个人阴私损害其名誉者"。

（五）如有报纸登载第一类（"混淆政体者"）内容，禁止其发行，没收其报纸及营业器具，处发行人编辑人印刷人以四等或五等有期徒刑，如登载第二至七类（"妨害治安"至"煽动曲庇赞赏救护犯罪人刑事被告人，或陷害刑事被告人者"）内容，停止其发行，科发行人编辑人以五等有期徒刑，如登载第八类（"攻讦个人阴私损害其名誉者"）言论，经被害人告诉者，科编辑人以二百元以下二十元以上之罚金。

（六）国外报纸如果违反以上规定，将被没收报纸，发卖人同样受到处分。

对报界来说，《报纸条例》的颁布，无疑将民国报界的发展倒推回前清，将辛亥革命和民元之际建立起来的报界良好生态重新打破。

首先，报纸发行前需要送到警察局备案的规定对报纸正常的出版流程造成很大的阻碍。袁世凯在对检查报章内文的要求中曾提到，"以后检查各报，如外交、军政两项，固仍应注重，至民间之疾苦，吏治之得失，及施行各政治是否与民情有妨碍，逐日均须检呈，勿得隐匿。"[①]虽然袁世凯将自己的目的解

---

① 谕检查报章各内史注重舆论民隐，中华民国三年七月二十九日刊载（1914年7月29日）。

释为关心民生疾苦、政治得失，但是本质上是对报纸出版自由的限制。政府强行介入严重干扰了报纸的运作，对政府的建言也罢、不满也罢都无法正常出现在报纸的版面中，这使报纸职能被直接剥夺。况且在地方层层施行中，该流程更演变成饱受诟病的预检制度。

此外，八种"不得登载"的内容表意含混，在政府自主解释下，任何政府不喜欢、不满意的报道都会在预检过程中被剔除。袁世凯政府倒行逆施、独断统治的萌芽从对新闻报纸的控制中暴露无遗，他不仅要在政治上排除异己，还要扫除舆论中的杂声。

面对政府的反动政策，新闻界同人聚集起来，积极商讨应对措施。1914年4月2日，北京报纸召开报界公会，针对日前颁布的《报纸条例》提出四种应对措施：第一派主张挂洋旗，雇佣日本人作为主笔，或者将报馆卖给外国人；第二派主张报刊一致罢工，各报一律停版，所有主笔全部去外国人的报馆工作；第三派主张向袁世凯请愿，或者分头向法制局、内务部诉请；第四派主张在天津租界印刷发行，或者前往香港、上海等地出版。

许多报刊对报律提出质疑。1914年4月2日，北京英文《京报》发表评论，提出"若该律一旦实行，则不独为世上报律比较之最恶者，且将中国公民言论出版自由之权剥夺殆尽也"，"夫警察监督报馆，实与禁止报馆登载议论国体文件相等，人民居于何等国体之下，而尚不许人过问，则此报律之为专制苛酷，可想见矣。"①

同时，一些报界人士前往政府相关部门，就报律的细则提出质疑。1914年4月14日，北京报界同志会派李庆芳、康士铎、乌泽声3人为代表，前往内务部就新颁布报律条文中不够明确的地方提出质询，希望政府进一步作出解释。

下表为报界的质询及内务总长朱启钤派警政司长陈时利接见并作出的解释②：

---

① 《申报》1914年4月7日。

② 方汉奇主编：《中国新闻事业编年史》，第744页。引文主要据《申报》1914年4月14日至18日所刊的《北京报界之陈请书》《官中之新报律理由说》《关于新报律之商榷者》《北京报界对于新颁报律之进行》等报道。

表3—5　北京报界同志会针对《报纸条例》提出的质询及政府的解释

报界质询	对应解释
报律第六项规定，"国会及其他官署会议，按照法令禁止旁听者，报纸不得登载"。"其他官署会议"指的是哪些会议？	报律第十条第四项，关系外交军事之机密，当然不能登载；至其他政务，如关系秘密，自然有明文禁止。如无明文禁止者，自然非关系秘密，报纸焉有不可登载之理。如第六项国会秘密会，自然不能登载，至其他官署会议，如无官厅明文禁止者，自然可以登载。
报律第八项规定，报纸不得"攻讦个人阴私，损害其名誉"。"事关公益"的是否在此限？如果不在此限，两者怎么区别？	第八项攻讦个人阴私，损害其名誉者，个人与阴私，乃系对待的，事关公益，自然不是阴私。
报律规定要交"保押费"，而且数量很大，当前报界经济困难，这一条能否缓期执行？	关于保押费。条例中第三十条并未规定期限，现在市面萧条，诸君所陈，自是实情，缓期缴纳，商与条例不背。本部当通知警厅办理。

可以看出，政府看似礼貌的回应其实并未触及报律的核心，且并不明确，未解决报界对言论自由的申讨。之后，当报界不懈地将质询一次次呈递政府各部门时，遭遇的却是不同部门间的推诿。有人对这种现象进行了嘲讽，"而内务部则诿之法制局，法制局则诿之大理院，谓一经公布与该局关系已断，此事当然属之大理院，而大理院则仍诿之于法制局，谓各种条例之修改向归法制局，本院未便参预……不解解之斯有伸缩转旋之余地，是即政府之绝妙秘诀也"①。有言论直接指出《报纸条例》的实质是摧残社会言论，对政府公然藐视舆论的做法提出批判，对这种举措带来的社会影响表示担忧，"今规定如此，不过与之以便利，俾摧残言论之手段不繁难耳"②。

面对社会争议，政府并非毫无回应，只是傲慢地将质疑驳回，"新报律稍失繁苛，处罚亦稍失于严，是为不可免之事……政府此次颁布新报律，比前稍严者无他，惟在欲扶助报界中之正人君子，而驱除报界中无赖徒，以刷新报界之面目，是乃一时便宜之处置耳！"③袁世凯政府面对《报纸条例》的坚决和蛮

① 《申报》1914年4月30日。

② 《申报》1914年4月17日。

③ 《申报》1914年4月15日。

横在与报界的互动中体现得淋漓尽致，或对不痛不痒的条款进行阐释，或以"扶助报界，驱除无赖"的正义口号忽视报界的反对。

四、袁世凯帝制复辟中的报界百态

当袁世凯的权力达到顶峰时，他不再满足于中华民国大总统的称谓，而是将自己的政治野心昭告天下，公然摒弃辛亥革命建立起来的民主共和体制，转而称帝，将中华民国变成中华帝国。北京报界在袁世凯称帝的前后经历了如此急遽的历史变动，也呈现出不同景象。

1914年4月，北洋政府总统府秘书长梁士诒请英国《曼彻斯特卫报》出版《中国专版》，为袁世凯政权进行宣传。

1914年11月15日，北京《亚细亚日报》连续4天登载参政院参政劳乃宣所写的《正续共和解》《君主民主平议》等鼓吹恢复帝制的文章，为袁世凯的复辟帝制活动做舆论上的准备。

1915年8月10日，北京《亚细亚日报》发表袁世凯政治法律顾问、美国教授古德诺所作的鼓吹帝制文章《共和与君主论》，称从权力交接的角度来说，中国实行君主制较共和制为宜。此论被袁世凯作为恢复帝制的重要依据，是袁世凯称帝获得国际认可的代表，为袁世凯后来称帝进一步做舆论准备。

1915年8月23日，杨度、严复、刘师培、孙毓筠、李燮和、胡瑛等发起组织筹安会，为袁世凯称帝宣传造势。北京的《天民报》因为批评筹安会而被封禁，上海《民权》《民立》《民强》报因反对帝制被淞沪警察厅下令禁止售卖，还有很多持反对论调的报纸，"在内地则勒令停版，在租界则停止邮寄，在国外则禁止输入"[1]。梁启超撰文《异哉所谓国体问题者》表示对恢复帝制的异议，袁世凯得知后曾派人携重金20万元对梁进行收买，但是梁启超明确表示拒绝。据统计，北京报纸当时只余20家，全国其他各地报纸数量也急遽减

---

① 戈公振：《中国报学史》，上海书店1990年版，第185页。

少。全国报纸总销数由 4200 万份降至只
剩 3900 万份。①

　　筹安会在鼓吹帝制过程中极尽逢迎，
大肆宣扬君主制度，杨度发表《君宪救国
论》，刘师培发表《国情论》，纷纷为袁世
凯实施帝制复辟宣传造势。同时，他们组
织各省请愿团向参政院代行立法院请愿讨
论国体，各省代表也按要求上书表述赞成
帝制，杨度更通过金钱运作策划出嫖娼请
愿团、乞丐请愿团等荒诞的事件来向袁世

图 3—8　袁世凯

凯展示称帝是"民心所向"。之后的国民代表大会亦在筹安会操纵下赞成恢复
帝制。

　　1915 年 12 月 12 日，袁世凯宣布称帝，次日在中南海内的居仁堂接受百
官朝贺。国内袁氏的御用报刊出版"红报"，用红色油墨来印刷以示庆贺，并
称"臣记者"。而反对帝制的报纸则不予理睬，并未承认袁世凯作为君主的合
法性。

　　1916 年 1 月 1 日，袁世凯改中华民国为中华帝国，年号洪宪，以当年为
洪宪元年，以 1 月 1 日为洪宪元年元旦，并强迫国内各报改用洪宪年号纪年。
但多数报纸拒不受命。除了《亚细亚日报》《国权报》等个别袁氏御用报纸外，
其余很多报纸仍坚持使用民国纪年。

　　1916 年 1 月 12 日，袁世凯政府内务部命令地方当局：所有仍旧使用民国
纪年的报纸一律停止邮寄。上海各报被迫从即日起改用公元纪年。1916 年 1
月 26 日，由于上海各报仍旧拒不使用洪宪纪元，袁世凯通过淞沪警厅警告上
海各报，若再违抗此令，将按照《报纸条例》对相关报纸进行取缔。因此上海
诸多报纸不得不将"洪宪纪元"字样印入报纸，但他们同时也想了一个办法"阳

---

① 方汉奇主编：《中国新闻事业编年史》，第 777 页。

奉阴违"表达自己的不满，那就是用 6 号小字印刷"洪宪纪元"，将其嵌于公历日期之下。

1916 年 3 月 22 日，袁世凯宣布撤销帝制，次日宣布取消洪宪年号。全国各报自 3 月 24 日起，重新恢复使用民国及公元年号纪年。

至此，袁世凯被定义为"倒行逆施"的称帝活动落下帷幕，袁世凯在两个多月之后因疾病离世，结束了他对中国人民的政治统治，也结束了他对报界经年持久的管控。在这场影响深远的帝制复辟活动中，北京新闻界与上海等地相比，似乎过于听话，不但为袁氏登文鼓吹，还积极遵循帝制，甚至俯首称臣——这其实正是袁氏在之前大肆整治新闻界的后果。北京报纸距离政治旋涡太近，每日受着严密的监控，无法实现言论的自主抒发；上海各报不但距政治风波较远，还有国外租界相护，因此更为"大胆"一些。

据统计，1915 年北京公开出版的报纸，约有以下 20 余种，包括：《政府公报》《陆海军公报》《教育公报》《农商公报》《税务公报》《顺天时报》《北京日报》《京津时报》《民视报》《亚细亚日报》《国华报》《天民报》《黄钟日报》《国是》《日知报》《大国民报》《民强报》《醒华报》《爱国报》《群强报》《京话日报》《帝国新报》《大众化日报》《北京时报》《兴中日报》等。① 这些报纸能够在政府高压下存在，或者本就是政府创办，或者拥护帝制复辟，或者意欲畅言、但苦无环境，或者少谈国事、明哲保身、避免报道政府所不愿登出的消息。正因如此，它们才能存活，不至于落得《国风报》主笔吴鼐② 或《新中国报》发行人何斐③ 的悲惨下场。可以说，在这场帝制复辟中，北京报界并非没有坚守自己的职责，反而是那些过分坚守的报刊往往遭到政府严厉处置，飓风过后，北

---

① 方汉奇主编：《中国新闻事业编年史》，第 792 页。

② 吴鼐，别号虎头，贵州黎平人，《国风报》主笔。1915 年 2 月，吴鼐因进行反袁宣传，被北京军警执法处捕杀。

③ 1916 年 1 月 4 日，《新中国报》刊出题为《披露某国之阴谋》的消息，对日本帝国主义分子侵华的野心进行揭露。当日晚该报被京师警察厅查封，报刊编辑何宇澄、宋辽鹤等 4 人被逮捕。1 月 6 日，《新中国报》的发行人何斐，因报刊发表反日言论，被司法当局判处 5 年徒刑。

京报界只剩凋零景象。

第二节　五四运动前后北京新闻业奋力开拓

　　袁世凯时代落幕后，中国进入北洋军阀混战割据时期，北京因处于政治中心地带，新闻业发展受到政治风向变幻的高度影响。"后袁世凯时代"北洋政府对新闻业的管理依旧延续之前的理念与措施，虽然与"二次革命"后相比稍显宽松，但记者编辑依然常常因触碰到政府禁忌而获罪。在这样动荡的时代中，北京新闻业虽未再现民初"昙花一现"的盛景，但在诸多新闻工作者孜孜不倦地开拓下，新闻业重新焕发生机。

一、"后袁世凯时代"的报界环境

　　袁世凯帝制撤销后，北京报界的紧张气氛稍有缓和，曾经因反对帝制而被政府逮捕的报人、封禁的报刊重获生机。如前因反对帝制被捕的北京《益世报》主编潘云巢在 1916 年 6 月被释放，如几经政府关停的《京话日报》①1916 年 5 月在北京复刊，复刊号《京话日报》报头上还专门印出"复活"的字样。

　　对报界而言，最重要的事件是袁氏之后继任的大总统黎元洪，于 1916 年 7 月 16 日以大总统名义废止袁世凯政府于 1914 年颁布的《报纸条例》。这对报界来说尤其重要，意味着钳制报界发展的"万恶之源"不复存在，报界期待可以回到民初欣欣向荣、畅所欲言的状况。这一时期，北京报界涌现出许多报刊（见表 3—6），既有民报，也有官报，既有通俗白话报，也有政党机关报，

---

① 《京话日报》1904 年由彭翼仲创办（详见第二章），1906 年被清廷查封，彭亦因此被流放新疆。民国成立后，该报于 1913 年复刊，不久即因"时评专件内有毁谤袁总统及摇惑军心之处"（详见《大公报》1913 年 7 月 31 日）被警察厅查封。1916 年袁世凯去世，袁在北京的恐怖统治结束后，该报再次复刊，1922 年（一说 1923 年）停刊。

既有复刊的报纸，也有新创报刊，在形式和内容上都不拘一格：

表3—6　袁世凯帝制废除后北京创办的报刊（1916年）

报刊名称	创刊时间	负责人	其他
北京《益世报》	1916年4月		日刊
《官话注音字母报》	1916年5月1日	王韵山	半月刊，注音字母传习所主办，致力于培养道德、增进知识、矫正风俗、提倡教育。在普通话旁加注音字母。主要栏目有注音字母、论说、中外故事、家庭谈话、实业浅说、物理、格言、杂俎、简易地理、选录、小说等。
《京话日报》	1916年5月	彭翼仲	复刊号报头上专门印出"复活"字样。
《铁道时报》	1916年5月	李保璞	初为周刊，1920年10月起改为日刊，日销量约为1000份。主要关注铁路交通建设等问题。
《晨钟报》	1916年8月15日	汤化龙、刘锴、李大钊	创刊号刊出带有强烈革命民主主义色彩的发刊词《〈晨钟〉之使命》，李大钊执笔。
《中华新报》①	1916年9月1日	张季鸾、李述膺、韩玉辰、高仲和等	政学会机关报，社址位于北京绒线胡同。
《公言报》	1916年9月1日	汪有龄、黄希文等	鼓吹"武力统一"，是公认的安福系言论机关报。同年11月因泄露政府向美国借款合同，该报编辑被检察厅拘捕起诉判罚。
《宪法会议公报》	1916年9月		北洋政府参议院众议院主办，出至1923年4月前后停刊。
《民言报》	1916年9月1日		
《大公论》	1916年9月		月刊，北京大公论杂志社编辑发行。主要撰稿人黄梦黎、张廷健、骆墨荪、王云五、胡袖嵩等，设社论、时评、译论、记事、杂载等栏目，主要关注政治制度、党团、宪政等问题。
《平安》	1916年10月	经理徐巽，主笔史培志	季刊，华北中华圣公会主办，基督教刊物。主要栏目有简章、论说、记载、选录、问答、教义等，选登基督教经典著作篇章，对基督教教义进行解释，并论述基督教传入中国的历史及现状等。

---

① 根据《时报》1917年6月4日、9月4日与10月10日报道，该报于1917年6月4日停刊。之后谷钟秀到京对该报进行重组，1917年10月10日该报重新出版。

续表

报刊名称	创刊时间	负责人	其他
《宪法公言》	1916 年 10 月 10 日	经理秦广礼，编辑田解	旬刊，设冠图、著译、选载、专件、纪事、回忆录、文告、宪法史、附录等栏目。宗旨是"阐明宪政之精微、助长法律之思潮、以荡涤专制之邪秽、而涌现一尽美尽善之国民宪法"[1]。李大钊、高一涵曾为该刊撰文。
《太阳周刊》	1916 年 11 月 15 日		综合性刊物，宗旨是"尽言论之天职，阅法制于典谟，庶永永其无极，绵民国亿年之休"[2]。
《政治学报》	1916 年	总编辑严鹤龄	年刊。"政治学会"（陆征群主持）会刊，关注宪政、共和政体、政府权力等问题。第一期刊登美国驻华公使芮恩施撰写的叙言。

可以看出袁世凯离世后，北京报界生机逐渐恢复。这一时期社会及新闻界关注的主要话题是政治制度，如何修复和重建，建立怎样的制度，政府权力该如何界定和实施，这些都是社会仁人志士思虑的问题。

与此同时，为了体现新时代新气象，北洋政府国务院还设立了新闻记者招待会，表露出希望报界与政府同心的意愿，并将认为可以发表的政府文件印刷且分送给诸报记者，试图建立一条报界与政界的常规沟通渠道。

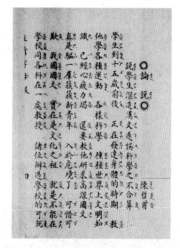

图 3—9　《官话注音字母报》内页

然而此举只是北洋政府维持政权稳定的权宜之计，政府并未理解和满足报界的需求，诸报获得的消息只是新闻价值一般的"官样文章"。当时担任《申报》驻北京特派记者的邵飘萍在 1916 年 10 月发表于《申报》的《北京特别通信》中，对北洋政府国务院设立新闻记者招待一事进行了讽刺和批评，称"此等材料，岂值新闻记者之一顾！亦徒糟蹋若干纸墨油印之费，多养几位中下等

---

① 《宪法公言章程》，《宪法公言》第 1 期，1916 年 10 月 10 日。

② 陈建功主编：《百年中文文学期刊图典》上，文化艺术出版社 2009 年版，第 299 页。

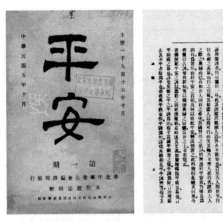

图 3—10 《平安》杂志封面及内页

游民而已。"①

值得关注的是政治环境的变化。袁世凯虽离世，《报纸条例》虽被废除，但主政的仍旧是袁世凯所创北洋军阀，对新闻界的管理和处置理念仍旧沿袭旧制。且各大派系军阀因袁世凯去世开始连年混战，皖系、直系、奉系军阀相继登台，各届内阁频繁更迭；对报界而言，他们需因时因势而动、谨慎行事，在不同的军政权力间周旋以谋求立锥之地，并努力发出自己的声音——即便如此，各报刊依然因言得罪，动辄被扣押、禁邮、关停，报人常被传讯、逮捕、起诉。

二、北洋政府对新闻业的管控实践

袁世凯颁布的《报纸条例》被废除后，刑律常常作为政府处置反动言论的依据，许多报人报刊在这一时期因言论不慎而获罪；新《报纸条例》颁布后，报界的处境并未好转，反而因政府管控得更细致严苛而面临更多限制。

（一）北洋政府对报界言论的处置

袁世凯去世后，继任大总统废除了《报纸条例》，但并不意味着政府对报界的管理放松，反而让政府在处理报刊言论问题时更加随意，面对与政府意志相左的言论，北京的法院、检察院、警察厅等机构处理起来依然冷峻如昔。

1916 年 11 月 22 日，北京《公言报》发表新闻称北洋政府拟与美国政府签订 500 万元借款合同，对众议院密议借款事宜进行披露。京师地检厅于

---

① 《北京特别通信》，《申报》1916 年 10 月 29 日。

1917 年 1 月 5 日以《公言报》触犯刑律提起公诉。对此，该报极力辩护，称此事是政府及议院中人泄密在先，考虑到事情发展的先后，"泄露国家机密"的责任不应当由报纸负责。然而报界的抗辩并未产生期待的效果，2 月 17 日，地方审判庭以《公言报》"泄露国会秘密"罪行，判处编辑王德如徒刑 4 个月，发行人黄希文徒刑 3 个月，该报对审判结果表示不满并进行上诉。当年 6 月该报编辑和印刷部门迁往天津。

1917 年 3 月，《国风日报》在报道地方检察厅厅长尹朝桢被司法部交付惩戒一案时因言辞过激被起诉，被指为"公然侮辱官吏、妨害职务罪"，并"将该报执事及发行人裴子卿、彭宜臣二人拘传到厅提起公诉矣。"①

1917 年 3 月 27 日，《中原日报》在"紧要新闻"栏刊登《冯国璋之总统梦》，内有"冯狗""狗为谥号，其为人可知矣""居常引镜照影骄其妻妾"②词句，并将冯国璋前日因翻车而受伤一事称为"今身因此致伤，一旦暴露，显贻人谓其不罹国法即遭天诛之口实"③。冯国璋震怒，要求对《中原日报》的经理和编辑进行传讯，同时称如果政府部门无法照办，自己可派人去办，并在之后以"兴谣造讪罪"对此事进行起诉。4 月 30 日，京师地方审判庭对此案作出宣判，"（《中原日报》记者）王元震、（《中原日报》经理）程小苏各处五等有期徒刑三个月"④。

1917 年 5 月 18 日，英文《京报》（*Peking Gazette*）刊载《出卖中国》一文，对中日军械借款的秘密消息进行披露，指出日本政府决定借一万元给中国政府，但条件是"聘用日本技师和管理人员主持中国军工火业、聘用日本武官训练中国参战军"⑤。此事一出，该报主笔陈友仁被指责发表反日言论，妨害"中日外交"，从而被京师警厅拘捕，并判处 4 个月监禁。新闻界同行闻讯后设法

① 《报馆之文字狱》，《大公报》1917 年 3 月 15 日。
② 《中原日报污蔑冯副总统之原文》，北京《益世报》1917 年 4 月 15 日。
③ 《中原日报污蔑冯副总统之原文》，北京《益世报》1917 年 4 月 15 日。
④ 《中原日报案之判决》，《大公报》1917 年 5 月 3 日。
⑤ 陶菊隐：《北洋军阀统治时期史话·第 3 册·督军团叛变和复辟政变时期 1916 年 6 月至1917 年 7 月》，生活·读书·新知三联书店 1957 年版，第 123 页。

营救，同时得益于政局变化，段祺瑞 5 月 23 日被撤职，陈友仁于 6 月 5 日被大总统黎元洪下令赦免[1]，后被检察厅释放。即便如此，英文《京报》再未复刊。

1917 年 10 月 24 日，《北京日报》因误载热河都统"姜桂题病故说"消息，被驻京姜部军士兵捣毁，"各取铁棍木棒，始则砸毁门窗，继捣坏机器铅字"。[2]据估计，此次《北京日报》"损失额约达一万三千八百余元，营业部、编辑部、铸造部、装订部、铅印部、石印华文排字部以上六处均被捣毁，仅英文排字部、制铜版部两处得以幸免"。[3]此次事件中，《北京日报》遭受重创，被迫停刊几日。

1918 年 9 月 23 日，北京新闻交通社因发通讯稿《呜呼三大借款》揭露段祺瑞政府擅自举借外债惹怒当局，警备司令部令京师警察厅将该社主任何重勇拘捕，该社被查封。9 月 24 日，刊登该篇稿件的 8 家报刊的相关负责人也被警厅拘捕，同时被勒令停版。11 月 6 日，京师地方审判庭判处新闻交通社何重勇拘役两个月，晨钟报馆梁直荣、中华新报报馆康蝶庵、张炽章（张季鸾）拘役 20 日、缓刑 3 年。[4]

除此之外，因言得罪的还有《醒华报》编辑、《北京晚报》美籍主笔李佳白等许多新闻工作者。他们或因对政府官员批评过于激烈，或因披露政府不欲被外界所知秘密，或因报道不实有损军政人士名誉，或因报道外交问题拂逆政府意图，或因表现出对其他势力同情，随即遭到来自北洋政府逮捕、审讯、拘押或停刊等项处罚。

北京报界在后袁世凯时代的处境从以上案例中清晰可见，凡涉及政界人士、政事新闻、政治方略、外交策略、政府态度、官方名誉等与政治相关的话题，都变得极为危险，记者编辑极易得罪官方并受到严苛处罚。政治势力对新

---

① 根据《司法公报》1917 年第 77 期第 85 页，"大总统令：司法总长张耀曾呈北京英文京报记者陈友仁因案判处徒刑，其情不无可原，请予特赦等语。本大总统依照约法第四十条将陈友仁原判徒刑特赦，免其执行，此令。"

② 《姜军捣毁北京日报馆记》，《时报》1917 年 10 月 30 日。

③ 《姜军捣毁北京日报馆记》，《时报》1917 年 10 月 30 日。

④ 《文字狱之小结果报馆案判决》，北京《益世报》1918 年 11 月 7 日。

闻报道的影响不仅体现在对言论出版自由的干涉，亦使报界生态更加脆弱，如上述例子中许多报刊在被处罚后难以重振，遂消失在北京新闻史的长河中。

（二）北洋政府对报刊的新律令

袁世凯《报纸条例》废除后，北洋政府对报刊言论的处置便没有了明确的法律依据。因此这一时期相关部门开始借用其他律法规定来处理报刊的案件，如上一节中北洋政府判处《公言报》《国风日报》时援引《刑律》。此后，政府亦颁布了一些政令规定，或采取行政措施来约束报界的言论。1917 年 5 月 26 日起，北京警察局开始实行邮电检查，以致很多报馆的新闻电稿都在检查时被篡改。8 月 14 日，因北洋政府对德国宣战并废除中德条约，收回德国在天津等地的租界，北洋政府出台《处置敌国人民条规》，其中第七条规定"凡敌国人民所出书报，无论何国文字，该管地方官厅认为必要时，得禁止发行"①，将外交、对外传播问题纳入新闻出版管理系统。

北洋政府对报刊采取笼统的处置一直持续到 1918 年 10 月 17 日，政府召开内阁会议，终于通过新的《报纸条例》。

此次新《报纸条例》（共 33 条）由法制局起草，与 1914 年袁世凯政府颁布的《报纸条例》相比，虽一脉相承，但在具体条文上作出一些变动，主要体现在以下几个方面：（一）报纸发行人、编辑人、印刷人的年龄限制由二十岁以上改为二十五岁以上；（二）原条例要求缴纳保押费一百至三百五十元的规定被取消；（三）原条例中规定的禁载事项，"淆乱政体者"改为"淆乱国宪者"，"妨害治安者"改为"妨害公安者"，"攻讦个人阴私者"改为"记载他人之私事者"，"外交军事之秘密及其他政务经该管官署禁止登载者"改为"外交军事及其他政务经该管官署预行制定范围或临时禁止登载者"，此外，还增加了一条禁止内容"侮慢元首者"；（四）此版《报纸条例》增加一项条文，即当报纸登载了上述禁载事项后，如果警察官署认为有重大危害时，可以由警察当即处分，停止该报发行。但警察官署须于前项处分后十二小时内报告检察厅，检察

---

① 《处置敌国人民条规》，《政府公报》1918 年 8 月 14 日。

厅于接受前项报告三日内进行判断，如果认定不必提起公诉，则须通知警察官署解除对报刊的相关处分。

新的《报纸条例》主要对报刊禁止刊登的内容、政府对报界的管理程序两个方面作出新的补充，相较于以前的《报纸条例》而言更加具体，也更加明确。

尤其是"攻讦个人阴私者"改为"记载他人之私事者"，将公与私的界限定义得更宽，报纸作为社会公器的职能被强调，被置于"个人私事"的完全对立面。看似只是禁止报纸涉及公民隐私，实则大大限制了报刊报道的范围，因为"攻讦阴私"的确违背新闻道德，应当被禁止，但只要言之有据、并非恶意中伤，便也无妨；然而此次律法将所有人的"私事"排除在报道之外，让律法中的新闻成为只能言公事之地。但事实上的"公私界限"并不是完全分明的，政府官员、军界机要作为公众人物，很多时候"私事"并不完全是"私事"，而与政治运行、国家利益息息相关，如果法律将这些关切国家民生的事情一律设防，身为社会公器的报刊又如何更好地执行对社会的监督、对权力的监督？

又如新报律禁止报刊"侮慢元首"更是将政府的骄横完全暴露，对上位者的忌讳是帝制时代的习惯，放在提倡"民主"的中华民国则大大违背国家提倡的价值观。如果元首施政符合民意、德行无亏，那么报刊何必"侮慢元首"；既然报刊批评元首，那么便意味着国家元首仍有改进之处。

此外，新报律的最大特点便是将政府对报刊的管理，尤其是处罚纳入更为规范的系统内，将对报刊的处罚流程更为明确化。新报律提出行政官署与司法官署将共同成为处罚报刊言论犯禁的权力机构，同时将处罚报刊的流程置于更为法制化的框架中，警察虽然有权叫停报刊出版、处置犯禁报人，但却需要将事情始末在固定期限内报告给检察厅，唯有经过检察厅核实并判定属实的案件才会提起公诉，否则将驳回并解除对报刊的处分。在理念上，报律此条给予了报刊言论更客观的法制保障，且在一定程度上减轻了对言论的处罚力度，同时行政与司法的双重判定也给予了报界更大的空间，体现出国家"慎重法权，体恤报纸营业之意"。如果在执行中能将这一精神落实，倒也不失为对言论自由的一层保障；遗憾的是北洋军阀政府已经过分习惯于以强权处事，面对报刊中的不满言论并不会宽松以待，况且新报律对报刊内容严禁刊载的规定又太过细致，难以保证报道始终位于"安全区域"内。

至此，关于报刊的新规新律正式出台并得到应用，成为北洋时期政府管理报刊的主要指导思路，协助北洋政府对报界加强管控。

三、文学革命与新文化运动

新文化运动与五四运动之间存在密切的联系，广义的五四运动不仅包含1919年5月4日由北京发起的学生运动，更包括1915年后发展起来的新文化运动，在时限上下更宽泛①，因此本节探讨五四运动前后北京新闻业的开拓，亦对新文化运动中的报刊投以重点关注。北京的青年学生群体受到这场思想解放潮流影响，积极投入其中，创办了大量的刊物，对以民主、科学为核心的新思想进行宣传，积极推动新文化运动及五四运动的开展。

(一) 五四运动的发起者

1915年，陈独秀于上海创办《青年杂志》，并于一年后（1916年9月）更名为《新青年》。早期的《新青年》并无明确的思想启蒙、文学改良主张，是单纯的以青年群体为目标读者的杂志。1917年初，陈独秀从上海赴北京担任北京大学文科学长，《新青年》杂志随之北迁，随着陈独秀交际圈的扩展，该刊的编辑群体、作者队伍随之扩大。依托于全国最高学府，《新青年》一跃成为以北大教授为主体的"全国性"刊物，陈独秀主张的文学革命也逐渐在众多社会思潮中占据一席之地。②

1917年1月1日，《新青年》出版的2卷5号刊出胡适《文学改良刍议》一文，正式揭开五四时期"文学改良"宣传的序幕。胡适提出，文学改良需要"从八事入手"，分别是"言之有物""不摹仿古人""讲求文法""不作无病之

---

① 罗志田：《中国的近代：大国的历史转身》，商务印书馆2019年版，第182页。

② 关于《新青年》杂志的发展脉络，参见王奇生：《新文化是如何"运动"起来的——以〈新青年〉为视点》，《近代史研究》2007年第1期。

图3—11　《青年杂志》与《新青年》杂志

呻吟""务去滥调套语""不用典""不讲对仗""不避俗字俗语"。①

之后，陈独秀《文学革命论》刊载于《新青年》第2卷第6号，陈独秀大力提倡文学革命，对前代的"贵族文学""古典文学""山林文学"进行驳斥，称颂欧洲文豪，提出"今欲革新政治，势不得不革新盘踞于运动此政治者精神界之文学，是吾人不张目以观世界社会文学之趋势，及时代之精神"。②

胡适与陈独秀对文学改革的提倡成为后来新文化运动的先声，加之北大诸位学者加入，让《新青年》以及"新文化"声名渐起。尤其是在林琴南和蔡元培公开于报刊上对"新""旧"进行争论后，引发全社会的"新旧文化"和"新旧思想"的热议。1919年3月18日，林琴南在《公言报》发表《致蔡鹤卿太史书》，指责蔡元培在北大的改革是"覆孔孟，铲伦常"，"尽废古书，行用土语为文字"，"施趋怪走奇之教育"。之后，蔡元培于4月1日在《公言报》发表《致〈公言报〉函并附答林琴南君函》，就林琴南对北大教员"覆孔孟，铲伦常"，"尽废古书，行用土语为文字"的责难，进行批驳，并重申了他的"思想自由""兼容并包"的办学主张。

由此可知，五四前夕的新文化运动兴起于北京，与《新青年》杂志存在重要的关系，更与北京作为文化重镇、政治中心、历史名城关系匪浅。正是在新旧混杂、思想激荡的年代，加之北京复杂的文化思想氛围，方促成它具有社会革新运动发源的地位。

---

① 胡适：《文学改良刍议》，载《胡适精选集》，万卷出版公司2014年版，第201页。

② 陈独秀：《文学革命论》，载《独秀文存·论文》（上），首都经济贸易大学出版社2018年版，第78—81页。

《每周评论》，1918 年 12 月 22 日创刊于
北京，每周出 4 开 1 张，是以刊载政论性文
章为主的小型报纸，前后共出版 37 号，前 25
号的主编为陈独秀，26 号之后的主编为胡适，
参与撰稿的除了陈独秀、胡适外，还有李大
钊、周作人、高一涵、王光祁、张申府等人。
该报主要包括国外大事述评、国内大事述评、
社论、文艺时评、随感录、新文艺、国内劳
动状况、通信、读者言论等 12 个栏目，每期
至少包含 5 个栏目。1919 年 8 月该报出版至
第 37 号后，被北洋军阀查封。

图 3—12 《每周评论》第一
号（1918 年 12 月 22 日）

　　《每周评论》创刊号发表了陈独秀所写的
《发刊词》，宣布"我们发行这《每周评论》的宗旨，也就是'主张公理，反对
强权'八个大字"①。该报在陈独秀主编时期，对外反对列强以强权侵略他国，
对内反对军阀以强权侵略百姓，体现出平等自由的思想。该报对军阀"武人政
治"进行强烈抨击，并刊载了李大钊所写的《新纪元》等宣传社会主义的文
章，以及《共产党宣言》部分译文。相比于其他主张文学改革的刊物，《每周
评论》将笔触对准时政，言辞激烈，如"不管他用什么名义什么方法，只要它
是违背国法，用暴力去蹂躏他人的自由，攫夺他人的财产，杀害他人的生命，
这就叫作土匪"②，讽刺官员们"正在那里聚精会神、兴高采烈的弄那造孽的钱，
预备一辈子享用"，"他们哪里知道什么社会革命，他们哪里听见什么贫民的哭
声"③。

　　胡适主编《每周评论》后，该报发表了不少宣扬实用主义的文字，并引
发关于"问题"与"主义"话题的讨论，如《多研究些问题、少谈些"主义"》

① 陈独秀：《〈每周评论〉发刊词》，载《独秀文存·论文》（下），第 140 页。
② 一针：《随感录·土匪》，《每周评论》第 2 号（1918 年 12 月 29 日）。
③ 只眼：《社论·贫民的哭声》，《每周评论》第 19 号（1919 年 4 月 27 日）。

《问题与主义》等，在思想上与之前有所不同，"失去革命报刊的性质"①。

《新潮》（*The Renaissance*）于 1919 年 1 月 1 日在北京创刊，每月发行，是北京大学学生和部分校外人士共同组织的"新潮社"机关刊物，傅斯年、罗佳伦、周作人、毛子水、俞平伯、孙伏园等先后参与该刊编辑工作。北京大学文科学长陈独秀、文科教授胡适，及北京大学校长蔡元培都对该刊创办进行大力支持。

该刊第一期刊登《新潮发刊旨趣书》中，称其责任有四，分别为"唤起国人对于本国学术之自觉心""因革中国社会形质""鼓动群众对学术的爱好心""奋勉青年学生"②。该刊刊登大量讨论学术理论的问题，如《哲学对于科学宗教之关系论》《社会革命：俄国式的革命》《什么是文学？文学界说》《法理与伦理之本质区分论》等篇章，颇具学理性，密切呼应其提倡学术的主张。同时，该刊在提倡新文化、反对封建文化、推动"伦理革命""文学革命"方面，发挥了积极作用，受到青年学生群体的热烈欢迎。

《每周评论》和《新潮》创刊后，在反思批评旧文学、旧道德、旧制度、旧思想方面形成声势浩大的舆论场，"结束了《新青年》孤军奋战的局面，三刊同声协唱，同气相求，很快产生了群体效应"③，新文化的"风潮"愈演愈烈，逐渐发展为一场轰动全国的"运动"。

（二）青年群体的觉醒与热情

北京作为全国的政治中心、文化中心，拥有良好的教育环境和得天独厚的人文资源，尤其随着民国教育事业的发展，学生群体逐渐扩大，并在五四运动和新文化运动的号召下率先投入这场文化革新与思想解放的浪潮中。他们充分利用报纸杂志的传播优势，创办了大量的刊物，对以民主、科学为核心的新

---

① 中共中央马克思、恩格斯、列宁、斯大林著作编译局研究室编：《五四时期期刊介绍》第一集，生活·读书·新知三联书店 1978 年版，第 42 页。

② 傅斯年：《中国人的德行》，中国工人出版社 2016 年版，第 124—127 页。

③ 王奇生：《革命与反革命：社会文化视野下的民国政治》，社会科学文献出版社 2010 年版，第 23 页。

思想进行宣传。其中最主要的阵地便是清华大学、北京大学，这两所学校的学生在五四前后创办了多个刊物，涉及学术研究、信息交流、政治建言、社会改革等多个方面。此外，北京其他高校乃至中学的青年学生也积极参与，创办了许多报刊，形成对《新青年》等刊物的群体性回应，使新文化运动"由少数精英的鼓吹，发展为大众知识的唱和"①，并发展成为规模空前的一场社会运动。

《国民杂志》，1919 年 1 月 1 日创刊，是五四运动前夕成立的全国性学生爱国组织"学生救国会"的机关刊物，原定为月刊，后来改为不定期出版，每期为 16 开 1 册。邓中夏、高尚德、马骏、黄日葵、曾琦、易家钺、吴载盛、段锡朋等人参与该刊编辑工作。该刊成立初期，李大钊对其组成和出版给予了积极的帮助指导，同时经常为该刊撰稿。北京大学校长蔡元培也曾给予该刊支持，并为其撰写序言，称学生主办此刊"迫于爱国之心"，并提出三点建议，分别是"正确""纯洁"和"博大"②。该刊以增进国民人格、灌输国民常识、研究学术和提倡国货为宗旨，具有鲜明的反帝爱国色彩，在提高青年学生爱国觉悟、使青年学生认识到军阀统治的腐败等方面发挥积极作用；但也存在一些历史局限之处，如对新旧思想斗争态度不坚定，对十月革命持有怀疑心理等。后期在五四运动的影响下，该刊从形式到内容都产生很大变革，斗争性和革命性更加显著。1921 年 5 月该刊出版至第 2 卷第 4 期后停刊。

《国立北京大学月刊》，1919 年 1 月创刊，是北京大学师生研究学术、发挥思想、谈论表达的言论阵地，编辑人员有冯祖荀、丁燮林、王星拱、李仲揆等，大多为北京大学的教授或职员③。该刊采用横排，蔡元培曾为该刊撰写发刊词，提出发行该刊的用意有三，分别是："尽吾校同人所能尽之责任""破学

---

① 王奇生：《革命与反革命：社会文化视野下的民国政治》，社会科学文献出版社 2010 年版，第 24 页。

② 蔡元培：《〈国民杂志〉序》，《国民杂志》创刊号（1919 年 1 月）。

③ 关于《国立北京大学月刊》的编辑人员，本文参照蔡元培 1922 年 3 月 11 日《致冯祖荀等函》中所列名单，详见高平叔、王世儒编注：《蔡元培书信集》上，浙江教育出版社 2000 年版，第 531 页。

生专己守残之陋见”“释校外学生之怀疑”①。

《五七报》（又名《五七日刊》），1919 年 5 月 20 日创刊，由北京学生联合会发行，因在五四运动高潮时创办且主张激进，受到青年学子与社会群众欢迎，不到三天即销售四五千份。次日，京师警察厅即命令该报禁止发行，《五七报》为推动社会运动，不顾政府禁令继续秘密出版。警厅遂四处查禁该报、禁止发卖，将印刷《五七报》的印刷所封闭，并抓捕经理和该刊编辑，迫使该报停刊。

《平民周刊》，1919 年 10 月 10 日创刊于北京，由北京高等师范学校学生组织的平民教育社主办。该刊主张通过改革教育来改造社会，截至 1920 年 5 月 8 日，共出版 23 期。

《曙光》杂志，1919 年 11 月 1 日创刊于北京，月刊，由中国大学、俄文专修馆、法文专修馆学生组织的曙光社负责出版，以进行科学研究、促进社会改革为宗旨，提倡以科学和教育救国。宋介担任该刊编辑，主要撰稿人有王统照、丁震华、宋介、郑振铎等，1920 年 8 月后，该刊在李大钊的指导下，从第 1 卷第 6 号倾向于社会主义，对俄国革命、马克思列宁主义思想进行引介。1921 年 6 月出版第 9 号后停刊。

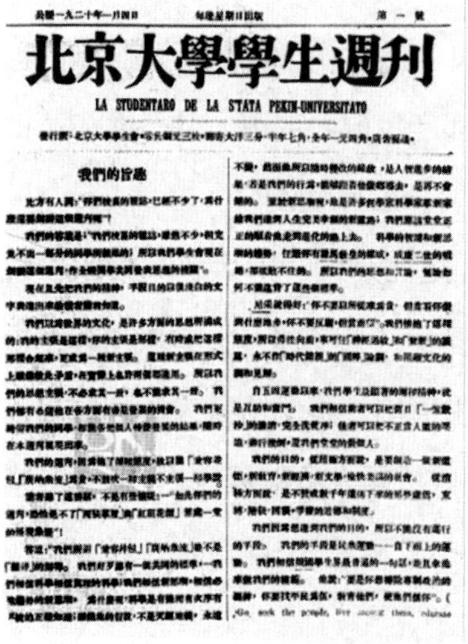
第一號

北京大學學生週刊

LA STUDENTARO DE LA STATA PEKIN-UNIVERSITATO

我們的旨趣

图 3—13 《北京大学学生周刊》创刊号（1920 年 1 月 4 日）

《北京大学学生周刊》，1920 年 1 月 4 日创刊，由北京大学学生会主办，在创刊号《我们的旨趣》中自称是“全体同学共同发表思想的机关”，具有革新、批评、创造、互助、奋斗、坚贞的精神，目的是“创造一个新道德、新教育、新经济、新文学、愉快美满的社会”，手段是“研究学问，输

① 蔡元培：《〈北京大学月刊〉发刊词》，《北京大学月刊》创刊号（1919 年 1 月）。

入学理，激发思想，再造文化——民众运动"①。该刊为 16 开本，每期 12—14 页，每份零售价格铜圆三枚，着重报道评论时政和社会问题，对教育中考试制度、学生自治问题也有谈论，特色是公开批评揭露军阀腐败卖国行径，大胆鼓吹革命。如在《告军人》中称"恐怕你们吃的还不如还不及你们长官的狗马"，"你们的长官还是当你们奴隶看待"②；如《非暴动论》称"'同盟罢工'是工人用来排除苦痛的一种不得已的武器；'推翻政府'是人民用来改造政治的一种不得已的行为"③。该刊中后期曾表露出无政府主义倾向，如第 14 号《劳动纪念号》，充满浓厚的无政府工团主义色彩。5 月 23 日该刊出版第 17 号因编辑部人员于暑假赴各地调查而暂时休刊。

《青年旬刊》，1920 年 2 月 1 日创刊，由北京第四中学青年学社编辑出版，以"本劳工互助的精神、论发新知识"为宗旨，是"研究现代思潮，研究引渡思潮方法"④的学术性出版物。每月逢 1、11、21 号出版。

《奋斗》，1920 年 2 月 4 日出版，第 1 期命名为奋斗号，由北京大学法科学生和京津各大学校学生自发组织创办，主要面向广大青年学生，对世界潮流及国内时事进行介绍，反对布尔什维克主义，宣传无政府主义和积极奋斗的人生观，体现出资产阶级唯心主义倾向。

《批评》，1920 年 10 月 20 日创刊，半月刊，由北京大学学生组织的批评社创办，4 开小报，每期随上海《民国日报》附送(同时也单独零售)。该刊宗旨是"以批评的目的，定批评的范围；以批评的精神，科学的方法，怀疑的态度勇猛大无畏地估量、分析、化验人类社会种种事务"⑤，对"新村主义"进行宣传。

《振华日报》，1922 年 4 月 1 日创刊，由北京各校学生组织集资创办，定价为零售 4 角，订阅 3 角，学生购买的优惠价格为 2 角 7 分。该报编辑群体主

① 《我们的旨趣》，《北京大学学生周刊》创刊号（1920 年 1 月 4 日）。

② 《告军人》，《北京大学学生周刊》第 7 号（1920 年 2 月 15 日）。

③ 《非暴动论》，《北京大学学生周刊》第 10 号（1920 年 8 月 7 日）。

④ 方汉奇主编：《中国新闻事业编年史》，第 898 页。

⑤ 张静如等主编：《中国青年运动词典》，河北人民出版社 1987 年版，第 68 页。

要由具有新闻从业经验的学生担任，设有多种专栏，采用美国式编辑方法。该报每周出 1 张《问答周刊》，对读者的意见、疑问、咨询进行刊出和回答。

《北大经济学会半月刊》，1922 年 12 月 17 日创刊，由北京大学经济系学生主办，每月 1 日和 16 日出版，逢寒暑假则暂时休刊，至 1925 年 5 月 17 日共出版 38 期。该刊初为 4 开 4 版报纸，逢纪念节日增加为 8 版或 12 版，自第 30 期起改为 16 开本。《发刊词》宣称该刊宗旨是"集思广益，博采兼收，欲以谋经济之繁昌，求学术之发展。"[1] 主要内容是介绍资产阶级政治经济学说，以科学理论观察分析问题，此外还对科学社会主义等理论进行介绍，曾开展"救亡图存"问题讨论，具有一定进步性。

《北大学生新闻》，1923 年 1 月 22 日创刊，由北京大学学生干事会出版，日出 4 开 1 张，共出版 13 期。同年 2 月 7 日，《北京学生联合会日刊》创刊，实际上是《北大学生新闻》的续刊，并成为北京全体学生的言论机关。共产党员黄日葵、邓中夏、何孟雄等积极参与领导学生会活动，并承担该刊的编辑工作。该刊以反映和推动学生运动为宗旨，发表了许多来自各地学生会的通电、声明等，对北洋军阀政府的黑暗统治进行猛烈抨击，反对帝国主义侵略，如对二七惨案进行详细报道，对工人阶级英勇斗争进行声援。现共存 51 期，第 51 期于 4 月 11 日出版。

《女师大周刊》，1923 年创刊 [2]，最初为国立北京女子师范大学的校刊，同年 11 月，女师大风潮爆发，学生自治会掌握编辑权力，使该刊成为进步学生群体的言论机关。该刊一般为 8 开 4 版，每期约 1.3 万余字。该刊登载了许多女师大风潮的原始资料，如《驱杨运动特刊》《刘和珍、杨德群二烈士追悼特号》等；该刊还登载了鲁迅的杂文、演讲，具有爱国精神和进步思想。1926 年 8 月 22 日出版的《毁校纪念特刊》为《女师大周刊》现存最后一期。

---

① 张静如等主编：《中国青年运动词典》，第 167 页。

② 该刊目前可见最早一期出版于 1925 年 5 月 10 日的第 106 期，根据推测，创刊时间应为 1923 年。具体参见陈漱渝：《国立北京女子师范大学周刊、女师大周刊》，转引自北京市妇女联合会编：《北京妇女报刊考（1905—1949）》，第 178 页。

　　此外，北京大学新闻学研究会创办的《新闻周刊》，北京大学学生和部分校外人士共同创办的《新潮》杂志，《北京高等师范学校周刊》(1918 年 4 月创刊)，北京基督教青年会主办的《北京学生》杂志 (1918 年 11 月创刊)，北京大学数理学会主办的《数理杂志》(1919 年 1 月创刊)、《中国大学学报》(1919 年 4 月创刊) 等刊物，都属于北洋时期北京新闻界学生主办或参办的刊物。这些由青年学生群体积极参与创办的刊物，内容多元，思想进步，普遍具有爱国思想，在宣传新思潮、新文化、改革社会风气、进行思想启蒙、反对帝国主义侵略、披露北洋军阀黑暗统治方面发挥了重要作用。

　　这些刊物反映出社会思想在"五四"后的转变，虽然许多报刊存在时间并不长，但这股青年学生创办刊物的热潮却掀起了 20 世纪 20 年代全国的思想革命和社会革命。就报刊自身而言，它在这场革命中扮演着重要的角色，"作为舆论空间的独立品格，在此也得到了充分的展示"[1]，为新闻业自身演进发展提供了不竭的动力。

第三节　北洋时期报刊的综合发展

　　报刊作为北洋时期新闻业最主要的构成部分，随着政治环境、经济状况、社会文化变革，呈现出多元化综合发展的趋势，主要表现为数量和种类增加以及内容专业化区分；形式方面，这一时期晚报和报纸副刊具有良好的发展态势，一方面是对社会近代化转型趋势的呼应，另一方面反映出北京特色的文化环境。

一、报刊种类多元化，内容专业化

　　北洋时期，北京报业虽在袁世凯统治下经历了骤兴骤灭，但其发展并未

---

① 颜浩：《北京的舆论环境与文人团体：1920—1928》，北京大学出版社 2008 年版，第 16 页。

停滞。随着资本主义发展和社会环境变革，报业在众多新闻工作者的努力下逐渐复苏，报刊数量不断增加，种类也更加细化，出现了专业的教育、商业、农业、经济等多种报刊。与民初报刊发展状况相比，这一时期的专业报刊在内容上更加丰富，对读者群体的划分更加细化，对不同行业的近代化进程发挥了重要作用，极大地丰富了北京新闻业的生态。

表3—7　北洋时期北京的专业类报刊

报刊名称	创办时间	专业类别	其他
《教育公报》	1914年6月	教育	北洋政府教育部主办，月刊，出至1926年停刊。
《国学丛刊》	1914年6月	国学	清华国学会研究会主办。
《农商部观察所年报》	1914年	农商	
《都市教育》	1915年4月	教育	月刊，北京教育会主办。
《观象丛报》	1915年7月	天文气象	月刊，北洋政府教育部中央观象台主办，主编高鲁，1921年12月停刊。
《司法讲习所讲义录》	1915年7月	司法	月刊。
《卫生丛报》	1916年2月	卫生	月刊。
《道德学志》	1917年1月	传统文化	道德学社的机关刊物，社长王士珍，主编江朝宗、张炳桢等。以"阐明圣学，敦崇道德，实行修身"为宗旨。1919年10月左右停刊。
《政法学会杂志》	1917年3月	政法	
《言治》	1917年4月	政法	季刊，北洋政法学会主办。
《电界》	1917年9月	电气	半月刊，邓子安电气工程事务所主办。
《经世报》	1917年12月22日	传统文化	孔教会主办，以尊孔为主旨，陈焕章任总经理兼总编辑。
《救世报》	1917年	宗教	月刊，基督教救世军派主办。
《司法部统计年报》	1917年	司法	
《中华民国医药学会汇报》	1917年	医药	
《法政学报》	1918年3月	政法	月刊，国立北京法政大学主办，设有论著、译述、法令、判例、文苑、笔记、通讯、时事评述等栏目。
《烟酒杂志》	1918年3月	烟酒	全国烟酒专卖局主办，1919年5月停刊。
《体育季刊》	1918年3月	体育	京师体育研究社主办。

续表

报刊名称	创办时间	专业类别	其他
《统计月刊》	1918 年 4 月	统计	北洋政府国务院统计局主办，1924 年前后停刊。
《真理与生命》	1918 年	宗教	月刊，基督教现代派刊物。
《国力北京农业专门学校丛刊》	1918 年	农业	
《国故》	1919 年 3 月 20 日	传统文化	月刊，国故社主办。
《醒农》	1920 年 5 月 1 日	农业	北京农业专门学校醒农社创办。
《晓报》	1920 年	通俗小报	
《春明日刊》	1921 年 2 月 17 日	文艺	随《新日报》出版赠阅。
《新农业》	1922 年 2 月	农业	北京国立农业专门学校农声社创办。
《实报》	1922 年 3 月 16 日	通俗小报	
《国语月刊》	1922 年 3 月 20 日	教育	中华民国国语研究会创办。宗旨为宣传国语著述，备研究或教授者参考，主要内容包括研究讨论、教授学习材料、儿童文艺和平民文学等。
《教育日报》	1922 年 9 月 18 日	教育	北京教育界同人创办，专载中外教育消息及言论，宗旨是谋中国教育之改良与进步。
《佛化新青年》	1923 年上半年	宗教	佛化新青年会编辑刊发。自称"本慈悲的宗旨，行拨苦的工作，显扬佛化精神"。
《女师大周刊》	1923 年	女性刊物	国立北京女子师范大学的校刊。
《维纳斯》	1924 年 8 月 18 日	美术	日出 4 开 4 版，社址在北京西河沿 191 号，编辑张谬子，撰述宋春舫，以"提倡美术，促进文化"为宗旨。
《广告日报》	1924 年 10 月 10 日	广告	日出对开 3 版，社址设在北京长安街大栅栏甲字 16 号，除广告外还刊登小说、文艺、游击、谐谈、剧本、常识、银幕、时事内容等。
《语丝》	1924 年 11 月 17 日	文艺	以批评社会和文化思想为主旨。
《妇女周刊》	1924 年 12 月 10 日	女性刊物	《京报》副刊。

续表

报刊名称	创办时间	专业类别	其他
《现代评论》	1924 年 12 月 13 日	政治学术	周刊，标榜自由研究，代表与进步文化相对立的自由派知识分子的思想倾向。
《民国日报》	1925 年 3 月 5 日	政党刊物	改组后的中国国民党在北京及华北地区的党报。
《民报》	1925 年 5 月	政党刊物	冯玉祥国民军军系统与北京国民党组织合办的日报。
《平民报》	1925 年 6 月 1 日	通俗教育	中华平民教育促进会主办，《平民报》改组后出版。
《交通日报》	1925 年 7 月 1 日	交通	交通界同人集资创办。
《甲寅》周刊	1925 年 7 月 18 日	传统文化	提倡尊孔读经和文言文，反对新文化运动。
《国家与教育》周刊	1926 年 1 月	教育	余家菊主编，定价半年 5 角，全年 1 元，北新书局发行。
《市声日报》	1926 年 11 月 11 日	通俗	"以市民为中心"，侧重于社会新闻。

通过上表，可以较为直观地看出民国时期北京报业中报刊专业化的程度和具体的发展脉络，政法类、教育类刊物在当时较为盛行，在北京具有较为广泛的读者群体，这呼应了北京作为政治中心、文化教育中心的地位。值得关注的是，20 世纪 20 年代北京出现了一些专门的女性刊物，多采用女性为其撰述，提倡思想解放、妇女教育、提升女权等，对当时社会的女性启蒙具有重要意义。同时，以刘师培等保守势力创办的宣传传统文化的刊物，提倡旧学，反对新学，反映出北京复杂的文化背景与新旧交织的状况。此外，北京的通俗性小型报刊非常有特色，北京被认为是"中国小型报纸最早也最流行的地区"①。

其中一些刊物在当时颇具社会影响力：

《国故》，国故社主办的月刊，1919 年 3 月 20 日在北京创刊，国故社是刘师培等人发起组织的以提倡旧学为目的的学术团体，该刊是北大新旧两派相争时，以刘师培为首，梁漱溟、黄侃等人代表的旧派创办的杂志，目的是与傅斯

---

① 成舍我：《由小型报纸谈到〈立报〉的创刊》，《报学》第 1 卷第 7 期（1955 年 4 月）。

年等人创办的《新潮》杂志对抗。刘师培担任总编辑，陈汉章、马叙伦、黄节、林损、梁漱溟等人编辑。该刊自称"慨然于国学沦夷，欲发起学报，以图挽救，旨在昌明中国固有之学术"①，以文言文写作，不用新式标点，印刷形式也仿照古书，出至4期后自行停刊。

《醒农》，1920年5月1日在北京创刊，由北京农业专门学校醒农社学生创办的半月刊，宗旨是"促农民之觉悟，谋农业之改进"②。该刊主张社会改良，破除封建迷信，提倡重视农业，宣传农业科学知识，如《世界和平与农业》《农村改造》《农村改造教育》《粮食问题》《怎样打破农民的迷信》《难发芽豆子底处理法》等，文章大都短小易读，且全用白话书写。该刊售价每册铜圆5枚，邮寄四分半，出至1921年1月第6期。

《晓报》，1920年创刊（不晚于5月2日）于北京的通俗性小报，方梦超担任经理，薑素（北京大学出版部主任李辛白）负责编辑。该报出版后非常畅销，为呼应社会及读者需求，内容逐渐趋重社会新闻，增加趣味性门类。该报成立后亦对教育提供助力，1920年在宣武门外潘家河沿南头路东尼姑庵附设工读学校二校。③

《新农业》杂志，1922年2月在北京创刊，由北京国立农业专门学校农声社创办，全年6册。胡鸿如为该刊撰写《发刊词》。该刊设有"研究"栏目，为研究各地农业情况的人提供参考。

《实话》小报，1920年3月创刊，社址在宣外大街181号实话报社，定价为每月铜圆30枚，零售价为每份1枚铜圆。《实话》每天出一张，五号铅字编排，印刷清晰、材料丰富，使用白话文编写，并且增加标点符号帮助读者阅读，少用"不相干的评花评戏等文字"，"纪事和批评又带着很有趣味的口调"④。报纸

① 章玉政：《刘文典传》，安徽大学出版社2018年版，第114—115页。

② 《发行〈醒农〉的用意》，《醒农》创刊号（1920年5月1日）。

③ 《北京市宣武区成人教育志》编纂委员会编著：《北京市宣武区成人教育志》，北京出版社2008年版，第267页。

④ 《读〈实话〉》，《晨报》1920年3月8日。

编辑人员多为北京白话报的报人，如耀亭愚、谯竹荪、沈丹仲等，主要栏目包括电报要闻、京闻、论评、讲坛、读者问答、笑林、戏评、趣闻、谜语、新旧剧脚本及各种趣闻小说等。该报编制精良、文字统一、印刷讲究。

1921 年 3 月 31 日，因为该报的几位重要编辑南下，该报遂自行停刊，直到 1922 年 8 月，编辑人员回到北京，对该报进行改良。8 月 20 日，《实话》小报进行改良，重新出版，随《晨报》赠送 1 天，新社址在宣外延旺庙街 64 号，售价为每月三角五分。与其他小报相比，《实话》的广告很少，只要半个版面，其他三个版面全是文章，而且无论政治新闻、国际新闻，还是社会新闻，该报都精心编写，注重质量。《时事新报》评价《实话》"称得起是中国首屈一指的小报"①。

《语丝》，1924 年 11 月 17 日创刊于北京，是一份以批评社会和文化思想为主旨的综合性文艺刊物，由孙伏园发起筹组，鲁迅支持创办，周作人负责编务，北京东城翠花胡同北新书局出版发行，主张是"提倡自由思想，独立判断，

图 3—14　《语丝》

和美的生活"②。该刊主要登载杂感、散文，也有少量诗歌、小说、译文。鲁迅是该刊的首席作者，他的文章"任意而谈，无所顾忌，要催促新的产生，对于有害于新的旧物，则竭力加以排击"③。社内同人自称，"我们的意见是反道学家的，但我们的滑稽放诞里有道学家所没有的端庄，我们的态度是非学者非绅士的，但我们的嬉笑怒骂里有那些学者绅士们所没有的诚实。我们不是什么平衡家或专门的文士，所以议论未必公允，文章也没有水平线可说，不过

---

① 《介绍〈实话〉》，《晨报》1922 年 9 月 11 日。

② 《申报》1925 年 3 月 4 日。

③ 鲁迅：《我和〈语丝〉的始终》，载《鲁迅全集》第 4 卷，人民文学出版社 1982 年版，第 167 页。

这足以代表我们的真实的心，这一点似乎是值得广告的"①。

《语丝》初为 16 开本的周刊，创刊号仅刊印 2000 份，因读者需求增印 7 次，共计 1.5 万份，行销全国，从第 81 期起改为 20 开本。该刊是鲁迅在北京期间用以抨击北洋军阀专制统治，批驳"甲寅派"和"现代评论派"的重要阵地。1927 年 10 月 22 日被奉系军阀查禁而停刊，北京北新书局亦被封。《语丝》在《申报》上刊登启事，称自 154 期起，该刊移到上海出版，由上海北新书局代为发行。

《妇女周刊》，1924 年 12 月 10 日由《京报》增出的副刊，由国立女子师范大学蔷薇社编辑，北京大学学生欧阳兰发起创办，欧阳兰后因名声不佳被迫交出编辑权，陆晶清、石评梅、张琼淑等相继主编。该刊的宗旨是"粉碎偏枯的道德，脱弃礼教的束缚，发挥艺术的天才，拯救沉溺的弱者，创造未来的新生，介绍海内外消息"②。1925 年 12 月该刊停刊，共出版 50 期，每期约 1.15 万字，共 57.6 万字。该刊号召妇女参政、宣传废娼运动、反对妇女缠足、声援五卅运动，在女师大风潮中支持学生、发表文学作品。如超常的《国民会议与妇女参政》等文章提出国民会议应当接纳女子参政，《废娼运动》等文章认为娼妓是社会上的不利因素，废娼是男女平等运动中非常重要的一环，对女性解放意义非凡，娜君的《不成"问题"的"问题"》提出"三寸金莲"不被废除，那么整个中华民族都是蒙羞的。五卅运动爆发后，该刊提倡女子撇开化妆匣子，搬出书箱，不必做贤妻良母，不要效仿姨太太无所事事，要爱国，要为宣战做好准备。女师大风潮中，林仁伟、石评梅等人著文表达自己的无限悲愤，将官方的野蛮残忍尽数披露。鲁迅曾在该刊上发表了《寡妇主义》《苏联母性保护法》《无产妇人的运动》等文，号召联合无产阶级的妇女，使妇女运动在阶级斗争中成为一支强有力的战队。1925 年 12 月 20 日《妇女周刊》的周年纪念号上刊有邵飘萍的题字，称其为"妇女界之喉舌"。

---

① 《书报介绍·〈语丝〉》，《申报》1926 年 8 月 28 日。

② 《京报副刊·妇女周刊》第 1 期（1924 年 12 月 10 日）。

《现代评论》，1924 年 12 月 13 日创刊于北京，是一份政治学术性周刊，主编为陈源（西滢），编撰者有胡适、王世杰、高一涵、徐志摩、冯友兰、吴稚晖、顾颉刚等。该刊以发表政论为主，亦刊登文艺作品和文艺评论，提倡白话文，每期篇幅 16 至 20 页。该刊标榜"是一份绝对独立的周刊"①，但政治倾向明显，在对待国民会议问题、北京女师大风潮、五卅运动等事件时，对北洋当局的态度非常暧昧，进步性和革命性显得不足。鲁迅在《莽原》《语丝》《京报副刊》中曾严厉批评该刊。《现代评论》代表了与进步文化相对立的自由派知识分子的思想倾向，被称为"现代评论派"。1927 年四一二政变后，该刊转向拥护国民党政权。1927 年 7 月第 6 卷第 138 期起迁到上海出版，1928 年出版第 9 卷第 209 期后终刊。

《民国日报》，1925 年 3 月 5 日创刊，日出对开 2 张，社址设在北京顺外香炉营四条二号，是改组后的中国国民党在北京及华北地区的党报。总经理为黄昌谷，总编辑先后有邵元冲、邹明初等。该报以宣传孙中山的三民主义为宗旨，内容主要包括评论、要闻、京外新闻、世界新闻、社会新闻、经济新闻、文艺思潮等，此外还设有《民意栏》特刊。该报每月定价大洋 8 角，零售价每份铜圆 8 枚。该报称"特约有名学者吴稚晖、汪精卫、李石曾、于右任、戴季陶、杨杏佛、王星拱、鲁迅、周作人诸先生，随时撰述评论，对政治、文化、社会运动作良好之指导"②。创刊仅半月，该报遭到警厅停刊的命令，原因是编辑失误刊登了上海国民会议策进会的一篇文章，与自己政治立场完全矛盾的话语。此事后，该报被提起诉讼并停办，向读者退还所有订报的费用。

《民报》，1925 年 5 月创刊，社址在北京东单象鼻子前坑 6 号，日出对开 3 张 12 页，汉文与英文各占一半，是冯玉祥国民军系统与北京国民党组织合办的日报。顾孟余任主管，陈友仁担任经理，林语堂等负责编辑，该社注重采访，记者主要是大学生中考试选拔所出，"因考试乃孙中山主张之一"③。该刊自称是

---

① 《申报》1925 年 2 月 16 日。

② 《北京民国日报优待工人及学生》，《晨报》1925 年 3 月 1 日。

③ 《民党言论机关成立》，《京报》1925 年 4 月 13 日。

"科学的进步的日刊"①，提出民众自救、改良政治、劳动奋斗、妇女解放等呼吁。该报目标读者为知识分子，主要刊登政治、国际、社会、各省、教育、经济、劳动新闻，还特设学艺部与照相美术部，提倡新进作家、介绍新知识，使报纸具有趣味和艺术美。

图3—15　《民报》出版预告刊登于《晨报》1925 年 5 月 7 日第 1 版

《平民报》，1925 年 6 月 1 日改组后重新出版，由中华平民教育促进会接办。该报改组后秉承中华平民教育会"提高平民常识，促进平民道德，指导平民正当娱乐"的宗旨，出版正篇 4 开一张，外附图画，增刊半张，用白话文编写。

《交通日报》，1925 年 7 月 1 日创刊，社址在小六部口 4 号，交通界四政同人集资创办，自称"以代表舆论、指导政府、传播消息、力谋交通事业之发展为宗旨"。② 与民国时期动辄关停的报刊相比，该报发行尚算稳定，至 1928 年 5 月时已发行 1000 号，并专门出版特刊进行纪念。

《甲寅》周刊，1925 年 7 月 18 日创刊，由北洋政府司法总长兼教育总长章士钊主办，钟介民编辑，地址在北京顺治门外大街 200 号，每周六定期出版，售价为 1 角。该刊于 1927 年 2 月停刊，共出版 45 期。《甲寅》周刊的主旨是为提倡尊孔读经和文言文，反对新文化运动，压制学生运动，为段祺瑞执政府的反动统治辩护，并吹捧章士钊自己，自称"朴实说理、毫无党见、文体纯正、不取白话"③，内容包括时评、通讯、杂记、书林丛讯等。该刊曾刊登章士钊《评新文化运动》和《评新文学运动》两文，抨击新文化运动，提倡封建复古潮流，反对白话文，颂扬文言文，是旧势力反对新文化运动的代表作。面

———————

① 《〈民报〉出版预告》，《晨报》1925 年 5 月 3 日。

② 《破天荒的〈交通日报〉出版》，北京《益世报》1925 年 7 月 1 日。

③ 《〈甲寅周刊〉定期出版》，北京《益世报》1925 年 7 月 15 日。

对章士钊等人高唱复古逆流，鲁迅作为新文化运动的代表也进行反击，他在《语丝》《莽原》《猛进》等刊物上撰写《十四年的读经》《答 KS 君》《碎话》《这个与那个》等杂文，嘲讽《甲寅》周刊是章士钊"自己广告性的半官报"，是十分滑稽的"公报尺牍合璧"① 式的刊物。

《妇女之友》，1926 年 9 月 15 日创刊，每半月出版，由北京师大女生周慎生联合北京一些妇女节的同志共同创办，主旨为"提高妇女文化"②，内容"纯为妇女运动之理论与实行之方法，并附文艺诗歌及各地妇女之状况调查"③，北大、师大、女师大的学生经常为该刊撰稿。该刊每期销量四五千份，在妇女界曾产生较大的影响。该刊拥护妇女解放，拥护国共合作，拥护孙中山关于革命的政策，接受共产党的主张和妇女政策，呼吁知识妇女与工农劳动妇女相结合，联合运动促进妇女解放，刊登了《新妇女的使命》《妇女问题的平民化》《到乡下去吧!》等文章来阐述其主张。④1927 年 3 月下旬，《妇女之友》被京师警察厅取缔，被迫停刊，共出 12 期，包括 2 期特刊，分别为第 9 期的《本社成立特刊》和第 12 期的《国际妇女节特刊》。

《市声日报》，1926 年 11 月 11 日创刊，日出一小张，林鹏南主办，"以市民为中心"⑤，内容侧重社会新闻，对政治军事新闻力求精简，设有讨论、游艺、文苑、笔记、小说、常识、谐文等栏目，每张报纸售价为 2 枚铜圆。

二、晚报的勃兴

国人自办的晚报最早出现在上海，是 1898 年 8 月 2 日出版的《上海晚报》⑥。北京的晚报虽然比上海出现得晚，但发展却非常迅速。1924 年 4 月，北

---

① 《鲁迅全集》第 3 卷，第 112 页。

② 《本刊启事》，《妇女之友》1926 年 9 月 15 日。

③ 《〈妇女之友〉已出版》，《晨报》1926 年 9 月 30 日。

④ 参见田景昆、郑晓燕编：《中国近现代妇女报刊通览》，海洋出版社 1990 年版，第 69 页。

⑤ 《〈市声日报〉明日出版》，《晨报》1926 年 11 月 10 日。

⑥ 姚福申：《中国晚报史考略》，《新闻大学》1999 年春。

京常见的晚报已经达 18 家，在数量上超过了上海。① 这是由北京与上海特殊的地理位置所决定，上海在民国时已经是中外文化交汇之地，深受外国文化浸染，舞厅、游乐场等娱乐设施比较丰富；而北京的娱乐活动相较于上海种类较少，尤其是夜晚娱乐活动更为稀少，所以北京的晚报比较发达。

1918 年 6 月 1 日，北京《商业晚报》创刊，社址位于苏州胡同 148 号，杨训登担任经理，苏章钰担任总编辑。这是北京近代第一家晚报，1920 年 11 月 20 日停刊。②

在这之后，比较有名的是《北京晚报》（与之前李佳白主编的英文《北京晚报》区别）。该报创刊于 1920 年 4 月 5 日，创始人刘煌，号仰乾，毕业于北京大学法律系，因晚报文章篇幅小，较日报而言易办理，遂与几名同学创办《北京晚报》。刘仰乾任社长，他的同学顾伯笙、姚鲁生、郭山民、谭镜予等人都曾参与该报编辑工作。《北京晚报》每日发行 4 开一张，出版初期因无例可循，仿照《申报》《新闻报》创办，主要栏目有时评、专电、要闻、特约通信、本京新闻、小说、杂俎等。

该报以新闻报道（包括政治新闻和社会新闻）多、快、确实取胜，受到读者欢迎，特色之一是新闻都为本社记者采访所得，强调时效和准确性。《北京晚报》的新闻主要来源于北洋政府主动公布的新闻或阁议内容，都是刘煌本人亲自负责采访，后由汉学造诣比较高的陈冷声负责编写。其他政治方面新闻也由刘煌依靠自己的私人关系获得。社会新闻一般由警察局主动提供，内容主要是盗匪、偷窃、火警等案件；此外，刘煌还会对一些其他报纸不太关注的社会事件进行采访，比如城南游艺园房屋坍塌、燕三小姐被压死的新闻由刘亲自采访，报道详尽且具有人文关怀，受到读者的欢迎。

1921 年至 1924 年是该报的黄金时代，销量和广告收入都比较可观。其中一个原因是北洋政府一些派系无力自办报刊，遂拉拢报人为其效劳创办晚报，

① 宁树藩主编：《中国地区比较新闻史》上卷，复旦大学出版社 2018 年版，第 402 页。

② 北京市地方志编纂委员会编：《北京志·新闻出版广播电视卷　报业·通讯社志》，第 48 页。

刘仰乾就曾担任七八个兼职。

该报出版期间，先后三次遭遇军阀封闭停刊，社长刘仰乾两次被捕。一次发生于 1925 年 10 月 16 日，因《北京晚报》报道孙传芳的新闻"略有嫌疑"①，经理刘仰乾、编辑陈冷声被警厅抓捕，后经新闻界同人保释被释放。另一次发生于 1926 年 2 月 21 日，北京警卫司令兼前敌总指挥鹿钟麟指责《北京晚报》与南方私通消息，对西北军不利，遂包抄刘煌住宅，查封报社。② 后来经过邵飘萍的力保，报社启封，刘仰乾被释放。

《白话晚报》，1922 年 3 月 22 日在北京创刊，社址位于养蜂夹道 11 号。该报是北京最早的白话晚报，创办者为黄赞勋、苏去恶、符必烈，他们有感于普通百姓由于文化水平限制无法阅读文言报纸，遂决定创办该报。该报的宗旨是"灌输平民的智识，主持社会正义"③，采取时新的编辑方法，注重以白话文书写，刊载时评、专电、要闻、北京及各地新闻、学术、文艺等。胡适曾对《白话晚报》的创办提出了自己的希冀，那就是"值得一驳"和"禁得起一驳"④。

《真理晚报》，1922 年 5 月 2 日在北京创刊，由在京知识界同人组织创办，宗旨是在监督政府、拥护民权外，发展教育、宣传文化。该报每日发行早刊、晚刊各一张，每晚 7 时前出版，特别消息临时发行增刊，定价为铜圆 2 枚，每月 3 角。老舍小说《赵子曰》⑤ 中人物武端曾阅读该报。

《京津晚报》，王冷斋创办，时间不晚于 1922 年，社址位于西城东太平街。五四运动时，该报积极宣传、声援学生的爱国运动，并因消息灵敏受到读者欢迎。王冷斋常以报人身份，指责军阀祸国殃民，抨击曹锟贿选不遗余力，该报因此被封，王亦先后两次被通缉。

---

① 《〈北京晚报〉记者被传　报界同人开会援助》，《京报》1925 年 10 月 18 日。根据《晨报》的记载，《北京晚报》登载专电，称孙传芳"自上尊号"，自称建国护宪军总司令。

② 中国人民政治协商会议北京市委员会文史资料委员会编：《文史资料选编》第 13 辑，北京出版社 1982 年版，第 82—93 页。

③ 《破天荒之〈白话晚报〉快出版》，《晨报》1922 年 2 月 5 日。

④ 《胡适文存》2，华文出版社 2013 年版，第 272 页。

⑤ 郑振铎主编：《小说月报》第十八卷 10—12 号，书目文献出版社 1983 年版，第 203 页。

1923 年 7 月 26 日，数名警察直接前往《京津晚报》报社捕人，当时王冷斋未在报社，编辑曾青云和发行部吴凤鸣直接被拘往警厅，当晚警厅发布命令该报停止出版。同被警厅查封的还有民治通信社。后经过报界签名请愿、多方营救，直至 7 月

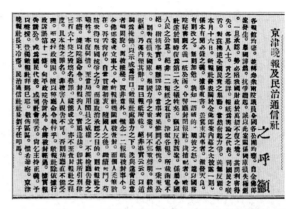

图 3—16　《京津晚报及民治通信社之呼吁》刊于《大公报》1923 年 11 月 24 日第 3 版

30 日，被抓捕的报人方被保释出狱。1923 年 11 月 18 日，《京津晚报》与民治通信社因转载天津《大公报》所报道的金佛朗案，再次被警厅查封。《京津晚报》同一年先后两次遭遇封禁，并不是因警厅所称的"造谣"或"诋毁"，而是正常履行新闻业报道新闻、督责政府的职责。它的遭遇是北洋政府残酷统治下政府肆意干涉报纸、抓捕报人、封禁报馆、勒令停刊的有力说明。

《世界晚报》，1924 年 4 月 16 日创刊于北京，社址在西单牌楼手帕胡同 29 号，后来搬到北京石驸马大街甲 90 号。该报为 4 开 4 版，每天下午出版，由成舍我独立创办并担任社长，龚德柏担任总编辑，余墨秋负责副刊编辑，张恨水撰写小说，也担任副刊《夜光》的主编。

《今晚报》，1924 年 5 月 5 日创刊，作为北京今闻通信社附属报刊。陈沧客担任社长，社址在北京宣武门外麻线胡同 12 号。该报自诩"议论务取纯正，消息力求真确"①。

《明星晚报》，1925 年 4 月 6 日创刊，宋公复担任经理人，徐子行负责编辑。该报文言与白话兼用，最初赠阅 3 天，送登广告一星期，曾在报上刊出启事，征求政治及社会新闻。9 月 24 日该报登载许世英辞职之内幕的文章引起财政部注意，该部李思浩为澄清此事，特在《京报》登函希望《明星晚报》进行

---

① 《今晚通信社今晚出稿出报预告》，《晨报》1924 年 5 月 3 日。

图 3—17　《正言晚报》广告刊于《晨报》
1927 年 3 月 28 日第 4 版

更改①。

《大同晚报》，1925 年 6 月 23 日创刊，社址在北京宣武门内头发胡同 27 号，由退出《世界日报》的龚德柏主办。该报仅创刊后不久，经理龚德柏多次被警察厅抓捕，《晨报》在报道此事时感叹"龚德柏自创办大同晚报以来，前后被捕不下四五次，今且被封，亦可谓多难矣"②。

《正言晚报》，1926 年 10 月 17 日创刊，由正言通信社陆少游创办，李定夷担任总编辑，地址在宣外山西街 23 号，日出一大张，售价为 6 枚铜圆。1927 年 5 月，《正言晚报》进行扩充，增加三门通俗小说，每日在后幅刊登，因此该报每日增加约 200 字，但售价并未改变。为了扩大销路，该报经常通过赠送名伶相片、风景相片的方式来吸引读者订阅。

此外，北京较有影响力的还有《大晚报》③《新闻晚报》④《宣南晚报》⑤ 等。

民国时期北京的晚报发展迅速，一方面适应广大市民的兴趣爱好，另一方面满足京中众多官僚政客的需求。正如《北京晚报》创办者刘仰乾经历所昭示，北京众多军阀将晚报作为政治斗争的合法手段，从而拉拢或支持晚报，作为其宣传的途径，客观上促进了北京晚报的繁荣。

---

①　《财部致明星晚报函》，《京报》1925 年 9 月 25 日。

②　《两晚报记者被捕：大同晚报龚德柏、北京晚报刘仰乾》，《晨报》1926 年 2 月 22 日。

③　《大晚报》1925 年 10 月 2 日改组出刊，社址在北京南池子灯笼库 8 号，聘请王解生担任编辑，原编辑李戴侠、沈茹秋、刘果航、刘秉衡 4 人辞职。

④　《新闻晚报》1926 年 2 月 19 日创刊，社址设在北京西长安街 101 号，赠阅 3 天，送登广告 7 天，社长李锦铭，经理陈劭南。其中李锦铭是国民代表会议议员。

⑤　《宣南晚报》1927 年 9 月 20 日创刊，吴恬公主办，社址在北京宣外丞相胡同 7 号。

三、副刊的革新与繁荣

报纸的副刊有别于主体部分，它包罗万象、轻松通俗，比严肃的新闻版更活泼有趣。副刊的发展在不同阶段具有其特色，就社会影响而言，在五四运动、新文化运动前后达到其影响力的高峰，在之后逐渐衰弱。被称为民国"四大副刊"①的报刊中，北京占据一半，即《晨报》副刊与《京报》副刊。它们以兼具思想性、学术性、知识性、理论性的特点成为民国时期综合性文艺副刊的典范，为民国副刊的发展和社会影响的提升发挥了重要价值。

五四前后，虽然之前报界也有不少副刊，但都因格调不高不被重视。以《晨报》为首，报纸副刊在1919年前后开启了一场彻底的革新，遂之使副刊跃入读者眼前，成为报业实践和新闻发展中重要的一环。

1919年2月，李大钊开始担任《晨报》第7版的编辑工作，这是该报副刊的前身。5月1日，《晨报》副刊出版《劳动节纪念专号》。这是我国报刊出版的第一个纪念五一劳动节的专号，李大钊的《五一节（May Day）杂感》一文，即在本号发表。5月5日，因纪念马克思诞辰101周年李大钊指导《晨报》副刊特辟"马克思研究"专栏，截至同年11月11日共半年中，刊载了大量介绍马克思主义经典著作和纪念马克思的文章，包括马克思《劳动与资本》，考茨基《马氏资本论释文》等，在介绍和宣扬马克思主义思想的过程中发挥重要价值，极大地丰富了副刊的学术特点和理论价值，开创了副刊的新气象。

《晨报》副刊也是第一个进行全面改革的副刊，1921年10月12日，《晨报》刊载副刊文字的第7版脱离正张正式独立，改出4开4版单张，名为《晨报》副镌，每日1张，每月合订1册，名《晨报副镌合订本》，售价3角，销行颇广。在孙伏园主编下，副镌积极倡导新文学，宣传新文化运动，使《晨报》副刊文艺性不断强化，在保持综合性的情况下将版面留给了成长中的中国新文学，培养了一大批优秀的作家，推广了许多优秀的文学作品，成为新文学自由生长的

---

① 指上海《民国日报》的《觉悟》，《时事新报》的《学灯》，北京《晨报》副刊和《京报》副刊。

图 3—18　1921 年 10 月 12 日《晨报》副镌第 1 期第 1 版

图 3—19　1924 年 12 月 14 日《京报》副刊第 10 期第 1 版

沃土。鲁迅的《阿 Q 正传》《呐喊》等作品都在该副刊上登载，引发社会关注。

《京报》创办副刊始于 1924 年 12 月 5 日。由自《晨报》副刊辞职的孙伏园主编。除每日见报外，副刊单独印成 16 开本日刊，每期 8 页，单独发行，有独立的报头，内容不分栏，每期第 1 版左下角列出文章目录。孙伏园在创刊号发表了署名"记者"的《理想中的日报附张》一文，总结了五四以来副刊改革的经验，提出理想中的日报附张需要具备以下几点要求：（一）内容上应对宗教、哲学、科学、文学等"兼收并蓄"，并取材应与日常生活有关，用平易有趣之笔来表达，倾向附张杂志化，避免教科书式的艰深沉闷；（二）文学艺术作品，应是附张的主要内容，供人娱乐和有益滋养；（三）重视刊登"短篇的批评"，包括对社会、学术、思想、文学艺术、书报的批评。此外，还应当刊载有益思想的小说、短诗、短剧、游记、散文一类的文字。《京报》副刊得到鲁迅的大力支持，鲁迅为它提供长篇译文，如日本厨川白村的《出了象牙之塔》，"作为从外国药房贩来的一帖泻药"，用以医治国人精神文明上的痼疾。① 此外，鲁迅撰写了大量杂文，有力针砭时弊。截至 1926 年 4 月，该刊共出 477 期，对提倡新思想和新文学作出了重要贡献。

① 鲁迅：《〈从灵向肉和从肉向灵〉译者附记》，《京报》副刊 1925 年 1 月 9 日。

除了在文艺上的倡导，《京报》还主张开拓更广义的副刊。1924 年 12 月 10 日，《京报》副刊第 6 号发表邵飘萍《"七种周刊"在新闻学上之理由》，副标题为"新闻社与学术团体之关系"一文，说明《京报》除新增《京报》副刊外，同时计划近期内附设"七种周刊"，"一若预备各种不同之食物，以迎合多数不同之嗜好者然"，每日增发一种周刊，每七日周而复始。文章提出，附设"七种周刊"更为重大的使命，则是借以促进新闻社与社会学术团体间合作互助的连锁关系，依靠不同学术团体主办各种副刊，"一方面可以发表研究之兴趣，一方面可以增加报纸之声光"。这种互助互利的结果，又使一般读者可以不出分文而能日读量多价廉的刊物。

在正式创办《京报》副刊之前，《京报》曾出版小型副刊，虽未形成较大的社会影响，但在宣讲文艺之外还积极承担社会责任。1920 年 10 月因华北灾情，《京报》副刊义务增刊《赈务日报》，由汤修慧担任编辑，专门记载华北灾荒问题、研究救灾方法、介绍灾区灾情、刊载受灾各地状况的照片、刊登救灾团体的广告纪事函电、捐款收入与费用报告、介绍各国救灾对策，目的是唤起海内外慈善家的同情，尽互助之义。

除了《晨报》副刊、《京报》副刊这些较为出名的副刊，北京新闻界还出版发行了一些其他类别的副刊，使"副刊"的形式更多样，内容更丰富。

《女子周刊》副刊，1920 年 10 月 30 日由北京《益世报》增出，4 开 4 版单张，随正张免费附送，城市知识妇女为主要读者对象，由北京女子高等师范学校周沁君、刘静君等人主编。该报的宗旨是向妇女介绍普通常识，提倡贤妻良母式的道德观念，内容广泛，涉及天文、地理、人文、风土人情、社会问题，主要揭露中国妇女的悲惨境遇，提倡女子教育，抨击封建的婚姻家庭制度，要求妇女参政，从经济、体育等多方面宣传妇女解放。曾刊登李大钊的《各国的妇女参政运动》《关于图书馆的研究》《理想的家庭》等文章。

《夜光》，1924 年 4 月 16 日《世界晚报》创刊后作为其副刊出版，主编为张恨水。该报主编最初为刘半农，因张恨水长篇小说《春明外史》在该报连载，叙述精彩十分吸引人，遂受到读者追捧。一个月后，读者和《夜光》副刊都开

图 3—20　张恨水与其作品《金粉世家》

始倚重张恨水，张遂成为该副刊主编。

《夜光》之后，《世界日报》副刊《明珠》亦十分受读者欢迎。《明珠》创刊于 1925 年 2 月，同样由张恨水主办，他先后在《明珠》上连载《新斩鬼传》《金粉世家》等小说。后者一经发表就受到读者欢迎，坚持连载七年，在读者中引发强烈反响。

北京报纸副刊发展以五四运动和新文化运动为契机，在发展文艺作品、提升文化旨趣、传播新知识新思想方面贡献良多，极大地丰富了当时百姓的生活，也为报业繁荣增添了不少色彩。虽为"消闲"性质的通俗副刊，北京的报纸副刊依然积极承担着社会责任，发挥着启蒙思想、动员民众的作用。

四、宣传革命的爱国刊物

北洋军阀统治下，政治腐败问题频频发生，百姓对政府的失望情绪日渐加深。基于这样的背景，国民革命爆发且以迅猛的势头由南向北推进，尤其在五卅惨案后达到高潮。北京新闻界虽仍处于北洋政府的统治下，但受到爱国情绪的感召，积极投入对革命的宣传，抨击政府的卖国行为，呼吁群众觉醒并进行反抗。

《猛进》周刊，1925 年 3 月 6 日创刊，由北京大学猛进社发行。该刊为政论性刊物，北京大学哲学系教授徐炳昶（旭生）担任主编，自第 27 期起，北京大学法文系教授李玄伯接替主编，肖子昂、张定璜、鲁迅、张凤举、徐宝璜、彭基相等常为该刊供稿。鲁迅收到该刊创刊号后，曾两次复信徐炳昶，希望该刊能致力于"思想革命"[1]，称赞"现在的各种小周刊，虽然量少力微，却

---

[1] 《通讯（一）》，《猛进》周刊第 3 期（1925 年 3 月 20 日）。

是小集团或单身的短兵战，在黑暗中，时见匕首的闪光，使同类者也知道还有谁还在袭击古老坚固的堡垒，较之看见浩大而灰色的军容，或者反可以会心一笑。在现在，我倒只希望这类的小刊物增加，只要所向的目标小异大同，将来就自然而然地成了联合战线。"① 鲁迅在该刊曾发表《通讯（致旭生）》《十四年的"读经"》《碎话》等文章。

《猛进》周刊出版至第 10 期时，送往邮局的刊物自第 9 期起被警厅扣留，该刊一边与警厅交涉，一边继续发行。五卅运动中，该刊从第 14 期到第 23 期集中刊发《猛进社同人对于英日惨杀同胞案特别宣言》等 20 多篇文章，抗议帝国主义暴行，声援

图 3—21　《猛进》周刊第一期

上海同胞的斗争。该刊还赠印《沪案特刊》，主张"以取消英日租界为开谈判的先决条件，以破坏英日在华商务为抵抗办法"②，表达自己对五卅事件的态度，并积极利用舆论影响来团结社会力量，希望影响官方态度。1926 年 3 月 19 日《猛进》周刊出版至第 53 期停刊。

《冲锋》旬刊，创办时间不详，北京中国大学学生主办，主旨是"鼓吹彻底的国民革命，介绍最新的时代思潮，讨论实际的社会问题，提倡民众需要的文艺"③。该刊出版后受社会各界读者欢迎，尤其学生、士兵群体非常喜欢，每期销量达到 2000 份。

《莽原》，1925 年 4 月 24 日创刊，鲁迅担任主编。该刊作为《京报》的副刊，逢周五发行，随《京报》附送，作为《京报》副刊中的第五种。该报自称"内容大概是思想与文艺之类，文字则或撰述，或翻译，或稗贩……但总期率性而

① 《通讯（二）》，《猛进》周刊第 5 期（1925 年 4 月 3 日）。
② 《〈猛进〉周刊赠印沪案特刊》，《京报》1925 年 6 月 17 日。
③ 《中大〈冲锋〉旬刊被封　究竟犯了什么罪?》，《京报》1925 年 4 月 5 日。

言，平心立论，忠于现世，望彼将来。"①根据后来该刊发表的文章可以看出它以批评性文章为主，注重对旧社会和旧文化的批判，具有激烈的反抗性。该刊创刊后与《语丝》配合，对"现代评论派"和"甲寅派"展开笔战，对北洋军阀政府、帝国主义的罪行进行猛烈的抨击。该刊最初为周刊，同年 11 月 27 日出版至第 32 期休刊。1926 年 1 月 10 日由未名社出版，改为半月刊。1926 年 8 月，鲁迅离京后，由韦素园接替主编，1927 年 12 月 25 日出版至第 48 期停刊。

1925 年 5 月 20 日②，《蒙古农民》在北京创刊，北京蒙藏学校中共蒙古族支部创办，是中国少数民族第一个马克思支部创办，也是少数民族斗争史上第一个马列主义刊物。该刊为 64 开半月刊铅印，用蒙汉两种文字刊行，多松年担任编辑发行人，李裕智、云泽（乌兰夫）、奎璧也参与创办。该刊具有明确的革命性质，为蒙古地区广大民众指明革命的对象是军阀、帝国主义和王公，大力宣传马克思主义唯物史观，向蒙古各族人民指出革命之路在于广大民众联合起来，坚持民族团结，共同战斗。

1925 年 8 月 25 日，《国民新报》在北京创刊，邵元冲主持③，是国民党左派创办的机关报，社址位于北京前门外延寿寺街 30 号，每日出 1 大张 3 版新闻，每月报费 4 角。该报发行后销量很好，受到读者欢迎，日销八千份以上，因此自 1925 年 12 月 5 日起增出《国民新报》副刊两种，单日登载社会科学政治经济及社会问题，由陈启修主编；双日登载文艺类作品，由鲁迅主编。鲁迅曾在该刊发表《这个与那个》《"公理"的把戏》《死地》等杂文十余篇，还编辑发表了一些青年的进步文章。据鲁迅记载，他在该刊的编辑费约为每月 30 元。该报自称"主张正大，不畏强权"，"篇幅丰富，消息灵通"，"编辑方法日求改良，并用新式标点"，"特约国内著名学者，随时担任各种专著"④，定价低

---

① 《〈莽原〉出版预告》，《京报》1925 年 4 月 21 日。

② 次日为农历四月二十八日，因此有些文献提到该报创刊日期是 4 月 28 日。

③ 荆有麟：《鲁迅眼中的敌与友：鲁迅先生研究资料断片之二》，载《文艺生活（桂林）》第 1 卷第 5 期（1942 年 1 月 15 日）。

④ 《国民新报大扩充》，北京《益世报》1925 年 12 月 5 日。

廉、送报快速等。三一八惨案发生后的一个月内，该报对事件的经过、评论、性质进行连续报道，并发表社论《段祺瑞之大屠杀》《卖国贼及其走狗之妖言》《段祺瑞应受人民审判》等，揭露段祺瑞执政府屠杀民众的罪行。1926 年 2 月 10 日，两种副刊停刊，共出 46 期。1926 年 2 月 23 日起，该报增出英文版，分为"中文版""英文版""中英合并版"3 种。① 北伐前夕，随着国民党北京党部被封，该报于 1926 年 4 月停刊。

五、北洋时期北京地区代表性报刊

《晨报》和《京报》作为北洋时期北京地区最具影响的报刊，在报纸沿革、编辑方针、宗旨理念方面都颇具特色，对其发展进行详细梳理和分析有利于更加深入地了解北京报业的图景。同时，成舍我创建了以《世界晚报》《世界日报》《世界画报》为代表的"世界报系"，体现出他在新闻业发展方面的理念和抱负。

（一）《晨报》

《晨报》，最初名为《晨钟报》，1916 年 8 月 15 日由汤化龙等进步党领导人在北京创刊，作为"研究系"的机关报。刘锲任总经理，李大钊任总编辑。创刊号刊出带有炽烈革命民主主义色彩的发刊词《〈晨钟〉之使命》，由李大钊执笔。8 月 21 日自第 7 期起，《晨钟报》增辟"新思潮"专栏，李大钊执笔，每天介绍一位西方名人。同年 9 月，李大钊发表启事离开《晨钟报》，不再担任该报的总编辑。

俄国十月革命爆发后，北京《晨钟报》与上海《申报》《时报》《民国日报》等报刊，自 1917 年 11 月 10 日起以大字标题在显著地位对十月革命消息进行报道。《晨钟报》以《俄国政变与欧战》为题，对十月革命胜利的消息进行了报道，对沙俄腐败的统治进行了披露。这是我国报刊关于十月革命最早的一批报道。

---

① 《国民新报紧要启事》，北京《益世报》1926 年 2 月 20 日。

图 3—22 《晨钟报》创刊时总编辑是李大钊

1918 年 9 月《晨钟报》因披露段祺瑞向日本大借款的消息而遭到封闭，同年 12 月 1 日，该报更名为《晨报》恢复出版，社址位于宣武门外丞相胡同中间路西门牌四号，后（1925 年 5 月 8 日）迁入宣武门外大街 181 号新社址。《晨报》的编辑团队中，刘铿任总经理兼总编辑，蒲伯生、陈博生、林仲易等人担任编辑。该报每日出 2 大张共 8 版，设有广告、启事、论说、紧要新闻、政府章程、杂电汇录、社会咫闻、社会调查、小说、戏剧、艺术等栏目。

《晨报》创办后在北京逐渐打开市场，受到读者热烈欢迎，但其并不满足于现状，而在内容、样式上不断创新，力求使报纸更具吸引力和影响力。自 1919 年 3 月 1 日（第 79 号起），《晨报》改换报头，在汉字报名旁添加了英文名称"*The Morning Post*"。1922 年 3 月 19 日（第 1114 号）开设《晨报周刊》，4 月 30 日起，将《晨报周刊》改为《一星期之 X 力》，刊登于第 7 版。1925 年 9 月 6 日起《晨报》增出《星期画报》，每周日刊行。《星期画报》偏重艺术，第一年出刊 50 期，每期均介绍一位画家的作品，在提升读报者文艺素养、增添休闲娱乐方式方面发挥了重要作用。

1927 年 6 月 1 日起（第 2951 号），《晨报》对版面和内容进行调整，由原先的 8 个版面变为 10 个版面，对新闻报道及调查材料进行扩充，称"现时局日益复杂，政治中心，已非一处。各省新闻，皆极重要。南中制度，变革甚多。社会问题，尤应调查。"①版面调整后，《晨报》自第 6 版起增加对社会趣闻、生活讯息、文艺内容的刊登，第 2、3 版增加对各省重要新闻、调查材料的刊登，第 7 版经济界栏目亦进行扩充。最重要的是，《晨报》副刊自即日起，由先前的单张发行改设在正张第 10 版（见图 3—25）。直至 1928 年 6 月 5 日该

---

① 《本报整理纸面扩充记载及改革内容之新计划》，《晨报》1927 年 5 月 30 日。

报停刊（最后一期为 3306 号），一直延续着此次调整后的版面设置。

《晨报》创刊之初虽具有党派色彩，但随着业务的发展，它逐渐脱离政党干预，成为一家专注于新闻业务、服务社会的"公器"。1923 年 1 月 22 日，《晨报》发表紧要声明，标榜言论独立公正，称"本报一切言论，绝对本于所信，完全自由。即经济上亦纯以营业所得为维持，绝对独立、无论何党何派，本报与之绝无丝毫关系。公是公非，断不稍受牵制。"①这与 1921 年晨报三周年纪念特刊时，谭熙鸿所说"（《晨报》）已渐渐地脱离私人式的言论机关的态度，而入于社会式的言论机关的规模"②相应和。

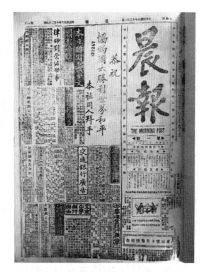

图 3—23　1918 年 12 月 1 日《晨报》更名后第 1 期

该报自创立后，对女性启蒙、女性解放异常关注，于 1919 年 5 月 4 日在第 7 版开辟"妇女问题"专栏，专载妇女问题，主要撰稿人有王光祁、易家钺、康白情、潘公展等。截至 1920 年 2 月 12 日，该专栏存在 9 个多月，刊出 62 期，发表专题译著文章 20 篇，内容非常丰富，包括提倡女

图 3—24　《星期画报》出版广告，刊于《晨报》1925 年 9 月 6 日第 3 版

子教育、主张婚姻自由、倡导妇女解放、讨论妇女就业和参政问题等。

五四运动中，《晨报》积极报道学生运动，刊发学生散布的传单和标语，刊出各界人士保释被捕 30 多名学生的函电，为爱国学生请命。还在社论发表

①　《本报紧要声明》，《晨报》1923 年 1 月 22 日。
②　谭熙鸿：《〈晨报〉的三周年纪念》，《晨报》1921 年 12 月 1 日。

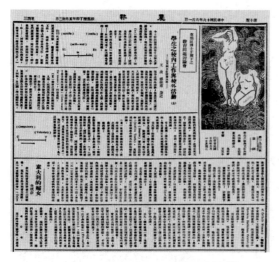

图3—25 1927年6月1日第10版，此为版面调整后的《晨报》副刊

《山东问题与国人之决心》，指明主权的重要性和国人对主权的坚持，对政府的卖国行径进行驳斥。

由于李大钊的影响，《晨报》也是国内较早对马克思主义进行介绍的刊物。1919年5月5日为纪念马克思诞辰101周年纪念日，李大钊指导《晨报》副刊特辟"马克思研究"专栏，直至同年11月11日共半年中，刊载了大量介绍马克思主义经典著作和纪念马克思的文章，对早期马克思主义在中国的传播发挥了重要作用。

拓展国内业务的同时，《晨报》对国际新闻也非常关注，于1920年2月7日开始在每星期日第3版增加"世界周观"一栏，还在当年11月与上海《时事新报》共同派员前往欧美5国，以便更加了解国外态势，增进报刊对国际的切实了解。瞿秋白、俞颂华就是在这次特派中前往俄国进行工作学习。1923年5月1日起，《晨报》特辟《经济界》专版，位于第7版，侧重研究经济组织的改革及财政、国债等问题，同时反映各地经济发展、金融变动和各国财经状况，满足读者对经济新闻的需求。

《晨报》发行期间，积极承担社会责任，与报界同人协作，揭露军阀阴谋。如1922年5月16日至18日连日刊出北京《神州通信社征求张作霖卖国之事实》启事，称"（张作霖勾通日本卖国之阴谋）此种危害东亚和平之毒计，非独中国人士之所疾也，亦当为日本国民所痛心……同人等一息尚存，誓尽其力为国除奸之天职。"[1] 后于10月20日刊出《神州通信社紧急启事》，指出"自参议

---

① 《神州通信社征求张作霖卖国之事实》，《晨报》1922年5月16日至18日。

院改选议长问题发生以来，金钱运动选举之说，九城内外传播殆遍……今特登报征求，凡以该院议员买票卖票事实及其证据报告本社者，一律欢迎，定当尽情披露，只求明白是非，保持人格，并不以疆域为畏也。"①

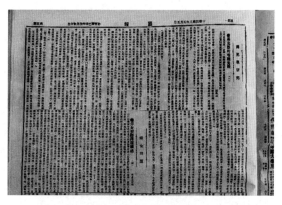

图3—26　1919年5月5日第5版《晨报》上刊登的"马克思研究"

在对北洋军阀的批评中，《晨报》也遭遇着来自官方的强势监管与威胁。面对政府的"新闻检查"，《晨报》虽无力改变，但亦以"开天窗"的方式表达对政府干预新闻自由的不满，于1924年10月22日在第2版用4号字登出特别启事，称"在此种限制之下，本社所发稿件，不敢保证不受减

图3—27　1923年5月1日第7版《晨报》《经济界》专版发刊词

削，不及选择材料补充时，即留一空白，请阅者原谅"。1926年12月31日，该报登出紧要启事，再次揭发政府对该报实行预检制度。

除了直面社会问题、政治腐败，《晨报》对新闻业在发展中滋生的问题也主动进行思考。1922年6月4日，《晨报》第6、7版刊出《晨报特刊·新闻纸问题号》，共发表5篇文章，对北京报纸目前发展中存在的问题进行剖析，批评一些以敲竹杠为目的的记者，用恐吓、污蔑、造谣的手段来糟践报纸。借此反思新闻界的职责、使命，向大众更好地普及新闻知识，促进报纸的进步。

---

① 《神州通信社紧急启事》，《晨报》1922年10月20日。

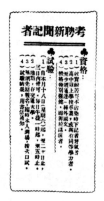

图3—28 《考聘新闻记者》广告
刊于《晨报》1925年4月17日第1版

此外，通过该报1925年4月17日刊出的《考聘新闻记者》广告（见图3—28），能够看出该报对业务的要求及民国时期作为"新闻记者"这一职业逐渐成熟的路径。这则广告列出考试资格共4条，分别是刻实耐苦誓不沾染时下记者习气者；高中以上学校卒业，或有同等学力者；至少通达一种外国文；体格特别强健、善于讲演者。从这条广告中可以看出在当时的新闻业，记者已经成为一个成熟的职业，而对这个职业的要求也逐渐专业化。

（二）《京报》

《京报》，1918年10月5日由邵飘萍主办，社址位于北京城南珠巢街，之后迁至小沙土园及魏染胡同。邵飘萍任《京报》社长，汤修慧、潘公弼、吴定九等人协助邵飘萍担任编撰及经营管理工作。《京报》发刊词中称"必使政府听命于正当民意之前，是即本报之所作为也"。该报出版后，以新闻多、评论多、副刊多、消息灵通、内容充实为特色，因此深受读者欢迎。

1919年8月，《京报》对安福系祸国愚民的政策进行揭露和警告，如将政府对外借款与娼妓负债作比①。京师警察厅指责《京报》侮辱政府，派军警武装包围报社，搜捕社长邵飘萍，邵因为翻墙逃走免遭被捕，为避风头暂居于六国饭店，并在一星期后变装逃出北京。8月22日，《京报》被查封，编辑潘公弼被判处2个月监禁。

1920年9月，直皖战争后安福系倒台，《京报》复刊，提出要鼓吹"地方自治迅速实行""教育制度根本改造""完成宪法，人人得有自由权利之保障""缩小政治军事之范围"②。此时编辑部人员包括孙伏园、徐凌霄、吴定九、潘劭

---

① 《读娼妓之负债券》，《京报》1919年8月2日。

② 《平心思之（三）》，《京报》1920年9月17日。

昂、周吉人、邵新昌等人，并在津、沪、杭等地设立分馆或派驻访员。

《京报》复刊后，正刊版面从 4 个增为 8 个，设评坛、来稿、紧要新闻、地方通信、调查、社会问题研究、政治史之研究、琐闻小说、剧话等栏目。在一些特殊时期，《京报》附设特色增刊：如《赈务日报》①《海外新声》《时局论坛》。之后，《京报》多次对版面作出调整，辟《青年之友》《北京社会》《经济新刊》等专版登载相关新闻或知识。

《京报》自 1921 年 2 月 20 日起将第 7 版（后改为第 6 版）特辟为《青年之友》专版，邵飘萍为该栏目题字。该栏目刊登小说、诗歌、文学、研究资料等青年学子感兴趣的内容，如《近代的妇女运动》《战后劳动政策》《唯物史观概要》《工团主义的哲学》《经济史观批评》等西方学者的研究成果和主张，对提高青年人知识素养、了解世界思想理论发展潮流，促进青年人教育与思想启蒙具有重要的意义。

《京报》出版后，除了坚持其政治主张，对政府、军队进行监督规劝，亦积极报道社会事务。1921 年 4 月 23 日起，《京报》特将第 5 版改为《北京社会（附金融粮食）》专版，设京评、特信、调查、剧评、专件、余闻等栏目，将原先零散登载的社会新闻系统归结起来，反映北京社会百态，刊登《京兆赈务内幕种种》《可怕的西北城疫症续发》《北京旗人生活现状记》等，揭露政府的施政弊端、聚焦百姓生活中存在的各种问题，引起北京市民对社会问题的关注。

《京报》还注重刊登海外消息，1920 年 12 月 13 日《京报》曾增刊《海外新声》，萧子升任编辑主任，随《京报》发行，内容包括海外事业记述、侨务商榷、国际要闻介绍。自称其特色是：真切的记载、精确的图表、名人论著和专电新闻。

《京报》的一大特点是副刊丰富，除了上述增刊或专版外，邵飘萍自 1924

---

① 《赈务日报》1920 年 11 月 2 日至 1921 年 9 月 2 日 19 日刊登于《京报》正张后，为《京报》应华北救灾需要暂时增设，每期 2 版。刊登《华北救灾协会消息》《灾民幼女教养所之公启》《妇女劝捐助赈》《内务部办理灾赈经过情形节略》《北方工赈协会告白》《山东灾赈公会文件》等消息，反映赈灾实况，推进赈灾活动有序开展。

图3—29 《京报》第一百三十号，1919年2月6日第1版

年12月起，新增固定出版的《京报》副刊，聘孙伏园担任编辑，并邀请众多学者进行撰稿，专门登载文学、艺术、思想、学术的文章，增进报刊趣味，满足读者需求。改造后，《京报》在社会中受到读者热烈欢迎，日销量达到4000—6000份。由于创办了丰富的副刊，《京报》在民国一众报刊中脱颖而出，《京报》副刊一跃成为与《晨报》副刊《时事新报·学灯》《民国日报·觉悟》齐名的"民国四大副刊"之一。

除了注重对新闻业务的改革，邵飘萍对报社亦进行革新。随着《京报》逐渐兴盛，邵飘萍主持创办了该报的专属印刷所——昭明印刷局；同时自费购买一辆黑色小轿车，成为中国第一位自备汽车采访的记者；并在1924年开始筹备自建报社，由曾在日本留学的嘉定人吴定九设计。新的京报馆是一幢日式灰砖两层楼房，是当年北京唯一一座自建报馆报社，外表美观大方，内部合理实用，楼下是营业部、传达室，楼上是编辑部、经理室等，报馆对面还附设"昭明印刷局"。1925年10月26日，《京报》迁至位于宣武门外骡马市大街魏染胡同30号的新楼。

在李大钊、罗章龙等共产党人的影响下，《京报》成为北方宣传革命的重要舆论阵地之一，陆续刊登介绍苏维埃俄国革命历史、社会主义建设、马克思主义列宁思想的文章，在思想上亦走在时代前列。1923年报道支持二七罢工斗争，协助中共北京区委出版发行《工人周刊》及《京汉工人流血记》小册子，与劳动通讯社合作采访。1924年起该报赞成国共合作，曾出版《列宁特刊》《纪念马克思诞辰专号》《纪念五一专号》。1925年五卅运动中，该报拒绝刊登英、日商的申明和广告，出版特刊，大量刊登各界民众反帝斗争的新闻、评论和图片。1926年三一八惨案中，该报详尽调查报道事件真相，刊发社论和鲁迅的一系列杂文。1926年4月下旬，邵飘萍遇害，《京报》被迫停刊。

（三）成舍我与世界报系

成舍我于1924年4月16日创办《世界晚报》，社址位于西单牌楼手帕胡同29号，后来搬到北京石驸马大街甲90号。《世界晚报》为4开4版，每天下午出版，由成舍我独立创办并担任社长，龚德柏担任总编辑，余墨秋负责副刊编辑，张恨水撰写小说，也担任副刊《夜光》的主编。

当时，北京市面常见的晚报已有39家之多[①]，如何提高竞争力是该报的一个重要考量。由于当时的晚报并不注重新闻，大多使用白天日报的新闻，而且仅周内出刊，成舍我便标榜《世界晚报》只刊登当天新闻，而且即便周末也照常出刊。该报的特色主要体现在新闻业务实践中，包括特设"教育"栏，注重报道与教育界相关的新闻，副刊《夜光》连载张恨水长篇小说《春明外史》等文字，非常受读者欢迎；重要新闻常常由成舍我自己采访，他每天还派人去各个使馆跑消息，获得一手的政治新闻；该报还注重特稿，每天对一位军政要员进行访谈，并试着从中解读时政讯息。报馆初办时，设备简陋，由私人印刷局承印，版面粗糙。创刊初全靠卖报，收入很少。直到半年后该报营业稍有起色，销数一般达到三四千份，但仍不能完全按时支付报馆人员酬金。

1925年2月10日，成舍我创办《世界日报》，社址与晚报相同，北洋政府财政总长贺得霖给予经费支持。《世界日报》初为日出对开4版，两个月后扩为对开8版，售价为每月大洋六角，半年三元二角，全年六元。《世界日报》历任总编辑有龚德柏、罗介卯、张恨水、陶镕青、黄少谷等。该报自称"议论谨严、消息灵确"[②]，重视言论，大多数社评由成舍我撰写，登载内容以军事政治新闻为主，兼刊教育新闻。与当时很多具有影响力的报刊一样，《世界日报》亦创设了副刊，该报的副刊《明珠》和《世界晚报》副刊《夜光》为姊妹刊，出刊时间最长，均由张恨水主编，曾连载张撰写的多部长篇小说《春明外史》

---

① 《〈世界晚报〉的创办》，载叶再生：《中国近代现代出版通史》第二卷，第724页。

② 《世界日报大赠阅》，《晨报》1925年2月8日。

图 3—30　成舍我与其创办的《世界晚报》

《金粉世家》等。日报第 5 版曾办有《世界日报》副刊，内容以讲科学与趣味并重，刘半农、张友鸾相继担任主编，初期发行四五千份，很快增为二三万份，开创初期曾同情和支持反对封建军阀的斗争。

直到日报增发后，成舍我办报的资本终于逐渐充足，缓解了之前《世界晚报》时的拮据状况。1925 年 10 月 1 日，成舍我顺势增办《世界画报》，褚保衡、林风眠、萨空了、谭旦冏先后担任主编。该刊最初为《世界日报》中一个专登摄影的版面，即日起改为 4 开 4 版单独发行的刊物。《世界画报》第 1 版刊登时事、风光、艺术照片，其他 3 个版主要刊登广告，最初为隔日刊，11 月起改为周刊，出至 1936 年 12 月第 573 期（一说 576 期）停刊。[1]

1924 年 10 月 20 日晚，警厅勒令《世界晚报》停版，原因是"该报十八日关于战事消息""摇惑人心"[2]，《世界晚报》按照警厅要求登函更正，但是仍旧被要求停刊。1925 年 4 月 4 日，成舍我被地检厅传讯，原因是《世界晚报》于 1925 年 3 月 17 日登载《某大公子向法庭起诉》新闻一则，段宏业认为该报道影射本人，妨害名誉，遂控诉成舍我及其报纸。此案最终以成舍我被判罚五十元作结。

1926 年 8 月 7 日，成舍我被宪兵司令部奉张宗昌命令传讯逮捕，经过邵飘萍、林白水之事，"大家推想，他必死无疑，然而不能不营救。夫人杨璠，找到他的把兄弟孙用时。孙用时领着杨璠，向他父亲孙宝琦，泣跪哀求。"[3]孙

① 参见周利成编著：《中国老画报：北京老画报》，天津古籍出版社 2011 年版，第 24 页。
② 《世界晚报被禁发行》，《晨报》1924 年 10 月 22 日。
③ 张友鸾等：《世界日报兴衰史》，重庆出版社 1982 年版，第 2 页。

宝琦曾担任北洋政府国务总理，曾有恩于张昌宗，他受儿子之托，连着两次亲自拜访张昌宗为成舍我说情。张宗昌碍于情面，开释成舍我，在开释令中称："成舍我，既属情有可原，着即开释，并派人送往孙总理宅可也。此令。"同时，张要求孙收到成舍我后开具收条，孙遵令写一收条说："兹收到成舍我一名。孙宝琦。"次日，成舍我在报上登出特别启事，称："平此次被捕，情势危急。幸蒙军事当局及宪兵司令王君景韩，曲予矜全，业于十日下午七时安全回寓。被捕期中，承各方师友竭力营救，再生之德，没齿难忘。"[1]据张友鸾回忆，成舍我回到报馆后，对编辑部说："报继续出。现在韬光养晦，避避风，军阀总归要骂的；张宗昌胡作非为，是不会长的。"[2]可以看出成舍我对于办报具有自己的信念和坚持。

通过《世界晚报》《世界日报》和《世界画报》，成舍我创建出属于自己的"世界报系"，在报界声名鹊起，同时在近代新闻业发展历史中留下浓墨重彩的一笔。

①　张友鸾等：《世界日报兴衰史》，第47页。
②　张友鸾等：《世界日报兴衰史》，第3页。

第四章

国民党在北平的新闻活动
（1928—1949）

　　从 1928 年到 1949 年，国民党在形式上始终是中国的合法政府。不过，这一源于广州、成于江浙的"短命王朝"，对完全控制北平始终有心无力。从早期的新军阀混战，到其后北平地位特殊化、平津沦陷，再到北平光复后对此地的短暂统治，国民党始终未在北平真正扎下根来。在此背景下，国民党在北平的新闻活动在不同阶段，亦面临多种压力，相较于其在江浙的新闻活动自是弗如。1949 年，"日月换新天"，随着国民党退居台岛一隅，其在北平的新闻活动亦宣告终结。

第一节　从徘徊到沉寂：国民党在北平的新闻活动（1928—1937）

1928 年，北京这座千年古城再度见证权力更迭，盘桓神州大地并定都此地的北洋军阀宣告统治终结。取而代之的国民党政权，以南京为权力中心。与之相较，北京之称谓则悄然更替为北平，划为直辖市。

不过，从 1928 年国民党在形式上统一中国，到 1937 年卢沟桥事变，平津沦陷，其间，国民党中央从未真正控制这座城市。这座城市既折射国民党中央—地方派系斗争的云波诡谲，也时刻面临日寇兵临城下的沦陷威胁。正是在这一特殊背景之下，国民党在北平的新闻活动一直在徘徊中运行。随着 1937 年抗日战争的全面爆发，华北彻底沦陷，国民党在北平的新闻活动几近遭遇灭顶之灾。由此，就整个"黄金十年"而言，国民党在北平的新闻活动，大体经历从徘徊到归于沉寂的过程。

一、徘徊中初具规模：1928—1932

从 1926 年在广东发动北伐战争，到 1928 年底张学良东北易帜，国民党从形式上统一中国。但诚如论者所说，"谁都知道，这只是在形式上完成统一，在它内部始终派系林立，纷争不断，并多次发展到大规模的分裂和武装冲突"。①

北平，便是 1928 年之后国民党内部派系"斗法"的重要空间。平津地区在北洋军阀统治晚期属于奉张的势力范围。1928 年 4—6 月，二次北伐中，阎锡山第三集团军进驻北平。6 月 20 日，国民政府宣告北伐胜利。至此，平津"处

---

① 金以林：《国民党的派系与内争》，载王建朗、黄克武主编：《两岸新编中国近代史·民国卷》（上），社会科学文献出版社 2016 年版，第 163 页。

在蒋介石集团势力边缘，晋系实际控制的非中心地带，冯系欲染指的多方势力彼此交叉的区域"。①北平不仅是国民党中央政治权力鞭长莫及之地，更是昔日旧都，"不仅地位重要，而且具有影响全国的形势"，因此为国民党和国民政府所特别关注。②

一方面，在国民党的尝试与努力、规训与惩罚之下，截至1932年，其已在北平初步建立起集各级党报、通讯社于一体的新闻网络。不过期间因中原大战，国民党在北平的直系新闻力量一度为阎锡山所劫夺。另一方面，国民党各大派系势力在北平的权势争夺，及日寇步步紧逼所造成的紧张舆论氛围，也塑造了此地独特的新闻环境。

（一）党报与通讯社之设立

设立党报，是国民党在北平新闻活动的核心组成部分。早在1928年7月，国民党中央党务委员会（简称"中常会"）就批准叶楚伧所递呈的《设置党报办法四则》，其中指出，于首都、上海、汉口、重庆、广州、天津或北平、广州或开封、太原、西安各地各设一党报，"由中央直接管理监督"。③9月，中常会第165次会议专门讨论在各地设置中央直属党报的问题。会议决定，在北平、汉口、广州各设置一党报，由中央特别管理。会议强调，"北平地方重要，党报之设，刻不容缓。"④

在此之前，国民党中宣部已派遣沈君陶前往北平筹办出报事宜。所谓筹办，主要是组织编纂班子，网罗社会名流以为笔阵。至于机器、纸张和社址等，则由国民党中央函请国民政府直接划拨。

---

① 刘继忠：《国民党新闻事业研究（1927—1937）》，光明日报出版社2019年版，第218页。

② 桑兵：《抗战时期国民党策划的学人办报》，载李金铨编著：《文人论政：民国知识分子与报刊》，广西师范大学出版社2008年版，第240页。

③ 参见附录《历届中常会会议记录中与新闻业有关议题一览表（1928.3.30—1939.3.9）》，载刘继忠：《国民党新闻事业研究（1927—1937）》，第218页。如无特殊说明，本文相关记录均转引自该附录，以下不再添加脚注说明。

④ 《中国周报》第15期（1928年9月17日）。转引自蔡铭泽：《中国国民党党报历史研究（1927—1949）》，团结出版社1998年版，第58页。

及至 1929 年元旦（1 月 1 日），直属国民党中央宣传部的《华北日报》在北平创刊，系国民党最早三个直属中央的党报之一。①《华北日报》颇受国民党重视，在正式创刊之前，为国民党中常会会议所多次提及。如 1928 年 12 月 20 日的会议就提到，将"中宣部

图 4—1　华北日报报务委员会 ②

的《华北日报》修正的组织大纲和预算书交给胡汉民、戴季陶、叶楚伧审查。该组织大纲和预算书经李石曾协商：（1）改经理制为委员制。（2）增设扩充部，另出通俗小报。（3）增加经费为每月 9056 元，定 1929 年 1 月 1 日出版。"

《华北日报》社址在北平王府井大街，报名由国民政府主席谭延闿书写。李石曾、段锡朋、沈君默、肖瑜等组成报务委员会，实际由安馥音、沈君默负责。

该报日出 3 大张，12 版，以刊登政治、经济和党务要闻为主，附出《华北画报》《现代国际》《边疆周刊》等专刊。创刊号上刊有蒋介石、胡汉民、蔡元培、阎锡山等人的祝词或文章。蒋介石的祝词是："幽燕在昔，民气闳埴；廓清氛雾，正谊延伸；作我新民，以党建国；言论枢机，为世准则；春雷始震，万物昭苏；拒诐持正，辟此康途"。③

有论者指出，蒋介石的话，具有多重含义，既是对这份新生党报的希望，也是对幽燕"氛雾"的一种警告。④

《华北日报》的发刊词，由国民党中宣部撰写并邮寄，不过由于交通不畅，

---

① 　参见宁树藩主编：《中国地区比较新闻史》上卷。

② 　《华北画报》1929 年第 3 期。

③ 　《华北画报》1930 年第 51 期。

④ 　蔡铭泽：《中国国民党党报历史研究（1927—1949）》，第 58 页。

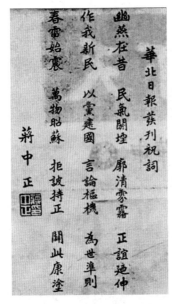

图4—2　蒋介石祝词

4日后才在报上刊出。这篇发刊词从表面上看充满反共论调，不过其核心指向则是争取华北民心，以遏止"封建残余"的"乱谋"。文章指出，"北方久沾专制之遗毒，得染封建之余毒"，所以，"铲除旧污，恢复美德""使党部、政府与人民三方面一致合作，使建设事业彻底完成"，就成了该报所标示的宗旨。此种微妙情形，既反映了国民党中央对华北宣传的高度重视和严密控制，也显示出蒋介石集团在北方根基不稳，鞭长莫及。①

相较于《华北日报》这般直属国民党中央宣传部的高阶党报，亦有一类党报由地方党部所办。在北平一地，《北平民国日报》便由国民党北平市党部所创办。其创办的时间较《华北日报》更早——1928年夏，北伐军进城不久即已创办，日出两大张。②而根据蔡铭泽的考证，《北平民国日报》1928年6月创刊，社址在宣外椿树街三条号，属于市级党报，创办人则是黄伯耀。③

因《北平民国日报》所取得的"宣传成绩"，国民党北平临时政治分会曾为该报申请津贴。1929年3月11日，中常会会议记录显示，"准中宣部提议：北平临时政治分会张继电、胡汉民函，北平民国日报为黄伯耀创办，拥护中央，竭力反共，成绩极佳，请此照华北日报经费半数，每月津贴国币三千五百元。其数目交财务委员会核定后并由宣传部严密指导。"4月23日，中财会批准了该报每月3500元的津贴。

此外，河北《民国日报》也曾在北平发挥短暂效用。1928年7月1日，河北《民国日报》在天津发刊，为彼时国民党河北省党务指导委员会所创办，

---

① 蔡铭泽：《中国国民党党报历史研究（1927—1949）》，第59页。
② 参见宁树藩主编：《中国地区比较新闻史》上卷。
③ 蔡铭泽：《中国国民党党报历史研究（1927—1949）》，第84页。

指委兼宣传部长刘瑶章直接主持该报事务。后因省党部移北平，于同年 10 月 22 日迁北平继续出版。

该报认为，"北平青年是中国共产党活动的中心"，因此它规定自身的新使命之一就是，"尽量阐发本党正确的革命理论，以摧毁共产党不健全的谬误思想，而引导一般迷途的北平青年入于革命的正轨"。因此，该报不断发表蒋介石、周佛海、陶希圣等人的言论。

在发行上，该报也不计工本，分别以五折和七折的"优待"，向各级党部和学校推销。1929 年 8 月 18 日，河北《民国日报》停刊，之后迁返天津，改名《天津民国日报》，于同年 12 月 1 日继续出版。①

值得一提的是，北平还出版直属国民党中央的唯一外文报纸——英文《北平导报》（*Peiping Leader*）。《北平导报》于 1930 年 1 月 10 日出版，社址在北平梁家园，主持人为刁作谦、张明炜。1932 年 2 月，该社刊登《高丽独立党宣言》，并发表社论作声援。日本大使馆向国民党北平绥靖公署主任提出抗议，要求"报纸永久废刊"。迫于日本压力，张学良将报纸查封。同年 6 月，根据国民党中宣部指示，该报更名为《北平时事日报》恢复出版。

《北平导报》既然直属国民党中央，自然亦接受来自中央的津贴。在《北平导报》尚未创刊之前，中常会就拟定该报的津贴标准。会议记录（1929 年 10 月 11 日）显示，"准中宣部提请按月津贴《北平导报》3000 元，并从 10 月份起。"

在党报系统之外，国民党亦在北平积极拓展通讯社。1928 年 7 月 2 日，中常会通过叶楚伧的提议——在北平设立中央通讯社分社。1928 年 8 月，中央通讯社北平分社正式成立，社址在北京和平门内石碑胡同。②

日伪 1938 年所作的《平津新闻事业之调查》指出，中央社"自获得全国通信权威地位后，乃于全国各重要都市设立分社，视其地方是否重要分别内部组织大小，其所负任务概况如下：一、发行中央社总社之国民党御用新闻；二、

---

① 黄河编著：《北京报刊史话》，文化艺术出版社 1992 年版，第 101 页。

② 参见《平津新闻事业之调查》，（伪）中华民国新民会中央指导部调查科 1938 年出版。

必要时统制各地之言论机关；三、采访所在地之新闻向总社拍电。"① 具体到北平分社，"平市报纸多直接或间接被迫采用中央社稿件"，且因"其资力及人事关系，其他通讯社均不能与之抗衡"。②

作为强势信息渠道，北平通讯社对于北平新闻业之影响甚大，"中央社电报，自总社发出，各地方分社须经过收电、译电、编辑、审查、准可、印刷、分送等手续，始送达各报馆，往往午前六时，末次稿尚未送达，影响报社工作至大。报馆大样再经检查，或修改，如工作稍一迟缓，即错过发行时间，失误外埠发行之列车。"③

（二）中原大战之波及

前文提及，国民党在形式上统一中国后，北平最初处于阎锡山势力笼罩之下。在全国范围内，不仅阎锡山，包括冯玉祥、李宗仁、李济深、张学良及蒋介石在内，在二次北伐成功后，形成六大诸侯并存的局面。其中，蒋介石最具法统、党统，以中央自居，一直有意"削藩"。因此，在南京国民政府成立之后的数年之内，蒋介石以统一全国为名，同李宗仁、白崇禧、冯玉祥、阎锡山、唐生智、张发奎、石友三等"大大小小的地方实力派的不同组合或共同联合，展开了无数次的内战，打得天昏地暗"，其中，规模和影响最大的便是1930 年的蒋冯阎中原大战。④

大战之下，国民党中央在北平的新闻活动，自然受到阎锡山的全力遏制，以《华北日报》为例。1929 年冬，当南方国民党党报按照国民党中宣部的"宣传大纲"，全力"声讨冯系军阀祸国殃民之罪"⑤ 之时，《华北日报》因在阎锡

---

① 《平津新闻事业之调查》，第 8 页。

② 参见郑锡安：《自北伐完成至抗战前夕北平报业的演变》，载方汉奇、王润泽主编：《中国人民大学图书馆藏燕京大学新闻系毕业论文汇编》，国家图书馆出版社 2014 年版。

③ 参见郑锡安：《自北伐完成至抗战前夕北平报业的演变》，载方汉奇、王润泽主编：《中国人民大学图书馆藏燕京大学新闻系毕业论文汇编》，国家图书馆出版社 2014 年版。

④ 金以林：《国民党的派系与内争》，载王建朗、黄克武主编：《两岸新编中国近代史·民国卷》（上），第 190—191 页。

⑤ 《民国日报》1929 年 10 月 14 日。

山新闻管制下而噤若寒蝉。

随着中原大战在即，《华北日报》开始以各种方式表达拥蒋反阎的倾向。1930 年 3 月 1 日至 9 日，《华北日报》因积极宣传南京方面的意旨，而被阎锡山系军警严加检扣，报纸上共出现 15 处"天窗"。特别是 3 月 7 日，"要闻版"（第二版）上半版全部被检扣，出现半张大空白。与此同时，该报又通过新闻报道，"委婉"传递南京方面的声音。3 月 2 日，该报以"本报一日下午徐州专电"为题，报道了宁方"讨贼前敌总指挥"刘峙在徐州民众欢迎大会上的讲话。报道说，"（刘峙）来徐的目的，一为保障和平，二为爱护徐州。会毕拍发通电。"通电的内容是什么，只字未提，显然已被扣压。但"保障和平"和"爱护徐州"等字眼，已较为明白地传达刘峙"讨伐"之使命。

但笔杆子终究硬不过枪杆子。中原大战爆发后，阎锡山立即下令封闭南京国民党中央在平津的所有党报。《华北日报》首当其冲，成为国民党派系斗争的牺牲品。3 月 18 日，该报称，"正当冯阎叛变恶潮方涌之时，自本报以及总司令行营，电报局、电话局等中央在北平之机关，悉被阎派占领。"直到 10 月 10 日，中原大战结束后，《华北日报》才得以复刊。①

（三）派系代理人

北京处于国民党多方势力犬牙交错之地，各派系、地方势力均在此地扶植"代理人"报刊。因阎锡山一度盘踞北平，其在此扶持"代理人"较为殷勤，主要有《民言日报》《北平日报》《新晨报》等。

《民言日报》，创刊于 1928 年 7 月 8 日，由梁巨川创办，和《北平日报》《新晨报》同属阎锡山的宣传机关。《民言日报》的主持人为方闻，社长林超然。《民言日报》在阎蒋合作期间，宣传"蒋主席"的"革命"精神，宣传"拥护中央"等。及至 1930 年第二次蒋阎冯大战、阎汪合作、扩大会议期间，《民言日报》一反拥蒋而倒蒋，历数蒋介石罪状，揭露"宁国府"的黑暗腐败，蒋勾结帝国主义卖国独裁，宣传阎锡山提出的"护党运动"，主张在北平成立汪阎冯把持的"中

---

① 蔡铭泽：《中国国民党党报历史研究（1927—1949）》，第 59—60 页。

央政府"，彻底倒蒋，以巩固阎在北方的统治势力。

《民言日报》对中共领导下的工人运动、青年运动抱着疑惧、取缔的态度。1929 年 8 月，《民言日报》在《取缔交通职工罢工》一文中称，"我国工人之在今日，舍加紧工作，而增加其生产率外，无第二条道路"，"工人罢工徒贻自杀"。在《为青年友涕泣道之》的评论中说，"今日青年之态度"，"难免与苏的政策有沆瀣一气之嫌"。此外，《民言日报》对帝国主义，尤其是日本帝国主义，持不得罪、敷衍的态度，以求站住脚。例如 1929 年 11 月，日使佐分利自杀逝世后，《民言日报》即以《惋惜日使佐分利》为题发表评论。1930 年阎锡山失败，《民言日报》随之停刊。①

《北平日报》，《北平日报》发行人为梁巨川，社长为朱点（异三），总编为吴晓芝等，均为阎锡山的御用文人。《北平日报》的政治态度与《民言日报》完全一致。②

《晨报》《新晨报》《北平晨报》。《晨报》原先是亲奉系张作霖的报刊。1928 年，北伐成功，《晨报》于 6 月 5 日自动停刊。8 月 5 日，《晨报》更名为《新晨报》恢复出版，由阎锡山手下的平津卫戍司令部交通处处长李庆芳出任社长，罗秋心、张慎之等为总编辑，邓之诚为总主笔。1930 年 4 月，蒋冯阎大战爆发，9 月阎锡山战败下野，《新晨报》出版到 9 月 24 日自动停刊。

1930 年 9 月 18 日，中原大战厮杀正酣之际，张学良率东北军入关，宣布支持南京中央，为蒋介石赢得了中原大战的胜利。作为回报，蒋介石任命张学良为陆海空军副总司令，将黄河以北的地盘划给张学良，其势力超过北洋奉系张作霖时代，达历史巅峰。③

随着东北张氏再次控制北平，其亦开始扶持自己的代理人。如张学良再次进驻北平后，和奉系关系密切的《晨报》人员陈博生等，亦返回北平，并受

---

① 黄河编著：《北京报刊史话》，第 101—102 页。

② 黄河编著：《北京报刊史话》，第 102 页。

③ 金以林：《国民党的派系与内争》，载王建朗、黄克武主编：《两岸新编中国近代史·民国卷》（上），第 191 页。

张委托接办《新晨报》。1930年12月16日，《新晨报》改名《北平晨报》恢复出版。此时，张学良作为蒋介石的政治—军事盟友，《北平晨报》亦在政治上拥护蒋政府，支持其内政外交政策。①

有论者指出，到1932年前后，就国民党新闻体制而言，一个以《中央日报》为核心、以各中央直属党报为骨干、以各级地方党报和军队党报为羽翼，包括各传统党报在内的庞大的党报体系建立起来。②但就北平而言，它远离南京国民政府的核心控制区，实际控制人如走马灯般更替，这在一定程度上给国民党在北平的新闻事业造成压力。因此，其在北平的新闻活动看似初具规模，实则矛盾重重。且这一矛盾随着华北危机日深而愈形突出。

二、从徘徊发展到归于沉寂：1932—1937

从1931年九一八事变，到1935年日本在华北五省制造事端，发动华北自治运动，再到1937年日本发动卢沟桥事变、平津沦陷，在此过程中，北平日渐处于日寇的直接威胁之下，地位也愈加特殊化。相对应地，国民党在北平的新闻活动，主要服务于对日内政外交事务。同时，随着南京国民政府政权趋于稳固，在北平盘踞日深、技术手段提升，其在北平的新闻活动也日益多样化，如在北平设立广播电台、发起新闻团体等。不过，如此种种，随着北平的沦陷，而归于沉寂。

（一）"不抵抗"的政治与报刊

一直到抗战全面爆发前夕，蒋介石及其身后的国民政府对日主要采取"不抵抗"的态度。有论者指出，这既与蒋介石、张学良对局势的判断失准有关，也源于1930年代日本政局呈现失序、少壮派军人干政的乱象。③

---

① 黄河编著：《北京报刊史话》，第104页。
② 蔡铭泽：《中国国民党党报历史研究（1927—1949）》，第35页。
③ 黄自进：《战前蒋介石与中共、日本之间的三角关系》，载王建朗、黄克武主编：《两岸新编中国近代史·民国卷》（上）。

　　具体表现在报刊上，亦是一种"不抵抗"的姿态，北平报刊更是如此。1932 年，国民党直属之外文《北平导报》即因迫于日本方面压力，被张学良查封。华北局势虽已紧张，但尚未进入千钧一发之境，日人之压力可见一斑。

　　1931 年 9 月 18 日，日本关东军在大连通往沈阳的南满铁路柳条湖附近，制造爆炸和东北军破坏铁路的现场，并立即向驻守北大营的东北军发起进攻。张学良针对东北军的报告指示，"绝对不抵抗"，东北军损失严重。1932 年 1 月 3 日，锦州失守，2 月，哈尔滨沦陷。日本成立伪满洲国傀儡政权，并于 3 月扶植清末逊帝溥仪出任伪政权"执政"，完成对中国东北的侵略。此后，国内抗日情绪日益高涨，但国民党在北平之报刊几乎不为所动。

　　以《华北日报》为例。该报曾短暂表露出反日倾向。在 1934 年 6 月 2 日的社论中，《华北日报》说道，"吾人宁为民族生存而战死，誓不坐而为人奴辱也。"这显然与蒋介石的"不抵抗政策"相违背，因此，蒋中央曾令其停刊一月，并将其彼时的社长刘真如、总编辑陈国廉，调至南京"训"了一个月。其后，《华北日报》上就不见明显的反日言论，社论经常是一些泛论国际新闻和琐谈行政事务的东西。1935 年 7 月 6 日，《何梅协定》签订后，该报竟声称，"河北问题已趋和缓"，号召"全国同胞都应该集中力量来剿匪"。[1]

　　在政治上拥护蒋政府的《北平晨报》亦表现出"不抵抗"的总体特征。1931 年九一八事变后，《北平晨报》虽然对日本帝国主义的侵略活动表示过抗议，但总体上不敢言战，强调只有"逆来顺受，忍辱负重""继续进行交涉"才能解决问题。

　　一二八事变和热河事变发生后，《北平晨报》也发表过一些指责蒋政府"优柔寡断，坐失事机"，养痈为患，丧权辱国之类的言论；刊载过一些要求抗日的文章，但对爱国学生的请愿、示威和演讲游行等救亡活动态度消极，强调学生必须回到课堂，"脚踏实地，向学问作功夫"，不得"妄趋俗流，涉身政治"。《北平晨报》这些言论受到群众抨击，主要编辑人还受到爱国者警告。

---

[1]　黄河编著：《北京报刊史话》，第 103 页。

1933 年，张学良下野出国之后，《北平晨报》更多为国民党政府效劳：宣传所谓政令"统一"，支持蒋介石为巩固其个人的专制统治削弱地方势力而发动的国内混战；宣传蒋介石发动的"新生活运动"，刊载蓝衣社特务头目刘建群等人的文章，因而一度成为华北一带公认的"亲中央"的报纸。

1935 年 7 月 6 日，国民党政府和日本签订出卖华北的秘密条约《何梅协定》之后，《北平晨报》就成为宋哲元的宣传机关。其散布大量妥协投降的观点，宣传日本绝无侵略中国的野心。1937 年 1 月，在罗隆基、谢友兰等主持下的《北平晨报》，为蒋介石和宋哲元妥协政策辩解，"始终没有发表过什么坚决反对日本帝国主义和要求抗战的言论"。①

对日，国民党在北平的新闻活动呈现"不抵抗"的消极特征，而对中共，其则呈现出积极的反对姿态。在此期间，国民党在北平创办多份刊物，以实现对中共的宣传打击。

为扑灭青年的抗日反蒋的爱国运动，1935 年 10 月 10 日，国民党在北平创办《现代青年》半月刊。在发刊词中，它要求青年们"对于政府绝对拥护"。它发表《蒋介石伟大之由来》一类的文章，将蒋介石形塑为"艰苦卓绝的伟大领袖"。同时，还称中共的抗日主张为"烟幕弹"，宣称，"破坏统一，减少救亡力量，就是国民的公敌，是不能不予以铲除的"。

一二·九运动爆发后，救亡运动空前高涨。在此背景下，国民党于 1936 年 2 月 9 日，在北平创刊《反共救国特刊》，由所谓的"北平学生反共救国会"出版。该刊为报纸形式，四开四版。学者黄河仅看到其创刊号。刊头左右的标语为，"挽救国家危亡，先要铲除赤匪"，"保全民族独立，必须扑灭赤区"。该刊的矛头主要是指向共产党及其领导下的学联和救国会。它以学生的口吻发表意见，假装抗日，假装支持学生的救亡运动，实是反对中共，反对中共领导的抗日，及中共领导学生的救亡运动。②

---

① 黄河编著：《北京报刊史话》，第 106 页。
② 黄河编著：《北京报刊史话》，第 131 页。

（二）新闻活动多样化、细致化

日寇所造成的压力日深，不妨碍国民党在北平新闻活动的多样化、细致化。尤其是随着蒋介石集团在中央领导地位的巩固，国民党内暂时统一，开始强化党营新闻事业，尤其是大力进行中央新闻事业建设。这种强化运动主要体现在两方面，一是改进对党营新闻事业的领导体制，谋求灵活的更大的发展；二是不惜投资扩充规模和设备，使宣传上更具覆盖面和影响力。[①]

具体到北平，《华北日报》的领导形式在 1932 年发生一次更迭。中常会会议记录显示，1932 年 6 月，中宣部呈报：决定将华北日报改成转任社长制，并委派沈尹默为社长。在此之前，领导层主要是由李石曾、段锡朋、沈君默、肖瑜等组成的报务委员会。而在投资扩充设备和规模上，在《华北日报》上同样有所体现。会议记录显示，1932 年 11 月，国民党中央"仍积存 16390 元准拨给华北日报购置机器费及临时费共 5000 元"。

国民党中央对于《华北日报》的重视，使得《华北日报》在国民党党报体系中取得不俗的发展成绩。赖光临就表示，《华北日报》"发行量逐年增加，并销售东北"。[②]

同时，中央通讯社北平分社也取得一定程度的发展。调查显示，在"冀察政权时代"，"该社每日于北京签稿平均约十三次，每日发稿字数约在 35000 字以上，其地位之重要由此可见。社内组织甚大，并有收发电报机器设备。"[③]

此外，国民党在北平还积极设立广播电台、组织新闻团队，进一步推动新闻活动的多样化、细致化。

一是开设广播电台。1928 年 8 月 1 日，国民党的中央广播电台在南京开始播音，这是国民党当局继中央通讯社、《中央日报》之后，创办的第三个全国性的中央宣传机构。抗战爆发前，国民党除在南京建设中央台之外，还在包括北平的全国重要城市，建立起一批地方性广播电台。这些地方台，当时分别

---

① 方汉奇主编：《中国新闻事业通史》（第二卷），中国人民大学出版社 1996 年版，第 376 页。
② 赖光临：《七十年中央报业史》，（台北）"中央日报" 1984 年编印，第 125 页。
③ 《平津新闻事业之调查》，第 40—41 页。

属中广处、交通部以及各省市地方政府和国民党地方党部管辖。

其中，交通部所属的广播电台有：北平台、上海台和成都台3座。原北京广播电台为北洋政府时期所办。1928年10月，国民党政府交通部派员会同北平电话局予以接收，并加以改组，更名为"北平广播无线电台"。1930年3月，因当时阎锡山军队盘踞北平，该台一度划归太原无线电信处管辖。同年10月，张学良军队由东北入关进驻平津，该台又由东北边防司令官公署派员接收，在组织系统上，将该台与北平短波电台、长波电台（两台均为通信台）合并，改称"北平无线电台广播台"，暂由平津卫戍司令部管辖。1932年1月，复由交通部派员收回，并与短波、长波各台分开，同受交通部上海国际电信局管辖，呼号改为XGOP，发射功率100瓦，后增至300瓦。

1931年九一八事变的第二天，北平广播电台即"停止放送娱乐节目以报告暴日出兵消息"，并且暂停播出戏曲节目，改为宣讲节目，呼吁警惕日本的侵略行径，一个多月后，该台才逐步恢复了戏曲节目。[1]

同时，中广处所辖的河北台，亦设置在北平。该台系利用原天台长波电台设备改建而成，1934年10月23日起试播，12月1日，正式广播，呼号XGOT，发射功率为500瓦。1935年秋，中央红军完成长征，到达陕北根据地。当时西北地区尚无广播电台。国民党当局为加强在西北地区的宣传，于1935年8月，下令将设在北平的河北广播电台拆卸西迁，筹建西安广播电台。该台于1936年8月1日，开始播音，呼号XGOB，发射功率500瓦，该台所办《剿匪消息》节目，为各地方台独有之特别节目。[2]

二是成立新闻学会、主动策划学人办报等。1936年元旦，平津新闻学会成立，由后来成为国民党新闻界要人的陈博生担任常务理事。

此外，据桑兵考证，国民党中央CC系核心人物之一朱家骅曾与国民党中央政治委员会秘书长叶楚伦磋商，"议定经常研究费每月五千元，开办费

① 赵玉明主编：《中国广播电视通史》，北京广播学院出版社2004年版，第34页。

② 赵玉明主编：《中国广播电视通史》，第22—25页。

一千五百元，请顾颉刚在北平筹办新闻事业"，不过最终结果不佳。①

（三）沦陷后归于沉寂

1937 年 7 月 7 日，日军发动卢沟桥事变，至此，中日全面开战。7 月 28 日，日军向北平中国军队发动总攻，很快占领北平。由此，国民党在北平的新闻活动，仓促间归于沉寂。

古都蒙尘，《华北日报》被日伪劫收。改名后的《北平导报》，即《北平时事日报》（早在 1935 年底已委托在华英国老报人李治代为经营），在北平沦陷后持续出版 3 个月，最终被日本军队强行接收。中央社北平分社亦在七七事变后"旋即解体无存"。

三、结语：在"津贴"与规训之间

北平，之于 1928 年国民党这一新生政权而言，可谓权力真空。因而如何将触手伸向北平，影响这一古都、这一文化中心的舆论氛围，从而凝聚对新政权的认同，是其核心任务所在。正如桑兵所说，在政治和军事上，南京政府对华北无法实施有效的直接控制，在思想文化层面，国民党急于扭转五四以来不破不立的革命与自由的风气，回归稳定的传统，以利于政权的稳固与思想的控制。②

于是，从明面上我们能看到，从北伐结束，到抗战全面爆发，国民党在北平逐渐搭建起集中央、地方党报、通讯社、广播电台于一体的新闻系统。而结合中常会会议记录等"暗面"，我们则能窥见，国民党是如何利用津贴"指挥"党报甚至是非党报（如《京报》），费尽心力达到宣传的目的。不仅如此，倘若留意"暗面"，我们也能发现，即便是《北平民国日报》这样的"铁杆党报"，在运营早期也曾受到国民党中央申斥，并一度停发津贴，俟其好转，则续发补

---

① 桑兵：《抗战时期国民党策划的学人办报》。

② 桑兵：《抗战时期国民党策划的学人办报》。

贴，从中亦折射出国民党在北平新闻活动逐渐"标准化"。

总体而言，如果说国民党逐渐复杂细化的新闻统制，是一根刚性的"大棒"，那么，"津贴"无疑是指挥舆论走向柔性的"萝卜"。在柔性"津贴"与刚性"规训"之间，原本国民党在北京的新闻活动无疑会趋向精致、细腻。然而这一切，最终在日寇的铁蹄之下均化为乌有。

第二节　抗战时期国民党在北平的新闻活动（1937—1945）

1937 年 7 月 7 日，卢沟桥炮声乍起，抗日战争全面爆发，民族蒙难，国势危殆。7 月 29 日，日军正式进入北平，北平陷落，这个曾经辉煌的文化中心陷入了沉寂。沦陷时期，日伪政府妄图从文化上、精神上征服中国人民，着手肃清、统制、建设等工作，通过对报纸刊物、电台等实行严格控制，达到"监管"和"同化"的双重目的。如此情状之下，北平新闻界处于最黑暗的年代。原有的新闻机构出现全面变动，有气节者或迁地续办，或改就他业，或被迫停刊，也有少数利欲熏心者，于敌伪统治之下，作违心之论。国民党在北平的新闻活动也变得举步维艰，其代言机构逐渐走向末路。

一、国民党新闻活动遭受重创

抗战时期，全国新闻事业颇受影响。据国民党中宣部和国民政府内政部统计，战前全国的报纸共有 1014 家，到抗战 1 年后，有 600 多家被摧毁[①]。北平作为华北政治中心，举手投足间均影响着其他地域，因此，对北平报业的统制就成为敌人重要的事项。一方面用登记、检查以及整理的方法统制出版，一方面使各宣传关系机关成为其刊载消息的唯一来源，此即敌人所谓"宣传报道

---

① 　曾虚白：《中国新闻史》，台湾"国立"政治大学研究所 1977 年出版，第 407 页。

一元化"的政策。北平报业处此重大关头，迫于时势，相继停刊。"截至事变时节，北京之新闻通讯社，达二十五社之多，然其经营多以政治关系为背景，故经事变之分化后，截至今日（1938 年 8 月），所余者仅十五社而已。"[1] 成为沦陷区的北平，已然变为由日伪新闻传媒与新闻机构所统治的魑魅世界。

沦陷前夕，北平的报纸共有四十四种[2]，其中不乏国民党所创办的诸多报刊。然而日军入侵，国民党的一些报纸也相继被迫停刊或转让。1929 年 1 月 1 日在北平创刊的国民党中央直属党报《华北日报》，被日本军方"北支派遣军报道部"接收，创办了《武德报》。国民党曾出资收买的英文《北京时事日报》，虽然名义上是其社长英国人李治的财产，但是每月经费不足之数，仍由中央党部辅助。每月所得津贴，约为两三千元。1935 年，华北政治开始发生变化，北平一切中央所设的军政党机关皆应日人之要求而撤退。该报与中央党部有关，得以在卢沟桥事变后在北平继续发刊。但此后政治上面临种种压迫，经济上中央党部的每月津贴又常常久候不至，报社境况愈加艰难。在政治经济双重压迫之下，该报于 10 月 31 日以三万元之代价，让渡他人，后来才知买方即为日本军部。该报于 11 月 2 日，以英文《北京时事日报》名称易主出版。自 1937 年 11 月 1 日起，该报已由一中国所有之英文报纸，一变而归于日本人经营矣。[3]

通讯社亦难逃厄运。北平沦陷后，原有的通讯社大都宣告停闭，其继续发刊者，约占四分之一。[4] 作为国民党中央派系的新闻机构亦不能保存。1930 年 8 月成立的国民党中央通讯社北平分社，事变时，该社拍发掩获退却造谣特电，由新闻检查所直接命令北京各报社发行紧急号外，其主动者亦即中央社之北京分社，事变后旋即解体无存[5]。中央通讯社北平分社停闭后，其业务遂由

---

① 《京津新闻事业之调查》，中华民国新民会中央指导部调查科 1938 年出版，第 40 页。

② 高景霖：《沦陷时期北平之报业》，燕京大学文学院新闻学系学士毕业论文，1946 年。

③ 宋磊：《1938 年英文北京时事日报所弃置路透社新闻之研究》，燕京大学文学院新闻学系学士毕业论文，1940 年。

④ 高景霖：《沦陷时期北平之报业》，1946 年。

⑤ 《京津新闻事业之调查》，第 41 页。

同盟通信社取而代之。该社每日发行中文稿件，代日本政府及军部发言。

在如此艰难的时期，国民党依然在北平创办了一些刊物。由于抗战时期原有的政治生态被打乱，政治形势错综复杂，各种势力角逐，国民党的实际控制范围大为缩小。政治权力鞭长莫及，国民党便试图借助文教界对于社会各界的广泛影响力，争取笼络学人，进而影响青年和社会，左右政局。处于沦陷区、学人比较集中的北平尤为国民党所关注，其希望在此恢复和发展党务，一则避免学人为日伪所拉拢利诱，二则防止学人倒向左翼，保持国民党和国民政府对于学人及青年的影响力。而事变后的北平，虽然大批学人辗转迁徙到大后方，仍有不少人因各种缘故滞留故都。国民党通过潜伏在北平的党务人员争取由沈兼士出面，进行组织联络文教界学人。按照朱家骅、叶楚伧等人的指示，国民党平津党部和沈兼士等人于1939年至1940年筹备成立华北文化教育协会。该会所成立的文艺社由英千里主持，在辅仁大学名义掩护下发行刊物两种，一为纯文艺刊物，即《辅仁文苑》；一为综合刊物，即《辅仁生活月刊》。[1] 国民党利用学人的力量与声望，通过此种创办刊物的形式，宣扬该党主义，以期使文教界学人和青年拥护中央政府和国民党，达到抵抗日寇、防止"左"倾、巩固政权的目的。

二、抗战时期国民党在北平新闻统制权力的丧失

伴随着国民党在北平统治权力的丧失，其在北平的新闻统制机构也逐渐走向解体。实际上，在七七事变前夕，日本帝国主义企图以武力征服中国的野心已然暴露，侵略步伐也逐渐加快，国民党的新闻统治政策已然稍有放松，希望借宣传之力共同抵御侵略。

1937年2月3日，国民党中央宣传部和上海特别市党部在上海召开文化界知名人士座谈会，会上国民党中央执委、上海特别市党部常委潘公展和国民

---

[1]　桑兵：《抗战时期国民党策划的学人办报》。

党中央宣传部代理部长方治强调，文化界应团结起来共同救国，"此种民族危急存亡的时期，要把民族内部过去的种种小我思想，在救护全民族之下，完全消灭，为民族共同奋斗。"①1937 年 2 月 15 日至 22 日召开国民党五届三中全会，会上蒋介石就开放言论自由的问题说，"中央过去并未限制言论自由，除刑法及出版法已有规定外，只对于下列三种不能不禁止：（一）宣传赤化、危害国家与危害地方治安之言论与纪载；（二）泄露军事外交之机密；（三）有意颠倒是非，捏造毫无根据之谣言，除此三种之外，本属开放，本属自由，而且亦希望全国一致尊重之言论自由。……今后更当本此主旨，改善管理新闻与出版物之办法，且当进一步扶助言论出版事业之发展，使言论界在不背国家利益下，得到充分贡献之机会。"②可以看出，此时国民党对于言论的钳制有所放松，这些放开言论的政策对于身处北平的新闻业也产生了重要影响。

然而日军入侵的步伐没有停止，仅仅几个月后，北平沦陷，国民党在北平的统治随之覆灭，其过去建立的新闻统制机构、实施的新闻统制法规也失去了效力，北平市新闻检查所权力的转移便是突出的一例。1933 年起，国民党当局的新闻统制政策发生较大变化，由原先的审查追惩制度改为旨在事前预防的新闻检查制度。国民党中央先后通过和颁布了《新闻检查标准》《重要都市新闻检查办法》《各省市新闻检查所新闻检查规程》等一系列关于新闻检查的文件。据此，国民党当局在北平等重要都市设立了新闻检查所，由当地政、党、军三方机关派员组成，就地检查各种出版物。七七事变后，北京市新闻检查所由汉奸报纸《亚洲民报》的社长李德平氏任所长，1938 年 3 月 31 日李氏辞职，新任所长范劭阳于 4 月 1 日就职。③

值得一提的是，虽然这一时期，国民党在北平的报刊受到了重大冲击，但是在民族危难面前，其表现出了积极的抗日情绪。"在日军侵陷中国半壁的每一地方时，中央社记者莫不维持报道到最后一分钟，才随着国军殿后部队撤

---

①　《中央日报》1937 年 2 月 4 日。

②　《蒋委员长谈话》，《中央日报》1937 年 2 月 23 日。

③　《京津新闻事业之调查》，第 73 页。

退。北平、天津、上海三个分社，在国军退出以后，中央社记者和报务员，仍旧秘密工作，以地下电台和总社联络，不断报道敌伪消息，虽然常被日军发掘搜捕，有的瘐死狱中，但该社记者屡仆屡起，毫不气馁。"[①]

第三节　接管、重建和消逝：抗战胜利后国民党在北平最后的新闻活动（1945—1949）

1945 年 8 月 15 日，日本天皇宣布无条件投降，抗日战争迎来伟大胜利，被蹂躏八年之久的北平终于光复。国民党开始接管北平新闻业，并试图重建其新闻事业，恢复对北平新闻业的统制。然而，随着国民党在大陆的政权走向崩溃，国民党在北平的新闻事业也彻底宣告结束。

一、国民党对北平新闻业的接管

随着国民党对北平新闻业的接管，其开始建立一系列统制新闻业的制度。1945 年 9 月 27 日，国民政府行政院转发由国民党中央宣传部拟定的《管理收复区报纸通讯社杂志电影广播事业暂行办法》，其中规定：

> 1. 敌伪机关或私人经营之报纸通讯社杂志及电影制片广播事业一律查封，其财产由宣传部会同当地政府接收管理，但其中原属于未附逆之私人及非敌国人民财产而由敌伪占用，经查明确实并经中央核准后得予发还。
>
> 2. 中央宣传部为便利推行宣传计划，前项没收查封之敌伪或附逆报纸通讯社杂志电影制片广播事业所有之印刷机器房屋建筑工作用具及其他财产经中央核准后，得会同当地政府启封利用。

---

① 曾虚白：《中国新闻史》，第 418 页。

3. 宣传部政治部各级党部政府原在收复区各地沦陷前所办之报纸通讯社应在原地迅即恢复出版，以利宣传。

4. 各地沦陷前之商办报纸通讯社照下列优先程序，经政府核准后得以在原地恢复出版：（1）随政府内移，继续出版，致力抗战宣传者；（2）无力迁地出版，但主持人保持忠贞或至内地服务抗战工作，有案可稽者。

5. 凡自收复区因战事内移继续出版之报纸通讯社应以各返原地恢复出版为原则，非经政府特许不得迁地出版。

6. 收复地区报纸通讯社自政府正式接收日起一律重新登记。①

随后，行政院之"收复区全国性事业接收委员会"又拟定了"广播事业接收三原则"，对广播事业进行接管。

在一系列接管政策的统领下，国民党开始了对日伪新闻事业的接管。实际上，虽然8月中旬日本便投降了，但直到9月底北平还未正式被国民党接收。彼时日军尚未解甲，而国民党只派了几个代表来北平，因而彼时的北平实际上仍处于敌伪政权的控制之下。而《华北新报》《新民声》《实报》等原先的敌伪报纸或改名或继续出版，一些大小汉奸也创办了《商业日报》《北平民报》等报纸。国民党接收北平敌伪宣传机关时，公然实行蒋伪合流，上述许多报刊摇身一变成了国民党的报刊②。此外国民党各派系报刊还大量录用敌伪工作人员，如《华北日报》不仅录用敌伪报社人员，还委任两个日本特务任该报日文版主持人。

国民党对于广播的接收也十分重视，国民党中央广播事业管理处拟定了《广播复员紧急措施办法》，妄图一手独占日伪广播事业，排斥八路军、新四军和其他人民武装接收日伪广播电台。从8月下旬开始，中央广播事业管理处派人分赴各地开始"接收"日伪广播电台。

---

① 《管理收复区报纸通讯社杂志电影广播事业暂行办法》，藏于上海市档案馆，全宗号6，卷号193，1945年9月27日。

② 黄河编著：《北京报刊史话》，第166页。

但是国民党中央和国民政府在接收的过程中却暴露了一系列问题，出现了各派系和各官僚机构之间分赃不均的"接收"闹剧。据国民政府行政院公布的数字，在全国七大收复区，国民政府共接受了6200亿元法币以上的敌伪物资。①但实际上其数目远不止此，大约有3/5以上的敌伪资产流入了接收大员个人的腰包。②国民党的中央广播事业管理处在有关报告中不得不承认："每有各地军政当局及有关机关各以立场及观点不同，分竞接管，且有于本处接收后犹请移拨者，函电交驰、案牍盈尺……殊费周折。"③

二、战后国民党对北平新闻活动的重建

战后，北平新的新闻事业在这一片废墟上重建。国民党的新闻机构凭借其特有的中央政权优势，首先在北平抢占阵地。国民党地下工作者孔效儒所办《明报》，于1945年8月8日在北平油印发行，被认为是日本投降后最先发行的报纸④。此后，报业开始向大都市集中，新创办与复员的报纸如雨后春笋。根据1947年8月底的统计，全国已登记换照之报纸总数增至1781家之多。其中北平59家。⑤全国报纸的总发行量，民国三十五年的估计，约为二百万份，地区分布上，平津区约为三十万份。北平《华北日报》《世界日报》均三万份。⑥以接收的收复区敌伪报业和民间报业为基础，在国民党各级党政机关的大力扶植下，各级各类国民党党报开始恢复。

与此同时，国民党宣布，从1945年10月1日起，"废除出版检查制度"。经国民党中央常务委员会决议，国防最高委员会委员长蒋介石核定的《废除出版检查制度办法》规定："（1）自民国三十四年十月一日起，废止战时出版品

① 参阅《中国共产党历史》，人民出版社1991年版，第686—688页。
② 蔡铭泽：《中国国民党党报历史研究（1927—1949）》，第262页。
③ 引自档案材料，原件存国家广播电影电视总局档案室。
④ 黄河编著：《北京报刊史话》，第167页。
⑤ 曾虚白：《中国新闻史》，第453页。
⑥ 赖光临：《七十年中国报业史》，"中央"日报社1981年出版，第193页。

审查办法及禁载标准，战时书刊审查规则及战时违检惩罚办法；（2）新闻检查除军事戒严区外，一律废止，军事戒严区之范围，依军事委员会之规定；（3）现行出版法应酌予修订。"①出版检查制度的废除，一定程度上对于报纸的复员发挥了积极作用，由国民党控制的一些民办报纸得以在当地复刊。1945年11月20日，北平《世界日报》和《世界晚报》同时复刊。两报均由成舍我创办，《世界晚报》创办于1924年4月，《世界日报》创办于1925年2月。复刊后的两报由过去侧重于教育新闻转向侧重于军事政治新闻和政治评论，在言论上附和国民党当局。

国民党还通过接收恢复了一大批刊物。《北平时事日报》1937年10月底被迫出售给日本占领者，易名为《北京时事日报》，在此后的八年时间里成为日本占领者的机关报，也是在此间以及战后若干年北京唯一的英文报纸。该报接收后复改名为《北平时事日报》，1945年10月—1946年9月间，由胡适推荐，从20世纪20年代开始活跃在北京英文报业的资深报人孙瑞芹被任命为该报的主编。作为英文报，《北平时事日报》的读者对象主要是当时在北京的驻华使团、传教士、外国商人、士兵等，也包括懂英文的中国新知识分子。②被国民党接收后，其在形式上虽然按照企业化的原则独立运营，但言论方针、新闻政策上实则秉承国民党中央意旨，由国民党中央宣传部统一领导指挥。

1945年9月底，管翼贤所办日伪报刊《华北新报》停刊，其全部资产由《华北日报》接收，10月1日，作为国民党中宣部机关报的《华北日报》恢复出版，张明炜任社长，同时创刊日文版，供日本战俘阅读，并创办了国民党北平市委机关报《北平日报》，国民党中央通讯社北平分社也在这个月重新建立。此外，属胡宗南势力的《战干日报》、属三青团的《青年报》等陆续在北平创刊、复刊。

---

① 《出版检查明日废除》，《中央日报》1945年9月30日。

② 叶向阳：《从英文〈北平时事日报〉社论看其对战后若干重大问题的态度》，《国际汉学》2016年第4期。

图4—3　《北平华北日报》接收后已复刊消息 [1]

　　国民党北平广播无线电台的重建工作，更早在 8 月末就开始进行，9 月开始播音。不久，国民党军事部门的《阵中日报》北平版和军事新闻通讯社（简称"军闻社"）北平分社也相继成立。这期间创刊的，还有国民党军事委员会北平行营（后改称北平行辕）机关报《经世日报》、国民党华北"剿总"的报纸《平明日报》。此外，一时涌现于北平街头的，还有一批仰仗国民党津贴生存的报刊和通讯社。这样，国民党不仅完全恢复了原在北平的新闻阵地，而且建立起一种以宣传部直接控制的报纸、通讯社、电台为核心，党政军相统一，具有多层次的庞大新闻宣传系统，这是国民党过去从未达到的。当然，对当时北平新闻界来说，它是带有独占性的。[2]

　　截至 1946 年 11 月 9 日，北平出版的报纸、杂志共计 107 种，其中报纸23 种，杂志84种[3]。这一时期的北平报刊中，国民党各派系的机关刊物有：（1）属 C.C. 集团的：《华北日报》《世界日报》等。（2）属复兴社集团的：《扫荡日报》等。（3）属北平地方势力的：《民强报》《国民新报》等。（4）属各派军阀势力的：《新生日报》（属杜聿明）、《道报》（属阎锡山）、《现代知识》（属胡宗南）、《平明日报》(属傅作义）等。（5）属三青团的：《青年日报》《北平青年周刊》等。（6）属中统的：《文教论坛》《科学时报》《新自由杂志》《北方经济》等。这些报纸

①　《大公报》1945 年 10 月 4 日。

②　宁树藩主编：《中国地区比较新闻史》上卷，第 417 页。

③　黄河编著：《北京报刊史话》，第 183 页。

和杂志，完全代表国民党利益，为国民党统治作辩护，进行反苏反共反人民的
宣传，为国民党全面发动内战作辩护。因此这些报刊不受北平人民的欢迎，销
路不大。值得一提的是，这个时期北平的报刊充斥着较多的黄色刊物，内容包
罗万象，包括章回小说、艳史奇闻等，使人醉生梦死，无心政治。这是国民党
允许这些刊物发行的重要原因。

　　此外，一些国民党的政客、旧军人以及与国民党高级人员有些瓜葛的人，
为了达到政治上和经济上的目的，也通过各种手段向北平社会局申请出版报
刊，待得到批准后，间或出版一两期，但其最大目的是挂上刊物招牌，利用出
版机关名义进行各种政治活动，同时向国民党政府请领大批廉价配给物资和廉
价纸张等，以达到投机倒把的目的，据统计截至 1947 年 7 月，已获国民党批
准而未发行的刊物计有四十三家之多 ①。

三、国民党对进步报刊的打压

　　抗战胜利后至新中国成立前，是国民党政权第二次也是最后一次统治北
平新闻界。彼时的北平处于全国性激烈政治斗争的前沿，新闻界的政治关系发
生了重大变化，形势十分严峻。原由中日民族矛盾所制约的联系中断了，威胁
中国和平发展的外部因素减少，抗战中出于共同目标而暂时隐匿的中国共产党
与中国国民党之间的矛盾开始浮现。国共两党的对立关系差不多支配着整个北
平新闻界，大批处于中间状态的新闻机构不断出现变动。待国民党的统治势力
控制北平后，便开始采取蛮横的压制政策，对进步报刊实行打击。

　　北平战后的新闻检查，从报纸重建之日起就严厉施行。为了加强言论控
制，国民党第十一战区北平前进指挥所成立北平新闻临时检查处，自 1945 年
9 月 23 日起对北平所出版的报刊进行严格检查，要求各报刊均于出版前妥备
原稿两份按规定时间径送该检查处检阅，俟查讫盖印发还后始得出版，出版后

---

① 黄河编著：《北京报刊史话》，第 194 页。

再核送两份以备复核。该新闻检查处并规定下列各项均禁止刊载：

（一）关于违反中央政府法令者；（二）关于违反三民主义建国精神或其他反动形迹者；（三）关于挑拨离间，企图颠覆政府危害民国者；（四）关于造谣惑众希图扰乱地方破坏金融者；（五）关于损害中华民国利益者；（六）关于破坏交通者；（七）关于泄露政治军事外交秘密者；（八）关于妨害善良风俗及破坏公共安宁秩序者；（九）关于违反最高统帅关于收复区之指示者；（十）关于对当地最高行政长官通知禁止发表者；（十一）关于不适合目前之特殊情况者。

1945 年 12 月 3 日，国民党中宣部平津特派员办公处，颁布《取缔北平市不合法报纸、通讯社、杂志刊物临时办法》，其中规定：凡未经中宣部及内政部核准出版或复刊之报纸、杂志通讯社，一律限 11 月 22 日以前由各该报社自行停刊，如逾期不遵行者，即予勒令停止发行；各报纸、通讯社杂志刊物，逾期不自动停刊者，如系自备印刷机件除勒令停刊外，并将机件一并查封；全市印刷商店，须经呈准社会局始得代印各报社、通讯社，杂志刊物社之出版品，有私自代印未呈准者，一经查出，无论该出版物是否合法，各该印刷商店应受停业查封处分。根据这一临时办法，国民党在北平又开始执行限制进步报刊的登记核准制度。要求出版物应到北平社会局登记，转呈中央核准，凡未领到核准证者，一律不得发行发稿。

1945 年 11 月 22 日前，北平市经过国民党中央核准出版的报纸为：《北平时事日报》、《世界日报》、《世界晚报》、《京报》、《北平新报》、北京《益世报》、《北辰报》、《北平晚报》、《华北日报》（英文）。显而易见，这些国民党批准的均系国民党正式言论机关的刊物。而北平市未经中央核准出版的报纸有：《国民日报》《建国日报》《中华民报》《时代日报》《新平日报》《战干日报》《民兴日报》《明报》《商业日报》《北平民报》《光华日报》《民强报》《青年报》《中新日报》《社会日报》《创造日报》等；未经中央核准出版的杂志有：《晨钟》《新华周报》《学生英语周报》《青年之友》《青年文化》《妇女生活》《建设评论》《国粹画报》《新世界》《文萃》等①。这些未被批准的报纸杂志中有不少固属效忠国民党的，但由于日本投降后在很短时间内创办发行，其刊物内部的政治情况等还一时摸不清，因此国民党就采取了先行全部查封，而后个别审查的办法，遂将这些刊物查禁。其中有的进步刊物如《文萃》等名副其实地被封掉了，而有些国民党的刊物则仍准其继续发行，补行登记，以便转呈中央核准。

国民党反动派为给内战的发动争取时间，重新部署兵力，接受了中国共产党、各民主党派和全国人民的和平要求，和中国共产党于 1946 年 1 月 10 日签订关于停止军事冲突的协定。当天，政治协商会议在重庆开幕，会通过的和平建议纲领"教育与文化"部分中规定了废止战时实施的新闻出版检查办法，并在附记中明确要修正"出版法"，废止国民党政府所实行的一系列压制新闻出版自由的法西斯条例。"停战协定"的签订和"政协会议"的成功，使国内暂时出现表面的和平局面，国民党被迫暂时放松对北平报刊的统制。一些进步作家和党的文艺工作者先后从国民党后方和老解放区来到北平，并于 1946 年初创办了一些进步刊物，如《人民文艺》《文艺大众》《民主青年》《新星画报》《新闻评论》《世界与中国》等。

但 1946 年 3 月 3 日，北平社会局发出通告，勒令未经核准之新闻纸杂志及通讯社停止发行发稿，并于 3 月 5 日，会同警察局召集本市印刷业同业公会，强迫印刷所负责人具结，今后不再排印任何未经登记核准的出版物，如有违反，即予停业处分。但是已经登记的刊物，如《民主周刊》《人言周刊》等却也被非法没收。此外，邮局对于出版物的寄递，也进行了严格规定，导致书报杂志不能流通各地。

1946 年夏起，国民党对新闻界的压迫变本加厉，在全国内战爆发前夜，国民党在全国各地实行"文化大扫荡"，于 1946 年 5 月 29 日以未遵照规定，一面呈请一面即行发刊为由，封闭了北平 77 家报纸、杂志和通讯社。封闭《北

---

① 黄河编著：《北京报刊史话》，第 170—171 页。

平解放报》《建国日报》《北平学生报》《中华民报》《北平华报》；封闭《科学日报》《电影与戏剧》《少年周报》《生活画报》《华北时代》。而在一个月内被国民党军警绑走29人的《解放》杂志社和新华社北平分社也同时被封，这在北平新闻史上是创纪录的。

"扫荡"引起了各方面的反"扫荡"斗争，北平市出版业联合会为抗议北平77家言论出版机关被当局勒令停刊事发出紧急呼吁，在呼吁书中提出四项主张：（1）当局收回成命，恢复七十七家言论出版机关的自由；（2）彻底实现蒋介石的诺言，严格执行政治协商会议的决议及和平建国纲领的规定；（3）取消登记制度，彻底实现真正的言论出版自由；（4）保证今后绝无任何摧残破坏文化事业组织（包括报纸杂志社、通讯社、印刷所、书店等）和危害文化界个人身体自由的事件发生。国民党在北平实施"文化大扫荡"后，北平地方剩下的报刊均系代表国民党利益的，其中虽有《新民报》等个别民营报刊有时也会发表指摘国民党政府的言论，但总的来说，当时的舆论总体为国民党所把持。

在美帝国主义的支持下，1946年6月底，国民党军队在湖北之宣化店地区发动猛烈袭击，大规模的内战爆发。为了配合发动内战，国民党对新闻事业进行了全国性疯狂围剿，北平情况更为严重，连续发生多起威胁迫害文化界出版界及书报商人的事件，非国民党官方的报纸时常遭到非法没收，书店报摊纷纷受到警告，不许售卖谈民主的书刊。特务横行，打手四出，1947年2月中旬，几天之内就捕去包括新闻界在内的各界人士2000多人[1]。除了对进步报刊的破坏，对于国民党派系的报刊，由于派系之争，内部倾轧，或者由于误会等，也间或受到"打击"。如张荫梧的亲信、国民党党员宋铮主办的《中华民报》，在1946年11月间就被国民党查封过五个月之久。自此，整个北平新闻界基本成了国民党的天下。

---

[1] 宁树藩主编：《中国地区比较新闻史》上卷，第419页。

四、国民党新闻统制在北平的最后挣扎

全面内战的爆发和扩大，使国民党不仅军事上遭到了失败，政治、经济和文化上也遭遇了严重危机。为了弥补巨额财政赤字，南京国民政府增发纸币，由此造成通货膨胀，货币贬值，物价飞涨。和抗战前夕相比，1947 年 7 月物价上涨了 6 万倍，到年底更上涨了 14.5 万倍。[①] 这些情况严重威胁着报业的生存。

为了节省外汇，限制出口以及扶植国民党党报、限制民办报纸的发展，国民政府对京津平沪汉穗等大城市的报纸实行配纸制度。配纸制度主要是针对民营报业来定，报纸立场只要与当局不合，在配额上就会给予处分。1947 年 2 月中央宣传部透过上海市报馆商业同业公会，声称为节省外汇、减少纸荒，已将纸张列为限制进口的货物，各报必须缩减篇幅。同年 9 月 5 日，在经济持续恶化的情况下，当局再度修正报纸张数，行政院临时会议通过《新闻纸杂志及书籍用纸节约办法》，对民营报纸的篇幅要求更为严格。

> 1.各报报纸关于新闻及广告之编排，应力求节约篇幅。原在一张以上者，均应于本办法公布后自动缩减为一张，原在二张以上者，不得超过二张。2.各地杂志篇幅应依照下述规定：（1）周刊，每期以 16 页为度；（2）半月刊，每期以 32 页为度；（3）月刊以上，每期以 64 页为度。前项页数均以单面计算，封皮可另加 4 页。3.新闻纸、杂志及书籍应尽量采用国产纸张。4.内政部得根据事实需要，酌量调剂各地新闻纸、杂志之数量，期于节约之中并收均衡文化发展实效。5.无充分资金、固定地之新闻纸、杂志，应严格限制其登记。[②]

该制度使国民政府统辖区报业感到纸张吃紧，再加上由于分配不均，造

---

① 张宪文：《中华民国史纲》，河南人民出版社 1985 年版，第 679—680、727 页。

② 刘哲民：《近现代出版新闻法规汇编》，学林出版社 1992 年版，第 513 页。

成纸张黑市猖獗，报业饱受纸张剥削。此外，从 1946 年 11 月开始，国民政府宣布对邮电、铁路大幅度加价，平邮每 50 公分报纸加价 10 元，航邮加价 160元，新闻电报每字加价 200 元，长途电话 3 分钟加价 1500 元至 32000 元，火车运费加价 75%。[①] 纸张、邮电、铁路运输价格不断上涨，纸张生产成本不断提高，报业饱受重压，京沪报纸，"能以自力毫无问题渡此难关的，仅有一二家；账面有盈余而实际仍须借贷现金周转的，也只有两三家，其余大部份的报纸都到了山穷水尽的境地。"[②]

内战导致人民陷于生活困苦，国民党报刊又充斥着无聊宣传和叫嚣，在此情况下，北平人民陷入苦闷烦躁。此时，北平出现一种貌似敢说、敢骂，实则仍效忠国民党的刊物，《太平洋杂志》即为其中代表。

该刊最初由北平临时大学的学生耿守铨所办，在 1946 年 6 月 20 日试版发行，自称没有政治背景。在发刊词中，该刊说道："我们出刊看，没有找后台老板，也没有拜干老子，没有人家《解放报》那样神气，也没有《政治向导》那样势力，我们什么都没有，没有钱；没有势力；我们只有一个脑袋，谁要割去谁就割去"，并在第 1 期对国民党进行了言论攻击。因此该刊甫出版，国民党曾将其封禁不准发卖。但当国民党当局仔细研究了该刊后，发现它虽然对国民党有所指摘，但整体来看，骂共产党的地方更多。国民党遂将该刊启封，不但允许其继续出版，而且三青团在政治上和经济上暗中给予该刊很多支持。该刊在当时曾引起了一些人的注意，发行量最高达到 3 万份左右，成为当时最畅销的刊物之一。其中多为一般青年学生和一些中小知识分子、小职员等。这些人在国民党统治下，感到没有出路，十分消极苦闷、满腹牢骚；同时他们因受国民党宣传的影响，对共产党和解放区产生了一定误解。《太平洋杂志》这样的刊物打着无党派、无政治背景的旗帜，并常发表激烈言论，极大地迎合了一些政治观点较为幼稚的人们的心理。该刊虽然对国民党破口大骂，但对蒋介石

---

① 蔡铭泽：《中国国民党党报历史研究（1927—1949）》，第 300—302 页。
② 沛：《报业的危机》，《中央日报》1946 年 12 月 9 日。

和三民主义却备极称赞。当它写到蒋介石的名字时，蒋字上面还空一格以示尊敬，把蒋介石描塑造为万人尊敬的"可爱"领袖。

　　1947 年上半年国共和谈破裂以后，中国的一些资产阶级右翼和知识分子中开始提倡"第三条道路"。他们认为当时摆在中国面前的有三条政治路线，第一条是代表官僚买办资本家和大地主的右翼党派所走的反动的政治路线；第二条是代表工人贫农的左翼党派所走的革命的政治路线；第三条是代表中间阶层的中间党派所要走的改良的政治路线。1947 年北平陆续出现了高唱"第三条路线"的刊物。例如 1947 年 5 月 1 日在北平出版的《现代知识》杂志，由国民党肖正谊所发行的。肖正谊是国民党军阀胡宗南的亲信，他在《现代知识》杂志上由第 1 卷第 4 期至第 8 期连续发表五篇《论美苏之外有没有第三条道路?》的文章。此外在该刊物上发表文章的还有北平著名大学教授及一些青年学生，他们也都幻想着在中国有可能实现"第三条道路"。

　　1947 年下半年起，国民党败势已露，但仍继续挣扎，在报刊发行上也玩出一些新花样。表面上开放"反对派"的言论，允许批评、责骂国民党政策的报刊存在，实则行欺骗中国人民、伪装"民主"之实。

　　如 1947 年北平出现的"独立时论社"的组织。该组织负责人为国民党党员、立法委员崔书琴，实际负责人胡适。它发行"独立时论社"论文稿，分发各报刊登载，论文内容广泛，举凡政治、经济、国际诸问题都加以评论。论文观点完全为国民党的政治辩护，发表了不少反苏反共的文章，国民党的报刊也大量采用这些稿件。

　　再如 1948 年 1 月在北平创刊了《新大路》杂志，用欺骗读者的办法来扩大它的影响。它用对士兵、学生减半价的办法推销刊物，并以最高的稿酬为饵吸引一些青年在刊物上投稿，让青年上钩。它在征稿简章上说道："要哭就哭，要笑就笑，尽量发挥你内心的情绪，不偏不倚、不屈不折，以文字代替火药枪刀。"它的内容，多半是规劝青年人不要到解放区去，它说："国民党同共产党是天下乌鸦一般黑。"它说苏联是"铁幕独裁"，提出"爱国保家卫民族，改善社会制度"的反动口号。它劝青年不要"左"得幼稚，右得糊涂，在麻痹青年的思想方面发挥了非常消极的影响。

又如 1948 年 7 月 1 日在北平创刊的《自由批判》杂志，由国民党热河国大代表、立法委员孙杰发行，它的发刊得到国民党内政部特许。国民党内政部给伪北平政府的指示中说道："《自由批判》必须出版"。该刊物打着"独立、进步、尊重民主与科学、自由与理性、服从人民的利益、国家的利益"的旗帜，对国民党的政策大肆批评。刊物中容纳各种观点、意见不同的文章，但总体上维护国民党的利益。

另外，在国民党垮台前夕，一些所谓的"新闻内幕"刊物流行起来，如1948 年下半年，北平的《一四七报》《麦克风杂志》《游艺报》等刊物均发行了"新闻内幕"增刊，用透露敌对派系的某些"内幕"的方式来欺骗读者，以及进行反苏反共反人民的造谣污蔑。这种"新闻内幕"刊物的大量流行，充分地表现了国民党统治区新闻事业的堕落和破产。

此外，国民党中央派系的报纸也仍在继续挣扎。1947 年 7 月 4 日，《华北日报》的《俗文学》周刊创刊，由傅芸子、傅惜华主编，创刊于栏目为"俗文学一胡适题"，每星期五出版，刊载在《华北日报》第六版或第八版，每期五栏，三至四五篇文章，约六千字，共编了七十四期，1948 年 11 月 26 日停刊，历时近一年半。[1]1948 年 10 月间，由于国民党日益接近死亡，其为了加强"戡乱"宣传，又发行了《华北军政导报》，这是华北剿匪总部的内部刊物。发行人为国民党员阎又文。该刊代表国民党华北总部、河北省政府、平津两市警备司令部的立场和言论，论述态度明确，完全配合"剿匪戡乱"，反动立场坚决。

五、国民党新闻活动在北平的消逝

解放前的北平，有国民党官办的报社、通讯社、新闻广播电台，还有一

---

[1]　关家铮：《二十世纪四十年代北平〈华北日报〉的〈俗文学〉周刊》，《中国文哲研究通讯》2002 年第 2 期。

些私人办的小报、小通讯社，也有少量商业广播电台。1946 年春，北平的报纸、杂志、通讯社有一百多家。1948 年 1 月，北平市有大小报纸 176 家，通讯社 65 家，达到了战后新闻事业发展高峰。随着解放战争的进展，一些靠国民党津贴的小报馆，由于津贴断绝关了门；1948 年底，报纸只剩 26 家，通讯社 21 家。广播电台不像报纸、通讯社那样多，基本上为国民党官办，数量变化不大，1948 年底共有 9 家，基本上为国民党官办。① 败局已定，国民党在北平的新闻事业趋于萎缩，报刊或由于经济困难无法出刊，或因为纸张得不到供应，或因为发行人看到国民党失败在即，设法早日离开北平，或由于报刊的销路日减，而纷纷自动停刊。

解放前，上述仅剩的 26 家报纸中，包括国民党中宣部机关报之一的《华北日报》，国民党中宣部办的英文《时事日报》，还有《平明日报》《阵中日报》等。其中《华北日报》为了适应局势的日益紧张，为了及时报道"戡乱剿匪"消息，又发行了《华北日报副刊》。通讯社包括国民党中宣部在石碑胡同办的中央通讯社北平分社等。9 家旧电台中，包括国民党中央广播事业局办的北平广播电台，国民党国防部的军中之声广播电台等。②

自北平收复至解放，还有相当数量的共产党员供职于包括国民党系统和亲蒋系统的新闻机构③。例如，进入"华北剿总"所办《平明日报》的党员前后有 20 多人（约占该报全体职工的 1/4），分任采访部主任、国内要闻编辑、国际新闻主编、各类记者、广告室主任、电务员等职。甚至在国民党的中央通讯社北平分社内，也有若干地下党员任职。综观全局，国民党对进步新闻事业镇压之后，该党所控制的新闻媒介数量有所增加，但战况朝着不利于国民党的方向发展后，北平新闻界的情况迅速变化。

随着国民党政府及中央宣传部的南迁，1948 年底，国民党党营新闻机构和京沪地区的多家报纸为保留实力亦开始做迁地出版的准备："最近时局紧张，

---

①　王迪：《解放时的北京新闻界》，《新闻与传播研究》1985 年第 1 期。

②　王迪：《解放时的北平新闻界》。

③　宁树藩主编：《中国地区比较新闻史》上卷，第 420 页。

据说京沪多家报社亦在纷纷迁地出版……京沪二地和平日报分迁衡阳、台湾，益世报迁台湾，东南日报迁台北，英文大陆报迁广州，北平、广州二地之新民报……决定不动。"①

平津战役开始后不久，共产党接管北平旧新闻机构的准备工作也开始了，1948年12月21日，在良乡组成了北平市军事管制委员会文化接管委员会。随着解放军的前进，军管会紧跟着开展接管工作。此时国民党的电台、机关报、通讯社已停止了活动，相关负责人亦早已逃之夭夭。

1949年1月31日，北平宣告和平解放，文化接管委员会立即派员接管了西长安街上的国民党中央广播事业局的北平广播电台，交给陕北新华广播电台，2月2日，北平新华广播电台利用国民党北平广播电台的设备开始播音，并于2月大批接管工作进行时，接管了军中之声、七十二电台、胜利、北辰、华声五家电台；《华北日报》的器材和人员则移交给中共中央机关报《人民日报》，《华北日报》社里原有一台每小时印10万份报纸的大轮转机，还有四套制版设备，被《华北日报》社长张明炜南逃前毁掉，还有一台小轮转印刷机能运转，一座排字房还能使用；《阵中日报》等报刊也被北平市军管会文管会接管和查封；北平解放后，《世界日报》和《世界晚报》一面刊登新华社稿，一面又刊登中央社新闻稿，表面伪装进步，实则宣传国民党的假和谈，两报在2月被解放军北平军管会查封；英文《时事日报》于2月初停刊，3月3日，军管会文管会接管了已停刊的英文《时事日报》。

至此，国民党对北平报刊的反动统治彻底结束，庞大的国民党党报体系连同国民政府在中国大陆瓦解，迅速消失。

---

① 《上海各报动态、各报负责人及编辑采访名单、申报驻外人员通讯录》，上海各报动态，1948年12月20日，申报新闻报档案，上档馆藏，档号：Q430：1—13。

第五章

日伪在北平的新闻活动及其覆灭（1937—1945）

　　1931 年 9 月 18 日，日本帝国主义发动蓄谋已久的侵华战争，完全侵占中国东北，并成立伪满洲国，此后陆续在华北、上海等地区制造事端、挑起战争，揭开了中国人民 14 年英勇抗战的序幕。

　　北平作为华北地区的重要城市，成为日本较早入侵的地区之一。1937 年 7 月 7 日，卢沟桥事变爆发，标志着日本全面进攻中国的开始。北平很快于 7 月 29 日沦陷，8 月 8 日，日军正式进驻北平，12 月 14 日伪华北临时政府在北平成立，17 日天津特别市公署改组完成并接受北平临时政府领导，直至 1945 年 8 月 21 日北平才光复。

在这段日伪统治时期，日军在军事侵略与经济掠夺的同时，也不断在文化上"去中国化"。一方面，北平原本由中国人经营的各大书局、杂志、报刊、广播电台与新闻通讯社纷纷停办或遭到改组。另一方面，日伪当局创造了大量新的报纸、杂志与广播电台，采取"以华制华"的策略，企图构建有利于殖民侵略的思想文化环境，确保奴化宣传的效果。与此同时，日伪政府还以现代文明代言人自居，通过新闻立法加强对新闻界的控制，确保对中国人的精神征服和清洗，为建设"大东亚共荣圈"提供支持。

第一节　日伪对北平报纸的掠夺和改造

在北平沦陷的八年时间内（1937—1945），北平当地众多启迪民众思想、揭露日军暴行的知名报纸遭到日本帝国主义者的劫掠与改造。

日本帝国主义对北平报纸的劫掠与改造大致可以分为四个时期：北平报业从突然死寂到异常"繁荣"（1937 年 7 月—1939 年 4 月）；第一次报业"整理"，报纸数量骤减（1939 年 5 月—1943 年 12 月）；第二次报业"整理"，只剩下 5 份日伪报刊（1944 年 1 月—1944 年 4 月）；第三次报业"整理"，只剩下《华北新报》一份日伪报刊（1944 年 5 月—1945 年 8 月）①。

一、报业从突然死寂到异常"繁荣"：1937 年 7 月—1939 年 4 月

卢沟桥事变后，北平沦陷，报业陷入死寂。当时北平有大约 40 种报纸，到 1937 年 7 月底，国人经营的报纸大都宣布停刊或南迁，连日本人的报纸也因大量中国员工辞职而难以为继。到 11 月，北平只剩下十几份报纸。

---

① 黄河编著：《北京报刊史话》，第 154 页。

　　日本帝国主义扶持的汉奸傀儡政府很快对当地报纸进行了无情掠夺与肆意改造。原北平的主要报纸，如国民党机关报《华北日报》、大型报《晨报》、小型报《世界日报》均被日伪抢夺后改头换面、重新出版。到 1939 年 5 月第一次报业"整理"前，这类由日本人和汉奸把持的报纸总共达到 28 份，① 北平呈现出一幅报业"复兴"的假象。

　　为掩盖其沐猴而冠的非法性质，为卖国求荣的行为披上合法的外衣，伪政府制定和颁行了一系列法律与法规以约束这些报纸。1938 年 7 月 15 日，伪华北临时政府公布了临时第 95 号法令《出版法》，翌年 2 月 9 日又制定了《出版法施行细则》14 条。《出版法》第 9 条规定："为新闻纸或杂志之发行者，应由发行人于首次发行前，填具登记声明书，呈由发行地所在地之地方主管官署，于十五日内转呈省公署或特别市公署核准后，始得发行"②，这表明报纸的创办实行实质上是批准制的登记审核制度。《出版法》第 21 条规定："意图颠覆政府或损害中华民国利益者、意图蛊惑他人而宣传共产主义者、意图破坏公共秩序者、诋毁外国元首或驻在本国之他国外交官者"③，以上事项出版品不得刊载。这一条款实际上是为日本帝国主义服务，禁止了北平市内的正义言论。上述规定不仅遏制了有民族气节的报纸发声，也保证日伪劫掠的报纸能为日本侵略者服务。

　　以下对日伪劫掠和新建的重要报纸作一介绍：

　　《新民报》是日本帝国主义奴化中国人思想的主要机关——新民会的机关报，是劫掠国人报纸后改造出版的报纸。它于 1938 年元旦在北平创刊④，1944年 4 月 30 日停刊，历时 6 年 4 个月⑤。伪华北临时政府于 1937 年 12 月 28 日决定创立《新民报》，从 28 日至 31 日，他们连续 4 天洗劫了民族报业家成舍我的《世界日报》《世界晚报》（两者均为华北大报，立场公正不阿），侵占了

①　高景霖：《沦陷时期北平之报业》。

②　刘哲民编：《近现代出版新闻法规汇编》，第 626 页。

③　刘哲民编：《近现代出版新闻法规汇编》，第 628 页。

④　管翼贤纂辑：《新闻学集成》第六册，第 318 页。

⑤　邱沛篁主编：《新闻传播百科全书》，四川人民出版社 1998 年版，第 610 页。

报社资产，于次年元旦创刊。6 年后，在 1944 年，日军已是强弩之末，在太平洋战场上节节败退，物资严重短缺。在这种情况下，2 月 29 日，日本侵略者与伪华北临时政府决定确立华北新闻新体制，整合华北所有的报刊，成立《华北新报》，4 月 30 日，《新民报》停刊。

《新民报》组织架构庞大，社长室是报社的最高机关，由日本文化特务武田南阳任社长，共有 9 名成员，下设社论委员会（负责人徐日章）、编辑局（负责人先后由吴菊痴、陈重光担任）、经理局（负责人金自任）、工务局（负责人村上秀雄）、事业局（负责人武田南阳），每个局下面还设有若干职能部门。另外，《新民报》甚至还附属设有新民印刷局、新民日语学校[①]。武田南阳是知名的文化特务，他生于日本浓州（今日本岐阜县南部地区），熟悉中国文化，往来于中国军政学界之间，曾任《满洲日日新闻》中国部长、《满洲报》顾问等职。这些经历使他非常了解如何通过办报为日本侵略者宣传服务。在创刊之初，他就决定同时出版日刊与晚刊，日刊为大报八页，晚刊为小报四页，晚刊于 1941 年 7 月 7 日停刊，随后只出日刊一种[②]。

《新民报》作为施行奴化教育的新民会机关报，经常刊登汉奸文章，内容涉及反蒋反共、亲日反苏、奴化百姓等，一些新闻也常常颠倒黑白。对该报短评栏目"新民声"的系统研究揭示，该报在报道国内外战争形势时采用选择性呈现，甚至凭空捏造的策略，极力丑化国共两党的抗日行动、领导人物和方针政策，打压同盟国士气，鼓吹法西斯必胜；而为了美化日本殖民主义，则往往秉持双重标准，将日本人吹捧为"救世主"，披着"中国通"的外衣宣扬"新民主义"与"中日亲善"，以日本的开化反衬中国的落后。这些宣传策略具有较强的欺骗性、隐蔽性和破坏性，其最终目的是打压中国人的民族自信，从文化意义上灭亡中国，培养皇军的"顺民"。[③]

---

① 管翼贤纂辑：《新闻学集成》第六册，第 321 页。

② 黄河编著：《北京报刊史话》，第 154 页。

③ 陈继静、郑壹：《殖民报刊的奴化宣传批判：以北平沦陷区〈新民报〉为例（1938—1944）》，《新闻春秋》2021 年第 5 期。

《新民报》反蒋反共的特点在其社论《卢沟桥事件的一周年》中表现得十分明显。社论提到："迨至中国国民党专政，蒋介石独裁，高唱远交近攻之策，盛行纵横捭阖之术，不问事实，专尚抵抗，不讲正义，一意排斥，致日本一切合作精纯思想，一切共同发展计划，同根泯浸。党人之乖张贻误，无以复加。……国民党年来接近苏俄，纵容赤化，交接欧美，投降资本主义，有形无形，暗中明中，俱在牵制日本，日本于忍无可忍之下，不容不有所建议，企图代为矫正。……然卢沟桥事件，即由党军此种偏颇过激之错觉中，勾结而成，是中国人民一年多惨烈损失，东亚国际一年之极度不安，皆蒋介石一人之赐也。"①此社论不仅为日本侵略者的门罗主义行径开脱，还企图转嫁责任，将卢沟桥事变归罪于蒋介石政府，反蒋之意，不言自明。该社论还指出，中国应该"扑灭洪水猛兽之万恶共党"②，这样才可"实践东亚和平"③，甚至还称赞伪政府的"绝对排除容共政策，进一步与防共各国相协力，确保东亚的固有和平"④。此社论充当起日本帝国主义的喉舌，将共产党比作"洪水猛兽"⑤，煽动民众的恐惧情绪，企图达到侵略者的反共目的。

作为日本帝国主义建立的反动政治组织新民会的机关报，《新民报》自然是忠实的亲日派。其对日本的诏媚之态，在1938年7月9日刊发的《恭读日本天皇陛下"敕语"后》中展现无遗："虽经日本政府一再声明，此次义师膺惩党军之目的，然聆听者蔑之。虽有种种之中日合作事业之真相事实，触目皆知，而见之者，凡狐疑鼠忧焉，岂非怪事也，……日军每至一地，安抚农民，恢复商务，建设地方，人民亲受之者，反不实心领受，而有种种之恶宣传。"⑥日军对中国人民的烧杀抢掠，到了《新民报》的笔下，反倒成了安抚百姓、帮助建设的善事，其诏媚之态、虚伪之态，暴露无遗。日本帝国主义将共产主义

---

① 《卢沟桥事件的一周年》，《新民报》1938年7月7日。

② 《卢沟桥事件的一周年》。

③ 《卢沟桥事件的一周年》。

④ 《卢沟桥事件的一周年》。

⑤ 《卢沟桥事件的一周年》。

⑥ 《恭读日本天皇陛下"敕语"后》，《新民报》1938年7月9日。

视作重要敌人，在中国国内，积极打击中国共产党，而在国外则与苏联对抗。作为日本的爪牙，《新民报》的社论常常污蔑苏联，对苏联援助正义民族的斗争采用恶毒的语言攻击，并不惜歪曲历史，丑化苏联形象："厥后至苏联时代，仍未放弃侵略东亚之一贯主义，假称扶持弱小民族，实行掠夺之实，诡称人民平等，实行杀戮之压制，谓为高尚主义，治国之良规……大林之独裁专制，横蛮惨杀……迩来统一远东，大张武备，据悉于远东置约二十万狙击师团，加以菖、佩、鸟队，于贝加尔湖以东，拥约四十万狙击师团，约二十五万赤军，于国境则有两千架飞机之军械，以海参崴为中心，使九十余艘潜水艇待机，借此而说明苏联之对华援助，绝非对蒋氏之友谊的善意，中国党人，实为史大林冒险政策之试验工具耳，是苏联以共产主义为诱惑之手段，以美观之假面具，中听之口头禅，实行侵略远东及中国之阴谋"①。《新民报》对苏联的污蔑，在这条 1938 年 7 月 19 日刊发的《满蒙边境问题》上可见一斑。

　　《新民报》也竭力鼓吹所谓的新民主义与新民精神，配合伪华北临时政府的政策进行宣传，企图让沦陷区的人民甘做日本铁蹄下的"新民"、顺民。1938 年 6 月 9 日刊发的《新民主义与吏治》提到："新民主义为造成中国新政权之政治上，文化上，经济上，教育上各种局部之根本母胎也，新民主义系彻底救济被三民主义及共产主义所蹂躏之中国四亿之民众，并基于此而复兴道义的根本之思想基础也。即新民主主义者，自今日至永远无穷，中国之救国主义也"②。1938 年 3 月 28 日刊发的《新民主义的文化复兴》还提到："今者天佑中国，赖友邦之诱导，及先知先觉之提倡，揭示新民主义，以为文化复兴之标的，其意义之深远与工作之重大，实可谓划时代，划历史的伟业，今后俾全国人民，从狂惑中，登明朗境，憬然于吾东方固有之文化，为世界之至宝，民生日用，不可须臾离，近则追踪友邦，远之仿效唐虞，则东亚之和平，可以永保，中国之自身可以得救矣。"③

---

① 《满蒙边境问题》，《新民报》1938 年 7 月 19 日。
② 《新民主义与吏治》，《新民报》1938 年 6 月 9 日。
③ 《新民主义的文化复兴》，《新民报》1938 年 3 月 28 日。

　　《新民报》一些报道也会颠倒黑白，1941 年 12 月 29 日刊发的《庆祝香港陷落！》就称："东亚者，乃是东亚人的东亚，乃天经地义，无如百年来英美对东亚的侵略极端榨取的能事，东亚全洲，体无完肤……幸者，友邦日本以高瞻远瞩的锐利目光，起而保卫东亚，反击英美势力，今日大东亚战争，就是日本与英美清算百年来侵略东亚的旧账。"①《新民报》作为日军的爪牙，粉饰日军对香港的侵略，将其野蛮行径比作抗击英美的解放运动，颠倒黑白，迷惑读者。

　　需要强调的是，日伪在北平创立《新民报》时，实际上在南京同样存在《新民报》，但是两者并没有联系。南京的《新民报》由知名报人陈铭德于 1929 年 9 月 9 日创刊发行，当时并没有在北平开展业务。直到 1946 年 4 月 4 日，陈铭德的《新民报》北平版才创刊②。

　　《晨报》，北平市内著名的报纸，早在抗战前就已存在。《晨报》与《世界日报》一样，没能逃离遭受劫掠的命运，1938 年 7 月伪华北临时政府劫掠原《北平晨报》，改名为《北京晨报》，1939 年 3 月再次回复原名《晨报》，将其作为伪华北政务委员会的机关报，曾先后由宋介、宋威之担任社长，由李若水、张腾霄担任总编辑。③报社社址在北平宣外大街，每日出版一大张④，发行量约 2000 份。1943 年 12 月 31 日因纸张缺乏奉令停刊。《晨报》属于北平历史最悠久的报纸之一，在社会各界享有极大的权威。该报 1916 年即创刊，原名《晨钟报》，由汤化龙出资创办，李大钊主编，1918 年 9 月被北洋政府封禁，同年 12 月改名为《晨报》重新出版，1928 年阎锡山控制该报，改名为《新晨报》，1930 年又改名为《北平晨报》直至日伪劫掠，一直沿用《北平晨报》的名字⑤。在被日伪劫掠前，《晨报》的"销路极广"，但被日伪劫掠改造成伪华

① 《庆祝香港陷落！》，《新民报》1941 年 12 月 29 日。

② 陈铭德、邓季惺等：《〈新民报〉春秋》，重庆出版社 1987 年版，第 53 页。

③ 黄河编著：《北京报刊史话》，第 155 页。

④ 管翼贤纂辑：《新闻学集成》第六册，第 324 页；一说"日出两大张"，参见黄河编著：《北平沦陷后的敌伪报纸》，《新闻研究资料》1991 年第 3 期。

⑤ 《北平晨报之前前后后》，《金刚钻报》1936 年 3 月 22 日。

北政务委员会的机关报后，销路一落千丈，跌至两千份左右①。这表明北平沦陷区的人民普遍对变质的《晨报》没有好感。

与《新民报》类似，被劫掠后的《晨报》同样反英美而亲日。1940 年 8 月 31 日出版的《新闻报》就曾转载《晨报》的"反英美论著"。这篇所谓的"论著"强调亚洲各国应该在新秩序下参加"亚洲国家之联合"，这一表述实际是在粉饰日本版的门罗主义，"亚洲国家之联合"之中当家作主的不是亚洲各国，而是日本，该"论著"还警告读者："美国将企图保护英国在华之权益，丁兹东亚新秩序行将完成之际，一切在东方之外国影响均应加以扫除，不可种下烦恼之种子，英国军队在华之撤退，表示英国明了其目前之力量，倘其他任何国家寻求转让英国在远东之权益，则此国家吾人宜以最大之力量压阻之，欧洲及美国之军队此后不能复污秽吾人之土地。"②这一论著实际是站在日本帝国主义的角度，反对英美介入中国事务，要求两国退出中国。这表明了《晨报》的反英反美立场。

被劫掠后的《晨报》也试图奴化中国人民的思想。晨报社发表了抗战时期华北汉奸集团的代表人物之一缪斌的文章《新民主义》，试图通过宣扬新民主义来奴化人民。该文章里套用中国传统的封建政治理论学说，引用《大学》里所说的"明明德"来作引子，炮制出新民主义的最高理想——实现"王道乐土"，诡辩称实现"王道乐土"的方法就是靠人们"格物、致知、诚意、正心、修身、齐家、治国、平天下"③。该文章的诡辩在"平天下"部分尤为明显。其称"平天下"有两个层次的含义：其一是"使天下之民化为一民"，其二是"使天下之土化为一土"④。所谓"使天下之民化为一民"，就是要使世界上现有之各个不同的民族走向一体化，实现"天下之民族主义"。实现使"天下之民化为一民"途径是文化结盟，文化相同者先结成同盟，如中国、日本和满洲，就

①　邱沛篁主编：《新闻传播百科全书》，第 611 页。

②　《北平晨报之反英美论著》，《新闻报》1940 年 8 月 31 日。

③　缪斌：《新民主义》，北京晨报社 1938 年出版。

④　缪斌：《新民主义》。

可结为一个联盟。然后再经过文化交流和渗透而结成更大范围的联盟，最后扩大到全世界。所谓"使天下之土化为一土"，就是通过让那些有德之人来统一管理天下之土地，来使万邦归一，而终成王道之天下。而所谓的有德之人正是日本侵略者。文章论证道：自古以来，"败家之子则丧其产，败国之府则失其土"[①]，是为无德；那么反过来，能使家业扩大、国土扩张的人和国家，便是有德之人。有德者即能拥有土地这样结论就自然出来了。文章认为，自中日开战以来，中国屡失土地，是为无德者之证，日本占领了中国的大片国土，是有德之人。它通过刊载极具蛊惑性的文章，试图奴化中国人民，让中国人都做日军的顺民、"新民"。

《全民报》，原为华北地区的民营报纸。1928 年 8 月在北平创刊，为日刊。对开大型报，主要报道国内政治、社会新闻，时事评论较为保守。1937 年 7 月底北平沦陷后，被盗用为伪北平市政府的机关报。社长为日本人作野秀一，总编辑为叶秀谷，发行约 4000 份，该报被日伪劫掠后只维持了较短时间的自主经营，至 1938 年 8 月，被并入《新民报》后停刊[②]。1947 年 6 月 16 日复刊，至 1949 年 9 月，再度停刊。

自 1928 年创立以来，《全民报》曾一度易主。《全民报》最初是阎锡山的机关报。在 1930 年 11 月前后，过去由张荫梧主办的《全民报》易主，改由河北省政府委员兼教育厅长张见庵负责接办。

《华北日报》，原是国民党中宣部直接创办的中央直辖党报，1929 年元旦在王府井大街 117 号创办。后来日本军部责令猪上清四郎盗用《华北日报》的名义和资产创办新《华北日报》为日军服务，被劫掠后的《华北日报》由猪上清四郎担任社长，由张铁笙担任总编辑，该报发行量约为 1 万份[③]。《华北日报》还吞并了另一份小型报纸，即 1936 年创办的《新兴报》。《新兴报》先后由陈蝶生、周理清任总编辑，发行量最高时曾达到 7000 份，但 1938 年 3 月被并入

---

① 缪斌：《新民主义》。
② 黄河编著：《北京报刊史话》，第 155 页。
③ 黄河编著：《北京报刊史话》，第 156 页。

《华北日报》后停刊。

《北平新报》，抗战前北平原有的大型报纸，北平沦陷后被盗用发刊，该报社长为欧大庆，总编辑为张伯清。发行量约为 600 份[①]。1929 年 10 月 5 日曾被政府要求停刊，该报在日本投降，北平解放又复刊过一段时间，后又因其刊发侮辱伊斯兰教的文章而再次停刊。

《北平晚报》，抗战前北平原有的小型报纸，北平沦陷后被盗用发刊。该报创刊于 1921 年，是中国最早的晚报之一，曾获得世界新闻学会一等奖状，以纪念其悠久历史，有副刊《余霞》。1933 年曾因报道涉及外交问题而遭政府禁售。1937 年 8 月 12 日，迫于日本帝国主义的种种压力，该报停刊，在 8 月 11 日第一版上刊出"启事"："本报因纸源断绝，自明日起停刊。"又于 1946 年复刊。该报原名为《北京晚报》，可见于 1937 年 2 月 24 日第 5762 号《北平晚报》，其报头下注明"原名北京晚报"。《北平晚报》由刘煌任社长，蒋龙超任总编辑（蒋龙超也曾任该报的社长），萨空了也是报社的一员，在主编副刊的同时还撰写时评。

在日伪劫掠后，《北平晚报》与《晨报》共同经营，社长为宋介，总编辑为李若水，但是报纸的影响力一落千丈。在遭劫掠前，作为中国最早创办的晚报之一的《北平晚报》在北平有相当的影响力。只要《北平晚报》对北平市政有所批评，不出两三天，"必见市长之手谕"[②]。但是在遭劫掠后，北平读者普遍对其产生抵制情绪，其销量一落千丈，发行量仅为 1500 份左右[③]。

《实报》，抗战前北平原有的小型日报，北平沦陷后不久公开投敌，成为日本侵略者的宣传工具，被改造的《实报》一直发行至 1944 年 4 月 30 日出版最后一期，次日停刊，原因是纸张缺乏且日本帝国主义者加强"一元化"宣传政策。《实报》创刊于民国十七年十月四日（1928 年 10 月 4 日），日出一大张，创刊之初销量不高，仅有 800 份，由于该报秉持"小报大办"的理念销量

---

① 黄河编著：《北京报刊史话》，第 157 页。

② 《谈北平两晚报》，《晶报》1935 年 7 月 24 日。

③ 黄河编著：《北京报刊史话》，第 157 页。

稳步增长，至 1931 年销量已至 18300 份①。该报在 1931 年至 1934 年期间曾表现出进步民主色彩。在这一时期，《实报》关注时局发展，紧追要闻时事，针砭时弊，谏言政府，动员民众，支持抗日救亡运动。这一时期，《实报》的言论同全国性的抗日救亡运动有着紧密的结合与互动，既是这种抗日救亡运动的推动力量，又受益于这种遍及全国的进步氛围。在抗日救亡运动高涨时，《实报》的社论也更加激进有力。对于日本侵略所引发的亡国灭种的危机感，《实报》屡屡发出"皮之不存，毛将焉附"，"覆巢之下，安有完卵"，"国若破，家必亡"之类的提醒。《实报》甚至还发起抗日募捐活动，这极大地提高了《实报》的影响力与百姓对其的好感度，至 1934 年，《实报》销量已达 51480 份②。但是，《实报》也渐渐发生着蜕化。随着时局变化，《实报》一改从前抗日的立场，转而逐渐靠近日本。在 1934 年下半年，《实报》社长管翼贤设宴款待日本同行。至 1934 年，日军势力已经渗透至华北地区，在此敏感时期，《实报》社长与日本人接触可以从侧面显示《实报》的蜕变。1935 年 9 月至 12 月，关东军一手策动了企图分离华北的"华北自治运动"，而此时《实报》则一改此前呼吁政府对日立即开战的观点，屡屡表示华北局势的安定要依靠"大力者的支持"。至 1937 年北平沦陷后，《实报》终于彻底抛弃自己的"报格"，公开投敌，成为日本侵略者的宣传工具。

在北平沦陷前后，管翼贤已逃离北平，故在《实报》刚投敌的阶段，其社长并非管翼贤。在北平维持会时期，《实报》的社长为何庭流，在伪中华民国临时政府时期，《实报》社长为胡通海，在伪华北政务委员会时期，《实报》的社长为管翼贤③。《实报》的组织结构不算十分复杂，由社长负报社全责，社长下设经理职位。《实报》下设的职能部门主要有编辑部、营

---

① 李杰琼：《半殖民主义语境中的"断裂"报格：北方小型报先驱〈实报〉与报人管翼贤》，中国社会科学出版社 2015 年版，第 146 页。

② 李杰琼：《半殖民主义语境中的"断裂"报格：北方小型报先驱〈实报〉与报人管翼贤》，第 146 页。

③ 李杰琼：《半殖民主义语境中的"断裂"报格：北方小型报先驱〈实报〉与报人管翼贤》，第 187 页。

业部、工务部、会计处与事务处①。主编先后有苏雨田、王志新、马家声、颜宝贤等。

《实报》的蜕化与其创始人管翼贤有很大的关系。管翼贤是个投机者，《实报》对他而言，既是他投入心血经营的事业，同时也是他付出汗水积累起来的家业，在国难面前，管翼贤几经衡量个人得失，心甘情愿出卖国格、人格，以延续其所谓的"报人"生涯。管翼贤的堕落其实早有迹可循。首先，在北平沦陷前，管翼贤就与日本驻华记者和使馆人员保持了不一般的关系，"有意无意"地协助日本进行"中日亲善"的宣传。其次，面对威胁，他第一时间逃遁，在北平危殆时，他先逃至天津，后又逃至济南，待风声过后，又疏通关系得到当局的谅解，重回故地办报②。这些事实都可以反映管翼贤的投机本质，也预示着他的投敌行径。

与《新民报》类似，《实报》的报道通常涉及谄媚日本、反对英美、反蒋反共、奴化百姓等主题。

投敌后的《实报》挖空心思讨好日本侵略者。在国难当头之际，《实报》不但不介绍中国人民的抗争情况，反而每天在要闻版大量刊登有关日军战况的报道，这类报道有的直接展示日军的"赫赫战果"，如《宁空运输机／廿四架被全灭》《宁火药库／已被炸毁》等③。还有些报道为讨好日本侵略者，特地描述日本为"正义的邻邦"，刊登了许多中国民众表达对日情感的报道。这些报道有的突出居民对日军的"欢迎"之情，如《日军清扫南市／难民笑迎／交通完全恢复／遍贴安民告示》④，有的报道则侧重日军对当地居民的"帮助"，强调许多受"战祸"侵扰的地方因日军的到来得以"治安恢复"，表达当地居民

① 管翼贤纂辑：《新闻学集成》第六册，第324页。
② 李杰琼：《半殖民主义语境中的"断裂"报格：北方小型报先驱〈实报〉与报人管翼贤》，第180页。
③ 李杰琼：《半殖民主义语境中的"断裂"报格：北方小型报先驱〈实报〉与报人管翼贤》，第193页。
④ 李杰琼：《半殖民主义语境中的"断裂"报格：北方小型报先驱〈实报〉与报人管翼贤》，第194页。

的"对日感谢"之情，如《日本军人／为救命星／保定回平难民／对日军感谢语》①。作为日军的宣传工具，《实报》同样反对英美。在太平洋战争爆发后，《实报》追随日本帝国主义的步伐，将包括侵华战争在内的侵略战争称为"大东亚战争"，把其称为与英美对抗，解放东亚的"圣战"②。

在投敌后，《实报》充斥着反蒋反共的报道。其反蒋的报道一方面矮化蒋介石政府形象，如：《昨拂晓于暴风雨中／展开闸北大战／华军趁夜逆袭损失惨重／日军卒完成大包围队形》《宁军弱点暴露／胜算全失》《宁府威令／已渐扫地／社会不安之色／亦已愈形浓厚》③。另一方面则制造各方反蒋的假象，企图动摇当时国民政府的合法地位，如：《蒋介石强化独裁／将益速国共分裂》《粤民众反蒋运动／渐渐厚化》《川府反党府空气／突见弥漫》④。《实报》的反共报道则主要是对中国共产党进行诋毁与污蔑，如：在日军进行第二次"治安强化运动"时，《实报》开辟了《治安强化运动解说》栏目，每天刊登一篇1000至1500字的议论文，这些文章常常污蔑共产党⑤。而1941年11月1日刊登的《对蒋共经济战！为此次治运最大方针》⑥则大力鼓吹反共重要性，强调应该"强化剿共工作，对敌匪地区实行经济封锁"。

《实报》亦试图奴化百姓思想。一方面它鼓吹华北应该建立自己的政权，让华北百姓甘心做亡国奴受日本侵略者的统治，如：1937年9月25日刊登的《保定陷落后人民应有之觉悟》叫嚣华北应"借重友军之外力""树立一个新的政治机构"，脱离国民党统治，呼吁"华北的父老兄弟，赶快起来，建立华北

---

① 李杰琼：《半殖民主义语境中的"断裂"报格：北方小型报先驱〈实报〉与报人管翼贤》，第194页。
② 《此次战争定名为大东亚战争包括中国事变日阁已决定》，《实报》1941年12月9日。
③ 李杰琼：《半殖民主义语境中的"断裂"报格：北方小型报先驱〈实报〉与报人管翼贤》，第193页。
④ 李杰琼：《半殖民主义语境中的"断裂"报格：北方小型报先驱〈实报〉与报人管翼贤》，第196页。
⑤ 李杰琼：《半殖民主义语境中的"断裂"报格：北方小型报先驱〈实报〉与报人管翼贤》，第199页。
⑥ 《对蒋共经济战！为此次治运最大方针》，《实报》1941年11月1日。

人之新华北"①。另一方面《实报》鼓吹东亚新秩序，这种新秩序实际是让包括中国在内的亚洲国家受日本的统治，如：《东亚新秩序安定圈／包括中日满及南洋／日外相阐明外交根本》《以日满华人物资源／推进南方政策》等②。

《新北京报》，抗战前北平原有的小型报纸，原名为《新北平报》，北平沦陷后投敌，1938 年 6 月 1 日改名为《新北京报》。该报社长先后为凌抚元、凌昌元父子，总编辑先后有王以之（王氏亦担任过副社长等职）等人，日出两小张，该报于 1944 年 1 月 1 日因纸张缺乏停刊，并和《新民报》半月刊合并改组成《新民声》半月刊，大部分人员并入《新民报》，该报发行量约为 14000份③。《新北京报》前身《新北平报》创刊于 1931 年 10 月 10 日，其间社址三次变更，该报最繁盛时期为 1938 年前后④，即该报投敌前。

投敌后的《新北京报》积极配合日本侵略者宣传，试图奴化中国人民的思想。其记者曾写过宣扬东亚新秩序的文章，强调"在今日新时代中，身当华北要冲，新闻记者，身负启发民众思想与知识之重责，事变二年来，华北民众于东亚大势之认识如何，新闻纸应负责启示与指导之"⑤。该报亦对日本侵略者极尽谄媚，贬低国民政府。在 1938 年 6 月 15 日出版的报纸上，该报刊登了《黄河决口有扩大势日军正竭力防堵》，此新闻粉饰日军暴行，谎称日军正在"防堵"堤坝，而将人民逃难的罪过归因于国民政府⑥。

《时言报》，抗战前北平原有的小型报纸，北平沦陷后投敌。该报社长为常振春，总编辑为张修孔。发行量约为 6000 份。该报于 1943 年因纸张缺乏而停刊。《时言报》曾和《现代日报》共同经营⑦。《时言报》创刊于民国十九年

①　《保定陷落后人民应有之觉悟》，《实报》1937 年 9 月 25 日。
②　李杰琼：《半殖民主义语境中的"断裂"报格：北方小型报先驱〈实报〉与报人管翼贤》，第198 页。
③　邱沛篁主编：《新闻传播百科全书》，第 610 页。
④　管翼贤纂辑：《新闻学集成》第六册，第 322 页。
⑤　《北京新闻协会会报》1940 年第 4 期，第 15 页。
⑥　《黄河决口有扩大势日军正竭力防堵》，《新北京报》1938 年 6 月 15 日。
⑦　黄河编著：《北京报刊史话》，第 156 页。

十二月十二日（1930 年 12 月 12 日），该报的内容偏重小说方面，尤以评书小说为多①。

《实事白话报》，抗战前北平原有的小型报纸，北平沦陷后投敌。该报社长为戴兰生，总编辑为邬仲华，发行量约为 4700 份。该报于 1939 年 4 月停刊，并入《新民报》②。

《平报》，抗战前北平原有的小型报纸，北平沦陷后投敌，于 1938 年 9 月 1 日停刊，据 1938 年 8 月 31 日该报上刊载的《本报废止发行启事》说明："兹应战时之需要，集中精神，节约物资，以作为长期剿共灭党之后援，故决定于明日（九月一日）起，暂时停止出版。"③ 由此《启事》亦可看出投敌后的《平报》反蒋反共，而从同一张报纸上的另一篇新闻《汉口背后党军据点京山全市被爆碎　各处军事设施已悉为灰烬　日机于晴朗中收获大战果》④则可看出《平报》谄媚日本侵略者，作为日军的传声筒。《平报》的社长为陆秋岩，总编辑为吴剑秋，发行量约为 1900 份⑤。

《大义报》，抗战前北平原有的小型报纸，北平沦陷后投敌，该报的社长为宋至公，总编辑为王子勤，发行量约为 800 份⑥。

《北京白话报》与《北京报》，两报都是抗战前北平原有的小型报纸，北平沦陷后投敌，两报共同经营，社长为任璞生，总编辑为姜伯卿，发行量每种约 1000 份⑦。两报原名《北平白话报》与《北平报》。《北京白话报》于 1919 年 7 月在北京创刊，主要刊登消遣性文字，言论保守，该报经历了两次更名，在 1928 年第一次更名为《北平白话报》，在投敌后又改为了《北京白

---

① 管翼贤纂辑：《新闻学集成》第六册，第 333 页。

② 黄河编著：《北京报刊史话》，第 157 页。

③ 《本报废止发行启事》，《平报》1938 年 8 月 31 日。

④ 《汉口背后党军据点京山全市被爆碎　各处军事设施已悉为灰烬　日机于晴朗中收获大战果》，《平报》1938 年 8 月 31 日。

⑤ 黄河编著：《北京报刊史话》，第 157 页。

⑥ 黄河编著：《北京报刊史话》，第 157 页。

⑦ 黄河编著：《北京报刊史话》，第 157 页。

话报》①。

　　总体而言，这段时期是敌伪报纸发展的高潮时期，通过没收、改组、新办报纸，到 1939 年 5 月之前，北平地区的敌伪报纸数量达到高峰，大约有 28 种。

二、第一次报业"整理"：1939 年 5 月—1943 年 12 月

　　1940 年 3 月，汪伪政府在日本的扶持下于南京成立。为进一步加强统治，替背后的日本侵略者服务，汪伪政府在接管伪华北临时政府后，在沦陷区施行新闻检查制度。1940 年 6 月，汪伪政府制定了《全国邮电检查暂行办法》，施行邮电检查，规定各种报纸、刊物，不论何种文字，不分发送人国籍，皆在检查范围之内②。之后，新闻检查进一步加强。1940 年 10 月 1 日，汪伪政府行政院会议通过了《全国重要都市新闻检查暂行办法》对沦陷区内的报刊、通讯社稿进行严格的新闻检查，该法规对新闻检查的目的、组织、方法、报刊的禁载事项及其处罚规则，均做了十分严格与苛细的规定，新闻检查的内容包括报纸及通讯社所刊发的一切稿件，要求报社、通讯社在发行前将全部新闻、言论、图片、广告等稿件，一次或分次送交当局检查，检查的事件一般为每日上午至次日凌晨三时，凡违反《全国重要都市新闻检查暂行办法》有关禁载事项的规定，伪政府当局有权执行删改、不准刊载、缓登等处理办法③。在 1941 年 1 月 24 日，汪伪政府还颁布了《出版法》，该《出版法》大部分内容抄袭"临时政府"的《出版法》，也沿用一部分战前国民政府于 1930 年颁行的《出版法》内容④，该法规亦为了统制报纸等新闻出版物，服务于伪政府背后的日本侵略者。

　　1939 年 5 月至 1943 年 12 月这一阶段，伴随着汪伪政府新闻检查制度的确立与加强，北平大量报纸被合并或停刊，在这一时期，北平的报纸仅剩下

---

① 邱沛篁主编：《新闻传播百科全书》，第 468 页。
② 方汉奇主编：《中国新闻传播史》，第 210 页。
③ 刘哲民编：《近现代出版新闻法规汇编》，第 599 页。
④ 刘哲民编：《近现代出版新闻法规汇编》，第 608 页。

《新民报》《晨报》《实报》《新北京》《时言报》《民众报》《戏剧报》《电影报》，其中《民众报》《戏剧报》《电影报》为此时期新创办的报纸①，《民众报》是日本人创办的武德报出版的一份小型报纸，1940 年创刊，由日本华北派遣军报道部直接经营。

《戏剧报》，敌伪掠夺改造北平各戏院节目书，进而统一出版成的一种小型报纸，1939 年 6 月创刊，社长朱书绅，总编辑王泰来，发行量约为 5000 份，主要随戏票赠送给观众②。

《戏剧报》内容主要是介绍各类剧院节目，但是该报同样也为日本侵略者积极宣传。例如：该报曾在《三六九画报》上刊登新年征文启事，该征文启事要求"内容——取近代事实为北京，注重兴亚建设之意义及华北已成王道乐土各要点。"③ 这则征文启事侧面体现了《戏剧报》试图奴化中国人民的思想，表明该报亦是日本帝国主义的传声筒。

《电影报》，创刊于 1939 年 12 月，是敌伪掠夺改造北平各电影院节目书，进而统一出版成的一种小型报纸，于 1945 年 5 月 5 日，日本投降前停刊，《电影报》由《电影报》社组织发行，《电影报》社是"华北电影股份有限公司"（简称"华电"，该组织一定程度上受反动组织新民会的领导）的下属单位④。《电影报》的社长为李忱流，总编辑为吴逸民。该报发行量约为 4000 份，主要随戏票赠予观众⑤。

创刊初期，《电影报》的头版核心新闻基本上与上海电影与明星、好莱坞电影与明星相关，这类核心新闻能占头版三分之一至二分之一的空间。然而到了太平洋战争爆发前后，该报进一步沦为日本帝国主义的侵略工具，上述核心电影新闻只占到版面的五分之一到四分之一左右，其余的头版空间均被来自日

---

① 黄河编著：《北京报刊史话》，第 158 页。

② 黄河编著：《北京报刊史话》，第 158 页。

③ 《戏剧报新年征文》，《三六九画报》1941 年第 12 卷第 11 期。

④ 刘晓臣：《日伪电影报刊研究及其"满映"宣传（1937—1945）》，中国电影艺术研究中心，2014 年。

⑤ 黄河编著：《北京报刊史话》，第 158 页。

伪方面及轴心国相关的政治宣传所取代，如《新民会王会长推戴典礼》①《重庆伪政府穷迫之现状》②《治安强化运动论（一）》③等。电影类新闻甚至一度消失于头版，这亦从侧面说明该报作为日军宣传工具的本质。

三、第二次报业"整理"：1944 年 1 月—1944 年 4 月

进入 1944 年，日本帝国主义已显日薄西山之势。在中国，蒋介石政府发起滇西缅北反攻战，组织中国远征军对日军第 18 军团发起反攻，成功贯通中印公路和滇缅公路，掀开了中国战场战略反攻的序幕。在太平洋战场，美国发动菲律宾海战，重创日本联合舰队。这一系列战败使日本力量严重受损，其直接结果是日本所需的各种生产原料不同程度短缺，这致使《晨报》《新北京》《时言报》停刊，此时期敌伪报刊只剩下《新民报》《实报》《民众报》《戏剧报》《电影报》④。

尽管在中国战场与太平洋战场上尽显颓势，日本帝国主义对新闻的统制并没有放松，在上一时期制定颁布的各类管理报纸等新闻出版物的法规，在此时期基本得到保留并得到伪政府的执行。

四、第三次报业"整理"：1944 年 5 月—1945 年 8 月

这一时期日本帝国主义已是强弩之末，但仍不想放弃，其狂热赌徒特性在这一时期表现得更加明显。在中国战场上，日军发动豫湘桂战役，企图打通中国大陆交通线，将侵华日军各部分贯通起来。在太平洋战场上，日本联合舰队发起莱特湾海战，企图逆转太平洋战场的颓势。这种赌徒特性反映在新闻战

---

① 《新民会王会长推戴典礼》，《电影报》1939 年 12 月 3 日。

② 《重庆伪政府穷迫之现状》，《电影报》1941 年 11 月 11 日。

③ 《治安强化运动论（一）》，《电影报》1941 年 10 月 1 日。

④ 黄河编著：《北京报刊史话》，第 158 页。

场上，就是在华北实行所谓的"节约物资，强化宣传"的新闻新体制[1]，采取一元化宣传策略，日伪也积极跟随，下令停刊华北各地所有的华文报纸，转而由伪华北政务委员会情报局于北平主持创办《华北新报》[2]。

《华北新报》，该报北京总社于 1944 年 5 月 1 日创立（该报在天津、石门、保定、山西等地均有分社），是在北平《新民报》《实报》《民众报》，天津《庸报》《新天津报》的基础上，集五报之人力、物力、财力资源整合而成的，一直到抗战胜利，该报成了北平以及全华北唯一的敌伪华文报纸，其社长为管翼贤，副社长大川幸之助，编辑与发行人张道本[3]。该报发行量约为 10 万份[4]。

《华北新报》为日报，创刊号为两大张，次日改为一大张从 5 月 10 日起，周二、周三、周五、周六、周日出版一大张，周一、周四出版半张，从 10 月 1 日起，周二、周五、周日出版一大张，周一、周三、周四、周六出版半张，从 12 月 23 日起，全部改为半张出版（特殊事件出特刊则例外），1945 年 5 月 1 日起，改为每日出版 8 开一小张[5]。

与其他被掠夺、改造的北平报纸类似，《华北新报》亦谄媚日本，粉饰日本罪行，它将日军对东南亚各国的侵略战争描绘为"解放英美帝国主义支配下的远东诸民族"的道义战争，虚构"大东亚战争"的正当性。该报也试图奴化中国人民的思想，让中国人民甘心做日军的"顺民"，积极生产，支援日军的侵略战争。与其他被掠夺、改造的北平报纸有所区别的是，《华北新报》大肆宣传"皇军必胜"的信念，这实际是因为日军在战场上节节败退，需要新闻宣传维持局势稳定，这从侧面反映日本帝国主义的反动统治已是日薄西山，气息奄奄。

---

① 程曼丽：《华北地区最后一份汉奸报纸——〈华北新报〉研究》，《新闻与传播研究》2004 年第 3 期。

② 邱沛篁主编：《新闻传播百科全书》，第 613 页。

③ 程曼丽：《华北地区最后一份汉奸报纸——〈华北新报〉研究》。

④ 邱沛篁主编：《新闻传播百科全书》，第 613 页。

⑤ 程曼丽：《华北地区最后一份汉奸报纸——〈华北新报〉研究》。

五、小结

北平作为华北地区长期以来的政治、军事、文化中心，战略地位极为重要。1937 年 7 月底北平沦陷，之后不久日军在北平建立了傀儡政权，配合其军事、经济等行动，日本帝国主义在思想文化方面鼓吹"亲仁善邻""谦和忍让"，大肆掠夺改造北平原有报纸，进行奴化教育。沦陷初期北平原有的 40 多家报纸纷纷南迁或停刊，仅余 10 余家惨淡经营，不久后许多又遭日本掠夺与改造，如《晨报》《全民报》《实报》《华北日报》《新北京》《时言报》《进报》等。日本帝国主义利用这些掠夺、改造的报纸蛊惑百姓，宣扬亲日本反英美、反蒋反共、东亚新秩序等思想，企图培养皇军的"顺民"。尽管由于敌伪的高压政策以及大量敌伪报纸的宣传，当地百姓受到了一定的负面影响，但北平城内也有部分进步报纸流通，如中共北平地委创办的《挺进报》，这些进步报纸为对冲负面影响、鼓舞军民士气起到了重要作用。

第二节　日伪创办的新报刊

七七事变后，随着日本侵华的程度逐步加深，在华日本人逐渐增多，创办报刊不仅满足了在华日本人的文化需求，也是他们对中国进行政治进攻的需要。作为"侵入者"或"闯入者"的日伪政权还新创办了一批报纸。这些日伪报刊以协力侵华国策、美化战争为能事，歪曲战争事实，煽动日本及日伪军民的战争狂热。

日本人在华创办的日文报纸数量激增，华北沦陷区的日伪报纸数也显著提升，包括《支那经济旬报》（天津，1937）、《东亚新报》（北京，1939）、《艺术社会》（北京，1939）等①。在1939年5月之前，北平的地位报纸多达30余种。

---

① 参见王文彬编著：《中国现代报史资料汇辑》，重庆出版社 1996 年版。

其中既包括伪临时政府接管的大报，如《北平晨报》《世界日报》等，也包括诸多掺杂淫秽色情信息、小道消息的不入流小报。

此外，相比较受众多为在华日本人的日文报纸，日本人在中国操办的各种汉语报纸承担着更多灭华宣传鼓动作用，其中也包含着大量的汉奸报纸。在沦陷区，汉奸报纸和日本人有着千丝万缕的关系，日本报纸常以汉奸政权或组织的名义出刊，所以二者无法进行非常清晰的划分。包括《北平实报》《实言报》《实报》《天津时报》《大亚洲报》等在内的多家设立于华北地区的汉奸报纸，报道对日亲善内容、曲解抗日军民，为日军刊登侵华稿件、进行舆论宣传发挥了不可忽视的作用。

在众多日伪创办的新报刊中，《武德报》《北平实报》《北京报》《民众报》《实报》《新民报》等在华北沦陷区泛滥，成为日军新闻侵略、文化侵略中国一大恶果。而在日军投降前一年，北平只剩下两张日伪控制下的报纸：《华北新报》及《新民报》①。在日伪创办的诸多新报刊中，《中国文艺》《津津月刊》及《华北新报》三家尤为值得关注。

一、《中国文艺》

《中国文艺》自 1939 年 9 月创刊，1943 年 11 月停刊，历经 9 卷 51 期，是在沦陷区文学中刊行时间最长、发表作品最多、影响最为深远的刊物之一。它作为华北沦陷区极具代表性的文艺刊物，基本反映出这一特殊时期沦陷区的文坛面貌和发展特点。北平作为华北沦陷区的核心，亦受到了深远影响。在沦陷初期，日伪大肆进行势力扩张，使得华北文坛遭受了前所未有的打击。许多文人出走，留下来的文人作家逐渐适应新的话语环境，同时日方也因政治的需要鼓励文学艺术发展，对无明显反日色彩的作品管制较松。因此，华北文坛又逐步开始复苏。

---

① 参见王向远：《日本对中国的文化侵略》，昆仑出版社 2015 年版。

　　在日伪方看来，报纸杂志的发行有利于民心的建设和文化的控制，能成为肃清抗日的有效手段。在这其中，文艺期刊也占有一定的比例，大部分报纸也伴有文艺版面。其中，作为华北文艺中心的北平更是囊括了华北相当一部分的文艺刊物，如《艺术社会》《朔风》《中国文艺》等。其中，《中国文艺》作为华北地区"日伪"背景的重要文艺期刊之一，隶属日本北支军报道部控制的武德报社，出版和发行皆受日方操纵和支持，且诸多供稿文人在日伪机关任职。对于此刊的性质众人褒贬不一，有人认为其是出卖灵魂的帝国主义走狗，也有人评价其在日伪重压下闪耀着最后的民族意思的光芒。分析该刊物对北平乃至华北沦陷区的影响，必须结合其办报宗旨、编辑思路和发行内容综合评析。

　　尽管与日伪机关联系紧密，但《中国文艺》在编辑方针上始终保持了其相对独立。在创办之初，创始人张深切提出四个条件：办报方针和内容不受干涉、杂志中不刊登任何宣传标语、不作主义思想宣传保持文艺杂志纯洁性和不结团做政治活动。[①] 这与其之前多年的抗日活动参与、从未磨灭过的爱国之心息息相关。在其担任主编期间，杂志抵制锋芒显露无遗，几乎不能称之为一份"日伪刊物"，因此遭到日方的强烈不满，张深切本身也被日方多次传讯。此后几任继任也基本坚持了此种办报思路，以较为强硬的态度拒绝了向当局完全妥协，在一定程度上保证了杂志文艺部分的纯洁性。在这些办报人看来，文化是人类的精神食粮，是国家的命脉之一，民族的危亡图存与民族的文化发展紧密相连。

　　从发行内容上来看，作为一本综合文艺期刊，其刊发内容品类较为丰富。在初期的两卷中，仅文学项就包括了散文、小说、诗歌、文艺评论、海外作品翻译等内容，艺术部分包括了电影、绘画、音乐、各种艺术评析等。从第三卷开始，《中国文艺》从内容广而全向打造文学精品化发展。对文学艺术的高度重视，也吸引了一大批华北文学作家在此长期驻留，这其中包括周作人、张我

---

① 《张深切与他的时代（影集）》，《张深切全集》卷十二，台北文经出版社1998年版，第139页。

军、李道静等人，在发行的四年间中，共有千余篇文学作品发表，小说、散文、诗歌无所不包。① 其中李道静的《舅老爷》、芦沙的《节下》、梅娘的《侏儒》、毕基初的《废宅》等，或多或少地从普罗大众的生存境遇出发，以现实生活为背景，展现了包括痛苦、真实、压抑等个体生命情绪，表现了文人们对于时境的忧思和民族命运的关切。除此之外，《中国文艺》也刊载了诸多世界文学作品，以欧美文学为主，包括《梦幻的孩童》《莎士比亚传》《咆哮山庄》等，对于日本文学作品限于古典和现代名作，与殖民思想关系并不大。即便面临交通不便、大量书籍不能进京的现实，仍继续大量使用非日本的文学艺术作品，这背后显然是文人们对日再一次民族入侵的拒绝心理。《中国文艺》也常通过"艺人动态""文坛特报""文坛报道""文坛拾零"等方式大量介绍内地作家的信息，② 也会对中国文学现代建设的问题进行讨论，包括民族化、大众化、"乡土文学"、"色情文学"等的文艺争论。这些文艺讨论并非单纯的文学层面的拉锯，而更多的是一场民族主义对殖民主义的文化反抗。尽管在日伪方对文坛的干涉不断加深，但《中国文艺》在大体上坚持了自身的立场，民族意识、作家自身的自助自觉始终潜行其中。

随着日军侵略的加深，政治、经济、文化上的殖民和奴役也接踵而至。坚守民族文化精神，亦是反抗殖民统治的重要方法。诸多文人志士将报国之情融于笔尖，以文学创作的方式来表达爱国之情。《中国文艺》的创刊人是台湾爱国文人张深切，当他来到北平、面对华北文坛颓势之时，毅然慷慨地在第一期《创刊词》里表示："研究、整理、批评、淘汰、拔萃并将其系统结合于新文化，夫如是中国的旧文化才能展开其新生面，同时也才能保持其绵远的生命。水虽善能活人，同时也善能杀人，文化也是一样，苟不善融治而治理之，即文化之流毒也不下于洪水的祸害。整理旧文化和创造新文化的确是目前的急务，但是这并非空谈得以实现，必须要有实践而后能见效的。吾人创办本刊的

① 毛宇飞：《华北沦陷区〈中国文艺〉期刊研究》，江西师范大学硕士学位论文，2014 年。
② 冯昊、史育婷：《沦陷语境中的民族意识——编辑者对〈中国文艺〉影响的考察》，《江西师范大学学报（哲学社会科学版）》2009 年第 1 期。

意义与目的也只在此而已！"①可见，如何在中华文化中革故鼎新、推陈出新，正是《中国文艺》的办报宗旨。

其对旧文化的整理并非简单的挖掘和挪用。一批造诣颇深、经验丰富的作家文人在中国传统文化艺术中挖掘经典，古语新说，如傅惜华《"三国"故事与元明清三代之杂剧》、予向《画学南北宗之辩似》、啸仓《昆曲盛衰史略》等。言论的限制让作者们对古言今，对于传统思想和文化进行了重构和反思，人们也开始重新审视传统文学艺术的当代作用及意义。在《中国文艺》创刊期的《关于中国文艺的出现以及其他》一文中署名"迷生"的作品感慨，文化荟萃之地的北平近十年愈发有暮气沉沉之光景，但成千上万的文人对于文艺刊物的需求有增无减。《中国文艺》为扭转这一局势，开辟了文学发展创作的新道路，专门推出了"小说专号""满洲作家特辑""女作家特辑"等栏目，并参与了诸多有关华北文坛复兴的文学讨论。作为华北地区文坛最重要的文艺刊物之一，它被称为"华北文艺人的宝库"，丰富了整个华北沦陷区的文学图景。在此民族危亡之际，《中国文艺》一定程度上撑起了文坛救亡图存的期望。难能可贵的是，这种对于传统文化的理性反思和审视，进一步地推动了中国文学自身的迭代发展。

但《中国文艺》不可避免其日方背景，在一定程度上必然受到日方的制约。在后期，日伪对其文化的监管不断加强。第四卷的一至四期刊出了华北文艺协会会刊，在其中出现了鼓吹日伪殖民思想的内容。之后，迫于出版压力，《中国文艺》开设"转载""特载"专栏刊登"治安强化运动专辑等"，在这些栏目中非常强烈地反映出日伪政治宣传的大东亚共荣思想。但出现在专栏中的这些内容本身与杂志风格格格不入，无异于告诉读者这些是纯粹的政治任务，强烈地引起了读者的不满与抵触。

纵观《中国文艺》的文化创作、评论及思想建设等，可以看到华北沦陷区知识分子以隐晦的方式传达出自身对于民族主义的坚守和民族危亡的关

---

① 张深切：《中国文艺》第一期《创刊词》，1939 年 9 月。

切，这种特殊的言说方式和手段成为此时《中国文艺》特有的风貌与时代光辉。

二、《津津月刊》

天津作为北京的门户，华北要地，有着举重若轻的军事、政治及经济意义，而在天津发行的具有日伪殖民统治思想的刊物亦对北平产生着直接影响。在日伪占领期间，大肆进行奴化教育，同时通过多个汉奸组织宣传中日共荣的思想，借此摧残人们的反抗意识。作为日伪天津政府的机关刊物，《津津月刊》于1942年2月创刊，是日伪奴化宣传的重要舆论工具之一。1941年12月12日，日本发动"为大东亚新秩序建设"为由的大东亚战争，《津津月刊》次年的创刊号即为"大东亚战争特辑"，借此报刊期望向读者进行战争宣传。

编辑《津津月刊》的是日伪天津市政府的宣传处，且市政中心机构秘书处直接控制宣传处，多局负责人及专员担任刊物顾问[1]。创刊时，诸如朝日新闻、同盟社等主流媒体、天津出版业界同行纷纷献上贺词。由此可见，《津津月刊》带有鲜明的日伪机关刊物色彩。其创刊目的一是市政宣传，二是进行民众奴化与洗脑。"使每个市民明了市当局诸般施政的情形，认识新时代的任务"[2]，因此，杂志内容相对通俗、浅显易懂。以其第一卷第四期的"市民十训"为例：一要遵守政府法令、二要服从于新民主义、三要信赖友邦日本之支援、四要听从保长甲长之指导、五要协助官厅强化地方治安、六要恪守公德维持社会秩序、七要力戒奢靡改善家庭生活、八要力行储蓄增厚生产能力、九要防止物资外流封锁匪区经济、十要认清时代环境奉行应变体制。可以看出内容传达直白，目的明确。

在创刊初期，杂志栏目包括市政、时局、市民栏目、日文介绍、科学知

---

① 《天津特别市公署暨所属各机关系统表》，《津津月刊》创刊号，1942年2月。
② 《宣传工作与本刊之使命》，《津津月刊》创刊号，1942年2月。

识及文学作品构成。以时政宣传为主要内容。1942 年 9 月进行了一次较大的架构调整，增设了文艺、家庭、漫画、小品、世界奇闻等内容，整体上提高了杂志的可读性和趣味性。① 但即便如此，实际篇幅中政治宣传内容依然是杂志的主要部分。

身为一份政府机关刊物，《津津月刊》的政治宣传功能远大于其他的普通报刊，其宣传手段也较有自身特色。其一是具有较高的趣味性。为了奴化宣传和"大东亚共荣"思想更加深入人心，日本侵略者对其内容及形式进行了诸多粉饰。在内容策划上，报刊选择了许多基于华北特别是京津的地方新闻、连载小说等增强读者的亲近心理。同时，考虑到教育普及度不高的现实因素，诸多漫画作品也被选入其中，内容浅显通俗，可观性极强，满足了这部分读者的信息获取欲。同时，尽管身为机关刊物，但其也通过募集稿件来加强与民众的联系。

在活动策划上，《津津月刊》经常结合宣传目的进行征文活动。为了推进巩固加强在华统治，日方大举推进治安强化运动。1941 年 1 月，日军制定《大东亚长期战争指导纲要》和《对华长期作战指导计划》，将华北划分为"治安区"（即敌占区）、"准治安区"（即敌我争夺的游击区）和"非治安区"（即解放区），并采取不同的政策措施。在"治安区"严施户口政策，同时扩大各类警卫活动，抵制一切抗日活动。同时进行舆论控制和奴化统治。3 月 30 日，第一次治安强化运动开展。在第四、五次治安强化运动时（1942 年 3 月—12 月 20 日）恰逢该刊发行之际。因此，《津津月刊》在当局的指示下发起了两次有奖征文活动。第一次是在 1942 年 4 月，共有歌词、剧本、论文和壁画四个项目，奖金十数元至数十元不等。参考 1942 年的《物价旬报》，一等奖已经是非常高额的奖励。第二次征文活动是在同年的 11 月，为了使各阶层人士表明对该运动的

---

① 曲扬：《日伪〈津津月刊〉的创办及其对华政治宣传》，载全球修辞学会、全球传媒与伦理法制联合会、绍兴市社会科学界联合会、浙江越秀外国语学院：《媒介秩序与媒介文明研讨会暨第二届新闻传播伦理与法制学术研讨会论文集》，全球修辞学会 2015 年出版，第 131—135 页。

信心征集对其赞美之文，共有十名入选名额，奖金十元。虽然相对于第一次，活动的参与范围、奖励金额都相对缩小，但活动的针对性更加明显。《津津月刊》对于治安强化活动的支持已经不仅仅是停留在日常发刊的选题和内容策划上，更是以活动策划的方式，辅以高额奖金促使读者参与宣传。同时，获奖作品会在下期或次月刊登出来，政府行为俨然成为一种市民参与活动，官方色彩在一定程度上被淡化。

其二是对日军的高度美化。身为日伪政府的机关刊物，《津津日报》中的日本是亚洲领袖、文明之邦，在政治、军事和文化上全方位对日本进行美化。在政治方面，将英美各国与东亚圈对立，而中国则是处于如何封建、动乱、黑暗的现状，相较之下，日本政治清明、国力雄厚，是令人身不能至心向往之的美好国度。在军事上，掩盖日本政府在国际战场上的种种失利，转而大肆宣扬其战争的胜绩和战斗的勇猛，塑造东亚救世主和国富兵强的假象。在文化上，以中国亲日作家之手宣传日本城市、日本建筑、日本传统文化、日本饮食等诸多方面多么先进文明，宛如楷模般的存在。同时利用中日文化中的相似点，打造同源意识。此举目的是着力打造"东亚一体"的意思，塑造日本为全东亚真正的朋友和领导者，唯有日本的胜利才能引导全亚的繁荣。妄图利用"东亚共荣""东亚圣战""兴亚"等概念模糊中日差别，忽视日方对中国的种种侵略事实，而是以将中国从英美压迫中解救为借口，使其一系列非人侵略行为合理化。

但随着日军在太平洋战场上的接连失利，日本在中国的统治也摇摇欲坠。随着军事和经济的局势紧张，日伪天津政府的政局也动荡不安，市政改组及人员的频繁更换也在很大程度上影响了《津津月刊》编辑及发行，加之战争后期物价飞涨、各类资源匮乏，众多大大小小的报刊都不得不选择削减版面甚至停刊，《津津月刊》也随之销声匿迹，于1943年12月画上了句号。作为天津伪政权的官方刊物，《津津月刊》虽然发行不足两年，但从中仍然可以窥见当时日伪政府在日薄西山之际的最后挣扎。

三、《华北新报》

《华北新报》作为华北地区被日军文化侵略后创办的报刊，在日伪文化宣传中占有重要的地位。一方面，《华北新报》是《实报》《庸报》《新民报》《民众报》《新天津报》五家日伪报纸人力、财力和物力的资源整合，另一方面，它亦是在华北地区影响深远的最后一份日伪报纸。针对其进行研究，旨在透过汉奸报刊这一窗口，进一步考察新闻媒介在中日冲突中所扮演的角色。

《华北新报》创办于侵华战争后期，于 1944 年 5 月 1 日由五家华文日伪报纸合并改组而成，同时在各地设立了分社。这几家报纸均为日伪合办，且具有一定社会影响力，例如《庸报》曾为日本华北派遣军机关报。在这一时期，日本帝国主义面临不可挽回的颓势，但其并不愿意承认即将到来的失败。日伪控制下的新闻机构依然粉饰太平，继续加强新闻控制，以期为侵略保驾护航。尽管战争的失败不可避免，但日军在战败前的一年多时间里利用舆论宣传极尽其所能，软硬兼施。身为“经中华民国邮政登记认为第一类并第二类新闻纸”，《华北新报》以“强调‘大东亚战争’的‘正义性’”“‘皇军必胜’的信念”“中日联合，共赴生死”等为主要内容，以“全华北人民的报纸”“也可以说是全中国人的报纸”[①]自誉，一切报道均为日本在中国行为背书，在思想和文化上进行奴役和麻痹沦陷区人民。为解决华北地区纸张供应困难的问题，同时也为了整合资源形成一份更有价值的新闻报刊，《华北新报》自此成为华北沦陷区唯一的新闻报纸，集中反映了日伪在侵略战争后期的军国主义宣传。

《华北新报》为日报，创刊号为 8 版两大张，次日改为 4 版一大张。从 5 月 10 日起以“节约纸张”为由周一周四出版两版半张；从 10 月 1 日起，周二、五、日出版 4 版一大张，周一、三、四、六出版 2 版半张；从 12 月 23 日起，全部为 2 版半张出版（偶有特刊除外）；1945 年 5 月 1 日起，改为 8 开一小张。[②]

---

① 《华北新报》1945 年 2 月 10 日。

② 程曼丽：《华北地区最后一份汉奸报纸——〈华北新报〉研究》。

随着国内外战争形势的逐渐严峻、物资的逐渐匮乏，《华北新报》的出版也日益受限。而无论改版的版数如何变化，其根本落脚点都在于大东亚战争必将胜利上，将中日两国视作一体，同时不断为读者灌输放弃抵抗的思想。报纸将英美设为"非正义"化身，将日军对东南亚各国的侵略包装成解放英美帝国支配的道义战争，极大地扭曲了真相，为转移敌意、获取民心不遗余力。例如大使馆报道班长重富义男在该报撰文："此与我大东亚诸国家诸民族同盟和好真正亲善之崇高目的相较，实不啻天壤之别"。

随着中国沦陷区的扩大，《华北新报》承担着"提示民众于正轨"的艰巨任务，不厌其烦地刊登诸如"然我国既已完全自主独立矣，完成参战之充实准备矣，则实确担当同生共死击灭英美之战争任务，正自今日始也"[①]等言论，试图通过愚民宣传鼓吹战役，怂动民众与其一起进行最后一搏。其在报文中多次提及"实现大东亚建设最重要是中日两国民族及大东亚各民族""今日中日两国言论界……立于同一战线，揭穿敌美之欺瞒假面具、粉碎敌美野心企图之时也"等言论，将中日两国民族危亡捆绑而视，大有"一荣俱荣、一损俱损"之意，力主中日两国"生死与共"。《华北新报》始终坚持宣言敌伪思想，"以我之思想，转移敌人之思想，以我之精神，征服敌人之精神"[②]。

《华北新报》的社长管翼贤认为新闻自由的基础是新闻使命，因此把报纸办成了法西斯主义的宣传工具。大到新闻方针制定，小到具体指导权，甚至一切指示和重要新闻也皆由日伪政府发布。极大地践踏了新闻话语权和新闻自由，法西斯思想充斥在整份报刊之中，使其失去了一份报刊本身的价值和意义。为了欺骗广大读者，日伪官方甚至会要求报刊以国人的方式说话，包括《华北新报》在内的日伪报刊宣称自身要摒弃政治在其中的影响，反映真正的民间疾苦，并象征性地作出了一些揭露性质的工作。

---

① 《华北新报》1944 年 5 月 3 日。
② 管翼贤纂辑：《新闻学集成》第一册，第 16 页。

《华北新报》创立之时，日军的侵略战争已是强弩之末。在太平洋战争中，日方屡屡失利，直至彻底失败。但报纸对其败绩避而不谈，却针对性地大肆鼓吹胜绩。诸如"发挥无敌特攻精神""敌机前袭名古屋附近（引题）被击毁四十三架（主题）三百余名敌军悉沉海底（副题）"等可窥见一斑。而在 1944 年 11 月日军战场形势已经惨败之际，其在《华北新报》中发表的广播演讲中依然称："更可确信大东亚战争必能获得最后胜利，大亚洲主义终必实现。"以类似言论企图混淆视听，达到麻痹群众、宣传日军正面形象的效果。

战争后期，为了补充战争消耗的巨大人力物力，日本要求沦陷区动员一切来"协助友邦参加大东亚战争之决战"。在这一背景下，旨在强化日本法西斯控制的"新国民运动"轰轰烈烈地展开了。1943 年 8 月，华北政务委员会发表声明，提出"新国民运动"四大目标：剿共建国、增产救民、肃正思想及革新生活，暴露其本意为稳定群众、掠夺资源。[1] 首先从"三清运动"开端，即指剿共自卫、提倡廉洁、提倡国民拒毒禁烟。日伪认为北京是后方的兵站基地，争取前方战争的胜利须先确保后方的治安。作为一场"思想清乡"运动，其目的是日伪政府为了自身的统治需要，以控制区广大民众为对象，指导思想包括"大亚洲主义""和平、反共、建国"和伪三民主义等，实质是汪伪政府为维护政府地位进行的奴化国民行动。[2]《华北新报》还专门开辟版面向受众介绍日、德、英等国内决战生活是如何，以供参考。可以说，在其存在的一年多时间内，主要价值都是为日伪进行舆论宣传服务。

《华北新报》的诞生与悄然覆灭皆是时局的产物，成为佐证日伪在华侵略野心最直接的表现。尽管其身上可以看到报纸现代化进程建设，以及办报思想的进一步发展，但因其自身无法磨灭的既有的日伪属性，使其无法产生有利于历史发展的舆论。

---

① 蔡德金、李惠贤：《汪精卫伪国民政府纪事》，中国社会科学出版社 1982 年版。

② 曾德刚：《北京"新国民运动"的思考》，《唐山师范学院学报》2008 年第 1 期。

四、抗日战争时期的舆论反抗

北平沦陷后，爱国的、进步的新闻工作者和其他人士冒着生命危险，在险恶的环境下出版了一批进步的抗日报刊。从一二·九运动成长起来的中华民族解放先锋队（简称"民先队"或"民先"）在共产党和共青团领导下，成为华北地区尤其是京津冀地区的抗日救国运动的中流砥柱。民先以自学社的名义出版油印小报《自学》和手抄抗日刊物，在公开场合张贴传单宣传抗日。其他爱国学生组织也纷纷出版进步报刊，如育英中学的细流社办的《细流》，辅仁女中读书会编印的《读书周刊》，燕京大学附中秘密组织的萤火社出版的手抄本《萤火》，市立三中的《晶莹》，以及 23 所中学、中专和 1 所大学组成的海燕社创办的文艺刊物《海燕》等。这些刊物用曲折的笔法、隐喻的方式传播抗日、进步的心声。在残酷的岁月里，它们大多出版不久就被迫停刊。①

中国共产党对于华北地区的特殊性有着非常清醒的认知，在太平洋战争爆发的第二天就发布宣言"必须向中国沦陷区的人民，进行反法西斯的更加广大的宣传鼓动，为建立日本内部的反法西斯阵线而斗争。"②

平西抗日根据地尽管覆盖范围小、人口较少且军队数量不多，但因为地理位置优越、直逼临时政府，因而发挥着巨大的抵制反动统治的作用。它在 1937 年 11 月建立之初就创办了包括《芦沟桥报》《新房良报》《抗战报》等小型报刊，在一些基础宣传如动员参军、秋收春耕等方面发挥了积极的鼓动和宣传作用。在 1939 年 5 月发布的《关于宣传教育工作的指示》③中，中共中央明确指示："从中央局起，一直到省委区党委，以至比较带有独立性的地委、中心县委止，均应出版地方报纸"。于是，1939 年 9 月 1 日《挺进报》在平西解

① 《抗战时期的新闻出版》（三），2020 年 7 月 31 日，见 https://www.krzzjn.com/show—944—109350.html。
② 参见中央档案馆编：《中共中央文件选集》，中共中央党校出版社 1982 年版。
③ 参见中共中央宣传部办公厅、中央档案馆编研部编：《中国共产党宣传工作文献选编（1937—1949）》，学习出版社 1996 年版。

放区创刊，正常情况下为三日刊，四开四版。1941 年 11 月改为双日刊，1942 年 2 月迁至北平出版，成为中国北平地委的机关报。它成长于整个日伪在华北残酷的镇压和扫荡之中，在 1940 年粉碎日寇"春季扫荡"的时间里还出版了《战时专号》及《战时宛平版》，宣传了近万份各类传单标语。它始终坚持宣传民主政府各项政策、报道敌后游击战争的胜绩，同时对日伪虚假宣传进行尖锐的批判。1941 年抗日战争相持阶段时，日军将主要攻击兵力集中在解放区战场，对抗日革命根据地进行彻底的扫荡和肃清。平西根据地更是因为其显要的地理位置，直接成为日伪进攻的心腹大患，是当时火力的重点。但在党的领导下，根据地人民不仅击退了数次敌人的进攻，还进一步扩大了根据地。此时的报纸就报道了这一时期党和人民艰苦卓绝的斗争，从三大方面进行了宣传。第一，以大篇幅报道了敌后反"扫荡"斗争和游击战的胜利，控诉了日寇惨绝人寰的暴行。如《日寇残酷暴行，涞涿惨遭烧杀蹂躏》一文，揭露了日军烧杀淫掠的罪行，更在报道中树立了多个英勇不屈的抗日英雄的形象，如安玉阁、郑国武等，用他们的英雄事迹鼓舞人心、振奋士气。第二，配合各根据地的工作任务安排，有力地进行宣传动员，如《对春耕要干部起模范》《春耕生产运动动员大纲》等。同时，报纸也刊登了《春耕竞赛奖励办法》和《涞水县向各县挑战》[①]等，利用各种形式激发广大人民群众参与春耕的热潮。第三，报纸进一步揭露了国民党破坏抗战的政治阴谋和消极举动。1941 年 3 月、4 月陆续刊登了来自社会各阶层人士的抗议书，展现了国民党对爱国人士的迫害。因其对于高度的民族性，《挺进报》在群众中的呼声非常高，在根据地中随处可见该报的身影。

　　据不完全统计，此时中国共产党在华北地区创办面向日伪的宣传报刊包括《反战》《实话报》等数十种刊物，数量上远超其他地区。也有一些顶着日伪名义的"假报"不断在做着积极的宣传工作，在瓦解敌方势力上作出了重要贡献。随着正面战场进入战略反攻阶段，我方宣传机构也展开了猛烈攻势，包

---

① 参见黄河编著：《北京报刊史话》。

括日本帝国主义必将失败、物质匮乏、物价飞涨等新闻严重动摇了日伪在北平地区的舆论控制根基，诸多日方营造的虚假言论建设摇摇欲坠。

五、小结

日本侵华的过程中，始终没有放松对于人民思想的征服与毒害，其中既包括奴化教育、政治宣传，也包括"润物细无声"的新闻报道。这些日伪报刊极尽媚态，为维护统治者统治不断宣扬"和平反共""建设东亚新秩序"，但仍遭到读者的抵制。但日伪机关依然会以赠阅或者派销等的方式推销扩散①，毒害人心。

第三节　日伪在北平的新闻政策（1937—1945）

早在 1931 年九一八事变后，日本便在东北占领区制定和实施了一系列新闻政策，对东三省的新闻传播与出版事业进行殖民化管控。1937 年七七事变之后北平沦陷，北平地区新闻政策的制定与实施受到日本的高度重视：日军与其所扶持的伪政权组织和伪专业团体组织在北平建立起一套严格的新闻政策，控制北平地区的思想言论，蒙骗沦陷区人民，加强对北平的殖民统治。

从 1937 年七七事变至 1945 年日本投降，日伪在北平的新闻政策始终伴随着抗日战争的局势变化而不断进行调整，其目的一方面在于配合其在北平的政治、经济、军事等方面的行动，另一方面在于从文化上向北平地区的民众灌输"反共""亲日"等一系列殖民观念，以奴化北平地区民众的思想。因此，根据全面抗日战争爆发后的国内外格局演变和日本在中国的侵略行动，日伪在北平的新闻政策大致可以分为四个阶段进行阐述：1937 年 7 月—1938 年 10 月、1938年 11 月—1943 年 7 月、1941 年 3 月—1943 年 7 月、1943 年 8 月—1945 年 8 月。

---

① 　魏宏运主编：《中国现代史稿》下，黑龙江人民出版社 1981 年版。

一、日伪新闻政策的建立：1937 年 7 月—1938 年 10 月

1937 年 7 月，日本帝国主义发动卢沟桥事变攻占北平，并打着"大东亚共荣""维护和平"的幌子对北平实施了极端严酷的高压统治，北平地区遭遇空前劫难。一方面，日本侵略军在北平成立了华北方面的军司令部，并增设特务部，其目标是"使该地区成为实现日满华合作共荣的基础"，并为"在华北建立政权"进行准备①。另一方面，1937 年 12 月 14 日，"以防共亲日为方针"的伪中华民国临时政府（又称"伪华北临时政府"）成立，受到日军的直接领导，"旨在恢复民主国家，涮涤污秽党治，同时绝对排除共产主义；发扬东方道义，辑睦世界友邦"②③，这一日本扶持的傀儡政权标志着日军彻底灭亡中国的狂妄野心。与此同时，在日伪的合谋设计下，"中华民国新民会"宣告成立。这一汉奸团体以"剿共灭党联日救国"为宣传方针④，"在日本顾问（指日本华北方面军特务机关长喜多诚一）指导之下，负责精神上奴化中国人的任务"⑤。

这一时期，日伪的新闻政策总体上形成了由日本驻华北派遣军报道部负责制定、由伪中华民国临时政府具体执行、由以新民会为代表的专业团体进行强化的殖民体系。日本派遣军总司令部情报局一般不直接发表新闻，但对北平地区的新闻报道有最高指挥监督权，而华北方面军报道部则负责"报纸、广播、传单、讲演等有关治安工作"的舆论宣传实际事务⑥⑦。日军特务机关作为日

---

① 日本防卫厅战史室编：《华北治安战》（上），天津市政协编译组译，天津人民出版社 1982 年版，第 50 页。

② ［日］臼井胜美：《走向太平洋战争的道路：日中战争之政治进程》（第四卷），东京朝日新闻社 1963 年出版，第 131 页。

③ 《晨报》1937 年 12 月 15 日。

④ 中国人民政治协商会议北京市委会员文史资料研究委员会编：《日伪统治下的北平》，北京出版社 1987 年版，第 282 页。

⑤ ［英］班威廉、克兰尔：《新西行漫记》，斐然、何文介、吴楚译，新华出版社 1988 年版，第 7—8 页。

⑥ 《敌伪资料特辑》第 6 号，河北省档案馆藏，第 31 页。

⑦ 日本防卫厅战史室编：《华北治安战》（上），第 72 页。

军报道部的附属机构，负责对当地日伪报刊的指导监督，同时一些日军部队报
道课也可以随时干预地方新闻出版事业①。在日军报道部的强制指导下，伪中
华民国临时政府将日军要求发布的新闻进行编译，或根据日军在舆论方面的要
求进行宣传鼓动，因而伪政府的所有报纸均印有"本报经××军事特务班特
许发行"的字样②。北平日伪新民会则受到日伪双方的压力，面向北平地区的
各类群体分发了不同类型的出版物，引导和控制舆论，对北平地区的民众进行
思想教化，在一定程度上麻痹了民众思想。

新闻内容与思想政策方面，日伪处心积虑宣传"日华提携""共同防共"
等思想，要求压制北平人民反日情绪，淡化北平人民的民族国家观念，并努力
消解民众对日军的心理抗拒。七七事变爆发后，日本内阁情报委员会提出《关
于北支事变的宣传实施纲要》，强调对华实行思想战、宣传战的重要性。日本
华北方面军司令官寺内寿一对新闻宣传工作提出如下要求："特别加强对各机
关的统制，重点放在使中国军民懂得其一切幸福的获得，必须反共叛蒋，依靠
亲日反共的新政权"③，这里的"各机关"就是指日伪的新闻宣传部门。伪中华
民国临时政府则在 1938 年 2 月 10 日颁布了《危害民国紧急治罪法》，规定"以
文字、图画或演说为叛国之宣传者"，视情节轻重可分别判处死刑、无期徒刑
或十年以上有期徒刑④，北平地区的报刊、广播、通讯社随即遭受了日伪的重
重审查，若发现存在相关问题，从严处置。到了 1938 年 7 月 15 日，伪临时政
府又以自身名义颁布了日军亲自制定的《出版法》，明确禁止出版物刊载"蔑
视国家之制度或政府之行为""诋毁外国元首或驻在本国之他国外交官（指日
军侵略者）""意图颠覆政府或损害中华民国利益""意图煽惑他人而宣传共产
主义"等方面的内容⑤。

---

① 《天津特别市公署公报》第 2 号，河北省档案馆藏。
② 王晓岚：《日本侵华战争中的新闻谋略》，《河北学刊》2002 年第 2 期。
③ 日本防卫厅战史室编：《华北治安战》（上），第 81 页。
④ 《河北省政府公报》第 8 号，河北省档案馆藏。
⑤ 刘哲民：《近现代出版新闻法规汇编》，第 626 页。

对新闻机构与新闻产品的管控方面，日伪通过直接或间接的方式改造北平地区的新闻机构，极力钳制北平地区新闻产品的出版与流通自由，从而在北平实施起新闻事业的垄断政策。沦陷初期，北平地区的报社纷纷停刊，由原有的40多家报社骤降至10家。日伪又通过没收、改组或重新创办等方式在北平建立所谓的"新闻中心"，使报社失去经营自由，更使报刊失去出版与流通自由。以《新民报》为例，该报刊的前身为成舍我所创办的《世界日报》，后遭日伪掠夺，于1938年1月1日被改组为"新民会"的机关报，由精通中文的日本人武田南阳担任社长，发表鼓吹日军、伪政府或汉奸的新闻言论。同样，广播也在北平沦陷后相继落入日军之手，由日本当局对广播技术进行控制和垄断。在《新民报》创刊的同时，伪中华民国临时政府宣告北平中央广播电台开播，该电台自此成为华北地区日伪广播事业的中心。此外，更有在北平的日本通讯社加强了自身对华的报道力量，为日军的军事侵略和奴化统治创造有利的舆论氛围，如同盟通信社北平分社当时增设了华文部，专发中文新闻稿件，后来该部在1938年年初改组为中华通讯社，成为日伪当局的机关通讯社[1]。因此，这一时期的日伪利用其垄断的新闻政策对报社、广播电台和通讯社进行改造，严密监控报刊、广播及通讯稿件等方面的内容，以大范围推广其思想上的殖民统治。

二、日伪新闻政策的多次调整：1938年11月—1943年7月

从1938年11月至1943年6月，全面抗日战争处在了战略相持阶段。这一时期，日伪根据战争局势和行动需要不断调整在北平的新闻政策，总体分为两个阶段的调整：第一阶段为1938年11月至1941年2月，第二阶段为1941年3月至1943年6月。

自1938年11月起，日伪的新闻报道开始宣传建立"大东亚共荣圈"，同

---

① 任超：《抗战时期日本对北平的文化侵略》，《北京党史》2019年第2期。

时将"反共叛蒋"改为"剿共"，减少提及"灭党"，抑制了过分排斥国民党的论调。

这一时期，全面抗战进入战略相持阶段，日本帝国主义调整对华作战方针，准备持久作战。日本一边继续扶持伪政权组织，一边开始转变对待蒋介石和国民党的态度："关于国民党和三民主义，对方如能放弃容共抗日政策而以亲日满防共为方针，则等于采取亲日防共主义。故不妨容其存在。"①

1940 年 3 月 30 日，汪伪国民政府在南京宣告成立，接管了原来的伪中华民国临时政府，将其改组后成立华北政务委员会，并赋予华北政务委员会较高的自治权，负责包括北平地区在内的各项政务。日本虽然扶持建立了汪伪政府这一傀儡政权，但实则一直在促进汪伪政府与重庆蒋介石政府的合流，努力避免"采取过早形成新旧两政府对立的观念"②，因而其新闻宣传的内容完全避免了"灭党"的说法，而用"和平反共建国"③取而代之。

汪伪国民政府成立后，立刻制定和颁发了一系列的新闻法律法规，实行"计划新闻制度"，力求实现管辖区域内的新闻统制，其中的重要举措之一就是规定新闻宣传单位必须接受南京国民政府和地方宣传部门的双重管理。自此开始，北平的新闻政策由汪伪国民政府和华北政务委员会共同制定和执行，但日本方面仍然是北平地区新闻政策的幕后操控者，日本侵略者只是将一定程度上的新闻检查权交给了华北政务委员会。

1940 年 10 月，汪伪国民政府颁布《全国重要都市新闻检查暂行办法》，勒令禁止或删除一切与下述内容相关的新闻稿件："违反和平反共建国国策""企图颠覆政府危害民国""扰乱地方破坏金融破坏邦交""泄露政治军事外交秘密""破坏公共安宁"等④。华北政务委员会作为汪伪政府政策的执行者，在北平地区展开了全面的新闻审查，从而维护华北政务委员会和汪伪政府的

---

① 堀场一雄：《日本对华战争指导史》，王培岚译，世界知识出版社 2017 年版，第 155 页。

② 堀场一雄：《日本对华战争指导史》，王培岚译，世界知识出版社 2017 年版，第 267 页。

③ 堀场一雄：《日本对华战争指导史》，王培岚译，世界知识出版社 2017 年版，第 266 页。

④ 汪伪政府立法院编译处：《中华民国法规汇编》（三）。

统治。

此外，日伪双方沆瀣一气，继续对北平地区的报刊、广播等实行进一步的垄断和控制，日军开始从名义上将报刊或广播的经营权交由汪伪国民政府管理，但实际上仍在背后进行操纵，掌握最终实权。以广播为例，1940 年 7 月，伪北平中央广播电台改组成立伪华北广播协会。这个组织由 37 人组成，其中32 人是日本人，只有 5 个中国人，当时人所共知的汉奸管翼贤即为其中之一，汉奸周大文任会长，真正掌握实权的常务理事等均由日本人担任。伪华北广播协会除直接控制北京的"中央广播电台"外，还全面控制着天津、济南、青岛、石门、太原、唐山、徐州等地的广播电台。[①] 到了 1941 年 2 月，日本方面宣称将广播事业管理权交给汪伪国民政府，因而汪伪政府逐渐建立起了一套专门的广播管理制度，颁布了《广播无线电台条例草案》《广播无线电台播音节目审查办法草案》等法规，并规定"华北得设立华北广播事业机构，直隶于华北政务委员会"[②]。"华北广播协会"和南京伪政府建立的"中国广播事业建设协会"共同成为日本侵略者控制中国广播事业、进行奴化宣传的傀儡工具。

除了日本侵略军和汪伪国民政府下设的华北政务委员会以外，新民会的组织纲领也发生了改变：为了配合日伪的宣传调整和思想控制，其纲领由"剿共灭党"变为"发扬新民主义，以表现王道"，"实行反共，复兴文化，主张和平"[③]，以欺骗北平人民的方式帮助强化日伪的新闻宣传，迎合了日本侵华战略的调整。

为了有计划地对华北报人进行安抚、拉拢与培养，殖民奴化政策甚至渗入了新闻教育领域。1940 年 7 月，在日军"北支派遣队"报道部策划下，日伪"华北政务委员会情报局"宣布在中南海万善殿内成立以培养汉奸报人为目标的"中华新闻学院"。首任院长是同盟通讯社华北负责人佐佐木健儿，继任者则是昔日新闻名流、大汉奸管翼贤。中华新闻学院前后共成立五年，于 1945 年抗战

---

① 宋鹤琴：《解放前的北京广播事业》，《现代传播》1984 年第 2 期。

② 方汉奇：《中国新闻传播史》，第 282 页。

③ 北京市档案馆编：《日伪北京新民会》，光明日报出版社 1989 年版，第 328 页。

全面胜利前夕被迫关闭。①

三、"治安强化运动"期间的新闻政策：1941 年 3 月—1943 年 7 月

1941 年 1 月 8 日，日本兴亚院华北联络部制定《军政务关系者会议时军方及兴亚院首脑所指示之各种方针》并传达至华北政务委员会，指出要"使民心——尤其是知识分子之思想——日趋稳健，以巩固中日两国精神上之结合"；同年 2 月底，日本华北方面军决定"在 1941 年度要彻底进行正式的剿共治安战"，这是一件"空前未有的大事"②。此时，日伪政权一方面继续加强"剿共"的军事行动，另一方面也意识到了民心的重要性，唯有民心才能使其统治更加稳固。因此，日伪政权带着这样两个目的在 1941 年 3 月至 1942 年 12 月期间于包括北平在内的华北地区开展了五次"治安强化运动"，旨在实现军、政、民的一体化。

根据每次"治安强化运动"的不同目标和侧重点，日伪在延续之前在北平新闻政策的同时，对宣传内容进行相应调整，使其更契合"治安强化运动"的要求，建立反动的殖民宣传体制。整体而言，该时期日伪在北平的新闻政策主要为：

从新闻宣传的主导来看，日伪延续了北平沦陷后建立的新闻政策制定与实施模式，以华北政务委员会为核心确立了"军、政、会"三位一体的新闻宣传组织模式，在此基础上对每次运动的新闻政策进行一定程度的调整。其中，"军"指的是日本华北方面军，"政"指汪伪国民政府所领导的华北政务委员会，"会"则指"上情下宣、下情上达"的新民会。日本侵略者仍然是北平地区新闻政策的策划者，也是新闻政策的实施者或监督者。但日本方面注意到存在"轻视中国方面的行政机关，使之软弱无力的倾向"的问题，其开始"大

---

① 徐梓善：《沦陷时期日本在华的奴化新闻教育研究：以"中华新闻学院"为例》，重庆大学硕士学位论文，2020 年。

② 日本防卫厅战史室编：《华北治安战》（上），第 362—363 页。

力培养中国方面行政机关，授以应有的实权"①，华北政务委员会得以发挥其反动宣传的积极性，具体组织北平地区的新闻宣传，成为推广日军殖民思想的重要傀儡政权。新民会一如既往地配合日伪的要求，在北平麻醉和愚弄民众思想。

从新闻的内容思想来看，日伪在北平的新闻宣传围绕"治安强化运动"展开，以建立"大东亚共荣圈"和普及"亲日反共"意识为切入点进行宣传。其中，"大东亚共荣圈"在日伪新闻宣传中占据主导地位，"反共"意识在这一时期更为凸显。以第五次"治安强化运动"为例，其实施纲领直接提出"我们要建设华北完成大东亚战争""我们要剿灭共匪肃正思想"，宣传"共产主义绝难容于华北及东亚"以及国际反共阵线的强大等。

除此之外，这一时期日伪还鼓吹每次"治运"所取得的成果、对抗日力量的削弱与北平人民的"安居乐业"，更配合其殖民统治而宣传"经济封锁""自治自卫"等内容。报刊方面，该时期日伪出版的报刊往往大幅度展示反动宣传标语，刊登日伪双方重要人物的讲话。广播方面，广播电台中出现了"治运"特别节目，以吸引北平地区的民众，如1941年3月，伪华北广播协会特别规划出"治安强化运动特辑节目"，为"治运"服务。

从新闻出版物的管控来看，日伪进一步强化了北平地区"禁书"的清查，而其所发行的刊物往往"亲日反共"、粉饰太平。1941年10月，华北政务委员会颁布《关于与抗日及共产有关之图书新闻杂志等之处置办法》，规定凡涉及抗日、共产主义、社会主义、马克思主义等记述内容的新闻杂志及图书一律为禁书，一旦查出，整理后由华北政务委员会封存处理。这一规定不仅涉及北平地区销售发行中的书刊，更涉及过往刊物，如华北政务委员会下令"国立北京大学"（日伪占领北大校址建立的伪北大）查处该类禁书。同样，在次月开始的第三次"治安强化运动"中，北平日伪特务科特高股对北平地区的文化市场进行大规模检查，一次性查禁的书刊达到38种，涉及新华书局、北新书局、

① 日本防卫厅战史室编：《华北治安战》（上），第364—368页。

文兴书局等 27 家①。1942 年，北平《新民报半月刊》设立"每期奖金"小说，要求题材关于"复兴中国、建设东亚、灌输参战意识者"。

1941 年 12 月，美国偷袭日本珍珠港，太平洋战争爆发。汪伪国民政府宣传部随后要求各大报刊要不间断发布汪伪政府主动参战的社论，反对英国和美国，在新闻宣传中表明其与"日本并肩作战"的态度，认为"中日两国将为同生同死之占有②"。

从新闻宣传的方式来看，日伪在北平的新闻政策体现出"全面撒网"的特点，从时间和空间上拓展新闻宣传的范围，也保证对沦陷区各个阶层人民的宣传。在"治安强化运动"开始之前，日伪便已投入对其的宣传，因而这一时期新闻宣传的时间跨度长；"治安强化运动"不再仅局限于北平城区之内，而是将触角伸向了郊区乃至偏远山区，因而这一时期地理跨度广；"治安强化运动"中的新闻宣传对象也不再仅限于权力所有者和上层文人，而是同时包含了沦陷区老百姓，从而扩大其新闻宣传的对象范围。

四、日伪新闻政策的挣扎与覆灭：1943 年 8 月—1945 年 8 月

1943 年 7 月，抗日战争局势由战略相持进入了战略反攻阶段，国际反法西联盟协力作战，日军被迫将部分在华兵力抽调至其他战场进行抵抗。伴随着整体战局的不断恶化，北平人民抗日斗争的情绪日益高昂，日伪在北平地区新闻宣传遭到了强烈抵制，其新闻政策也因而受到了前所未有的挑战。

尽管日伪处心积虑想要提高其报刊在北平地区的流通度和销售额，但北平人民并不愿意购买或订阅日伪报刊。据统计，1943 年 7 月，北京各个阅报栏阅报的总人数为 10166 人次，平均每天每个阅报栏阅读的人数仅为 35

---

① 北京档案馆编：《日伪在北京地区的五次强化治安运动》上，北京燕山出版社 1987 年版，第 235—243 页。

② 参见上海市档案馆：《日伪上海市政府》，档案出版社 1986 年版。

人次①。

1944 年，世界反法西斯联盟捷报频传，太平洋战场上日军不断失利，日伪的虚假面目被揭露出来，其报刊的北平阅读人数大幅度下降，日伪被迫再次调整其新闻政策。

首先，日伪在之前的基础上，继续改造或停办报刊，直至北平地区仅流通《华北新报》一种报刊。从 1944 年 1 月 1 日开始，北平地区除《新民报》《实报》《民众报》《庸报》和《新天津报》外，其余报纸均宣告停刊。同年 5 月 1 日，日军侵略者又命令这五家报纸一律停刊，合并改组为《华北新报》，成为华北地区处于垄断地位的日伪报刊。华北政务委员会委员长在《华北新报创刊祝辞》中明确要求该报"以崭新姿态，应时代需求，为民众之先驱，为社会之道铎"，以对社会现实的揭露来掩盖其殖民侵略的本质。

其次，鉴于日伪的殖民面具逐步被摘下，日伪试图通过新闻文字所营造的美好幻想来维持其新闻宣传体系。以《华北新报》为例，它以"华北兵站基地之完成、华北建设实绩之跃进、华北建设与决战胜利之完遂"为主题开展有奖征文活动②，使部分文化知识分子为了金钱利益而拥护日伪统治，将饱受蹂躏的北平描绘成人们心中的理想家园。

同时，日伪军队的宣传遭到北平地区人们的质疑，新民会的力量也不比往日，因而日伪当局又扶植了华北宣传联盟、华北新闻协会等多个新闻宣传社团，受到日伪的直接或间接领导，以帮助日伪勉强维系其新闻宣传体制。

1945 年 8 月，日本侵略战争彻底失败，日军撤退出中国，北平的伪政权华北政务委员会随之崩溃解散，《华北新报》停刊，日伪在北平长达八年的新闻宣传殖民体系最终瓦解。

---

① 　参见张树栋：《中华印刷通史》，印刷工业出版社 1999 年版。

② 　王瑞：《日占时期（1937～1945 年）北平出版业发展状况与特点分析》，《北京印刷学院学报》2010 年第 3 期。

五、特点

从 1937 年全面抗日战争爆发、1940 年汪伪国民政府成立、1941 年太平洋战争爆发到 1945 年日本投降，日伪在北平的新闻政策始终伴随着战局变化而不断变化，并配合其军事、政治或思想上的殖民侵略，在这一过程中呈现出其自身特点。

第一，日伪在北平新闻政策的具体制定与实施有着严密且多层次的组织架构。第一个层次是日本侵略军，日伪在北平新闻政策制定的主导力量，由日本内阁情报部、中国派遣军总司令部情报局以及日本华北方面军报道部依次构成。第二个层次是伪政权，日伪在北平新闻政策的具体实施者，北平地区的伪政权则经历了从伪中华民国临时政府到汪伪国民政府领导的华北政务委员会的过渡。第三个层次是以中华民国新民会为代表的汉奸团体，日伪在北平新闻政策具体实施的参与者和推广者，配合日伪进行相关新闻宣传活动。此外，还有华北宣传联盟、华北新闻协会等多个伪专业团体组织，为日伪和新民会的新闻政策实施提供帮助。

第二，日伪在北平新闻政策的思想核心是"反共防共"和"中日亲善"。由于共产党人是抗日的坚实领导力量，日伪必然将共产党人视为军事侵略的敌人，视为实现对北平民众思想控制的敌人，因而必须用报刊和广播等来抹黑共产党人，削减北平民众对共产党人的信任。相反，日伪则极力在报刊和广播中为自身构建美好形象，试图拉近与北平民众的距离。

第三，日伪在北平新闻政策中的内容与思想根据战局及行动的需要不断进行调整。北平沦陷初期，日伪迫切需要压制北平人民的反日情绪，建立属于自身的殖民新闻统制，因而宣传"日华提携""共同防共"等思想，奴化北平人民。汪伪国民政府成立后，日本方面力促汪伪政府与重庆政府的合流，对"灭党"闭口不谈，宣传"和平反共建国"。五次"治安强化运动"期间，日伪旨在主张深化自身的殖民统治，赢得"民心"，因而宣传建立"大东亚共荣圈"，强调"亲日反共"意识，更鼓吹"治运"取得的成果，愚弄北平民众。太平洋战争爆发后，日本接连败退，此时日伪在北平的新闻宣传号召沦陷区人民与日本侵略者"同生共死"，以不切实际的文字为北平民众勾勒出美好幻想，从而维系日伪在北平的新闻统制。

第四，日伪在北平的新闻政策始终高度重视对报刊与广播的控制，注重其建立、出版、发行与流通的章程。作为 1937 年至 1945 年间最为普及的两种新闻媒介，北平地区的报刊与广播自然而然是日伪在北平新闻政策的重要一环。因此，日伪将报刊与广播的生死大权攥在手中，颁布了一系列法律法规，对报刊与广播的数量、报刊的出版与发行、广播的管理等严格管控。

第五，日伪在北平新闻政策所彰显的根本目的在于奴化北平人民，掌握民心，不仅从军事上占领北平，让北平这片土地成为日本的殖民地，更要从思想上奴化北平百姓，让北平人民的思想受到日本的控制，由此达到灭亡中国、独霸中国的目的[①]。

六、影响

日伪在北平的新闻政策是日伪对北平新闻宣传事业进行殖民统治的重要方式和手段，对新闻政策的制定与实施、新闻报道的内容与思想、新闻机构的设置、新闻产品的出版与流通进行全方位的严格管控，从而使北平地区的新闻宣传事业体系完全掌握在日伪手中，服务于日伪对北平开展的军事侵略及由此展开的"经济战""思想战"等。因此，在一定程度上，日伪在北平的新闻政策对整个北平地区带来了十分恶劣的影响。

一方面，北平民众是日伪在北平新闻政策的直接受害者。对"大东亚共荣圈"和日军战果的不断鼓吹使得北平民众在长期的思想蒙蔽中逐渐丧失了自己对抗战局势的判断力，以"反共和平建国"为导向的新闻报道使得北平民众对共产党的态度产生动摇，对共产党的抗日力量产生质疑，在北平的新民会则

---

① 黄河编著：《北京报刊史话》，第 165—166 页。

通过利用《新民报》、广播等手段进行思想宣传和教化，为侵略者摇旗呐喊，麻醉了北平人民的思想，阻碍北平民众抗日活动的开展，破坏共产党与群众之间的联系。但是，北平民众往往是被动接收日伪侵略性质的新闻宣传，其内心实际上对此表示抵制和排斥，绝大部分民众能够透过日伪虚伪的新闻宣传看穿其思想控制的实质，但仍存在部分郊区民众为日伪的新闻宣传所蒙骗。

另一方面，包括北平在内的华北地区共产党及其领导的抗日力量受到日伪反动新闻政策的严重影响。日伪常常利用共产党的名义于北平报刊发布虚假文件、于北平广播播放广播词，甚至曾发表过虚假的共产党投降书，严重抹黑了共产党的名声和形象，对共产党的抗日斗争产生了一定的消极影响。与此同时，"剿共灭党""反党和平建国""反共防匪"等口号被日伪融入各种思想文化控制的活动中，意图挑拨民众与共产党的关系，动摇共产党抗日的群众基础。

然而，日伪在北平的新闻政策所带来的影响仍然是有限的。首先，日伪的反动新闻宣传并没有达到奴化北平人民思想的目的，北平人民对日伪的侵略行为充满愤懑与仇恨，大部分民众都对日伪新闻政策的殖民野心了然于胸。其次，在日伪随着战争局势变化而不断更新和调整北平新闻政策的同时，共产党及其领导的抗日力量也积极发展自身的新闻宣传，创立《新房良报》《挺进报》等报刊，与日伪的新闻宣传展开"唇枪舌剑"，力求粉碎日伪反动新闻政策的阴谋，与北平民众站在了统一的抗日思想战线上。以《挺进报》为例，该报与日伪的新闻宣传截然对立，揭露日军和伪政权的虚伪与虚假，坚决支持全民抗日战争，宣传共产党的各项政策，如"坚持抗战，反对投降；坚持团结，反对分裂；坚持进步，反对倒退"等。该报在共产党领导下收获了广泛的群众信任，有人读报后兴奋不已，有人主动投稿，也有人希望该报提高出版频率①。

此外，日伪在北平新闻政策的制定与实施虽然组织严密，但是日军、伪政权与新民会之间也存在一定问题：在汪伪国民政府成立后，汪伪政府声称"讨蒋"，而日军则希望促成汪伪政府与蒋介石政府进行合作；新民会方面，新

---

① 黄河编著：《北京报刊史话》，第147—152页。

民会本为日伪共同扶持的思想教化汉奸团体，但其实际作用在很大程度上与成立的初衷相背离，且其强行灌输"新民主义"的做法并不能为民众所接受 ①。

所以，日伪在北平的新闻政策虽然对北平民众、共产党及其领导的抗日力量造成了恶劣的影响，但由于北平民众的主动抵制和共产党积极进行的相关反宣传，日伪在北平的新闻政策和新闻宣传对北平民众、北平共产党以及整个北平地区的影响仍然是有限的。

七、小结

综上所述，从 1937 年七七事变爆发到 1945 年日本投降，日伪在北平的新闻政策经历了北平沦陷初期日伪在北平新闻政策建立、汪伪政府成立和五次"治安强化运动"期间日伪在北平新闻政策调整和抗日战争进入战略反攻阶段时日伪在北平新闻政策捉襟见肘的过程，呈现出新闻政策制定组织严密、新闻内容和思想管控严格等特点，旨在"反共"、侵占北平与奴化北平民众思想。但是，在中国共产党及其所领导抗日力量的积极制衡和对抗下，在北平民众对日伪殖民反动的新闻宣传体系的自觉抵制下，虽然日伪在北平的新闻政策带来了一定的恶劣影响，但是该影响的广度和深度都是有限的，最终也无法达成日伪通过新闻政策进行思想殖民的目的。

第四节　日伪新闻业的覆灭

随着日军在战场上的失势以及国民党、共产党新闻事业对于事实真相的揭露，日本帝国主义精心编织的"中日提携"梦逐步破灭，日本在华的新闻事业走向灭亡。

---

① 参见日本防卫厅战史室编：《华北治安战》（上）。

一、日伪广播电台的覆灭

自 1937 年全面抗日战争爆发之后，原本就极为重视广播宣传的日军在中国多个沦陷区接手了国民党原有的广播电台，并开始建立日伪的"广播网"。在华北地区，随着北平、天津、太原等城市的沦陷，原有的广播电台全部落入日军掌控。

本帝国主义首先取缔了北平原有的广播电台，然后把这些电台的广播发射机安装在味花胡同，改装成 500 瓦、300 瓦和 100 瓦的广播发射机各一台。1937 年 10 月北平伪"中华民国临时政府"建立后，北平改称北京，广播电台也改名为"北京中央广播电台"，呼号 XGOP，地址在北京西长安街二号，台长由汉奸周大文担任，1940 年又从日本运来 100 瓦广播发射机一台，安装在通县双桥，进一步扩大日伪中央台的电力规模。北京中央广播电台于 1938 年元旦开始用汉语和日语面向北平市民广播，不久，天津、济南、青岛、唐山、石家庄、太原等七座电台和两个特殊电台也恢复播音。[1] 此外，日寇还接管了意大利人商人办的"伯利维"广播电台，改称"北京中央广播电台分台"，以增强殖民宣传的空中优势。[2]

就日伪广播电台的宣传内容来看，其播出节目均带有很强的殖民主义和奴化宣传色彩，对民众灌输"东亚共存共荣"等论调，麻痹民众，劝降抗日军队。有学者指出日伪广播电台的宣传活动集中体现了其"愚民色彩"的本质。最引人关注的是出现了大量的"教养"类节目，如《古人箴言》《先哲故事》《格言》等，这些节目鼓吹青年应有"义勇奉公的精神"并对日本"忠诚"、为日本占领者效劳[3]。除了教化类节目，电台中播放的"新歌曲"也充满了奴化色彩，这些歌曲反复播出，无不宣扬日本所谓的"和平主义""日满亲善"和"中日提携"等论调，企图蒙蔽沦陷区的民众。

---

[1]　徐梓善：《沦陷时期日本在华的奴化新闻教育研究》，重庆大学硕士学位论文，2020 年。

[2]　宋鹤琴：《解放前的北京广播事业》，《现代传播》1984 年第 2 期。

[3]　朱叶：《国民政府对汪伪"和平运动"的广播战》，《学术交流》2017 年第 12 期。

汪精卫成立伪政府之后成立了伪中央通讯社和伪宣传部。1941 年 3 月，在广播协会成立的同时，汪伪政府改组了原南京广播电台，更名为"中央广播电台"，呼号与国民党中央广播电台一致，具有相当的迷惑性，使得许多民众错误地接收了这一电台，于不经意之间接受了日伪的奴化宣传教育①。为了更好地强调汪伪政府的"正统性"，每逢孙中山诞辰、元旦、植树节等重要节日，汪伪政府均举办盛大的庆祝活动，并辅以多个要人的广播演讲。而在孙中山逝世纪念日，汪精卫不仅在南京举行国旗游行和植树活动，还亲自前往中山陵举行陵寝告祭活动，并发表广播讲话称："国父临终遗嘱，声明国民革命之目的在于中国之自由平等，其达到此目的的方法，为唤起民众及联合世界上以平等待我之民族，共同奋斗。今友邦日本首先援助中国完成独立之伟业，交还租界、撤销治外法权，大利诸友邦续之。吾人惟有振起勇猛刻苦之精神，以联合友邦，负荷保卫东亚之使命"②。由此可见，日伪广播电台为了更好地接近民众，鼓吹自身合法地位，借重大庆典之名，宣传"平等自由""振兴东亚""保卫东亚"，而行奴化教育之实。

伪中央广播电台建立之后，日本方面更是决定将汪伪与伪满、日本的宣传连成一气，以达到"更好"的宣传效果。1942 年，日本决定实行"大东亚新闻广播"计划，强调广播不仅担负"战争意义的普及，战争情绪的提高，战争状态的及时报道"任务，尤其在"国家集团之间协同合作上"，为了"一致精神，互相密切配合"，更需要"形成一个保卫国家集团的电波战线"③。形成更为巩固的宣传联盟，有助于日伪对沦陷区民众展开更为严密的监视与控制，一定程度上为奴化思想与对华政策的灌输提供技术支持。

为保证广播宣传的有效性，日本侵略者在收听方式方面做出了许多规定。一方面，日寇公布收音机的制作和装设规则，命令北京所有的听户和销售户全部重新登记注册，并且严格限制收听范围，规定只能收听 500 千周至 1500 千

---

① 《禁止收听敌台》，重庆市档案馆，全宗 0053，目录 0023，卷宗 0050。

② 《国父逝世纪念日》，《申报》1943 年 3 月 12 日。

③ 马光仁：《上海新闻史》，复旦大学出版社 1996 年版，第 965—999 页。

周以内的广播（即只能收听日伪电台节目），机具上的短波部件必须拆除，严禁收听外台广播。另一方面，日寇采取强制手段推销所谓"协和式"标准型收音机（这种三灯、四灯收音机只能收听日伪广播），以分期付款办法强制市民购买，整个日伪统治的八年中大约推销了4万台。①

面对日伪日益严密的广播网络的部署，国民党中央战时新闻检查局副局长孙义慈从官方立场出发，阐明了国民党对于部署广播网络、积极抗日的态度。在《战时新闻检查的理论与实际》一书中，他代表官方立场阐明了国民政府之态度具体为：战时广播宣传就是要"树立我国人民对于正义及胜利的信念""唤起我国人民的敌忾同仇心"，并"扰乱敌国的人心，而促进其内部崩溃"②。而且国民党与汪伪政权还在广播电台上发生过多次言论交战。1940年3月汪伪政府成立后，面对汪精卫试图窃取"正统"并叛国投降的种种言论，国民政府外交部奉命在广播上播放《致各友邦照会》，在照会中声明："所有构成伪组织之人员，不过为日本之奴隶，其丧尽道德廉耻与爱国天良，自不待言，此辈危害祖国，助长日军侵略，中国政府与人民视之为国耻之尤者，应依法予以严惩。中国深信世界自尊之国家，必能维护国际间法律与正义，对中国境内日本傀儡组织，绝不予以法律或事实上之承认。"③

国民党创办的中央电台和国际电台随即举办了"讨汪"广播专题，陆续邀请郭沫若、陈立夫、林森、居正、于右任、孙科等诸多政界要人到广播电台发表以"讨汪"为主题的广播演讲④，目的在于"昭告中外，斥汪逆图谋盗窃名器，严正表示全国军民坚强抗战，希望友邦一贯同情更多援助"⑤。国民党对汪伪政权虚伪说辞的反击，为广大人民揭露了日伪当局企图灭亡中国的野心，并极大地打击了日伪"宣传战"和"思想战"的嚣张气焰。

---

① 宋鹤琴：《解放前的北京广播事业》。

② 孙义慈：《战时新闻检查的理论与实际》，军事委员会战时新闻检查局1941年出版，第6页。

③ 《致各友邦照会》，《中央党务公报》1940年第2卷第15期。

④ 《林主席广播讨汪》，《大公报》1940年3月30日。

⑤ 《广播讨汪》，《大公报》1940年4月8日。

日伪广播电台的真正覆灭是在 1945 年 8 月 15 日，日本宣布无条件投降之后。当年 9 月，国民党政府发布了"管理收复区报纸、杂志、电影、广播事业暂行办法"，宣布查收日伪的所有广播电台，其资产由国民党中央宣传部与当地政府接管。10 月初，国民党中央广播事业管理处平津地区接收大员黄念祖先后接收了伪华北广播协会、日伪北京中央台及其他所属台。日伪北京中央台被国民党反动派接管后，改称"北平广播电台"，呼号 XRRA，自 10 月 10 日开始播音。北平广播电台由接收大员黄念祖任台长，另设副台长齐昌鼎。由于接管了日伪北京中央台的全体中国员工，所以机构较庞大，设四科一室，包括总务科、传音科、业务科、工务科和会计室，共有 216 名员工。①

值得注意的是，"接收"改造后的北平广播业在国民党政府的全面控制下产生了新的问题。首先是设备陈旧，节目了无新意。其次，播出了一些宣传"戡乱救国"的节目，污蔑爱国学生和解放区军民。第三，北平广播电台从 1946 年初开始，每晚 8：20—8：30 用第一广播（北平台的主要频率）转播旧金山节目（即美国之音，VOA），美军驻扎北平期间，每天还要联播美国海军陆战队广播电台（XGOY）的节目。② 可以说，国民党的反动本质在"接收"后的北平广播业中可见一斑。

二、日伪报纸的覆灭

北平陷落之后，日伪通过没收、改组或重新创办，在北平建立起所谓的"新闻中心"，先后出现过新闻报刊达数十种。中文报刊方面主要有：《进报》《新民报》《新民周刊》《全民报》《庸报》《实报》《武德报》《民众报》《北京晨报》《新北京》《时言报》《中国公论》《华言报》《反共战线》《三六九画报》《首都画报》《青年呼声》《华北新报》。日文报刊方面主要有：《北京新闻》《新支那》

---

① 宋鹤琴：《解放前的北京广播事业》。

② 宋鹤琴：《解放前的北京广播事业》。

《东亚新报》《艺术社会》《阵中新闻》。另外还创办了法语报刊《政文报》和英文报刊《时事日报》。

　　上述报纸实质为日军扩大宣传、奴化人民的有力工具。内容大都鼓吹"建立东亚新秩序""中日亲善""盟邦友好"等虚伪言论。同时极为注重对人民思想的教化和控制，希望通过新闻纸的报道与教化，让万千人民树立一个统一的世界观。在上述报纸中，《华北新报》作为日伪在华北地区创办的最后一份报纸，对于反映日伪的新闻理念、战争形势的变化及其日伪新闻业的最后覆灭具有极为重要的意义。《华北新报》可看作一份"末世报纸"，于日伪统治后期创办，日本投降后停刊。1944 年 5 月 1 日，《华北新报》北京总社及天津分社同时成立。社长管翼贤，副社长大川幸之助，编辑与发行人张道本。《华北新报》为日报，创刊号为两大张（8 版），次日改为一大张。自 5 月 10 日起，为节约纸张，周二、周三、周五、周六、周日出版一大张，周一、周四出版半张（两版）；从 10 月 1 日起，周二、周五、周日出版一大张，周一、周三、周四、周六出版半张。从 12 月 23 日起，全部改为半张出版；1945 年 5 月 1 日起，"为战时节约物资起见"，改为每日出版 8 开一小张 ①。

　　1940 年 7 月，日本开始推行所谓的新体制运动，强制性地建立起战时政治、经济体制。政治新体制要求解散一切政党、工农团体以及自发性的民间组织，以确立统一的法西斯政治体制。经济新体制则要求在工业、金融业等国民经济的各个领域成立统一的机构——统制会，用以分配资金、原材料以及生产任务。为适应这一体制，1943 年 6 月，汪伪最高国防会议第 71 次会议通过《战时文化宣传政策基本纲要》。《纲要》规定战时汪伪文化宣传政策的基本方针为，动员文化宣传之总力，担负大东亚战争中文化战思想战之任务，以其一面促进大东亚战争之完成，一面谋中国文化之重建与发展，及东亚文化之融合与创造。《纲要》是伪政权后期有关文化宣传方面的一个政策性文件。其实质就是将整个文化宣传事业战争化，并依附于日本帝国主义，并为其侵略战争

---

① 程曼丽：《华北地区最后一份汉奸报纸——〈华北新报〉研究》。

服务①。

在战时政治、经济体制以及文化宣传政策基本方针的强烈影响下，"新闻新体制"应运而生。华北日伪政权于1944年5月开始实行所谓的"新闻新体制"，而《华北新报》的创办，正是这种新体制的具体化。该报社长管翼贤曾在《华北新报》的创刊号上指出："《华北新报》的宗旨有三点，这也可以称为是《华北新报》的三重性格，同时也是《华北新报》所负的时代使命。分别是：一、确立新闻新体制。二、大东亚战争之必胜与完遂。三、推进新华北之建设。"②其中，"确立新闻新体制"是该报的中心任务，也是该报日、中方头目再三强调的。按照该报的阐释，"华北的新闻新体制乃是适应时代要求的产物，所谓时代要求简括地说就是决战体制下，必须节约物资，强化宣传。"窥探这种"节约物资，强化宣传"的新体制背后的原因，可以在一定程度上找到日本新闻业逐步走向没落的蛛丝马迹。

根据北京大学新闻与传播学院程曼丽教授的推测，日本实施这种新闻新体制的原因大致有二。首先是由于纸张供应的紧张形势决定的。侵华战争全面爆发之后，日本的纸张进口急剧减少，至1941年完全断绝。为此，日本国内自1938年起开始实施纸张控制，并从小报开始推行报纸合并。1942年7月24日，日本情报局又公布了报纸合并调整方针，规定了一县一报。1944年，纸张短缺的情况进一步加剧，各报刊不得不进一步取消晚刊和号外。由于纸张短缺和物价飞涨，日伪报刊纷纷以削减篇幅或合刊的形式求得生存。在华北地区为解决纸张供应困难的问题，自1944年1月1日起，北平和天津除《新民报》《实报》《民众报》《庸报》和《新天津报》外，其余报纸均宣告停刊，同年5月1日，日本军部又命令这五家报纸一律停刊，合并改组为《华北新报》，企图建立"全华北乃至全中国人民的报纸"。

其次，推行"新闻新体制"与第二次世界大战的国际战局，以及中国国

---

① 程曼丽：《华北地区最后一份汉奸报纸——〈华北新报〉研究》。

② 《华北新报》1944年5月1日。

内的战争形势有着密不可分的关联。从 1943 年开始，苏军在"二战"主战场的苏德战场转入反攻；美英盟军于西西里岛登陆战役后攻入意大利半岛；意大利于同年 9 月投降并于 10 月对德宣战。1944 年，英美武装力量在太平洋和亚洲的较大范围内展开了进攻，整个战争形势发生了有利于同盟国的根本转变。对于中国而言，这一年国民党正面战场虽然出现了大溃败的局面，但中国共产党领导的敌后军民在华北、华中、华南地区对日军普遍发起局部反攻，使侵华日军的大部队被困在铁路沿线的孤立据点上，陷入四面楚歌的境地。日军面临的愈益严重的危机情势亦可通过《华北新报》的字里行间反映出来。如"目下大东亚战争已入于最严重之阶段，决定东亚兴衰之期即将到来，今后决战之胜负，胥视交战之意志如何而定""盖当此战争非常时期，统制言论为政策上必然之归趋"①。

《华北新报》作为日伪在华北地区创办的最后一份报纸，可以看作日军在北平新闻业覆灭的一个缩影。其实施的新闻新体制因时局所迫，情势所逼，是日伪统治后期当局自觉也是唯一的选择，是日军投降之前在舆论上的回光返照。这表明无论以何种鼓吹"大东亚圣战"即将完成，企图蒙蔽沦陷区民众的做法都是日伪的痴心妄想，其新闻舆论政策势必破产。

三、日伪通讯社的覆灭

北平沦陷后，国民政府的中央通讯社北平分社立即关闭。北平地区原有的中小型通讯社也大都宣告关闭，只剩下 15 家继续惨淡经营。这些民营通讯社资本总额最大的不到 2500 元，最小的仅为 80 元，在人事、设备和资金上都处于难以周转的境地。不仅如此，他们的报道范围往往仅限于北平地区附近，而国内外要闻均被日伪的同盟通讯社垄断。1938 年 2 月，日伪借口推行"宣传报道一元化"，索性强制关闭了华北地区所有的民营通讯社。

---

① 程曼丽：《华北地区最后一份汉奸报纸——〈华北新报〉研究》。

相比之下，卢沟桥事变以前，日本主要的新闻通讯社大多在北平设立了分社，如同盟通信社、东京朝日·大阪朝日·东京日日·大阪每日、读卖新闻、读爱知国民新闻、福冈日日新闻①。北平沦陷之后，日伪还创办了一系列通讯社，如电闻通讯社、中闻通讯社、北方通讯社、雷电通讯社、政闻通讯社、经济通讯社、中国通讯社、华北通讯社、亚北通讯社、民兴通讯社、进化通讯社等。值得关注的是，1938 年 4 月 1 日，同盟通信社在北平分社设立了华文部，接管了中央通讯社北平分社的相关业务，该部的工作除将日文电报翻译成中文外，还增加了采访人员专门收集各种消息供给伪报采用。同盟通信社华文部每日发布中文稿件，其内容大多为日本政府及其军部的发言，字里行间充斥着日本帝国主义对于在中国建设"王道乐土"的"美好憧憬"，以及日本名为共荣发展实为殖民侵略的伪善面目。这些稿件成为当时北平地区中文报纸的主要内容来源。1939 年，日本外务省文化事业部对北京日伪报刊的情况进行了一次实地调查，并写成了一份十分详细的调研报告书。该调查认为，同盟通信社的"日本色彩"太过醒目，当地民众对同盟社的消息并不感兴趣。所以即使同盟社的报道再"正确公平"，其"宣传"效果也是有限的。基于此，调查者呼吁应尽快成立名义上中国人自己的通信社，将会有更佳收效。在这种情况下，1940 年 2 月 16 日，华文部从同盟社独立出来，将强制关闭的 15 家民营通讯社资产整合后，组成了伪中华通讯社，由前华文部部长佐佐木健儿担任社长，《实报》社长管翼贤担任副社长，并成为日伪当局的机关通讯社。中华通讯社在华北共有十个分社，负责全华北沦陷区内日伪报刊的新闻供给工作。除新闻供给之外，中华通讯社"取代"同盟社承担了指导华北沦陷区日伪报刊对内、对外舆论诱导的工作②。

伪中华通讯社发布的新闻报道一般可以分为三类，即"正面宣传""攻

---

① 以上通讯社名称参见任白涛：《日本对华的宣传政策》，商务印书馆 1940 年版，第 112 页。

② 李杰琼：《20 世纪 30 年代日本的"宣传战"及其在华北沦陷区的新闻统制》，《新闻界》2015 年第 8 期。

势宣传"和"谋略宣传"①。根据重庆国民政府有关方面调查分析，日伪报刊通讯社的"正面宣传"约占50%，"攻势宣传"约占30%，"谋略宣传"约占10%。所谓"正面宣传"就是对日本帝国主义的侵略行为歌功颂德，美化其殖民统治，掩盖殖民暴行；将日伪统治下的华北殖民地描述成为"政治修明""经济发展""民生安定"的光明乐土。"攻势宣传"是对坚持抗战的重庆国民政府、国共两党和英美苏等反法西斯国家进行污蔑，把正义的抗战事业污蔑为给人民带来巨大苦难，把人民置身于水深火热之中，企图动摇广大中国人民的抗战意志。"谋略宣传"是指妄造谣言，故意夸大美、苏、英等反法西斯国家之间的矛盾冲突，甚至还会伪造广播词或者相关文件，蛊惑民心，误导战争形势。

日伪对于不同地区的宣传政策也存在差异。对于占领地区的宣传以安定民心为主要目的，并且贯彻此次战争是东亚民族解放战争的意义，是友邦日本挽救中国人民的英勇战争，具有民族觉醒和民族解放的重大意义。而且刻意塑造日军的高大形象，称日军宣抚班"奋不顾身，爱民如子，自去年八月成立以来，于和平之战土上为救济中国民众，而于枪林弹雨中，纵横活跃，犹如慈母"②。对于非占领区，日军大肆渲染反蒋反共的气氛，发表"夫蒋介石与一般党人，不明大势，不懂国情，轻举妄动，称兵抗日，联俄容共，实作茧自缚，飞蛾投汤，自取灭亡之道也，蒋之政权已土崩瓦解矣"③；"徐州陷落，党军败灭，驱逐了这个祸国殃民的'刮民党'，再也不能来扰乱我们，因此老百姓可以在中日提携下，发展农村"④等荒谬言论。

但是不管日伪当局采取怎样的宣传手段，进行怎样的歪曲报道，在人民中的影响力十分有限。许多报刊根本销不出去，自费订阅者更是少之又少。为了扩大反动宣传的影响，日伪当局只好采取官费订阅"奉送"，让驻地人民"迫

---

①　中国第二历史档案馆档案，第718宗，第70（重）卷。

②　《日军宣抚班救济民众》，《新民报》1938年4月13日。

③　《日决彻底消灭蒋政权》，《新民报》1938年2月19日。

④　《庆祝徐州陷落》，《新民报》1938年5月21日。

订"，对游击区"散发"等手段，扩大报刊的发行①。为了尽可能扩大宣传的效果，日伪在大中城市还建立了阅报栏，招徕人们阅读。以北京为例，共设置阅报栏 9 个。据日伪方面统计，1943 年 7 月，北京各个阅报栏阅报总人数为 10166 人次，平均每天每个阅报栏的阅报人数为 35 人次。1944 年 5 月，临近抗日战争胜利，这一数字更是显示出了下行的态势，每个阅报栏阅报总人数降为 8817 人次，平均每天每个阅报栏的阅报人数为 31 人次②。这对一个有一百数十万人口的城市来讲，阅报栏阅报的人数的确过少，这也从一个侧面反映出日伪的宣传不得人心，对沦陷区人民的舆论控制和奴化效果极其有限。

四、日伪新闻业覆灭的原因

日本发动非正义的侵华战争，日伪新闻业却扭曲战争性质，鼓吹侵华战争是"中日亲善""建立东亚新秩序""寻求大东亚共存共荣"的正义行动，是一场解救中国百姓于水火的"圣战"。这些虚伪说辞与沦陷区日本帝国主义的黑暗统治形成了强烈对比，是其愚弄和奴化沦陷区群众的有力证明。日伪当局企图通过新闻媒体的歪曲报道，驯化一批服从于日本帝国主义统治、泯灭民族解放意志的"顺民"，但是这种阴谋诡计在广大人民群众中不得人心。可以说日本发动非正义的侵华战争，却要百般美化侵略战争的报道行为是自掘坟墓，是日伪新闻业最终覆灭的重要原因之一。除此之外，中国共产党、中国国民党以及部分民营报刊对于日伪新闻业美化侵略战争，奴化人民的揭露报道，以及抗日救亡与民族解放思想的宣传报道也是日伪新闻业加速覆灭的重要原因。

中国共产党在抗日救亡思想的宣传方面发挥了中流砥柱的作用。中国共产党的中流砥柱作用具体到新闻宣传领域主要表现在三个方面：第一是提出全面抗战路线，并在报刊与广播上积极宣传，切实维系了国共合作，坚持了抗日

---

① 　郭贵儒、陶琴：《日伪在华北新闻统制述略》，《民国档案》2003 年第 4 期。
② 　方汉奇主编：《中国新闻事业通史》（第二卷），中国人民大学出版社 1996 年版，第 888 页。

民族统一战线，是全民族抗战的中流砥柱。第二是开辟了敌后大后方战场，以其游击战、持久战的战术拖住日本大部分兵力，减轻了国民党正面战场的压力。并通过一系列跟进报道，实时向沦陷区的人民群众更新战况，对日军歪曲战争事实予以及时有力的回应。同时对游击战和持久战进行详细的介绍，帮助广大人民群众树立民族解放的信心和决心。第三是以实际行动牵制了蒋介石国民党集团在抗战相持阶段的"动摇"心态，确保了蒋介石抗战到底的决心。在报刊上通过对国共合作阶段与深度的报道，在一定程度上对蒋介石与国民政府形成舆论压力，迫使其必须坚持抗战，坚决对抗日军的侵略，实现中华民族的解放和独立。

《解放日报》《新华日报》《群众》周刊、延安新华广播电台、新华社为代表的共产党的媒体在上述三个方面发挥了不可小视的作用，以其"集体的宣传者、鼓动者和组织者"角色与宣传实践，澄清了日伪对中国人民英勇抗战的歪曲报道，为深陷日伪黑暗统治的沦陷区人民开拓了一片光明天地，对整个抗日战争的胜利作出了巨大贡献。

第一，中国共产党领导的新闻事业直指"亡国论""速胜论"的危害，传播了持久战、游击战的正确思想，及时消除了国统区错误的抗战舆论。同时，面对汪精卫散播的"亡国论"及台儿庄大捷带来的"速胜论"的舆情在国统区的蔓延的现状，《新华日报》及《群众》周刊刊载毛泽东《抗日游击战争的战略问题》《论持久战》等论著及周恩来、朱德、博古等人的文章，直指"亡国论""速胜论"的严重危害，详细阐释持久战、游击战思想，为国统区抗战宣传设定了"持久战"的报道议程。同时，中国共产党也最大限度地将国统区爱国新闻工作者团结在统一战线的旗帜下，增强了抗战动员、攻击日寇、争取友邦的舆论能力，确保了国统区抗战舆论的主导地位。

第二，中国共产党领导的新闻事业有效回击了国民党制造的国共摩擦，抨击了国民党消极抗战的舆论，使蒋介石意识到叛国投降的严重后果。蒋介石在抗战中抱有借机整合中共乃至消灭中共的企图，面对中共敌后抗日根据地的强大及日本政治诱降，蒋介石在抗战相持阶段转向了消极抗日，积极反共，制造了皖南事变。对此，中共以事实和舆论全力反击国民党的妖魔化宣传。皖南事变后《新华日报》突破国民党的新闻封锁，刊登周恩来题词"千古奇冤，江南一叶，同室操戈，相煎何急?!"揭穿了国民党反共的真相。中共采取多种手段以强力舆论反击国民党，在一定程度上打乱了蒋的反共阴谋，使蒋在国内抗战舆论、英美盟友的压力下，在抗战中后期保持了与中共的表面合作，减少了抗战取胜的历史变数。

第三，延安新华广播电台、《新华日报》、《群众》周刊的对外宣传，以及1944年的中外记者团访问延安，尤其是赵超构、福尔曼、爱泼斯坦、斯坦因等中外记者对陕甘宁边区的报道等，打破了国民党对中共的新闻封锁，使世界充分认识到中国还有一支中共领导的抗日武装力量，增强了英美对于中国抗战必胜的信心。这些报道对于北平沦陷区的人民而言也是一剂强心针，能够帮助北平人民认清当前的抗战形势及国际形势，树立对于抗日战争的正确认识，同时坚定抗战必胜的决心。

第四，在敌后抗日根据地，中国共产党建立了以《解放日报》、新华通讯社、延安新华广播电台为中心，及《晋察冀日报》、《新华日报》（华东版）、《大众日报》、《抗敌报》等各大根据地报刊为辅的共产党的媒体体系。虽然共产党媒体的物质条件远不如国民党，然而其强有力的组织、有效的"全党办报"模式与饱满的战斗精神，尤其是由《解放日报》改版掀起的全党范围"整风运动"，使共产党媒体在战争语境中的社会动员能力进一步增强。在共产党媒体强有力的社会动员下，解放区民众真正凝聚成以中国共产党为中心，信仰与行动一致的命运共同体，真正成为敌后抗战的一支非常有战斗力，让日伪敬畏、国民党害怕的抗战爱国的武装力量。这一支力量在宣传抗战思想，反对日伪对沦陷区人民的奴化，以及敦促国民党并联合各方力量积极抗日方面，发挥了极为重要的作用。[1]

---

[1]　刘继忠、赵佳鹏：《新闻媒体的抗战贡献——以主流媒体的抗战宣传为中心的探讨》，《青年记者》2015年第22期。

虽然国民党在抗战的相持阶段出现了积极反共的思潮，但是国民党的机关报《中央日报》对抗日战争的积极宣传和动员仍然作出了重大贡献，在一定程度上也加速了日伪新闻业的覆灭。其贡献主要表现在以下四个方面：

第一，《中央日报》大力宣传蒋介石与南京国民政府的抗战决心，广泛传播蒋介石的抗战言论国民党及南京政权发表的抗战声明、通告，重要决议等。卢沟桥事变后，蒋介石发表谈话表明抗战决心，《中央日报》刊发社评《和战之最后关头》《鲜明的态度》，传达中国抗战到底的决心与意志。9月24日又以《蒋委员长发表谈话，集中力量挽救危亡》为题，刊发中共宣言的主要内容，向国人表明国共结束恩怨，共同抗日。八一三事件后，《中央日报》刊发国民政府《抗战自卫声明书》，配发社论《神圣抗战的展开——牺牲的初步》，指出"要望最后的胜利，必须抱着最后牺牲的准备与决心"等①。

第二，《中央日报》充分揭露了日寇野蛮暴行，燃起中国人民保家卫国的激情，营造了日寇必败、轴心国日益衰微的舆论场。在这类报道中，《中央日报》详细记录了日本侵华烧、杀、抢、掠、淫的累累罪行，戳破了日伪在沦陷区为民众渲染的王道乐土的白日梦，帮助沦陷区的人民认清日伪残暴伪善的面目，《中央日报》等主流媒体也不放过唱衰日本必败、轴心国日益衰微的报道时机，从经济、军事、政治、文化等方面，运用多种报道手段极力唱衰日本，讨伐汪精卫的叛国投降行为，突出汉奸卖国贼身败名裂的可悲下场。为加速日伪新闻业的覆灭起到了至关重要的作用。

第三，与营造日本必败、轴心国日益衰微的舆论场形成鲜明对比，《中央日报》营造出了中国必胜、同盟国日益强大的舆论场，增强国人抗战必胜的信心。《中央日报》等官方主流媒体浓墨重彩地报道了中国军队尤其是国民党军队的每一次胜利，及战争过程中出现的每一次可歌可泣的英雄事迹，赞扬了中国官兵无私奉献、牺牲为国的伟大精神，淡化国民党战场中的失败行为②。如

---

① 《神圣抗战的展开——牺牲的初步》，《中央日报》1937年8月14日。
② 《民族人格之表现》，《中央日报》1937年9月11日。

果淡化不了，则将一些败仗虚构为胜仗，或将败仗解释为"以空间换时间"的战略需要，或"诱敌深入、断其后路"的战术需要，劝导国民要"注意整个战局之发展，勿过重视一城一邑之得失"。另一方面《中央日报》大力报道中国军民齐心协力，纷纷捐资、参军的抗战热情，向民众普及抗战知识；对诸如灾情、疫病、物价暴涨、劳资问题、官场腐败等国统区阴暗面以"民心士气"为由予以封杀；充分报道同盟国的综合实力及取得的重大战役，重点分析重大战役对中国抗战的有利因素等，以此营造中国必胜的社会舆论，增强国人的抗战信心。虽然《中央日报》向广大中国人民隐瞒了战争进程中的一部分事实，但是从报道的初心，及对整个民族士气的鼓舞而言，《中央日报》仍然作出了重大贡献。

第四，作为国民党的机关报，《中央日报》还承担着对外报道的重大使命。在对外报道中充分重视争取国际的同情与援助，报道日寇侵华的种种罪行，突出中国被迫应战的事实；注重"利益共同体"形象的塑造，突出报道日寇侵华造成英、美、法等中立国在华利益受损。太平洋战争爆发后，则突出中国抗战对世界反法西斯战争的战略意义及卓越贡献，呼吁英美向中国提供战略物资；呼吁华侨捐资抗战等。如国民党借助太平洋战事爆发时机，大力宣传第三次长沙大捷，蒋介石甚至手谕派专机送外国武官及记者前往参观；国际广播电台专门开办对美广播，并由旧金山专门机构收录转播；蒋介石、宋美龄等更是利用时机发表对美广播演讲，争取到了美国大量战略物资的援助[1]。《中央日报》在国际舆论场的积极发声让全世界都了解了侵华日军的残虐暴行，同时让世界各国人民对法西斯国家带来的深重灾难有了同呼吸、共命运的真切体验。为塑造中国英勇抗战的形象以及争取国际舆论的支持起到了非常关键的作用。

除了中国共产党与中国国民党官方媒体的抗日宣传外，部分民营报刊在粉碎日伪侵华谎言，树立中华民族必胜决心上也贡献出了自己的一份力量，为凝聚统一的抗战意志，团结全体人民一致对外作出了突出贡献。绝大多数民营媒体及民营新闻人却始终坚持抗战爱国，在国共两党媒体之外发挥了不可替代

---

① 《暴日的罪状》，《中央日报》1937 年 12 月 17 日。

的抗战贡献。民营媒体中抗战贡献最为卓越、功劳最高的应是新记《大公报》。该报始终以"吃下砒霜，毒死老虎，以报国仇"的抗战决心，毅然决然地毁报纾难，克尽言责，"为抗战赢得了一切可以赢得的力量"。而且整个抗战期间，该报始终以"一心抗战"为宣传宗旨，其宣传遵守了战争宣传的基本规律：暴露日伪的暴行，对内鼓舞士气，同仇敌忾，抨击危及抗战的言论与行为，尽可能地整合一切抗战力量，对外争取英美苏等中立国的同情、支持，巩固与盟国的友谊，瓦解敌方阵营的团结等。为抗日战争取得最终胜利呕心沥血，作出了不可磨灭的贡献①。

在中国共产党、中国国民党官方媒体以及部分爱国民营媒体的坚强抗争下，日伪新闻业加速瓦解，其为沦陷区人民描绘的"大东亚地区共存共荣""中日亲善""中日提携"的虚妄美梦终于走向破产。

五、总结

纵观日本在华北地区的新闻活动，其主要任务与目的是：第一，通过建立"新闻新体制"扩大舆论宣传，建构日本"文明""亲善"的形象，为日本的侵略行为辩护；第二，通过思想统制，说服沦陷区民众接受日本的统治，制造协力战争的"共识"。通过自身"救世主"形象的塑造，辅之对民众的劝降，日本为沦陷区的人民编织了一张严密的舆论大网。妄图用"中日亲善""建立东亚新秩序""中日共存共荣"，对沦陷区人民进行思想上的奴化和蛊惑。然而日伪的这一弥天大梦在中国共产党、中国国民党和大批爱国民营报刊的坚强抵抗之下终于走向覆灭，中国最终取得了"思想战"与"宣传战"的伟大胜利。

---

① 《国难所奠定的复兴基石》，《大公报》1937 年 12 月 5 日。

第六章

共产党领导的北平新闻业

第一节　建党初期共产党在北京创办的报刊

北京共产党小组成立于 1920 年 10 月，李大钊、张申府和张国焘在沙滩红楼召开会议，这标志着北京共产党小组的正式成立，北京共产党小组也是继上海之后全国第二个党的早期地方组织。北京地区的工人群体则是北京共产党组织成立的阶级基础，而 1915 年的新文化运动、1917 年俄国十月革命的胜利以及 1919 年爆发的五四运动等一系列政治文化事件为北京地区党组织的建立创造了思想条件。①

北京地区的早期中共党组织曾尝试出版过以工人运动报道为核心、为工人群体谋利益的系列政党报刊，早期党组织在北京创办的报刊主要有：北京共产党小组创办的通俗周刊《劳动音》、早期工人运动的指导刊物《工人周刊》、于北京创刊的团刊《先驱》半月刊以及中共北京区委机关刊物《政治生活》等。②早期党组织在报刊创办过程中强调组织纪律，出版物的内容以党的纪律为铁律，重点关注工人运动和共产主义，但由于受到军阀政府的压迫，上述在北京地区出版的党的刊物寿命普遍较短。

一、北京共产党小组创办的通俗周刊《劳动音》

1920 年 11 月 7 日创刊的《劳动音》是由北京共产党小组创办的一份通俗周刊。《劳动音》每期 16 页、32 开，在北京长辛店等地的工人群体中受到欢迎。创刊后的一个月，每期销售量就达到了 2000 份，然而在仅仅出版了 5 期后，1920 年 12 月 5 日《劳动音》被查封，查封后的《劳动音》曾改名为《仁声》继续出版，但不久也被迫停刊。在人员构成上，《劳动音》周刊的主要编辑包括陈德荣、邓中夏和罗章龙等人。

《劳动音》周刊办刊的主要目的是更好地指导工人开展运动，进一步在政

---

① 北京地区早期党组织的变迁过程如下：1920 年 10 月，北京共产党小组成立；1920 年 11 月，中国共产党北京支部正式建立；1921 年夏，中共北京地方委员会成立（简称北京地委），中国劳动组合书记部北方分部成立，组建北京社会主义青年团；1922 年 4 月，中共中央机关迁至北京；1923 年 6 月，中共北京区委（直属中央）设立；1925 年 10 月，北京区委兼京地委改组为中共北方区执行委员会；1927 年 4 月，李大钊被杀害，革命进入低潮期。

② 作为新文化运动重要阵地的《新青年》杂志曾对北京地区中共党组织的创建产生过重要影响。1915 年在上海创刊的《新青年》杂志曾于 1917 年 1 月迁至北京，1918 年采用白话文和新式标点，至 1920 年才再次迁往上海。在北京地区中共党组织正式成立前，《新青年》杂志于北京办刊期间发表了大量介绍马克思列宁主义、十月革命以及有关中国工人运动的报道和评论。

治层面提高工人们的思想觉悟，在运动开展层面巩固工人的思想共识、提高工人战斗的凝聚力。《劳动音》在创刊词中曾明确指出了该刊的出版目的：

> 我们为什么出版这个《劳动音》呢？有一种不从事劳动的人———如官吏，政客，军人，资本家，教士，警察等，他们都不去劳动，专在社会上做寄生虫……我们辛辛苦苦地做来，他们安安乐乐地拿去，使我们生活困难，朝不保夕，父母妻子不能保暖。所以我们出版这个《劳动音》，来排斥那种不劳动而食的一班人。①

《劳动音》周刊登载的文章类型主要包括以下三类：（1）理论文章，内容以反对剥削阶级为主；（2）国内新闻，重点报道在中国各地工人群体的生活和工作现状；（3）国外新闻，反映世界其他国家工人生活的状态和工人运动开展的情况。除了面向工人群体外，《劳动音》还注重引导具有共产主义理想的知识分子群体，通过刊发针对共产主义知识分子的文章，号召他们广泛深入并且积极地参与到工人运动中去。

二、早期工人运动的指导刊物《工人周刊》

《工人周刊》于 1921 年 7 月在北京创刊，最早的创办者是北京长辛店工会，该工会曾以"工人周刊社"的名义对外出版发行。②1926 年底，《工人周刊》被军阀查封被迫停刊，总计出刊 150 余期。③《工人周刊》的首任主编是罗章龙，吴汝铭、李菩元④也曾先后担任主编，主要编委包括李大钊、高君宇、何孟雄

---

① 《"一大"前后：中国共产党第一次全国代表大会前后资料选编》（一），人民出版社 1980 年版，第 67 页。

② 北京市地方志编纂委员会：《北京志·共产党卷》，北京出版社 2012 年版，第 317 页。

③ 也有学者指出《工人周刊》的停刊日期大约是在 1925 年底。

④ 吴汝铭于 1923 年 9 月担任主编，李菩元自 1926 年开始任主编。

工人週刊

第二十八號

非賣品

图 6—1 《工人周刊》头版

等人，为《工人周刊》长期撰稿的作者还有金太璐、高步安、唐撤等人。

作为北京早期党组织指导工人运动的刊物，《工人周刊》从起初的地方党组织工会刊物逐步转变为党在北方组织和指导工人运动的重要舆论阵地。1921 年 10 月后，《工人周刊》成为中共北方区委和中国劳动组合书记部北方分部的机关报。1922 年 8 月，随着中国劳动组合书记部从上海迁往北京，《工人周刊》成为中国劳动组合书记部全面指导工人运动的机关刊物。至 1924 年 2 月，《工人周刊》成为中华全国铁路总工会的机关报。伴随着《工人周刊》地位的提高，其发行范围亦从北京地区扩展到国内的天津和郑州等地，还曾寄往东南亚、远东海参崴以及欧洲等地的华工群体。

（一）以工人运动报道为核心

《工人周刊》主要开设的栏目包括“劳动新潮”“工人常识”“调查”“工人之声”以及“评论”“来件代布”等。这些栏目集中报道了发生在全国各地的工人运动和罢工情况，其中以 1922 年至 1923 年中国工人罢工运动为重点报道内容，突出反映工人的生活和劳动状态，体现了工人被剥削和压榨的悲惨境遇。①1922 年至 1923 年间，《工人周刊》刊载文章以工人运动为核心，具体内容主要包括以下四类：（一）罢工运动的报道，例如《京汉路大罢工的酝酿》《株萍铁路罢工潮》等；（二）工会组织的成立，例如《汉口江岸京汉铁路工人俱乐部成立大会盛况》《上海组织劳动同盟会》等；（三）劳工制度的介绍，例如《开滦矿务局之实行包工制》；（四）工人个体的故事，例如《灰峪村的可怜工

① 工人罢工运动的标志性事件，如 1923 年京汉铁路工人大罢工和 1923 年二七惨案等。

友》《杨阿三的死》等。

下表整理了《工人周刊》1922 年第 28 期的部分文章：

表 6—1　1922 年第 28 期《工人周刊》主要栏目和报道篇目 ①

标题	所属栏目	作者
灰峪村的可怜工友	劳动新潮	/
汉口江岸京汉铁路工人俱乐部成立大会盛况	劳动新潮	须除
开滦矿务局之实行包工制	劳动新潮	舒意
芜湖工会消息：成衣业工会	劳动新潮	/
上海组织劳动同盟会	劳动新潮	/
北京大学中的工人消息	劳动新潮	/
京汉路大罢工的酝酿	劳动新潮	/
株萍铁路罢工潮	劳动新潮	/
广州工界李卜克内西纪念纪盛	劳动新潮	/
常德劳工会成立消息	劳动新潮	/
汉口工会消息：汉口人力车夫会，早已租定大智门品记……	劳动新潮	/
黄巢第二	工人谈话	放
工人的苦况	工人谈话	高步安
无知觉的机器也要吃工人的血肉	工人谈话	介石
赵恒惕与湖南人的生命和人格	评论	尼甫
京绥路大日游记	游记	之君
杨阿三的死	小说	英谐
借书规则	来件代布	/
唐山工人图书馆简章	来件代布	/
唐山工人图书馆干事会议简章	来件代布	/

以 1922 年第 28 期为例，《工人周刊》共发表文章 20 余篇，其中"劳动新潮"栏目所刊载文章最多，共计 11 篇，主要涉及工人罢工运动、工人工会组织创立等内容；"工人谈话"栏目刊载文章 3 篇，主要以评论的方式深刻反映了被剥削下的工人生活苦况；其余栏目还包括"评论""游记""小说"和"来件代布"和"图书馆简章"等。

---

① 《工人周刊》1922 年第 28 期。

（二）从工人刊物到无产阶级政党刊物

从 1921 年至 1926 年间，《工人周刊》的报道主题从单一转向多元，报道篇幅和报道的地域覆盖范围均有所扩大。《工人周刊》初期主要是反映工人为反抗剥削、争取经济权益的各项斗争，后期报道内容则囊括了有关工人阶级为反抗军阀、维护主权而开展的各类政治斗争活动。

这一时期的《工人周刊》一方面延续了此前以工人运动为核心的报道方式，例如《奉张蹂躏中东铁路工人之警耗》《南浔路工人的政治主张》《沪宁路工具乐部电勉辛店工人》等文章均通过及时报道工人运动的近况，进一步揭露工人群体在政局动荡中的惨状，同时还代表工人群体向世界发出追求正义、争取权益的呐喊。另一方面，《工人周刊》还将报道的内容扩展到了政治领域。1926年前后，军阀混战，国内政局动荡，这加剧了工人生活的困难，也使得工人群体开展政治运动的目标从争取工人阶级的权益转向维护国家政治利益。《天津总工会率二十万工人反日》《北京革命民众对中东路事件之严重表示》《国民政府北伐六军全数出发》等文章较为全面地展示了国内各地工人组织、工人协会以及工人群体为争取国家主权、维护国家统一而掀起的多场政治运动。

下表总结了《工人周刊》1926 年第 137 期的部分内容：

表 6—2　1926 年第 137 期《工人周刊》主要栏目和报道篇目①

标题	所属栏目	地区
重整旗鼓之西直门工会	铁路工人运动	北京
奉张蹂躏中东铁路工人之警耗	铁路工人运动	东北
郑州劳动学院开课	铁路工人运动	郑州
全国各路工会代表纷纷赴津开会	铁路工人运动	天津
南浔路工人的政治主张	铁路工人运动	上海
正太总工会秘书高克谦先生追悼大会盛况	铁路工人运动	石家庄
南口工贼行凶下狱	铁路工人运动	北京
浦口冻馁垂毙之七十五工友	铁路工人运动	南京
沪宁路工具乐部电勉辛店工人	铁路工人运动	上海

---

① 《工人周刊》1926 年第 137 期。

续表

标题	所属栏目	地区
高碑店分会正式恢复	铁路工人运动	高碑店
京汉保定分工会之宣传工作	铁路工人运动	保定
国际工人后援会近讯：国际工人后援会，自朱家骅在北京组织支部	铁路工人运动	北京
可注意之开滦五矿工人大会	国内外劳动要闻	唐山
国民政府北伐六军全数出发	国内外劳动要闻	广州
苏联工人增加工资	国内外劳动要闻	苏联
日本无产阶级反对日本出兵南满	国内外劳动要闻	日本
英轮船无线电台工人大罢工	国内外劳动要闻	英国
国民军攻奉之计划	国内外劳动要闻	东北
方振武为主义而奋斗	国内外劳动要闻	郓城县
沪纱厂殴毙工人之惨闻	国内外劳动要闻	上海
天津总工会率二十万工人反日	国内外劳动要闻	天津
摩洛哥民军军力充实	国内外劳动要闻	摩洛哥
英国铁路工人势将大罢工	国内外劳动要闻	英国
北京革命民众对中东路事件之严重表示	国内外劳动要闻	北京
国民政府主张对日宣战	国内外劳动要闻	广州
日本无产阶级政党之奋进	国内外劳动要闻	日本
中华海员之全国代表大会	国内外劳动要闻	广州
日人在汕头惨杀华工	国内外劳动要闻	日本
波兰失业工潮扩大	国内外劳动要闻	波兰
法国工人的经济斗争	国内外劳动要闻	法国
汪精卫电劝冯玉祥出山	国内外劳动要闻	广州
工会条例不久颁布	国内外劳动要闻	/
为中东路事件告全国民众	言论	/
铁轨残血记（续六）	无产阶级的文艺	/
痛悼我们的战士刘华同志	/	/

此外，在报道的地域范围上，这一时期的《工人周刊》的笔触早已超越北京和国内，开始登载大量有关世界范围内兴起的各类工人运动，报道的主体对象也从普通工人群体扩展到以工人阶级为核心的无产阶级政党组织。

在国内，以北京为核心的北方地区工人运动的报道仍旧占据大量篇幅；在国外，包括《苏联工人增加工资》《英轮船无线电台工人大罢工》《波兰失业工潮扩大》《法国工人的经济斗争》等在内的文章则及时展示了欧洲主要国家工人运动和工人罢工的局面。《日本无产阶级反对日本出兵南满》和《日本无产阶级政党之奋进》这两篇文章则介绍了无产阶级政党的作用和意义，这体现了《工人周刊》在坚持以工人群体为核心报道对象的同时，逐渐意识到无产阶级政党在历史进程中发挥的关键作用，反映出该刊物的无产阶级政党立场底色进一步加深。以上报道内容和报道范围的延展也从侧面反映出，《工人周刊》从作为早期北京中共党组织工会所创办的一份刊物逐步转变成党在整个北方报道工人运动、开展政治动员、维护国家利益的重要舆论阵地。

三、于北京创刊的团刊《先驱》半月刊

建党前，中国社会主义青年团主要是在上海等地开展活动，但总体上由于资金缺乏和人员变动等因素，青年团组织的建设较为薄弱。早期团组织的人员构成也比较混乱，"马克思主义者也有，无政府主义者也有，基尔特社会主义者也有，工团主义者也有，莫名其妙的也有"①。直至中国共产党正式成立后，青年团的工作才得到了进一步加强。中共一大指出，要将社会主义青年团作为党的后背力量培育，党对团的领导进一步加强，其中特别注重团的思想和纪律建设，并明确指出"社会主义青年团以研究马克思主义、实行社会改造及拥护青年权利为宗旨"②。

作为中国社会主义青年团历史上的第一份机关刊物，《先驱》半月刊最早是于 1922 年 1 月 15 日由北京社会主义青年团在北京创立的。《先驱》半月刊是一份半公开性质的刊物，③ 每份铜圆 2 枚，每期发行 3000 份至 5000 份，由邓中夏和刘仁静任主编，但在出版 3 期后就被北京政府封禁。《先驱》的主要读者对象是青年群体以及知识分子群体，对于初创期青年团的思想观念引导和整肃发挥了重要作用。

---

① 《中国社会主义青年团第一次全国大会》，《先驱》1922 年第 8 期。
② 《中国社会主义青年团临时章程》，《先驱》1922 年第 5 期。
③ 中共中央党校党史教研室：《中国共产党史稿》（第一分册），人民出版社 1981 年版，第 63 页。

为了能够继续发挥团刊的重要作用，1922年3月，上海地方社会主义青年团继续出版《先驱》半月刊的第4期，并由中国社会主义青年团临时中央局负责编辑和发行，从第8期后，社会主义青年团中央执行委员会接管该刊物，蔡和森和施存统等人曾先后担任主编。直至1923年8月15日《先驱》半月刊在上海停刊，总计共出版了25期。①

（一）《先驱》半月刊创办的主旨和任务

《先驱》半月刊的发刊词首先向读者介绍了这份刊物的主要使命，发刊词第一句便是："先驱出版了，在先驱与读者相见的第一天，

图6—2　《先驱》创刊号

先驱要告诉读者他出世以后的使命"。发刊词还介绍了当时中国面临的经济社会转型——"旧的农业社会的经济组织为新的工商业社会的经济组织所撼动、所代替"。经济社会的转型进一步加剧了新旧道德和新旧制度的冲突，并掀起了新文化运动，在《先驱》看来，新旧的冲突中，仍以旧势力占主导，特别是军阀武人专横让中国社会麻木不仁。对此，《先驱》进一步指出创刊的主要任务是：

> 努力唤醒国民的自觉，打破因袭、奴性、偷惰和依赖的习惯而代之以反抗的创造的精神，使将来各种事业都受着这种精神的支配而改变。我们的政治，以后就不至于这样黑暗，我们达到理想的社会——共产主义的社会——的道路，也就容易得多了。②

---

① 《先驱》半月刊于上海停刊后，中国社会主义青年团决定于1923年10月20日在上海出版《中国青年》，自此，《中国青年》接替《先驱》半月刊成为团中央的机关刊物。

② 《发刊词》，《先驱》1922年第1期。

在发刊词中，《先驱》还进一步阐明了报道中国客观实际情形的重要性，这也是《先驱》的"第一任务"——"努力研究中国的客观的实际情形，而求得一最合宜的实际的解决中国问题的方案"。此外，《先驱》还主张要重点"介绍各国社会主义运动的成绩和失败之点，以供我们运动的参考"，其中特别以"俄国的革命"为主：

> 我们特别注意的是俄国革命的状况和革命以后的建设。许多人都只知咒骂俄国和赞美他，但他的设施和他运动的方法，从来无人注意研究的。我们想在此时将他们实际运动的真相，忠实地介绍国人……我们很希望海内外表同情于我们的目的的人对于本刊都加以充分的赞助。①

（二）重言论，突出论述共产主义

《先驱》半月刊在北京仅出版了3期，这3期刊载的文章主要是介绍欧洲大陆掀起的革命运动，包括俄国革命的情况及人物故事，以及有关共产主义与无政府主义的论述，主要栏目包括"评论""译述""杂感""通信""来件"等。其中"评论"和"杂感"文章的数量基本占到了全部刊载文章数量的一半左右，可见，在北京出版时期的《先驱》半月刊较为注重言论。

下表整理了《先驱》半月刊第1至3期刊载的文章、栏目及作者信息：

表6—3 《先驱》半月刊在北京出版时的主要栏目和报道篇目 ②

期数	标题	所属栏目	作者
第1期	先驱出版了	发刊词	
	共产主义与无政府主义	评论	重远
	革命与社会主义	评论	仁任
	俄国的新经济政策（未完）		李特
	第三国际对民族问题和殖民地问题所采的原则（未完）	译述	GS

---

① 《发刊词》，《先驱》1922年第1期。

② 《先驱》1922年第1、2、3期。

续表

期数	标题	所属栏目	作者
第1期	请再去补习两年英文罢	杂感	剑
	卢森堡在共产党的演说词（附照片）		
	里布克奈西特纪念号		《先驱》社同人
第2期	共产主义者所应取的态度	评论	凯旋
	资本主义与共产主义		凯旋
	俄国的新经济政策（续）		李特
	民间宣传及知识阶级专政	通信	马达
	商品世界：自从资本主义占领了地球之后	杂感	凯旋
第3期	革命与进化	评论	成阴
	评中国的基尔特社会主义?	评论	旋
	共产党宣言的后序		励冰
	感黄庞二烈士底死	诗	雁汀
	读了（盲而且聋的主义者）之后	来件	且格
	（一）英国共产党与劳动党	杂感	
	（二）妇女的同性结合与阶级的自觉	杂感	
	（三）国际党的派别（附图）	杂感	

　　《先驱》半月刊注重评论，特别是在前3期登载了大量有关共产主义、社会主义、无政府主义、资本主义等内容的言论。邓中夏就曾以笔名重远在《先驱》半月刊第1期上发表了题为《共产主义与无政府主义》的评论，文章引用了马克思和恩格斯的有关论述，批判了无政府主义者对于无产阶级专政必要性的否定，同时也驳斥了无政府主义者所主张的平均主义，并指出生产分配应该和生产力的发展阶段相匹配：

　　　　要有一个无产阶级专政的政府，以办理经济上一切归于有产阶级私有的资本同收归国有……共产主义的初期（即半熟期）一切生产机关总归公有，社会上叫作有产者及无产者这种阶级的区别难以废除，但因为他去资本主义社会未远，流风遗沫，浸焉未泯，因之强制力在这时期也不能不暂行保留，以作这尚不公平的各取所值的分配的事情……①

---

① 重远：《共产主义与无政府主义》，《先驱》1922年第1期。

总体上看，《先驱》半月刊注重刊载言论，在青年群体中广泛宣扬了马克思主义和共产主义的宣传，同时也及时批判和斥责了无政府主义等观念，这为之后中国社会主义青年团的思想统一、工作方针的确立以及组织架构的建设奠定了基础。

四、中共北京区委机关刊物《政治生活》

《政治生活》于 1924 年 4 月 27 日在北京创刊，并作为中共北京区委机关刊物出版发行，至 1926 年 7 月停刊，总计出版 29 期。赵世炎和范鸿劫曾担任《政治生活》的主编，高君宇任编辑，李大钊、蔡和森、罗亦农等曾为《政治生活》撰写稿件。在短暂的两年出版时间里，《政治生活》主要任务是传达中共北京区委的精神，为革命运动的进一步开展做舆论准备和动员。李大钊任中共北方区委书记后进一步强化了《政治生活》的编辑、出版、发行工作，使其成为北方区委的机关刊物，是"党在大革命时期战斗性极强的刊物，对北方革命运动起了巨大的指导作用"[1]。

《政治生活》在发刊时指出，"本刊的使命，便是要领导全国国民向奋斗反抗的政治生活走"[2]。《政治周报》经常刊发中共北京区委、北方区委、北京地委以及共青团北京地委的声明、文告以及评述，"坚持及时地把党的声音传达到党员群众中去，统一党员思想认识，发挥了党报、党刊的组织、鼓舞、激励、批判和推动的作用"[3]。

《政治生活》的栏目构成主要有"特载""评论""这一周""杂感"以及"读者之声"等，所刊载的文章主要是与时事政局相关的政论文章。1924 年 8 月，围绕反帝运动，《政治生活》出版发行《反帝国主义运动周特刊》，进一步呼吁废除一切不平等条约。此外，《政治生活》还曾为悼念孙中山先生和纪念列宁

---

① 姜义军：《建党前后李大钊的报刊实践》，《光明日报》2011 年 11 月 30 日。
② 北京市地方志编纂委员会：《北京志·共产党卷》，第 318 页。
③ 周进：《北京早期的党报党刊》，《前线》2006 年第 9 期。

出版特刊。

　　建党初期，除上述由党组织或团组织在北京出版发行的刊物外，还有部分刊物是由学校的党支部组织编写的。1925 年 4 月 28 日创刊的《蒙古农民》①周刊由中共北京蒙藏学校党支部创办，多松年、乌兰夫、奎壁等担任该刊物的主要编辑，以蒙汉两种文字发行，在北京王应侯开办的印刷厂印刷，先后总共只出版了 4 期。《蒙古农民》共计 16 页，64 开，为铅印本。《蒙古农民》主要揭露军阀、帝国主义的恶行，大力宣传马克思主义，结合蒙古特色，设有"诉苦""蒙古曲""政府""好主意""醒人录"等栏目，曾刊登《为什么出这份报》《直奉打仗，内蒙农民遭殃》《外蒙情形的开篇话》等文章。

第二节　大革命失败后共产党在北平的地下新闻宣传工作

一、大革命失败后北平 ② 党组织的新闻宣传重点

　　早期党组织在北京地区创办的报刊为马克思主义和共产主义的传播铸造了舆论阵地，《劳动音》《工人周刊》《先驱》《政治生活》等刊物尽管在北京地区的出版时间较短且备受军阀统治摧残，但以工人运动和工人阶级为核心对象的系列新闻报道、新闻评论及舆论动员客观上奠定了党组织在北京乃至整个北方的领导地位。

　　然而 1927 年 4 月，包括李大钊在内的多位中共北方组织主要领导人被杀害，还有大批共产党人被屠杀。大革命失败后，中国的革命进入低潮状态，党

---

①　《蒙古农民》创刊号现保存在内蒙古博物院，属于国家一级文物。2016 年 2 月，内蒙古博物院文物普查组在文物登记工作中，发现一件国内罕见、史料价值极高的革命刊物《蒙古农民》。经内蒙古博物院文物专家登记确定，此期为创刊号，刊印时间为 1925 年 4 月 28 日，封面右上为刊名，以蒙汉两种文字书写，这是我国少数民族革命史上第一份传播马列主义的刊物。（参见《内蒙古日报》2016 年 2 月 29 日）

②　1928 年 6 月，国民革命军占领北京，将北京改名为北平。

的新闻舆论工作重点也在这一路线的指引下开始注重地下新闻宣传和情报工作。① 按照党中央的部署，中共中央在 1927 年 8 月 21 日把汪精卫和张作霖一起列入"全国一切反动的势力"之列后，开始全面要求各级党组织全面"加紧党的政治宣传和鼓动"。②"当国民党右派向共产党和革命工农举起屠刀后，共产党的新闻宣传正式转向反对国民党屠杀工农民众、压迫革命思想、维持地主资产阶级剥削、屈服甚至于勾结帝国主义，激发工农民众革命内动力，动员工农民众投入反对国民党反动统治的斗争。"③

与此同时，党的宣传工作进一步强化了马克思主义教育，注重突出党报党刊在阶级斗争中的作用。特别是中共第六次全国代表大会召开后，反对帝国主义和封建主义、实行土地革命成为政治纲领。1929 年，刘少奇在北平指导党的工作，中共北平市委制定了《北平市委工作计划》，其中明确指出"党的宣传工作最主要的任务是以六大决议为武器，向广大群众宣传党的政治纲领和主张，揭露国民党的反动罪行和欺骗，与资产阶级各派思想进行斗争"④。这一时期党的新闻宣传内容以反对国民党的政策纲领和反对帝国主义为重心，主要"通过报纸、时事简报、传单宣言、墙报和小册子等形式开展多样化新闻舆论宣传工作。"⑤

---

① 大革命失败后，北京地区党组织的机构调整情况如下：1927 年 5 月，取消中共北京地委建制建立中共北京市委；1928 年 1 月，中共顺直省委帮助恢复建立北京地区党组织；1928 年 6、7 月，建立中共北平市委员会；1930 年 7 月，中共北平行动委员会（中共北平行委）成立；1930 年 9 月，中共北平市委恢复；1931 年 9 月，中共北平城区委成立；1931 年 11 月，中共北平城区委改称中共北平市委员会；1934 年 11 月，中共北平市工作委员会建立；1935 年 12 月中下旬，恢复中共北平市委；1937 年冬，中共北平市委改为中共北平城市工作委员会（北平城委）。

② 《中共中央通告第四号——关于宣传鼓动工作》（1927 年 8 月 21 日），转引自中国社会科学院新闻研究所：《中国共产党新闻工作文件汇编》上，新华出版社 1980 年版，第 35—37 页。

③ 倪延年：《民国时期中国共产党新闻宣传的五次转折及其动因分析》，《新闻大学》2017 年第 6 期。

④ 北京市地方志编纂委员会：《北京志·共产党卷》，第 285 页。

⑤ 周建瑜：《简析新民主主义革命时期中国共产党新闻舆论思想的形成》，《中共四川省委党校学报》2017 年第 2 期。

二、低潮期地下党组织的宣传活动

以九一八事变为分界，北平党组织的新闻宣传活动可以大致分为两个阶段。大革命失败后至九一八事变前，在"直接革命"和"武装暴动"策略的影响下，北平党组织盲目发起了多次宣传活动，包括号召北平党员上街发放传单和张贴标语，然而这些宣传活动并没有起到理想的效果反而引发了反动当局的报复，加之"左"倾错误，北平党组织受到了严重创伤。九一八事变发生后，抗日救亡运动成为主题，北平地区的党组织和共产党员积极投身抗日宣传，为淞沪会战等战役做了前期舆论准备。

1927 年，中共北方局尝试策划在北京城内发动起义，目的是通过起义建立北京苏维埃政府。中共北京市委积极进行舆论动员，专门成立宣传分队，[①]同时对党员和团员进行军事化整编。1927 年 10 月 10 日晚，北京地区的党员和团员走上街头发放传单，结果被奉系军阀镇压，北京的党员和群众被大规模搜捕，北京市总工会遭到严重破坏，被杀害的党员有赵铨林等 10 人。这次起义的失败严重损伤了北京市乃至整个北方的党的力量，包括中共北方局书记王荷波、军委书记段百川、中共北京市委书记王尽臣等人均惨遭杀害。[②]

三、北平左翼社团和北平基层党组织的新闻宣传

从大革命失败后至 20 世纪 30 年代，北平地区出现了多个左翼社团，如，北方左翼作家联盟、中国社会科学家联盟北平分盟、北平教育劳动者联盟、北平普罗画会、北平左翼音乐家联盟、中国左翼戏剧家联盟北平分盟、北平世界语者同盟等。

北平左翼社团主要通过开展读书会和翻译原著的方式学习和宣传马克思

---

① 除宣传分队外，还组建了纠察、破坏、侦查、交通、特务等分队。

② 北京市档案馆藏"1927 年 10 月北京地下党组织遭受破坏"，转引自北京市档案馆编：《档案中的北京党史与党建》，新华出版社 2011 年版。

主义。面对国民党的封杀和围剿，左翼社团通过各类渠道传阅经典著作，《资本论》的部分章节就是在这一时期由左翼团体翻译完成的。此外，一些红色书籍也经由左翼社团的推动而得以出版，这一时期出版的著名书籍有《人民文化丛书》和《左翼文化丛书》等。①

作为北平地区基层党组织，大革命失败后中共清华支部曾于 1932 年 5 月 1 日创办《大众文化》杂志，该刊仅出版了几期便停刊。《大众文化》的创刊宗旨是"揭破一切虚妄的理论、欺瞒的理论，使人民认清自己的前途"，信一、刘方、辛梨、静慧、乐宁等人是该刊物的主要撰稿人。《大众文化》收录文章的主题主要是左翼文化运动和马克思列宁主义，同时还刊载了北平地区部分左翼社团的组织纲领。代表性文章包括，《马克思列宁主义在中国的实证》《应该怎样研究马克思列宁主义》《目前政治的危机与左翼文化斗争》以及《今年红色的五月》等。

第三节　共产党的宣传和情报工作

日本对于北平的觊觎由来已久，北平地区的新闻事业因此受到日方的密切关注，自九一八事变后北平新闻事业便处在日本干涉的阴影中，1935 年《何梅协定》后，国民党党部撤出北平，国民党在北平的党办新闻随即陷入困境。1937 年七七事变后，北平原有报刊大多内迁，日伪附逆报刊成为北平新闻业的主流，国民党、共产党的新闻宣传工作转入地下。

在战时，新闻活动是情报工作中极为重要的一部分。新闻宣传为军事行动提供信息来源和宣传造势平台，情报工作以其隐蔽性和灵活性为新闻工作提供消息来源、印发资源、发送渠道，新闻活动与情报工作互为表里。中国共产党在北平沦陷时期的新闻宣传和情报工作，在中央领导下，以平西抗日根据地

---

① 上述两套丛书是由位于保定的北方人民出版社出版的，发行范围主要是北平和周边地区。

和平西情报联络站为载体展开，平西抗战根据地以其广袤的地域和农村腹地为相关工作提供了群众基础和物质资源。

中国共产党一直致力于抗日救亡运动和抗日民族统一战线的建立，1937年8月22日至25日召开的洛川会议，通过了"毛泽东同志为中共中央宣传部门写的宣传鼓动提纲《为动员一切力量争取抗战胜利而斗争》，号召团结一切可以团结的力量参与抗战。《关于目前形势与党的任务的决定》指出，党在抗日阶段的中心任务是：'动员一切力量争取抗战的最后胜利'，为此，应该'不放松一刻工夫一个机会去宣传群众，组织群众，武装群众'"①。1939年2月，中国共产党中央社会部成立，负责领导各根据地和敌占区情报工作，下设中社部晋察冀社会部、平津情报站等四大部门，晋察冀社会部在北平设多个情报直属小组，形成了"北平为点、系统延伸、分散辐射"的力量格局，同时实行异地领导、分头派遣、单线联系的组织形式。1940年10月，中央社会部发出《关于开展敌后情报工作的指示》，指出将"开展敌后大城市的工作看成是目前保卫工作的头等任务"，1941年1月，中共中央晋察冀分局成立城市工作委员会，1944年改称城市工作部，发展北平地下党组织、开始群众工作、开展情报工作。

在中央领导下，平西抗日根据地于1938年春天建立，平西地区大部分为山区，地形崎岖、人烟稀少，为抗日工作提供了较好的隐蔽。平西情报联络站于1941年2月成立，设有专用电台。平西情报联络站建立了传递隐蔽、效用及时、形式多样的交通线，联络站主要职能是联络北平、天津、保定等城市和东北的骨干人员、抗战军民和情报机构，承担指挥联络、建立电台、接送人员、传递情报、运送书刊、输送药品及重要战略物资等任务，同时，还承担为全国其他地区进行情报中转的任务。

"平西抗日根据地在建立之初就创办了一些报刊，如宛平县的《芦沟桥报》，房（山）良（乡）联合县的《新房良报》，涞（水）涿（县）联合县的《抗

---

① 林之达：《中国共产党宣传史》，四川人民出版社1990年版，第158页。

战报》《先锋报》等油印、铅印的小型报纸，它们在动员参军、节约献金、春耕秋收、民主选举等工作中起到鼓动和宣传作用"①。

1939 年春，中国共产党派八路军 120 师副师长萧克，来平西抗日根据地创建八路军冀热察挺进军。1939 年 5 月中共中央在《关于宣传教育工作的指示》中，要求上至省委区党委，下至中心县委，均应出版地方报纸，"中共北平地委 1939 年 9 月 1 日在北平西郊抗日根据地创办《挺进报》，初期为石印图版，四开小张"②，1941 年发展到对开两大张。"1942 年迁入延庆，全部油印。1944 年 2 月又开始石印印报。《挺进报》的发行遍及北平、张家口和冀东地区"③，影响范围较大。后来随着斗争形势的发展，《挺进报》转为中共平西地委的机关报。挺进军开辟平北区后，《挺进报》转为平北地委机关报，平西地委再创办《黎明报》作为自己的机关报。这两报均具有鲜明的战斗性和时代性，作为根据地党的机关报，深入基层，承担了集体的宣传员、鼓动员和组织者的作用，宣传中共抗战方针，大力报道根据地斗争情况，揭露日本暴行，组织团结党员和群众反抗侵略。在 1942 年国民党北平地下机构的活动处于低潮停滞状态后，中国共产党的北平的情报工作成为领导北平地下抗战的主要力量。

第四节　抗战胜利至新中国成立前后的北平新闻事业

1945 年 8 月，侵华战争以日本失败而告终，国民党与国民政府全面接管北平新闻机构。8 月 5 日，日伪报刊《华北新报》器材由国民党中央宣传部接收，1945 年 10 月 1 日，国民党宣传部直属《华北日报》和英文《时事日报》同时恢复出版，张明炜任社长，《华北日报》同时创办有日文版供日本战俘阅读。国民党北平市委机关报《北平日报》同时创刊。"国民党北平广播台的重

建工作，更早在 8 月末开始进行，9 月开始播音。不久，国民党军事部门的《阵
中日报》北平版和军事新闻通讯社北平分社相继创立"①。随着《经世日报》《平
明日报》等的创刊，民间报纸也相继恢复出版，日本投降仅两个月的时间，北
平报纸数量迅速恢复到百余家。

《平明日报》由傅作义动议，崔载之、阎又文、杨格非参与筹办，是傅作
义任华北剿总司令部总司令前后，国民党华北"剿总"机关报。1946 年 11 月
在北平创刊，该报以《大公报》为榜样，宗旨是"为国家负责，替人民说话，
进行爱国宣传"，主张是"政治民主，经济平等，团结统一，和平建国"。

《平明日报》由于右任题写报头，取"和平光明"之意，自创刊开始，即
因傅作义具有强烈的和平建国的意愿而倾向进步。崔载之为社长，杨格非为副
社长兼总编辑。发刊词为《我们的立场：为国家负责，替人民说话》，即申明
和平统一建国、施行清明政治、广开言路、遏制官僚资本、保障民族工业发展
等主张。

《平明日报》在北平具有较大影响，"很多教授、学者、社会名流在《平
明日报》上发表专论，如潘光旦、敦福堂、朱自清等"②。《平明日报》具有较
强的进步性，创刊之初在涉及中共方面的报道中，不使用"匪党""匪军"等
字样，"经常专人收听延安广播，用各种形式发布，用各种形式刊登解放区的
军政情况及主要人物活动"③。

在解放北平的关键时期，《平明日报》持续发出和平倡议，为北平的和平
解放作出了表达群众呼声、争取舆论、稳定城内军民情绪的作用。1949 年 1
月 15 日，《平明日报》发表社论主张停战④，1 月 19 日起，大量刊登呼吁和平
谈判的声音，头版即刊登《带去两百万市民希望　和平使者昨日出城》等文章。
1 月 22 日，在北平和平解放前夕，《平明日报》"在头版头条用特号大字标题，

---

① 宁树藩主编：《中国地区比较新闻史》中卷，第 417 页。
② 张新吾：《创办〈平明日报〉》，《团结报》2013 年 7 月 18 日。
③ 张新吾：《创办〈平明日报〉》。
④ 《北平〈平明日报〉主张停战媾和》，《新闻报》1949 年 1 月 16 日。

图6—3 复刊后的北平《益世报》

公布了《关于和平解放北平问题的协议》条款"①。《平明日报》生动完整地记录了抗战胜利后，北平由蒋介石政府统治转向人民政府统治的进程，以及傅作义将军从华北剿总总司令转向进步将领的"将军一梦醒，猎猎展红旗"的过程。

抗战时期内迁的私营大报，包括《世界日报》、《世界晚报》、北平《益世报》等均在1945年底前返回北平复刊。

1946年4月4日，《新民报》北平社成立，《新民报》（北平版）复刊。《新民报》（北平版）最初在20世纪30年代创刊，由张恨水主持，北平沦陷后，其一度沦为日伪喉舌。抗战胜利后复刊，1952年，《新民报》（北平版）作为北京最后一家私营报纸停刊②。

抗战胜利后，中国共产党在北平的新闻事业也得以迅速恢复和发展。但随着全面内战爆发，国民党政权对新闻舆论活动管制加强，北平新闻事业再次趋于紧缩，1948年8月，整个北平市内，报纸只剩26家，通讯社剩21家，广播电台至1948年底共有9家，基本上为国民党政府官办，中国共产党的新闻事业再次被迫转入地下。

---

① 张新吾：《创办〈平明日报〉》。
② 崔普权：《昔日的〈新民报〉（北平版）》，《北京纪事》1998年第9期。

一、中国共产党新闻事业在北平的恢复与发展

中国共产党的新闻活动主要由三部分构成，一是通过公开的新闻机构，即北平《解放》和新华社北平分社所进行的活动；二是由地下党组织的新闻活动，包括自办地下报刊或由地下党员打入其他报社内部等；三是借助学生运动而进行的新闻活动，共产党一方面积极引导学生进行斗争，开展广泛的宣传鼓动，另一方面地下党员也参与到各大学的墙报、传单制作发放过程中。

无产阶级新闻事业的历史使命是宣传、组织最广大民众认识自己的利益并为自己的利益奋斗。1946 年初，国共在美国斡旋下，签订停战协定、成立军事调处执行部，中共代表团公开进驻北平。此前，为扩大中国共产党和人民军队在华北地区的影响，日本投降后不久，中国共产党宣传事业便迅速在北平展开，但持续受到国民党当局的干扰。"中共地下党北平市委文化工作委员会于 1945 年 9 月中旬创办了《国光日报》，一个月后被封，再出《人民世纪》，至 1946 年 3 月也告停刊……1946 年 2 月 22 日，中国共产党机关报《解放》三日刊 [①] 在北平创刊，新华通讯社北平分社也同时成立" [②]，1946 年 4 月 1 日，《解放周刊》出版第一号，其在北平的分销由"解放三日刊社"负责。

图 6—4　《解放周刊》，其在北平的分销由"解放三日刊社"负责

北平作为中国政治文化中心，虽然在民国时期短暂失去首都地位，但仍具有重要战略意义，是新闻宣传工作必须争取的重要平台。中共中央通过综合判断抗战后

---

① 《解放》创刊时为三日刊，自第 27 期起改为双日刊。——作者注

② 宁树藩主编：《中国地区比较新闻史》中卷，第 417 页。

的国内地缘政治局势，认为如果北平成为党的全国性政治中心，延安《解放日报》便会搬迁到北平，因此预先在北平创办《解放》，4 开 4 版，为延安《解放日报》的进京做准备。决定作出后，中央迅速集中人力，从"延安、张家口、重庆、山东、东北各地调集熟练的新闻工作干部到北平"[1]，"徐特立担任北平新华分社和《解放》报社社长，钱俊瑞任代理社长兼总编辑"[2]。

北平是国统区大都市，《解放》在北平办刊必然受到来自国民党政府的骚扰和压制，1946 年 4 月 3 日凌晨，北平警备司令部、宪兵团和警察局突然出动 200 余名武装军警和便衣特务，包围了《解放》报社，搜查违禁品并强行逮捕 41 人。事件发生后，滕代远迅速召开记者发布会，向全国公开四三事件，在中共严正交涉和全国舆论压力下，4 月 4 日下午，报社被捕人员全部释放，北平警察局负责人向被捕人员道歉。但最终，国民党仍容不下《解放》，5 月 29 日，《解放》被查封，共出版 37 期，中国共产党在北平公开的新闻活动进入尾声。

同一时期，北平地下党组织还在北平秘密发行《铁路之友》《新闻资料》《老百姓日报》等油印小报，明暗两线相互配合，交叉呼应，为扩大中共在国统区大城市的政策宣传，争取民间舆论起到了巨大作用。

"1946 年 2 月 1 日，晋察冀中央局发出《对北平工作方针的建议》，根据当时的斗争形势，决定将北平市委分为两个部分：一部分在城内领导党的报纸、书店、通讯社工作，进行公开活动，建立公开的市委机关。另一部分在根据地，领导城内党的各地下支部，秘密发展党员，与城内建立秘密的交通联系，待有更好条件时移入城内"[3]。

地下党员的新闻活动从隐蔽战线大大补充了公开的新闻活动。"当时北平的《益世报》《平明日报》《新生报》《大公报》（天津）驻平办事处、中央社北

---

①　于光远、张沛、孙政：《一百天战斗的历程——北平〈解放〉报从创办到被查封》，《北京党史》1998 年第 3 期。

②　郭明：《叶剑英与北平〈解放〉报事件》，《党史文汇》2001 年第 12 期。

③　许赤瑜：《解放战争时期北平地下党的领导机构》，《北京党史》2012 年第 5 期。

平分社、美国新闻处，都有中共地下党员"①。"相当数量的共产党员供职于包括国民党系统和亲蒋系统的新闻机构。例如，进入华北剿总所办的《平明日报》的党员前后有 20 多人（约占该报全体职工的 1/4），分任采访部主任、国内要闻编辑、国际新闻主编、各类记者、广告室主任、电务员等职。此外，还有一批共产党员在美国新闻处北平分处任职，前后有十数人之多"②。

"1946 年，地下党员纪刚在党组织的指导下，开始不断地给北平各报投稿，造成影响。后来，纪刚进入一家国民党军统外围组织的报纸《北平纪事报》，先从练习生开始。纪刚做过校对、接电话的工作，也采访些稿件，不到两个月就争取当上了记者。1947 年初，纪刚和李孟北先后进入《平明日报》工作，分别采访市政和军政新闻。他们把能够通过报纸反映的，比较系统地写成文章公开发表，因为解放区能收到各种报纸。不宜公开发表的情报，立即通过地下电台，发回城工部。"③

地下党员刘光人在任《平明日报》记者期间，常利用记者身份搜集北平情报，1948 年 12 月，他"臂戴剿总发给报社的特别通行袖章，通过国民党军的数道封锁线，于 26 日下午把情报送到华社部平西情报联络站"④，中共地下党员李炳泉抗战胜利后在北平《益世报》任记者，后进入《平明日报》任采访部主任，在劝说傅作义的过程中起到了重要作用。

学生工作也始终是中共地下活动的重要领域。解放战争期间，学生报刊随学生运动的发展日益发展，"历次学生运动印发的快报、传单，以及校刊，对学生运动起了很大的作用和影响"⑤，1947 年在反饥饿、反内战、反迫害和抗议美军暴行的一系列运动中，中共地下党广泛参与、积极领导了北平的学生

①　北京市地方志编纂委员会编：《北京志·新闻出版广播电视卷　报业·通讯社志》，第 5—10 页。
②　宁树藩主编：《中国地区比较新闻史》中卷，第 420 页。
③　姚奕：《北平暗战系列一：迎解放布下三千"特种兵"》，见 http://dangshi.people.com.cn/GB/85039/9127955.html。
④　宋贵庚：《北平解放前夕党的情报策反工作》，《北京党史》2009 年第 1 期。
⑤　黄河编著：《北京报刊史话》，第 204 页。

图6—5 《燕京新闻》

运动，"开展了宣传鼓动工作，各大学编印的墙报、传单、油印和铅印的报刊十分活跃，《燕京新闻》《辅仁通讯》《抗联新闻》等学生报刊流传北平全市"①。华北学联的《反饥饿、反内战快报》、北京大学的《北大半月刊》《北大清华联合报》等报刊均有中国共产党地下党员参与编辑出版工作。

《燕京新闻》由燕京大学新闻学系附设燕京新闻社发行，4开4版，周报，铅印，前期发行2000份，最高发行量曾达到3000余份，最早为燕京大学新闻系的实习报纸《平西报》，抗战期间在成都出版时改称《燕京新闻》。

1946年，《燕京新闻》在北平复刊后，其收入来源主要依靠订费和少量广告收入，从实际版面来看，广告占比极低，各高校新闻占绝大部分。《燕京新闻》由中共北平地下党组织领导进步学生主办，"实际上充当了我地下党学运机关报"②。在宣传方针上，积极配合共产党的宣传策略。报刊新闻消息除关注燕京大学、清华大学等北平高校外，也涉及其他地区全国重点高校，如南京大学、山东大学等。在内容上关注高校师生生活的困窘状况，认为全国学生都面临"饥饿、迫害、失学等问题"，国内存在严重教育危机，鼓励捐款捐物救助困难师生，积极报道高校学生争取待遇、民主自由和高校自治的新闻③，选取的评论文章也较有战斗性，谴责国民政府统治不力、漠视教育。

1946年12月24日晚，北平东单广场发生美兵皮尔逊强奸北大女生沈崇

① 宁树藩主编：《中国地区比较新闻史》中卷，第420页。
② 王士谷：《解放战争时期的〈燕京新闻〉》，《新闻研究资料》1982年第8期。
③ 《燕京新闻》1948年3月17日、1948年3月22日、1948年3月29日、1948年4月5日。

的事件。此事件本来事实清楚，但美军企图在中国享受治外法权，国民政府也出于种种统治利益的考虑下令禁止各报刊登此消息，合众社、美联社等则开始对沈崇进行造谣污蔑。这些针对沈崇的不公正待遇在北平学生中引起剧烈反弹，《新民报》《北平日报》《世界日报》也先后打破封锁，跟进报道，《新民报》还将国民党中央社不许各报刊登相关消息的通知一并刊出，激起社会各界对国民党政府的声讨。

学生们迅速投入到揭露这一暴行的活动中，《燕京新闻》成为学生抗议暴行、发布真相、发声呼吁的重要平台。事件发生后，面对污蔑，沈崇曾短暂失踪，《燕京新闻》持续跟踪报道、查找沈崇下落，终于完成对沈崇本人的采访，刊发《沈女士访问记》，并借校刊的身份之便，迅速获得沈崇学籍信息等一手资料驳斥美国军方和国民党抹黑沈崇的行为。最终，在《燕京新闻》和各界持续努力下，美军最终判决皮尔逊开除军籍，服劳役 15 年。1948 年 11 月，《燕京新闻》停刊。

二、北平解放前后的新闻事业

随着中国共产党在解放战争中的军事胜利，北平新闻界慢慢发生变化，民间报纸上对国共军事斗争的报道开始使用中共方面的新闻源，《世界日报》从 1949 年 1 月 20 日起，"一面刊登新华社新闻稿，以及北平市民、学生筹备欢迎解放军的新闻，一面刊登中央社的广播新闻"[1]，北平新闻业的变化昭示着解放军的军事胜利和北平解放曙光的临近。

随着工作中心从农村转到城市，为满足"进京赶考"的需求，中共中央发出一系列指导城市新闻工作的文件，1948 年 8 月 15 日，中共中央宣传部发布《关于城市党报方针的指示》，强调在占领城市的过程中不能改变工农的立场，报纸消息在以工农为主的前提下照顾城市需求，要注重副刊的教育性。

---

[1]　方汉奇主编：《中国新闻事业编年史》第二版，第 1581 页。

1948 年 11 月 8 日，中央颁布《关于新解放城市中中外报刊通讯社处理办法的决定》，明确"报纸刊物与通讯社是一定的阶级、党派与社会团体进行阶级斗争的工具，不是生产事业，故对于私营报纸、刊物与通讯社，一般地不能采取对私营工商业同样的政策"，根据这一指示，各地各级有关部门因地制宜地慎重接管旧有新闻事业。11 月 20 日，中共中央又颁布了《中央对新解放城市的原广播电台及其人员政策的决定》和《中央关于处理新解放城市报刊、通讯社中的几个具体问题的指示》，对旧有新闻机构资产接收和人员去留作出明确规定，并答复新闻检查、新闻单位经费来源等问题。

在宣传策略方面，考虑到新闻机关的舆论敏感性，中共对于北平报纸的接收工作十分慎重，1949 年 1 月 18 日，作出《中央关于不要命令旧有报纸一律停刊给平津两市委的指示》，重申"应按报纸性质属于进步、中间、反动等类采取分别对待办法"①，要求北平市委对旧有报刊应该一事一议，慎重处理、注意舆论影响，不应命令原有报纸一律停刊。"中共中央于 1949 年 1 月 26 日发出了关于《宣传约法八章，不要另提口号》和《勿擅自向外表示态度》两个指示，强调'在大城市工作的作风，绝不能搬用在乡村工作的作风。在大城市，凡事均须重新仔细考虑，一举一动都要合乎城市的情况。凡属处理较重要的新事件，均须事前向上级请示'。此外，还通过组织广大宣传干部学习列宁《共产主义运动中的'左派'幼稚病》中的第二章，以提高理论水平，增强纪律性"②。

1949 年 1 月 31 日，解放军与城内国民党军交接防务，北平和平解放。随着解放军进入北平，共产党的新闻事业在北平迅速建立起来。范长江、徐迈进入城筹备《人民日报》北平版，编辑部分为时事、解放区、本市、副刊四组。国民党报纸《华北日报》日、晚刊于 2 月 1 日停刊，同日，《人民日报》北平版试刊。

---

① 《中央关于不要命令旧有报纸一律停刊给平津两市委的指示》，载中共中央宣传部办公厅、中央档案馆编研部编：《中国共产党宣传工作文献选编（1937—1949）》，第 776 页。
② 林之达：《中国共产党宣传史》，第 261 页。

2月2日，《人民日报》（北平版）作为北平市委机关报正式出版，"创刊号上，头版头条是毛泽东主席《关于时局的声明》，此外，还有李济深、沈钧儒等55人对时局的意见，社论《为建设人民民主的新北平而奋斗——代发刊词》，特写《北平人民的狂欢》，以及一些安民告示。由中共北平市委宣传部部长赵毅敏兼任社长，范长江任总编辑，袁勃任副总编辑，马健民任秘书长，刘希龄任编辑室主任，李干锋任采访部主任，李亚群任副主任，李更生任群工部主任。2月7日，由平山县华北《人民日报》总社调派近200人，赶赴北平，加强北平版的力量。此时，《人民日报》华北版还在解放区出版发行。北平市军事管制委员会文化委员会接管了王府井大街上的国民党中宣部机关报之一《华北日报》，该报所有设备交人民日报社使用"①。"3月15日，华北《人民日报》迁入北平，《人民日报》北平版随即停刊"②。8月，中共中央决定，《人民日报》为中共中央机关报，胡乔木、范长江先后任社长，邓拓为总编辑。

《人民日报》北平版停刊后，原班人马划入北平市委并创办《北平解放报》，作为北京市委机关报。《北平解放报》于1949年3月15日出刊，接续《人民日报》北平版刊号，首期即为第42号。在一段时间后，《北平解放报》大部分人员随中共西南局南下支援各级机关报建设，同时，《人民日报》从华北局机关报升格为中共中央机关报，《北平解放报》剩余人员并入《人民日报》，《北平解放报》在出版138期后，于1949年7月底停办。

1949年2月间，北平市军管会文管会接管和查封了旧有新闻机构，2月2日起，傅作义所办的《平明日报》与天主教教会的北京《益世报》均停刊。"《世界日报》续出一个多月后也被接管。旧有新闻机关继续开业的只有一家《新民报》日刊。1949年2月2日，北平新华广播电台开始播音，标志崭新的人民新闻事业在北平的开始"③。2月20日，平津两市军管会明令外国人停止新闻活动，要求"所有外国通讯社及外国记者均不得在本市进行活动，所有外侨均不

————————

①　方汉奇主编：《中国新闻事业编年史》第二版，第1581页。

②　方汉奇主编：《中国新闻事业编年史》第二版，第1584页。

③　宁树藩主编：《中国地区比较新闻史》中卷，第420页。

得在本市主办报纸或杂志，各外国通讯社、新闻社、新闻处的组织及人员，自即日起停止对本市及外埠发行新闻稿活动；各外国通讯社及外国报纸、杂志的记者，自即日起停止采访新闻及拍发新闻电报的活动"①。3月10日，北平市军管会公布了《北平市报纸通讯社登记暂行办法》，新闻出版部的工作重点由接管转为对报纸通讯社的登记审查。4月底，文化接管委员会接管工作结束，新闻出版部的末了工作连同干部一起移交北平市人民政府，由市政府新闻处继续完成。

3月25日，陕北新华广播电台与新华社随中共中央迁入北平，陕北新华广播电台改称"北平新华广播电台"，6月24日，新华社新社委会成立，胡乔木任社长。7月13日，中华全国新闻工作者协会筹备会在北平成立。

随着北平和平解放和中国共产党新闻工作的进京工作有序展开，北平成为华北地区新闻宣传的中心，中央宣传机构坐镇北平，统领全国新闻宣传工作，拟定新时期的宣传方针。2月8日，中共中央宣传部、新华总社联合发出《关于克服新闻迟缓的指示》②，同月，地方性法规《北平市报纸、杂志、通讯社登记暂行办法》出台。1949年3月5日至13日，中共召开七届二中全会，毛泽东在会上代表党中央作了报告，明确指出："从我们接管城市的第一天起，我们的眼睛就要向着这个城市的生产事业的恢复和发展"③，"通讯社报纸广播电台的工作，都是围绕着生产建设这一个中心工作并为这个中心工作服务的"④。

---

① 《中央关于停止外国通讯社、记者、报纸杂志的活动和出版给平津两市委的指示》，载中共中央宣传部办公厅、中央档案馆编研部编：《中国共产党宣传工作文献选编（1937—1949)》，第796页。

② 中国社会科学院新闻研究所：《中国共产党新闻工作文件汇编》上，新华出版社1989年版，第301—302页。

③ 毛泽东：《新闻工作要为生产建设这个中心服务》，载中共中央宣传部办公厅、中央档案馆编研部编：《中国共产党宣传工作文献选编（1937—1949)》，第806页。

④ 毛泽东：《新闻工作要为生产建设这个中心服务》，载中共中央宣传部办公厅、中央档案馆编研部编：《中国共产党宣传工作文献选编（1937—1949)》，第807页。

中国民主同盟机关报《光明日报》1949 年 6 月 16 日在北平创刊，为对开 4 版，读者对象主要是知识分子和干部，社长章伯钧，总编辑胡愈之，毛泽东为创刊号题词，"团结起来，光明在望"①。

7 月 13 日，中华全国新闻工作者协会筹备会在北平成立。主任胡乔木，副主任胡愈之、廖承志，秘书长萨空了，副秘书长徐迈进。推举出正式代表 12 名，候补代表 2 名，代表新闻界参加中国人民政治协商会议②。

三、新中国成立后的北京新闻事业

北京地区的新闻事业随着北京成为首都而一跃成为全国首屈，"北京新闻事业的特点是新闻单位数量多、级别高、层面广、覆盖面大、发行量多，对全国乃至世界都有深远影响，这些特点是其他省市和地区都无法与之相比的"③。

在党和政府的统一领导下，针对行业特点和受众特点，各行各业渐次在北京创办机关报、行业报，传达党的方针政策，普及科学文化知识。《中国青年报》于 1951 年 4 月 27 日在北京创刊。《中国少年报》于 1951 年 11 月 5 日在北京创刊。《解放军报》于 1956 年 1 月 1 日在北京创刊。此外，全国性报纸还有《人民铁道报》《健康报》《中苏友好报》《学习》《中国青年》《时事手册》《新中国妇女》《工人》《新观察》《知识世界》《文艺报》《新建设》《新华月报》《人民中国》（出有英、俄、日文版）。

全国性通讯社新华社在北京建立，"建国初期，新华社为组织上、工作上的集中统一，作出了重大努力。在革命战争年代，新华社的各总分社、分社和支社是带有浓厚的地方性的……中共中央于 1950 年 3 月发布了《关于改新华社为集中统一的国家通讯社的指示》，同年 4 月，中央人民政府新闻总署发出《关于统一新华社组织和工作的决定》。根据这两个文件的规定，新华通讯社从

① 方汉奇主编：《中国新闻事业编年史》第二版，第 1589 页。
② 方汉奇主编：《中国新闻事业编年史》第二版，第 1591 页。
③ 宁树藩主编：《中国地区比较新闻史》中卷，第 423 页。

中共中央的宣传机构，成为中华人民共和国的国家通讯社，是国家集中统一的新闻发布机关。它授权代表中央人民政府发布公告性新闻和外交性新闻，并负责对全国的报纸、广播电台供给稿件。1950 年 11 月新华社第一次全国社务会议，标志着新华社完成了组织上和工作上的集中统一。新华社在全国各地（除台湾省外）以及国外一些国家和地区逐步组建了记者网，日益成为在国内外具有重要影响的国家新闻机构。建国初期，社长陈克寒，总编辑吴冷西。这个时期，新华社的组织规模和工作建设发展较快。1949 年 10 月，新华总社有工作人员 810 人……1952 年，新华社工作人员扩充到 2002 人。……中国新闻社1952 年 9 月 14 日成立于北京，10 月 1 日开始发稿。"①

对于旧中国遗留的新闻业，中央决定"实行人民民主专政和社会主义改造的方针，形成以党报为核心的多种人民报业并存的新中国报业结构"②。1950年 3 月全国有私营报纸 58 家，随着全国工商业公私合营的开展，同年下半年起，《大公报》《文汇报》等相继实行公私合营，1951 年 8 月私营报纸减至 25家，到 1953 年初全部实行公私合营。北京《新民报》一直出版至 1952 年 4 月，报社资财由北京市人民政府收购，改出《北京日报》，部分人员参加《北京日报》工作。通过公私合营，对原有私营报纸加强党的领导，改进报纸工作内容，在经济上除保留私股外，由政府给予适当投资或贷款作为公股，以扶持报纸发展。后来，又逐渐退还私股，全部成为公营报纸。

在北京完善的新闻机构领导下，新中国新闻事业澎湃发展，报刊的发行量呈现逐年增长的态势，截至 1954 年初，全国报纸总发行数比 1950 年初增加两倍以上。"报刊发行数量迅速上升，努力满足人民群众日益增长的政治文化需要。1955 年全国专区以上报纸，每期发行总数与国民党统治下的旧中国时期相比，增加了 3.7 倍。杂志年发行总册数增加 5 倍"③。在繁荣发展少数民族文化的政策指引下，新中国报刊的另一大新貌是少数民族文字报刊的大量增

①　方汉奇、陈业劭：《中国当代新闻事业史》，新华出版社 1992 年版，第 5—12 页。

②　方汉奇、陈业劭：《中国当代新闻事业史》，第 5—12 页。

③　方汉奇、陈业劭：《中国当代新闻事业史》，第 5—12 页。

加，在旧中国，少数民族报刊极少，新中国成立仅五六年，就出版了用9种少数民族文字办的21种报纸，28种杂志，这在中国新闻事业史上是前所未有的。"在基本完成社会主义改造的七年中，新闻事业成为中国共产党和人民政府领导广大人民群众推进社会改造和建设新生活的强有力的工具"①。

① 方汉奇、陈业劭：《中国当代新闻事业史》，第1页。

北京通讯社的发展

通讯社起源于西方，亦称新闻社、通信社①、电讯社等，它是伴随着西方列强的殖民扩张而在中国诞生与发展的。通讯社业务进入中国，其历史最早可以追溯至晚清时期，英国路透社是最早在中国开展业务的通讯社，并且曾长期垄断中国新闻市场，其业务范围也包括北京。之后，其他

---

① 通信社是对通讯社的早期称谓，为便于理解和前后统一，本书除引用史料外均统称为通讯社。

国家的一些通讯社也先后进入中国，共同争夺新闻市场。

民国初期，北京地区出现了国人自办的通讯社，特别是邵飘萍创办的新闻编译社影响较大。在北洋政府统治北京时期，民营通讯社有了初步发展，其数量在全国是最多的。南京国民政府成立后，国民革命军把北洋政府最后执政者张作霖逐出北京，并设立北平特别市，北京从此成为北平。在此前后，北平市通讯社发展达到最高峰。在沦陷时期和民国后期，北平通讯社事业迅速衰落。

在北京地区通讯社发展的历史上，中国共产党和中国国民党两党的通讯社此消彼长，占有重要地位。民营通讯社一度兴盛，但多数时间都是在时代大潮的政治飘摇中艰难图存。沦陷时期的日伪通讯社则仅昙花一现，留下历史的罪证。

1949 年初，北平解放前夕，只剩下官办的中央社北平分社等少数通讯社和几家外国通讯社。北平解放后，新华社接管了中央社北平分社，并重建了新华社北平分社。不久，新华总社迁入北平。北京地区的新闻通讯事业开启新的历程。

第一节　北京新闻通讯社的起源与初步探索
（清末民初—1919）

北京的新闻通讯事业是伴随着近代报纸的出现而产生和发展的，曾长期为外国通讯社所控制。1913 年起北京陆续出现一批国人自办的通讯社，开始了北京新闻通讯事业的尝试和探索。其中著名新闻记者邵飘萍创办的新闻编译社、毛泽东创办的平民通讯社是这一时期影响较大的通讯社。

一、民国初期北京创办通讯社的背景、起源

晚清以来，中国通讯事业长期被外国通讯社所控制，严重损害了新闻自主性，警醒着国人对通讯社作用的认识。在外国通讯社的启蒙和影响下，我国

出现一批通讯社，开启了国人创办通讯社的探索。民国初期，北京作为全国政治中心备受瞩目，动荡的政治社会、旺盛的信息需求、繁荣的报刊事业和简便的创办条件，刺激了国人自办新闻通讯社的出现和发展。

一是外国通讯社的垄断引发国人的担忧和不满。1872年路透社进入中国，随后几十年外国通讯社陆续开展在华业务，他们凭借雄厚的实力、先进的手段、灵通的信息，提供迅捷及时的报道，扩大了报纸消息，在中国供稿市场占据全面优势。这些通讯社站在各自立场，为维护各自政府的利益，经常发布对中国含有蛊惑煽动、颠倒是非、混淆视听的报道；在中国搜集军政情报，结交权贵显要，挑动不同派系、军阀之间的争斗，引起中国新闻业界的担忧和不满。

当时，中国的报纸"欧美情势及外交消息，皆取材外电，彼多为己国之利害计，含有宣传煽惑之作用，故常有颠倒是非变化真伪之举"，"任意指鹿为马，入主出奴，混淆庞杂，取信无从。甚至有人用"中国太上新闻界"来比喻这些通讯社在中国新闻业中的位置。① 李大钊后来曾撰文剖析外国报纸、通讯社的新闻侵略，他写道：外国新闻势力"挟资本雄厚之优势，在内地时时操纵新闻，传播于己有利的消息，暴露华人之弱点"，"表彰外人在内地之言论及事业，以坚华人对西人之崇拜"，"在平时操纵中国之金融、商业，战时亦利用以供军事通讯，帮助中国一派军阀"，"此种新闻之侵略，只有中国才有"。② 面对如此的新闻侵略，国人十分希望建立自己的强有力的通讯社，突破外国通讯社的新闻垄断。

二是国人对于新闻通讯业的认识不断加深。尽管晚清时期中国社会经济文化的发展仍非常落后，但新闻通讯社这一新兴业务传入中国后，一方面，一些有识之士逐渐认识到，通讯社的设立不仅仅在于可以为报纸提供更多丰富、

---

① 王润泽：《20世纪20—30年代中国通讯社发展状况——兼论红中社的创办背景》，载《光荣与梦想——"新华社80年历程回顾与思考"学术研讨会文集》，新华出版社2011年版，第70页。

② 北京市地方志编纂委员会编：《北京志·新闻出版广播电视卷　报业·通讯社志》，第338页。

客观、真实的新闻，而且从某种意义而言事关国家前途和民族命运。办通讯社所需人工、财力均有限，相对较简便，我国出现了数家从译报、剪报、通信工作发展而来的最早的一批通讯社。另一方面，在空前的办报热潮中，报刊和民众对新闻时效、真实、准确以及数量的要求越来越高，而新闻采访力量的不足、记者整体素质的低下成为报刊发展的瓶颈，发展通讯社事业也被提上议程。1912年6月9日在北京举办的全国报界俱进会上，组织通讯社是议题之一，提案称："报馆记事，贵乎详、确、捷。今日吾国访员程度之卑劣，无可为讳。报馆以采访之责付诸数辈，往往一事发生，报馆反为访员所利用，颠倒是非，无所不至。试问各报新闻，能否适合乎详、确、捷三字？吾恐同业诸君，亦不自以为满意，而虚耗访薪，犹其余事。同人等以为俱进会者，全国公共团体，急宜乘此时机，附设一通信机关，互相通信，先试行于南北繁盛都会及商埠，俟办有成效，逐渐推行，俾各报馆得以少数之代价，得至确之新闻，以资补助而促进步。"①会议决议设立通讯社，准备先从北京、上海、东三省、蒙古、新疆及欧美入手，依次推及内地，但后来由于种种原因并未实现。

三是报刊和民众广泛的信息需求。清末以来，中国政治动荡，社会处于大变革之中，人们对新闻信息的需求迅速增长，刺激了通讯社的发展。辛亥革命胜利后，南京临时政府采取言论自由政策，促进了中国新闻事业的发展。其时民主、自由气氛空前高涨，政党政治观念深入人心，各派政治力量之间的斗争复杂而又激烈，我国新闻界出现短暂的繁荣，报刊数量大量增多，奠定了通讯社发展的社会基础。

1912年中华民国成立后，南京临时政府立即通过立法手段建立起与西方先进国家接轨的新闻自由体制，颁布促进新闻事业发展的新法令。言论自由政策为报业发展提供了良好机遇。而且当时党会林立，据统计，自1911年10月武昌起义后至1913年之间，全国各地号称为"党"与"会"的组织将近700个，其中具有自己的政治纲领及一定规模的30多个。各团体、个人纷纷办报，

---

① 戈公振：《中国报学史》，中国文史出版社2015年版，第242—243页。

形成了一个创办报刊的高潮。据不完全统计，1912 年全国报纸由十年前的 100 多种，陡增至近 500 种，总销数达 4200 万份，突破历史最高纪录。其中 1912 年 2 月北京民政部进行登记的报纸，就多达九十余种，成为"报界的黄金时代"，特别是政党报刊掀起出版热潮。而北京由于成为政治中心而势头最猛，据 1912 年北京政府内务部报告说，从 2 月 12 日清帝退位到 10 月 22 日，8 个月内在内务部注册立案的报纸有 89 家。空前的报刊出版高潮，需要通讯社提供新闻来源或者直接供应稿件，给通讯社提供了广阔市场。①

二、北京创办通讯社的尝试

国人自办通讯社虽然最早在中国南方出现，但北京新闻界也参与了一些早期通讯社的业务活动。1909 年，时任清政府驻比利时使馆随员的王慕陶在布鲁塞尔创设远东通讯社，这是国人在海外创办的第一个通讯社。北京的汪康年、黄远庸（远生）等参与了该通讯社国内供稿业务。汪康年是远东通讯社在国内的重要支持者。

随着北京报业的发展，北京的通讯社也有了初步发展。1913 年 4 月 2 日，张珍在前外延旺庙街创办了北京通讯社，这是北京第一家中国人办的近代通讯社。接着，1914 年 4 月，温雄飞于宣武门外琉璃厂东南园创办了北京电报通讯社。不过这两个通讯社规模较小，作用轻微。随后几年中，北京出现数家通讯社，包括 1916 年创办的新闻编译社、中华电报通讯社；1917 年 6 月 10 日创办的民生通讯社，9 月创办的以本埠新闻为主的北方通讯社，还有华英亚细亚通讯社、新闻交通通讯社；1918 年 11 月创办的经常选译英日文报纸所刊有关华府会议消息的神州通讯社；1919 年创办的平民通讯社等。其中新闻编译社、平民通讯社广泛开展卓有成效的社会活动，产生了较大影响。

---

① 方汉奇主编：《中国新闻事业通史》（第一卷），中国人民大学出版社 1996 年版，第 1014—1015 页。

民国初期，北京的通讯社主要是民营性质。袁世凯死后，北京政府没有再建立政府的官报系统，允许私人建立通讯社，将众多的私人通讯机构作为自己倡导"言论自由"的标榜，据 1919 年 8 月 26 日统计，在北京的通讯社就有几十家之多。北京政府先后出台了一些条例或规定以管理包括通讯社在内的新闻业，如《检阅报纸现行办法》、新《报纸条例》等。1918 年 8 月，北洋政府设立"新闻检查局"，对报纸上刊载的新闻消息及其他内容进行"检查"。9 月 23 日，北京新闻交通通讯社所发通讯稿《呜呼三大借款》，抨击段祺瑞政府擅举外债，触怒当局，负责人何某被警厅拘捕。24 日，北京新闻交通通讯社被查封，罪名为"扰乱治安，颠覆政府"。北京《亚陆日报》等八家报纸，也因刊载北京新闻交通社所发稿件被京师警察厅以"故意造谣，泄露秘密""破坏邦交，扰乱秩序，颠覆政府"等罪名，强行查封，并传讯有关编辑人。

其间，不断有人向政府建议设立官办通讯社，不过均未实现。如北京政府内务部 1913 年致国务院总理的公函中附带了黄远庸建议组织官办通讯社的条呈，未被采纳。[1] 1916 年 11 月，沈宣宾向内务部提交创设中华电报新闻社的"批"，计划备 10 万元，"总社设于北京五道庙南口路西二十三号，设支社于国内各省各埠，以及东京、纽约、伦敦、巴黎、柏林、彼得格勒、旧金山、新加坡等处，索隐探微，侦彼政策，兴国强民"，但内务部以新闻电报归交通部管为由，回复"事关电政，自应遵照交通部新闻电报章程，先行呈请交通部查核办理，俟核准后再呈请于所在地之警察官署转呈本部备案"。实际上由于政府部门的推诿，该通讯社并未建立起来。1918 年 7 月 6 日，外交部也向内务部提交了《外交部关于拟托巴黎巴尔干通讯社为欧洲大陆中国通讯机关的公函》，打算每月津贴巴尔干通讯社 5000 佛郎作为中国政府在外的喉舌，对中国参战议和等事项，"将本国实在新闻，由巴黎某家通讯社宣布于欧洲大陆各报纸"，"挽救或维持在外之舆论"。但此事后来也由于条件不成熟作罢。[2]

---

① 邓亦武：《北京政府的文化政策与新文化运动》，《民国春秋》2000 年第 2 期。

② 王润泽：《北洋政府时期的新闻业及其现代化》（1916—1928），中国人民大学出版社 2010 年版，第 186 页。

三、邵飘萍与新闻编译社的创办

新闻编译社是北京创办的第三家通讯社，也是北洋政府时期中国比较有影响的通讯社，由邵飘萍创办。邵飘萍（1886—1926），原名新成，又名镜清、振青，字飘萍，浙江东阳人，民国时期著名报人、新闻摄影家，是中国新闻理论的开拓者、奠基人，被后人誉为"新闻全才""乱世飘萍""一代报人""铁肩辣手，快笔如刀"等。他早在学生时代就被聘为《申报》通讯员；1911 年协助创办《汉民日报》，兼管《浙江军政府公报》，从此开始职业报人生涯。1915年留学日本期间，他曾与友人共同创办东京通讯社，向国内各报发稿。东京通讯社关于中日秘密交涉"二十一条"的新闻，在国内引起强烈反响，有力推动了反日倒袁爱国运动的开展。1916 年回国后，受聘于《申报》《时报》《时事新报》，撰写时评。袁世凯死后，《申报》聘他为驻京特派记者，其间为之撰写的《北京特别报道》很受欢迎。在中国新闻史上，邵飘萍是第一个重视通讯社，并以通讯社为依托成功地开展新闻采访和报道活动的著名记者。

在担任《申报》驻京特派记者期间，邵飘萍看到中国报纸在新闻报道方面无所作为和外国通讯社任意左右我国重要新闻的情况，颇以为耻，遂在北京创办新闻编译社。他在自述创办新闻编译社缘由时曾写道："愚初到北京之日，北京报纸为数固已不少，然求其稍合于新闻之正轨者，则十不一觏焉。北京之报纸绝少背后无政治关系者，以立宪国家言之，此固未足以为病。惟其新闻，则除与背后人有关系一二条，夹叙夹议，不伦不类，嬉笑怒骂，立言绝无范围者外，殆不再有确实消息可言。而纵横挑拨于其间者，则为某国所设立之一二报馆通信社。吾人与同辈言及，每引为奇耻。"①

新闻编译社社址在北京南城珠巢街。关于新闻编译社成立时间，因为邵飘萍有过"民国七年"和"民国五年七月"两个不同的说法，新闻史著作中看法也不一致，总体看多认为是成立于 1916 年 8 月。

---

① 邵飘萍：《我国新闻学进步之趋势》，《东方杂志》第 21 卷第 6 号。

　　新闻编译社每日发稿一次，每晚7时左右发行油印稿，外地邮寄，本埠由社员骑自行车分送。内容分自采和编译外电两部分。新闻编译社注重政治军事新闻，以内幕、独家新闻取胜，"每日总有一二特殊稿件，颇得各报好评"，稿件被"中外报纸多数采用，外埠及外国驻京特派员亦皆定购稿件以作资料"。①

　　邵飘萍擅长采访，1917年前后他曾奋力突破阁议秘密，通过新闻编译社将内阁会议内容公布于众。阁议内容于是成为新闻编译社发布的重要内幕新闻，打破政府阁议报道的限禁也成为新闻编译社对报界的一个贡献。"向之政府议阁，关防严密无人过问者，至是乃打破之，而每次皆有所议之记载。北京报纸，顿改旧观"。新闻编译社被其后北京创办的不少通讯社当作范本，他们"记载新闻之格式，一仿新闻编译社，至今而未改也"。②

　　邵飘萍以新闻编译社、《京报》、大学课堂为讲坛，积极支持孙中山领导的国民革命，支持北京反帝爱国运动。在报道上，新闻编译社不依附于政治势力，秉笔直书，看问题深刻尖锐，以维护国家权益为己任，所发新闻有较强的爱国主义色彩，如在1919年巴黎和会中针对中国面临的困境及蒙受的耻辱，发出了《山东问题大警报》《我代表山东问题》《日本攫取外蒙警报》《日本与鄂政府》《昨日公府之重要会议——南北代表辞职——合约绝不签字》等诸多报道，这些报道并不因为当时执掌北京政府的段祺瑞亲日就畏缩不前。五四运动爆发后，新闻编译社对青年学生的爱国行动给予坚决支持，就中国是否在和约上签字向各界人士征集意见。在北洋政府迫于巨大舆论压力、最终拒绝签字的舆论浪潮中，新闻编译社对公众意见的征集与传播，起到了聚合民意、动员民众的重要作用。又如新闻编译社曾揭发溥仪逃宫时日本人的阴谋，并对溥仪盗卖故宫器物事猛烈抨击。

　　新闻编译社虽然发展较为初级，无力向全国发稿，但"增进新闻纪事之信用"③，一定程度上突破帝国主义对中国通讯事业的垄断，维护了中国利益，

---

① 邵飘萍：《我国新闻学进步之趋势》。
② 邵飘萍：《我国新闻学进步之趋势》。
③ 张季鸾：《追悼飘萍先生》，《京报》之《邵飘萍先生被难纪念特刊》1929年4月24日。

是北京地区"具有现代通讯社观念的第一个新闻通讯机构"①，为中国通讯社事业的发展积累了经验，作出了贡献。

四、毛泽东与平民通讯社

早在中国共产党创立之前，党的一些早期革命者就曾通过创办通讯社开展革命活动，1919 年 12 月毛泽东同张百龄、罗宗翰等在北京创办平民通讯社，配合他和何叔衡等领导的湖南各界人民驱除军阀张敬尧运动，通过驱张宣传，平民通讯社声名大振，最终张敬尧被逐出湖南。

1918 年 3 月，军阀张敬尧进驻湖南任督军兼省长，在湖南实行残暴统治，使湖南民不聊生，怨声四起。1919 年 2 月初，因日本军队在福州制造震惊全国的福州惨案，长沙学生举行集会，并焚烧日货，遭到督军兼省长张敬尧的野蛮镇压。毛泽东、何叔衡等及时领导湖南各界人民开展了驱除张敬尧运动。1919 年 12 月，以毛泽东为团长的湖南驱张请愿团到达北京，请求政府撤换湖南都督张敬尧。为了揭露张敬尧的罪行，争取各界同情和舆论支持，在毛泽东的倡议和主持下，请愿代表团在北京创办了平民通讯社。毛泽东担任社长，撰写文章，发表通电，率代表团上书、上访。在北京，毛泽东住在南长街 99 号福佑寺后院，平民通讯社就设在这里。从 12 月 22 日起，该社每日发布 150 余份油印或者石印的驱张新闻稿，不收稿费，分送京、津、沪、汉等地报纸。这些稿件大多由毛泽东撰写，记载了请愿团在北京的具体活动以及张敬尧的种种罪行，被北京《益世报》、《惟一日报》、《京津泰晤士报》、上海《申报》、汉口《大陆报》、《正义报》等采用，各报据此揭露张敬尧的罪行或发表评论，产生了广泛影响，对驱张运动胜利起了重要作用。3 个月后，张敬尧被逐出湖南，平民通讯社胜利地完成了驱张任务。1920 年 4 月，毛泽东离京赴上海后，平民通讯社由罗宗翰主持，到年底停止活动。

---

① 《七十年来中华民国新闻通讯事业》，第 22 页。

在毛泽东创建平民通讯社的时候，我国通讯社事业尚处于初创阶段，各地相继创办的一批通讯社，多为综合性、地域性、行业性的类型，像毛泽东这样为驱张运动而建立专题性的通讯社，在通讯社发展中还是较为少见的。而且一个小小的通讯社，能在短时间内引起强大的舆论声势，取得反军阀斗争的胜利成果，也从一个侧面说明当时通讯社在社会上已有一定的影响。

第二节　北京地区新闻通讯社的兴起与繁荣（1920—1937）

从 20 世纪 20 年代初到全面抗战爆发前，是北京地区新闻通讯事业发展较快的一个时期。随着这一地区新闻事业的发展，通讯社的数量也迅速增长，最多时约占全国通讯社总数的四分之一，在国内新闻界拥有不可忽视的重要影响。

一、中国共产党创办的劳动通讯社

五四运动后，马克思主义在中国迅速而广泛地传播开来。在李大钊的领导和筹划下，1920 年 10 月成立了北京共产党早期组织。1921 年 7 月中国共产党成立，北京与上海的共产党组织处于发起地位。北京地区共产党的宣传活动对于马克思主义在中国的传播起到非常重要的作用。

1921 年 8 月在上海成立的中国劳动组合书记部是中国共产党领导工人运动的第一个公开机构。其北方分部位于北京，由罗章龙任主任，工作范围包括直隶、山东、山西、陕西、甘肃及东北三省，工作重点是发动和组织北方地区的铁路工人和开滦煤矿工人。1922 年 8 月，中国劳动组合书记部总部从上海迁到北京。

1923 年，中国共产党北京党组织在北京创办了劳动通讯社，它是中国劳动组合书记部北方分部机关刊物《工人周刊》编委会附属的一个宣传机构。

劳动通讯社另设有编委会，成员先后有高君宇、王有德、韩麟符、于方舟、缪伯英、杨明斋、李梅羹、吴容沧、黄日葵等。发稿负责人刘铭勖。该社在全国各地聘有特约记者和通讯员，其中有阮啸仙、王英谐、李凤池、高步安、金太璋、许兴凯、孟冰等。[1] 主要报道各地工人运动的情况，反映工人群众的生活和斗争。稿件为手写油印，除供给《工人周刊》选用外，还向北京《晨报》、上海《申报》等全国大报发稿。

北方劳动组合书记部成立后逐渐成为国内外革命工会的联络枢纽和实际斗争中宣传、组织、募集罢工基金的中心机关。当时"各国工会与职工国际经常派人来远东活动时必来北京访问，与北方书记部双方交换政治情报、革命书刊，并由劳动通讯社发布有关新闻稿"[2]。

劳动通讯社后期与邵飘萍主持的《京报》及新闻编译社关系密切，在业务上得到邵飘萍的指导，是北京有影响的通讯社。

1926年4月，邵飘萍被奉系军阀杀害后，该社也被迫停止了活动。

劳动通讯社是中国共产党早期创办的重要通讯社之一。它同1920年上海共产党早期组织与共产国际工作组创办的中俄通讯社及其他中共领导创办的通讯社一起，为早期传播马克思列宁主义，宣传人民革命和工人运动，作出了可贵的贡献。

二、国民党中央通讯社北平分社的建立与发展

国民党中央宣传部领导的中央通讯社于1924年在广州成立，创办之初的规模和影响都很小。随着北伐的胜利，中央社的作用和影响也逐渐凸显，受到各方面的重视。

北平分社是中央社最早建立的分社之一。1927年蒋介石在上海发动

---

①　方汉奇主编：《中国新闻事业通史》（第二卷），中国人民大学出版社1996年版，第155页。

②　罗章龙：《记北方劳动组合书记部》，《社会科学战线》1983年第3期。

四一二政变，4 月 18 日宣布国民政府定都南京，形成与武汉国民政府对峙的局面。此时，国民党在南京重新改组成立中央社，而从广州迁至武汉的中央社则在同年 7 月"宁汉合流"后取消。1928 年 6 月，国民革命军把北洋政府最后执政者张作霖逐出北京，北洋军阀政府宣告覆灭。国民政府遂设立北平特别市，简称北平。中央社随军记者唐雄随蒋介石专车北上，于 7 月 3 日抵达北平。唐雄遂成为中央社驻北平记者，并参加筹组北平分社。中央社北平分社于 8 月 15 日成立，社址在北平东单牌楼喜鹊胡同 5 号。其宗旨为宣传国民党党义和沟通国民党中央与平津消息。主任沈君甸。

除北平分社外，中央社最早建立的分社还有上海和武汉分社。这时的中央社还不是真正意义上的全国性通讯社，它没有自己的无线电台，要依靠交通部电信局拍发电讯，信息传递很不灵活；中央社的机构一直附属于国民党中央宣传部，消息宣传味较浓，采用率不高，在国内的影响非常有限。

1932 年 4 月底，国民党中常委决定中央社改为社长制，并独立经营，由萧同兹任社长。萧同兹上任后，对中央社进行了改组，拟定《全国七大都市电讯网计划》和《十年扩展计划》，提出"工作专业化""业务社会化""经济企业化"的目标，使中央社的发展进入一个新的阶段。

中央社一方面与交通部接洽建立中央社新闻无线电通信网，另一方面开始接收外国通讯社的电台，收回他们的在华发稿权。北平分社于 1933 年 1 月建立电台，4 月间又接收了路透社在北平的电台，之后收回其中文发稿权。

1933 年 7 月，中央社在南京、上海、汉口、北平、天津、西安、香港建成七大都市无线电讯网，开始使用无线电向各分社播发新闻，由分社在当天转发各报社，初步实现了新闻当天传送各地的理想。

除抄收并转发中央社南京总社中文稿外，1934 年 9 月中央社总社英文编辑组成立后，北平分社还与上海、天津分社等一道，承担了抄收中央社播发的英文稿，并转发给当地英文报刊社的工作。

北平分社也是中央社在北方的一个重要采访据点。中央社当时在国内的新闻采访网，包括 10 余个分社和近 20 位特约通讯员，他们采访的新闻，分别通过无线电台或电报局发往中央社南京总社。

由于中央社提供的新闻时效、信息量都远胜于国内其他通讯社，大大方便了各地报纸的出版，各报遂大量采用中央社的消息。仅就北平地区而言，中央社的电讯就经常占据报纸的一版头条，其影响力远非国内其他通讯社可比。通过强力扶持中央社的发展，国民党在相当程度上控制了国内新闻界、掌握了舆论主导权，这为其实施政治统治和思想控制发挥了重要作用。

三、北京地区民营通讯社的兴起与发展

20 世纪二三十年代，北京地区民营通讯事业发展较为迅速，不仅数量一直在全国名列前茅，而且也出现了一些较有影响的通讯社。

1922 年 4 月，北京新闻界商议筹备招待第三届全国报界联合会事宜，当时在北京《晨报》刊出了《北京各报社通信社启事》，其中列明的通讯社有 12 家，包括：民生通讯社、新闻编译社、北方通讯社、大同通讯社、中央政闻社、英文亚细亚通讯社、远东通讯社、庚申通讯社、北京通讯社、醒民通讯社、中英新闻社、神州通讯社等。

据戈公振《中国报学史》一书记载："今据中外报章类纂社所调查，全国共有通信社一百五十五家，北京最多，武汉次之。"[1]《中国报学史》一书作于1926 年，1927 年由商务印书馆出版。由此可见，在 20 世纪 20 年代中期的时候，北京作为北洋军阀统治的中心，通讯社的发展在全国处于领先地位。

这一时期的通讯社一般规模较小，只有两三个访员，用复写纸复写或油印复印，各家通讯社日发行新闻稿仅几十份。一些通讯社意识到要想长期生存发展，必须在新闻报道上多下功夫，发布公正、确凿的消息。他们在建社之初打出了"客观公正"的旗号，表达其所采集信息的可靠性、立场的独立公正、消息的迅速及时。1921 年 3 月成立的神州通讯社，自称"中正不倚之精

---

① 　戈公振：《中国报学史》，第 241 页。

神，促进社会之发展；宣扬东西文化，维持世界和平""发行迅速，印刷精美"；同年 6 月成立的东亚通讯社，自称"消息灵通，言论纯正，材料丰富，分送敏捷"；1923 年 2 月成立的震旦通讯社，自称"无党派关系，态度光明，新闻确实，内容丰富，消息灵通"等①。

为扩大影响，招揽更多客户采用通讯社的稿件，一些通讯社创办之初采用了免费赠阅稿件等优惠政策。如东亚通讯社、震旦通讯社向客户赠阅 1 个月，每日通讯社、民舆通讯社京内赠阅 1 个月，外埠赠阅半月，今闻通讯社赠阅 3 日。有的则免费附送其他方面的稿件，如神州通讯社"除按日发新闻稿外，每月并送赠附号数次，均为关于政治、外交、劳动、妇人、文化、经济、教育、实业、法律、思潮等问题之译著"②。

邵飘萍领导的新闻编译社是这一时期北京最活跃的新闻通讯社。该社积极支持孙中山领导的国民革命，不断抨击日本侵华阴谋及与奉系军阀勾结事实，在 1925 年五卅运动、1926 年三一八惨案等反帝爱国运动中，该社均给予积极支持和报道。1924 年冯玉祥发动北京政变后，邵飘萍支持冯玉祥对抗奉系军阀。1925 年邵飘萍秘密加入中国共产党。1926 年 4 月，盘踞北京的奉系军阀逮捕了邵飘萍，无视全国新闻界的声援营救，将其杀害。邵飘萍牺牲后，新闻编译社仍在北京继续奋战，努力实现他的意愿。

神州通讯社是当时北京有一定影响的通讯社。在各省会、商埠及欧美、日本、南洋等处设有分社。该社由同人组织采访中央地方及各国重要新闻编辑译述，供中外各报采用。其创办人陈定远希望以新闻舆论的力量来改造社会。1922 年 5 月，中华全国报界联合会在北京中央公园召开第三届大会，陈定远代表神州通讯社发言，认为与其坐等良好社会的形成以发展新闻事业，还不如以新闻舆论的力量来改造这个不良社会。在对外交往方面，针对日本帝国主义的狼子野心，全国报界应以"统一的精神"为国家的坚强后盾。③ 神州通讯

① 方汉奇主编：《中国新闻事业编年史》，第 924、928、970 页。

② 方汉奇主编：《中国新闻事业编年史》，第 924 页。

③ 来丰：《中国通讯社发展史》，复旦大学博士学位论文，2002 年。

社积极参与反帝爱国运动，曾在北京《晨报》上刊载启事，征集揭露张作霖勾通日本卖国之阴谋的稿件，以唤起国民之注意，誓尽为国除奸之天职；还曾刊载启事征求国会议员在选举活动中买票卖票事实及证据等。著名报人张友渔回忆，1923 年他在北京国立法政大学读书时，兼任太原《并州新报》驻京记者，承担的任务之一，就是"代订联合通信社和神州通信社的通讯稿，每天用快邮寄去"①。神州通讯社记者管翼贤，同时也是天津《益世报》驻北平记者，在人际交往和新闻业务能力方面表现突出。由于他"办法多，交际广，肯用脑筋，擅钻门路，加上文笔敏捷，别具新闻眼光"，逐渐将神州通讯社的重心转移到了自己身上。②1927 年，为加强向晚报供给重要新闻，管翼贤想到了通过电话向晚报供稿的办法，为晚报发表当天新闻解决了问题，受到好评。

此外，值得一提的是，此时出现了专门提供照片的新闻通讯社。1920 年初，中央写真通讯社成立，这是中国最早向报纸提供照片的新闻摄影机构。由北京大学学生周刊的部分师生员工褚保衡等主办，每月平均发稿 8 次，每月收费 10 元。

对于当时中国通讯社发展的现状，戈公振认为通讯社与报纸虽然相互为用，但显然更具优势，应效法外国通讯社好的做法，以图更大发展。他指出，报纸之销路常为文字及地域所限，而通讯社的消息"则常能间接遍及各国"，可谓"为外交上之利器也"，"故通讯社之势力，骎骎乎驾报馆而上之"。而国人自办通讯社与外人所办通讯社相比，势力还甚为薄弱，通讯社"自数目上言，诚不为少，但实际设备甚简，只为一党一派而宣传其消息，至不为国内报纸所信任，对外更无论矣。"③

20 世纪 20 年代后期到全面抗战爆发前，北京地区通讯社有了进一步发展。

1928 年 10 月，管翼贤在北平创办的时闻通讯社是当时北平较有影响的民

①　张友渔：《报人生涯三十年》，《新闻研究资料》1982 年第 3 期。

②　李诚毅：《三十年来家国》，（香港）振华出版社 1962 年版，第 139 页。

③　戈公振：《中国报学史》，第 241—242 页。

营通讯社之一。时闻通讯社与管翼贤创办的 4 开小报《实报》同时创办①，在一处办公，虽分工有别，但实则一体。对于二者的关系，《实报》初期工作人员苏雨田、夏铁汉曾撰文称：实报之实，与时闻社之时，音同而字异，似有别而无别，有别者，报与通信社性质之差异也，无别者，实报即时闻社，时闻社即实报也，且实报与时闻社各职员原在一个团体下分工合作，当工作时，几无分畛域，实报有今日之繁荣者，谓得时闻社同志援助之力为多，殆不为过。②日本外务省情报部在 1929 年的调查报告中这样写道，时闻通讯社虽然"创立后时日尚短，由于管翼贤的努力，每天收集发布大量消息，该社在北平的影响力仅次于国闻通讯社和复旦通讯社"。③可见，其影响受到广泛关注。

燕京通讯社也是此时北平一家民营通讯社。1928 年 8 月，国民党左派人士汪道徐在北平创办燕京通讯社，在《京报》刊登启事称创办目的是："中国新闻消息，多操之帝国主义者之通信机关，离间挑拨扰乱听闻，非打破此种恶势力不可。"④燕京通讯社所发新闻稿，针砭时弊，宣传孙中山的"联俄、联共、扶助农工"三大政策，召唤民众"打倒列强除军阀"。汪道徐还利用其兼任的北平市特别党部主任的身份，团结进步力量，掀起"收复东交民巷、打倒朱琛"运动，因此激怒了统治华北的军阀而入狱。获释后，他应冯玉祥之邀致力于北京《民报》工作，继续进行民主革命的宣传鼓动活动。此前，燕京大学新闻系也曾成立燕京通讯社，由学生撰写新闻稿件，向各地报纸杂志供稿。

1929 年 11 月 27 日，北平市有关部门公布了该市办理过登记手续的报社及通讯社名单，其中通讯社有 27 家，包括：北方通讯社、国闻通讯社、民众通讯社、民舆通讯社、复旦通讯社、时闻通讯社、民国通讯社、华日通讯社、每日通讯社、东亚通讯社、亚洲通讯社、统一通讯社、政治通讯社、快达通讯

---

① 也有说法称时闻通讯社的创办时间要早于《实报》，即"《实报》在时闻通讯社的基础打稳后创办"。

② 苏雨田、夏铁汉：《实报之一年》，《实报增刊》（再版）1929 年 11 月，"纪录"部分第 1 页。

③ 李杰琼：《半殖民主义语境中的"断裂"报格——北方小型报先驱〈实报〉与报人管翼贤》，中国社会科学出版社 2015 年版，第 42 页。

④ 方汉奇主编：《中国新闻事业编年史》，第 1108 页。

社、中国通讯社、民声通讯社、启明通讯社、商学电闻社、公言通讯社、华英亚细亚通讯社、建设通讯社、北平新闻通讯社、亚陆通讯社、民权通讯社、民生通讯社、三民通讯社及中央通讯社。[1] 其中绝大部分都是民营通讯社。

　　进入30年代后，北平通讯社的数量仍是比较多的。据邵力子在《十年来的中国新闻事业》一文所引用的资料，1934年至1937年各省市申请登记的民营通讯社的数字，北平1934年12月底止为38家，1935年7月底止为39家，1936年11月8日止为44家，1937年4月26日止为40家，分别排在全国第5位、第4位、第3位和第4位，虽然少于浙江、湖南等省，但在当时统计范围内的国内26个省市中仍位于前列。还有一份资料显示，到1937年卢沟桥事变前，北平的通讯社达到123家，另有外国人办的通讯社10家，是北平市通讯社发展的最高峰。[2] 此时，中国民营新闻通讯事业蓬勃发展，形成了我国新闻通讯事业的高潮。据1936年的调查统计，全国通讯社的数量达759家。而政府正式登记的数字，则为528家。[3]

　　老报人左笑鸿在《古都新闻界拾零》一文中，回顾了30年代初期北平新闻界包括通讯社的发展情况。他说，当时通讯社数量是报社的多少倍。"办通讯社，省事，买台油印机，一个编辑，一两个外勤，再雇一个骑车送稿的人，齐了。如果编辑不会刻钢版，那还得找一个刻钢版的。其所以必须有送稿的，是因为没有做出信誉来，谁也不来取，就只有给报社送去。当然，送去还不见得被采用呢。"[4] 他在文中提及了几个通讯社，例如：华觉民主持的复旦通讯社，内容还不错，消息也还灵通；孙剑秋主持的世界通讯社，有不少关于战争的专报，专补中央社的不足，一时很受欢迎，但有些内容并不真实，久而久之也就不为人所注意了；此外还有赵蔚如主持的每日通讯社，以及管翼贤主持的时闻通讯社。

---

①　方汉奇主编：《中国新闻事业编年史》，第1144—1145页。

②　北京市地方志编纂委员会编：《北京志·新闻出版广播电视卷　报业·通讯社志》，第342页。

③　方汉奇主编：《中国新闻事业通史》（第二卷），第430—431页。

④　左笑鸿：《古都新闻界拾零》，《新闻研究资料》1984年第Z2期。

不可否认，20 年代中后期之后，随着中国政治中心的南移，北平不再是国内新闻业的重心，通讯社的数量虽然众多，但在全国的影响已不如前。而当时总部设在上海的国闻通讯社、申时电讯社等民营通讯社先后迅速崛起，成为全国最有影响的民营通讯社。

四、国内其他通讯社在北京地区的业务活动

北京作为国内重要城市，这里所发生的重要新闻，始终受到全国各界关注。一些较有实力的通讯社亦将北京作为重要的采访据点，纷纷在这里设立分支机构或访员、特约通讯员等。

1921 年 9 月 1 日，胡政之在上海创办国闻通讯社，并先后在北京、汉口、天津、长沙、广州、重庆、贵阳、哈尔滨等地设立分社，还在西安、兰州、洛阳、开封、蚌埠、济南、青岛、福州、梧州、奉天、吉林等地聘请通讯员，成为全国性通讯社。国闻通讯社采用在各地发稿的方式，通过总社及各地的分社对各报供应新闻稿，上海总社每日发稿两次，外地分社每日发稿一次。其北京分社成立于 1922 年 11 月 11 日，除发布稿件外，还附设有广告部，分社人员经常保持五六人，是国闻社分社中规模最大的。

1926 年 9 月，胡政之同吴鼎昌、张季鸾联合接办天津《大公报》，国闻通讯社重心北移。主要业务人员成为《大公报》编辑部班底，各地分社、机构及通讯人员也成为《大公报》各地分社机构及通讯人员。

左笑鸿在《古都新闻界拾零》一文中对国闻通讯社给予好评，认为这是民营中最好的。新闻稿"消息比较准确、迅速，油印清楚，字迹端正，可以说每一页都非常明晰，没有一点模糊之处"。"用有光纸的反面印刷，文字通顺、干净。记得那时的编辑是金诚夫，后来曾任云南省政府秘书长。"①

著名新闻人徐铸成 1927 年在北师大读书时曾在国闻社北京分社兼职做抄

---

① 左笑鸿：《古都新闻界拾零》。

写员，他看到国闻社所发的新闻，大多为各衙门发布的例行公事的消息，缺乏新闻时效，便以初生牛犊之势给胡政之写了封长信。认为北京政局必将大变，今后中国的政治中心将南移，北京将不再为政治中心，但仍为中国的文化中心；基于这样的判断，国闻社应适应这种即将到来的变化，及早改变新闻采写方针，逐渐注意各种文化活动。胡政之看后，过了一周就约徐铸成见面，对徐说："你的信很有见地，我也久有此意，苦于无从入手。"随即派他去采访在河北定县从事农村改造运动的晏阳初，徐铸成就此写的《定县平教会参观记》在《大公报》上分四五期刊完。此后就马上正式聘请徐铸成为国闻通讯社兼天津《大公报》记者，并放手让他施展才华。①

国闻通讯社后期业务日渐衰落。北平分社是国闻通讯社少数几个一直坚持发稿的分社，直到 1936 年国闻通讯社宣告结束才停止发稿。

当时国内另一家大的民营通讯社，是 1924 年 7 月张竹平在上海创办的申时电讯社，很快发展成为全国性通讯社。其特约通讯记者几乎遍布国内外各重要都市，另聘边远省区通信员，寄发边陲要闻，派旅行记者到东北、西北、长江流域、珠江流域各地区，采集各地有关国计民生的消息。

国内其他一些希望向全国扩展业务的通讯社也在北京聘有访员或通讯员。1924 年 4 月在上海成立的远东通讯社，同年 6 月 20 日在《申报》刊登招聘外埠通讯员的启事，决定在奉天、哈尔滨、汉口、青岛、长沙、北京、广州、云南等地招聘特约通讯员，"以消息灵通、记载翔实，自信能作系统之报道，而无偏袒者为合格"②。

中国共产党 1925 年 6 月 1 日在上海创办的国民通讯社，6 月 25 日在《申报》上刊登一则启事，称"本社现添聘北京、广州、天津、汉口、重庆、福州、九江、南京、杭州、郑州、开封、哈尔滨、奉天、安庆、济南、青岛等处访员，薪金通信订定，特别从丰"。③

---

①　徐铸成：《徐铸成回忆录》，生活·读书·新知三联书店 1998 年版，第 29 页。

②　《远东通讯社招聘外埠通讯员》，《申报》1924 年 6 月 20 日。

③　《国民通讯社添聘外埠访员》，《申报》1925 年 6 月 22 日。

由此可以看出，北京地区在全国新闻事业发展中具有重要地位，是当时一些初具全国规模的通讯社在国内扩大业务的重点区域之一。

五、民国政府对新闻通讯业的管控与新闻人的抗争

20 世纪 20 年代初期，通讯社的活动已引起北洋政府的注意。当时北洋政府京师警察总监殷鸿寿向北洋政府内务总长专题报告说："近年以来，又发现一种通信社。承办者多系学识浅陋无当职业之人，且该社所投之稿，不用机器印刷，较开设报馆者尤为事轻而易举，利之所在人争趋之。故迩来呈请开办者有如潮水之方增，又其开办之初不必多筹资本，仅纠合二三人，伏处斗室中，向壁虚造捕风捉影之谈，用油印分售各报馆照登，惑人听闻，毁人名誉。报馆不考查其事实从而登之，迨至真相证明，饬其更正而所登之稿已流布于全国，斯实为新闻界之蠹，而间接影响于政治社会方面者尤为大而且多，若不量加取缔其流弊诚不知其胡底。"[1]这一报告虽然对通讯社事业极尽歪曲、诬陷，但也从一个侧面反映了当时通讯社规模小、良莠不齐等状况。

北洋政府随后对通讯社采取了更严格的管控措施。如在创办资质方面，要求申办通讯社的经理人员必须是具有正当职业，并在专门学校学习，有毕业证书者；开办经费必须千元以上；凡发稿件必须说明译之何报、特别新闻得自何方，每日呈送警厅一份查考；特制一种通讯社营业执照，由警厅核发等。1925 年 4 月，京师警察厅发布的《管理新闻营业规则》中规定，凡办理报纸或通讯社者，均须发行所、社址房屋，"房主须出具同意切结"。京中新闻界对此一致表示反对。

北洋政府也加强了对通讯社新闻内容的管控。1924 年 9 月 1 日，京师警察厅传讯国闻通讯社北京分社编辑周某，指责该社前两日刊载奉天通讯员关于奉张致曹锟函失实。同月，世界通讯社编辑、亚东新闻社记者等也被京师警

---

[1]　北洋政府京师警察总监殷鸿寿向北洋政府内务部的报告。原件存南京国家第二档案馆。

察厅传讯。世界通讯社总经理遭到监视。9月3日，京师警察厅张贴布告要求"舆论界对于各省军政事项，均应持以镇静态度，不得任意登载"，违者将"严加根究法办"。世界通讯社、国闻通讯社北京分社先后停止发稿。国闻通讯社北京分社到1925年4月1日才恢复营业。1924年10月，京畿警备司令部通知北京新闻界，要求各报馆、通讯社登载军事新闻，应先将原稿按照检查时间表，先行送交该部检查，经验讫，始准刊发。

在当时各派军阀政客争权夺利、兵连祸结、岁无宁日的情况下，作为新闻机构的通讯社，很难做到独善其身。1925年北京有通讯社30—40家，不少通讯社"其开办之费与夫养命之资，大都系军阀党派方面所支出"①。一些通讯社受到一定政治势力和军阀派系的控制收买，沦为他们的喉舌和斗争工具。

一些坚持谋求独立发展、积极报道揭露社会真相的通讯社和新闻人受到打击和迫害，激起新闻界及社会各界的抗争。除前面提到的新闻编译社创办人邵飘萍被奉系军阀逮捕并杀害外，北京地区还发生过一些通讯社受到打击迫害的历史事件。1923年2月，因亚洲通讯社所发稿件触犯国务院秘书长吕均，京师警察厅以"侮辱罪"逮捕了林超然，事出之后，舆论哗然，众议员钱崇恺等人提出《质问政府违法逮捕新闻记者书》，50多家通讯社代表赶赴国务院质问总理张绍曾，其他社会团体也纷纷起而抗议。1923年7月，北京民治通讯社被警察厅查封，民治通讯社社长刘子任等人被拘押，北京新闻界群起营救，7月30日将刘保释。随后，戈公振、叶楚伧、邵力子、张季鸾等20多名上海报界知名人士联名致电京津和全国报馆、通讯社，呼吁共同一致声援民治通讯社，以维护通讯社正当的新闻采访权、保障记者人权。由于新闻界的鼎力合作，民治通讯社被查封两个半月后于10月11日恢复营业。② 同年秋，民治通讯社还曾因所发有关金佛郎案的报道涉及阁员受贿等情节，被政府当局查究。

1922年秋，由京内外记者、作家组成的北京言论自由期成会成立，大同

---

① 伯韬：《北京之新闻界》，《国闻周报》第2卷第13期。
② 方汉奇主编：《中国新闻事业编年史》，第978—979页。

通讯社林天木被推举为主席。其宗旨是："向国会请愿，废止出版法，亦别定保护言论自由条例，实现言论自由。"1926 年 1 月，北京新闻界争自由大同盟开会，议决先派报馆通讯社记者 10 多人为代表，赴执政府国务院递送呈文，要求废止袁世凯时期制定的《出版法》及现有的新闻营业管理条例。在北京、上海等地新闻界的共同呼吁下，1 月 28 日，段祺瑞政府迫于舆论压力取消了《出版法》。

国民党执掌的南京政府成立后，开始在各地推行新闻检查制度，由于最初政权未稳，加之新闻界的反对，曾一度取消。进入 30 年代后，国民党当局加强了对新闻舆论的控制，继续通过新闻检查来实现对新闻机构的管制，先后出台了《出版法》《出版法施行细则》《宣传品审查标准》等法规和文件。1933 年 1 月，国民党第四届中央执行委员会第 54 次常务会议通过《新闻检查标准》和《重要都市新闻检查办法》，在南京、上海、北平、天津、汉口等大城市设立直接归国民党中央宣传委员会指导的新闻检查所，由各地党、政、军三方机关派员组成，对通讯社所发稿件进行严密检查。之后通过的《修正新闻检查标准》，则规定各报社刊载新闻须以中央通讯社消息为准。国民党的新闻统制政策严重阻碍了新闻通讯业的发展。一些重要的新闻事件，外国通讯社可以随意发表，但国内通讯社的报道却受到种种限制。

面对重重约束和压制，不少通讯社通过积极斗争取新闻报道权利和事业发展空间。1933 年，北平政务整理委员会宣布成立，政委会职员在记者会上粗暴对待记者，且不肯道歉，平津各报纸、通讯社决定都不发此消息。次日，北平仅有两家报纸登载了该消息，北平 8 家通讯社包括中央社北平分社联合刊登启事，宣布自即日起停止供给这两报稿件及一切消息。这场风波一直闹到南京，国民党中宣部派人来北平调解，才将事情平息。1934 年 12 月，时闻通讯社等通讯社联合京津 24 家报纸致电国民党四届五中全会，要求保障言论自由。国内其他地区新闻界也先后提出改进新闻检查办法、解除对新闻报道的限制、保障新闻业和记者安全的要求。

第三节　日伪对北平新闻通讯社的控制与覆灭
（1937—1945）

1937 年 7 月 7 日，日本帝国主义发动卢沟桥事变，7 月 29 日北平沦陷。同年 10 月，改称北京。为适应侵略战争需要，日本侵略者迅速建立起严密的殖民地性质的新闻事业系统，主办和控制了一批通讯社，完全垄断了新闻通讯事业，通讯社遭受严重损害，战前繁荣局面不复存在。日伪通过掌控通讯社等媒体的宣传内容，美化日本侵略罪行、奴化沦陷区民众。随着战争的发展，由于经济困难、报刊锐减，日伪通讯社发稿无门纷纷倒闭，通讯事业迅速衰落。

一、日伪对通讯社实行严密、严酷的新闻管制

日军侵占北平后，原有的报纸、通讯社除自动停刊的之外，都被日伪当局勒令停刊、关闭。中央社北平分社电台领班梁静被捕，业务被迫停顿。

全面抗战期间，华北是日伪新闻宣传媒体最密集的地区，属于伪华北临时政府管辖范围的北京则更是集中之地。根据 1944 年国民党有关方面调查统计，全国共有日伪报社通讯社 200 家，其中报社 158 家、通讯社 42 家。而华北地区即有报社 60 家，通讯社 19 家，总计 79 家。[①] 其中，大部分通讯社都设在北京地区。

日本侵略者极为重视对舆论宣传的控制，并把它列为所谓"宣传战""思想战"的主要内容。通过系统的伪新闻宣传组织及统治机构和严酷的伪新闻宣传方针政策，日伪牢牢把握住对通讯社的新闻管制，以便宣传有利于日本侵华的内容。

在北平，日伪设立了系统的宣传组织和新闻统制机构。一是日本方面组

---

① 敌伪资料特辑（第 6 号），河北省档案馆藏。

织的日军统治系统，由日本内阁情报部、中国派遣军总司令部情报局、华北方面军报道部、北京地区日军特务机关所构成的日本情报搜集和发布机构，主导北京宣传方向和内容。二是由伪组织主导的汪伪政府宣传部、伪华北政务委员会宣传局、伪北京市政府宣传处及相关情报部门组成的伪政府宣传系统。三是伪专业团体组织，包括伪华北宣传联盟、伪华北新闻协会、伪华北新闻资财协会、伪华北广播协会、伪华北报道协会等。[①] 这些势力在北京地区形成一个严密的宣传统制系统，对新闻出版等宣传领域进行严密监控。

　　为了控制言论，日本侵略者实行严密的新闻封锁和新闻检查，控制新闻、言论的输入和发布，日伪及汪伪方面都制定了诸如《出版法》《重要都市新闻检查办法》《关于与抗日及共产有关之图书新闻杂志等之处置办法》等有关新闻出版检查的法令法规，对违反其规定的新闻工作者及报刊等，予以严厉处罚，许多不愿附敌的新闻人士受到迫害。除了在各伪政府机关设有宣传处、室、科，统一发表新闻宣传稿件外，还设有新闻检查所。凡是通讯社拟发表的新闻稿，每天必须事先送交新闻检查所审查。北京重要新闻报道处在日军报道部的严密控制之下，军事消息或日本国内新闻都直接由日本同盟社发布，同盟社以原文送交各地日文报纸，另以中文发送各地伪报社。[②]

　　二、主办和控制一批通讯社

　　为了指导具体的宣传实践，日本侵略者华北方面军报道部、北京日军特务机关，以及伪北京政府等主办和控制了一批通讯社。据统计，统治北平时期，日本侵略军和汉奸政府办起 19 家御用的通讯社，汪伪南京政府在北京办起 2 家通讯社，完全垄断了北京地区的新闻通讯事业，并排斥欧美通讯社。[③]

　　一方面，北平沦陷后，日本迅速开始了对通讯社的抢占和控制。如民兴

①　任超：《抗战时期日本对北平的文化侵略》。

②　郭贵儒、陶琴：《日伪在华北新闻统制述略》，《民国档案》2003 年第 4 期。

③　北京市地方志编纂委员会编：《北京志·新闻出版广播电视卷　报业·通讯社志》，第 338 页。

通讯社（社长张伯杰，创办于 1922 年 10 月）、进化通讯社（社长朱书绅，创办于 1922 年 10 月）、经济通讯社（社长马芷庠，创办于 1924 年）、中国通讯社（社长姜伯卿，创办于 1925 年）、政闻通讯社（社长朱绍瑜，创办于 1928 年 4 月）、电闻通讯社（社长谢子夷，创办于 1929 年）、中闻通讯社（社长刘振群，创办于 1936 年）等，这些通讯社在七七事变后或为日伪接收，或为日伪攫取接办。同时，日伪还创立或资助了一批新闻通讯社，如北方通讯社（社长赵南琴，创办于 1937 年 8 月）、雷电通讯社（社长欧大厦，创办于 1937 年 8 月）、华北通讯社（社长张从周，全面抗战爆发后成立）、亚北通讯社（社长王智作，全面抗战爆发后成立）、红十字日日新闻社、新民通讯社、政治新闻社、时闻通讯社等。[1]

另一方面，日本国内的一些新闻机构，也陆续扩大北京地区分支机构。七七事变之前，日本主要新闻通讯社大多已在北平建立了分社，北平沦陷后，这些新闻机构纷纷加强报道力量，为日本在中国的军事侵略和奴化统治制造更强的舆论。

同盟通讯社（以下简称同盟社）华北总局是日本官方通讯社同盟社在华北的分支机构，地址设在北平。该局初名"日本同盟社北支总局"，后因战事扩大延长，东京总社调派大批记者随军采访，"北支总局"遂改称"华北总局"，由大河幸之助任总局长。该局在天津、济南、青岛、张家口、归绥、石家庄、太原、开封、徐州等地设支局 9 处。

七七事变后，日本同盟社华北总局即增设华文部，专发中文新闻稿件。1938 年年初华文部改组为中华通讯社，成为日伪当局的机关通讯社，社长由佐佐木健儿兼任，后来由管翼贤担任。该社所辖分社有保定、石家庄、唐山、张家口、济南、天津、太原、青岛、徐州等 9 处。

中华通讯社设有编辑部与采访部，总编辑陈语天，采访部部长由侵华先锋酒井忠俊担任。该社编制了大量宣传法西斯侵略思想的新闻，发出的新闻稿

---

① 郭贵儒、陶琴：《日伪在华北新闻统制述略》。

件来源有两个：电台收来各地发出的新闻专电；采访部外勤记者写的新闻稿，经过编辑整理后印刷成通讯稿发出。每日发出的通讯稿数量不等，由新闻稿内容的重要性与多少决定。内容有国际新闻与军事、政治、经济、文教等方面的消息。每日除供给北京地区的伪《新民报》采用外，还供应各地方报纸采用（由总社发专电给各地分社，再由分社将新闻稿转发各报社）。那时华北各城市都有一家当地伪机关报纸，如北京伪《新民报》、天津伪《天津报》、保定伪《河北日报》、青岛伪《新民报》、石家庄伪《新报》、伪《蒙疆日报》等。① 日本投降后，中华通讯社由国民党中央社接收。

此外，伪满洲通讯社北京分社、蒙疆通讯社设在北京的华北总局，汪伪南京政府的中华电讯社北京分社、伪国立华北编译馆等也向北京的报纸发稿。

日伪通过掌控北京地区的新闻通讯社，秉承日本侵略者的旨意，控制新闻宣传内容，利用造谣、撒谎、欺骗的手段，攻击中国共产党，离间抗日民族统一战线，宣扬"日中亲善""大东亚共荣圈""建立东亚新秩序""东亚圣战"等法西斯主义思想，鼓吹"中日提携""和平救国""反共救国"等卖国言论，为侵略战争和殖民统治服务。根据重庆国民政府有关方面调查分析，日伪报刊通讯社的"正面宣传"约占50%，"攻势宣传"约占30%，"谋略宣传"约占10%。② 其中所谓"正面宣传"就是对日本侵略行为歌功颂德，美化殖民统治，借以欺蒙舆论。日伪还采取对日伪机关免费发稿、对各报强行推订的手段，以扩大其反动宣传影响。

三、北平新闻通讯社的衰落

北平沦陷后，日本侵略者建立殖民地新闻体制，日本侵略者的新闻事业与汉奸的新闻事业并存，北京地区新闻通讯事业遭受严重挫折，通讯社成批关

---

① 王隐菊：《沦陷时期北平的新闻业》，《文史月刊》2013 年第 12 期。

② 敌伪资料特辑（第 6 号），河北省档案馆藏。

闭，少部分通讯社被掠夺，原本繁荣的通讯社事业迅速衰落。

随着战争的不断发展，经济日益困难，北平报刊衰败，加速了日伪通讯社的灭亡。七七事变后，北平报纸纷纷南迁或停刊，1938年北京地区报纸锐减到几十家惨淡经营。北平沦陷后，日伪通过没收、改组或重新创办，建立所谓"新闻中心"，先后出版过数十种新闻报刊。1944年，华北沦陷区由于纸张供应极其困难，无法供给该地区25家敌伪报社的需要，自1月1日起，北京地区仅保留《新民报》《实报》《民众报》3家报纸，其余均宣告停刊。1944年5月1日，敌伪华北当局迫于战争形势和纸张供应极其缺乏，乃下令停刊这3家报纸，将《新民报》改组为《华北日报》，成为仅存的一家报纸。日伪通讯社发稿无门，经营日益困难，纷纷倒闭、停业。

1945年9月，国民党政府从日本人手中收复北平，原日伪占领区新闻通讯业被中央社接收，日伪通讯社退出历史舞台，北京新闻通讯事业结束了8年的黑暗与屈辱。

第四节　抗战后北平新闻通讯社的消长与新生（1945—1949）

抗战胜利后，国民党利用"接收"的权力，扩大自己的新闻事业。中央通讯社北平分社很快重建并恢复业务。为报道停战令的执行，中国共产党领导的新华通讯社在北平设立了分社。北平国民党当局连续进行文化大扫荡，疯狂摧残北平的新闻事业，新华社北平分社被迫撤销。全面内战期间，中央社北平分社沦为反共造谣的舆论工具。而在国内战争环境下，北平民营通讯社的生存空间也不断受到挤压。随着全国解放形势发展，新华社北平分社于北平解放前夕恢复成立，并于北平解放后接管了中央社北平分社。1949年3月，新华社总社由西柏坡迁入北平。北京地区通讯社事业发展由此掀开了新的篇章。

一、中央社北平分社的重建与结束

抗战胜利后，国民党统治集团在接收原沦陷区敌伪新闻事业的基础上，推行"党化"新闻事业政策，迅速重建起一个庞大的国民党新闻事业网。

1945 年 9 月，国民党政府行政院颁布了《管理收复区报纸通讯社杂志电影广播事业暂行办法》，规定："敌伪机关或私人经营之报纸、通讯社、杂志及电影制片厂、广播事业一律查封，其财产由宣传部会同当地政府接收管理。"[①]根据国民党当局制定的由各单位接收相同业务日伪机构的原则，原日伪占领区新闻通讯业由国民党中宣部交由中央社负责接收，所接收的房产、器材等均归中央社全权使用。中央社一面部署总社从重庆迁回南京事宜，一面派出大批人员，分赴各收复地区接收日伪通讯社，恢复和增设分支机构。

1945 年 9 月，国民政府收复北平，中央社原西安分社主任丁履进偕同记者陈道履和电务员沈其元，随北平前进指挥所人员一起乘飞机抵达北平，接收日本同盟社及伪中华通讯社，恢复中央社在北平的业务。丁履进任中央社北平分社主任。

北平分社于 1945 年 9 月 23 日在东堂子胡同同盟社旧址恢复发稿。由于当时北平无线电通信尚未完全恢复，丁履进遂按事先计划找到北平广播电台，请播音员在短波广播中念出要发出的新闻电码，然后由重庆总社的电台人员接收编译，保证了电讯的正常播发。

北平分社重建不久，恰逢周恩来、张治中、马歇尔军调最高三人小组视察华北地区，三方记者都参与采访。中央社北平分社记者赵孝章随行采访，沿途利用中央社的电台系统快速抢发新闻，受到中央社总编辑陈博生专函嘉奖。赵孝章后来又先后随军调小组赴东北、华北等地区采访。

1946 年 7 月，北平分社搬到石碑胡同战前分社旧址办公。全面内战时期，北平分社发了不少反共新闻。丁履进常去参加北平市党政军联席会议，这个会

---

① 方汉奇主编：《中国新闻事业通史》（第二卷），第 1023—1024 页。

议经常发布反共新闻。此外，还有一些直接下达的反共新闻稿，多来自国民党北平市党部。

这一时期，中央社的事业发展进入鼎盛时期。1948 年时，中央社国内有 52 处分支机构（包括分社、办事处、特派员等），国外有 25 处，全社员工 2653 人。[①] 随着国内战争形势的发展，国民党当局在军事上连连败退，一些重要城市相继解放，中央社迅速走向衰落，其地方分支机构先后关停。

中央社北平分社早有中共地下党员坚持工作，如助理编辑刘泽民、密码译电员张国桢、公务员孙宝权等。北平分社编辑部主任黄卓明是民盟成员，与中共北平地下党组织一直有联系。北平解放前夕，中共地下党组织通过黄卓明做中央社北平分社部分人员的思想工作。黄卓明和采访部主任赵孝章等人承担了为中共提供国民党嫡系部队情报和维护中央社北平分社电讯设备和器材不被破坏的任务。分社召开全社人员大会，选举产生了临时管理委员会，黄卓明、赵孝章被选为正副主任委员，继续抄收电讯和向总社发稿，发布解放军政令、通知和市内动态，宣传报道北平市人民欢迎和平解放的情况。中央社总社虽未播发这些电讯，但也始终没有关闭电路。[②] 丁履进则趁乱逃跑到了台湾。

1949 年北平解放后，中央社北平分社，以及国民党国防部政工局办的军闻通讯社北平分社，先后被北平市军事管制委员会接收。

二、新华社北平分社的创办与撤销

新华通讯社是中国共产党的机关通讯社。其前身是 1931 年 11 月在江西瑞金诞生的红色中华通讯社。1937 年 1 月在延安更名为新华通讯社。除延安总社外，新华社在各解放区建有众多分支机构。

---

① 《中央社六十年》，第 67 页。

② 赵孝章：《旧事溯源——在中央社北平分社工作片断》，《新闻研究资料》1985 年第 5 期。

抗战胜利后，随着国共和谈的进行，新华社相继在重庆、北平和南京等国民党统治区中心城市建立了分社。虽然后来由于国共和谈破裂，这些在国统区的新华分社先后被迫撤销，但它们却从地域上突破了国民党的封锁，在国民党的心脏地区直接发稿，加强了新华社与国统区人民的联系，扩大了中国共产党的影响。

1946 年 1 月，国共双方签订停战协定，并下达了停战令。为监督停战协定和停战令的执行，决定成立由国共两党和美国代表组成的北平军事调处执行部，下设若干执行小组，分赴各冲突地点进行调处。并规定三方代表批准的命令、协议和公报等，概由国民党中央社、共产党新华社和美国新闻处发表。根据这个协议，中共中央决定在北平成立新华社北平分社，并出版《解放》报。

1 月中旬，新华社北平分社成立，地点设在北平南河沿北口翠明庄中共代表团内。工作人员有杨赓、沈孟韦（韦韬）、王长春。主要任务是油印出版《新华社新闻稿》，分发给北平各新闻单位。1 月 15 日，分社出版了第 1 期新闻稿，内容为军调部发布的和字第一号命令与第一次新闻公报。

2 月 22 日，北平《解放》（三日刊）报创刊，报社与分社是一个机构，两块牌子。社址后来迁到宣武门外方壶斋 9 号。钱俊瑞任报社代社长①、总编辑和新华社北平分社社长。工作人员分别来自延安、重庆、张家口，以及山东、晋绥、晋察冀、冀热辽等解放区，还有北平地下党介绍来的，最多时人员达 80 多人。

报社设编辑部、采编部、研究室、经理部等。其中新华社北平分社即是报社的采编部，记者名片上写着"北平解放报、新华社北平分社记者"。杨赓任采编部主任兼新华分社副社长，具体负责分社工作。萧英（萧殷）任采访科长，记者有仓夷、丁九、程予、张维冷、范元甄（女）、杨觉、鲁果（王继尧）、潘静远、王起等。干部科长余修，后任记者。另有新华社北平分社办公室，包括：通联科长兼编辑陈笑雨，编辑唐勋（周静），负责编刻《新华社新闻稿》

---

① 徐特立为社长，当时留在延安未到任。

的孙政，油印员艾国立、董保身（丁克），通讯员王长春、赵世光等。

北平分社的稿源，开始主要来自北平军调部发布的新闻稿，和依靠军调部中共代表团的军用电台抄收延安新华总社的新闻和评论等。后来，在方壶斋9号三层楼上的一间小房里增设了电台，每晚抄收延安新华总社发出的新闻稿。电台人员有李玉斌、张鸿烈、段恒德、李玉梅等。《新华社新闻稿》主要发送给军调部的有关同志及社会上的进步报刊，如《鲁迅晚报》《民主周刊》《人言周刊》《人民世纪》《民主星期》等，以及文化界、教育界、新闻界的进步人士等。

新华社记者在极为恶劣的环境下采访，发表了大量的消息、通讯和评论，揭露国民党政权的腐败，反映中国共产党的主张和政策，受到人民群众的欢迎。

北平分社是当时新华社在国统区建立的少数几个分社之一，总社对分社工作非常重视。1946年初，总社电告各地分社，要求"就近速派人员去北平，参加筹办我党的报纸"[1]。3月21日，延安《解放日报》、新华社编委会会议专门讨论北平分社的工作，新华社副社长陈克寒指出：北平分社及报馆工作是我们工作重点之一。分社的工作任务有三：一、组织华北各大城市的采访工作；二、组织军调执行部及执行组的报道工作；三、作为总社的代理人与各分社取得书报、信件、人事上的联系。[2]

4月3日，《解放》报和北平分社遭到国民党军警非法搜查，负责人钱俊瑞、姜君辰、杨赓和记者、编辑及发行人员共41人被捕。这一事件发生后，军事调处执行部中共方面委员叶剑英和中共代表团军事顾问滕代远向国民党有关方面提出严正抗议。被捕人员于4日获释。这一事件引起社会广泛关注，政协会议中共代表周恩来等在重庆向国民党当局提出严重抗议，解放区新闻界、文化界及北平市出版业联合会等，也分别来电来函或发出通电，慰问报社和分社同

---

① 孙政：《北平〈解放〉报和新华社北平分社简史》，载中共北京市委党史研究室编：《解放战争时期中共北平地下党斗争史料（文委）》，中共北京市委党史研究室1993年出版，第5页。

② 《解放日报、新华总社编委会会议记录》，原件存中央档案馆。

志，抗议国民党北平当局的暴行。延安新华总社于4月4日以"国民党当局蹂躏人身自由，摧残言论自由，破坏政协决议"为题发布了消息。后又转发了《解放日报》社论《抗议非法搜捕北平解放报事件》。

5月29日，北平分社和《解放》报（已改为隔日刊）被国民党当局封闭。同时被查封的还有77家报纸杂志和通讯社。报社和分社发表了《告全国同业及各界同胞书》，向国民党当局提出严重抗议。5月31日，中共方面在北京饭店举行中外记者招待会，叶剑英发表了谈话，认为这次《解放》报和新华分社及北平市77家报刊和通讯社同一天内被国民党当局勒令停刊，"这一空前规模的摧残人民言论自由的暴行是轰动全国和全世界的大事件"，是"完全非法，完全无理的悖谬行动"，"我们要向全国和全世界控诉这一罪行"。① 叶剑英代表中共方面对国民党当局提出严重抗议，要求他们立即收回成命。

被国民党当局无理查封后，绝大部分报社和分社人员于6月初撤回解放区。但新华社北平分社的有关编发人员孙政、艾国立、赵世光等，从方壶斋9号搬到翠明庄中共代表团驻地，继续编印和发送《新华社新闻稿》，直到1947年2月，因军调部解散，中共代表团人员全部撤离北平。

三、夹缝中生存的民营通讯社

全面内战时期，北平国民党当局连续进行文化大扫荡，对报纸、通讯社、杂志、出版社等实施严格的管理和控制，北平的新闻事业由此受到严重摧残。通讯社的生存环境也日益艰难。

这一时期，北平地区的民营通讯社有新平通讯社、欧亚通讯社、亚光通讯社、国民通讯社、正中通讯社、时闻通讯社、民舆通讯社、燕京通讯社、北平通讯社、经纬通讯社、青年新闻社、中国妇女通讯社、华光通讯社、微信通讯社等。其中，有些通讯社从主办人或地址资料来看，历史相对较长些，如王

---

① 《为〈解放〉报停刊事叶剑英招待记者》，《人言周刊》1946年6月3日。

隐菊的新平通讯社、赵仪民的时闻通讯社均于战前创办，另外国民通讯社、北平通讯社、华光通讯社、欧亚通讯社虽然主办人几度变化，但战前和战后的地址都没变，可见也有一定延续性。这一时期，民营通讯社大多在夹缝中求艰难生存，并没有产生太大影响。

值得一提的是，最先报道沈崇事件的民营通讯社、亚光通讯社。1946 年12 月 24 日晚，北平发生了北京大学先修班女学生沈崇被美军士兵强奸的事件。25 日，亚光通讯社发了一条简短的消息，报道了沈崇事件的经过。北平各报社都收到了亚光通讯社的这条新闻。北平市警察局局长汤永咸看到亚光通讯社发的新闻后，立即封锁消息，并急忙给国民党中央社打电话，让他们通知北平各报社不要刊登亚光通讯社发的这条新闻。中央社以北平市警察局的名义给各报发了一条电令，希望各报缓发亚光通讯社关于某大学女生被美兵酗酒奸污稿。为了严加阻挡北平各报发此消息，汤永咸将亚光通讯社总编辑王柱宇和一些报社记者叫到警察局，让他们具结，保证不发表此新闻。26 日，北平《世界日报》《北平日报》《新生日报》《经世日报》《新民报》等，不顾国民党中央社和北平警察局的阻挠，刊登了亚光通讯社的新闻。《新民报》还将国民党中央社发给各报不要刊出亚光通讯社消息的电令改编成一条新闻登出来，揭露了他们封锁消息、掩盖真相的事实。沈崇事件激起了北平学生的大规模游行抗议，并且迅速得到全国几十个大城市的响应，掀起了抗暴游行的革命高潮。

据统计，从 1945 年 9 月到 1948 年底，国民党统治北平的 3 年多时间里，北平先后共有通讯社 30 家，但到北平解放前夕的 1949 年 1 月，只剩下官办的中央社北平分社和几家外国的通讯社。[①]

随着解放战争形势的发展，中共中央于 1948 年 11 月发出《关于新解放城市中中外报刊通讯社的处理办法》，对新解放城市中旧有报纸、刊物及通讯社采取不同的处理办法，其中规定所有继续出版与新创刊的一切报纸、刊物与通讯社应一律向当地政府登记。北平解放后，1949 年 3 月 10 日，北平市军事

---

① 北京市地方志编纂委员会编：《北京志·新闻出版广播电视卷　报业·通讯社志》，第 344 页。

管制委员会发布了《北平市报纸杂志通讯社登记暂行办法》，要求所有报纸杂志通讯社均须申请登记，经许可后，始得创刊或营业。

四、新华社重建北平分社

1948 年秋，人民解放战争进入夺取全国胜利的决定性阶段。辽沈战役、淮海战役先后打响，随着战争形势的迅速发展，平津地区的解放也日益临近。

1948 年 12 月，新华总社派出范长江、徐迈进为首的先遣队，离开西柏坡驻地，前往北平郊区的良乡集中，接受平津战役报道任务，并准备进城接管国民党的新闻机构，同时筹备办理总社迁社事宜。报社一家的华北《人民日报》和新华社华北总分社亦派出人员，参加了这个新闻先遣队，由副总编辑袁勃率领，准备到北平创办《人民日报》北平版和重建新华社北平分社。

当时，良乡是中国共产党准备接管北平的前进基地。中共北平市委、中国人民解放军北平市军事管制委员会和北平市政府等机构都驻扎在这里。新闻先遣队一边学习中国共产党的城市政策，一边调查研究北平的情况，并报道北平郊区解放前后的变化。在良乡期间，成立了新华社北平分社，负责人李庄。

1949 年 1 月 12 日，新华总社发出经刘少奇审批的致东北野战分社并转东北野战军政治部并范长江的电报，提出关于平津战役报道的意见，要求东北野战分社和华北二、三兵团分社及北平分社商定分工协作的办法，及时供给新闻，记录这一段不朽的历史。根据总社指示的精神，由范长江主持，在北平郊区召开了平津前线报道会议。东北野战分社的杨赓和东北野战军三、六纵队的宣传部长石峰、戴夫，华北二兵团分社的李希庚、三兵团分社杜导正，北平分社李庄，以及韦明、李千峰等参加了会议。会议开了两天，决定：解放平津的战役报道，由各野战分社负责；军管会入城后的报道，由北平、天津两分社分别负责。会议还对报道思想、采访作风及写作主要题目等问题一一作了研究。

随着战场形势的发展，北平的国民党军完全孤立，陷入绝境。1949 年 1

月中旬，经过多方接触和耐心工作，傅作义终于接受解放军提出的和平解放北平的条件。1月下旬，新闻先遣队从良乡推进到颐和园近旁的青龙桥。

1月26日，中宣部、新华总社发出关于平津新闻工作的指示，要求"北平、天津两分社应即与党报分开，成立单独的机构，其目前任务除向总社发稿外，应负责抄收总社每日广播，印成电讯稿，同时分发给党报、私营的报社，并应抄收总社的英文广播，印发给外国侨民订户与外国报纸"。"北平、天津两分社在行政上均由华北总分社管理，但工作业务应向总社及华北总分社同时报告，总社必要时得直接予以指导。"①同日，总社发出关于北平解放的报道意见，要求北平分社与东北野战分社一起做好我军接收北平的宣传工作，"分社主要负责人应亲自采访，亲自写稿，每天要有简要的稿件陆续发来"②。

1月27日，范长江致电新华总社，报告《人民日报》北平版及新华社北平分社等组织情况。根据北平市委决定，《人民日报》北平版、新华社北平分社、北平新华广播电台的编辑工作，统一于市委领导之编辑部中，人民日报社长由宣传部部长赵毅敏兼任，并负责北平分社及北平广播电台。范长江、袁勃任统一编辑部之正副总编辑。

1月29日，范长江致电总社并总分社，对平津报道及城市分社等问题进行请示，总社回电："北平和平解放细节、傅作义部队改编情况及我军各种情况，由东北野战分社负责报道，北平市内外情形则由北平分社负责报道。"1月31日，总社致电北平分社，要求"大力采写入城式典礼报道"。

1月31日，傅作义部主力全部移出北平，人民解放军进入北平。范长江、徐迈进率领的新闻队伍随军入城。北平接管，最早是对一些新闻单位。当晚，新闻先遣队人员兵分三路，进行接管国民党宣传机关的工作。李庄、韦明、高飞、张连德等人，前往西长安街石碑胡同，接管中央社北平分社。接管小组在中央社北平分社全体人员大会上宣布，"中央社这个蒋党蒋军蒋政府的喉舌、

---

① 新华社新闻研究部编：《新华社文件资料选编》（第一辑），1981年，第223—224页。

② 新华社新闻研究部编：《新华社文件资料选编》（第一辑），第266页。

反革命新闻机关，应予取缔。在这个机关工作的人员，情况各不相同，我们将按照政策，实事求是地妥善处理"。① 第二天，北平城内原有报纸，除国民党公开的党报外，还照常出版。几家报纸以《接管开始　范长江接管〈华北日报〉李庄接管中央社北平分社》为题，报道了中共对国民党两家主要新闻机构的接管。

2月1日清晨，新华通讯社北平分社的牌子挂在了原中央社北平分社小楼门口。新华社北平分社社长李庄，副社长韦明，记者有陈迹、王金凤、陈泓等。2月2日，新华社播发了《人民日报》北平版创刊和新华社北平分社正式成立的消息。北平分社成立后，一方面要进行各项接管工作，一方面要外出采访、编发稿件，保证新闻业务正常运转。同时，还担负了《人民日报》北平版采通部的部分任务。

2月19日，北平市军事管制委员会又指派新华社副总编辑石西民、新华社副秘书长祝志澄和汤宝桐为接管中央社北平分社的军管代表，并指定石西民为代表组组长驻社工作。

1949年4月，北平分社由新华社华北总分社管理改为新华总社直属分社。6月，改为受总社和北平市委双重领导。9月27日，北平改为北京并成为新中国的首都后，北平分社改为北京分社。

五、新华总社迁至北平

北平解放后，筹建新中国的工作被提上议事日程。1949年3月5日至13日，中共中央在西柏坡举行了七届二中全会，着重讨论了党的工作重心的战略转移，即工作重心由乡村转移到城市的问题。七届二中全会后，3月25日，中共中央及其所属机构由西柏坡迁至北平。新华总社工作人员也跟随中共中央机关向北平进发。

---

① 《李庄文集·回忆录编》（上），人民日报出版社、宁夏人民出版社2004年版，第89页。

1949 年 3 月 5 日，总社指示徐迈进负责指挥总社在北平人员，迅速准备新华总社的迁移事宜，并令黎光煜、梁文、李慎之、蒋齐生、章若宏 5 人或再加其他必要人员，专门进行此项工作。总社在北平城内司法部街设立了驻北平办事处（今人民大会堂附近）。新华社驻平办事处的部分工作人员于 2 月初左右已到达北平。

3 月 22 日，总社人员开始分批向北平西郊的香山转移。总社编辑部随同胡乔木住在香山慈幼院旧址（今香山饭店所在地），其余各部门工作人员分住在北辛村、南辛村等 13 个院落。为便于采访和发稿，记者与发稿部门设在城内司法部街总社驻平办事处。电务处及三科(负责通报联络）驻城内石碑胡同，二科驻（抄收中外电讯）驻香山南辛村，四科（文字广播）驻城内草场大坑。印刷厂在碧云寺前香山小学校内。后在城内司法部街接管《北平时报》及其印刷设备，在此基础上组建了新华社第二印刷厂。口语广播和英语广播两部分人员随同廖承志在西长安街六部口原国民党北平广播电台旧址工作。陕北新华广播电台迁入北平后改名为北平新华广播电台，原北平新华广播电台改为北平人民广播电台（即北平市台）。3 月 25 日，新华社播发消息"新华通讯社总社已于今日迁至北平工作"。

6 月起，北平城内分配给新华社的十余处房屋陆续修整。8 月初，为了迎接即将召开的全国政治协商会议的报道任务，总社编辑部从香山迁到城内，暂时在司法部街办公。电务处二科迁到皇亭子（今羊坊店路 3 号）。9 月 26 日，总社迁入国会街 26 号（今宣武门西大街 57 号）办公。

新华社进入北平后，为适应全国解放和建立新中国的新形势，中共中央决定，对新华社的组织机构进行了新的调整。

进城后面临的一个重大变革，就是口语广播业务正式从新华社分离出去。从 1940 年 12 月 30 日在延安诞生起，口语广播一直都是新华社业务工作的一部分。1949 年 6 月 5 日，中共中央发出《关于扩建中央广播事业管理处的通知》，指出："为了适应广播事业日趋扩大的需要，中央已决定将原新华社的口语广播部，扩充为中央广播事业管理处，管理并领导全国广播事业。以廖承志同志为处长，李强同志为副处长。"①从此，口语广播正式从新华社分离出去，成为独立的宣传机构。与口语广播部一起工作的英播部亦划归中央广播事业管理处领导（英播部后来并入国际新闻局，其中英文文字广播部分于 1952 年回到新华社，成为对外新闻编辑部；英语口播部分则划归广播事业局）。

1949 年 6 月 24 日，毛泽东、周恩来批准了改组扩大后的新华社社务委员会名单，具体为：胡乔木（兼任新华社社长）、范长江（副社长）、陈克寒（副社长兼总编辑）、徐健生（秘书长）、吴冷西（第一副总编辑）、朱穆之（第二副总编辑兼国内新闻编辑部主任）、陈适五（秘书室主任）、陈翰伯（国际新闻编辑部主任）、黄操良（国际新闻编辑部副主任）、廖盖隆（国内新闻编辑部副主任）、黎澍（资料室主任）、纪坚博（外文翻译部主任）、汤宝桐（第一助理秘书长兼秘书处长）、耿锡祥（第二助理秘书长兼电务处长）、丁拓（干部处长）。②

随着人民解放军向全国的大进军，新华社也及时派出大批干部到新解放城市接管报纸和通讯社，创办和建立新华分社。新华社东北总分社、华北总分社、华东总分社、中原总分社、西北总分社等纷纷进入大城市，并陆续建立了新华社在各省的分社。1949 年 4 月至新中国成立前建立的国内分社先后有，太原分社、南京分社、湖北分社、浙江分社、河南分社、江西分社、陕西分社、湖南分社、河北分社、福建分社、甘肃分社等。

新华总社迁入国会街时，全部工作人员共有 700 多名，其中总编辑室 17人，国内部 32 人，国际部 24 人，外文部 32 人，参编组 14 人，中译科 55 人，印刷厂 99 人，电务处 78 人，行政处 236 人，资料室、干部处、机要科等单位共 100 多人。此外，新华社在各地还设有 6 个地方总分社，数十个地方分社，每个野战军还成立了军事总分社，每个兵团都成立了分社，每个军都有支社，并在香港、伦敦、布拉格、平壤等地建立了第一批驻外分社。

---

① 新华通讯社社史编写组：《新华通讯社史》第一卷，新华出版社 2021 年版，第 489 页。
② 新华通讯社社史编写组：《新华通讯社史》第一卷，第 490 页。

从农村进入城市后，新华社面临如何顺利实现从农村到城市的转变，真正担负起国家通讯社的职责。1949 年 3 月进驻北平香山后，周恩来对新华社负责人谈话，指出：新华社是党的通讯社，也是国家的通讯社，同时也是人民的通讯社。新华社的编辑、记者，都要明确认识新华社是党和人民的耳目喉舌这个根本性质，无论写报道或评论，都要记住新华社的这个身份。报道要照顾到各个方面，要多给中央反映情况。当前特别要照顾你们不熟悉的，但是在国内政治生活中地位越来越重要的各民主党派和民主人士。你们宣传报道要充分体现党的统一战线政策，要充分尊重各民主党派和民主人士。① 在党中央的领导下，新华社采取了一系列重大措施，加快了向国家通讯社转变的步伐。

一是学习和领会党的城市政策，加强宣传工作纪律。新华总社要求各分社进入城市后，必须掌握党的各项城市政策，深入调查研究，善于分析各种复杂情况，判断是非，对一时难以彻底查清而又需要报道的问题，要做有保留的报道。

二是适应城市报道的新要求，改进新闻报道。针对新闻报道领域由农村扩展到城市，报道对象和读者对象由农民、士兵扩大到包括工人在内的城市各阶层人民，总社先后发出一系列报道意见，要求记者在报道中必须反映出城市发展的概括状貌，报道内容必须全面、概括、有分析性，在同一报道中应该是事实、说明、分析三者兼备，要研究当地生产建设和工人运动情况，学习经济工作和建设事业的多方面知识，加强对工人、妇女、青年和文化等工作的报道等。

三是强调以全国观点采编稿件。进城以后，新华社性质、任务和地位的变化，使采编新闻时的全国观点成为必须迫切需要解决的问题。1949 年 2 月 22 日，总社发出《关于改进新闻报道的指示》，指出："各地在向总社发稿时，应有全局的、全面的观点。必须从全国范围报纸读者的需要和实际斗争的需要，来有计划地采写和选择稿件，而不要仅仅根据当地或本部队或记者的主观

---

① 新华通讯社社史编写组：《新华通讯社社史》第一卷，第 484—485 页。

愿望。"①《指示》要求各分社在采写新闻报道时首先要适应总社向全国广播的性质和能力，纯粹局部性的、地域性的事件，估计对于全国读者和实际斗争没有意义或很少作用的，可以不发或少发。

四是新华社地方分社与地方党报分开。针对战争年代长期形成的新华社地方分社与地方党报机构合一的问题，总社于 1949 年 8 月 9 日发出关于报社与新华社的关系的通报，指出："新华社与报社原则上应分别组织，因工作任务各有不同，合在一起往往顾此失彼。今后通讯社将成为国家政府机构的一部分（但领导实质不变），报纸一般为党报，更不宜完全合在一起。"通报还列举了华北总分社和北平分社的情况，指出："华北总分社与人民日报尚未分开，现华北总分社实是人民日报的通讯网，但北平市则已成立独立的分社，该分社之任务除按市委与总社指示采访发布少数重要的政策性新闻（一般新闻仍由本市各报自行采访）外，并负责交换各报社所采访的其他重要新闻，使各报能同时刊出，以利各报与通讯社之分工合作，避免包办或无政府式的竞争。在同时有几家报纸存在的大城市中，此种办法经数月经验证明是有必要的。"②

五是培养和训练干部。解放战争期间，新华总社和一些地方分社及军队分社曾通过办训练班或新闻学校培养新闻人才。总社曾在西柏坡附近的北沟村开办第一期新闻训练班。1949 年 3 月，新华总社随同党中央进驻北平西郊香山后不久，即开始筹办第二期新闻训练班。这一期学员约 51 人，全部从华北大学调来，学习时间为两个月（6 月 20 日至 8 月 20 日）。学员毕业后大部分分配到新华总社工作。之后，又着手筹办了第三期。学员是从全国分设 9 个考试区招考而来的大学毕业生及具有同等学力、掌握一门外语的青年知识分子，共 270 余人。这些学员不少分配到新华社总社和分社工作。

进驻北平前后，新华社陆续播发了一系列重要新闻，如毛泽东撰写的《南

①　新华社新闻研究部编：《新华社文件资料选编》（第一辑），第 275 页。
②　新华社新闻研究部编：《新华社文件资料选编》（第一辑），第 310—311 页。

京政府向何处去》《我三十万大军胜利南渡长江》《人民解放军百万大军横渡长江》《人民解放军战胜英帝国主义国民党军舰的联合进攻》《南京国民党反动政府宣告灭亡》《庆祝南京解放》等，渡江战役，解放南京、太原、武汉、西安、上海等大城市，以及筹建新中国的报道都是在这一时期组织指挥的。总社曾先后多次向各野战分社和地方分社发出业务电报，如《迅即报道大军南下消息》《对渡江报道的意见》《对渡江后的报道意见》《加强对兰州解放和西北战场形势的报道》《各地报纸、通讯社、广播电台均应派人采访政治协商会议》等，为报道任务的顺利完成提供了重要保证。

第五节　外国通讯社在北京地区的新闻活动

1872年路透社进入中国开展新闻通讯业务，其在北京刚刚出现近代报纸时就发展到了北京，在北京新闻市场中占据重要位置。第一次世界大战前后，美、日、德、法、俄等世界各大通讯社纷纷到北京设立稳定的办事机构，长期把持、控制北京新闻市场，一方面，他们是国内报纸的重要消息来源，带来先进的新闻通讯业务经验，开阔了人们的视野，推动了北京新闻通讯事业发展；另一方面，不同国家的通讯社代表各自国家，为其母国扩张对华利益服务，其报道方针、侧重点、视角等随母国对华政策的变迁而波动，利用新闻势力为维护本国利益扮演着"殖民者""干涉者"角色。北平解放后，北平市军事管制委员会下发通令停止外国通讯社的新闻活动，外国通讯社在北平的历史宣告终结。

一、外国通讯社业务开始进入北京及其影响

最早在北京开展通讯社业务的是英国的路透社。1870年1月，英国路透社、法国哈瓦斯社、德国沃尔夫社签订"通讯社国际联盟"约定，在世界范围内划

分"势力范围"，每家通讯社在各自范围内独自采访和发布新闻，并规定互换采集到的新闻。20 世纪初，美国联合通讯社加入该协定，但只负责美国报道，这个协定史称"连环同盟"协定或"三社四边协定"。其中，路透社独占包括中国在内的远东地区新闻采集、发布权，还规定协议有效期为 60 年。

1872 年，上海、香港和欧洲之间电报刚一开通，路透社就在上海创建远东分社，成为第一个进入中国的外国通讯社。远东分社的任务是搜集远东地区、主要是中国的情况，同时向英侨《字林西报》独家发稿。1911 年 10 月武昌起义爆发后，路透社加强了在中国的新闻报道活动，总社派遣已有五年在印度工作经验的科克斯（M.J.Cox）到上海担任分社总主笔。为了适应中国政治形势的急剧变化，科克斯改组了国外新闻的收发方式，开始向本地华文报纸发行译稿。为争夺独家新闻，科克斯在北京等地指派了多名通讯员。从 1912 年起，路透社开始向《申报》《太平洋报》等 18 家中文报纸供稿，自此中国报纸的国际消息开始与外国报纸同步。

北京第一个推崇路透社，并第一个在报纸上选用路透社电报稿的是资产阶级维新派首领康有为。1895 年，他创办了《中外纪闻》，创刊公告中说：新印《中外纪闻》的内容是"首录阁抄；次录英国路透社电报；次录外国各报……"他第一次把选用英国路透社电报列为《中外纪闻》的主要内容。北京人是从《中外纪闻》开始了解路透社的。继《中外纪闻》之后，1904 年 8 月 16 日创刊的北京第一家仿近代报纸格式的《京话日报》也参照《中外纪闻》的办法，选发路透社电讯稿。1907 年创刊的清中央政府机关报《政治官报》，在办报章程中也明确规定把翻译路透社电报、《泰晤士报》及东西各国紧要新闻作为《政治官报》的办报内容，以示朝廷维新，倡导新学。[①]

早期，路透社电报在北京的销售，主要是清政府在购买。著名报人汪康年较早留意到路透社在中国的活动及其在世界范围的影响力。他指出："路透

---

① 　北京市地方志编纂委员会编：《北京志·新闻出版广播电视卷　报业·通讯社志》，第 369—370 页。

电报今风行各国，自都城及大城镇无不达到，其访员亦遍全球。"当时路透社电报在北京每日仅销 9 份，其中 8 份为外国人所购，中国只有清政府外务部购买一份，当汪康年得知外务部拟于 1909 年 5 月停止购买路透社电讯的消息，颇感忧虑，觉得堂堂中国都城竟连路透社新闻都看不到，他呼吁国人多订购路透社电报，以免路透社中止向北京提供电报，但却没人响应，因而不禁感慨："吾国人不愿讨究外事，一至于此，可叹也。"①

路透社报道内容广泛，尤其是国际消息报道优势十分显著。曾有人在文章中写道："吾人一批阅中国之新闻纸，则英国半官方式'路透社电'之消息，连篇累牍，全报新闻之来源，几全为'路透社电'所占有，而国际新闻为尤甚。"②甚至连北洋军阀政府也对路透国际消息给予了高度重视，颜惠庆担任内阁总理的时候，他所派去组织编修中国历史的国史馆馆长，在组织编写清末民初国际局势时，几乎完全依赖路透社的国际问题报道。北洋政府的文书保存所更是将路透社在华开始通讯业务以来的电讯全部存档，外交部也时常引用路透社电。③由于路透社在中国各地指派了通讯员，还经常获得国内的独家新闻。如 1913 年 3 月 20 日，宋教仁在上海火车站遇刺，后不治身亡，路透社通过其驻北京通讯员、澳大利亚人怀恩（A.E.Wearne），迅速播发了这一消息。④

路透社垄断中国的国际新闻报道甚至部分国内新闻达数十年之久，在北京的新闻通讯市场占据了独特的地位并产生深远的影响。人们对通讯社这一新生事物开始有所了解，并逐渐认识到通讯社的重要作用，路透社的工作理念、运行模式、管理经验、通信技术等方面都为北京同人提供了重要的启示与借鉴，进而推动了国人自办新闻通讯社的尝试与探索。同时路透社通过对中国新闻通讯市场的垄断，在报道中维护英国利益、表达英国立场，控制舆论、混淆

---

① 许莹、吴廷俊：《中国第一家海外通信社"远东通信社"的理念与实践》，《国际新闻界》2009 年第 8 期。

② 黄粱梦：《外人在中国经营之通讯业》，载黄天鹏编：《新闻学刊全集》，光华书局 1930 年版，第 113—114 页。

③ 赵敏恒：《外人在华的新闻事业》，中国太平洋国际学会 1932 年出版，第 37 页。

④ 张功臣：《中国早期的外报记者》，《国际新闻界》1995 年第 21 期。

视听，也引起国人警醒，北京新闻机构积极谋求发展壮大，发出自己的声音，维护北京新闻事业独立自主。

二、外国通讯社在北平建立分支机构和派驻记者

路透社在很长一段时间是中国唯一的外国通讯社。第一次世界大战前后，由于无线电通信在新闻通讯社事业中广泛应用，一些新兴的通讯社势力日渐突起。而一战中德国与英、法为交战国，彼此间不再交换新闻，"三社四边协定"废止，新兴的通讯社强行进入协定划分的势力范围，其他通讯社趁机争相仿效，开展各自的国际新闻业务。20世纪20年代，军阀混乱局面为国外新闻机构在华业务的扩展提供了历史性机遇，日本的东方通讯社、德国海通社、法国哈瓦斯社、美国合众社等纷纷涌入中国，并在北京开设分支机构、派驻记者，开展活动，路透社在北京的垄断地位被打破。到1937年七七事变前，北平已有英、美、日、德、法、俄等6国的一批通讯社。这些外国通讯社大多根据自身国家不同历史阶段的利益需要，对中国的态度也不断发生变化，不仅在新闻领域对中国进行干预，而且还对中国政治事务进行干涉，损害中国主权和独立。

（一）英国通讯社

在北平的外国通讯社中，英国路透社最为活跃。中华民国刚宣布成立，英国路透社就首先在北京的各电报中心点派驻了常驻记者，继而在京建立了机构。1934年，路透社又与中央社签约交换新闻，进一步操纵了报纸稿源。路透社广泛报道北京各种信息并供发世界各地信息。五四运动以后，中国形势发生重大变化。在中国共产党的领导下，一场反对帝国主义、反对封建军阀的革命运动，在北京猛烈发展起来。由于英帝国主义在华利益受到直接的威胁，英国在北京的新闻工具都被调动起来，他们大肆攻击革命群众运动、工农运动。

（二）日本通讯社

最早打破北平路透社垄断局面的是日本的东方通讯社。1914年10月，日

本人宗方小太郎在日本驻沪总领事有吉明的支持下创办东方通讯社，以搜集中国消息及宣传"大东亚主义"为目的。东方通讯社名义上属民营性质，实际上初期经费开支全部来自日本上海总领事馆。有吉明在给外务省的电函中指出，当时有关日本的新闻等都是由路透社提供给中国报纸，"有鉴于此，我方也应从事此种通讯事业，尽可能介绍我真实情况，或者传递对我有益的报道。"①1915 年日本向中国政府提出"二十一条"之后，中国国内舆论"排日"声浪渐高，日本外务省决定全力支持东方通讯社扩展业务，此后东方通讯社的运营费全部由日本外务省承担。

在日本政府的支持下，东方通讯社发展迅速，1920 年东方通讯社成为日本外务省的机构，在北京和一些大城市设立分社，派有记者。改制后的东方通讯社规模迅速扩大，仅北京、上海、广东、汉口、天津分社每月的预算就达到近 5 万日元，北京的各种人员达到 18 人。②东方通讯社常通过发布一些具有轰动效应的独家电讯引发社会关注，如它曾打破袁世凯的新闻封锁，第一时间大量发布了各地反对袁世凯称帝的电讯。日本的"一报"（《顺天时报》）、"一社"（东方通讯社），成为北京报业重要稿源。

北洋政府时期，政府及各部首脑招待记者时，都有翻译在场替日本人翻译，且由于日本与当时中国从中央到地方政府的特殊关系，到处有日本的顾问，政府官员可以不见中国记者却不能不见日本记者，使得日本通讯社发布的中国消息具有相当的权威性。北洋政府后期，军阀割据的形势下，各地新闻检查标准不一，报纸要得到其他地方确切消息很不容易，得依赖外国通讯社，北平报纸有一段时间在新闻开头标明"据外人消息"，使人觉得消息可靠，又因为政府对外国通讯社不敢随意干涉从而躲避官方迫害。当时路透社发布的中文国内消息并不如日本的通讯社灵通，很多报纸依靠日本的通讯社获取消息，东方通讯社在北京的新闻市场占据重要地位。胡道静就曾表示："当军阀拥权自

---

① 许金生：《近代日本在华宣传与谍报机构东方通信社研究》，《史林》2014 年第 5 期。

② 许金生：《近代日本在华宣传与谍报机构东方通信社研究》。

重，相互混战之时，本国所有的报纸，对于国内一切关于政治军事的最近新闻，都很难迅速准确报道，这样，给日本的通讯社和报纸一种机会，把持国内新闻界凡十余年之久。"①

　　1926 年东方通讯社与国际通讯社合并成为日本新闻联合社，以从主要负责中国新闻的通讯社扩张为国际性通讯社，但对北平发稿仍用东方通讯社名义。1936 年 1 月 1 日，日本新闻联合社更改为同盟社，并于当年 7 月 1 日合并电报通讯社，最终成为一家国际性通讯社。1937 年，同盟社华北总局在北京增设华文部，后改组为中华通讯社。中华通讯社主宰了北京的新闻发布活动，积极为日本侵略者搜集情报、美化侵略、鼓吹殖民政策，成为日本殖民机构的重要组成部分。

　　除东方通讯社外，日本电报通讯社等其他通讯社亦开始在中国扩张势力。电报通讯社由光永星郎开办于 1900 年，最初为一家广告经营公司，后来才渐渐发展为通讯社。日本电报通讯社 1918 年开始向中国发稿，而后几年在北京设立分社，播发普通电讯稿和商业消息。1936 年被日本军阀强行并入同盟通讯社，成为日本侵略者在中国的传声筒。

　　日本在北京通讯社的兴衰与中国政局的变化密切相关，所进行的报道也是为日本侵略服务。在五四运动中，日本大肆进行反华宣传，荒谬地宣称，日本占领山东不过是实行条约的规定，并非侵略中国。攻击五四运动是"小题大作""以怨报德"，并以日本国民将动员起来进行反抗相威胁。在以后的工农运动和北伐战争中，日本通讯社公然袒护军阀，反对中国统一，其宣传手段非常卑劣。如在 1928 年国民革命军占领北平前后，东方通讯社曾多次发布有关冯玉祥"赤化""天津晋军与方振武冲突""阎锡山主张定都北京"等稿件，挑拨中国各派军阀之间的内战、误导中国民众、阻挠中国统一，为日本对中国的侵略政策服务，类似行径不胜枚举。

---

① 　胡道静：《外国在华报纸》，载杨光辉：《中国近代报刊发展概况》，新华出版社 1986 年版，第 601 页。

1937 年七七事变后，日本帝国主义在侵占我国华北地区后，迅速建立起殖民地性质的新闻事业系统，在北平开办或掠夺了十多家通讯社，上文已有介绍，不再赘述。

（三）俄国通讯社

苏俄政府和布尔什维克党在北京的通讯社很少，但是是外国通讯社中唯一对中国共产党友好、支持中国工农革命的通讯社。1920 年底至 1921 年初，苏俄在中国成立了华俄通讯社，该社是苏俄设在中国的通讯机构。它在上海、北京、哈尔滨、奉天（沈阳）等地都建有分社，工作人员中也包括有中国人。华俄通讯社由达罗德（总社在赤塔）和洛斯德（总社在莫斯科）两个通讯分社合组而成，在苏俄直接领导和管理下工作，与共产国际有着直接的关系，主要反映共产国际在中国开展革命活动的情况。华俄通讯社北京分社社长斯雷拍克常与中共人士联系，了解中国革命动态，张国焘在《我的回忆》一书中说：1923 年中共三大后，"华俄通讯社北京分社社长的斯雷拍克，便与我保持经常的接触。他曾在共产国际工作过，担任威金斯基的助手，与我原是相识的。""11 月初，威金斯基重来中国，途经北京前往上海。他同样约我在斯雷拍克家单独晤谈。"[1]

总社设在莫斯科的苏俄国家通讯社——俄罗斯通讯社（以下简称"罗斯塔社"）于 1921 年 6 月在上海共产主义小组的帮助下，在上海建立分社，1922 年向北京派驻记者。1921 年夏，北京分社社长霍多劳夫和远东共和国通讯社记者斯托扬诺维奇对孙中山进行了采访，这是孙中山对苏俄记者的唯一的一次谈话。在采访中，孙中山重点谈及他出任广州国民政府大总统的原因和统一全国的信心，同时还谈到了广州政府面临的诸多困境，并表达了对俄国革命的兴趣。[2]1925 年 7 月，罗斯塔社改称塔斯社，并积极拓展在中国的业务。与路透社、法新社、美联社、合众社等通讯社的收费服务不同，塔斯社作为苏联官方

---

[1]　张国焘：《我的回忆》，东方出版社 2004 年版，第 284—285 页。

[2]　张功臣：《外国记者看到的近代中国图景》，《国际新闻界》1996 年第 6 期。

通讯社，往往向世界各地媒体免费提供新闻稿件以宣传苏联政府的主张。① 塔斯社在中国的采访报道活动受到苏联与国民党政权关系的影响，两个政府之间关系良好，则塔斯社在华业务顺利开展；反之，则陷入惨淡经营甚至不能公开提供新闻报道的境地。

苏俄政府和布尔什维克党的通讯社，打破日本和西方通讯社的新闻垄断，播发大量的中国战场见闻，不断将中国革命真相传向世界，并努力将苏俄革命真相报道给中国人民。

（四）其他国家通讯社

1921 年，德国海洋通讯社（以下简称"海通社"）开始在北京发展业务，1928 年迁移至上海，1929 年正式对外发稿。海通社在北京建有分社，向北京、天津、上海、汉口、哈尔滨等地发稿。

法国通讯社在北京开展活动稍晚一些。1927 年，法国哈瓦斯通讯社将驻莫斯科记者黄德乐（M.Jean Fontenoy）派至上海，并于 1929 年 12 月收购了总部设在西贡的一家名为"太平洋社"的越南通讯社，加以扩充后在远东各重要城市设置了特派记者，随后陆续在中国的上海、北平建立了活动机构，采集当地信息，每天向当地报纸发稿。法国哈瓦斯社对北方发生的重要政治事件、重要战事都有反映，对中国共产党组织的重大活动多持旁观和反对的态度。

1929 年前后，美国的两家通讯社合众社、美联社也相继进入中国新闻市场。美联社中国总社设在上海，在北京设有分社，并有若干通讯员。美国合众社、国际新闻社在北京派驻记者。他们在采编稿件、供应稿件上，对北方正在兴起的革命活动普遍持反对态度。不过，在一些对中国革命持同情、理解和支持的记者影响下，也播发过一些积极的稿件。如 1935 年 12 月，一二九运动爆发，美国记者埃德加·斯诺的夫人海伦·斯诺得知黄华等人起草《平津十校学生自治会为抗日救国争自由宣言》后，立即找到路透社驻北平记者弗兰克·奥利弗（Frank Oliver），想让外国报纸刊登这份宣言，但遭到拒绝。她又把这条

---

① 褚晓琦：《民国时期塔斯社上海分社在华宣传活动》，《史林》2015 年第 3 期。

新闻转给合众社记者麦克拉肯·费希尔（McClaken Fesher），使之得以公布于世。合众社是首先使西方世界得知北平学生运动消息的新闻媒介。①

1945 年日本投降后，美国驻国外的宣传、情报机构——美国新闻处在北平设立分处。美国新闻处也向媒体发稿，具有部分通讯社的职能。值得一提的是，北平美国新闻处第一任处长约翰·福斯特是一位对中国人民友好、同情中国民主运动和中国共产党的进步人士，在其担任处长期间，该处的地下党员和进步人士以美国新闻处作掩护从事民主斗争和革命活动，因而也具备了很多便利条件。

此外，外国通讯社的记者还引起高校的关注，北京一些高校曾邀请驻华记者兼课讲授专业课程或开讲座、做专题演讲，学习他们的业务经验。如1922 年燕京大学筹办新闻学系时，曾考虑请合众社驻北平记者贝思(C.D.Bess)来新闻学系教学三年，不过未能实现。1931 年 4 月燕京大学新闻学系举行新闻讨论会，邀请合众社记者贝思、路透社记者伊文思进行演讲。②

三、外国通讯社停止活动

全面抗战爆发后，受到战争影响，北京的外国通讯社生存空间受到挤压，业务不断消亡，直至停止。太平洋战争爆发后，在日军侵占的中国地区，报纸只能采用同盟社及由汪伪、伪满洲国和纳粹德国、意大利等法西斯政权开办的通讯社稿件，而不准采用英、美、苏等反法西斯盟国通讯社的稿件，英美等国的通讯社被迫停止活动。北京亦是如此，沦陷期间英美等国通讯社被广泛排斥。

解放战争期间，由于物价飞涨、供应紧张等原因，外国通讯社在华处境日益艰难。从 1946 年 4 月起，外国通讯社因职员要求加工资而发生多次罢工，

---

① 张功臣：《与中国革命同行——三十年代前后美国在华记者报道记略》，《国际新闻界》1996年第 3 期。

② 肖东发主编，邓绍根等增订：《新闻学在北大》，北京大学出版社 2008 年版，第 111、115 页。

通讯社正常活动已难以维持。法新社上海分社于 1947 年 8 月 1 日宣布停止发稿，拉开了外国通讯社在华业务走向消亡的序幕。①1948 年 7 月，美联社、路透社又因新闻稿费与上海报业公会发生冲突，上海报业公会甚至一度决定各大报纸全部暂停采用这两家通讯社稿件，最终，两大通讯社不得不作出让步。在内外矛盾夹击下，外国通讯社经营陷入困境，其驻北京的机构也受到较大影响。

1948 年 11 月 8 日，中共中央颁布了《关于新解放城市中中外报刊通讯社的处理办法》，对外国通讯社，外国记者，外国人出版的报纸、刊物的处理办法作出规定：（1）外国通讯社非经中央许可不得在解放区发稿，并一律不得私设收发报台。（2）外国记者停留解放区继续其记者业务者，应根据外交手续向人民民主政府请求许可，并不得私设收发报台，其发出之稿件，应受中央所指定之机关检查。（3）外国人非经中央许可不得在解放区出版报纸与刊物，原已出版者亦须报告中央处理。②

1949 年 1 月 31 日，北平和平解放，外国各通讯社活动大为减少。1949 年 2 月 10 日，中共中央在《关于美国新闻处发稿问题的指示》中提出，"在通讯社问题上，应由军管会通知一切中外通讯社，均应向军管会登记，在登记获准前一律停止发稿。新华社亦应实行登记并取得许可证。其他中外通讯目前均不发登记许可证"。③

当时，一些西方通讯社对北平的解放进行了歪曲性的报道，甚至造谣诽谤。这些报道对新获得解放的北平人民热烈欢迎解放军的盛况，加以冷嘲热讽，极尽歪曲，流露明显的敌视倾向。新华社先后播发《北平人民对于诽谤者的愤怒》《请看北平美国通讯社的一串谣言》等稿件，揭露了美国通讯社记者蓄意挑拨和造谣诽谤的真相。

1949 年 2 月 20 日，中共中央在《关于停止外国通讯社、记者、报纸杂志

---

① 马光仁：《旧上海通讯社的发展》，《新闻研究资料》1992 年第 4 期。

② 中共中央宣传部办公厅、中央档案馆编研部编：《中国共产党宣传工作文献选编》，第 749 页。

③ 中共中央宣传部办公厅、中央档案馆编研部编：《中国共产党宣传工作文献选编》，第 792 页。

的活动和出版给平津两市委的指示》中，进一步明确了在解放区内停止外国通讯社活动的原则，指出：由于目前军事时期的情况，所有外国通讯社及外国记者均不得在本市进行活动，所有外侨均不得在本市主办报纸或杂志。为此，本会特通告现在北平（天津）的各外国通讯社、新闻社、新闻处的组织及人员，自即日起停止对本市及外埠发行新闻稿的活动（天津加：各外侨所主办的报纸自即日停止出版发行）；各外国通讯社及外国报纸、杂志的记者，自即日起停止采访新闻及拍发新闻电报的活动。[1] 据此指示，1949 年 2 月 27 日，中国人民解放军北平市军事管制委员会发布通令《北平市军管会通令停止外国通讯社及记者活动》，并附上了当时北平的外国记者名单。

由于美国新闻处是美国国务院组织之一，而当时人民政府尚未与美国建立外交关系，1949 年 6 月，中共中央禁止美国新闻处在华开展活动；7 月中旬前后，北平的美国新闻处正式关闭。

1949 年 9 月，中国人民政治协商会议第一届全体会议在北平召开，参加政协报道的国内外记者共 31 人，其中包括外国记者 4 人，即苏联塔斯社记者罗果夫，意大利团结报特派员斯巴诺，朝鲜中央社特派员智龙成、李同建。

随着新中国的诞生，外国通讯社在华业务活动大为减少，旧中国由外国通讯社垄断中国新闻市场的局面宣告终结。

---

① 中共中央宣传部办公厅、中央档案馆编研部编：《中国共产党宣传工作文献选编》，第 796 页。

第八章

北京（平）广播史（1925—1949）

　　中国的广播事业起步于上海，第一家无线电广播台是由美国商人奥斯邦（E.G.Osborn）于 1923 年 1 月建成开播的。当时是中华民国北京政府执政时期，北京政府交通部及时对这一违法行为进行了交涉。1925 年 3 月 12 日孙中山逝世，北京政府开始用广播不定期播出。这是中国官方主动运用无线电广播的最早纪录。正因此，国民党败退大陆后，确定每年的 3 月 26 日为"广播节"。这一渊源的确立，恰好说明了政统与法统的力量在形塑广播方面的重要性。

第一节　北京广播的初期形态

与上海不同，北京第一家广播电台是由政府创办的，而且早在正式的广播电台建立前，北京政府已经有了利用广播的记录。

1925 年 3 月 12 日，孙中山先生因病医治无效，在北京逝世。为了让百姓缅怀孙先生，政府把他的灵柩停放在中央公园，供人民瞻仰遗容。3 月 26 日，治丧委员会借用了交通部北平电话东分局内的一座 500 瓦无线电话机，并向中国电器公司借得高 3 尺的巨型扩音器一具，用木竿架设于中央公园，连续播放孙先生生前录制的演讲留声片，听到的民众无不痛哭失声。这是北京第一次利用无线电扩音设备。但由于此次广播为临时性质，后来也没有连续播出，更没有定时定量的系统节目设置，因此还不算严格意义上的广播。不过，在蒋介石政府败走台湾后，为纪念这次创始性的时政广播，还是将 3 月 26 日确定为"广播节"，并在每年的这个时间举办各种纪念活动。

从 1927 年到 1937 年是北京广播电台的初创阶段，各种类型的广播电台陆续开办。

一、官办广播电台的设立

（一）北京第一座广播电台的创办

北京第一家广播电台——北京广播无线电台创设于 1927 年 9 月，仅比天津广播无线电台晚四个月，是中国最早的官办电台之一。从 1927 年北京创建广播电台到 1937 年七七事变以前，由于国内各路军阀混战，政权迭变，北京广播无线电台的隶属关系和名称也随之频繁变更，如下表：

表 8—1　北京广播电台变迁表 ①

台名变迁	起止时间	呼号	播音时间	电力	职工数	隶属关系
北京广播无线电台	1927.9—1928.10	COPK	每日 7 小时	最初 20 瓦增至 100 瓦	9 人	北洋政府东北无线电长途电话监督处。
北平广播无线电台	1928.10—1930.10	COPK	每日 7 小时	100 瓦	13 人	1928 年 10 月，国民党政府交通部接收。1929 年夏，阎锡山驻北平，电台短期归太原无线电管理处管辖。
北平无线电广播电台	1930.10—1932.1	1931 年 10 月改为 XOPP	每日 7 小时	100 瓦	10 人	1930 年 10 月，东北边防司令长官（张学良）公署接收，平津卫戍司令部管辖。
交通部北平广播电台	1932.1—1937.10	1934 年 6 月改为 XGOP	1935 年春起每日 10 小时 50 分	1935 年春增至 300 瓦	13 人 1936 年夏增至 18 人	1932 年 1 月由交通部收回，受交通部上海国际电信局管辖。
北京中央广播电台	1937.10—1945.10	XGOP	不详	不详	不详	伪"中华民国临时政府"。
北平广播电台	1945.10—1949.1	XRRA	不详	不详	216 人	国民政府。

资料来源：赵玉明主编：《中国广播电视通史》，中国传媒大学出版社 2006 年版；陈尔泰：《中国广播发轫史稿》，中国广播电视出版社 2008 年版；宋鹤琴：《解放前的北京广播事业》，《现代传播》1984 年 2 期中所引述档案资料综合所得。

1. 北京广播无线电台（1927 年 9 月—1928 年 10 月）

1926 年 10 月，北洋政府派代表参加了华盛顿国际无线电会议，在看到无线电广播的巨大作用后，决定着手筹建广播电台。1927 年，"无线电广播事业

① 李聪：《民国北平广播电台研究》，宁夏大学硕士学位论文，2014 年。

风行各国，成效显著"①，在我国"东三省亦将开办并订有广播条例及运销装设等规则公布在案，惟京津一带迄未举办。"②为此，同年3月11日，张作霖（镇威上将军）公署电示"兹拟在京津两话局内暂设东北无线电办事处各一所，利用天津原有电台作传播音乐、歌曲、商情、新闻等节目之需，并将京津长途话线每日规定开放若干时直接天津电台以资传播北京方面各项节目。"③4月14日，东北无线电长途电话监督处颁布北京广播无线电办事处印章。4月23日，蒋斌被任命为主任，沈宗汉为副主任，直接参与北京广播无线电台的建台工作，自此沈宗汉成了北京广播无线电台的第一位副主任、工程师。

1927年5月，东北无线电长途电话监督处在北京、天津设立广播无线电办事处，开始在京津筹建广播电台。1927年5月15日，官办的天津无线电广播台开始播音，发射功率500瓦，呼号XOL，每日播音7小时，主要播出娱乐节目，包括北京开明和中和两大戏院的戏剧及西乐等④。除播音外，还可拍发电报。

5月12日，北京方面，已在琉璃厂北京电话总局内设立广播无线电办事处，并利用京津长途电话暨天津无线电台，以资传播北京方面音乐、歌曲、商情、新闻等项之需。该处业于前日（十日）正式成立。⑤

为什么电台设在电话局里呢？因为电台是受电话局领导的，当时奉系军阀张作霖占据北京，在军阀混战期间，他需要用电台作为攻击其他军阀的工具，同时也要"收揽民心"，表面上宣称"提倡文化之旨"，便命奉系的东北无线电长途电话监督处建立了这个电台。⑥

7月31日，《晨报》刊载《北京广播无线电台昨日试验放送》的消息，8月11日又报道了《无线电公开收听会今日起在中央公园举行》的佳音，并预

---

① 《北京电话局公函》（丁字第417号），1927年5月7日。

② 《北京电话局公函》（丁字第417号）。

③ 《北京电话局公函》（丁字第417号）。

④ 《本馆专电》，《申报》1927年5月14日。

⑤ 《广播无线电处成立》，《晨报》1927年5月12日。

⑥ 吴纪：《北京最早的电台》，《北京晚报》1963年3月22日。

言"届时车水马龙，公园必更是热闹之景象也。"①8月15日《晨报》报道了当时收听会的盛况："十一日……因空中情况甚佳，故收听极其清晰。十时以后，收程砚秋之《红鬃烈马》，尤为一般人士所称道。十二日，游人极多。十字亭周围竟无立足之地。可惜该日空中电讯过甚，致收听时杂音较多。十三日，各界士女于下午四时，早已杂沓云集。五六时许，虽因天阴关系，放音较低，但明了异常，毫无混音。十时并收听日本名古屋、大连、上海各处之种种放送，声音洪亮、字句清晰，深得参观者之赞许。惟十时后，天电扰乱，殊觉美中不足。"②自8月11日至20日，公开收听会持续了10天，"成绩甚佳，尤以十八、十九、二十等日最为清晰。昨日试验期满，因各界要求续演，故于今日（星期日）延长一天，并放送特别节目，以作掉尾之活跃。"③

图 8—1　当时的北京电话局内部情景 ④

在反复试播的基础上，北京广播无线电台于9月1日正式开播，呼号COPK，每日播音7小时，内容与天津电台相仿。开办费约12000元，每月经费1000元，所用发射机是由天津义昌洋行承包，用一部马可尼军用无线电话机改装。最初，电力仅20瓦，第二年增至100瓦。由于设备简陋，播音效果

---

①　《无线电公开收听会今日起在中央公园举行》，《晨报》1927年8月11日。

②　《中央公园　试验无线电收听盛况　十字亭周围无容足之地》，《晨报》1927年8月15日。

③　《中央公园　广播无线电只有一天　今日节目特别加多》，《晨报》1927年8月21日。

④　图片来源：《北京无线广播开启的历史》，见 http://www.sohu.com/a/161615351_720654。

图 8—2 《晨报》刊登《京台放送情形》

很坏，每逢雨季时常停播，一则是由于闪电干扰掩没了播音，二则是房屋漏水。[1]

电台"每日正式放送，其时间为上午十一时半至十二时半，下午三时至六时。电波长 420 米，符号（即呼号）为 COPK，不过电力太小，仅 20 瓦特"。[2]播出的节目，除 20 分钟的新闻外，大量播送唱片，有中西音乐、戏曲和京剧等娱乐节目。后来，播出的内容扩展为中外唱片、时刻、气象、商情、新闻、音乐、戏曲等[3]。同时，为了适应北京人爱听皮黄大戏、评戏的习惯，还在开明、新明、三庆等戏园和北京饭店等开放专线转播戏曲、京戏、评戏。

1928 年 1 月 29 日，《晨报》刊登了《京台放送情形》，介绍了此时的北京广播电台：北京广播无线电办事处，设在厂甸电话总局内，新近装设新机，已于本月一日开始放送，每日有中西唱片、时刻、气象、商情、新闻、音乐、戏曲等项节目，本报按日均有登载。此两图（见图 8—2）即放送之情形，下方为新机之全部，立于左方者，处长沈宗汉，其右理机器者，为某技师。右图系报告员傅宗芬女士，竖立其前如电话口机者，即收音器也。闻此项报告员亦由招考获选云。[4]

1928 年 4 月，北京广播无线电台计划迁移。据《晨报》4 日报道，北京广播电台因原占电话南局偏院房屋不敷分配，又因借用电话线之不便，决定架设

---

① 吴纪：《北京最早的电台》。

② 《北京广播电台　今日开始放松　每日两次》，《晨报》1927 年 9 月 1 日。

③ 《放送节目，自明日开始登载》，《晨报》1928 年 1 月 12 日。

④ 《京台放送情形》，《晨报》1928 年 1 月 29 日。

专线，刻已勘定电话西局之大部分房屋，拟于本月中旬迁移，同时并将放送机之人力改大 100 瓦特以上，且由各乐场及各戏院均架设专线，以免混淆云。又讯：北京电台为辅助教育，并用实用无线电起见，决定添设各种讲演及讲座，以便听户。刻先聘定刘兰女士担任初高两级英语讲座，已于昨日（1928 年 4 月 3 日）开始，每周三次，并闻现正陆续延聘各科专家增加各种科目云。①5 月，北京广播无线电台迁至甘石桥电话西局内，"略事扩充，并增加电力至一百瓦特，对于各戏院收音线路一律改装专线，俾渐臻完善。"②

1928 年 4 月 20 日，开明戏院、开明电影公司曾分别致函京津广播无线电办事处，对广播影响剧场上座率表示不满，信中说："广播无线电传达戏音，前终尊处述明与敝院营业无碍。兹察本城商户安装无线电收听机者为数甚多，月纳数角即可坐家享聆各角之便宜，且敝院售出票数日见减少"，"后台唱角人等亦因影响所及，受损颇巨，不愿再唱。"因此，两院声称"长此以往，殊不堪受此无形之损失，敝院为营业计，不得不设法严即取缔"到该院摄音，"尊处所属勿再来院收音，敝院亦不招待"。

5 月 18 日，北京广播无线电办事处与天津义昌洋行签订合同，以中华民国国币 5000 元大洋的价格购买了原借用的广播无线电发射机及其附属品。因经费紧张（当时每月经费 300 元大洋），故合同规定共分五次付款，合同签订时首次付款 2000 元，余款在之后的四个月内陆续结清（6 月 25 日付 500 元，7 月 25 日付 500 元，8 月 25 日付 1000 元，9 月 25 日付 1000 元）。但实际上最后一笔款拖欠到 1929 年 4 月仍未付清。

2. 北平广播无线电台（1928 年 10 月—1930 年 10 月）

1927 年，蒋介石在上海发动四一二反革命政变，国民党新军阀窃取了大革命的胜利果实，他们继续打着"北伐"的旗帜，讨伐北洋军阀。1928 年，奉系军阀张作霖被迫撤离北京，回到关外。南京国民政府接管北京，将北京改称北平。

---

① 《COPK 不日迁移，并添设讲座》，《晨报》1928 年 4 月 4 日。

② 沈宗汉：《北平广播无线电台概况》，《无线电问答汇刊》1932 年第 19 期。

1928 年 6 月 23 日，京津卫戍总司令阎锡山面谕：路电各局均由该总司令属下的交通司令部统辖。北平电报局属下的北京广播无线电台当划归其掌管。7 月 9 日，国民政府军事委员会特派接管北京军事机关委员会称："京津广播无线电台自应均归本会接收管理"①，并派员于九日上午前往北京广播无线电台接收。7 月 28 日，交通部接收北京部署及所属机关委员会公函称："已咨商军事委员会"，北京广播无线电办事处仍归交通部管辖。10 月，原北洋政府创建的"北京广播无线电台"被国民政府交通部会同北平电话局接管，由此改称"北平广播无线电台"。12 月 31 日，交通部指令：（北平广播无线电台）技术方面由正副工程司掌管，取消原正副主任，设业务主任一职，由杨西田充任。②

1929 年，交通部为整顿北平广播无线电台，5 月 16 日"特派叶槤云、沈宗汉二位工程司会同接收"，并指定叶任工程司，沈任主任。9 月 19 日，任命徐文芳为播音员（当时称宣讲员），开始广播宣传沈阳电（报）台发来的东北文化社宣传处所公布的中俄交涉新闻，并于每星期一、四宣讲党义。

此时，北平广播无线电台开辟了《时政报告》讲座节目，请各界社会名流轮流演讲专题，成为其直接进行政治和思想宣传的主要内容。自 1928 年始，计有 19 人到台讲演过：

《三民主义的认识》（国民党北平特别市党务指导委员会宣传部程厚之）；

《国民革命的意义与目的》（国民党河北省执委会宣传部部长梁子青）；

《北平市的社会教育》（北平特别市教育局第四科科长张景涛）；

《纪念"辛丑条约"国耻应有之努力》（国民党北平市党务指导委员会宣传部金陟佳）；

《中东路问题》（国民党北平市党务指导委员会宣传部许宣诱）；

《由中国的化学说到中国的工业》（国立北平大学第一工学院俞同奎）；

《国民会议与约法》（国民党河北省党务整理委员会委员郑国材）；

---

① 《国民政府军事委员会特派接管北京军事机关委员会训令》（第 33 号），1928 年 7 月 9 日。
② 王锋整理：《北平广播无线电台史料小辑（1927—1932）》。

《北平之将来》（北平市政府社会局娄学熙）；

《时于三全会之感想》（北平市党务指导委员会金殿梁）；

《迷信、常识、科学》（国立北平大学第二师范学院徐炳昶）；

《日本帝国主义之阴谋》（北平市党务指导委员会杨燕康）；

《训政时期最要紧的工作——国民思想的统一》（国立北平大学第一师范学院张贻惠）；

《训政时期本市的教育》（北平市教育局李东叶）；

《国语统一与文字改革》（钱玄同）；

《训政时期中筹备自治之要素》（北平市筹备自治办事处秘书查贵奇）；

《北平特别市进行筹备街村自治办法》（北京市筹备自治办事处朱清华）；

《整理党务之真义》（北平市党务整理委员会委员黄霖）；

《中国青年之危机》（北平市教育局王捷侠）；

《人道主义之实行在公平互助》（中秋报社雷寿荣）。①

1929 年夏天，阎锡山部占据北平，北平的广播电台一度归太原无线电信管理处管辖。由于国都南迁，市面萧条等因素，广播事业大受影响，听户日渐减少，销售商行也因营业不振，纷纷取消营业，据北平广播无线电台的调查，1929 年 6 月底，"北平方面听户，约有一千家，销售商行只有九家。"② 可见其萧条程度。是年，北平广播无线电台呈国民政府交通部文中称："现在职台每日放送各项节目，多偏重娱乐方面对于宣传党义以及报告紧要新闻，均付阙如，殊失宣传文化之本意。"③

3. 北平无线电广播电台（1930 年 10 月—1932 年 1 月）

1930 年 10 月，张学良率兵南下进驻北平，北平的广播电台又由东北边防司令长官署接手，暂时为天津卫戍司令部管辖。他们把北平的长、短波通信台

---

①　王锋整理：《北平广播无线电台史料小辑（1927—1932）》。

②　沈宗汉：《北平广播无线电台概况》。

③　赵玉明、艾红红、刘书峰主编：《新修地方志早期广播史料汇编》（上），中国广播影视出版社 2016 年版，第 11 页。

和广播电台合并改组，建立北平无线电台（即总台），并且改称"北平无线电广播电台"。台长由北平电话局长康瑞符暂行兼代。[1] 当时的北平广播无线电台和北平电话局、北平电报局关系密切（有隶属关系），故电话局、电报局有关业务上的事情均利用广播广为宣传。11 月 17 日，北平电话局招考十名簿记员，借广播公告招考简章；11 月 19 日，北平无线电台请广播宣传短波无线电报通信迅速、报价低廉的好处，以便扩大电报业务；12 月 6 日，中美直接通讯开放免费拍发电报一天，也先由广播广为宣传；12 月 11 日，北平电话局编印1931 年电话号码簿，招登各种广告，请广播连播 20 天公告各商户。

到 1931 年 4 月 17 日，北平广播无线电台人员共有 11 人，其中：技术员兼主任 1 人，司事 1 人，收费司事 2 人，宣讲员 1 人（播音员），报告员 1 人（记者），机匠 1 人，小工 2 人，夫役 2 人。九一八事变发生以后，北平广播无线电台自 9 月 19 日晚起"停止放送娱乐节目以报告暴日出兵消息"，并暂停播送戏目改为宣讲。至 10 月 28 日，应听众要求，才逐渐恢复放送戏曲，并于要闻、宣讲间播放。10 月 28 日，北平广播无线电台收到国民党甘肃省党务整理委员会无线电收银员张错的来信，声称在兰州可以收到北平广播电台的播音，"惟音极不清"。[2]

4. 交通部北平广播电台（1932 年 1 月—1937 年 10 月）

1932 年 1 月，电台收归交通部，受交通部上海国际电信局管辖，改称"交通部北平广播电台"。自 1932 年 1 月 1 日起，该台呼号按国际无线电公约规定更改为"XGOP"，发射电力仍为 100 瓦（1935 年增加为 300 瓦），波长 315 公尺。该台虽然工作人员已有 13 名，但并没有专职记者和编辑，每天两次"紧要新闻"播报，"白天由工程师根据《华北日报》圈选，晚间则从《世界晚报》上选择，交由'报告员'依次报告，次日由事务员把报告稿粘簿存查。"[3] 属于勉力维持的状态。而转播中央电台的节目，则无疑是快速提升地方电台新闻节

---

① 《北平大沽两无线电局局长新委》，《益世报》1930 年 10 月 8 日。

② 王锋整理：《北平广播无线电台史料小辑（1927—1932）》。

③ 赵玉明、艾红红、刘书峰主编：《新修地方志早期广播史料汇编》（上），第 28 页。

目质量，确立电台权威的有效手段。

1932 年 10 月 10 日，沈宗汉先生在期刊《无线电问答汇刊》上发表了《北平广播无线电台概况》，其中详细介绍了北平广播电台的组织与经费问题：[1]

> 电台现行组织，设工程师一人，管理全台一切工程业务事务，并对外接洽事项。技术员一人，襄助工程师管理一切工程，并整理各项机件及播音节目。事务员四人，办理交牍会计庶务缮写暨听户之注册发给执照及调查事项。报告员一人，报告时刻气象，商情新闻，商业广告及普通宣讲事项。技工一人，管理开机播音修理机件及充电事项。小工二人，襄助技工开机充电暨赴各戏院接线收音。差役三人，递送公文函件，收取执照费及一切服役。所有员司匠役薪工，暨办公费，电力费，材料费，艺术费等经常开支，每月约需洋七百元。至于本台开办费，连同购置机器家具，建设天线地网，架设收音专线等费。总共计支洋一万二千余元。[2]

图 8—3　北平广播电台 250 瓦特之新机与台长沈宗汉 [1]

图 8—4　鸟瞰北平广播电台 [3]

---

① 魏守忠摄：《中国无线电》1936 年第 4 卷第 14 期。

② 沈宗汉：《北平广播无线电台概况》。

③ 魏守忠摄：《无线电问答汇刊》1932 年第 19 期。

　　1932 年 11 月 12 日，国民党中央广播无线电台新设立 75 千瓦发射机，在南京江东门外电台所在地举行开幕典礼，并开始正式播音。北平广播无线电台也开始收转中央广播无线电台的节目，当时转播的内容除新闻节目外，还有每晚中央台的"时事述评"节目。①

　　1933 年 4 月 24 日，北平广播电台收到交通部训令②，"奉行政院训令，各广播台转播中央纪念周及重要新闻"；中央执行委员会广播无线电台管理处规定"现行播音节目平日报告新闻五次，星期日报告二次"，各省直辖广播台和功率 100 瓦以上的民营台平日须按时转播上述新闻节目中的 20：30—20：50 及 21：15—22：00 的一次"重要新闻"节目；要求北平台将上述训令"转饬所辖广播电台及一百瓦特电力以上之民营广播电台"，强调上述训令一定要"遵照办理"并将各台开始转播的日期向"中广处"报告。

图 8—5　北平无线电台
左上：电台台址、右上：发电机、左下：收报机、右下：发报机 ③

---

① 王锋整理：《北平广播无线电台史料小辑（1927—1932）》。

② 《交通部训令》第 2181 号，1933 年 4 月 24 日。

③ 《铁路月刊：平汉线》第 44 期。

1933 年 7 月 26 日，河北省政府致函北平广播电台，称建设厅"奉命调查全省无线电建设及通信情况"，要求"凡关于全省……无线电台不论属于省有或其他机关设置者统希分别列表或绘图并将通讯方法详示以备查考"①。

1934 年 5 月 10 日，交通部电政司给北平台发来公函，让北平台通知育英中学更改播音呼号，在 7 月以前将呼号由 XHPA 改为 XLKA。②11 月 17 日，交通部在给北平台的训令中查询，北平台"前呈无线电广播收音机装户注册簿，只有三百五十户，其尚未注册领照者，谅不在少数"，要求北平台重新登记已注册装户，并限期为注册者注册登记。③该训令还指示，北京地区"德国报社、日本报社及世界日报、民国日报、益世报、导报、晨报等均装有收音机收取来自广播之新闻，未向该台（指北平台）注册，尤属违犯电信条例及装设广播无线电收音机登记暂行法规定，应即严加取缔，以维电政"。11 月 20 日，交通部派北平广播无线电台工程师沈宗汉赴南顺城街，查验北平马钧室申请设立的亚北电台。经核准发给第 31 号民营广播电台许可证，并指定频率为 810 千周。④

1935 年 4 月 25 日，交通部规定"自五月一日起一律用国语报告并采购全国国语教育促进会所制国语留声机先逐字播送"⑤。6 月，据沈宗汉统计，"北平市听户已如期登记者约四千一百余户，内真空管收音机约占半数以上，且此系初次统计，实际上听户恐不止此数云。"⑥同年 7 月，交通部北平广播无线电台为了满足与日俱增的听众需求，改装了新电机，《时报（本埠增刊）》刊登的《北平广播电台刷新》中有详细记载：

> 交通部北平广播无线电台，原有之一百瓦特播音机，电力过小，机件

① 《河北省建设厅酉字第 200 号公函》，1933 年 7 月 26 日。
② 《交通部电政司公函》管字第 2661 号，1934 年 5 月 10 日。
③ 《交通部训令》电管字第 5842 号，1934 年 11 月 17 日。
④ 《交通部训令》电管字第 5873 号，1934 年 11 月 20 日。
⑤ 《交通部训令》电管字第 2179 号，1935 年 4 月 25 日。
⑥ 《平无线电听户登记达四千一百余户》，《时报（本埠增刊）》1935 年 6 月 24 日。

陈旧，而北平市听户日益有增该台认为有改良必要，故将增茂洋行利用之二百八十瓦特播音机收回，即由北平电台装用。惟该机因在东交民巷应用直流电通机，迁出以后，不能适用，故在上海订购交流电动机、直流发电机各一座，并将天线杆改为铁杆，增高至八十三英尺，长为一百一十英尺，地网线高出地面十英尺，改为南北方面，所有新机房屋，早已修妥。原拟五月中旬播送，因电动机迄未运到，致未能早日改装，闻此项机件，现已由津运平，现正由该台工程师沈宗汉、督工安装，装就后即可试验，已于七月十日正式用新机播音，并将各戏院路线，一律加以整理，则此后播音清晰洪亮，当能使听众满意。①

7月18日，交通部在给北平广播电台的指令说："近来各商行往往假作广播电台将自备之粗俗歌曲或音乐更迭播送极为听众所厌恶，有失广播电台本身信誉"。交通部指令"北平广播电台遇有各商行请求播送自备节目应向其声明不得用上项不良节目与广告更迭播送"，同时还要求北平台"随时注意查察"各商业台的播音情况。②9月16日，交通部指令称，北平广播无线电台"播音节目，尚属妥善，惟平日开始播放时刻，未免稍晏，应即改自上午八时三十分起播音……"指令对北平台播音时间、内容安排作了具体的指示。③

1935年10月1日，《华北日报》的报道《北平广播电台大加扩充——增加放送节目，提前广播时间》中详细报道了北平广播电台现状：

　　平市无线电台放送播音，截至现在，已臻极盛之境，大小商户住宅，按设收听机者，目下已有万余户，北平广播无线电台是其总枢纽。自上午十一时起播音，至夜中十二时止，栉比鳞次，团扇家家，均在声乐继续中。最近中央积极提倡无线电广播，除教育部提倡广播教育外，交通部最近亦

---

① 《北平广播电台刷新》，《时报（本埠增刊）》1935年7月17日。
② 《交通部指令》电文，1935年7月18日。
③ 《交通部指令》电管字第14470号，1935年9月16日。

通知北平无线电台，令其将内容大加扩充，藉以唤起一般听众之兴趣。其扩充之项目，据记者调查，一、增加放送节目，如名人学术讲演，各种音乐，二、自今日（一日）起提前广播时间，每日由上午八点开始放送，三、增聘女报告员孙女士，亦自今日起实行工作，原有女报告员陈楚淑者，口齿伶俐，字音清楚，每日与一般听户音笑相接，颇得普遍之赞同，该台放送广告收入，已竟增加至六百元以上，该台预订增加放送各项，闻现已议定者，有清华研究院口琴专家张清长者，及女子文理学院文学系林鸣女士，每星期担任放送一次，并请三十二军军乐队每两星期中担任奏演一次，师大音乐会，每两星期奏演一次，增加平市著名票友及清唱放送，以上各项，均可次第实现，至该台日前通知各听户登记一节，外闻疑为一经登记，不日即将收费，昨据该台负责人谈云，登记内幕，并非为收费，实因交部办理统计，特令平市听户登记系专为查看平市市民对于无线电播音有无兴趣，平市听众万余户，登记者将逾半，前已发给临时登记收据，现在交部又颁到正式执据，凡在四千四百号以内者，自即日起，即可持临时收据前往换领部颁正式执据，以备其他机关查询时，可以持验，俾免纠葛云。①

图8—6 左为报告员陈楚淑女士 ②，右为口琴名手林鸣女士 ③

---

① 《北平广播电台大加扩充——增加放送节目，提前广播时间》，《华北日报》1935年10月1日。
② 魏守忠摄：《中国无线电》1936年第4卷第14期。
③ 李尧生摄：《青岛画报》1935年第19期。

**图 8—7　北平名票若兰女士
在广播无线电台摄影** ②

11 月 7 日，北平广播电台工程师沈宗汉将原定周率（950 千周波）稍微增加，改为 960 千周波，以利外埠听众。①

1936 年 4 月，北平广播电台向交通部签送了调查北平市各听户意见统计表和调查表。5 月 28 日，北平电报局给北平广播电台转发了 5 月 23 日交通部的指令，交通部据呈报的北平市各听户意见，给北平台下达了"应行增改"的十条，甚为详细具体的指示：

（1）该台应酌量增加有关旧道德故事，历代民族英雄小史、科学新闻、儿童教育、无线电常识问答及国学教授等节目，并不时约请当地学术界名人讲演。其国学教授节目，并应聘请国学较深之人员担任，每星期播送一次或两次，时间共约一小时，所需薪金若干，应先行商讨呈核。

（2）评戏河南坠子及其他各种戏曲唱片之迹近诲谣者应一律停止播送。

（3）各听户报告该台播音甚多杂声，并有时高时低之弊应即设法改善。

（4）该台播送商业广告，系插入音乐节目中，每播唱片一面即报告广告一次，该项音乐节目，经分剖间断之后，每使听众兴趣减少。以后该台应于每一节目完毕后，再行连续播送广告每一小时之内广告时间并不得超过十二分钟，此外应注意该项广告是否与实际情形相符，其涉及虚伪浮夸者应即商酌将词句更改或拒绝播送。再每一广告播送完毕应说明"以上系某某商号广告"以与自播节目有别。

①　《北平无线电台分发节目调查表》，《京报》1935 年 11 月 8 日。
②　陶安石：《北平名票若兰女士在广播无线电台摄影》，《霞光画报》1929 年第 41 期。

（5）各听户报告顺畅隆调庄在该台播送特别广告节目有张傻子、高的名相声，言词秽亵应即查明禁止，以后遇有特别广告节目均应先从严审查，如有不合应即拒绝播送。

（6）播送各戏园戏剧时，在戏院休息十分钟时间，应播送常识故事或简明新闻等类节目以免间断。

（7）播送各戏院戏剧时如已满规定时间而戏剧尚未演毕，应酌量延长播音时间惟至多以半小时为限。

（8）播送各戏院戏剧时应于每剧戏剧之前报告戏剧及演员名称。

（9）遇有本埠发生火警等特别事故时，应随时播音报告。

（10）该台电力不大，各听户多要求加以扩充，应准将电力扩充至一千瓦特。①

1936 年 9 月 19 日，北平广播无线电台收到浙江全省商会联合会公函，函中称，该会第四次会员大会通过执监委员会的提议，取缔各商店无线电收音机播送各种浪漫滑稽歌曲，并规定了收音机的播送时间。《提议》中说："各收音机所播送之各种歌曲，胥以迎合低级社会之心理为目的，欲求其能奋起民族精神与激发爱国思想者可谓绝无仅有。为引人入胜之故，往往标榜浪漫滑稽诸意识，以为号召，驯至靡靡之音，弥漫全市，无间昼夜，损心败纪，莫过于此，亟宜加以取缔，以端习尚。"为此，该会"函达全国各广播电台，此后应请多事播送具有民族精神之歌曲，或醒人意识之高尚音乐。"并说各商店收音机"每日播送时间亦由商会统一规定，非至下午四时以后，不得任意播送，以保持街市之清净。""如闻播送涉及浪漫滑稽之歌曲应立即停止，否则得由公安局随时取缔。"

9 月 25 日，北平广播无线电台播送北平市政府公安局关于严禁吸食毒品的《警告》，"凡再有吸食白面、扎打吗啡者一律枪决。"从 12 月 18 日到 31 日，

---

① 《交通部指令》电管字第 6315 号，1936 年 5 月 23 日（北平电报局 5 月 16 日抄件）。

图8—8　北平广播无线电台发电机室
（1936年）①

广播电台对《警告》重新播出，并于每日下午2时至4时，晚8时至10时每个节目后反复播出。11月20日，北平广播无线电台启用150瓦新发射机，原100瓦旧机器由赵伯庸租用，成立私营燕声广播电台。

1936年，国民党中央广播事业指导委员会成立，加强了对各官营民营电台的控制，北平广播无线电台1937年的收文，有相当一部分是该委员会下达的通知、通告指令等。1936年12月，北平广播无线电台改编了节目表，由交通部转报"中指委"审阅。②

1937年1月18日，河北电政管理局给北平广播台转发了交通部训令，传达"中指委"对北平台节目表的审核意见：

（1）按照指导全国广播电台播送节目办法关于宣传教育节目演讲节目民营广播电台不得少于每日全播音时间百分之四十，公营电台尚须较多。北平广播电台星期一至六每日播音时间百分之四十为四小时又四十八分，该节目表所列宣传教育演讲节目连周报时及气象商情行市等在内仅有三小时又三十五分钟与指导办法不合，应即重行拟订每日除报时、气象、商情行市外，其宣传教育演讲节目须超过全世界百分之四十以符规定其星期日节目亦应照规定比例成数办理。

该台星期三十六时三十分至十七时佛学诵经节目应于删除另易其他节目。

该台星期一八时四十分至八时五十分名人箴言节目之材料应于各有关书籍内选择播送，不必限于广播周报一种。

---

① 魏守忠摄：《中国无线电》1936年第4卷第14期。

② 黄家汉整理：《北平广播无线电台史料小辑（1933—1937）》。

图 8—9　河北广播无线电台外景 [1]

该指令要北平广播电台"另拟节目表同样抄录二份呈部核办"。[2]

3 月 1 日，冀察绥靖主任公署下达训令，"凡北平各广播无线电台今后所播节目均应由该局（指河北电政管理局）负责随时检查改正，并将各台放送节目表按期转呈本署核阅"[3]。

从 2 月到 7 月，北平台收到中央广播指导委员会的若干通知、通告，计有：

2 月 12 日，"中指委"所制定的"节目时间标准表说明"一种，"时间表式"二十二种，"时间表支配法"三种，"教育节目材料举例"一种，要求在 3 月 21 日施行。

"中指委"4 月 8 日通告、4 月 19 日通知、4 月 29 日通告、5 月 3 日通告、6 月 15 日通知、7 月 1 日通知（急行）、7 月"快邮代电"、7 月 28 日通告。[4]

5 月，"北平广播无线电台为推广播音效率起见，特呈准交通部，购置 1000 瓦特发射机一座，并另建起 150 英尺高之天线塔两座，现已在装置之中，大约六月中即可试验播音云。""平市当局为增高市民知识，繁荣市面起见，拟在各城门洞，装设无线电收音机，每日播送中央及北平电台之教育节目，现已

---

① 《广播周报》1934 年第 9 期。

② 《交通部指令》管字 265 号，1937 年 1 月 16 日（交通部河北电政管理局总务课抄件，1937 年 1 月 18 日）。

③ 《冀察绥靖主任公署训令》交信 47 号，1937 年 3 月 1 日。

④ 黄家汉整理：《北平广播无线电台史料小辑（1933—1937）》。

装就者，计有天安门、地安门两处，各装一座七管收音机，声音甚为宏亮，且无杂音。"①1937年七七事变后，北平、天津、太原、青岛等地相继沦陷，广播电台也沦入日军之手。日本侵占北平后，取缔了市内各广播电台，各台原有设备被集中到麻花胡同，改装成500瓦、300瓦和100瓦发射机，盗用"北平广播电台"的名义播音，扼杀了十年来北京广播电台的正常发展。同年8月28日，日本内阁决定立即新建北平大功率广播电台，并从日本拆运来一部中波50千瓦屏调发射机，以应急用，将原北平双桥电台的长波大功率发报机废弃。②

图8—10　河北广播无线电台发射机供电电池③　　图8—11　左为新置之500瓦特发射机，右为旧有电机将改为二启罗瓦特之广播发射机④

5.北京广播电台（1937年10月至今）

1937年10月22日，伪河北电政管理局传达"北京地方维持会训令"，称"本月十二日，常务会议议决通知将北平改称北京，凡机关团体上冠北平者均改为北京"⑤。因此"北平广播电台"改称"北京广播电台"。10月28日，伪河北电政管理局训令："沈宗汉原为工程师，主持一切名义上诸多不便，从十月

---

① 《北平消息》，《中国无线电》1937年第5卷第10期。

② 北京市地方志编纂委员会编：《北京志·新闻出版广播电视卷　广播电视志》，第23页。

③ 《新光（北平）》1934年第35期。

④ 《新光（北平）》1934年第35期。

⑤ 《北京地方维持会训令》地52号，1937年10月22日。

二十八日兼充台长职务"①。在北京地方维持会期间"北京广播台台长"仍由沈宗汉担任。11 月 13 日，"北京地方维持会"给河北电政局下达指令："北京广播电台扩充电力、改装新机、迁移台址及设置台长情形请鉴核备案"②。

（二）第二座官办广播电台的创办

1934 年秋，国民党政府之中央广播无线电台管理处商准交通部，将其所辖北平天坛长波电台旧址予以接管，改建筹设第二座官办广播电台，即河北广播电台。

河北广播电台筹备概况

　　中央广播电台管理处为谋发展广播事业，增进宣传效率，逐渐完成播音网起见，初拟于华北方面，建设分台，转播中央播音。嗣为简便节省计，商准交通部将所辖北平天坛长波电台旧机废址，拨交本处接管，暂行计划改装为五百瓦特电力之广播电台。指派刘振清王劲二工程师前往察勘，并留王工程师负责筹备，定名为河北广播电台；所有办公及发音部分，已商又冀省党部借拨余屋，与天坛播音部分房屋同时修葺；刻正积极进行，装置双方直通及通至各著名戏院之专线；在最近期间，全部工程，行将藏事，即可开始播音。与中央大台枝干相辅，使华北各地，能以廉价之收音机收听，以慰民众之喁望。③

该台于 10 月 23 日开始试播，12 月 1 日正式广播，发射机系用长波话机改装而成，设于天坛，而播音室则设于国民党河北省党部内。呼号 XGOT，发射功率 500 瓦，频率 1230 千赫，每天播音时间 9 小时多，有 70 分钟新闻节目，主要是音乐、戏曲节目，插播政治性"警测"（口号）④。这座广播电台寿命颇短，

---

① 《河北电政管理局训令》平总字第 10 号，1937 年 10 月 28 日。

② 《北京地方维持会指令》交 168 号，1937 年 11 月 13 日。

③ 《河北广播电台筹备概况》，《无线电》第 1 卷第 3 期。

④ 北京市地方志编纂委员会编：《北京志·新闻出版广播电视卷　广播电视志》，第 23 页。

仅仅存在了七个月。1935 年夏天，红军自江西突围北上，辗转二万五千里，在即将到达陕北之际，国民党反动派急忙下令拆卸河北台机器，搬迁陕西，筹建西安广播电台，以服务其积极反共、消极抗日的目的。

图 8—12　河北广播电台供给发射机电流小马达①　　　　图 8—13　河北广播电台天坛发射所门前外观②

二、广播电台节目分析

图 8—14　交通部北平广播无线电台放送节目表（1930 年）③　　　图 8—15　交通部北平广播无线电台播音节目表（1935 年 1 月）

---

① 《新光（北平）》1934 年第 35 期。

② 《新光（北平）》1934 年第 35 期。

③ 《交通部北平广播无线电台放送节目表》，《无线电半月刊》1930 年第 5 期。

（一）新闻类节目

1926 年 10 月，奉系军阀镇威将军（张作霖）公署批准颁布的《无线电广播条例》规定"广播电台应用无线电传播新闻、商情、音乐、歌曲、演讲等项，以供公众收听"，新闻节目列首项。1927 年 9 月 1 日北平广播无线电台开播后，新闻节目比重甚小。1929 年，

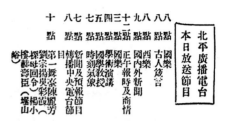

图 8—16　北平广播电台本日放送节目（1936 年 8 月 31 日）①

北平广播无线电台检讨了每天播送娱乐节目多、"宣传党义以及报告紧要新闻"太少的失误，强调新闻节目是广播电台"宣传文化"的一项重要任务。1931 年，北平广播无线电台全天播音 450 分钟，只有 1 次 5 分钟的《报告国内新闻暨商业广告》节目，占全天播音时间不足 1%。1932 年 10 月，北平无线电台改称北平广播电台后，新闻节目播音的时间有所增加。1933 年 2 月北平广播电台的文稿称，该台"每天报告两次紧要新闻，日间根据《华北日报》选择报告，晚间根据《世界晚报》选择报告……每条报告两遍"。

1934 年 12 月开播的河北广播电台，每天播音 9 小时，其中新闻节目的时间多达 1 小时 10 分钟，约占全天播音时间的 13%。

1935 年 1 月制订的北平广播电台播音节目表中，每天有 2 次新闻节目，每次 10 分钟，全天共 20 分钟。同年春季改订的播音节目，每天增加为 3 次新闻节目：上午 11 时 15 分至 20 分《简明新闻》5 分钟，下午 2 时 30 分至 45 分《国乐及中外新闻》15 分钟，晚间 8 时 30 分至 45 分《国内新闻及预告明日节目》15 分钟，3 次新闻节目播音时间共 35 分钟，除"国乐"和"预告明日节目"外，新闻节目增加到 20 多分钟，约占全天播音 570 分钟的 4%。

1937 年七七事变后，日本侵占北平，翌年元月 1 日伪北京中央广播电台开播，加大新闻节目的比重，强化殖民主义宣传。该台《华语广播基本节目

---

① 《北平广播电台本日放送节目》，《益世报》1936 年 8 月 31 日。

表》，每天播音时间 625 分钟，其中《新闻汇述》20 分钟，3 次《新闻》共 55 分钟，《儿童新闻》7 分钟，《地方新闻、预报节目》20 分钟，《新闻、新闻解说、新闻汇述》30 分钟，共 132 分钟，约占全天播音时间的 21%。[①]

（二）社教类节目

1927 年 3 月，北洋政府所属东北无线电长途电话监督处筹办北京广播无线电台时就以"普及文化与传播商情"为宗旨。该台开办不久播出的《广播无线电定义及其效用》一文就提出各地广播电台应请名人学者"讲演各种学术，如政治、经济、法律、科学、农工商以及卫生常识等，藉以宣传文化"，使听众收听"名言伟论，享受空中教育"。

1928 年，南京国民政府建立中央广播电台的宗旨是"阐扬主义，宣达政令"，每天播音不足 5 小时，政令节目占 2/3 以上。1931 年，北平广播电台节目表列有《名人讲演或各机关施政报告》和《宣讲党义》节目。同年九一八事变次日，该台停止娱乐节目播送，以报道日本出兵消息，改戏曲节目为宣讲节目，呼吁各界警惕日本侵华。1935 年 1 月交通部北平广播无线电台播音节目表中设有《新生活演讲》《党义浅说》《公民常识》《科学演讲》《卫生常识》《电学浅说》《邮电常识》《名人故事》；该年春季每周节目表有《公民常识》《民众教育》《科学讲座》等节目。1936 年，北平广播电台社教节目每天设 30 分钟轮回播送《学术演讲》《科学演讲》《卫生常识》《音乐常识》，15 分钟的《家庭常识》《公民常识》《电信常识》《邮政常识》，10 分钟专栏，轮流播出《古人箴言》《名人故事》《妇女教育》，当年教育文化类节目已占全天播音时间的 46%。

1937 年七七事变后，北平沦陷，翌年元月 1 日，日伪开播的"北京中央广播电台"加强社会教育性节目单播送。据该台"华语广播基本节目表"，每天设 10 分钟《新民讲坛》，2 次《日语讲座》共 50 分钟，《儿童时间》和《青

---

① 北京市地方志编纂委员会编：《北京志·新闻出版广播电视卷 广播电视志》，北京出版社 2006 年版，第 88、89 页。

年时间》各 20 分钟，还有《演讲》20 分钟，向北平市民灌输建立"大东亚共荣圈"思想，进行奴化教育，煽动"肃奸反共"。①

（三）经济类节目

1926 年，北洋政府东北无线电长途电话监督处把"普及文化、传播商业"两项并列为开办广播无线电事业的方针，提出广播电台应用无线电"传播新闻、商情、音乐、歌曲、演讲等项，以供公众收听"。1928 年南京国民政府接管后的北平广播无线电台，其广播节目表中的商业新闻和广告节目就占一定的比例，如 1933 年该台"放送时间节目表"中有 4 分钟报告银钱汇兑、公债证券、米麦杂粮行市，60 分钟增茂洋行及各洋行广告节目。1935 年 1 月，交通部北平广播无线电台播音节目表中有 1 次"中西唱片、商业广告"节目，1 次"中国唱片、商业广告"节目，1 次"商情行市"节目。该台同年春季每周播音表有 2 次"中国唱片及商业广告"节目，2 次"商情行市"节目，共 25 分钟，还有 20 分钟"中国航空公司特别广告"，商业性节目播音时间有所增多。

1936 年 10 月 18 日，国民政府中央广播事业指导委员会公布实施的《指导全国广播电台播送节目办法》对商业广告播放的时间作出规定，民营广播电台娱乐节目至多不得超过播音节目 60%，广告节目应包括在娱乐节目内，不得超过娱乐节目的三分之一。翌年，国民政府交通部规定民营广播无线电台商业报告节目，"不得逾每日广播时间十分之二"。②

（四）文艺类节目

1926 年，奉系军阀镇威上将军公署批准颁布的文件中把用无线电传播音乐、歌曲与传播新闻、商情并列。1927 年 9 月 1 日北京广播无线电台开播时，每天播音 7 小时，播出的节目除 20 分钟新闻外，主要是播送中西音乐和戏曲等娱乐节目。北京的开明戏园、新明剧场、北京饭店、三庆戏园四家也遵令架设播音专线，供电台转播演出节目。

---

① 北京市地方志编纂委员会编：《北京志·新闻出版广播电视卷　广播电视志》，第 116、117 页。
② 北京市地方志编纂委员会编：《北京志·新闻出版广播电视卷　广播电视志》，第 155 页。

1933 年，交通部北平广播电台娱乐节目播出的时间比重也较大，放送时间节目中，"各戏园戏曲"节目一天播出 2 次，共五六个小时，还有中西唱片节目。1935 年 1 月播音节目表中，每天 2 次《北平各戏园戏曲》节目共 5 小时 30 分钟，另有中西唱片节目。同年春季播音节目中，每天播送 2 次《平剧》节目 4 小时，此外还有《国乐唱片》《中国唱片》《西乐》等节目。

1927 年底开播的北京首家私营广播电台燕声广播电台，以经营广告为主，靠大量娱乐节目插播广告。到 1936 年，该台负责人赵伯庸申请于每晚 7 时至 11 时连续播送西乐，供平津两市外国侨民收听。交通部批复该台应注意发扬中国文化及有益民众教育之节目，音乐节目应以国乐为主，所有播送西乐时间不应过多。同年 10 月 28 日交通部颁布《指导全国广播电台播送节目办法》，规定娱乐及广告节目至多不得超过 60%。

1936 年，北平广播电台的娱乐节目品种有所增加，新设有广东戏曲、苏州昆曲、河南坠子、明星歌曲、对口相声、大鼓评书等栏目，在一周内轮回播出，并设有话剧和军乐，每周各播出一次。全天娱乐节目加起来接近总播音时间的 70%。同年 12 月 29 日，中国国民党中央广播事业指导委员会发函批评北平广播电台的娱乐节目超过一半，并令其从速改正。

1937 年 7 月日本侵占北平后，翌年 1 月 1 日伪北京中央广播电台开播，每天设有多次"演艺"或"演艺音乐"节目，华语广播每天播音约九个半小时，其中娱乐节目四个半小时，占近 50%。而星期日及"祝祭日"，全天播音 11 个小时，娱乐节目 8 个小时，占全天节目的 72%。娱乐节目中播送的音乐有《大东亚胜利之歌》《中日同盟歌》等歌曲，也有中国的丝竹乐、广东音乐、大鼓、单弦、评书、相声等。其目的均为"治安强化"，巩固日伪的殖民统治。[①]

（五）体育类节目

1933 年，北平广播无线电台广播节目表中，每天都有《体育消息》节目。1938 年开播的伪北京中央广播电台《华语广播基本节目表》和《日本放送事

---

① 北京市地方志编纂委员会编：《北京志·新闻出版广播电视卷　广播电视志》，第 162、163 页。

项时刻表》分别有"新民体操"和"体操"节目内容。①

三、早期北京（北平）官办广播电台的播音员和技术员

（一）广播电台播音员

"无线电台除沪上西人电台由女子担任报告员外，在吾国方面，竟绝无仅有，有者自北京广播无线电台始，报告员为白亚民女士，成立于民国十六年九月一日，时电力仅 20 瓦特，位置于北平电话总局。"②

1927 年 9 月北京创建首家广播电台后的头 10 年里，发展缓慢，规模很小。到 1932 年 2 月，北平无线广播电台人员为 11 人，其中报告员仅播音员 1 人，后增至 2 人。同年 10 月台名改为交通部北平广播电台，延长播出时间，从每天 2 次播音改为每天 4 次，遇有夜戏转播则需延长至午夜。为此，该台向上级申请补充员工，报告称"原有报告员二人自晨至夜，担任报告气象、商情行市、国内外新闻、古人箴言、名人故事、家庭常识及各种商业广告与唱片名称，实觉不敷分配"。1937 年 11 月 12 日，日伪北京广播电台发布招考播音员广告，"北京广播无线电台，为扩充及使听众发生兴趣起见，特招考男女播音员各五名，女生须在高中毕业，年在十八岁以上，二十五岁以下，男生须在大学或专门学校毕业，年在二十岁以上，三十岁以下，以国语纯熟，发音清晰，身体强健为合格。"考试科目为国文、英文、史地常识。笔试合格后举行口试：读文告、讲故事、述新闻。"录取后，暂在该台实习一个月，女生月给津贴二十元，男生月给津贴三十元，期满后派往各电台服务，女生月薪四十元，男生月薪六十元。"③

日伪北京中央广播电台时期还订有《播音员服务须知》共 13 条，如值早班者须在开始播音前 10 分钟到班；播音前 5 分钟必须进入播音室；播音员所用

---

① 北京市地方志编纂委员会编：《北京志·新闻出版广播电视卷 广播电视志》，第 197 页。

② 《无线电之概况》，《电声日报》1932 年 10 月 27 日。

③ 《北京广播电台招考播音员》，《晨报》1937 年 11 月 12 日。

之秒表须在各节目开始播音前与标准钟核对准确；节目播毕交接班须填写联络簿，不得仅作口头交代。凡报告新闻、商情行市等稿件须预读数遍，遇有疑问应询问明白，不得有误；播音室内不得任意饮食并须保持清洁等项。①②③

图 8—17　北平广播电台报告员白亚民女士 ②

图 8—18　北平燕声广播电台报告员周菊痕女士 ③

图 8—19　北平广播电台报告员陈楚淑女士

---

① 北京市地方志编纂委员会编：《北京志·新闻出版广播电视卷　广播电视志》，第 238、239 页。

② 沈宗汉：《北平广播无线电台概况》。

③ 魏守忠摄：《北平燕声广播电台报告员周菊痕女士》，《北洋画报》1936 年第 28 卷第 1363 期。

图8—20　北平广播电台报
告员孙观花女士

图8—21　北平广播电台播
送大鼓留影

（二）其他技术人员

1935年编写的《河北省北平广播台二十三年七月起至十二月止技术员服务报告表》①：

沈宗汉：工程师，47岁，江苏太仓人，民国二年上海交通大学电机科毕业，1927年起调该台。薪级8级，255元。

叶樨云：工程师，36岁，广东番禺人，美国意利诺大学机械工程系毕业，1932年在该台工作。薪级6级，285元。

以上技术员计2人。

张文清：技工，23岁，河北天津中华制造厂学习电气工程毕业。

以上技工计1人。

李恩波：业务员，唐山同红学校毕业。

……

以上业务员计5人。

---

① 《河北省北平广播台二十三年七月起至十二月止技术员服务报告表》，1935年。

第二节　第一次民营电台创办热潮

一、民营广播事业在北平兴起

1927 年至抗战爆发前，除燕声广播电台外，民办的通县潞河中学广播电台、育英中学广播电台、亚北商业广播电台和英商增茂广播电台都陆续开播。

（一）燕声广播电台

1927 年底，北京出现了一家民营的广播实验电台，即燕声无线电业社开设的燕声广播电台。该台呼号为 XGKD，电力起初仅 15 瓦（1936 年增加到 150 瓦），主要靠广告收入维持营业，日播音 12 小时，除了 80 分钟的政治教育、新闻和宗教节目外，其余均为娱乐节目，中间还插播大量广告[1]。1935 年 12 月 3 日，交通部指令（交通部北平电报局抄件）说，"赵伯庸所谓租用北平广播台旧机在平设立燕声广播电台一节核尚可行"。[2] 该文还核示了"所示租用条件"。[3]1936 年 5 月 20 日，该台请求把第三次播音时间改为十一时至十二时，交通部指示"应准提早改为六时至七时。"[4]1936 年 5 月 22 日，交通部给北平电报局下达指令："燕声无线电业社赵伯庸北平台广播旧机设立燕声广播电台，该社因规定每夜七时至十一时连续播送西乐节目专供平津两市各国侨民收听……该台应注重于发扬我国文化及有益民众教育之节目，其音乐节目亦应以国乐为主，所有播送西乐之时间多于我国各地广播电台，除星期日外每晚八时至九时零五分应一律转播中央广播电台之节目，如无转播设备者应于此时间暂时停播以免分歧"。[5]

---

① 北京市地方志编纂委员会编：《北京志·新闻出版广播电视卷　广播电视志》，第 22 页。
② 《交通部指令》交通部北平电报局抄件，1935 年 12 月 3 日。
③ 《交通部指令》河北电政管理局抄件，1935 年 12 月 3 日。
④ 《交通部指令》管 6086 号，1936 年 5 月 20 日。
⑤ 《交通部指令》，1936 年 5 月 22 日。载黄家汉整理：《北平地区民营广播电台史料小辑（1933—1937）》，未标注指令号。

除北平电台的规模较大外，其次就算燕声电台了，这成立不久的电台，在帅府园四号，是一座小楼，外观很美丽，因为是私人经营，在播送节目之外，还附修理机器，售卖无线电收音机等业：

　　燕声电台向来是以播送欧美唱片为主的，所以外间人士，总以为是外国人开办的，但是经记者往访，才知道台长也是中国人，台长赵伯庸氏，广东人，面似美国人士，操英语国语均极流利，社内一切交际等，均为赵君负责，极为忙碌，故记者两次往访，始被接见，楼下为承揽广告，修理无线电收音机之所，楼上房屋两间，一为会客室（即办公室），一为摄音室，发音器亦同在一室，每日由两报告员报告节目，报告广告，管理唱机，报告中乐节目者为丁佑迪，上海人，外间所传某女报告员者，即丁太太也，实际工作为丁氏担负，丁太太则偶尔报告玩玩而已，报告西乐节目者，另有一人负责，该电台西乐节目极多，故仅其本台之唱片，即有二千余片尚有商业广告唱片，不计其数，广告唱片者，在该台播送广告之商店的唱片也，燕声电台，因其主要听户为欧美人士，故每星期三之晚间，常有德法人等在该台演奏特别音乐，如果将来有扩大机会时，特别项目或可增加，该台因规模不大，只用职员五六人，工程师为台长自兼，每月职员薪俸与房屋租费（九十元），开销为三百余元，均由商业广告内支付，现商业广告每月可收二百元之谱，收支尚称相抵，该台广告费甚为昂贵，中文每日播送百字以内之广告，白日者每月七元五毛，夜间者每月八元，外国商店之广告以时间计算，该台之电力为十五瓦特，周率为1450千周，波长为207，三公尺，天地线之杆，高八丈，呼号为XGOM，每日播送节目不同，每月更换全体节目一次。播送节目印成英文单本，售卖与听户，每册一元，其节目内容，概不任各华文报纸披露，如有特别音乐时，即在英文时事日报发表，故其播送之次序，外间人士多不明了。①

---

① 《平市广播无线电台调查（四）》，《华北日报》1936年2月5日。

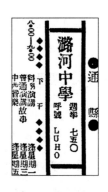

（二）潞河中学广播电台

潞河中学和育英中学均为美国基督教公理会创办的教会学校，潞河中学广播电台约在 1932 年 4 月前开播，呼号 LVHO，为基督教教会控制，充斥宗教迷信节目。这些电台设备极差，电力只有二三十瓦，多的也不过 100 瓦。

（三）育英中学广播电台

育英中学广播电台于 1933 年 5 月 6 日晚试播，

图 8—22　潞河中学广播电台节目表（1934 年 7 月 1 日）①

6 月末正式播音。电台经费的 1/3 来自学校和学生总自治会，其余 2/3 由学生捐助，并同时向家长、教职员劝募。7 月 21 日，北平广播电台沈宗汉收到交通训令，令其前往育英中学附设广播电台查验工程。②9 月 6 日，据交通部指令，发给育英中学广播电台执照，呼号 XHPA，频率 1190 千周。③

北平育英中学广播电台管理章程（1933 年）

一、宗旨

本电台以广播关于社会之科学常识，促进社会教育，改善社会生活及利用音乐歌曲陶冶人之心情，并供本校学生研究无线电原理及广播技术为宗旨。

二、职员

本电台由学校聘任下列各职员管理之：

甲　检查员三人，专司选择及检查广播材料，并有增删或停播权，又关于选择广播材料规则得由检查员拟定之。

乙　正副干事各一人，专司收集广播材料于广播前，用书面送交检查

---

① 《潞河中学广播电台节目表》，《时报》1934 年 7 月 1 日。

② 《交通部训令》第 3794 号，1933 年 7 月 21 日。

③ 《交通部指令》第 11748 号，1933 年 9 月 6 日。

员，检查得检查员许可签字后再送交报告员广播。

丙　报告员二人，遵照检查许可之材料向外广播。

丁　总机师一人，负责管理全部机器之责任，机师两人，帮助总机师管理及修理机器。

三、日程

本电台广播之开始终止之时间及每日广播之项目，由干事及检查员商定。

四、材料

广播材料以科学常识、古今故事、中外要闻、中西歌曲、名人讲演及本校报告为主。

五、本章程有未尽事宜由学校随时修正之。①

国内：中学生创设无线电台②（1934 年）

北平育英中学学生鉴于无线电在军事上之重要，组织"电波图"研究无线电之原理，及练习各种机件装置使用之技能，并在校中建设电台名曰"育英电台"。由美国人欧恩工程师指导及"电波图"团员合力工作。除真空管、蓄电器、电流电压计、阻力器及不能制造之小零件外，其他多为自造如变压器、高低过波变压器及线圈等。所得成绩甚佳。现于每星期二、四、六下午七时半至八时半播音，台之周率为 1188 K.C. 合 252.5 五公尺，呼号 XHPA，电力 50 瓦特。

图 8—23　育英中学之电台内部

---

① 《北平育英中学广播电台管理章程》，《育英周刊》1933 年第 4 期。

② 《国内：中学生创设无线电台》，《科学的中国》1934 年第 3 卷第 11 期。

1934 年 5 月 10 日，交通部通知育英广播台在 7 月前"呼号由 XHPA 转为 XLKA"。[1] 起初发射功率 30 瓦，1934 年因电力不足暂停广播，1935 年秋恢复播音。节目安排为每周二、四、六晚七时至八时半由学校担任，三、五、日为华北福音广播社担任。

育英中学电台今晚继续放送（1935 年 9 月 21 日）

北平私立育英中学，附设广播无线电台，为该校一九三三班同学发起创设，经大多数之努力，于去年十二月正式成立，事先因节目不多，及设计不妥，致中途发生阻碍，一度停止放送，最近已加以整理，电力由三十瓦特，改为一百瓦特，并由美国购到授话器，话筒两只，又由上海亚美公司购到国产零件多种，如低周滤波器，及推挽变压器等，呼号亦由交通部令改为 XLKA，该电台近已安装完竣，特定于今晚七时半至九时半，继续放送，项目计有：该校音乐系主任卢其沃，提琴独奏，池元又独唱，王兰第讲儿童故事等，又该校无线电机业科，自开始报名以来，报名者极为踊跃，本月底报名截止，十一月一日正式上课，每月学费二元，实习费一元云云。[2]

1936 年 5 月 18 日，交通部指令提到育英广播台"函复""愿于应转播中央电台节目时间停止播音"。[3]1937 年 7 月 3 日，交通部指令："北平育英中学请呈以该校副校长邵作德为所设广播电台负责人一节应准备案。"[4]七七事变爆发后，电台自行拆毁。

（四）增茂广播电台

1934 年，英商增茂洋行和北平电报局订立合同，租用 280 瓦和 15 瓦广播发射机各一台，开办增茂广播电台，每天播送八小时，"每日除去播送西乐唱

---

① 《交通部电政司公函》管字第 2661 号，1934 年 5 月 10 日。

② 《育英中学电台今晚继续放送》，《华北日报》1935 年 9 月 21 日。

③ 《交通部指令》，1936 年 5 月 18 日。

④ 《交通部指令》交通部河北电政管理局抄件，1937 年 7 月 3 日。

片以外，也有时播送北京饭店的音乐，另外每天放送三小时的中国唱片同广告。"①1935 年 4 月，增茂电台被国民政府交通部收回官办，改称"交通部北平广播无线电台分台"，电力 300 瓦，后增至 1000 瓦，是抗战前北平电力最强的广播电台。

增茂广播电台已由交部接收

　　东交民巷台基厂增茂洋行电台，向由外人办理，播送西乐唱片，并作商业宣传，因恐日久滋生流弊，交通部会于本年秋间，令饬北平电报局与该行商洽收买转租情事，该行现共装有播音机两座，一为十五瓦特，一为二百八十瓦特，其收买价格，业经一再磋商核减，现已定为一万二千元，惟收买以后，暂时仍归增茂洋行租用，月须缴租费二百元，租用期限为两年，交通部于必要时，有权停止改行播音，其管理权完全属于北平电报局，闻此项租用合同，业经昨日签订，日内即由交通部正式派员接管，并增添中国各种节目商业广告代播一项，刻在筹划中云。②

（五）亚北商业广播电台

北平马宝钧申请设立"亚北商业广播电台"，北平广播电台工程师沈宗汉奉交通部之令到南顺城街查验该电台。1934 年 11 月 20 日，交通部核准发给第 31 号民营广播电台许可证，并指定该台的频率为 810 千周。③1937 年初，华北最大的无线电业商行孔安商行为"繁荣商业，宣传文化起见，特向交通部呈请，设立五百瓦特电台，现交部业已照准，发给执照。"④电台初拟设在北平王府井大街，后又打算迁往天津，终因战事继起而未能按时播出。

---

① 《无线电在北平》，《申报无线电周刊》1935 年 4 月 20 日。
② 《增茂广播电台已由交部接收》，《华北日报》1934 年 12 月 2 日。
③ 《交通部训令》电管字第 5873 号，1934 年 11 月 20 日。
④ 钧：《华北又将发现一最大民营广播电台》，《实用无线电杂志》1937 年第 2 卷第 8 期。

　　到七七事变之前，北平的广播电台在数量上略有增加，但因政治重心南移，北平的经济也受影响，市场萧条，生意冷清，广告随之减少。原有经销无线电器材的商店由四十多家锐减至九家，登记收听户也剩下一千家，比原来的户数减少一半。广播电台的收入顿时下降，几至无法维持，竟需依赖短波通信台按月拨款接济。

表8—2　1925—1937年北平（京）广播电台一览表①

台名	呼号	创办时间	性质	备注
北京广播无线电台	COPK	1927年9月	官办	后改称"北平广播电台"
燕声广播电台	XGKD	1927年	私营	北京第一家私营广播电台
潞河中学广播电台	LVHO	1932年	潞河中学办	
河北广播电台	XGOT	1934年	官办	开播7个月后迁往西安
增茂广播电台		1934年	原为英商办，后由交通部收回	收回后改称"交通部北平广播无线电台分台"
育英中学广播电台	XLKA	1935年	北平育英中学办	
亚平商业广播电台		1935年	私营	

二、民营广播与北平广播无线电台的关系

　　北平地区各民营台与交通部北平广播无线电台的关系②

（一）北平台起着中心台的作用

　　北平的各民营台与北平广播无线电台，虽然说不上是隶属关系，但是交通部北平台在国民党当局对北平地区广播事业的监督和管理的过程中，确实起着承上启下的重要作用，在一定程度上起着该地区中心台的作用：

　　1. 国民党当局的各种指令，一般由北平台向各民营电台传达。

　　2. 各民营台的各种申请、呈件、送审节目等，也多由北平台转呈，代为办理。

---

①　北京市地方志编纂委员会编：《北京志·新闻出版广播电视卷　广播电视志》，第25页。

②　黄家汉整理：《北平地区民营广播电台史料小辑（1933—1937）》。

如育英、增茂、亚北、燕声各台建台时请准发许可证的申请，都是由北平台转递并代为办理的。育英、增茂台表示"愿于应转播中央电台节目时停止播音"的函复，也是由北平台向交通部转呈的。[①]

3. 各民营台及其他单位、个人申请进口广播无线电执照，也多通过北平台向交通部申请进口护照。

如 1933 年 6 月增茂洋行请购收音机一台[②]，1935 年 2 月北平辅仁大学由美订购收音机[③]，1935 年北平大学工学院请领进口无线电器材护照[④]，1935 年北平辅仁大学向德国订购变压器等[⑤]，都是通过北平台办理有关手续。

4. 各民营台建台，一般都是由北平台派工程师查验广播工程后，交通部才发给许可证。

（二）北平台对各民营台负有监督作用

例如，国民党当局规定各广播台定期转播"中央台"的"主要新闻"的有关训令，是由北平台"转饬所辖广播电台及一百瓦特电力及以上民营广播电台遵照办理"，并由北平台"将开始转播日期呈报"[⑥]；交通部指示"北平广播电台遇有各商行请求播送自备节目时应向其声明'不得用'，自备之粗俗歌曲或音乐或广告更迭播送"，并要求北平台"随时注意查察"各民营台的播音情况。[⑦]北平英商增茂洋行违反当局"取缔规则"，"在未奉命令以前已先装置广播电台播音"，并且无视交通部令该台"自即日起停止播音"的通知，继续播音达一个多月，北平台工程师沈宗汉（该台负责人）向交通部报告："增茂洋行广播尚未遵令停止播音，并请求处理办法。"[⑧]此案的处理，基本上都是由北

① 《交通部指令》，1936 年 5 月 18 日。

② 《交通部指令》8053 号，1933 年 6 月 30 日。

③ 《交通部指令》电管 2596 号，1935 年 2 月 27 日。

④ 《交通部指令》电管 3848 号，1935 年 3 月 4 日。

⑤ 《交通部指令》电管字第 3596 号，1935 年 2 月。

⑥ 《交通部训令》字第 2181 号，1933 年 4 月 24 日。

⑦ 《交通部指令》电业卜以文以，1935 年 7 月 18 日。

⑧ 《交通部密令》密字第 114 号，1934 年 4 月 21 日。

平台出面经办的。

三、早期广播法制探索

（一）北京的广播市场及经费来源

北平地区开办的广播电台有国营、公营和民营之分。早期官办的北京广播无线电台开办费 12000 万元左右和每月经费 1000 元，由北洋政府拨款。经费来源除政府拨款之外，不足部分则靠征收听众执照费和广告收入。初办时期，听众少、广告少，入不敷出。

北平广播无线电台时期"收听广播必须领'照'，而且要交注册费一元，然后凭照到'特许'商店买电台指定的收音机。安上收音机之后，还要逐月交费，电子管收音机每月向电台交一元，矿石机交五角。至于电台广播内容除了奉系军阀的咒骂外，就是商业广告和商业行情，再就是戏曲唱片，电台靠广告捞得大笔钱财，落到军阀的腰包。"[①]

京津两地的收音机市场也因官办电台和民营电台的开播而活跃起来。1927年，北京销售无线电器材的商行有几十家，以销售外国舶来品收音机者居多。1927 年 7 月，日商义昌洋行率先在北京售卖收音机设备及无线电器材，并在《晨报》大做广告：

　　　近来沪、连、津、京各地先后设立广播无线电台（即无线电话放送台），逐日放送音乐、戏剧、歌曲、新闻、行市、演讲等。本行（义昌洋行）为便利京中各界起见，在京首先发售各种最新式收听器及其附属零件等，并备有专门工匠包办安装天线、地线，各工程兼售一切普通电料，代办各种电气工程，价廉货精，尚祈赐顾。[②]

---

① 吴纪：《北京最早的电台》，《北京晚报》1963 年 3 月 22 日。

② 《无线电话收听器来京发售启事》，《晨报》1927 年 7 月 22 日。

1928 年，北京广播电台自改装新机以来听户日增月盛，"截至十七年六月
（1928 年 6 月）底，据本台调查报告，北平一处，装设收音机，已经注册领照
者，计有一千九百五十户，销售收音机商行，领有营业执照者，计有四十五
家，电台方面每月收一千余元。"①

1930 年，北平广播无线电台每月需付职员薪金 540 多元，业务、杂项、
贴费等 216 元，共需经费 756 元，而每月收入平均为 300 多元，每月需政府补
贴 400 元。1932 年 2 月，北平广播电台呈请 1 月份薪金为 549 元，但核准金
额为 435 元，只好减员缩薪。同年下半年，收入收听户注册费、执照费、广告
费、充电费为 2277 元，支出 4096.88 元，政府仅补贴 1819.88 元。

1935 年，北平广播电台广告收入，月入为 400 余元，每月开支 800 余元，
不敷者悉由交通部补助，其播送广告办法，约分"（一）报告广告时间，每日
暂分上午（十一时至十二时），下午（三时至四时），夜间（八时半至九时半）
三次，均在播送各种唱片中间，由本台派员报告，并规定以挂号先后为次序。
（二）广告字数在五十字以内者，无论上午或下午，每报告一次，收费三角，
五十字以上，每增加十字，加收广告费三分，如在夜间，五十字以内，每报告
一次，收费四角，五十字以上，每增加十字，加收广告费四分，其增加不满十
字者，亦按字计算，每号广告，以二百字为限。（三）各商行如欲自备节目，
借座本台播送特别广告者，概以时间计算，无论日夜，其借座时间在二十分钟
以内者，每次收费洋一元五角，四十分钟收费洋三元，一小时收费洋四元，其
节目应需费用，归各商行自理"等项数。②

（二）广播事业管理制度的完善

1.《装设广播无线电收听器规则》《运销广播无线电收听器规则》

北平广播事业创办初期，经济管理机构不健全，规章制度不完善。1927
年，据沈宗汉函件《致京师警察厅函稿》可知：镇威上将军公署谕京津两处亟

---

① 沈宗汉：《北平广播无线电台概况》。

② 《北平广播电台新机装置经过》，《华北日报》1935 年 8 月 20 日。

应设立广播无线电办事处即以民国十五年十月十三日本署务字第 1703 号通令公布之装设广播无线电收听器规则及运销广播无线电收听器规则，暂在京津两处施行。除电直隶省长公署京兆尹公署、京师警察厅查照协助外，仰即遵照此谕等。①

《北平广播无线电台概况》中刊载了该台初创时由东北无线电长途电话监督处，颁发的《装设广播无线电收音机规则》，分别对于装设收音机的听户及运销收音机的商行征收相当费用：

（甲）属于装设者

（一）凡欲装设收音机者，应先向电台注册，缴纳注册费一元。

（二）收音机装竣后，应即函请电台派员检验，并请领装设执照，缴纳执照费，矿石式每月五角，真空管式每月一元。

（三）凡未经电台注册，并未请领执照，私自装设收音机者，一经查出，除没收其机器外，并处以十元以上一百元以下之罚金。

（乙）属于运销者

（一）凡欲运输或销售收音机及零件者，应填具请愿书函请电台注册，并请领营业执照，缴纳营业执照费每年二十四元。

（二）销售收音机之商行，如欲装设收音机以备试验，应即按照装设规则办理。

（三）凡各商行如未经电台注册，并未请领营业执照私自销售收音机一经查出，除没收其机器外，并处以一百元以上一千元以下之罚金。②

从中可以看出，在北京地区的广播事业肇始期，注册费和执照费收入是广播无线电台的一项经费来源，而无线电商行的利益也和广播无线电台息息相关。

---

① 沈宗汉：《致京师警察厅函稿》广字第 2 号，1927 年。

② 沈宗汉：《北平广播无线电台概况》。

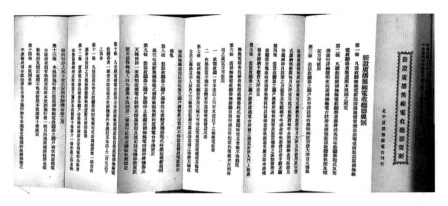

图 8—24 装设广播无线电收听器规则（北平广播无线电台刊行）

装设广播无线电收听器规则

第一条 凡为收听无线电新闻演讲商情音乐戏曲等项而装设广播无线电收听器者，应遵照本规则之规定。

第二条 凡欲装设广播无线电收听器者应将姓名住址收听器程式及售器商行详细声明，先向广播无线电台注册并请领装设收听器执照及标记方可使用。

第三条 装设收听器之听户于申请注册时应缴纳注册费大洋一元，机器装竣后请领执照时若用矿石式应纳执照费每月大洋五角，若用真空管式应纳执照费每月大洋一元。此项执照费每年分四期缴纳，并可按照月份递减，即自注册之月起算其有愿缴半年或全年执照费以省手续者听。

第四条 装设收听器之听户应将所领执照置于装设机器之处，如携带该收听器至他处时亦须带执照同行以备检查。若执照遗失应立即申请补发并缴纳手续费大洋一元。

第五条 装设收听器之听户应将广播电台之所发之标记钉于大门上，如遇无线电检查员检查执照或机器程式时应任其查验不得阻拦。

第六条 广播无线电收听器无论购自商行或自行配置均须适合下列各项之规定方可装用：

一 只能收听一百米达以上六百米达以下之无线电波者

二　内部装置不能任意变更作为发报或发话用者

第七条　广播无线电收听器所用天线不可接近电报电话电灯或其他电力用之线路，其引入屋内之天线须装置避雷器或遇雷雨之时将天线直接与地线接连以防危险，又听户调整真空管时不得故意发射电波致生扰乱。

第八条　装设收听器之听户迁移住址或变更机器程式时应记载新旧两处住址或新旧机器程式携带前领执照向广播电台申请更正。

第九条　装设收听器之听户如欲停止收听广播无线电时应即将机器及天线拆卸，一面通知广播电台注销并交还执照及标记该项机器，欲重装使用或转移他人时均应照本规则第二条重行注册并请领执照标记。

第十条　凡未经广播电台注册并未请领执照标记，私自装设广播无线电收听器者一经查出，除没收其全副机器外并处以五元以上二百元以下之罚金。

第十一条　凡装设真空管式收听器而捏报矿石式希圆减费者，一经查出应即自装设之月起按照应缴执照费数目两倍处罚。

第十二条　广播电台派员检查各听户时得随时函请公安局转饬各区署派警协助办理以昭慎重又关于本规则第十条第十一条所处之罚金得出百分

图8—25　北平广播无线电台检查执照　　　图8—26　运销广播无线电收听器营业执照

之五十交公安局作办理公益之用。

第十三条　本规则施行前已装广播无线电收听器之听户，尚未向广播电台注册并领有执照者限于本规则施行后一个月内遵章补请注册并领取执照及标记，逾期不报者按照本规则第十条处罚。

第十四条　本规则呈奉。

平津卫戍司令部批准自公布日施行，如有未尽事宜得随时呈请修改之。

2.《交通部无线电台组织通则》

1927 年创办北京广播无线电台，到 30 年代初的北平广播无线电台，规模小人员少，电台没有设置专门的财务和广告管理部门。1932 年，北平广播无线电台人员共 11 人，只有工程师、司事、报告员、技工、小工、信差、差役人员，没有财务专职人员，3 名"司事"中应当有管理财务人员。1936 年 7 月 31 日，国民政府公布《交通部无线电台组织通则》，规定广播电台要设置播音、技术、事务三股，其中事务股掌管的事项之一即"关于现金之出纳及单据之保管"。规定不设事务股的广播电台，也要设雇员 1 人至 3 人办理事务股各项事务。[①]

3.《指导全国广播电台播送节目办法》

1936 年 2 月，国民党反动政府在南京设立了中央广播事业指导委员会，在广播事业管理和广播宣传上，加紧了对全国官、私广播电台的控制，并且规定，全国广播电台每晚 8 时起皆需联播中央广播电台节目 1 小时许，违者即勒令停播。后来又公布了"指导全国广播电台播送节目办法"，责令全国各台将播送节目预先造表，逐日上报送审，以利国民党反动派钳制舆论，为其"曲线救国"的反动政策效劳。在这种情况下，北平的各广播电台更是办得死气沉沉，听众寥寥。[②]

---

① 赵玉明、艾红红、刘书峰主编：《新修地方志早期广播史料汇编》（上），第 44 页。

② 赵玉明：《北京广播事业发展概述》。

4.《全国广播电台系统及分配办法》

1936 年 5 月，国民党中央广播事业指导委员会通过的"全国广播电台系统及分配办法"将全国划分为八个广播区，并规定北平为八大广播区区台所在地之一，应设中波十至五十千瓦，短波一千瓦广播发射机一座。后因战争爆发，北平为日本侵略者侵占，此计划遂成画饼。①

5.《播音节目内容审查标准》

1937 年 4 月 12 日，国民政府广播行政管理部门规定了《播音节目内容审查标准》，其中包括"违反本党主义者""危害本国安全者""妨害社会治安者""宣传迷信者""违反善良风俗者"，"违禁物与违禁出版品之广告"及"其他违背政府法令者"等十条，有违背规定情形之一者，"应予修正或全部禁止"。同年 4 月 22 日公布民营广播电台违背《指导全国广播电台播送节目办法》的处分简则，其中规定"播音稿本及歌曲，唱词等未经核准或许可，擅用播放者"，"播音节目内容与审定稿本不符者"等情形之一项者，受警告处分。播送节目内容未经审查核准擅自播放而有违"破坏民族固有道德""违反民族平等之旨引起国际恶感"等情形之一者，处以停播 1 日至 7 日。有下列情形之一者："为他国宣传危害本国安全""诋毁或违背政府法令""诋毁或违反本党主义""妨害社会治安"等，处以停播一个月或吊销执照。②

第三节　北平沦陷与日伪当局的广播统治

一、伪电台和广播机构的设立与管理

1937 年 7 月 7 日，日军进占宛平城。北平、天津、太原、青岛等地相继

---

① 赵玉明：《北京广播事业发展概述》。

② 赵玉明、艾红红、刘书峰主编：《新修地方志早期广播史料汇编》（上），第 39 页。

沦陷，广播电台也沦入日军之手。日本侵略者利用原有广播资源建立伪电台，并同时组建伪广播机构，企图控制广播舆论武器，宣传"大东亚共荣"思想，粉饰自身残酷的侵略行径。

（一）伪电台与广播机构建设"齐头并进"

日本攻陷北平，取缔了市内各广播电台，将广播发射机集中在麻花胡同，改装为500瓦、300瓦和100瓦广播发射机各一台。原国民政府"北平广播电台"被称为"北平广播无线电台"，日伪在北平的人员任命、广播决策等公函，皆会按旧制转饬北平台。如1937年7月30日，冀察政务委员会令委潘毓桂为北平市政府警察局局长一函，便分呈至北平广播无线电台。

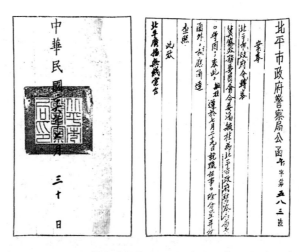

图8—27　北平市政府警察局公函（1937年7月30日）

1937年10月，日伪在北平建立伪政权"中华民国临时政府"（1940年3月改组为伪"华北政务委员会"），故电台名为"中央广播电台"，呼号为"XGOP"。①1937年10月12日，北平地方维持会举行常务委员会会议，提出并一致决定将"北平"改称"北京"，凡各机关团体应冠"北平"字样者，均一律改为"北京"。②10月19日，《晨报》《世界日报》等均刊登维持会正式布

---

① 北京市地方志编纂委员会编：《北京志·新闻出版广播电视卷　广播电视志》，第36页。

② 《关于北平傀儡组织改"北平"仍为"北京"的两种文献》，《经世战时特刊》1937年第6期。

图8—28　1937年10月19日《晨报》登载北京维持会布告原文

告。旋即，"中央广播电台"也随之改为"北京中央广播电台"。10月28日，河北电政管理局训令："沈宗汉原为工程师，主持一切名义上诸多不便，从十月二十八日兼充台长职务"①。在北京地方维持会期间"北京广播台台长"仍由沈宗汉担任。11月13日，"北京地方维持会"给河北电政局下达指令："北京广播电台扩充电力、改装新机、迁移台址及设置台长情形请鉴核备案"②。

1938年1月1日，伪"临时政府"举行"就职典礼"，"北京中央广播电台"正式开始播音，呼号XGAP，台长周大文，台址为西长安街3号。该台设置"第一放送"华语节目和"第二放送"日语节目。全天播出时间也随着电台扩大不断增加。1938年10月1日，电台平日播出时长为9小时50分钟，星期日为10小时40分钟。③

日本侵占北平之初，广播事业由日本广播协会直接出面控制。在日本广播协会插手之下，北平、天津等地的广播电台陆续恢复播音。1940年3月，在北京郊区双桥，日寇建立强电力发射台，用以对中国整个北方进行广播控制。此时日本东京正在装设一部100千瓦电台，但因这座发射台只能发射50千瓦电力，于是将这部不合要求的发射台运至双桥，连同原双桥改装的设备，在此建立了一座100千瓦的广播电台，用以向华北广播和日本东京广播电台的播音。1940年3月29日，《立言画刊》第79期发布一则新闻，具体报道如下：

---

① 《河北电政管理局训令》平总字第10号，1937年10月28日。

② 《北京地方维持会指令》交168号，1937年11月13日。

③ 《中央电台节目》，《立言画刊》1938年10月1日。

中央政权成立之后　北京中央广播电台装置大播音机

与东京新京鼎足称雄　发挥华北广播之威力

【特讯】中央政权现业已成立，东亚新秩序之基础，益越巩固，北京中央广播电台特向东京电气股份有限公司，定购一百基罗播音机（即十万瓦特），此项机件，将次装置完毕，已于本月十八日起开始试验。

此项一百基罗之播音机，次于日本东京之一百五十基罗，于满洲国新京之一百基罗机可称并肩，为东亚三大播音之一，预料将来施用之后，定保有惊人之满意……①

1940 年 11 月，《中国无线电》杂志《最近北平无线电状况》一文，对沦陷后的北平广播电台有较为详细的论述。文章称："自北平陷落后，北平电台 XGOP 即无形消逝矣，后成立以 50 万瓦特 640KC，但实际似无此巨大数目，而构造欠善，交流声巨大，呼号则改为 XGAP。此后意大利人成立之有利雅电台（XQKD）和英人增茂电台，此后因平市举行反英运动，由北平电台以一万元之代价购去，后即成立一北平中央特殊节目台，呼号 XGAP，周率为 1350KC……最近又由日运来一 10 万瓦特之播音机，于每日上午试验播音。"②

正如上述报道，日本侵略者吹嘘此台建成后，北平伪中央台将与日本东京、伪满新京（即长春）的广播电台"鼎足称雄"。日寇将它们连同麻花胡同的电台一起统称

图 8—29　北京中央广播电台大门外景

---

① 《中央政权成立之后，北京中央广播电台装置大播音机》，《立言画刊》1940 年第 79 期。

② 《最近北平无线电状况》，《中国无线电》1940 年第 8 卷第 11 期。

为"北京广播电台"。这也是继日本在我国台湾建立的"台湾广播电台"之后，我国最大的广播电台之一。京津地区报纸对此"大播音机器"大肆宣扬，称此项技术兼采当年干净、新京播音机之制造经验，博收日本无线电科学之精髓，为最新式精锐的机器，播音所及远至苏联沿海洲南洋一带、法领印度，夜间亦能用四灯之收音机简单收听。①

随着日本侵略者铁蹄南下，1940 年 3 月 21 日，日伪"中央政治会议"决定废止临时政府，将"中华民国临时政府"改称"华北政务委员会"。②3 月 30 日，汪精卫伪"国民政府"在南京正式成立，同日华北政务委员会举行成立大会，王克敏就任委员会委员长。1940 年 6 月，伪华北政务委员会以北京日伪电台为中心成立"华北广播协会"，24 日，"华北广播协会"颁布《华北广播协会条例》。《条例》规定，"华北广播协会为中华民国财团法人，以经营下列各事业为目的：一、广播无线电事业；二、前项事业之附带事业；三、对于前项经营各项事业所必须之其他事业之出资。"并规定"关于华北广播协会之事业除特别规定者外，应免征一切税捐"；还提出"华北广播协会因事业经营上之必要，得收用或使用他人之土地建筑物及其他物件或权利或限制其权利之行使。"③1940 年 7 月 5 日，"华北广播协会"成立仪式在中南海怀仁堂举行，《电影报》报道称："华北广播事业近年来突飞猛进，日渐活跃，颇得各方面赞许，北京中央广播电台近因鉴于尚有充实之必要，故特组织华北广播协会，以谋强化华北广播阵容，并拟击碎蒋政权之广播伪宣传……"④该协会实则妄图建立北方广播基地，垄断我国北方广播事业的机构。周大文担任会长，葭村外雄担任专务董事，土肥友三担任常务董事，井上乙彦、内藤雄垚、林文龙担任董事。⑤

---

① 《北京中央广播电台装置新式大播音机》，《戏剧报》1940 年 3 月 18 日。
② 《华北新机构业经决定，设立政务委员会代替临时政府，军事方面则设置绥靖总司令部》，《新天津》1940 年 3 月 22 日。
③ 《华北广播协会条例》，参见国家图书馆数字资源"民国法律"部分。
④ 《华北广播协会明晨举行成立式》，《电影报》1940 年 7 月 4 日。
⑤ 《中央广播电台改组成立华北广播协会》，《立言画刊》1940 年第 93 期。

"华北广播协会"与设立在南京汪伪政权的"中国广播事业建设协会"联系密切。该会管辖的广播电台有 8 座，分布在北平。此外，还在天津、青岛、济南、徐州、唐山、石家庄、太原等地设立分台，妄图建立北方广播网。

日伪当局在"建立广播组织、强化广播内容、普及收音机听户和加强广播监管"外，还进一步扩展广播电台规模。1940 年前后，日本侵略者接管原意大利商人经营的"百利维"广播电台，改名为北平中央广播电台分台，台址为东交民巷台基厂台花兰 4 号，呼号 XRMD，730 千周波。该台从早上 8：40 至凌晨 1：00，所有节目均是戏曲文艺，包括大鼓说唱、评书、相声、竹板书说唱等形式。① 据有关合同内规定，该台"应与华北中日双方警察合作，凡各有消息不利于中日意三方人民间友好关系者不得播送。"这里所谓"中日意三方人民间友好关系"，实质上是指日本、意大利之间的法西斯盟友关系。1940 年 7 月，北京百利维广播电台开始筹备在天津租界开办分台，与北京中央广播电台改组工作同步②，试图进一步扩大侵略范围。

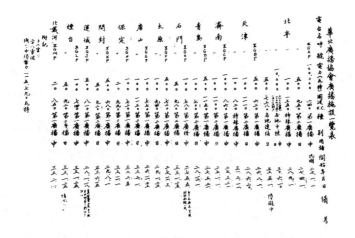

图 8—30　华北广播协会广播施设一览表

---

① 《中央分台北京百利维广播电台二九年三月二十五日调查》，《立言画刊》1940 年第 79 期。

② 《北京百利维广播电台将在津设分台》，《立言画刊》1940 年第 93 期。

图 8—31 北平地方维持会发至各机关单位函件（1937 年 8 月 29 日）

（二）日伪掌权下的广播组织结构

七七事变后，日本攻陷北平，取缔了市内各广播电台。随着侵略进一步加剧，日伪对广播的控制也愈发严厉。1937 年 8 月 28 日，北平市地方维持会函告北平各机关单位，"要求各机关单位职员及工役等均应分别佩戴徽章标记，以资识别，如无此项章记者希即迅速制用"。

1937 年 10 月，伪"中华民国临时政府"建立"中央广播电台"，呼号为"XGOP"，任命工程师沈宗汉兼任"中央广播电台"台长。①10 月 19 日，《晨报》《世界日报》等均刊登维持会正式布告。因此，"北京广播电台"仍由沈宗汉担任台长，10 月 31 日，北京广播电台薪津表上，沈宗汉以"工程师兼台长"之名，月薪 370 元（包括工程师与台长的补贴 85 元）遥遥领先，且比电台一般员工高出近 10 倍。此时，北京广播电台在职员工（不包括杂役、小工）共 15 人，其中包括播音员 4 人、讲师 5 人。

随着权力不断渗透，1938 年 1 月 1 日，日伪建立北京中央广播电台，呼号 XGAP，台长周大文，台址为西长安街 3 号。为了进一步发挥广播政治宣传作用，日本当局不断更新电台技术、扩大规模，逐渐发展为"通县双桥第一放送、西单大街甘石桥（电话西局）第二放送、麻花胡同特殊放送、东交民巷内中央分台北京百利维广播电台、短波广播节目"的五大格局，并以北京总台为中心，在天津、青岛、济南、徐州、唐山、石家庄、太原等地设立分台。1936 年 7 月 30 日，国民政府《交通部无线电台组织通则》中规定广播电台要设置播音、技术、事务三股②，日伪当局也沿用此种管理制度，北京总台下设三科，

---

① 北京市地方志编纂委员会编：《北京志·新闻出版广播电视卷　广播电视志》，第 36 页。
② 《交通部无线电台组织通则》，《法令周刊》1936 年第 322 期。

分别为"放送科""技术科""庶
务科"，"放送科"下又分为"文
艺系""教养系""报道系""告
知系""编成系""查阅系"等；"技
术科"分为"现业系""连用系""技
术系"等；"庶务科"又分"主计
系""用度系""庶务系"等。并
有放送所三处，分别为第一放送
通县双桥、第二放送西单大街甘
石桥（电话西局内）、特殊放送
在麻花胡同。据1940年3月统
计，北京总台中日职员共计300
余人。①

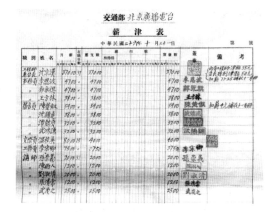

图8—32　"北京广播电台"薪津表（1937
年10月31日）

此外，作为北方地区广播事
业管理机构，华北广播协会成立
之初便一直由日本当局掌控。

"华北广播协会"的"专营
统治"下的8个重要领导职位和
1室4部1所、18科、20系，共

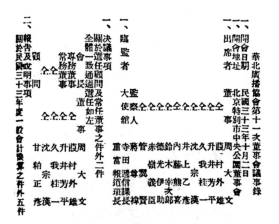

图8—33　华北广播协会第十一次董事会议
事录（1944年10月2日）

48个领导管理职位中，除会长周大文等5个职位由中国人担任外，其余43
个岗位全由日本人担任或兼任。②民国三十三年（1944年）十月二日，华北
广播协会第十一次董事会议在"北京特别市中央公园董事会"举行。出席该
会的董事共计11人，除周大文、沈宗汉、管翼贤3人外，其余皆为日本人。
掌握实权的专务理事、常务理事中，仅有工程师沈宗汉一人以技术之力担任

①　《中央政权成立之后，北京中央广播电台装置大播音机》，《立言画刊》1940年第79期。

②　王士林、王刚等：《沦陷区的唐山日伪广播研究》，《第六次中国广播电视史志研究会专辑》
（内部资料），2003年，第187页。

常务董事，余者尽是日本人，由此可知"华北广播协会"是个十足的傀儡工具。

此次会议还对华北广播协会职制、分科规程进行修订，具体规程如下：

华北广播协会职制 ①

第一条　本会设一室四部一所，各部置部长所置所长掌理各该主管事务

　　　　审议室、总务部、资材部、广播部、技术部、东京出张所

第二条　审议室掌管关于事业之基本调查书，各部事务之联络调整及涉外事项之事务

第三条　总务部掌管关于人事及文书事务，关于预算、决算及会计事务、关于听户之扩充、收听契约及收听费之征收以及不属于他部之事务

第四条　资材部掌管关于物品及资材、财产及警备以及收音机之普及事务

第五条　广播部掌管关于广播节目之编制、广播之实施以及广播内容之考察事务

第六条　技术部掌管关于广播设备之设计、工程、试验、操纵保守、技术调查以及建筑营缮事务

第七条　东京出张所主要掌管关于在日本内地与关系机关之联络事务

第八条　本会认为必要地方得设立广播电台各置台长掌管各该地方电台事务

第九条　本会得于第一条所各部酌设科所或于必要时设系，并得于前条广播电台酌设科系、各科置科长、所置所长、系置系长分掌各该主管事务

第十条　关于分科、分掌、委任规程及其他办事细则另定之

第十一条　另依本职制以外之规定设立华北广播协会收音机工厂掌管

① 华北广播协会：《华北广播协会第十一次董事会议事录》，《布告第八号——华北广播协会职制》，1944 年。

关于制造收音机及其零件之事项

华北广播协会分科规程 ①

第一条　总务部设下列四科

　　人事科、文书科、主计科、加入科

第二条　总务部人事科掌管下列事务

　　一、关于职员之身份、进退及赏罚事项

　　二、关于职员之给予事项

　　三、关于职员之训育、养成事项

　　四、关于职员之福祉及共济事项

　　五、关于宿舍制定之事项

　　六、关于仪式典礼事项

　　七、不属于其他部科之事项

第三条　总务部文书科掌管下列事务

　　一、关于机密事项

　　二、关于印信之典守事项

　　三、关于文书之收废、编纂及保存事项

　　四、关于缮写、翻译、图书及刊物事项

　　五、关于董事会事项

　　六、关于职制、分科分掌、委任及办事规程事项

　　七、关于声请、呈报、诉讼及对官公署之手续事项

　　八、关于会报之发行事项

　　九、关于事业之统计事项

第四条　总务部主计科掌管下列事务

---

① 华北广播协会：《华北广播协会第十一次董事会议事录》，《布告第八号——华北广播协会分科规程》，1944 年。

　　一、关于预算之编制及经理事项

　　二、关于决算事项

　　三、关于现款及有价证券出纳保管事项

　　四、关于证凭及计算书类之整理保管事项

　　五、关于职员之缺额及定率事项

第五条　总务部加入科掌管下列事务

　　一、关于事业之周知宣传事项

　　二、关于收听施设声请书及申报书之处理并许可证之办法及收
回事项

　　三、关于听户之扩充及收听契约事项

　　四、关于听户原簿之整理、保管事项

　　五、关于收听费之稽核、征收及退还事项

　　六、关于安装手续费及收款手续费之计算事项

第六条　资产部设下列三科

　　用度科、财产科、配给科

第七条　资产部用度科掌管下列事务

　　一、关于资产之采办事项

　　二、关于物品之经理事项

　　三、关于物品之买卖及配给事项

　　四、关于物品运送至计划事项

　　五、关于物品之制造、加工及修理事项

　　六、关于物品之借贷、出让、让受及捐助事项

　　七、关于配车事项

　　八、不属于部内他科之事项

第八条　资材部财产科掌管下列事务

　　一、关于物品之验收、整理及保管事项

　　二、关于物品运送至实施及雇佣劳工事项

三、关于财产至管理、保守及编制财产目录事项

四、关于土地、建筑物及工作物之买卖、借贷、交换及捐助事项

五、关于警备及取缔事项

第九条　资材部配给科掌管下列事务

一、关于收音机及其零件之验、保管及配给事项

二、关于收音机装设之指导及询问事项

三、关于违法收音机之取缔事项

第十条　广播部设下列四科

管理科、报道科、文艺科、考查课

第十一条　广播部管理科掌管下列事务

一、关于广播之调查及企划事项

二、关于广播节目之编制、联络及发表事项

三、关于广播者之迎送及广播谢金事项

四、关于播音室之运用事项

五、关于广播业务之统计事项

六、不属于部内他科之事项

第十二条　广播部报道科掌管下列事务

一、关于报道广播材料之搜集、选定及实施事项

二、关于广播之告知事项

三、关于播音员之指导及监督事项

四、关于对外广播资料之调查事项

第十三条　广播部文艺科掌管下列事务

一、关于文教及演艺广播材料之搜集、选定及实施事项

二、关于广播用教本之编纂事项

三、关于文艺广播人才之养成事项

四、关于广播者原簿之编造及保管事项

五、关于音盘及录音盘之整理保管及运用事项

第十四条　广播部考查科掌管下列事务

一、关于广播内容之考查事项

二、关于广播禁止命令之处理事项

三、关于广播之监视及切断事项

第十五条　技术部设下列三科一所

运用科、建设科、现业科、双桥播音所

第十六条　技术部运用科掌管下列事务

一、关于广播设备之监理事项

二、关于技术用物品之配给事项

三、不属于部内他科之事项

第十七条　技术部建设科掌管下列事项

一、关于广播设备之增设改修之设计及工程事项

二、关于广播设备及广播网之调查计划事项

三、关于房产之建筑及营缮事项

四、关于收音机之规格及型式事项

五、关于测定及试验事项

六、关于机器之试作事项

七、关于收听障碍之防止事项

第十八条　技术部现业科掌管下列事务

一、关于播音所内广播设备之操作及保守事项

二、关于播音室外转播设备之操作及保守事项

三、关于转播设备之操作及保守事项

四、关于录音设备之操作及保守事项

五、关于麻花播音所设备之操作及保守事项

六、关于黄村受信所设备之操作、保守及警备事项

七、关于扩声装置之操作及保守事项

八、关于广播状态之监视及调整事项

第十九条　技术部双桥播音所掌管下列事务

一、关于广播设备之操作及保守事项

二、关于电力设备之操作及保守事项

三、关于警备员之监督及服务事项

但事实上，太平洋战争中节节败退的日本政府，在殖民地广播宣传上已是有心无力，开始裁撤人员，缩减人事。早在 1944 年初，就有报纸报道华北广播协会的精简裁员工作："华北广播协会倾为适应时局需要而进行人事缩减与事务简素化，此次将协会本部内现有机构之一部加以改革，并已实施其内容如次：一、协会本部新设财产科总括管理技术建设等有关物品之仓库，而将缺乏材料最经济使用。二、中央广播电台废止原有庶务科，新设业务科，因第一科与第三科在性质上有相同之点，故令并之。两新设告知科，担任华语放员送之指导及监督，并实行华语放送之告知。三、该会于此改革现机构之一部后，被节减之人员，约为三成，故今后依新机构之活跃，极堪期待。"① 随后，协会发表人事异动公告，"东日秀太郎任财产科长、三浦严任业务科长、王廷荣任业务科长、武鸿兼任告知科科长、和田章夫任配给科长、宫内良雄任机入科长云。"② 不难发现，名单中仍是以日本人为主，可见日本当局在战事中虽进退维谷，却仍将管理权牢牢地掌握在手中。

无线电收音机零件销售方面，其售价之昂贵，大非往日可比。以最低廉之管座而言，美货须六角，亚美公司之出品，则因中途运费关系，故依原价加三成，但在此种百物昂贵之环境下亦可称价廉物美矣。惜最新出品及一部分零件，不能购得。③ 财政收支上，根据伪北京中央广播电台编制的《昭和十四年度决算书》④，昭和十四年（1939 年），北京中央广播电台总收入额为

---

① 《华北广播协会改革人事，实施缩减简素化》，《蒙疆新报》1944 年 2 月 4 日。

② 《华北广播协会改革机构，适应时势缩减人事》，《新天津》1944 年 2 月 2 日。

③ 《最近北平无线电状况》，《中国无线电》1940 年第 8 卷第 11 期。

④ 北京中央广播电台：《昭和十四年度决算书》，北京档案馆，J070—003—00024。

2355169.80 元，支出额 2125394.77 元。其中收入包括"前年度未参考、受人资金、杂收入、特殊放送广告料收入、宿舍代付料收入"等10项；支出包括"北京大电力维持费、受信机普及班费、北京大电力外支出"等 8 项。"大电力维持费"又包括"经常费"下的"放送费"169942.67 元、"技术费"265732.33 元、"事务费"2167664.54 元、"临时费"230156.69 元等。此外，支出费用中还包含"天津、济南、青岛、唐山、石家庄、太原、徐州、开封、运城野战放送、新乡野战放送"等分台管理费。

（三）差别化的人员管理

人员管理方面，伪北京中央广播电台中日职员的工资待遇差距十分明显。一份昭和十三年（1938 年）七月二十五日庶务科"中国人佣员七月份给料请求书"显示，"庶务科共计 43 名华人职员，工资中最高为 25 元，最低 10 元，共计 567 元。但日本见习事务员的最低工资为 27 元，高则 37 元。"[1]这种差距体现了华人职员在电台的不平等地位。同时，日伪当局还专门针对华人职员制定服务规则[2]，具体如下：

　　一、本台各职员均须严守上班时刻，到班后应即于签到簿上盖章签到；

　　二、临下班时，需各自将公桌上整理齐洁，并将应办事务与系长及有关系之职员联络妥当，然后准时下班，如系长下班后仍须留台办公者不在此限；

　　三、上下班时遇见他系职员亦批次招呼亦示礼；

　　四、公事桌上不得杂乱无章；

　　五、在办公时间内不得喧哗间谈或有其他妨碍办公之行为；

　　六、论公事或私事外出时（午餐时间除外），须经系长许可：

---

① 《中国人佣员给料请求书》，北京档案馆，J070—003—00006。

② 《北京中央广播电台华人职员服务规则》，北京档案馆，J070—003—00081—00001、J070—003—00081—00002、J070—003—00081—00003。

甲、因公外出应说明地点及事由

乙、私事外出以有不得已情事者为限

七、除有公事外，不得任意出入他系；

八、电台置备之器具及办公用品务须小心使用，以期节省物资；

九、对于自己担任之事务须负责处理，遇有不在时须预见使用有关系之系员明了其事务之经过；

十、外部来电话时须恳切应答；

十一、遇有日人来电话时须立即支于日籍职员应答；

十二、移交他系及与他系有联络之事项须办理清楚；

十三、凡遇有因公事来台者须导入应接室接待之；

十四、对于因私事来台者虽亦得于应接室接待，但如有公事来宾先在时须不得导入；

十五、不拘公事或私事谈话务须简明，以期时间经济；

十六、对于上司职员一切言语动作均须谨慎。

为了方便管理，日伪当局制定了一系列规则明细，除上述《北京中央广播电台华人职员服务规则》外，还订有《北京中央广播电台广播计划》《北京中央广播电台技术人员训练规程》《播音员服务须知》等，其中《播音员服务须知》共 13 条，如值早班者须在开始播音前 10 分钟到班；播音前 5 分钟必须进入播音室；播音员所用之秒表必须在各节目开始播音前与标准钟核对准确；节目播毕交班须填写联络簿，不得仅作口头交代。凡报告新闻、商情行市等稿件须预读数遍，遇有疑问应询问明白，不得有误；播音室内不得任意饮食并须保持清洁等项。[①]1940 年 1 月，《立言画刊》刊登一幅伪北京中央广播电台男女播音员图片，其中男播音员 6 人，女播音员 5 人。

_____

① 《播音员服务须知》，北京档案馆，J070—003—00081—00004。

图8—34   伪北京中央广播电台播音员合照（1940年1月）

1940年6月，华北广播协会成立，并相继制定《华北广播协会条例》《华北广播协会捐助章程》，以及电台各科、股规程。1942年1月，华北广播协会为扩充业务，公开招考播音员，招考简章①如下：

一、资格：大学毕业，或有同等以上能力，不分性别，须能说纯粹北京话。

二、应交文件：甲、履历（履历用纸亲到华北广播协会领取）；乙、关于履历之证明文件（如毕业证书等）；丙、最近二寸半身相片后面记明本人姓名及年龄。

三、报名地址：北京市西长安街华北广播协会放送部第一放送科文教系。报名日期自本日（1月22日）起至2月5日止，每日上午10时至下午5时（注意：星期六、星期天照常办理报名手续）。

四、考试日期及地点：定于二月七日、八日、九日三日在华北广播协会考试；考试科目计国文、中国史、世界地理、常识及发音等。

---

① 《华北广播协会招考播音员》，《电影报》1942年1月22日。

二、充满意识形态的广播节目

"北京中央广播电台"于 1938 年 1 月 1 日设置"第一放送"华语节目和"第二放送"日语节目。华语节目以中国传统戏曲等娱乐节目为主，但日语节目和充斥着意识形态的说教节目比例逐渐增加，日本当局一边采取暴力统治的同时，也积极运用广播文化侵略方式奴化民众，且形式多样，实现其宣传"大东亚共荣圈""共荣共存"等政治号召，极具煽动性与迷惑性。

（一）中日双语下的文化侵略

伪北京中央广播电台开播之初，节目时长超过 12 小时，从早上 9：00 至晚间 21：30（结束时间不固定），节目主要以中日两种语言为主，晚间 21：00 有 15 分钟英语新闻。节目内容包括新闻、日语讲座、家庭常识、儿童时间、娱乐、商情等。其中新闻节目一天 4 次，共计 1 小时 25 分钟。节目仍以中国传统戏曲、乐器等娱乐节目为主，但不乏代表日本当局意识形态的节目，如新民之歌、"国立管弦乐团"演奏曲、自治区之复兴与农村、防共之根本方策等。随着节目的稳定播出，节目内容与形态逐渐固定化，分为"平日之部"与"星期日与庆祝日之部"。《立言画刊》1938 年 10 月 1 日节目预告显示，该日电台平日播出时长为 9 小时 50 分钟，星期日为 10 小时 40 分钟。[①]

除华语节目外，伪北京中央广播电台第二放送以全日语广播形式加大文化侵略步伐，节目中新闻、经济、音乐演艺、歌谣等皆是转自日本东京，并于早晚设置"中等支那语讲座"和"初等支那语讲座"。平日全天播音时长 8 小时 15 分钟，星期日为 13 小时 10 分钟。[②]

1940 年 3 月，伪北京中央广播电台将通县双桥电台扩充电力至 100 千瓦，同年 8 月 1 日，短波 10 千瓦发射机投入使用，继续转播东京日语节目。如上小节所述，北京中央广播电台逐渐形成"通县双桥第一放送、西单大街甘石桥

---

① 《中央电台节目》，《立言画刊》1938 年 10 月 1 日。
② 《北京中央广播电台第二放送（日语）节目》，《立言画刊》1940 年 2 月 17 日。

（电话西局）第二放送、麻花胡同特殊放送及东交民巷内中央分台北京百利维广播电台、短波广播节目"的五大格局。同年，北京中央广播电台第一放送节目已长达 12 小时 30 分钟，每天播出新闻类节目 6 次（分别为"新闻重述""新闻与政府公报""儿童新闻""报时及新闻解说新闻汇述""预报节目及地方新闻""英语新闻"）①。此外，星期日第一放送节目播出时长也较平日多 1 小时。②

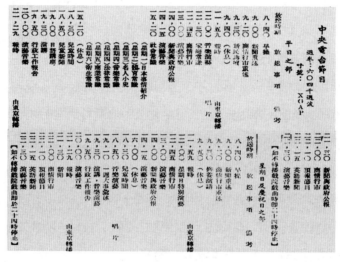

图8—35　中央电台节目预告③

为增加广播节目的"丰富性"，伪政府与广播电台还面向听众征求广播剧本。1939 年伪政府向北京私立中学发布训令："案准北京中央广播电台一函送，征求播音剧本通启与简章，嘱转发张贴撰制投送等因，除分令外，合行检发简章通启各一份，令仰遵照张贴俾众周知为此要令。"④1940 年，伪北京中央广播电台举行悬赏征求播音剧本，受到千余份来稿，通过审查遴选出八篇杰作，其中包括一等奖（一篇）100 元；二等奖（无）；三等奖（三篇）每篇 20 元；佳作

---

① 《北京中央广播电台第一放送每日节目》，《立言画刊》1940 年 1 月 6 日。

② 《北京中央广播电台星期日放送节目》，《立言画刊》1940 年 1 月 6 日。

③ 《中央电台节目》，《立言画刊》1938 年 10 月 1 日。

④ 《训令》，《市政公报》1939 年第 43 期。

（四篇）每篇 10 元。①

此外，为了实现广播节目宣传的最大效果，广播与各学校间采取"一对一"模式，以此实现对小、初、高各级学生的意识形态改变与塑造。1944 年，华北广播协会决定自各校开学时，增添学校小广播时间，规定每周分别于星期一对初级小学、星期二对初级中学、星期三对高级小学、星期四对高级中学，广播其第一节目。已拟定计 14 日由教育局刘宏茹教学对初级小学广播，15 日由孙世庆教育局局长对初级中学广播，16 日教育局傅维照科长对高级小学广播，17 日由教育署王督办对高级中学广播。②

本劇音播求徵賞懸
◇君遜邪名一等一◇

图 8—36　1940 年，伪北京中央广播电台悬赏征求剧本，一等奖获奖者郭逊为西观音寺小学教员

（二）日伪广播节目的具体分析

1. 新闻类节目

伪北京中央广播电台开播初期新闻节目 4 档，共 85 分钟，约占全天播音时间 11.3%。到 1940 年初，新闻节目的比重已逐渐加大。据该台"第一放送节目表"，平日播音时长相较 1938 年增加 1 小时 40 分钟，达 750 分钟，其中 6 次新闻节目约 115 分钟，约占全天播音时间的 15.3%。③

2. 社教类节目

伪广播的"北京中央广播电台"社会教育性节目采取"软性灌输"方式进行殖民地奴化思想教育。初期，每天设置"新民讲坛""家庭常识""社会常识""讲座"四大社教类节目，约 1 小时。其中，"讲座"不仅可以起到宣传教育之效，伪政府还利用广播进行政策宣传与政绩报告，借此妄图拉近与殖民地人民之间的距离。如"为启迪民众卫生常识及使外界明了本局工作情形起

①　《北京中央广播电台悬赏征求播音剧本》，《立言画刊》1940 年第 69 期。

②　《华北广播协会增添学校广播》，《蒙疆新报》1944 年 2 月 13 日。

③　《北京中央广播电台第一放送每日节目》，《立言画刊》1940 年 1 月 6 日。

见，每周星期六下午一时至一时二十分曾假北京广播电台举行卫生演讲以资宣传……"①，"教育部次长黎世蘅在中央广播电台报告临时政府最近实施教育之情况（全文）"②，"余晋和市长新年敬告市民书，阐述一年以来之施政经过，三日在中央广播电台作广播演讲"③，"梁亚平关于'信赖盟邦协力友军完成大东亚战争'演讲，以中日亲善共存共荣为基础，号召华人华侨共同加入大东亚战争"④等。电台播送的稿件则会选择性刊登在日伪创办的刊物上，如上述教育部次长黎世蘅对最近实施教育之情况报告，全文刊登于《教育公报》上，直接反映了日伪当局在殖民地奴化教育的相关举措，其目的就在于"根绝党化及排外容共等思想，依据东亚民族集团之精神并发扬中国传统之美德以完成中国之使命。"⑤

此外，"日语讲座"也是伪广播电台的固定节目，据 1940 年 3 月 14 日"第一放送"调查显示，"日语讲座"增加至早晚各一次，共 50 分钟。除"儿童时间""名人演讲"外，还在每周四增加"青年讲座"20 分钟，向北平市民灌输建立"大东亚共荣圈"思想。社教类节目时长共计 2 小时 15 分钟。⑥

3. 经济类节目

资料显示，1940 年初，北京中央广播电台"第一放送节目表"中有 3 次共 40 分钟"商情行市"节目；其"第二放送（日语）节目表"4 次共 35 分钟的"经济市况（东京）"广播。与 1938 年创办初期相比，经济类节目相对比较稳定。

---

① 北京特别市公署秘书处：《函中央广播电台》，《市政公报》1938 年第 30 期。

② 《教育部次长黎世蘅在中央广播电台报告临时政府最近实施教育之情况》，《教育公报》1938 年第 1 期。

③ 《新年敬告市民书　阐述一年以来之施政经过　希望与人民共同建设市政》，《市政旬刊》1939 年 11 月 14 日。

④ 梁亚平：《信赖盟邦协力友军完成大东亚战争》，《侨声》1943 年第 5 卷第 12 期。

⑤ 《教育部次长黎世蘅在中央广播电台报告临时政府最近实施教育之情况》，《教育公报》1938 年第 1 期。

⑥ 《北京中央电台第一放送　三月十四日调查》，《立言画刊》1940 年 3 月 17 日。

4. 文艺类节目

伪北京中央广播电台开播后，每天设有多次"演艺"或"演艺音乐"节目，华语广播每天播音时间约 9 小时 50 分钟，其中娱乐节目 5 个 35 分钟，占近56.8%。而星期日及"庆祝新年""纪念日"等特殊放送节目中，文艺节目的比重会大大增加。以 1939 年 12 月 14 日为例，"临时政府成立二周年纪念"特辑节目表中，仅娱乐节目就 9 小时 10 分钟，占全天时长 64.7%。娱乐节目中播送的音乐有《大东亚胜利之歌》《中日同盟歌》等歌曲，也有中国戏曲、丝竹乐、大鼓、单弦、评书、相声等。其目的均为"治安强化"，巩固日伪殖民统治。

太平洋战争爆发后，华北广播协会为"宣传参加之重大意义及英美对东亚之恶行"组织特殊放送节目，报道称："华北广播协会即日起增添鼓励士气之宣传，由各项演员直接报出以期促进宣战之工作，而资民众对于英美恶行资料之灌输，树立坚强不拔之后方工作与意志，殊为重大，与该台第一放送之决战意义各项节目相辅放送。"[1]

5. 体育类节目

伪北京中央广播电台"第一放送（华语）节目表"和"第二放送（日语）节目表"分别有"新民体操""体育常识"等节目内容。

6. 服务类节目

日伪北京中央广播电台华语节目表设有"新民体操""商情行市""职业介绍"等服务类节目，但并无天气预报节目。

三、法令管制与沦陷区外广播的"突围"

日本侵略者侵占北平后，相继出台法规，企图用法律手段控制广播行业与听众行为。其中包括《装设广播无线电收音机登记暂行办法》《无线电收音

---

[1]　《特殊放送节目》，《电影报》1943 年 1 月 20 日。

机取缔暂行条例》等。这些法令软硬兼施，皆是为日本当局侵略统治服务。面对日渐残酷严密的监控手段，沦陷区外的广播仍然突破重重阻隔，将人民广播声音传播到沦陷区。

（一）软硬兼施的法令管控

1939 年，伪临时政府交通部颁发《装设广播无线电收音机登记暂行办法》①，具体如下：

一、凡为收听无线电新闻演讲商情音乐等项，而装设广播无线电收音机者，应遵照本暂行办法之规定，请求登记。

二、凡装设广播无线电收音机者，无论其系购买或自行配置零件而成者，均应向交通部或交通部国际电信局，或交通部所指定之登记处登记。填具装用广播无线电收音机登记申请书，领取登记证后，方准使用。该项登记手续，暂不收费。

三、凡购置及自行配零件而成之广播无线电收音机，须符合下列二项之规定。

（一）内部装置不能任意变更，作为发报机或发话用者。

（二）不发生强烈之振荡者。

四、装户领取登记证后，如遇登记机关认为有疑问时，得令其将机件呈验或派员前往视察，不得拦阻。

五、装户住址迁移或机器程式变更时，应开具新旧两处装机地点，或新旧机器程式，连同前领登记证，向原登记机关申请更正，所有更正手续，亦暂不收费。

六、广播无线电收音机登记证，一概不准顶替或租借。

七、凡以前已领有交通部机关广播无线电收音机登记证者，仍一律继续有效。

---

① 《装设广播无线电收音机登记暂行办法》，《进修》1939 年第 12 期。

八、装户如自其收音机接得任何无线电电信，除广播无线电外，皆应保守秘密。

九、装户所用天线，不可接近电报电话电灯其他电力用之线路，其引入屋内之天线，并须装置运电器，并应有防杜危险之预备。

十、装户如欲停止收听广播无线电时，应即将机器及天线拆卸。一面申请原登记机关注销登记，并交还登记证。将来倘欲重装使用或移转他人时，均应按新户例重新登记。

十一、凡装户所装之广播无线电收音机，其机器程式及波长范围，均暂不加限制。

十二、凡未遵照本办法申请登记领得登记证，私自装设广播无线电收音机者，一经查出，除没收其全副机件外，并酌情量刑，处以五元以上两百元以下之罚金。

十三、广播无线电收音机正式章程公布后，本暂行办法即行废止。

十四、本暂行办法，如有未尽事宜，得随时修正之。

十五、本办法自通告之日起施行。

从上述登记办法中可看出，侵占北京之初，日本当局在听众登记工作中仍基本沿袭国民政府登记法令，承认"凡以前已领有交通部机关广播无线电收音机登记证者，仍一律继续有效"。甚至对收音机程式和波长范围皆未加限制，办理登记也并不收缴费用，听众亦可自行购买广播零件进行广播组装。1940年11月，北京一听户在《中国无线电》杂志上介绍北平无线电状况。他分享自己的收听经验："收音机情况为北平城内，鄙人之收音机，为依本志七卷四期73所问之线路而自装者，附有短波接续器一支，收音成绩尚称不恶。"[1] 这些"软"措施，是日本侵略者妄图通过怀柔政策达到其政治目的，但从实际登记效果来看，北京听户并没有让日本当局计谋得逞。

---

[1]　《最近北平无线电状况》，《中国无线电》1940 年第 8 卷第 11 期。

1939 年 11 月，在《装设广播无线电收音机登记暂行办法》出台两月后，北京伪临时政府以"调查本市广播无线电发展状况"为由实行收音机装户登记，要求广播无线电收音机须限期进行申请登记，自 12 月 10 日起 40 日以内向警察局各辖管警察分局办理，附缴登记牌证工本资费四角。① 但因装户不甚踊跃，所限日期已到但装户仍存观望者众多，警察局发布公告称："本市警察局奉令代办登记广播无线电收音机事宜，业经拟具登记规则，呈奉核准，并张贴布告公布施行在案，兹查登记期限已满，各装户遵限申请登记者固不乏人，而意存观望亦大有人在，该局现为装户便利起见，近经呈准自一月二十日起至二月十八日，展限三十天。"② 为使听众打消顾虑，伪政府还利用广播向民众讲解本次登记注册的意义及方法，警察局科员陈宪章演讲"关于无线电收音机之登记"，伪中央台台长周大文演讲"收音机登记于广播事业之展望"。据统计，截至 1940 年 2 月 17 日，各装户登记者已达两万余户③，但持观望态度者甚多，因此登记期限一再延后至 1940 年 3 月 20 日。

随着日军侵略步伐的加快与政治渗透的深入，日本当局管控日益严峻。1942 年，该暂行办法修正后精简为八条，但登记须知里对机器程式有了明确的要求："甲、机器种类项下应注明矿石式或真空管式，能同时注明收音线路者更佳；乙、如系真空管式之机器应将真空管号注明；丙、天线样式项下应注明天线装置形式及长度；丁、电流供给状况项下应注明交流或直流及电池类别；戊、周波数（波长）范围项下应注明收音机之收音范围，自若干千周波（公尺）至若干千周波（公尺）；己、机器价值项系机件如系自配或者应注明各价值总数。"④

1943 年 2 月 14 日，《市政公报》发布训令《为华北广播协会整理收音机拟取缔事项仰饬协助理由》：

---

① 《广播无线电收音机限期申请登记》，《北京市政旬刊》1939 年第 37 期。
② 《无线电收音机登记展期三十天，本月十八日截止》，《立言画刊》1940 年 2 月 3 日。
③ 《无线电收音机登记明日截止，警察局派员广播演讲》，《立言画刊》1940 年 2 月 17 日。
④ 《装设广播无线电收音机登记暂行办法》，《浙东行政公报》1943 年第 7—9 期。

华北广播协会函以，中国现在既已参加大东亚圣战，敝协会今后在广播事业上所负之责任亦愈形重大。如防空防谍以及关于大东亚圣战之宣传，均为敝协会重要之使命。敝协会以值此非常时期，除力谋扩充广播机能，强化广播内容暨普及收音机听户外，并对于不按法令装置收音机之听户及未登记者均行严加取缔，以谋完成大东亚战争之目的。惟是敝协会所负利进行等由准此除分令外合行抄发该会协助事项四则，收听广播电话暂行法令，仰该分局饬属妥慎协助此令。①

同时，为争取听众，华北广播协会还设立受信机配给所，发售优秀无线电四灯，每具 43 元。相关报道称："为解除听众的困难，并供给听众物美价廉的无线电机，华北广播协会特设立'受信机配给所'于东四北大街 416 号，所长塚原琦太郎为日本当代之研究无线电专家，现特于一切材料不能输入之现在，直接将无线电机运来甚多，供给一般人之购买，并聘有优秀技术员，随时可为听户修理，概不收费。"②

1942 年 9 月 29 日，汪伪政府曾公布《无线电收音机取缔暂行条例》③。法规内容如下：

第一条：装设无线电收音机者除装设无线电收音机登记暂行办法申请外，并依本条例规定

第二条：下列之无线电收音机不得制造使用持有或转让，但经请求当地最高行政长官许可者不在此限

1　收音机范围超出周波数（波长）550 千周波（545 公尺）至 1500 千周波（200 公尺）以外者

2　内部装置可任意更改为发报或发话用者

---

① 《为华北广播协会整理收音机拟取缔事项仰饬协助理由》，《市政公报》1943 年 2 月 14 日。

② 《华北广播协会还设立受信机配给所》，《戏剧报》1941 年 1 月 8 日。

③ 《无线电收音机取缔暂行条例》，《实业公报》1942 年 10 月 31 日。

前项所称当地最高行政长官，除法令另有规定者，外省为省政府主席，特别市为市长

第三条：各地主管官署认为有制造使用或持有前条各款之收音机（以下简称违禁收音机）者应会同技术人员检查其机器

中央主管官署对于第二条但书之获得许可证认为有疑义时委托当地主管官署依前条办法检查之或令其据实报告

前两项所称中央主管官署为宣传部，各地主管官署为各地警察机关

第四条：未经许可制造使用或转让违禁收音机者处一年以下有期徒刑拘役或三千元以下罚金，并没收其全部有关之设备及机器

前项之未遂犯罚之

第五条：无正常理由而拒绝妨碍或规避第三条一二项规定之检查者处六月以下有期徒刑拘役或两千元以下罚金

第六条：第二条但书之请求或第三条第二项之报告虚伪不实者，处六月以下有期徒刑拘役或两千元以下罚金

第七条：藏匿第四条之罪犯或教唆其隐蔽者处六月以下有期徒刑拘役或两千元以下罚金

第八条：本条例第四条至第七条之惩罚事项由主管官署送各地司法机关办理之

第九条：本条例自公布日施行

同年 12 月 18 日，汪伪政权宣布实施《修正无线电收音机取缔暂行规则条例》及《施行细则》《各地违禁收音机特许委员会组织办法》及《违禁收音机使用持有特许标准》，对收音机的型号、收听波长范围、内部装置进行了严格规定。"未经许可制造、使用、持有或转让违禁收音机者，处一年以下有期徒刑拘役或三千元以下罚金，并没收其全部有关之设备及机器。"①按照这一条

---

① 上海市广播电视局等合编：《旧中国的上海广播事业》，档案出版社 1985 年版，第 435 页。

款，大量民间拥有的收音机成为"违禁"用品，需要到伪政府指定的电料行进行设备"改造"，并分别要交 25 元、30 元、35 元不等的"改造费"。如果有演奏唱片设备的，则需加收 15 元。不到指定地点改装的，则需要到指定的改造场所检查认可，同时提交检查费 15 元。[①] 随后，又用分期付款的方式，强制市民购买所谓标准型收音机（俗称"协和式"收音机）。这种收音机为三灯型或四灯型，只能收听本市广播。在日伪统治期间，日寇以分期付款办法，强制市民购买。日伪统治的 8 年中，大约推销了 4 万台。此外，为了防止先进的广播技术被中国人掌控，日本军政府当局对广播技术进行严密的控制和垄断。甚至广播器材也严格控制，规定凡是经营无线电信、无线电话用真空管变成器和蓄电池等，都要进行严格的申请审批手续。

（二）沦陷区外的广播"突围"

虽在日寇软硬兼施的手段下北平上空广播电台多受限制，但终究无法全部隔离沦陷区外的广播声音。上述《最近北平无线电状况》一文作者在介绍其利用自装配收音机时，将收听到的广播呼号与波段记录如下：

重庆中央	XGOA	QSA4	R7
中国大连	JQAK	QSA5	R8
大上海	XOJB	QSA5	R8
上海福音	XMHD	QSA3	R2
大华	XHHE	QSA2	R1
雨友	XQCT	QSA3	R1
航业	XHHZ	QSA2	R1
明远	XHHF	QSA1	R1

此外尚有不知呼号之日人电台几处，及天津、石家庄、唐山、南京等电台，因无法听闻，故未记其呼号。

短波段所收之电台甚多分述如下：

---

① 艾红红：《中国民营广播史》，（台北）花木兰出版社 2017 年版。

16M 之重庆中央 XGOX，讯号 QSA3 R2—4，此台有国语新闻、英语新闻、日语新闻等。25.2M 有 XGOY 讯号亦为 QSA3 R2—4。近日又收到中国国际广播电台，波长亦为 25.2M，讯号极强 QSA5 R8，此台之节目，本志已有登载，故不多述，此台在专向北美洲及美国播音时，波长则改为 31.1M，此电台旁为日本东京中央电台，无呼号有中语新闻等，讯号亦为 QSA5 R8。其余如 31.49M 之 ZBW3（香港）QSA3 R2，31.35 之 QZRM（马尼拉）QSA4 R5，43M 之贵州电台 QSA4 R7，此台常与湖南电台 XLPA 联合播音、新闻计、粤语、潮州语、厦门语、英语、国语，其余有国乐、西乐、平剧等。此台旁为汉口电台，QSA3 R2，其旁为一日人电台，不知呼号，讯号有 QSA4 R6，又有 70.2M 之 RV15（俄国伯力），讯号有 QSA4 R8，其余不知呼号之英人籍日人电台，亦有五六处，通话电台亦有五六处，电码极多。一有叫 CQ 者，惜以环境关系不能 ON KEY，不觉怅然，电码以 40 公尺段最多、20 公尺稍次之、80 公尺段更次之。

上述之收音成绩报告，为最近两个月内所收得者，除 XGOX 系上午十时左右收听外，其余均于下午六时半后所收得。[1]

此外，共产党在陕甘宁边区筹建了延安新华广播电台，并于 1940 年底至 1943 年初曾经试播过两年多的时间。据当年北平地下党的同志回忆，地下党的领导人赵凡同志曾布置有关同志安装一台短波收音机，以便收听延安广播。延安广播在沦陷区也不乏听众，北平一位收听延安台播音的听众写信说："你们多播一点吧，每天至少播它十二个钟头。"而在日语节目开播后，"从 12 月 3 日起，每星期五的 17 点到 17 点 30 分……用日语对日本广播一次。根据对日广播频率附近突增的干扰推测，这种广播已有相当的成效。"[2]据担任专门教育被俘日军的工农学校校长赵安博回忆，"当时被俘日军中有不少人听，他们

---

[1] 《最近北平无线电状况》，《中国无线电》1940 年第 8 卷第 11 期。

[2] 《中国人民解放军通讯兵大事记 1941 年记载》，2014 年 1 月 14 日，见 http://www.cri.com.cn/2014-1-14/d818de0a-4aa4-99b8-7d83-558d7278cea3.html。

有收音机。有的士兵听了之后反正过来。我记得有个叫南××的日本士兵就是这么投降过来的。名字记不清了。当时，太平洋战争爆发，日本的士兵情绪低落，集体投降八路军的人不少，我们的广播在这中间也起了作用。"[1]

第四节 胜利复原后北平广播的短暂繁荣

1945 年 8 月 15 日上午 11 时（东京时间正午 12 时），日本电台播出了裕仁天皇宣读的《终战诏书》，宣布正式接受《波茨坦公告》决定。9 月 3 日，日本在南京向中华民国政府递交投降书。八年的抗日战争终于以我国的胜利结束。日本无条件投降后，国民党政府加紧收复各沦陷区的敌伪广播电台和各级广播管理机构，北平官办与民营电台陆续恢复营业，广播业迎来了繁荣的春天。但好景不长，随着内战的爆发，广播电台受局势的影响，逐渐从繁荣走向没落。

一、官办广播电台的接收与建立

日本无条件投降后，国民党开始大规模的接收活动，在广播方面也不例外。9 月 20 日，国民党政府发布了《管理收复区报纸、通讯社、杂志、电影、广播事业暂行办法》"训令"。9 月 22 日，成立平津区广播电台接收专员办事处，接收大员为黄念祖，先后接收了日伪的北平中央台和伪华北广播协会及其所属各台，逐渐建立起国民政府统治下的官办广播电台系统。

（一）播送台与收音台的"3+1"模式

10 月 10 日"北平广播电台"复播，呼号为 XRRA，任命沈宗汉为代台长。12 月 7 日，沈宗汉以"宿疾未瘳，难胜繁剧"为由辞职，改任接收专员黄念

---

[1] 傅英豪：《第一座红色广播电台》，《人民日报》1961 年 12 月 31 日。

祖兼任台长，齐昌鼎为副台长。①"北平广播电台"有仓库、器材厂、电波研究所，共 6 个广播发射机（5 个长波，1 个短波），其中 1 个为 10 万瓦电力，1 个 1 万瓦电力，4 个 5000 瓦电力。工作地点分散在西长安街、北京麻花胡同、西郊及双桥等处。②

沦陷时期日寇曾在中国建立长春、台湾和北平三座 10 万瓦特的大播音台，抗战胜利后仅有北平广播电台被完整地接收改造。1946 年 7 月，《华北日报》对西长安街北平广播电台进行访问考察，向一般听众描述广播电台的真实情况。文章说："西长安街这个台址，是利用前清邮传部的旧屋略加修葺改建而成……是一座旧西式两层楼，坐北朝南，呈灰褐色。一切设备机械和管事人员全聚集在这一所楼房内。"③电台有 100 多位职员，多是青年人，播音室 5 个。"最大的播音室不常用，普通应用着 4 个小播音室，室内有很好播音设备，窗子都是三层，门窗的缝隙却附以绒条，地下是柔软的地毯，走起来毫无声息。"④

经过一年的发展，北平广播电台成为全国最大"科学之喉"，"3+1"模式初步形成，即 3 个播送台，1 个收音台。第一播送台在平郊双桥，第二在城内麻花胡同，第三在西长安街，总面积占地 800 亩以上。有 4 个节目同时播送，所谓 4 种广播制。第一广播 640 千周波；第二广播 950 千周波；第三广播 770 千周波；第四广播 1350 千周波。发音室共有 5 个，最大者能容 200 余人。⑤

1947 年 8 月 1 日起，北平广播电台改订波长，将原有之 10 万瓦特机 640 千周及 500 瓦特机皆改为 850 千周第一广播，352.9 公尺；短波 1026 千周为第二广播；⑥1350 千周为第三广播；770 千周为第四广播。到 1948 年 11 月，除了"3+1"的播送台与收音台外，还增加了电波研究所北平分所，规模日趋完善。第一播送台通县双桥镇共有中波百千瓦及短波十千瓦播音机各一座；城内麻花

---

① 北京市地方志编纂委员会编：《北京志·新闻出版广播电视卷　广播电视志》，第 40 页。
② 《协助接受北平各广播电台与建立广播工作计划》。
③ 知白：《今日的北平广播电台》，《华北日报》1946 年 7 月 17 日。
④ 知白：《今日的北平广播电台》。
⑤ 《全国最大科学之喉北平中央广播电台 XRRA》，《联合画报》1946 年 10 月 16 日。
⑥ 《北平广播电台昨起改订波长》，《经世日报》1947 年 7 月 31 日。

胡同的第二播送台设有五百瓦播音机两座，一百瓦、五十瓦播音机各一座；西长安街第三播送台内设有五百瓦播音机一座，一百瓦播音机一座；位于黄村的收音台用于各播送台转播，并在西郊建立了电波研究所北平分所，内设观测台，用以预测全国各地间之各种无线电通信之最佳应用周率。[1]

广播技术方面，民国三十五年（1946 年）10 月，《联合画报》对北平广播电台做了一期专题介绍。具体报道如下：

> 第一播音台任务是：一、技术部分为设计建设研究等任务；二、播送部分负运用机器及检查修理等维护工作；三、电力部门管理本台 625 千弗安重油发电机两座及配电工作；四、器材部门，管理及供给机器所用器具材料，原有日人 200 余人遣送，现仅我技术人员约 50 余人。604 千周波10 万瓦特的庞大广播，装置 7 个比人高大真空管，像一间屋子大的电容器，内部机械分：一继电器；二振荡器；三中级电力放大器；四末级强力放

图 8—37　北平广播电台广播机械设备

---

[1]　《北平广播电台巡礼》，《电讯》1948 年第 2 卷第 4 期。

大器；五末级调幅器；六中级调幅器；七整流器。又有电机部分、配电室、水冷器、风冷器、发电机等。该台占地400余亩，有6座天线铁塔高入云际。我国人士每天听到的"XPPA"呼号，就是由这里传送出去的。①

此外，录音条件与设备等也有所改善，相比1946年而言，1948年末，北平广播电台发音室已增加到9个，都在西长安街台内，"每个发音室皆装有隔音板厚绒毡，门窗合缝处都用绒条钉上，以使室内外之声音隔离，增音室被第

图 8—38　北平广播电台天线铁塔

图 8—39　北平广播电台整流装置器可将交流电转为直流电

图 8—40　北平广播电台配电室内变压器

---

① 《全国最大科学之喉北平中央广播电台 XRRA》，《联合画报》1946 年 10 月 16 日。

二三四五发音室围绕着，这是电台中音声传递之总枢纽，无论发音室，动态转播以及转播各台的声音都要经过增音室，室中有调整盘三座及整流器两座。遇到重要节目可用录音机录下来，以备日后再播送之用，大凡动态转播或剧院转播都是由电话线将声频送到台内增音室，经调整适宜后分别送到各播送台，转播中央国际各个外台的节目时，是由收音机将节目收下来，再由地下电线送到台内增音室，而后播发出去。"[1]

（二）电台结构与经营管理

北平广播电台原有人员 600 余名，接收后减为 200 余人。由于机构较庞大，设 4 科 1 室 1 厂，计有总务科、传音科（包括编辑、播音员）、业务科、工务科和会计室，共有员工 216 人[2]，计：正副台长 2 人、工务科 67 人、传音科（编辑、播音在内）37 人、总务科 27 人、会计室 7 人、业务科 3 人、器材修造厂 71 人。器材修造厂规模很小，仅能修补和制造某些小的零件。虽然如此，但却是国民党政权下全国仅有的三个修造所的一个。[3]

至 1947 年 4 月，全台人员进一步缩减至 180 名，但电台"经济仍万分拮据，处境艰窘"。同年 5 月，北平广播电台提出要"竭尽所能，于本身业务及内部管理上力图改进"，采取措施，在管理方面科学化，经济方面力求撙节。此时电台机构设总务科、工务科、传音科、业务科、会计室。总务科设文书、出纳、事务 3 股，工务科设调音、器材 2 股，传音科设征集、编审、播送、监听 4 股，业务科设广告、服务 2 股，会计室设审计、账务 2 股。各科室、股均制订具体的办事细则、工作程序、人员守则、管理规则、业务表报等。

抗战胜利后复建的北平广播电台对播音节目内容与质量比较重视，专门组织播音员试播，相互观摩，并由以台长为首的业务周会经各部门负责人集体评议，以求改进，并对编排广播节目表作了具体规定。

---

① 《北平广播电台巡礼》，《电讯》1948 年第 2 卷第 4 期。

② 另有《协助接收北平各广播电台与建立广播工作计划》（该资料为手写复印版），显示工作人员为 214 人。

③ 《反动统治时期的北京广播概况》。

随着制度的逐步完善，播音人员也有所增加。1947 年 5 月 1 日《北平广播电台组织系统表》统计，编播人员共 41 名，其中"征集股"与"编审股"各 8 名。这两股 16 人的职务相当于记者与编辑。[①] 并设有传音科，科下设播送股和监听股。电台对播音员管理和播音工作做了严格规定："播音员依照值班表所定值班，并于开始前 15 分钟到播音室准备"；"播音员不得迟到早退"；"播音员请假需于前一日呈准并自请代理人"；"播音员不得在发音室谈笑及吃零食"；"播音员日常应禁止饮酒及食用刺激性或有碍声带的食物"；"播音员于播音前需详读原稿、标点，签名后慎重播出"；"播音员对播演者有不适于播送的言词，有监督打断之责"；等等。[②]1947 年 10 月，北平广播电台播音员金火在杂志《家》上发表一篇《北平之声——女播音员的生活》，记述了北平台的工作点滴，她写道：

> 每个广播一天由三个人来担任，分早、中、晚三班。早班是要在播音开始前半个钟头到台的。我们的播音向来是在一般人早梦未醒的时候开始……播音室里的灯永远瞪了眼在监视着我们工作，它是室内唯一光明的来源。窗子里面挂着厚绒的窗帘，不到播音停止的时候，是不能开放的……播音以外，我们还要看新闻、找材料、写稿子、编节目、参考书籍。所以我们每天的工作都是十分紧张的。[③]

管理制度的进一步完善还体现在广播资料管理方面。广播节目资料和档案管理，包括文字资料和音像资料管理，其中唱片录音片是北平广播电台主要的节目资料。1947 年北平广播电台《唱片录音片管理规则》规定，节目唱片分为中国唱片、西乐唱片及日本唱片，日本唱片已经整理，搁置不用，中国唱片和西乐唱片每日播音随时使用，并须时时加以整理，如编号、粘贴附签、整

---

① 　北京市地方志编纂委员会编：《北京志·新闻出版广播电视卷　广播电视志》，第 225 页。

② 　北京市地方志编纂委员会编：《北京志·新闻出版广播电视卷　广播电视志》，第 239 页。

③ 　《北平之声——女播音员的生活》，《家》1947 年第 21 期。

理片套、审查唱片内容，试听剧情
等项工作。中西乐唱片各以性质分
类，编成目录，更附片名目录、均
编排号数，依次置于柜内。唱片使
用完毕后，由保管人员负责收回，
如无异状，必须仍分置原处。

图8—41　北平广播电台女播音员正在播音

　　财政经营管理方面，北平广播
电台除中央广播事业管理处拨借少
量经费外，主要靠听户的注册费执
照费和广告费维持。1947年，《无
线电世界》刊文《北平无线电风光》，
作者炼生对抗日战争胜利后北平电
台进行简单介绍，文中称："由于
电台数目逐渐增多，安装收音机的
商店和住户也很多，平均每二户有

图8—42　团体播音台前正在播送节目

收音机一架，至于收音机程式除少数外差机外多为三四管的再生收音机，对于
现有电台大有选择性不灵之感。平市的收音机都要向北平广播电台登记，月纳
收听费百元，然而台方调查不严，所以不登记的收音机很多。"[1]同年，广告在
北平广播电台节目中的比重明显加大，广告费收入有所增加。北平广播电台在
业务科下设广告股，并制定了《北平广播电台播音广告章程》《北平广播电台
播音广告实施细则》和《北平广播电台业务科广告股办事细则》。《广告章程》
和《广告实施细则》都规定凡有下列之一者广告概不接受：一、政府禁售一切
物品；二、妨碍社会心理之各种书报图画营业等；三、妨碍人民生理之各种食
物或药品；四、婚丧寿庆以及诉讼之启事。电台还编制有《播音广告价目表》。

　　会计室下设的审计股和账务股则是管理电台日常经济收支。1947年，北

---

① 炼生：《北平无线电风光》，《无线电世界》1947年第1卷第9—10期。

平广播电台制定的《会计室办事细则》，具体规定了会计室及审计股和账务股的职责及办事程序，对全台的财务管理工作做了较为明确的规定，包括员工借支手续、购置物品请求付款手续、奖金车膳费加班费支给办法、员工离职结付薪金办法、员工借支薪金及扣还办法、国内出差旅费支给标准、支出凭证单据证明规则等。

1946 年，国民政府中央广播事业管理处制定《三十五年度工作人员考绩细则》。次年 1 月，该处准许电台将广告收入 20% 中的半数为经手职员之酬金，其余半数为全台职员奖金。但北平台实际经营情况却不容乐观，1947 年 5 月，北平广播电台报告称：自接收日伪北京中央广播电台迄今，经济方面尤为艰窘，"日伪电台经济向由敌伪双方源源供应，甚至电费均有优待"，而北平广播电台接收后业务较彼时有增无减，经济则"万分拮据"。仅是年三四月份电费一项支出达 3000 余万元，而经常费自是年度起仅 2000 万元，全数不敷充作电费。

（三）广播节目的审核与播出

早在 1937 年 4 月 12 日，国民政府广播行政管理部门规定了《播音节目内容审查标准》，其中包括"违反本党主义者""危害本国安全者""妨害社会治安者""宣传迷信者""违反善良风俗者""违禁物与违禁出版品之广告"及"其他违背政府法令者"等十条，有违背规定情形之一者，"应予修正或全部禁止"。1947 年，北平广播电台对编排广播节目表也作了具体规定：凡节目表之编排，节目内容之制订，概由传音科长召集节目征集、编审两股长先行会商设计，再由征集股具体编拟，会同编审股盖章，呈传音科长室检阅。其有重大变更者，得由科务会议讨论之；每月播音节目表有变动之必要，也要呈传音科长室审核后，经节目会议决议，再呈台长室阅定；本月节目应在上月下旬由征集股、编审股预拟，呈传音科长室审检，呈台长检阅；节目会议由台长召集关系各科及对传音有研究及兴趣之同人组织之；每月召开播音员研究会 2 次，借以联络并检讨一切播音应改进事宜。全体播音员均须出席研讨会，不得无故缺席。播音员应互相考查，提供意见，共同检讨改进。

同时，在播出管理方面，北平广播电台也增强了监督工作。如上所述，节目表编排和节目内容制定，概由传音科长负责召集节目征集股和编审股股长先行会商设计，再由征集股具体编拟，会同编审股盖章，呈科长室检阅后，

图8—43　北平广播电台工作人员在第二播音台内使用调整盘、音量盘及监听设备等装置

呈台长检阅签注缮正付印，分发关系各科股，并分送各报馆、各通讯社。该台规定播送股专司发音室内外播音的一切事宜并督导演播者（包括讲演人、演奏者及艺员等）进行节目演播，负责管理播音员和发音室等。北平广播电台还制定了监听股办事细则 23 条，主要的职责如：研讨节目编定是否适当；研讨广播内容是否适当；监听广播有无谬误；监听传音技巧有无过失错误；监听电波传导、发射有无故障不良；监听艺员音调优劣、内容良否、言辞有无轨外；监听普通演讲及各种学术演讲有无谬误或轨外言论；监听时如认定确有必要，得呈请主管转饬播音人提前结束该项节目，或中止该项节目，将理由立时通知关系科股，并向上提出特别报告。

播音员队伍逐步规范、广播节目审核愈发严格的同时，播音节目也逐渐发生变化。1946 年 7 月 1 日，中央广播事业管理处发布改定版北平广播电台四个广播部分的播音节目时间表，第一广播为 640 千周；第二广播为 950 千周；第三广播 1350 千周，播音时间长 14 小时；第四广播 770 千周，播音时间长 13 小时。[①] 但此时第一电台为 10 万瓦特，因为十分费电，所以播送时间只从 20 点开始，播送节目也仅为新闻、政令传布、演讲、旧金山的转播等非娱乐性节目。第二台 950 千周波，白天播送游艺性节目，自 17 点后则为学术教育性广

① 《北平广播电台第（一）（二）（三）（四）部分播音节目时间表》，《广播周报》1946 年 7 月 1 日。

播节目。第三、第四广播电台日夜都是游艺杂耍、评书、相声、单弦、大鼓、莲花落等节目，并且夹杂着商业广告。①

1947 年 8 月 1 日起，北平广播电台改订波长，将原有之 10 万瓦特机 640 千周及 500 瓦特机皆改为 850 千周第一广播，352.9 公尺；短波 1026 千周为第二广播。②1350 千周为第三广播；770 千周为第四广播。第三广播专播广告，每天播音 13.5 小时，尽量保留较旧的娱乐节目，不带广告的音乐节目等一律取消。第四广播每天播音 16 小时，在不妨碍业务收入条件下，尽量排入较新的娱乐节目，如歌曲、话剧、播音小说等。③后又增加第五广播 640 千周。

表 8—3　《广播周报》1948 年 9 月 1 日发布的部分播音节目时间表

	播音时间	主要对象	节目内容	备注
第一广播 850 千周	7：30—00：30 （13：30—18：00 休息）	偏重中上级听众，包括一般儿童、青年	除宣传政令外，注重文化宣传，设置初高级语言讲授，安排讲座。娱乐节目以适应高级趣味为标准。	
第二广播 1026 千周 （短波广播）	21：00—00：30			
第三广播 1350 千周	7：25—24：00 （12：55—14：35 休息）			
第四广播 770 千周	7：30—24：00 （14：30—16：00 休息）	偏中下级听众	除新闻、文教时间、国文讲授等，其他娱乐节目适合地方听众趣味，辅助社教。	
第五广播 640 千周	7：20—00：30 （13：30—14：30 休息）	偏重低级听户	除播送文教时间等常识性节目外，其余娱乐以提高低级听众趣味为标准，辅助社教。	

设备的保证下，节目播放形式多有创新。1947 年 10 月 10 日，是平津区广播电台接收伪华北广播协会各电台的纪念日，北平广播电台联合天津、济

---

① 　知白：《今日的北平广播电台》，《华北日报》1946 年 7 月 17 日。

② 　《北平广播电台昨起改订波长》，《经世日报》1947 年 7 月 31 日。

③ 　北京市地方志编纂委员会编：《北京志·新闻出版广播电视卷　广播电视志》，第 164 页。

南、保定等多地电台策划了一个特别节目——平津区电台接力广播，即利用平津电台最大电力 640KC，100KW 台接力广播节目，使平津区接收各电台依次把自己的精彩节目从 640 千周机播出送到全国。北平台广播人员在《广播周报》广播通讯栏目中写道："接力无线电台广播还是初次，大家都没有经验，而且准备时间很短，而结果却是很满意。这不能不说是各台同人们的努力。在这里不能不向大家致谢，同时希望在新年的时候，能扩大到全国，做一次全国接力广播，那更要特别精彩了。"[①]

但随着蒋管区物价飞涨，民怨沸腾，反饥饿、反内战、反独裁的示威游行汹涌澎湃。国民党反动派立即颁布《戡乱时期紧急治罪法》企图镇压群众。北平广播电台紧跟上。从 1947 年起就开办两个特别节目。一个是"空中晚会"，对象就是蒋管区的大中学生。该节目在每周二、六晚上黄金时间，以文娱晚会的形式，大量安排演讲、报道、专题讲座等内容，来分化和压制当时在全国轰轰烈烈开展起来的反美、反蒋的学生运动。1948 年 8 月 2 日，正值学潮澎湃之际，一次"空中晚会"节目中播出一篇所谓"振作学风"的评论，警告各校学生"要认清环境，不要受邪说（指共产党革命学说）之煽惑，要致力学业。"另一个节目为"北平之声"，是针对解放区军民办的。《广播周报》1948 年 9 月 26 日《北平台百千瓦广播〈剿匪宣传〉节目志详》一文报道如下：

中央广播事业管理处北平广播电台，自九月十日起，每日夏季中原时下午八时三十分至十一时三十分，开足百千瓦大机三小时，加强剿匪宣传，兹将该台第一广播八五零千周每晚八时三十分至十一时三十分节目《北平之声》的新订程序，探志如下：

八时三十分至九时，以国乐开始，随即介绍节目内容和气象，接着对城市人民及知识分子讲话，垫以音乐。九时至九时三十分，报告简明新闻后，转播中央台的时事述评。九时三十分至十时三十分的节目叫作"怎样

---

① 《平津区电台接力广播》，《广播周报》1947 年 11 月 3 日。

生存"专对"共匪"占区民众广播，有音乐和谈话，还有地方剧，包括话剧、歌咏和杂曲。紧接着是通讯报道的节目叫作"光明之路"，专对"共匪"官兵广播，有杂曲、对"匪官"兵的谈话、新闻、记录新闻等。最后以"终了曲"结束广播。①

短波 1026 千周第二广播凌晨零点也会联播"北平之声"，扩大收听范围。②该节目还播出国民党国防部指定"对反'共匪'论功行赏之办法"的解说，妄图策动解放区军民向国民党反动派投降。并以小说形式播出了"红纱曲""佳木斯的哀歌""太行山下的悲剧"等，歪曲事实污蔑解放区军民，欺骗蒋管区人民。1948 年 10 月 25 日，北平广播电台会议记录规定《北平之声》节目每周最少要有 30 分钟录音片，可录制歌剧、杂剧和优秀歌唱家及学生演出节目。③

北平广播电台还奉命对陕北新华广播电台等解放区广播电台进行严密"侦听"。宣称"侦听"到北平有陕北等解放区短波、中波二十个电台对北平广播，并称据其"精密统计"，当时东北、华北由中共"掌握中之收音机最低达四十万部以上"，于是指定了开展"广播战"计划，设立强力电波（加大发射功率），对陕北新华广播电台等对北平在内的华北地区的广播"作全面集中之干扰"，由于从事广播发射工作的中共地下党员的工作排除了北平广播电台的干扰，部分北平市民仍然可以收听到陕北新华广播电台等台的广播节目。④

1. 新闻类节目

1946 年 5 月，国民党中宣部函示中央广播事业管理处，"今后广播重要新闻，应以中央电讯为准"。1947 年 6 月，北平广播电台第二广播节目时间表中有"儿童新闻""国外新闻及本市新闻""简明新闻、时事述评"3 个节目，共

---

① 《北平台百千瓦广播〈剿匪宣传〉节目志详》，《广播周报》1948 年 9 月 26 日。
② 《北平广播电台 XRRA》，《广播周报》1948 年 8 月 29 日。
③ 北京市地方志编纂委员会编：《北京志·新闻出版广播电视卷　广播电视志》，第 164 页。
④ 北京市地方志编纂委员会编：《北京志·新闻出版广播电视卷　广播电视志》，第 41 页。

60 分钟，约占该台全天播音时间 840 分钟的 7%。1948 年 9 月实行的该台第一广播节目时间表中，有 4 次新闻节目，播音时间约 100 分钟，约占全天播音时间的 18%。①

2. 社教类节目

北平广播电台复播后，非常重视广播节目的教育作用。其节目方针"注重于主义之弘扬及民教之增进"，在节

图 8—44　北平师范女学生为北平广播电台"青年时间"节目合唱

目中插播国民党总裁蒋介石言论、国民党员守则及国民党的政治性"警戒语"，每天设立"新·生活运动讲话""历史讲话""地理讲话""卫生讲话""艺术讲话"等节目；"农业知识""工业知识""商业知识""家庭知识""科学知识"等节目；"儿童时间""青年时间""妇女时间""政令传播""演讲"节目；语言方面，讲授"初级国语""高级国语""初级英语""高级英语"节目。北平台还利用暑假时间举办学术讲座，邀请北平高校和教育界著名人士开办讲座，内容涉及经济、政治、文化、军事等方面。如 1947 年 8 月 1 日，中央广播事业管理处北平广播电台举办的暑期学术讲座第一讲，主讲者便是国立北京大学校长胡适先生，演讲题目为"眼前世界文化之趋向"。从 8 月 1 日到 9 月 21 日，51 天的时间里北京台共举办 40 次讲座。②

即便是以娱乐节目为主的 770 千周与 640 千周节目，每天也会有 15—30 分钟的"文教时间"与"国文 / 英文讲授"课程。1948 年 1 月起新办"空中晚会"和"北平之声"节目，前者以大学生为对象，以扼杀反饥饿、反内战、反独裁的学生运动为目的；后者针对解放区军民，企图瓦解军民斗志，欺骗国民党统治区民众。

---

① 《北平广播电台 XRRA》。

② 《中央广播事业管理处北平广播电台举办暑期学术讲座程序表》，《广播周报》1947 年 10 月 26 日。

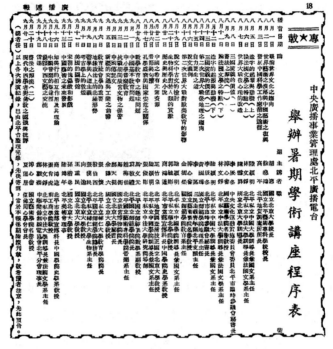

图8—45 北平广播电台举办暑期学术讲座程序表

3. 经济类节目

国民政府交通部制定的《广播无线电台设置规定》第 22 条规定：民营广播电台音乐歌曲及其他娱乐商业报告两项节目至多不超过每日播音时间的 80%，而公营电台应不予播送商业广告。翌年 6 月，北平广播电台第二广播节目时间表中仅有 10 分钟"商情、气象"节目；同年 8 月第一广播节目时间表中则有 5 分钟"商情、气象"和 5 分钟"鱼肉菜蔬市价"节目。这个时期，按有关规定，允许私营电台经济性节目的播音时间比例较前略为增大；而对公营电台经济性节目播音时间却有所限制，所占北平广播电台全天播音时间的比例较小。① 此外，北平台还会针对中央经济政策开办专题节目，如 1948 年 8 月 20 日至 9 月 3 日的"新币制谈话"，从"时代的经济改革"话题开始，谈论改革币制的背景、原因、问题及币制建设的重要性。其中包括"稳定物价人人有

① 北京市地方志编纂委员会编：《北京志·新闻出版广播电视卷 广播电视志》，第 155 页。

责""商民对新币制必须拥护"及北平市市长刘瑶章讲演的"清除'共匪'奸谋与整理财政经济"等内容。①

4. 文艺类节目

由于接收伪北京中央广播电台的全部设备，加上短波 1026 千赫，共五套节目，娱乐节目各有侧重。以 1947 年为例：

表 8—4　北平 1947 年 7 月第三、四广播娱乐时间

第三广播	第四广播
单弦及大鼓 75 分	评书 75 分
西河大鼓 80 分	西河大鼓 40 分
评书 80 分	滑稽口技 80 分
梅花及乐亭大鼓 40 分	琴书 80 分
单弦 80 分	单弦 80 分
唐山大鼓 40 分	国乐 10 分
平韵大鼓 40 分	评书 80 分
单弦 40 分	平韵大鼓 40 分
聊斋 80 分	评书 80 分
梅花大鼓 40 分	唱片 40 分
唱片杂剧、歌咏、平剧 40 分	竹板书 80 分
古今奇谈 80 分	评书 80 分
莲花落 40 分	共计：765 分
名著演述 75 分	
共计：830 分	

1948 年 4 月，国民政府在广播节目上作出了调整，为使听户充分了解戡乱建国之意识，决定编制"戡乱歌曲"，融之大鼓词、太平歌词、单弦、流行歌曲，并利用优秀艺人演唱，如王佩臣、谭凤元、石连成、青萍等人。②同月，北平市教育局以流行歌曲"坏人心、败风俗"，严重影响学生一代为由，下令学校音乐教员必须禁选"流行音乐"作选择音乐教材，各电台也一律自动停播

---

① 《中央广播事业管理处各台"新币制谈话"节目统计（七）北平台》，《广播周报》1948 年 11 月 7 日。

② 《北平广播电台将播戡乱歌曲》，《益世报》1948 年 4 月 19 日。

此类歌曲。该文指出："'流行歌曲'靡靡之音到处盈溢，实为一反常现象，歌唱者不仅小学生，其他阶级亦普遍喜好哼哼此类歌曲。推测此类话剧电影上低级歌曲所以如此流行，全系广播电台放送之效，并非小学生自学而来。同一广播电台有将一歌一日播放十遍以上。"①教育局明确指出，音乐唱片均系择取含义高尚有艺术价值者播送，其词调不妥者列入禁播歌曲名单，最近统计禁播者已达 130 多种。其中包括"夫妻相骂""魔狂世界""洞房花烛夜""南风吹"等 130 余首，皆为北平广播电台传音科禁播歌曲。②

5. 体育类节目

1947 年 8 月，北平广播电台第一广播节目时刻表中，有 15 分钟"健身操"节目。同年 6 月该台第二广播节目时间表中除每天 15 分钟"健身操"节目外，逢周一、三、五还有 10 分钟播出"北平市市民健身操"。

6. 服务类节目

北平广播电台建设之初，就设立"市民服务""商情行市"等服务类节目。1946 年 2 月 1 日起，北平广播电台调整放送节目，上午十时零五分为"主妇时间"，正午十二时播送"商情行市"，下午一时十分播送各种常识，同时特于每日下午八时二十分至四十分增加"新生活运动讲话"及"市民服务时间"，接收市民关于各种问题之询问。③1947 年，北平广播电台第一、二套节目中均设有"健康操""鱼肉菜蔬市价""市民服务时间"和"预告次日节目及气象"节目。此外，广播节目中还有既带有商业性，也带有服务性的广告节目。

7. 外国语言广播

国民政府接收了伪北京中央广播电台及其广播设备，该台除用国语播音外，还增加英语、法语、荷兰语、西班牙语和意大利语等播音，每天有 5 个不同频率同时播送节目。同时，北平广播电台还转播"旧金山广播对华节目""美国之音"等国际台广播节目。

---

① 《坏人心败风俗　无过流行歌曲》，《华北日报》1948 年 4 月 29 日。
② 《坏人心败风俗　无过流行歌曲》。
③ 《北平广播电台调整放送节目》，《益世报》1946 年 1 月 30 日。

8. 宗教节目

1946 年，北平的天主教人士开始借国立北平广播电台播出公教节目，初次播音的节目为音乐剧《多尼》。[1] 广播负责人是姚耀思、圣母圣心会士万广礼神父等天主教人士。

抗战胜利后，《多尼》受邀到北平的美国红十字会俱乐部演出两次，获得很大成功。此事被国立北平广播电台的节目负责人古先生知道后，极力邀请该剧到电台演出。于是，该音乐剧于 1946 年 1 月 4 日在北平广播电台播出。此后该音乐剧还应邀到北平的美军电台播出。

以此为契机，北平广播电台负责人古先生约请这些天主教人士主持公教广播，经过一番精心准备，《多尼》剧组人员开始在北平广播电台主持固定的公教广播节目。节目设置原则为：8 分钟中文演讲、8 分钟英文演讲、4 分钟报告员介绍，也可以将其中某部分代以播音剧、朗诵晚祷等。[2]

1946 年 2 月 17 日（星期日），北平公教广播第一次播出固定节目，节目片头语是"现在开始天主公教时间"。节目内容包括 5 部分：

表 8—5　北平公教广播第一次播出节目内容

节目类型	节目内容
音乐	舒伯特作品选，四人合唱 1."予何处可寻避柽之所" 2."天主以彼奇能（奉献诵）" 3."圣战天主（圣战诵）"

---

[1] 《多尼》是天主教人士抗战期间在山东潍县的一个集中营里创作出来的。当时这个集中营禁锢了 1800 多名侨民，由于营中多数是新教徒，认为在星期日工作与游戏皆是不守神的诫命，于是便在星期日傍晚组织了合唱活动，逐渐形成了固定的星期日晚会。在星期日晚会当中产生了一个讽刺的乐剧《多尼》。该剧的演出时间是 75 分钟，由 80 位神父合唱，管弦乐队拥有 1 位主教、17 位神父、2 位修士，内容是个连续的故事，以集中营的喜乐哀痛形形色色为主题，特别描写大家对战后胜利的确信。该剧在集中营的演出非常成功，后来神父们被移至北平时，经要求重演过一次。资料源自姚耀思：《广播传教术与北平公教广播事业》，《北平上智编译馆馆刊》1947 年第 2 卷第 6 期。

[2] 姚耀思：《广播传教术与北平公教广播事业》，《北平上智编译馆馆刊》1947 年第 2 卷第 6 期。

续表

节目类型	节目内容
英文演讲	辅仁大学副校务长孙神父："何以我们在此"
音乐（四人合唱）	"请同颂主"
中文演讲	辅仁大学训育主任伏开鹏神父："今日知识分子认识公教的必要"
音乐（四人合唱）	"主！尔其纳我"

　　此后，北平公教广播克服了天气、交通工具故障、演说歌唱者临时意外等困难，从未中断节目。为了保证节目的正常播出，节目组还成立了专门的歌咏团。从1946年12月开始，节目组又接受北平电台负责人建议，尝试与非公教类节目结合，包括各项社会及文化讲演节目，以及每周一期的非宗教音乐节目，包括混声合唱、钢琴、竖笛独奏、五弦琴伴奏的民歌等。当时几乎全北平的天主教团体都协助过公教广播的工作。在公教广播周年纪念小集会上，邀请常常帮忙的同志聚会，光是教会人士就有58位，有12个国籍，代表着18个在北平的公教团体。①

　　此外，北平市基督教福音广播会也积极开展北平福音广播工作。1946年，为扩大工作起见，该会于2月18日下午6时在青年会二楼105号举行常务会议，研讨广播事工，并闻该会聘定讲员多名及歌咏队分担每次广播项目云。②

　　抗战胜利后，停播了5年之久的上海基督教复临安息日会所办的广播布道节目以"预言之声"恢复播音，并且迅速发展起来。"预言之声"没有自办电台，而是首先通过租用公营电台播放节目，作为广告类节目在电台中播出。当时，各地中央广播事业管理处所属公营电台开始接受商业广播节目，"预言之声"就按照所定广告章程，租用各地电台时段播出。③如1948年8月2日《华北日报》第1版刊登的一则广告：

---

① 姚耀思：《广播传教术与北平公教广播事业》。
② 《北平福音广播工作》，《恩友》1946年第1卷第2期。
③ 林尧喜：《福音广播部报告》，载上海基督教复临安息日会编：《末世牧声》1948年第27卷第10期。

　　　　　　敬请收听　预言之声　福音广播

　　自八月二日起开始每星期一晚七时四十五分至八时十五分止假北平电台（XRRA 八五零千周波）播送。本预言之声福音广播系以阐扬基督教义为宗旨，全世界现有六百余电台（全中国占二十余电台）广播是项预言之声。①

（四）抗战胜利后广播听众的片刻自由

　　早在 1945 年 9 月，尚未正式复播的"北平广播电台"便响应重庆中央广播电台的号召，建立电台听众信箱，充分发挥了广播的社会服务与沟通功能：

　　　　北平广播电台，为便利民众互通音信起见，特遵照重庆中央广播电台命令，增设广播信箱，已自十七日起开始收件，办理试播。本市市民可自由前往广播电台文艺系内投件，并不收费，每日自晚九时十五分至二十分播送，俾与重庆中央电台广播信箱衔接，闻截至昨日止，该电已收到信件二百余封，预计日内当更加踊跃云。②

　　抗战胜利之初，中国无线电爱好者就如同呼吸到了新鲜空气。1945 年 10 月 10 日北平广播电台复播之日，《青年杂志》"小科学"栏目刊登《如何改装短波收音机》一文，文中表示，在抗战八年以来，沦陷区人民受尽了敌人的压迫、束缚、蹂躏，言论以及一切行动无一不受到敌人的限制，禁止

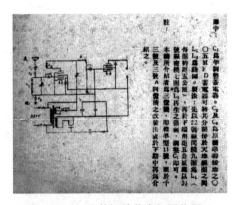

图 8—46　改装短波收音机操作图示

使用短波，甚至稍好的收音机也在取缔之内。因此将利用杂志向华北地区收音

---

① 《敬请收听预言之声福音广播》，《华北日报》1948 年 8 月 2 日。

② 《北平广播电台信箱收件极为踊跃》，《民言报》1945 年 9 月 21 日。

机持有者讲授如何改装短波收音机：

> （现在）许可使用，也可以说是最普通的收音机，只有所谓"标准型
> 受信机"。据大约统计此种机器，在华北一带已有几十万台之多，几乎在
> 每个铺户之中都可以寻得到它的踪迹。该种收音机三灯者尽可以收听本
> 市，四灯者还可稍远，但亦有限。若把线圈略为更动，即可随时收听重庆
> 中央电台以及远地的播音节目。①

同时，收音机技术多有提高，听众可选的收音机程式更多元化。因为北
平四处无峻岭及高大建筑物，并且工厂不多，很少为静电干扰，所有收音环境
尚佳。五管外差机在晚间很容易收到上海、莫斯科等广播。短波只三管再生机
即可收听全球无阻。②

好景不长，随着解放战争的爆发，国民党日渐加强对广播听众的管控。
1948 年 2 月，国民政府交通部公布修正后的《广播无线电收音机取缔规则》，
要求"无论是购自厂商或自行装配零件而成"，只要是用于"收听无线电广播
新闻讲演、音乐歌曲等项而装设广播无线电收音机，均应向交通部所辖电政管
理局或指定电政机关登记。"而"管理局对于各收音机之装置及收听情形得随
时派员检查或调验，查验收音机人员备有身份证明文件。装户应随时详所答
询，不得拦阻"。并且规定收音机用户只能收听"本国及友邦合法广播为限，
非经批准不得收听其他电台。"③

二、民营广播电台的短暂春天

抗战胜利初期，随着各城市的工商业复苏，私营广播再度蓬勃发展。北

---

① 　嘉箴：《如何改装短波收音机》，《青年杂志》1945 年第 2 期。

② 　炼生：《北平无线电风光》，《无线电世界》1947 年第 1 卷第 9—10 期。

③ 　上海市广播电视局等合编：《旧中国的上海广播事业》，第 690 页。

平先后成立了七家"民营"身份的广播电台，民营广播发展进入最兴盛的时期，北平也成为当时中国北方民营电台数量最多的城市。但构成背景十分复杂，且节目多充斥着庸俗、低俗的内容，屡次被下令要求整顿。随着内战爆发与战争局势变化，北平民营电台或关停或被改造，最终融入人民广播的时代洪流。

表8—6　解放前北平私营广播电台一览表

台名	呼号	创办年月	备注
胜利广播电台	XLIB	1946 年 1 月 15 日	
国华广播电台	XPKH	1946 年 10 月	1948 年 7 月改为"军友广播电台"
中国广播电台	XPCK	1946 年 11 月	
华声广播电台	XPAG	1946 年 12 月	
民生广播电台	XPMS	1946 年 8 月 4 日	
北辰广播电台	XPPC	1947 年 9 月	
联合广播电台	XPAY	1947 年 10 月	

（一）政府对民营电台的法制管理

日本投降后，国民政府开始接收各地区广播事业的工作。9 月 20 日，国民政府发布了《管理收复区报纸、通讯社、杂志、电影、广播事业暂行办法》"训令"，其中规定"凡敌伪机关或私人经营之报纸、通讯社、杂志、电影、广播事业，一律查收，其财产由宣传部会同当地政府接收管理；前项没收查封之敌伪，或附逆报纸、通讯社、杂志、电影制片、广播等事业所有之印刷机器、房屋、建筑工作用具及其他财产，经中央核准后，得会同当地政府启封利用。"[1]随后行政院"收复区全国性事业接收委员会"又拟定"广播事业接收三原则"，即"一、凡广播电台原系国营或敌伪设立者，由中央广播事业管理处接管运用；二、凡广播电台原系省（市）经营者，由各该省（市）政府接管运

---

[1]　《管理收复区报纸、通讯社、杂志、电影、广播事业暂行办法》，《广东省政府公报》1945 年 9 月 28 日。

用；三、凡广播电台原系民营者，暂由中广处会同原主接收。"同一天，国民党中央广播事业管理处派出冯简为特派员，主持京沪等地的广播接收事宜。9月22日，平津区广播电台接收专员办事处成立，接收大员为黄念祖，他先后接收了日伪的北平中央台和伪华北广播协会及其所属各台。

1946年2月14日，国民政府交通部公布《广播无线电台设置规则》。规则第三条对"公营"与"民营"广播电台作出了明确区分："公营广播电台——凡中华民国政府机关所办广播电台，除交通部所办者系属国营电台外，其余均称为公营广播电台"；"民营广播电台——凡中华民国公民或正式立案完全华人组织设置之公司、厂商、学校、团体所设广播电台，均称为民营广播电台。"规则第四条规定，"凡外籍机关人民、非完全华人组织设置的公司、厂商、学校、团体，一律不准在中国境内设立广播电台。"规则还明确表示，凡欲设立广播电台者，需填具申请书登记表，并叙明申请人情况、设台目的、电台名称、组织概算及经费来源、发射机和播音室情况，送请交通部审核通过后方可架设。①

《广播无线电台设置规则》规定广播电台的执照有效期为一年，而申请核发、换发、补发广播电台许可证者，则需交纳证书费500元，外加印花税5元；申请核发、换发、补发广播电台执照者应缴纳2000元，印花税费5元。按上述条件计算，一座电台从申请到开播，不仅应符合审批条件，获得准入资格，还需每年向政府缴纳许可证和执照费共计2510元。规则还要求，"凡公营广播电台，如系地方政府所设者，应以供所辖区域内公众收听为标的，其电力以100—5000瓦特为限；民营广播电台应以供所在市县内公众收听为标的，其电力以50—500瓦特为限。"第十八条又规定，"广播电台之分布，每省不得超过10座，并以散布各市县为原则；特别市除上海市不得超过15座，南京市不得超过10座外，其余每市不得超过2/3，其他省市不得超过半数。"②

规则还对广播电台播音节目有明确限定："1. 教育及公益演讲；2. 新闻报

---

① 赵玉明主编：《现代中国广播史料选编》，汕头大学出版社2007年版，第183—184页。
② 赵玉明主编：《现代中国广播史料选编》，第185页。

告（以上两项之每日播音时间公营电台应占多数，民营电台亦不得少于全日播音时间 20%）；3. 音乐歌曲及其他娱乐节目；4. 商业报告（民营电台播送以上两项节目至多不超过每日播音时间 80%，公营电台应不予播送商业广告）。"①

（二）身份模糊的"民营"电台

从内部组织和电台实际负责人身份来看，北平的民营电台资本构成十分复杂，有军统或官僚背景，即挂着"民营"的招牌，实际却具有党政军"半官方"性质，身份模糊不定。且这些民营电台的节目多以娱乐为主，部分电台内容庸俗，充斥着大量靡靡之音，为听户所厌恶。

1. 胜利广播电台

1945 年 9 月经国民党保定绥靖公署军人张惠真呈请第十一战区政治部批准设立，台址在内二区北沟沿甲 49 号，1946 年 1 月 15 日开播，呼号 XLIB，发射功率 100 瓦，频率 1020 千赫，波长 249.1 米。"胜利"二字即为了纪念抗战之胜利，因北平为文化故都，沦陷最早，敌伪之奴化因素最深，为了涤荡敌伪文化之毒氛，为了纪念抗战胜利，选由军校校友集资组件胜利电台。② 尚未开播前，胜利广播电台的宣传就频繁见报。

北平胜利广播电台　元旦开始播音

【中央社讯】北平胜利广播电台在十一战区政治指导筹备之下，现已大致就绪，台址设在北沟沿甲四十九号，本台宣扬三民主义，传达政府命令，提高国民教育文化水准，注重国民教育四大目标，定于明年元旦开始播音。③

胜利广播电台自台长以下，计分线务部、传音部、美术广告部，并附设装修股，全体 30 余人。不久，又增设第二台 1150 千赫，专门用于接收共产党

---

①　赵玉明主编：《现代中国广播史料选编》，第 185—186 页。

②　树勋：《胜利广播电台创设简史与现状》，《益世报》1948 年 1 月 15 日。

③　《北平胜利广播电台元旦开始播音》，《益世报》1945 年 12 月 18 日。

广播信息。[①]1948 年 1 月 15 日，《益世报》为胜利广播电台成立两周年做了一期特刊，从胜利广播电台的创设与发展说起，到军界人士井益齐发表的一席展望之语和祝词，再到该台广播从业者对广播生活的感想，以及对当下广播事业与广播节目的改进意见。特刊中 5 篇文章各有侧重，从理论和实践的层面探讨广播事业，尤其是广播所具有的教育意义和广播节目如何科学管理等问题。同年 4 月 30 日，胜利广播电台因播放歌曲过于消沉，被市教育局通令停播流行歌曲。报道称："胜利广播电台，鉴于流行歌曲麻醉消沉，复经市教育局通令禁止，该电台响应取缔靡靡之音起见，自即日起停止播送流行歌曲，改播具有意义之唱片。"[②]

2. 国华广播电台

开播于 1946 年 10 月，呼号 XPKH，发射功率 100 瓦，频率 1410 千赫，台址位于内一区东单帅府园。1948 年 7 月又改称军友广播电台，负责人为国震宇。该台节目如下[③]：

表 8—7　北平国华广播电台节目单

时间	节目
8∶00	开始音乐，预报节目
8∶10	早晨的话
8∶20	胡玉民趣味谈话
8∶55	陈士通琴书
9∶30	新闻类述
9∶40	歌曲唱片
10∶15	西乐唱片
10∶50	平剧唱片
11∶25	王金凤平韵大鼓
12∶00	报时
12∶05	三蘑菇口技

---

① 树勋：《胜利广播电台创设简史与现状》。

② 《胜利广播电台停播流行歌曲》，《华北日报》1948 年 4 月 30 日。

③ 《北平国华电台节目单》，《真善美》1947 年 6 月 1 日。

续表

时间	节目
12：40	关德俊莲花落
13：15	歌曲唱片
13：50	李兰舫梅花大鼓
14：25	王佩臣铁片大鼓
15：35	花小宝梅花大鼓
16：10	唱片
16：45	孙敬修儿童故事
17：20	歌曲唱片
17：55	大地歌乐团歌曲音乐
18：30	孙书筠平韵大鼓
19：05	平剧唱片
19：40	明亚社平剧清唱
20：15	高德明口技
20：50	阎丽琴梅花大鼓
21：25	平安社平剧清唱
22：00	报时国内外新闻及实事述评
22：20	歌曲唱片
22：55	中央广播社播音组播音剧
23：30	西乐唱片
23：50	商情行市、预报次日节目、终了音乐

北平和平解放前夕，该台出动广播车在街头进行煽动性宣传，妄图破坏中国人民解放军进城。北平和平解放后，该台作为私营广播电台予以保留。军友电台原属国民党政府国防部军中广播电台系，北平和平解放后仍播送"充满毒素的节目和欺骗人的广告"，至 1949 年 10 月被北京市军管会查封。

3. 中国广播电台

开播于 1946 年 11 月，呼号 XPCK。该台设有一、二两个分台，发射功率分别为 500 瓦、频率 710 千赫；200 瓦、频率 1060 千赫，台址位于外二区前观音寺。其创办人和主持人多有军统背景，董事长楼兆元，副董事长赵容德，监事长马汉三，经理段维纲。1947 年 5 月 29 日，该电台节目如下①：

① 《介绍北平广播圈》，《真善美》1947 年 5 月 29 日。

表8—8 中国广播电台节目单

时间	节目
8：00	国歌预报节目
8：10	主席语录
8：20	警策语、国乐
8：30	家庭时间
8：45	谭凤元单弦
9：20	河南坠子
9：55	国内外新闻
10：10	三蘑菇相声
10：45	李燕燕娃娃剧
11：20	高德明对口相声
11：55	正午报时
12：00	花砚雯评戏清唱
13：10	歌曲唱片
13：45	闫丽琴梅花大鼓
14：20	休息
14：55	预报下午节目
15：00	歌曲唱片
15：35	杂曲唱片
16：10	连阔如评书民族英雄
17：55	金牛峰教授英语讲座
18：15	八一五剧团话剧
18：50	四联剧社国剧
20：00	联谊剧团播音剧
20：35	欧阳达之活页随谈
21：10	张望儿童故事
21：30	歌曲唱片
22：00	经济行情
22：20	书报选读
22：45	预报次日节目、播音完毕

1949年10月25日被北京市军管会查封。

4. 华声广播电台

成立于1946年12月，呼号XPAG，周率1130千赫，波长265.5公尺，发射功率 100 瓦。台址位于内一区八面槽椿树胡同，台长张芷江。该台节目如下①：

表 8—9　北平华声广播电台节目单

时间	节目
7：50	读讲总裁言行
8：00	平剧唱片
8：35	歌曲唱片
9：10	关德俊莲花落
10：20	三蘑菇口技
10：55	唱片
11：30	简明新闻
11：35	王艳芬西河大鼓
12：45	书报选读
12：50	歌曲唱片
13：25	三蘑菇口技
14：35	常识
14：40	李燕飞娃娃剧
15：15	高德明口技
16：20	孙敬修儿童节目
16：55	明星歌乐团流行歌曲
17：30	平剧唱片
18：05	歌曲唱片
18：40	简明新闻
18：45	平剧唱片
19：20	花小宝瓶梅花大鼓
19：55	王佩臣乐亭大鼓
20：20	侯宝林口技
21：40	唱片
22：15	预告次日节目
22：25	平剧唱片、播音完毕

---

① 《北平华声广播电台》，《真善美》1947 年 6 月 4 日。

在北京，华声广播电台于 1949 年 12 月被军管会派出的代表周游①实行军管监督。新中国成立初期，随着首都工商业的发展，华声广播电台的营业状况良好，月有盈余，在协助人民政府宣传法令、教育群众方面起了一定作用。1951 年华声广播电台提出公私合营的要求。1952 年 6 月，该台向北京市人民政府申请停业。当月 30 日，由政府代表周游、私方代表张芷江签订了北京市人民政府收购北京华声广播电台财产的协议书。双方协议自 1952 年 7 月 1 日起由政府单独经营，保留或更改名称由政府自行决定。全台 9 名职工，2 名由私方自行处理，其余 7 人由政府考核后量才调配。对该台财产，政府先付人民币 3000 万元，按清册清点后再按正式作价补齐余款。至此，北京结束了私人经营广播事业的历史。②电台台长张芷江则在后来的运动中跳楼自杀。③

5. 民生广播电台

1946 年 8 月 4 日④开办，台址位于内三区马市大街，呼号 XPMS，发射功率 860 千周，波长 346.3 公尺。董事长楼兆元，经理朱熙元，副经理叶丹秋，后改由秦丰川担任。该台名义上为民营广播电台，实为"军统"北平经济建设协会主办，楼兆元等系"军统"特务分子。1947 年 8 月 4 日为北平民生广播电台揭幕仪式，参与该会的皆是具有军政背景的要人。《民生广播电台揭幕纪盛》一文中写道：

八月四日这可纪念的一天，是本会主办北平民生广播电台揭幕的日子。事前发出了美观而正式的请帖，上面写着恭请十一区孙长官揭幕，并

---

① 周游（1915—1995），湖南长沙人，燕京大学新闻系肄业，《北京日报》创始人之一，是首都新闻事业的奠基人。1949 年 1 月北平和平解放之初，周游任北平市军事管制委员会新闻出版部新闻处处长。随后北平市人民政府成立，周游任当时及此后的北京市人民政府新闻出版处第一任处长。

② 张寿颐：《北平解放初期接管报社和广播电台纪实》，《北京党史通讯》1989 年第 1 期。

③ 孙孚凌：《我在北京工作和生活的 60 年》，《北京党史》2009 年第 4 期。

④ 过去的资料均显示创办日期为 1947 年 9 月，但根据《北方经济旬刊》1946 年第 1 卷第 5 期报道，民生广播电台的创办日期应为 1946 年 8 月 4 日。

请孙女公子剪彩……

　　不足九时，各界来宾相继来到，门前汽车挤得满满。军调部蔡文治参谋长来得最早。接着行营李主任代表李宇清少将，警察局长汤永咸，副局长祝维平，宪兵十九团团长童鹤运，其余各界来宾有北平行营督察处长倪超凡，及各工商界领袖等三百余人。①

表8—10　民生广播电台节目单

时间	节目
8：00	开始播音、国歌、预报本日节目
8：05	西乐
8：30	简明新闻
8：55	国乐
9：00	书报选读
9：20	歌曲唱片
10：40	侯宝林滑稽弹唱
11：20	社会服务
11：30	担任话剧
12：10	李燕飞、李燕燕儿童趣剧
12：50	讲座
13：10	平剧清唱
14：30	商情、预报下午节目
14：35	休息
15：05	军乐、预报下午节目
15：10	赵英坡小说讲述
16：30	平剧唱片
17：10	歌曲唱片
17：50	三蘑菇滑稽弹唱
18：30	英语会话
19：00	平剧唱片
19：40	大风乐队歌唱及音乐
21：00	国文讲座
21：30	胡玉民趣味谈话

---

① 健夫：《民生广播电台揭幕纪盛》，《北方经济旬刊》1946年第1卷第5期。

续表

时间	节目
22：10	李照清小说讲述
22：50	各地商情
23：05	西乐
23：20	新闻，报告次日节目
23：35	总理纪念歌、播放完毕

北平和平解放后该台予以保留，该台仍多次进行反动的广播宣传，于
1949 年 10 月 25 日被北京市军管会查封。

6. 北辰广播电台

开播于 1947 年 9 月，呼号 XPPC，周率 1200 千赫，波长 250 公尺。该台
节目如下[①]：

表 8—11　北平北辰广播电台节目单

时间	节目
8：00	开始播音、国歌、预告当日节目
8：05	国父遗教、主席言行
8：15	评戏
8：55	宪法提要释义、兵役法令宣读
9：05	关学增双龙传
9：45	传士亭彭公案
10：25	关德俊莲花落
11：05	简明新闻
11：15	王艳芬琥珀月光杯
11：55	杨阔庵三侠剑
13：35	平剧
13：15	架冬瓜滑稽演唱
13：55	各地经济动态
14：00	关顺鹏战国春秋
14：40	程林凤刘公案
15：20	评战
16：00	常识讲话

---

① 《北平北辰广播电台》，《真善美》1947 年 6 月 3 日。

续表

时间	节目
16：10	平剧
16：50	关德俊莲花落
17：30	刘淑贞平韵大鼓
18：10	歌曲
18：50	讲座
19：10	歌曲
19：50	评戏
20：30	陈士通关东六侠女
21：10	大地播音剧团播音剧
21：50	国内外新闻
22：00	经济通讯
22：10	评戏
22：50	社会服务、预报次日节目、播音完毕

7. 联合广播电台

开播于 1947 年 10 月，呼号 XPAY，周率 300 千赫，波长 230.7 公尺。该台节目如下 [①]：

表 8—12　北平联合广播电台节目单

时间	节目
7：30	开始播音、由 XGCA 南京中央广播电台转播国乐、新闻
8：00	报时、早晨的话
8：05	西乐及预告当日节目
8：10	唱片
8：50	李兴海乐亭大鼓
10：20	科学常识及家庭知识
10：40	段鸿斌琴书
11：25	国内外新闻
11：45	歌曲唱片
12：25	传士亭乐大鼓
13：05	王静小姐流行歌曲
13：40	关德俊莲花落

---

① 琳：《北平联合电台节目单》，《真善美》1947 年 6 月 5 日。

续表

时间	节目
15：15	关顺鹏竹板书
16：35	分段兴云评书
18：00	XGCA 南京中央广播电台转播简明新闻
18：10	东城国剧社国剧清唱
19：05	京韵大鼓
19：45	歌曲唱片
20：30	听众之音
21：15	由昇平及凤凰庭游艺社转播游艺节目
23：45	西乐及预报次日节目、播音完毕

此外，1945 年 8 月抗战胜利后至年底，北平出现了军队开办的军中之声广播电台、国防部第 72 广播电台，均属军队管辖，流动性大，时建时迁。美国军队驻扎北平期间，办了一座美国海军陆战队广播电台，呼号为"XRAY"，发射电力为 200 瓦，主要为了满足美军了解消息、娱乐消遣之用。

解放战争后期，一批大中城市相继解放，对原国统区广播电台的接管也成为当务之急。1948 年 11 月，中共中央作出了《对新解放城市的原广播电台及其人员政策的决定》，其中对民营电台的处理有明确规定："背景是国民党，或其某一派系所经营，查明有据，专门进行反共、反苏、反人民之宣传者，没收之；纯粹系私人营业性质，靠商业广播及音乐娱乐以维持者，可暂时准其继续营业，但需在军管会管理之下，广播节目须经军管会审查，并需转播新华台节目，且不得有反对人民解放军及人民政府之任何宣传。凡外国资本及外国人经营的广播电台，均应停止广播。私人经营的短波广播电台，一律停止广播。"①《决定》最后强调："新中国之广播事业，应归国家经营，禁止私人经营。在确定国营时，对某些私人经营之广播电台及其器材，可由国家付给适当之代价购买之。"②这一规定的出台，意味着允许民营电台的暂时存在，只是一种权

---

① 中央人民广播电台研究室、北京广播学院新闻系编：《解放区广播历史资料选编》（1940—1949），中国广播电视出版社 1985 年版，第 336—337 页。

② 中央人民广播电台研究室、北京广播学院新闻系编：《解放区广播历史资料选编》（1940—1949），第 336—337 页。

宜之计。它将在人民政权稳固后，按照既定的路线在大陆被取缔。对私营广播电台的社会主义改造，我们将在下面的章节中专门介绍。

三、北平解放前人民广播在本地的收听情况

北平解放之前，广播电台先后控制在国民党反动派和日本侵略者手中。他们为了控制舆论、欺骗群众，多方限制北平人民收听外台，但是，无线电波毕竟是无法阻挡的。来自我党领导下的解放区广播电台播出的真理之声，仍然冲破"新闻封锁"传入北平，受到了听众的重视与欢迎。

抗日战争胜利之际（1945 年 9 月），延安新华广播电台正式播音，加上其他解放区广播电台的及时转播，在北平收听延安广播的条件更加方便了。在国共谈判期间，叶剑英同志为首的我党代表团，为参加军事调处执行部工作进驻北平。同时，我党又在北平出版了机关报《解放报》，办起了新华分社。党的宣传活动对于唤起古都北平人民的新觉醒，起了很大的作用。1946 年 5 月，国民党反动派无理查封北平《解放报》和新华分社。次年 2 月，叶剑英同志等被迫撤返延安。他在临行之前，把一架收音机交给了留平的民主人士吴晗同志。

吴晗同志当时正在清华大学任教。他用那架收音机经常收听来自解放区的声音。每天抄收复写有关消息和评论，然后秘密发给民主人士和进步群众。后来，由于形势紧张，为了避免暴露，曾经多次转移收音机，但收听工作一直未断。北平解放后，这架收音机长期保存在民盟北京市委，后来由中国革命博物馆收藏。

在解放战争时期，北平地下党为了迅速听到党中央的声音，及时了解战局的发展情况，在 1947 年夏天，秘密安排了陆光炽等三位地下党员收听陕北新华广播电台（延安新华广播电台撤出延安后改此名）的广播节目，同时根据收听记录办起了名叫《新闻资料》的油印刊物，分送地下党各支部。这个刊物每星期出版一期，32 开本。三位地下党员不顾酷暑寒冬，坚持收听，坚持编

印，除了印发战报、国内外要闻和评论外，还抄印过《目前形势和我们的任务》
《中国人民解放军宣言》《在晋绥干部会议上的讲话》等重要报告及文件。一般
每期油印一二百份，有时多至五六百份。地下党的秘密交通系统负责把《新闻
资料》传送到各地下党支部和有关同志手中，这项工作一直坚持到1948年8月，
共编印出版了近60期。后来由于地下党各单位差不多都有了收音机，可以自
行抄收广播，编印《新闻资料》的工作始告终止。

　　除了地下党有组织的收听活动外，在热切盼望和平民主的北平人民中间。
也有不少人自发的秘密收听解放区的广播，以便从中了解我党的政策和解放战
争的形势，积极投入第二条战线的斗争。延安新华广播电台还收到过北平听众
的来信说：“听了你们的广播，如同黑暗中见到了光明。”延安和陕北新华广播
电台还曾多次播出在北平的民主人士撰写的文章。另外，设在东北解放区齐齐
哈尔市的西满新华广播电台，也曾收到过北平听众的来信。来信对西满的广播
表示热烈欢迎，并对改进广播提出了具体意见。信中还告诉西满台，最近北平
出现一电台，与西满台波长相差无几，似专为扰乱而设。反动分子心劳技拙，
实令人齿冷。

第五节　随军进城的人民广播

　　解放战争打响后，一批大中城市的相继解放，中国共产党领导的人民广
播电台在张家口、哈尔滨、长春、沈阳、通化、本溪、鞍山、营口、安东、吉
林等新解放城市陆续成立。到新中国成立前，各地成立的人民广播电台已达
35个。北平人民广播的建立，从北平和平解放开始正式拉开序幕。

一、北平（京）人民广播的接收与建立

　　解放战争后期，为迅速肃清反动残余势力，保障国家和人民生命财产的

安全，中共中央决定"对新收复的人口在五万以上的城市或工业区，均应实行一个时期的军事管理制度，指定攻城部队直接最高指挥机关军政负责同志与地方党政若干负责人，组织该城市的军事管理委员会"[1]。中国共产党向来十分重视广播媒介，处置和管理各城市中原有的广播电台，也成为各地军管会的一项重要任务。在和平解放的氛围下，军管会按照相关政策妥善有序接收，并逐步建立起人民广播事业。

（一）关于旧广播电台与广播员的相关决定

军管会作为特殊时期的一种军事性、临时性的政权机关，各地军管会的主要任务，就是镇压一切反革命分子的活动，接受并管理一切公共机关、公共产业等；没收官僚资本；保障守法的外国侨民生命与财产的安全，保护工农商学界一切正当权利；迅速恢复市政建设等各项事业；对省市机关进行接收、改组，并在条件许可时召集各界人民代表会议；颁布法令、决定、命令，以维持社会秩序。从上述工作看，军管会客观上发挥了人民权力机关的职能。

早在中国人民解放军同国民党军队进行战略决战时，1948年11月，中共中央作出了《对新解放城市的原广播电台及其人员政策的决定》（以下简称《决定》），指出中国人民解放军军事管制委员会将全部接收国民党政府、军队及党部管理的广播电台，然后迅速利用其设备，建立人民广播电台，并播送入城法令、布告、城市政策等，同时按时转播陕北台的节目。对原有广播电台技术方面的从业人员，则根据各人的实际情况，分别作出妥善安排。

《决定》指出，在军事管制期间，广播电台一律归军管会统一管理，并需按照相关规定办理登记手续，经批准后始得广播。其中，"背景是国民党，或其某一派系所经营，查明有据，专门进行反共、反苏、反人民之宣传者，没收之。"[2]纯粹系私人营业性质，靠商业广播及音乐娱乐以维持者，可暂时准其继

---

① 《军队政治工作历史资料》（第13册），中国人民解放军战士出版社1982年版，第52页。

② 《中共中央对新解放城市的原广播电台及其人员政策的决定》（1948年11月20日），载中央人民广播电台研究室、北京广播学院新闻系编：《解放区广播历史资料选编》（1940—1949），第336页。

续营业，但需在军管会管理之下，广播节目须经军管会审查，并需转播新华台节目，且不得有反对人民解放军及人民政府之任何宣传。凡外国资本及外国人经营的广播电台，均应停止广播。私人经营的短波广播电台，一律停止广播。对于原有的广播从业人员，中共中央分三种情况予以区别对待，总的原则是"旧"的广播员和编辑人员基本不用。只有"历史上经调查确无甚问题，而表现比较进步者，可经训练后个别使用"①。"旧"的技术人员，需分别加以甄别后录用，"旧"艺术人员，或其他靠广播电台售卖节目为生之人物，"如音乐队员、说书、鼓词、教英文、俄文讲座之广播讲师等，可分别了解其情况后，照常录用或雇请之。旧事务人员，倘其历史清楚，而对广播台之业务有帮助者录用，其余遣散。"1949 年 9 月，中共中央发出《关于对旧广播人员政策的补充指示》，修正了以前"旧广播员一般不用"的规定。"现查旧广播员，仅作普通技术性的播音工作，政治上反动的不多，而有些在播音技术上则很熟练，我们亦无法大批代替。故旧广播员经甄别除政治上确属反动不用外，其余仍可在我们的负责管理教育下留用，这对我们没有坏处。"②

（二）和平解放下的稳步接收

1949 年 1 月 31 日，北平和平解放。当天下午，范长江率领全体接管北平新闻机构人员，作为首批进城文职人员随中国人民解放军前线司令部的先头部队入城。北平市委宣传部广播管理委员会负责人徐迈进、军管代表李伍带着编辑、播音员齐越、杨兆麟等人，接管国民党的北平广播电台，并立即筹办北平新华广播电台。

根据现存《协助接收北平广播电台与建立广播工作计划》资料与军管会代表李伍同志的工作报告手稿内容，可以窥探当年具体接收的详细过程。

---

① 《中共中央对新解放城市的原广播电台及其人员政策的决定》。
② 中央人民广播电台研究室、北京广播学院新闻系编：《解放区广播历史资料选编》（1940—1949），第 342 页。

材料一①：

（一）协助接收 7 个广播电台的工作。

（二）啟用北平广播电台，择其可用之广播机立即播送军管委会之八城布告及各种法令，以及争取在三五天内改装短波广播机转播陕北台广播。其余 6 个电台暂为封存，待逐一清理。

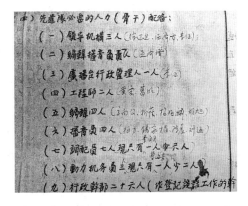

图 8—47　先遣队骨干的工作分配计划②

（三）争取将北平台一个 10 万瓦的长波台及一个 1 万瓦的短波台整理恢复。

（四）先遣队入城三个月内广播工作。

(1) 每日上午 7 时至 8 时半，中午 12 时至下午 1 时半，编辑播送以下各项节目：

· 国内外简要新闻

· 政策讲座（或播送重要文献）

· 解放区介绍

· 军管委会通过的各项法令布告

· 娱乐节目

(2) 每日下午 6 时至 10 时转播陕北节目

(3) 先遣队必要的人力（骨干）配备：

· 领导机构 3 人

· 编辑播音负责人 1 人

① 《协助接收北平广播电台与建立广播工作计划》。

② 《协助接收北平广播电台与建立广播工作计划》。

- ·广播台行政管理人1人
- ·工程师2人
- ·播音员4人
- ·调配员7人
- ·动力机务员3人
- ·行政干部26人（作登记谈话工作的干部尚未计入，单看管11个地方要22人，加上总务、会计、干部、管理等负责干部各1人共26人。现只有5人，少21人。）
- ·警卫部队1个连（分驻北平台西长安街、双桥、麻花胡同三处，须请卫戍司令部派遣）

以上不足额之干部29人，要求市委帮助就地解决，以利工作进行。

材料二：

《北平广播电台接管组十天工作报告》手稿，1949年1月31日—2月9日

1月31日晚随同市委宣传部，广播管理委员会徐迈进同志到达北平广播电台，开始接管工作。当晚即命令该台停止播音，随即召集该台全体人员大会，由徐迈进同志宣布接管方针。责成原有人员，按原组织系统办理接交事宜，并令军管代表（李伍）领导下，保证北平新华广播电台播音工作。同时宣布停止国民党、三青团等反动组织的活动和其他非法活动。并结束该台原有的编辑工作。翌日（2月1日）开始接管印信、档案（国民党秘密材料已烧毁），并筹划北京新华广播电台播音。十天来主要工作如下：

（一）接管方面：由于干部缺失，开始主要进行了了解该台情况，该台主要机件计有：

（1）500w广播机2部；

（2）播音室5个，及播音设备；

（3）录音机4部，录音胶片600余张；

（4）唱片 9000 余张；

　　　注：(1、2、3、4 所述均完好无损)

（5）仓库 11 处及物资房产家居等正在清理中；

（6）该台西郊电波研究所机件设备物资等，在回城期间，已全部被毁，现责成原有人员，设备收集整理中；

（7）黄村方面的播音设备，在回城期间拆卸搬回广播台。

（二）人员方面：该台共有技术人员、工友等 153 人，现均在职听候甄别处理，情况如下：

（1）生活困难要求帮助解决；

（2）因我们全盘业务方针尚待决定，大部职员顾虑职业去留问题，怕失业，同时工作尚未纳入正轨，表现出紊乱现象；

（3）有一部分职员因对我们不了解，心理存有疑虑，对我们表现出畏首畏尾；

（4）大部分工友表示欢迎态度，在每人暂开给两千元人民券后，心情更表现出兴奋，开始敢于发言，反映出过去受虐待、不平等的苦衷，对过去的压迫表示出愤恨。

（三）党派方面：

（1）该台国民党负责人黄念祖（正台长）、齐昌鼎（副台长）已承认系国民党党员，齐并表示愿脱离该党为我们服务，做技术工作；

（2）其他国民党党员据现在已发现有 60 余人，尚持观望态度。

（四）根据十日来的工作情况，有如下措施：

（1）10 号按军管会物资接管委员会电讯部决定，全台在职员工每人暂备两千元人民券，以解决其目前生活问题，并准备订出新的工资标准，呈电讯部审核决定；

（2）10 号起开始点交器材、物资，计划两礼拜点验完竣，造具清册呈报军管会电讯部；

（3）根据电讯部工部长意见，进行国民党党员登记工作，不限定日期，但是其迅速自动登记，工务科国民党员吴国乾已自动要求登记，并愿将该台国民党组织人员等情况说出，现已指定专人负责研究这个问题；

（4）甄别准备工作，进行的方式，先召集各种座谈会，如工程师、公务员、播音员、工友等分别座谈，同时收集原有人员履历材料及各种人员登记表册等材料。俟物资点验清楚后，根据工作需要及人员情况，再行决定人员去留问题；

（5）北平新华广播电台，由于人力关系，于2月2日开始正式播音，每天两个时间播音：

A. 中午自12时至13时30分；

B. 晚上自18时至22时，这时间发部分转播陕北台。

（6）遵照电讯部指示，从10日起与双桥大台军管代表建立联系，开始启用双桥广播台试播，筹备接替陕北工作。

（五）问题：

（1）关于地下工作者，现在情况下，不易弄清真伪，该台自认为系地下工作者已有四五人，齐昌鼎（副台长）亦自称与地下工作者有关系，望组织部将这方面材料尽先指示我们；

（2）不了解军管会整个接管情况，及接管经验，在工作上感到比在城外困难多。望军管会多给予指示，及传达各方面的经验，俾资遵照执行和吸收接管经验。

北京新华广播电台　李伍

一九四九年二月十三日

（三）人民广播事业的逐步建立

1949年1月31日晚，电台播出了北平宣布解放、电台奉人民解放军北平市军事管制委员会命令，立即停止广播、等待接管的消息。2月2日上午11

时 40 分，北平新华广播电台开播，主要内容是宣传我党城市政策，报告解放
战争的胜利消息。从这一天起，北京的广播历史揭开了新的一页。《人民日报》
报道如下：

北平新华广播电台二日正式播音

【新华社北平二日电】北平新华广播电台于今日正式播音。该台波长
353 公尺，850 千周；393 公尺，770 千周。暂定每日上午 11 点 40 分及下
午 17 点 20 分开始播音，节目分配为 12 点播送人民解放军军事管制委员
会和北平市人民政府布告和法令。12 点 40 分播送北平本市新闻。13 点
10 分播送国内外要闻，17 点 40 分播送北平本市新闻。18 点 15 分播送评
论和通讯。19 点播送北平市军事管制委员会和北平市人民政府的布告和
法令。19 点 30 分转播陕北新华广播台节目。21 点 40 分转播陕北新华广
播台英语新闻。①

自 2 月进入北京城，人民广播电台一律不再使用呼号。3 月 25 日，中共
中央由西柏坡迁进北平。同一天，新华总社和陕北新华广播电台也由平山北上
来到北平，陕北台改名为北平新华广播电台，并开始具有对全国广播的中央台
性质，原北平新华广播台则改名为北平人民广播电台，作为地方性的广播电
台。北平新华广播电台仍用陕北新华广播电台原来的播音时间和时长。②

表 8—13　1946 年 3 月 26 日北平新华广播电台节目表

时间	内容
第一次（12：00—15：00）	对人民解放军野战军广播
第二次（17：00—22：00）	
17：30	记录新闻
18：45	简明新闻

---

① 《北平新华广播电台二日正式播音》，《人民日报》1949 年 2 月 6 日。

② 《新华总社迁平，陕北新华广播电台亦于昨日移平播音》，《人民日报》1949 年 3 月 26 日。

续表

时间	内容
19：00	对国民党军广播
19：30	新闻
20：00	评论
20：15	第一次通讯
20：40	第二次通讯
20：45	综合报道及其他
21：00	简明新闻
21：15	最后记录新闻
21：40	英语新闻
注：两次播送均用波长 40 公尺，7500 千周；29.23 公尺，10260 千周；49.2 公尺，6096 千周；另第一次增用波长 31.9 公尺，9380 千周，第二次增用 33.2 公尺，9040 千周。	

随着接收工作的稳步开展和播音设备的恢复启用，6 月 5 日，中共中央发出通知，将原新华总社语言广播部扩充为中央广播事业管理处，负责全国广播事业的管理和领导工作，廖承志任处长，李强任副处长。中央广播事业管理处与新华总社为平行组织，同受中共中央宣传部领导。各中央局所属广播电台，受各该中央局宣传部与中央广播事业管理处双重领导。各地广播电台与中央广播事业管理处的关系，与各地新华总分社、分社与新华总社关系相同。

6 月 20 日，北平新华广播电台调整节目，增设台湾话、潮州话、广州话、日语新闻，并增加职工、青年、妇女轮回节目及演讲、文艺、娱乐等节目。播送时间从每天 2 次增加为 4 次，时长也从 8 小时增加至 12 小时。① 同时，北平人民广播电台也于该日改定节目，分别在早上、中午和晚间三个时段同步转播北平新华广播电台普通话新闻节目。②

1949 年 9 月 1 日起，北平人民广播电台与北平新华广播电台合并，改名为北平新华广播电台第二台，原北平新华广播电台为第一台。③ 播音时长与节

---

① 《北平新华广播电台廿日起增设新节目》，《人民日报》1949 年 6 月 17 日。

② 《北平人民广播电台廿日改订节目》，《人民日报》1949 年 6 月 19 日。

③ 《北平人民广播电台与北平新华广播电台合并，改名北平新华广播电台第二台》，《人民日报》1949 年 8 月 27 日。

目形态较之刚进城时均有所增加，第二台波长 353 公尺，850 千周；222 公尺，1350 千周。

9 月 21—30 日，中国人民政治协商会议在北京召开。会议通过的《中国人民政治协商会议共同纲领》（以下简称《共同纲领》）第 49 条："发展人民的广播事业"。21 日晚 7 点整，中国人民政治协商会议第一届全体会议在北平中南海怀仁堂隆重开幕。会议通过了中华人民共和国首都设于北平市，同时将其更名为北京市。北平新华广播电台一台、二台也随即改称为北京新华广播电台第一台、第二台。

北京新华广播电台和各地广播电台均以这次会议为中心，进行了全面的、系统的宣传。早在当年 6 月，北平新华广播电台就曾对新政协筹办会做连续报道。并于 6 月 20—24 日连续四天同时段播送毛泽东主席、周恩来副主席、朱德总司令和李济生、陈嘉庚先生等讲话录音。[1]9 月 21 日晚八点半北京新华广播台在第三次新闻节目里报道了大会开幕的消息，并且预告："本台从今天起，将逐日播送会议进行的各项消息和各重要报告和讲话的录音。"[2]9 点 15 分，北京新华广播电台即播出了毛泽东开幕词的讲话录音（即《中国人民站起来了》一文）。此后 10 天的宣传报道中，北京新华广播电台宣传报道注意发挥了广播宣传迅速及时、感染力强的特点，除了大量采编新闻稿件外，还采用讲话录音、实况广播、录音报道、两台联播等形式对大会各项消息、各重要讲话做了充分、有力的报道，在全国亿万听众中引起了强烈的反响。并详尽地报道了会议的进程、国内外的反应，同时在轮回节目、文艺节目中也都配合会议的进行开办了一系列专题性节目，如 9 月 22 日晚 10 点，北平新华广播电台第二次文艺节目播送人民胜利万岁大歌舞曲中的"庆祝中国人民政治协商会议"等歌曲。[3] 各类节目围绕着第一届政协会议，形成了一个空前规模的宣传高潮。

为了突出宣传全国各族人民团结一致建设新中国的坚强信念，北京新华

---

① 《北平新华广播电台今起播新政协筹备会上的讲话录音》，《人民日报》1949 年 6 月 20 日。

② 赵玉明主编：《中国广播电视通史》，中国广播影视出版社 2014 年版，第 157 页。

③ 《新华广播电台续播人民政协重要讲话》，《人民日报》1949 年 9 月 22 日。

广播电台对与会各党派、团体、地方、部队代表和特邀代表的绝大多数发言以及会议的重要报告都一律录音播出，据不完全统计，多达 90 人次以上。相关报道如下：

> 【本报讯】北平新华广播电台今晚六点到八点三十分，播送中国人民政治协商会议第一届全体会议第四天中各单位代表朱总司令、沈钧儒、陈嘉庚、马明方、邵力子、高崇民、彭泽民、刘英源、张云逸、乌兰夫、张难先、沙千里、梅兰芳、陈其尤、陈瑾昆、邓颖超、潘震亚、冯文彬、沙文汉、许德珩、连贯和谢邦定等二十二人主要发言的录音。八点三十分到九点三十分，继续播送中国人民政治协商会议第一届全体会议第五天进行的各项消息和开幕典礼上的各种重要讲话的录音。（以上各项节目全国各地人民电台和本台第二台同时联播）①

27 日，会议通过了《共同纲领》。《共同纲领》第 49 条规定，"保护报道真实新闻的自由。禁止用新闻以进行诽谤，破坏国家人民利益和煽动世界战争。发展人民广播事业。"②北京新华台还尝试利用实况广播的形式，向全国人民真实、生动、具体地报道了会议通过《共同纲领》和其他文件以及国都、纪元、国歌、国旗四项议案的情景。

二、广播工作的日臻完善

随着接收工作完成，新华广播电台与人民广播电台的建立以及中央广播事业管理处的成立，标志着广播事业开始步入正轨。但新中国成立前夕，条件艰苦，广播事业的发展仍然面临众多挑战。广播技术改进、广播人才队伍建设

---

① 《北平新华广播电台今晚广播人民政协朱总司令等发言录音》，《人民日报》1949 年 9 月 25 日。
② 《中国人民政治协商会议共同纲领》。

与广播节目调整，成为人民广播事业向前迈进的参考标准与重要体现。

（一）不断改进的广播技术

1948 年 12 月 14 日，中国人民解放军冀东分区解放通州，当晚冀东分区城工部接管双桥电台。1949 年 1 月 31 日北平和平解放后，中国人民解放军军委三局、新华通讯社总社正式管理双桥电台。该台有日本 30 年代生产的 2 部大功率发射机，一部为中波 100 千瓦乙类屏调机，另一部为短波 10 千瓦乙类屏调机。由于中波机缺少，大功率电子管（171E 型）只能改由末前级输出 10 千瓦功率。2 月 2 日，北平新华广播电台利用接收北平广播电台的设施，利用麻花胡同的发射台，使用频率为 850 千赫和 770 千赫，发射功率 600 瓦和 250 瓦开始播音。1949 年 3 月 8 日，双桥电台奉命启动短波 10 千瓦发射机，频率 10260 千赫，转播陕北新华广播电台节目。1949 年 3 月 25 日，中共中央和人民解放军总部从西柏坡进北平，同时陕北新华广播电台迁至北平，改称北平新华广播电台继续播音，由双桥电台正式发射播出。双桥发射台中波机，发射功率 10 千瓦，频率为 850 千赫，短波 10 千瓦，频率为 10260 千赫。

新华广播电台利用接管的北平广播电台的录音室、二部蜡盘刻纹录音机和几部美制钢丝录音机，若干铝带式和炭粒式话筒，开始录制节目，节目只能是演什么录什么，录什么播什么，演员演唱必须一次成功，无法进行剪辑。播出设备也十分简单，只有 5 个播音室，使用铝带式传声器、30 年代日产的电子管增音机，交流直流蓄电池供电。节目录制完，由录音员将钢丝录音机送到增音室播放。广播节目的信号传输是广播技术的重要一环，直接关系到广播节目的质量和覆盖范围，新中国成立初期，中央电台的节目传输通过传声器经过电子管增音机和线放立柜放大后，用音频电缆送至东郊发射台播出。此时已应用 10 路均衡器。

4 月，双桥发射台对中波 100 千瓦机进行技术改造，逐步将日本产电子管改成苏联产电子管。同年 6 月输出功率提高到 50 千瓦，9 月提高到 85 千瓦，1950 年 10 月恢复到 100 千瓦。1949 年 9 月 1 日，中波机频率改为 640 千赫，由于当时无线电广播电台少，背景干扰小，空间较为清静，双桥发射台 2 部大功率发射机覆盖面较大，如上海、南京、武汉等地均能较好地收听到中央电台的声音。10月，北京市军管会查封"中国""民生""军友"三家反动和私营广播电台，将这几家电台的部分发射机运至麻花胡同发射台，并于12月建立了以播送文艺节目和广告为主的经济台（翌年改称北京市人民广播电台第二台）。

（二）日益充实的广播队伍

1948年11月，中共中央在《对新解放城市的原广播电台及其人员政策的决定》（以下简称《决定》）中作出指示，对原有广播电台从业人员，根据各人历史背景和实际情况，分别作出妥善安排，或照常录用或雇请之，其余遣散。1949年9月，中共中央发出《关于对旧广播人员政策的补充指示》，修正了以前"旧广播员一般不用"的规定。"现查旧广播员，仅做普通技术性的播音工作，政治上反动的不多，而有些在播音技术上则很熟练，我们亦无法大批代替。故旧广播员经甄别除政治上确属反动不用外，其余仍可在我们的负责管理教育下留用，这对我们没有坏处。"[1]

同时，自1940年人民广播事业诞生日起，便培养了一批在战争中成长的优秀广播人才。新中国成立前夕，广播人才队伍日渐扩大，不仅有专业的编辑、播音员、技术员，还建立了自己的广播记者队伍，为广播节目质量提升提供了充足的人力保障。

1. 记者队伍

1949年北平和平解放后至中华人民共和国成立初期，北平新华广播电台的节目增加很多，但在若干年里，基本上是沿袭革命战争年代的做法，靠加强编辑工作办节目，稿件来源主要依靠报纸和通讯社。在20世纪50年代前期，中央电台只有少数记者采访重要的政治活动。有其他采访任务也是临时指定编辑担任记者采访工作。有重要的宣传任务，就临时抽调编辑组成采访班子，采取编采合一的办法。这期间，更没有常驻地方的专业记者。

---

[1]　中央人民广播电台研究室、北京广播学院新闻系编：《解放区广播历史资料选编》（1940—1949），第342页。

2. 播音与主持队伍

1949 年 1 月 31 日北平和平解放，军管会主任徐迈进率领齐越、刘涵、吴影、姚琪、康普、刘淮、韩浩等接管了西长安街 3 号的北平广播电台。2 月 2 日上午 11 时 40 分，北平新华广播电台开始播音，使用的是原已铺设的从西长安街 3 号经过西什库胡同到麻花胡同发射台的电缆进行节目传送，[①] 紧随着开始曲《大陆歌》，北平新华广播电台的呼号出现在北平上空。这是来自解放区的播音员齐越的声音，是北京电台发出的第一声。齐越反复播送中国人民解放军平津前线司令部的布告（约法八章）和《以和平方式解决北京战事地经过》等报道和述评。1949 年 3 月 25 日，陕北新华广播电台迁入北京后，两台的播音工作由一个播音组承担。同年 6 月 20 日，日语节目恢复广播，播音员是艾英。

1949 年 10 月 1 日中华人民共和国成立，北平新华广播电台播音员齐越与丁一岚在天安门广场城楼现场直播开国大典的盛况，以最快的速度，向全国、全世界庄重宣告新中国的诞生。

1949 年 12 月 5 日，北京新华广播电台正式定名为中央人民广播电台。播音组由孟启予任组长，丁一岚任副组长，成员除齐越等来自早期的新华广播电台播音员外，又先后从全国各地电台抽调一批优秀的播音员，并吸收了一批新生力量，如潘婕、萧楠、杨端、林田、费寄平、夏青、徐力、李兵、万里、庞啸、葛兰、林如、王欢等。他们在孟启予、丁一岚、齐越等的带领下，继承和发扬革命传统，高标准、严要求，努力建设一支思想作风好、业务水平高的播音队伍。中央电台吸收的第一代播音员大多是北京或各地的青年学生。他们经过前辈播音员事迹的鼓舞和言传身教，学会了播音。他们从大量的听众来信中受到鼓舞并经常走出播音室到广大听众中去学习、征求听众意见，带着节目到群众中一起听，参加听众意见调查活动，不断地汲取营养，锻炼自己对工作严肃认真、一丝不苟的精神。

---

① 北京市地方志编纂委员会编：《北京志·新闻出版广播电视卷 广播电视志》，第 313 页。

3. 编辑与编译

1949 年中华人民共和国成立后，对外广播逐渐建立健全了编辑机构。1950 年 2 月，成立国际广播编辑部，但尚无专门的中文编辑，只有 3 名兼职人员做编辑工作。

外国语言编译方面，1947 年 9 月 11 日，对外英语广播开播，早期的编辑翻译人员有金涛、马寒冰、王子野、李敦白等。1949 年 6 月 20 日，恢复对外日语广播节目，翻译是吴克泰和叶纪东。

4. 广播技术人员

如上所述，对国民党原有的广播从业人员，中共中央分三种情况予以区别对待，总的原则是"旧"的广播员和编辑人员基本不用。"旧"的技术人员，需分别加以甄别后录用。1949 年 9 月，中共中央发出《关于对旧广播人员政策的补充指示》，修正了以前"旧广播员一般不用"的规定，"旧"广播员，尤其是技术熟练的普通技术员，因无法大批代替，若无政治反动则可以采取管理教育后继续留用。

1949 年 10 月中华人民共和国成立，中国广播事业刚刚发展，当时聘请的大部分是来自苏联和东欧的技术专家，也有少数语言专家和文艺广播方面的专家。当时对亚洲地区的语言广播也聘请了一些专家。

（三）日渐丰富的广播节目

和平的政治环境下，广播技术发展与广播人才壮大，为广播节目的创新提供了动力与保障。北平和平解放之初，北平新华广播电台主要内容是宣传党的城市政策，报告解放战争的胜利消息。3 月，北平新华广播电台成为具有对全国广播的中央台性质，原北平新华广播电台则改名为北平人民广播电台，作为地方性的广播电台。但广播节目仍以新闻为主，中午 12 时至 15 时，为第一次广播，即"对人民解放军野战军广播"；17 时至晚间 22 时，为第二次广播，节目包括评论、通讯、英文新闻、对国民党军广播等新闻形式广播，无文艺娱乐节目。

6 月 20 日，北平新华广播电台调整节目，增设台湾话、潮州话、广州话、日语新闻，并增加职工、青年、妇女轮回节目及演讲、文艺、娱乐等节目。播送时间从每天 2 次增加为 4 次，时长也从 8 小时增加至 12 小时。① 同时，北平人民广播电台也于该日改定节目，分别在早上、中午和晚间三个时段同步转播北平新华广播电台普通话新闻节目。②9 月 1 日，北平人民广播电台与北平新华广播电台合并，改名为北平新华广播电台第二台，原北平新华广播电台为第一台。③ 播音时长与节目形态均有所增加。此后，广播节目逐步丰富完善，形成了"新闻、社教、文艺、服务、经济、体育、语言"等多元化节目模式，在传递信息、文化传承、社会教育与娱乐大众上发挥了重大功能。

广播节目的具体分析如下：

1. 新闻类节目

1949 年 3 月 25 日，陕北新华广播电台迁到北平，开始向全国播音，每天两次播音共计 8 小时，节目以新闻为主。虽然国内战争尚未结束，传送新闻的设备比较落后，但每天还是有 3 小时的"对野战军记录新闻"广播节目和"记录新闻""评论""通讯"等新闻节目。同年 4 月，共办有近 20 个固定栏目，其中有《本市新闻》。开播初期，《本市新闻》执行该台"以社会教育为主"的办台方针，每天早晚播出 2 次，每次 15 分钟。最初由来自解放区的统一编辑部供稿。统一编辑部是由新华通讯社总社、陕北新华广播电台、华北《人民日报》三个单位组成。④

1949 年 6 月，中央广播事业管理处发出通知，从当月 20 日起，北平新华广播电台与北平人民广播电台均对节目进行调整改订。早晚各有一次"日语新闻、台湾话新闻、潮州话新闻、广州话新闻"的"语言性新闻节目"，共计 1 小时。此时，北平新华广播电台播送时长增加至 12 小时，其中包括 7 小时 30

---

① 《北平新华广播电台廿日起增设新节目》。
② 《北平人民广播电台廿日改订节目》。
③ 《北平人民广播电台与北平新华广播电台合并，改名北平新华广播电台第二台》。
④ 北京市地方志编纂委员会编：《北京志·新闻出版广播电视卷　广播电视志》，第 103 页。

分的新闻节目，占全天 62.5%。各地广播电台一律转北平新华广播电台 20 点
30 分的新闻、综合报道、评论、国际时事节目，这就是最早的《各地人民广
播电台联播》节目的起源，该节目每次 1 小时。北平人民广播电台播音时间为
7 小时，除上述"本市新闻"外，还会在早、中、晚同时段转播北平新华广播
电台新闻节目，新闻节目占节目总量约 30%。

同年 12 月 5 日起，正式定名为中央人民广播电台后，节目也进行了相应
的调整。

广播技术的发展也让实况转播成为新中国重大政治事件的第一窗口。1949
年 9 月 21 日至 30 日，中国人民政治协商会议第一次全体会议在北京中南海怀
仁堂举行。9 月 30 日会议闭幕时北京新华广播电台进行现场实况转播。1949
年 10 月 1 日，首都各界群众在天安门前举行中华人民共和国中央人民政府成
立庆祝大会，北京新华广播电台第一次在天安门城楼上进行实况广播。毛泽东
主席历史性的庄严宣告、朱德总司令气势磅礴的命令、人民军队的雄健步伐和
3 万首都群众游行的欢呼声，通过实况广播响彻长城内外。

广播评论方面，1949 年 3 月 25 日开播的北平新华广播电台，每天有 15
分钟的"评论"节目，同年 9 月 1 日改为《评论或综合报道》节目。

1949 年 12 月 5 日，北京新华广播电台定名为中央人民广播电台时，就设
立"国际时事"专题节目，其内容有国际新闻、综合报道、国际评论、通讯和
专题，还有该台自写的国际问题综述、评论等。

2. 社教类节目

广播电台自创办节目以来，一直扮演着重要的教育角色。1949 年 1 月 31
日北平和平解放，人民广播自然担负起重要的教育作用，针对不同的年龄、群
体、职业播送各具特色的节目。6 月，新一轮的节目调整后，北平新华广播电
台每日 19：30—19：50 间播送"职工·青年·妇女"轮回节目；19：50—20：10
"演讲节目"，其中对青年广播节目每星期 2 次。1949 年 6 月 25—30 日期间，"职
工·青年·妇女"轮回节目包括"青年时间——介绍中华全国学生联合会（25
日）""职工时间——华北职工运动当前任务（26 日）""妇女时间——介绍旅

托儿所的经验"；"演讲节目"分别为"清华大学建筑系教授梁思成先生讲'城市交通安全问题'（26 日）""清华大学物理系教授钱三强先生讲'苏联的教育与科学研究'（27 日）""华北人民政府公营企业部工程处处长王平洋讲'华北电业电力网工作概况'（28 日）""中华人民革命军事委员会铁道部滕代远对全国广播（30 日）"。

1949 年 9 月，北平新华广播电台设置固定的《自然科学讲座》节目，邀请来自国立北京大学、国立南京大学、华北大学等高校教授，讲授内容包括自然科学常识、科学技术新知识、苏联科学介绍和怎样用马列主义观点研究自然科学等。该节目创办之初便受到格外关注。

　　【本报讯】北平新华广播电台从九月起增设"自然科学常识讲座"，播讲各种自然科学常识，特别是有关生产建设的一般的基本的知识。该讲座编播计划，已于昨日下午在中华全国第一次自然科学代表大会筹委会宣传部及北平新华广播电台编辑部联合召开的该讲座及"科学通讯"（科代筹委宣传部刊物）特约编辑座谈会上初步决定。昨日到会的特约编辑有卢于道、陶宏、孟庆哲、夏康农、子强、钱三强、严济慈、乐天宇、黄鼎臣、温济泽等十余位。会上决定自然科学常识讲座应包括理、工、农、医各种常识及科学家发明家的故事，并应随时解答听众提出的各种有关自然科学和技术的问题。会上决定除由已聘请的特约编辑分别担任择稿外，继续广泛聘请特约编辑并广泛征稿。①

除北平新华广播电台外，北平人民广播电台办台初期的总方针即为"社会教育为主"，并提出"主要为工人，学生服务"，于 1949 年 4 月即开办了以工人、青年、妇女、儿童为对象的节目。广播电台为此还专门举行座谈会，倾听群众的声音。如《人民日报》4 月 12 日报道：

---

① 《北平新华广播电台将设"自然科学常识讲座"》，《人民日报》1949 年 8 月 14 日。

　　1949 年 4 月 12 日，北平人民广播电台上午九点在北平市职工总会筹委会召开职工广播座谈会，到会的有职工总会筹委会宣教部的工作同志、长辛店铁路机厂、门头沟煤矿局、电讯局等重要公营企业工厂十九个单位代表二十四人。大家一致认为必须充实广播内容，成为进行工人宣传教育与交流经验的有力工具。①

　　对工人广播，曾经三办三停，先后用过的节目名称"职工时间""工人节目""工人工地联播节目""对厂矿职工广播""首都工人节目""对首都工人广播"。每周播出多则 7 次，少则 3 次。每次广播时间最长 45 分钟，最短 15 分钟。②其中，1949 年 4 月开办"职工时间"，着重进行时政教育和政治运动的宣传鼓动；对青年广播节目"青年生活"开办为 1949 年 4 月 20 日，不久改名为"青年时间"，每周 2 次，每次 20 分钟，节目除反映学校的学习和文体生活外，还结合当前的政治中心向学生进行多方面的广播教育；北京电台对儿童广播始于建台初期，称"儿童乐园"，后改为"儿童时间"，节目内容有讲故事、讲时事、讲科学小知识、教唱歌等。

　　北京电台社教类节目中，有大量是根据形势发展和社会需要而设置的专题性节目。其中最早创办的理论节目是 1949 年的"政治常识"；教学性节目基本分两类，一是外语教学节目，二是其他教学节目，其中外语教学节目以俄语为主。1949 年 11 月初，北京市中苏友好协会和北京新华广播电台开始筹办广播俄文讲座，面向各界市民征求意见：

　　【本报讯】北京市中苏友好协会和北京新华广播电台第二台最近联合举办广播俄文讲座，从发音教起，生字多半采自工人识字课本，这在本市还是初办，希望各界市民对于每周几次，每次多长时间，安排在什么时候

---

① 《北平人民广播电台召开职工广播座谈会倾听工人意见》，《人民日报》1949 年 4 月 12 日。
② 北京市地方志编纂委员会编：《北京志·新闻出版广播电视卷　广播电视志》，第 134 页。

等各项问题多多提出意见，以便适合多数听众需要，意见请寄交西长安街三号北京新华广播电台第二台。①

11 月末，北京新华广播电台第二台决定将于 12 月 5 日播讲"广播俄文讲座"，教师为师大俄文讲师龚人放，教材系龚氏自编。该台已制定具体学习办法。为了保证学习质量，同样的教学内容分早晚两班。每星期一、三、五下午七至八时为晚班，每星期二、四、六上午六时半至七时半为早班。内容从发音教起，根据工人识字课本的生字编写讲义，预计一年内教学 1000 字及简易文法。② 此后，北京新华广播二台又陆续发布讲座相关事项，如在指定地点报名登记，并指导购买讲义及使用方法。③ 该节目受到广泛关注，登记听讲者十分踊跃。开播 5 天，仅集体登记就有 90 多个单位 5000 多人，远在石家庄华北大学农学院有 400 人集体参加学习。④ 第一期为初级班，第二期增设中级班，到第四期就有初、中、高级三个班。1954 年后，几乎每两周组织一次辅导报告会，讲座教材也被天津、沈阳、浙江等地采用。直至"文化大革命"期间停办。初期的广告，由私人剧社和有影响的艺人（如侯宝林、连阔如等）承包。他们直播曲艺、相声、评书等节目，在节目间隙插播广告。⑤

3. 经济类节目

北京市人民广播电台为加强对京津工商界和听众服务起见，决定设立经济台。1949 年 12 月 5 日，经济台正式播音。每天 7 点 10 分和 21 点 30 分两次报告本市行情，20 点 20 分播送重要经济新闻、法令和新书、新戏剧、新电影介绍，19 点 30 分播送新音乐、新歌曲等。⑥

① 《北京中苏友协与新华二台将举办广播俄文讲座向各界市民征求意见》，《人民日报》1949 年 11 月 3 日。
② 《北京新华广播第二台广播俄文讲座，十二月五日起播讲》，《人民日报》1949 年 11 月 30 日。
③ 《京市广播俄文讲座今日开始报名登记》，《人民日报》1949 年 12 月 1 日。
④ 《广播俄语讲座各机关学校踊跃收听》，《人民日报》1949 年 12 月 11 日。
⑤ 参见北京市地方志编纂委员会编：《北京志·新闻出版广播电视卷　广播电视志》，第 160 页。
⑥ 《京市人民电台设立经济台并播送广告节目》，《人民日报》1949 年 12 月 5 日。

4. 文艺类节目

文艺类节目是中央电台播出时间最长、栏目最多的节目。1949 年 2 月 2 日，北平新华广播开始播音，内容多以宣传我党的城市政策，报告解放战争的新闻为主。随着广播接收工作的开展，单一新闻节目不能满足听众的需求。4 月，部分听众反映："新歌曲是人民群众欢迎的，但时间太少（人民广播电台一天只有十五分钟，别的电台简直没有），最好希望多加一些新歌曲的时间，以适应群众的需要。"①6 月，上海市军管会文化教育管理委员会新闻出版处接管的大中华唱片厂开始灌制解放区唱片以供各地广播电台播送，其中包括《解放区的天》《军队向前进》《向人民解放军致敬》等七种唱片，增加了各地广播电台音乐节目质量。同时，北平新华广播电台与北平人民广播电台进行节目调整，增设"娱乐唱片""文艺节目""西乐""平剧"等文艺节目。

北平人民广播电台文艺节目每天播出时间为 2 小时 45 分钟，其中音乐、戏曲、曲艺、文学、广播剧和综合节目各占适当比例。这一时期开办了"革命歌曲欣赏""新歌演唱""教唱歌"等节目，邀请演员到电台播音；进行直播，部分优秀节目用胶片录制重复播送。传统戏曲方面，北京电台初期只是播送少量旧的京剧唱片。为逐步把旧的曲艺改革成新的人民艺术，把新的曲艺队全国做示范性演唱研究，中华全国曲艺改进会筹备会和北平细化广播电台联合筹备演唱曲艺的"文艺节目"，组织了包括连阔如、曹宝禄等十余位北平民间艺人成立"曲艺广播实验小组"，表演的曲目包括京韵大鼓、乐亭大鼓、西河大鼓、单弦、坠子等多种形式。节目内容有："解放军横过小西天"（京韵大鼓，弦师胡宝钧、于少章，苗培时作词）；"三勇士推船渡江"（京韵大鼓，弦师王玉泉，史若虚作词）。为了便于艺人学习，曲改会和新华电台还合编了广播稿增刊《广播曲艺》，每十天出版一辑。②9 月，北平新华广播电台与北平人民广播电台合并后，北平新华广播电台第二台早晚增添了"地方杂曲"

---

① 戈矛：《广播台应多播新曲》，《人民日报》1949 年 4 月 20 日。

② 乃崇：《北平新华广播电台九一起播送曲艺节目》，《人民日报》1949 年 8 月 31 日。

节目。

文艺节目是广播最早开办的节目之一，也是中国对外广播的重要形式。国际电台文艺类节目内容大致包括音乐、文学和综合性的文化生活。国际广播电台最初的音乐播出不是作为节目，而是作为广播的开始曲和间奏曲。1949年10月1日中华人民共和国诞生后，国际广播以中华人民共和国代国歌《义勇军进行曲》曲调作为标志，开始每天的广播。电台收集到一些唱片，从中选择一些乐曲和歌曲作为节目的间奏音乐和补充音乐。1949年12月21日，为庆祝斯大林70寿辰，北京市人民广播电台创办群众性的广播联欢会的形式，请各行各业的群众代表，到播音室来为斯大林祝寿。会场内有朗诵祝词，有演唱文艺节目，热烈而生动。这种富有群众性的广播形式，别开生面，听众耳目为之一新。

在广播事业发展过程中建立专门的文艺表演团体，配合文艺节目播出，成为广播电台的特别需要。1949年10月，中央人民广播电台的前身北京新华广播电台组建广播文工团，是北京地区第一个广播专业文艺团体。文工团由40多个大学毕业生和战地演职人员组成，分为编导、演播、音乐3个组，先后创作并在广播电台演出了几十首歌曲和乐曲、3部广播剧，担负着中华人民共和国成立初期革命歌曲的广播教唱任务。该团于1950年7月撤销。[1]

5. 体育类节目

1949年10月1日中华人民共和国成立后，国家重视体育运动的发展，体育水平不断提高，民众对体育活动兴趣和参与日趋广泛，体育节目在北京各广播电台节目中的比重也逐步加大，以丰富人民群众的文化生活，为提高中华民族的健康水平服务。

6. 服务类节目

早在1949年6月，节目调整后的北平人民广播电台就在每周六和周日设立"听众服务"节目。1949年10月1日中华人民共和国成立后，北京各广播

---

[1]　北京市地方志编纂委员会编：《北京志·新闻出版广播电视卷　广播电视志》，第193页。

电台服务类节目的设置有很大的发展，越来越贴近听众的生活，满足听众的需要。其中包括公益节目、听众联系节目、生活服务节目和经济服务节目。国际广播的服务类节目与对内广播不同，根据国外听众的客观需要，国际电台开设的服务类节目有听众信箱、汉语教学和知识竞赛节目。

7. 语言类节目

1949 年 6 月 20 日，中国国际广播开办"对华侨广播"，使用汉语普通话和广州话、客家话、闽南话播音，初创时每天播音 3 小时。

1949 年 10 月 1 日，北京 30 万人民举行中华人民共和国开国大典游行庆祝活动，已开播的日语、英语和广州话、潮汕话、闽南话节目均播出新闻通讯社有关消息，日语广播播出了毛泽东主席在天安门城楼上庄严宣布中华人民共和国中央人民政府成立的讲话录音。

三、私营广播电台的接管与改造

在人民广播如火如荼建设的同时，从旧社会一路走来的民营广播也试图努力改造和争取政治上的进步，但仍然跟不上时代的步伐。更因与新中国之广播事业国家经营要求相违，意味着民营电台的取缔是题中之义，它将在人民政权稳固后，按照既定的路线在大陆消失。

（一）对私营广播电台的相关决策

1948 年 11 月，中共中央作出了《对新解放城市的原广播电台及其人员政策的决定》，指出中国人民解放军军事管制委员会将全部接收国民党政府、军队及党部管理的广播电台，然后迅速利用其设备，建立人民广播电台，并播送入城法令、布告、城市政策等，同时按时转播陕北台的节目。

决定还指出，在军事管制期间，广播电台一律归军管会统一管理，并需按照相关规定办理登记手续，经批准后始得广播。其中，"背景是国民党，或其某一派系所经营，查明有据，专门进行反共、反苏、反人民之宣传者，没收之。"①纯粹系私人营业性质，靠商业广播及音乐娱乐以维持者，可暂时准其继续营业，但需在军管会管理之下，广播节目须经军管会审查，并需转播新华台节目，且不得有反对人民解放军及人民政府之任何宣传。凡外国资本及外国人经营的广播电台，均应停止广播。私人经营的短波广播电台，一律停止广播。

决定最后强调："新中国之广播事业，应归国家经营，禁止私人经营。在确定国营时，对某些私人经营之广播电台及其器材，可由国家付给适当之代价购买之。"②这一规定的出台，意味着允许民营电台的暂时存在，只是一种权宜之计。它将在人民政权稳固后，按照既定的路线在大陆被取缔。

北平解放前夕，旧广播电台的负责人多已逃离，收音机共有53000多台，大部分掌握在中层人士手中。③2月，军中之声、七十二电台、胜利、北辰、华声等5家电台被接管，城内只剩私营广播电台4家，它们分别是：民生、中国、军友、华声4家广播电台，总发射电力不过1000瓦左右。中共北平市委关于如何进行接管北平工作的通告第四项第七款提出，对私营广播电台一律实行军管。但军管会在北平解放初期按系统接管的任务很重，力量不足，所以对私营广播电台除责令其转播新华广播电台的政治新闻外，对其自己编排的娱乐节目并未过多干涉。④私人资本经营的广播电台为了吸引听众，牟取广告利润，仍然沿袭过去的做法，使一些宣传封建迷信的旧戏、低级下流的黄色歌曲、庸俗无聊的曲艺，继续充斥广播，从早到晚靡靡之音回荡空中，这与当时人民广播电台严肃认真的作风以及解放了的人民在思想政治上热情高涨的气氛极不协调。5月5日，《人民日报》头版刊登两篇文章针对北平市私营广播电台存在

① 《中共中央对新解放城市的原广播电台及其人员政策的决定》（1948年11月20日），载中央人民广播电台研究室、北京广播学院新闻系编：《解放区广播历史资料选编》（1940—1949），第336页。

② 中央人民广播电台研究室、北京广播学院新闻系编：《解放区广播历史资料选编》（1940—1949），第336—337页。

③ 参见《当代中国的广播电视》。

④ 张寿颐：《北平解放初期接管报社和广播电台纪实》，《北京党史》1989年第1期。

问题和改造措施，其中《平市私营广播电台靡靡之音毒害人民》一文提出：

　　【本报讯】据读者反映：北平四家私营广播电台在解放前成立，现仍继续播音。他们所播节目，仍有不少落后的、低趣味的相声、评书、旧剧清唱和"流行歌曲"等，内容不是宣传封建道德，就是污秽的色情歌曲，甚至连最不正派的色情狂的歌曲小调也搬了出来，从早晨七点到深夜一点多，无线电到处可以听到靡靡之声。①

　　另一篇文章为社评《改造私营广播电台》，指出"解放后的北平，某些私营广播电台仍然整日播送淫荡色情歌曲，引起人民的不满，一致认为如此恶劣现象在人民城市里不应允许存在。这种意见，我们完全赞成。"文章强调，"他们要求私营广播电台进行必要的改革，靡靡之音应该停止而代之以人民大众的雄壮声音，人民的城市只能发出人民的呼声。"该文还要求加强对私营广播电台的监督和领导，"要告诉这些私营广播电台应该播送的节目，规定一些广播内容，帮助他们解决一些困难，教育他们以新民主主义的道理，使他们懂得新旧社会的根本区别，懂得应该发扬什么，反对什么，从而进一步改进播送工作。"②

　　为了加强对私营台的管理和改造，同年9月29日，《北京市军事管制委员会关于北京市私营广播电台管理暂行办法》出台，该"办法"明确规定，外国人一律不许设台播音，中国人办的私营台应立即申请登记，具报电台名称、台址、负责人及主要工作人员和播音员的姓名、籍贯、住址、履历及其过去的政治经历，党派关系及现在的政治态度，电台的经济来源及营业账目，播音时间及节目等事项；私营电台只准用中波机，电力不得超过250瓦，播音波长由军管会规定；不得进行反人民民主事业的宣传；每天必须转播北京新华广播电

---

① 《平市私营广播电台靡靡之音毒害人民》，《人民日报》1949年5月5日。
② 《改造私营广播电台》，《人民日报》1949年5月5日。

台的新闻节目，在军事管制期间，不得播送自行编写的新闻节目；私营广播电台可在法令限制范围内播送纯商业性广告；一概不得用外语播送讲演及新闻（教授外国语文的讲座

图 8—48　《人民日报》1949 年 5 月 5 日

除外）；不得播送军管会及人民政府已行禁止之含有毒素的音乐、戏剧及歌曲等；各台的播音节目表须事先呈报军管会得到批准；其广播的原稿，须事后送军管会备案；在军事管制期间，军管会"于必须时得派员到私营广播电台检查其有无违法情形"。①

一系列政策的实施对私营电台起到了一定积极引导作用，各私营电台也努力顺应时代的要求。北京的民营电台也积极响应人民政府的号召，在各项公共事务中尽力。1949 年 9 月 10 日，北京市公安局开始整理本市交通秩序。民生、军友、华声、中国等私营电台为配合整理交通工作，也于当天起分别在各电台广播市府布告、市公安局通告、交通规则和交通常识等。曲艺公会艺人侯一尘等也积极编制有关整理交通的鼓词，并分别在电台及杂耍场演唱。②

（二）私营电台的逐步消逝

旧时代解体，新的社会正在建立。从旧社会一路走来的民营广播，虽然一直在努力改造和争取政治上的进步，却似乎仍跟不上时代的步伐。

一些民营电台因其主办者身份违反规定而被军管会取缔。如 1949 年 10 月 25 日，北京市军管会一举查封了中国、民生、军友三家"匪特"广播电台。理由是上述电台"虽然打着私营的招牌，均为国民党反动派特务分子所主办，在北京解放以前，即从事反革命的罪恶宣传，证据确凿；在北京解放以后，它

---

① 《北京市军事管制委员会关于北京市私营广播电台管理暂行办法》，载中央人民广播电台研究室、北京广播学院新闻系编：《解放区广播历史资料选编》（1940—1949），第 345—347 页。

② 《整理交通秩序，昨起展开广泛宣传》，《人民日报》1949 年 9 月 11 日。

们仍假私营广播电台之名，暗地进行反革命活动，并不断传播具有封建买办毒素的靡靡之音，继续麻醉广大人民；以虚伪夸张的廉价广告，骗取缺乏常识的顾客。"①《剥夺反革命言论自由！北京市军管会查封三家广播电台》一文指出：

> 中国广播电台实际上是由国民党军统特务楼兆元、马汉三、段维纲把持，以经商为名，从事反革命活动。民生电台则为军统北方经济建设协会主办，亦由军统特务分子楼兆元充任董事长。军友广播电台原属匪国防部军中广播电台系统，一贯从事反革命活动。本市围城期间，该台并曾出动广播车在街头进行反革命宣传。②

文章还表示："北京市军管会准予三台暂时播音，望其悔过自赎。但是反动分子秉性难改，这三家广播电台仍然借着私营台的名义，暗地从事反革命活动，并不断播送充满封建买办毒素的文艺节目，以虚假廉价广告欺骗顾客，扰乱市场。北京市群众曾经多次写信建议予以取缔，北京市各界代表会议通过决议，要求对它们进行根本改造，镇压一切反革命活动，剥夺一切反革命的言论自由。"③

《人民日报》就此事分别发表评论，拥护军管会打击反革命活动的措施。《人民日报》明确表示广播电台是近代化的强有力的宣传工具，与广大人民的联系是非常密切的，能够影响大量的听众。在北京和其他大城市解放以前，广播绝大多数是操在封建买办阶级及其集中的代表者国民党匪帮手里，成为其整个反革命宣传机器的重要组成部分，这些广播充满了奴化、落后、麻醉性与低级趣味的节目，借以毒害人民。除了若干公开的官办广播电台以外，它们还利用其他灰色面貌，假借私营名义，设立广播台，由特务分子支持和主使，进行

---

① 《取缔反动广播电台，加强人民广播事业》，《人民日报》1949 年 10 月 26 日。
② 市府新闻处：《剥夺反革命言论自由！北京市军管会查封三家广播电台》，《人民日报》1949 年 10 月 26 日。
③ 市府新闻处：《剥夺反革命言论自由！北京市军管会查封三家广播电台》。

各种罪恶的宣传活动。文章还指出，"对于真正的私营电台，只要它不从事破坏国家人民利益的反动宣传活动，不利用广播进行造谣欺骗与诽谤，真正为人民服务，新的政权将'不但允许其存在，还要帮助它们的进步'"①。但是，"我们决不能允许任何反革命分子，假借任何名义混杂于私营广播电台之中，对于它们，必须根据其罪恶的轻重，坚决地分别予以取缔。"②当时，上述三家电台共有员工 37 人，已证实系特务且情节较重的，由公安局逮捕审讯者 6 人；有政治嫌疑且须继续审查、先予洗刷者有 6 人；股东兼职员发还原有股后自行转业者 2 人；无政治问题的播音员、技术人员及工友 17 人，由北京新华广播电台留用。此外，有事务人员 6 人无法安插，发遣散费劝其转业。三个广播电台的设备器材及家具，还有民生广播电台之台址房产，均由北京新华广播电台接收。

上述三家广播电台被查封后，北京只剩下华声广播电台一家私营台了。对于这座私营台的改造工作，党和政府采取了积极而慎重的态度。这是因为考虑到该台以广告费维持，联系着一部分工商业户和不少民间艺人，同时在听众中也有一定的影响。1952 年，党领导全国人民开展了"三反""五反"运动，沉重地打击了资产阶级的非法活动，对于国民经济恢复工作的顺利完成起了积极的推动作用。这一年年底，华声广播电台的资方主动要求人民政府低价收购他的广播电台。党和政府按照有关政策的规定收购了华声台的设备和财产，并对其从业人员作了妥善安排。至此，北京市的广播事业就完全掌握在党和人民手中了。

四、"开国大典"的实况报道与全国转播

1949 年 8 月，北平新华广播电台接到报道开国盛典的任务，有关部门立

---

① 《取缔反动广播电台，加强人民广播事业》。

② 《取缔反动广播电台，加强人民广播事业》。

刻进行开国大典实况广播①的准备工作。9 月 27 日，中央广播事业管理处发出通知，要求北平新华广播电台与全国各地人民广播电台及私营广播电台于首都庆祝大会之日转播大会实况；私营广播电台因设备关系不能转播者，在全国联播庆祝大会时亦应停止其本身之播音。②

主持开国大典实况广播工作的是北平新华广播电台编辑部第一部长梅益，为确保开国大典安全播出，杨兆麟、胡若木、高而公等分工撰写实况广播稿。他们多次到郊外采访阅兵式和分列式的演习，了解受阅部队的情况，深入到参加庆典的机关、团体、学校、工厂、农村，对参加游行的干部群众进行采访，稿件经过反复讨论与不断修改完善，精益求精。③

实况广播首先需要克服技术难题，解放之初，现场直播设备十分简陋，传播范围也十分有限。针对扩音问题，1940 年曾参与创建延安新华广播电台的军委三局九队队长傅英豪设计制作出一种大型扩音器，将九只喇叭焊接在一块金属板上，形成强大的音量，被称为"九头鸟"，从而解决了扩音器的问题。但在阅兵仪式中，不仅需要将天安门广场的音响传播出去，还要实现朱总司令在东长安街检阅部队时的直播。由于天安门广场驶向东长安街尽头的距离较远，只能选择提前录音。工程师黄云在阅兵车的挡风玻璃上安装了一个话筒，用一根线连接到汽车尾部的小喇叭上，然后在记者和技术员乘坐的采访车上安装一部钢丝录音机，跟随朱德总司令的检阅车录音。④

9 月 21—30 日，中国人民政治协商会议召开之时，北京新华广播电台第一台、第二台就进行了全面的、系统的宣传。北京新华广播电台尝试利用实况广播的形式，向全国人民真实、生动、具体地报道了会议通过《共同纲领》和国歌、国旗等议案的情景。这些实践都为 10 月 1 日"开国大典"做了充分准备。

---

① "实况广播"即通过广播设备，把现场实际情况、音响和播音员的解说同步广播出去。
② 《当代中国的广播电视》编辑部：《中国广播电视大事记》，北京广播学院出版社 1987 年版，第 24 页。
③ 周迅：《开国大典实况广播幕后的故事》，《中国广播》2019 年第 2 期。
④ 周迅：《开国大典实况广播幕后的故事》。

1949 年 10 月 1 日清晨，北京新华广播电台发出节目预告“北京新华广播电台及全国各地人民广播电台，决定全部转播今天下午 3 点钟举行的中华人民共和国中央人民政府成立庆祝大会实况。”同天，《人民日报》也在第一版刊登该消息。

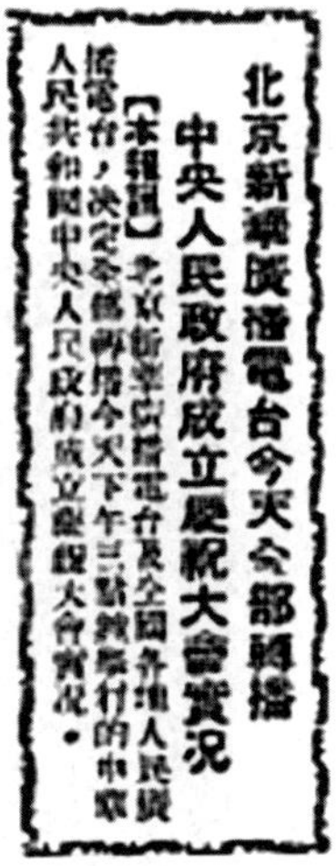

北京新華廣播電台今天全部轉播
中央人民政府成立慶祝大會實況
【本報訊】北京新華廣播電台及全國各地人民廣播電台，決定全部轉播今天下午三點鐘舉行的中華人民共和國中央人民政府成立慶祝大會實況。

图 8—49 《人民日报》1949 年 10 月 1 日

下午 1 点 30 分，北京新华广播电台的梅益、李伍、胡若木、杨兆麟、丁一岚、齐越等人提前来到天安门城楼西侧，为实况直播做最后的准备工作。梅益在现场主持天安门城楼广播各项工作；李伍和李志海负责天安门城楼上的技术设施；黄云和傅英豪负责机房和天安门广场的音响设备；胡若木和杨兆麟负责实况广播稿的播出工作。负责筹备工作的周恩来总理也提前到天安门城楼检查各项准备工作，亲自询问实况广播工作的准备情况。①

2 点 55 分，丁一岚和齐越开始播音。下午 3 点，中华人民共和国开国大典在北京天安门广场隆重举行，现场有中国人民政协全体代表和首都各工厂职工、各学校学生、各机关人员等 30 万人。这是中国共产党领导的广播事业史上第一次大规模的全国性实况广播。

直播开始，毛泽东主席的声音“中华人民共和国中央人民政府今天成立了！”通过广播传向四面八方。在毛泽东主席宣读完《中央人民政府公告》后，广场阅兵式开始。朱德总司令任检阅司令员、聂荣臻将军任阅兵总指挥的人民解放军陆、海、空三军部队检阅和天安门广场群众游行等的情景，都通过中央电台一一播送。整个开国大典的实况广播持续了 6 个多小时，至晚上 9 点 25

① 周迅：《开国大典实况广播幕后的故事》。

分宣告圆满结束。这场由播音员齐越、丁一岚①在天安门城楼西侧朗读广播稿的现场直播，吸引了海内外无数听众驻足聆听。

图 8—50　开国大典上毛泽东主席宣布中华人民共和国成立

1949 年 12 月 5 日，北京新华广播电台正式定名为"中央人民广播电台"，成为名副其实的中共中央和中央人民政府以及中国人民的喉舌。② 同时，中央广播事业局和北京市人民政府决定将原北平新华广播电台第二台更名为北京市人民广播电台。1949 年年底，北京市人民广播电台共有编辑 8 人，播音员 5 人，连台长共 14 人，设近 20 个固定栏目及转播中央电台节目，全天播音 8 小时 50 分钟。第一套节目使用 850 千赫，发射功率 600 瓦，同年底，成立经济台。③

从西柏坡到北平，只有 370 公里，但由"陕北新华广播电台"变为"中央人民广播电台"所标志的，却是从偏居一隅的山野到城市中心成为国家之声的跨越。

---

①　齐越（1922—1993），1947 年成为陕北新华广播电台播音员。1949 年 10 月 1 日，齐越与丁一岚一起向全世界现场直播开国大典的盛况。1975 年齐越从中央人民广播电台调到北京广播学院（现中国传媒大学）任教。丁一岚（1921—1998），1945 年 10 月开始从事播音事业，曾任陕北新华广播电台播音组组长，中央人民广播电台播出部主任、北京人民广播电台台长和中国国际广播电台台长等职。

②　《中央、北京人民广播电台广播要目》，《人民日报》1949 年 12 月 5 日。

③　北京市地方志编纂委员会编：《北京志·新闻出版广播电视卷　广播电视志》，第 41 页。

　　此前，当中央人民广播电台还是延安新华广播电台和陕北新华广播电台的时候，电台报时用的是"上海时间"。而国民党广播电台用的是"中原标准时间"。① 新生的中华人民共和国成立后，经全国人民代表大会批准，各广播电台的报时统一改用"北京时间"。②

　　"北京时间"与全国广播事业体系的重建，标志着一个新时代的开启。

---

① 1912 年，民国中央气象局将中国划分为 5 个时区：昆仑时区（GMT+5：30）、新藏时区（GMT+6）、陇蜀时区（GMT+7）、中原标准时区（GMT+8）和长白时区（GMT+8：30）。1939 年，这些时区经当时内政部的标准时间会议批准。中原标准时间与现在的北京时间称呼不同，但时间一致。1949 年中华人民共和国成立后，这些时区在中国大陆地区不再采用。

② 《"北京时间"始于建国后，国民党曾用"中原时间"》，《内蒙古日报》2015 年 3 月 12 日。

第九章

北京新闻教育与报界团体的

起源与发展

第一节　北京近代新闻教育的初创与发展

1912 年 6 月 4 日，中国报界俱进会在上海召开特别大会，首次在决议案中提出设立新闻学校。遗憾的是，中国报界俱进会不久后瓦解，设立新闻大学也就无从谈起了。但是这一倡议在中国新闻教育历史上仍具有重要意义，即"是为我国知有报业教育之始"①。1918 年 10 月 14 日，北京大

---

① 戈公振：《中国报学史》，商务印书馆 1935 年版，第 274 页。

学新闻学研究会成立，标志着中国新闻教育的开端。此后，北京地区的新闻教育如雨后春笋般发展起来，先后成立的有北京大学新闻学研究会、北京平民大学新闻学系、燕京大学新闻学系、国立法政大学新闻系、国际劳动大学新闻系、新闻大学、北京新闻学会、北平新闻专科学校、北平民国学院新闻专修科、世界报社培训班、北平大学法学院新闻系、国立北京外国语专科学校、北京育青女子职业学校、中华新闻学院和清华大学中国文学系等。① 这些高等新闻教育机构、新闻职业学校、新闻培训班和新闻学术团体的相继成立，推动了北京地区新闻教育的发展，培养了大批优秀的新闻人才。本节将重点介绍在中国新闻教育史上占有重要位置的北京大学新闻学研究会、燕京大学新闻学系、北平新闻专科学校、北京平民大学新闻学系和北京新闻学会的创设和发展。

一、中国新闻教育的开端——北京大学新闻学研究会的创办与发展

(一) 北京大学新闻研究会成立

北京大学新闻研究会是我国历史上第一个新闻学研究团体，戈公振先生将其成立称之为"报业教育之发端"②。

1918 年 2 月 7 日，《益世报》上刊登了一则消息："英美各国大学设有新闻科者不少，闻报界某君已致书北京大学蔡孑民校长，请仿英美之例添设新闻科以助将来报界之发达，其详情容再调查"③。此则消息中的某君正是邵飘萍，邵飘萍在演讲时曾提到："本年之冬，窃以我国新闻事业之不振，良由新闻界人才缺乏之故，不揣冒昧，特致书蔡校长，陈本校应设新闻研究一门，造就人才，为将来之新闻界谋发展"④。1918 年 7 月 4 日，《北京大学日刊》上刊登了一则《本校将设新闻研究会》的消息：为灌输新闻智识、培养新闻人才起见，

①　转引自李秀云：《中国新闻学术史（1834—1949）》，新华出版社 2004 年版，第 238 页。

②　戈公振：《中国报学史》，商务印书馆 1935 年版，第 275 页。

③　《大学添设新闻科之动机》，《益世报》1918 年 2 月 7 日。

④　《邵振青导师在新闻、研究会之演说》，《北京大学日刊》1918 年 11 月 5 日。

闻本校将于下学年设一新闻研究会，研究新闻之采集、编辑、造题及通信并新闻纸之组织等事，校内外人均得入会，又闻本校将请徐宝璜教授为该会导师云。①

1918 年 7 月 6 日，《北京大学日刊》第 178 号上刊登了蔡元培校长亲自拟定的新闻研究会简章：

新闻研究会之简章

本校将于暑假后设立新闻研究会，现已由校长将该会简章拟就并印就多份，存于日刊处。凡注意此会者，可向该处取阅。校长所定北京大学新闻研究会简章如后。

（一）本会定名为北京大学新闻研究会。

（二）本会以灌输新闻智识、培养新闻人才为宗旨。

（三）本会研究之事项如下：

（甲）新闻之范围

（乙）新闻之采集

（丙）新闻之编辑

（丁）新闻之造题

（戊）新闻通信法

（己）新闻纸与通讯社之组织

（四）本会研究之时间每星期三小时。

（五）本会隶属于北京大学，校内外人均得入会。

（六）校内会员每年每人纳费九元，校外会员每年纳十八元，分三期缴纳。

（七）既缴之费无论何种情形概不退还。

---

① 《本校将设新闻研究会》，《北京大学日刊》1918 年 7 月 4 日。

（八）北京大学日刊处为本会办事机关，入会者向该处报名。①

在蔡元培校长的支持下，中国历史上第一个新闻研究团体于 1918 年 10 月 14 日晚间八时在北京大学成立，到会会员者数十人。蔡元培校长亲临演说（见本章附录 1：蔡元培在北京大学新闻研究会成立大会上的演说词），演说内容分为三部分：第一，阐述为何提倡新闻学；第二，新闻研究会成立的两大目的，一是"介绍欧美新闻学"，二是"本特别之经验，而归纳之以印证学理"；第三，他本人对新闻界的一种特别感想，反对新闻中出现猥亵、海淫等无道德的广告，坚持"新闻自有品格也"。②徐宝璜教授在会上进行了一场"新闻纸之职务及尽职之方法"的讲演，提出新闻纸的职务重要性有六点：供给新闻，代表舆论，创造舆论，灌输智识，提供道德，发达商业。③邵飘萍因报务缠身未能与会，其主要原因是他刚刚于 10 月 5 日创办了《京报》，该报创刊伊始，只有他和潘公弼两人负责。④

研究会最初安排每逢星期一、星期三、星期五的晚 7 时至 8 时在理科第十六教室开常会⑤，由徐宝璜担任演讲。通过收集整理《北京大学日刊》，发现 10 月至 12 月，徐宝璜在新闻研究会上先后做了以下六方面的新闻主题演讲：《新闻纸之职务及尽职之方法》《新闻之定义》《新闻之精彩》《新闻之价值》《新闻之采集》《新闻之编辑》。

10 月底，邵飘萍应邀出席国民杂志社组织的讨论会，会上蔡元培和徐宝璜同他谈及新闻研究会的现状，并力邀他出任导师。邵飘萍"自惟简陋，虑无以副诸君子之望，实不敢承"，但又"窃思振青生活于新闻界中，日惟与官僚政客相徵逐，若不勉力创造与青年学子接谈之机会，其鄙悖之程度，迨将与时

---

① 《新闻研究会之简章》，《北京大学日刊》1918 年 7 月 6 日。

② 《新闻研究会成立记》，《北京大学日刊》1918 年 10 月 16 日。

③ 《新闻研究会成立记（续）》，《北京大学日刊》1918 年 10 月 17 日。

④ 邓绍根：《邵飘萍与北京大学新闻学研究会》，《新闻爱好者》2008 年第 12 期。

⑤ 《新闻研究会成立记》，《北京大学日刊》1918 年 10 月 16 日。

俱进，欲救此弊，则蔡徐两先生之命，不可不从。"①他踌躇再三，答应出任新闻研究会导师。10 月 31 日，《北京大学日刊》发布新闻研究会启事，宣布：本校现增邵振青为本会导师。②11 月 3 日，邵飘萍首次在新闻研究会上做了一场演说，他提及自己因华工问题与蔡元培校长交谈，钦佩其为人。后为促进新闻界发展，乃致书蔡元培以促成新闻研究会的成立，以及自己出任新闻研究会导师的原因，愿"与诸君子共相切磋，交换其所见"。然后，邵飘萍开始演讲《新闻社之组织》，指出"各国新闻社之组织，其大体规模，各社殆为同一，而因事业发达之程度，用人繁简，各有不同"，其中，最普通大约以三部组织而成：（一）营业，营业部门主要担任新闻经营之商业方面事务，下设发行、广告、会计三部；（二）工场，工场下设排字室、铅版室、印刷室三部；（三）编辑，编辑部下设新闻搜集部和新闻评论部。③

新闻研究会增聘邵飘萍为导师，与此同时，集会时间调整为：每星期一及星期三晚上 7 时至 8 时，由徐先生担任演讲，每星期日上午 10 时至 11 时，由

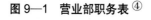

图 9—1　营业部职务表 ④　　　图 9—2　编辑部职务表 ⑤

---

① 《邵振青导师在新闻研究会之演说》，《北京大学日刊》1918 年 11 月 5 日。
② 《新闻研究会启事》，《北京大学日刊》1919 年 10 月 31 日。
③ 《邵振青导师在新闻研究会之演说》，《北京大学日刊》1918 年 11 月 5 日。
④ 图片来源于：《邵振青导师在新闻研究会之演说》，《北京大学日刊》1918 年 11 月 5 日。
⑤ 图片来源于：《邵振青导师在新闻研究会之演说》，《北京大学日刊》1918 年 11 月 5 日。

邵先生担任演讲。①常会一直如期进行到期末,后因期末考试遂停止活动②。

第二学期开始,新闻研究会拟开一新班,但由于人数不足 30 人未成功,最后新加入的成员和以往的成员共同在旧班研习。旧班开会时间从 2 月 5 日开始:"本学期内,会中指导事务现定请徐伯轩先生担任,每周一时,注重编辑新闻之练习;请邵飘萍先生担任,每周二时,注重评论新闻之练习,并新闻记者之外交术"。③此则消息将新闻研究会的授课内容明确分工,徐宝璜负责"编辑新闻之练习",邵飘萍负责"评论之练习""新闻记者之外交术",相应地,邵飘萍的授课时间由以往每周一小时增至两小时,承担了新闻研究会的主要演讲任务。

(二)"北京大学新闻研究会"正式更名为"北京大学新闻学研究会"

1919 年 2 月 10 日,《北京大学日刊》第 305 号刊登一则《新闻研究会改组纪事》消息。因为徐宝璜主任担任事务过多,精力不济,担心妨碍研究会的发展遂提出改组意见。最后经过大家一致推荐,请徐宝璜、谭鸣谦、陈公博、曹杰、黄欣五人为研究会起草会章。1919 年 2 月 19 日,新闻研究会在文科第三十四教室召开改组大会(见本章附录 2:新闻研究会之改组纪事),研究会简章经过简单修正后通过。蔡元培被推选为正会长,徐宝璜当选副会长,曹杰和陈公博推选为干事,毛泽东也参加了新闻研究会的改组会。

根据新的简章,研究会有以下变更:(一)研究会正式更名为"北京大学新闻学研究会",突出研究会所具备的理论性特色,也与研究会追求新闻学理研究的宗旨更为吻合;(二)研究会宗旨由"灌输新闻智识、培养新闻人才"改为"研究新闻学理、增长新闻经验、以谋求新闻事业之发展",表明研究会的宗旨站在促进中国新闻事业发展的更高平台上,不再局限于新闻知识的传授,而是追求新闻学理的研究,以学理研究带动经验的增长;(三)研究范围

---

① 《新闻研究会启事》,《北京大学日刊》1918 年 10 月 31 日。

② 《新闻研究会紧要启事》,《北京大学日刊》1918 年 12 月 17 日。"本会因瞬届年假,且会员在此星期内多有考试,自本星期起停止开会。俟本校下学期开学后,再定期继续开会。此启。"

③ 《新闻研究会启事》,《北京大学日刊》1919 年 1 月 27 日。

将以往的"新闻之范围"修改为"新闻学之根本智识"，另外还增加了"评论""广告"和"实验新闻学"三项，实验新闻学的提出即注重新闻实践活动，于是在简章中也提出视会务发达程度而创行日刊、周刊以及中外通信社；（四）完善新闻学研究会的制度规章，对会内组织成员、开会时间、会费缴纳等进行了详细规定。

新简章特别提出要注重新闻实践，因此，1919 年 2 月 24 日晚，新闻学研究会经过全体决议准备筹办周刊、通讯社和演讲大会。2 月 26 日，新闻学研究会在理科第十六教室再次召开全员大会，选举各部主干，并讨论进行事项。

1919 年 4 月 20 日，《新闻周刊》出版，称其"不仅为中国唯一传播新闻学识之报，且为中国首先采用横行式之报"[1]，戈公振评价《新闻周刊》："对于一周之新闻，为系统之记载，下公允之评论。为中国唯一传播新闻学识之报纸。"[2]《新闻周刊》每周出纸一大张，于星期一发行；周刊的编辑主任由徐宝璜担任，主任之下设新闻部、评论部和翻译部，新闻部负责编辑新闻事项，评论部负责撰写社论评论，翻译部负责翻译东西洋报纸之最近新闻及短篇之评论。在周刊之外还设立了通讯部，该部门"专对于周刊供给新闻，及承周刊之委任采集特别消息"[3]。

在发刊词中，徐宝璜认为发行此刊之重要目的有三点："便会员之练习；便新闻学识之传播；便同志之商榷"。从发刊的三点目的看，《新闻周刊》是"欲解决新闻界各问题，使新闻纸之势力足为改良政治与社会之利器也"。徐宝璜虽提到改良政治一词，但是却提醒"本报绝无政见，新闻必力求确实，议论必力求平允。既无欢迎一派之心，尤无攻击他人之意"。[4]4 月 27 日，《新闻周刊》出版第二期，5 月 5 日，出版第三期。"五四以后，因人事倥偬，遂至停刊"[5]。

---

① 《新闻周刊发刊之目的》，《北京大学日刊》1919 年 4 月 21 日。

② 戈公振：《中国报学史》，商务印书馆 1935 年版，第 275 页。

③ 《新闻研究会启事》，《北京大学日刊》1919 年 2 月 26 日。

④ 《新闻周刊发刊之目的》，《北京大学日刊》1919 年 4 月 21 日。

⑤ 《新闻学研究会发给证书纪事》，《北京大学日刊》1919 年 10 月 21 日。

《新闻周刊》的办刊时间虽短，但它是中国第一个以传播新闻学知识为宗旨的专业刊物，是中国新闻学和中国报业教育之发端的标志之一。①

讲演会大纲设想在新闻学研究会中开设三类讲演：导师讲演、中外记者讲演和关于新闻业知识之讲演。对于新闻业知识讲演，大纲中拟定的讲演题目有：群众心理学、现在外交之趋势、吾国近来经济政治教育之状况、国际法大纲、各国各报馆组织及其成功之经过、最近五年来世界学术之倾向、吾国之特种实业及其提倡之政策②。最后明确记载到会讲演的有图书馆主任李守常、北大丛书编辑委员会的高一涵等，到会讲演者都具有相当丰富的报纸工作经历。

（三）北京大学新闻学研究会第一次研究期满式

在新的研究会简章中，第九条规定"研究满一年以上，由本会发给证书"③。因此，1919 年 10 月 16 日，在北京大学文科事务室举行新闻学研究会第一次研究期满式。曹杰主持会议，报告开会理由和过去一年的情况。共有 55 人参与此会，持续参会一年的有 23 人，听讲半年的有 32 人，参会会员均得到蔡元培会长亲手颁发的证书。

得证书者之名单④

（甲）得听讲一年之证书者共 23 人

陈公博　何邦瑞　谭植棠　区声白　倪世积

谭鸣谦　黄　欣　严显扬　翟俊千　张廷珍

曹　杰　杜近渭　徐思达　杨亮功　章韫昭

傅馥桂　温锡锐　缪金源　冯嗣贤　肖鸣籁

欧阳英　丘昭文　罗汝荣

（乙）得听讲半年之证书者共 32 人

---

① 方汉奇、李矗主编：《中国新闻学之最》，新华出版社 2005 年版，第 195 页。

② 《新闻研究会启事》，《北京大学日刊》1919 年 2 月 26 日。

③ 《新闻研究会之改组纪事》，《北京大学日刊》1919 年 2 月 10 日。

④ 《新闻学研究会发给证书纪事》，《北京大学日刊》1919 年 10 月 21 日。

李吴祯　陈秉瀚　徐恭典　朱云光　姜绍谟

来焕文　马义述　杨立诚　易道尊　毛泽东

罗璈阶　钟希尹　常　惠　吴世晋　王南邱

鲍　贞　韩荫毅　陈光普　朱存粹　华　超

朱如濡　舒启元　刘德泽　梁颖文　倪振华

杨兴栋　曲宗邦　尉士杰　黄琴　吴宗屏

高尚德　陈　鹏

在研究期满式上，蔡元培会长发表了训词（见本章附录3：蔡元培在北京大学新闻学研究会第一次研究期满式上的讲话），他对北京大学新闻学研究会第一次期满仪式高度赞赏："本校之有新闻学研究，于中国亦实为第一次。故今兹结束，实可谓为中国新闻学研究之第一次结束"[1]。其后，蔡元培主要围绕新闻经验进行阐述，认为新闻经验是发展新闻事业的基础，并认为此次新闻学研究会颁发证书就是新闻经验的开端。新闻学研究会没有好的印刷设备，不能与报馆相比较，但是一门科学的发起必是始于简单。今新闻学研究会是草创时期，办有《新闻周刊》，该刊"能将一国内外之大事，提要钩元"，但五四后停刊，蔡元培仍希望周刊能继续出版，发展新闻经验，并畅想日后可由周刊到日刊。对于会员们日后从事的新闻事业，蔡元培深望"此后从事新闻事业之人，能以其一身经验研究学理，而引进于学校中"[2]，这和蔡元培在新闻学研究会成立时的发言相呼应，"吾人本特别之经验，而归纳之以印证学理，或可使新闻学有特别之发展"[3]。可见，以新闻实践推进中国新闻事业和研究学理的发展一直以来都是蔡元培的目标。

其后，徐宝璜在会上发表演说词，认为新闻学研究会成立一年以来，没有做出成绩，但是本会从成立到现今都未铺张浪费，一直勤勤恳恳，向发展新

---

① 《新闻学研究会发给证书纪事》，《北京大学日刊》1919 年 10 月 21 日。

② 《新闻学研究会发给证书纪事》，《北京大学日刊》1919 年 10 月 21 日。

③ 《新闻学研究会成立记》，《北京大学日刊》1918 年 10 月 16 日。

闻方向前进，这是值得告慰的。最重要的是，徐宝璜从主观和客观两方面来分析中国新闻事业的现状：客观层面而言，中国新闻界犹如未开辟的大陆，从事新闻业比其他事业更加容易，等将来"民智日开通，交通益发达"时，各县至少有一张报纸，中国有千余县，那么就有千余张报纸。另外，每日发行千份的报纸被视为大报，《纽约日报》每日发刊数次，且每次发刊万份以上，中国报界与其比较起来"何啻霄壤"，所以中国报界的发展空间甚大。主观层面而言，目前，不仅新闻论说和学术记载足以"开人民之知识，为人民之先导"，另外报纸供给新闻与社会发展也有重要关系。新闻供给是社会人士对社会事实进行判断的基础，那么报纸对于社会发展是必不可少的，同时，报纸提供各种正确详细的消息，才有助于社会舆论的健全发展。

1919 年 10 月，研究会新招收四十余名会员，但第二期的研究活动并没有第一期丰富多彩，最后的结业仪式也未举办，而是让会员自行拿取已刻好的证书。但是 1920 年，北京大学新闻教育有着新的突破。1919 年 12 月，徐宝璜的《新闻学》正式出版，1920 年 1 月，徐宝璜在中国文学系开设新闻学课程，每周开课两小时 ①。不过令人遗憾的是，这门课程只持续了一个学期。同时，这一年，新闻学研究会的活动也减少。直到 1920 年 12 月 17 日，《北京大学日刊》为北京大学做二十三周年纪念特刊，其中学生生活及活动中略微提到新闻学研究会。这是新闻学研究会最后一次出现在《北京大学日刊》上，其他地方也均无记载。所以根据《北京大学日刊》的记载，可以推断北京大学新闻学研究会仅存在了两年零两个月左右的时间。

2008 年 4 月 15 日，北京大学宣布恢复成立北大新闻学研究会，北大校长许智宏担任会长，中国人民大学名誉教授方汉奇、北大新闻与传播学院院长邵华泽、清华大学新闻与传播学院院长范敬宜担任学术总顾问，同时还聘任首批 10 位海内外知名学者担任研究会导师。②新闻学研究会复会以来，一直坚持继

---

① 马越编著：《北京大学中文系简史》，北京大学出版社 1998 年版，第 90 页。
② 《北大新闻学研究会宣布恢复成立》，《光明日报》2008 年 4 月 16 日。

承、发扬优良的历史传统，为中国新闻教育事业作出贡献。

（四）"破天荒"之作——《新闻学》

徐宝璜著《新闻学》一书与北京大学新闻学研究会有着密切的关系。徐宝璜曾在《新闻学》自序中简要说明："新闻学乃近世青年学问之一种，尚在发育时期。余对于斯学，虽曾稍事涉猎，然并无系统之研究。客岁蔡校长设立新闻学研究会，命余主任其事，并兼任导师。余乃于暑假中，正式加以研究，就所得著《新闻学大意》一篇，以为开会后讲演之用。"①。1918年的暑假期间，徐宝璜苦心钻研新闻学，就其所得著《新闻学大意》一篇。

《东方杂志》将《新闻学大意》内容分三次刊登，9月15日，《东方杂志》第15卷第9号刊登《新闻学大意》第一章《发凡》和第二章《新闻之采集》。②10月15日，《东方杂志》第15卷第10号刊登《新闻学大意》第三章"新闻之编辑"。③11月15日，《东方杂志》第15卷第11号刊登《新闻学大意》第四章"新闻之造题"、第五章"新闻之通信"、第六章"报馆之组织"和第七章"新闻通信社之组织"。④

10月，北京大学新闻研究会成立后，徐宝璜继续开展研究，为会员们讲解《新闻学大意》中的各个章节内容，时常会遇到会员们的"质疑问难"，因此"时有心得"，于是将原稿加以修正，刊登在《北京大学日刊》上，成第二稿。1919年暑假前，徐宝璜对书稿进行第三次修改，《新中国》第一卷第7、8号刊登《新闻学》第1至5章内容，其中包含蔡元培、符鼎生为《新闻学》作的序言。此后没有再刊登《新闻学》的内容，是因为《新闻学》第四稿已经正式出版，便停止刊登。11月15日，《北京大学日刊》介绍："此书乃徐宝璜教授所著，对于新闻业之各重要问题均有系统之说明，而于吾国新闻界之弱点尤特别注意。此书之初稿、二稿、三稿散见各杂志，此则为第四次之稿，较以前

---

① 徐宝璜：《新闻学》，中国人民大学出版社1994年版，第10页。
② 徐宝璜：《新闻学大意（未完）》，《东方杂志》1918年第15卷第9期。
③ 徐宝璜：《新闻学大意（续）》，《东方杂志》1918年第15卷第10期。
④ 徐宝璜：《新闻学大意（续）》，《东方杂志》1918年第15卷第11期。

诸稿尤为详备，定于下月一日出版，由日刊编辑处及出版部发行。"①但由于印刷局工作迟延，未能如期出版。12 月 6 日，《新闻学》正式出版，成为中国人自撰并正式出版的第一本新闻学教材及专著②。

《新闻学》一书共十四章约六万字，内容包括新闻学之性质与重要、新闻纸之职务、新闻之定义、新闻之精彩、新闻之价值、新闻之采集、新闻之编辑、新闻之题目、新闻纸之社论、新闻纸之广告、新闻社之组织、新闻社之设备、新闻纸之销路、通信社之组织。徐宝璜以"新闻纸"（Newspaper）为核心架构全文体系，对新闻编辑、组织和营业三方面进行探讨。他把新闻定义为"多数阅者所注意之最近事实也"；他认为"新闻之精彩，即吾人心理上之产物也"，将新闻学与心理学联系起来；他用"新闻如鲜鱼"比拟新闻价值与时效性之间的关系；徐宝璜也非常重视访员本身的职业素养、社会责任和职业能力，在第六章的第十四、十五节分别论述了访员应守之金科玉律和访员之资格。该书最后两章节探讨了广告如何发达和销路如何推广的问题。

《新闻学》一书在中国新闻教育史上占有极其重要的位置，一直以来广受赞誉。蔡元培为《新闻学》作序："今根据往日所得之学理，而证以近今所见之事实，参稽互证，为此《新闻学》一篇，在我国新闻界实为'破天荒'之作。"③《京报》对《新闻学》的评价为："新闻学以前中国无专门研究新闻之书籍，有之自先生始，虽仅五六万字，以言简赅精当，则无出其右者。在中国新闻学史上，有不可抹灭之价值，无此书，人且不知新闻为学，新闻要学，他无论矣。"④黄天鹏提到："五四运动的前后，我正从事新闻学的研究，启蒙的课程，就是先生著的'新闻学'。我对新闻学的基础知识，差不多都是从这本书上得来的。"⑤徐宝璜自身对《新闻学》一书作如下定位："本书所言，取材于西

①　《新闻学下月一号出版预告》，《北京大学日刊》1919 年 11 月 15 日。

②　邓绍根：《百年奠基：论徐宝璜新闻传播教育的历史贡献和遗产》，《出版发行研究》2018 年第 10 期。

③　徐宝璜：《新闻学》，中国人民大学出版社 1994 年版，第 6 页。

④　徐宝璜：《新闻学》，第 15 页。

⑤　转引自徐宝璜：《新闻学》，第 14 页。

籍者不少，然西籍中亦无完善之书，或为历史之记述，或为一方之研究。至能令人读之而窥全豹者，尚未一见也。本书虽仍不完备，然对于新闻学之重要问题，则皆为有系统之说明；而讨论新闻纸之性质与其职务，及新闻之定义与其价值，自信所言，颇多为西方学者所未言及者。"① 在当时，《新闻学》的确堪称我国新闻学研究的"破天荒"之作。

图9—3　蔡元培②　　　　图9—4　徐宝璜③　　　　图9—5　邵飘萍④

二、燕京大学的新闻教育——密苏里新闻教育模式在中国的移植与发展

张咏、李金铨认为"中国的新闻教育是从美国横向移植过来的"⑤，其中燕京大学新闻学系是最具代表性的。1924 年，燕京大学新闻学系创立，两年后由于经费短缺问题停办，1929 年在美国密苏里大学（University of Missouri）新闻学院的支持下重建。1952 年，全国高校院系调整，国立燕京大学的校名取消，新闻学系并入北京大学中文系编辑专业。燕京大学新闻学系 28 年间培养了大批优秀的新闻人才，推动了中国新闻事业向前发展。

---

① 徐宝璜：《新闻学》，第 10 页。

② 图片来源：《环球》1918 年第 8 次征求号。

③ 图片来源：《新闻学报》1940 年第 3 期。

④ 图片来源：《新闻学刊》1927 年第 1 卷第 1 期。

⑤ 张咏、李金铨：《密苏里新闻教育在现代中国的移植：兼论帝国使命、美国实用主义与中国现代化》，载李金铨主编：《文人论政：知识分子与报刊》。

燕京大学新闻学系由美国人白瑞登（R.S. Britton）一手创办，得到密苏里大学新闻学院的帮助，包括创办经费筹集、两校定期交换教授和研究生、承认燕大学分、提供图书资料、筹办以密苏里《哥伦比亚密苏里人报》为蓝本的《燕京新闻》和借鉴密苏里"新闻周"的模式举办年度"新闻学讨论会"等。可见，该系的办学方针、课程设置、师资队伍、教学活动等都体现出美国密苏里大学新闻系的特色。燕京大学新闻教育可谓是对密苏里新闻教育模式的"全方位横向移植"[①]。

（一）初创期：在密苏里大学新闻学院的帮助下艰难起步

在新文化运动中，司徒雷登（John Leighton Stuart）观察到报纸在中国社会生活中的影响，"当时在中国，报业的发展方兴未艾，报纸开始进入千家万户的生活。而新闻业在中国刚刚起步，高素质编辑和职业道德教育迫在眉睫。"[②] 于是在1918年商讨北京汇文大学、华北协和女子大学、通州协和大学三校合并后未来大学的计划时，他提出大学不仅应有文学院、神学院及医学院，也应努力建新闻学院。他上任不久，即向托事部建议，组建燕大新闻系，但遭到许多人反对。托事部最后虽然采纳了这个建议，并未给予支持。对此，司徒雷登回忆说："董事会在清楚说明绝不负责筹资的前提下，终于允许我设立了新闻系"[③]。

司徒雷登没有放弃建新闻系的努力，他"始终在强调职业课程的重要性，竭力使职业训练适应社会需求"。[④]1922年，燕大首度计划把新闻系列入学科建设日程。1922年，燕京大学"董事会会议记录"上记载："2月，请贝思（C.D.Bess）来新闻系教学三年。"贝思是当时美国合众社驻北平记者，但未接受邀请。同年，司徒雷登为筹集经费两度赴美，在美期间，他与拥有世界上第

---

① 林牧茵：《移植与流变——密苏里大学新闻教育模式在中国（1921—1952）》，复旦大学出版社2013年版，第136页。

② ［美］司徒雷登：《在华五十年》，常江译，海南出版社2010年版，第66页。

③ ［美］司徒雷登：《在华五十年》，常江译，第66页。

④ ［美］司徒雷登：《在华五十年》，常江译，第66页。

一所新闻学院的美国密苏里大学取得联系，请求该校新闻学院协助燕大创办新闻学系。①1923 年 6 月 9 日，燕京大学行政委员会通过决议："校长建议成立一个委员会，筹备建立新闻学系。该委员会授权尽可能征求董事会各董事和学校教职员的意见，并向该委员会推荐任命白瑞登硕士从 1924—1925 学年开始任新闻学系讲师。"②1924 年 6 月，燕京大学正式聘请白瑞登出任新闻学系讲师兼系主任。不久，又宣布聘请富有新闻工作经验的密苏里新闻学院毕业生聂士芬（Vernon Nash）为新闻学系讲师。

1924 年，燕京大学设立新闻学系（始称报学系），白瑞登任系主任。起初学系建制、设施均不完备，仅在文学院开设了用英语讲授的新闻学课程。计划四年修完十六门专业课：报学原理（新闻系概论）、比较新闻、报纸采访、编辑、社论、特写、通讯、英文写作、报业管理、广告、发行、印刷与出版等。"最初仅有学生九人，内有女子一人，专习者只二三人，亦有仅选读课程之一二种。然无论专习或选习，均须三年或四年级生"③。当时"燕京通讯社（Yenching News Service）为该系师生所合组（组合），随时采集新闻，供给北京、天津、上海、汉口、香港、东京、纽约报纸十余家，始仅出英文稿件，今又增出中文，均酌取稿费。"④新闻系本拟办报纸，但因经济原因未能实现，不过当时所办《燕大周刊》的"新闻副刊"由新闻系编辑。同时，"该系学生有在北京导报、Peking Leader 及其他报馆服务者，或为长期，或仅充暑期访员"⑤。只是，这一时期经费支绌，教学设施和教学力量上均有不足，因而教学质量难以保证。

1926 年 10 月，白瑞登离校回美国筹款，聂士芬代理系主任。1927 年，

① 郝平：《无奈的结局——司徒雷登与中国》，北京大学出版社 2002 年版，第 431 页。
② 《燕京大学行政委员会会议记录》，燕京大学档案，YJ1921001。转引自邓绍根：《中美新闻教育交流的历史友谊——密苏里新闻学院支持燕大新闻学系建设的过程和措施探析》，《国际新闻界》2012 年第 6 期。
③ 《中国报业教育之近况》，《寰球中国学生会周刊》1926 年第 238 期。
④ 《中国报业教育之近况》，《寰球中国学生会周刊》1926 年第 238 期。
⑤ 《中国报业教育之近况》，《寰球中国学生会周刊》1926 年第 238 期。

白瑞登因病辞职，① 同年 4 月，聂士芬赴美为燕京大学新闻学系筹款。燕京大学新闻学系陷入无人任教的局面，司徒雷登校长对此甚感遗憾："白来安②先生去年秋返美，为本校新闻学系筹募永久基金，但由于患病，迫不得已，提出辞职。聂士芬先生为继续募款工作，已离校赴美。"③

1928 年，聂士芬回到密苏里大学新闻学院，呼吁密苏里新闻学院支持燕京大学新闻学系的重建工作。在沃尔特·威廉斯（Walter Williams）院长的支持下，密苏里新闻学院决定全力支持燕京大学新闻学系的重建工作。1928 年 3 月，密苏里新闻学院通过决议宣布：密苏里新闻学院将主动联系燕京大学在北平开展新闻教育。④ 为此，密苏里新闻学院专门成立两个协会：（一）美国顾问委员会（The American Advisory Committee），威廉斯院长亲任会长，该协会旨在争取美国新闻界支持燕京大学新闻系重建计划，发动新闻界的发行人捐赠资金，为燕京大学新闻学系提供办系经费；（二）密苏里—燕京协会（Missouri-Yenching Association），该协会旨在发动密苏里大学全校师生支持燕京大学新闻学系的重建工作，协会宣布将致力于吸纳那些有兴趣支持燕大新闻学系重建计划的人们，积极参与到密苏里大学和燕京大学的合作事业之中。⑤

聂士芬和密苏里新闻学院向全美报界募捐活动进展顺利，为密苏里—燕京新闻学院（即后来的燕大新闻系）筹集到 65000 美元。这笔款项用作援建燕大新闻系基金，威廉斯亲任基金会主席，除用它在燕大修建一幢新闻系主任住宅，其余 55000 美元充作新闻学系五年试办基金。据说原来还留了不少捐款在

---

① 燕京大学校友校史编写委员会编：《燕京大学史稿》，人民中国出版社 1999 年版，第 116 页。

② 白来安即白瑞登。

③ 《校长报告书（1926—1927）》，燕京大学档案，YJ1926004。转引自邓绍根：《中美新闻教育交流的历史友谊——密苏里新闻学院支持燕大新闻学系建设的过程和措施探析》，《国际新闻界》2012 年第 6 期。

④ 邓绍根：《中美新闻教育交流的历史友谊——密苏里新闻学院支持燕大新闻学系建设的过程和措施探析》，《国际新闻界》2012 年第 6 期。

⑤ 邓绍根：《中美新闻教育交流的历史友谊——密苏里新闻学院支持燕大新闻学系建设的过程和措施探析》，《国际新闻界》2012 年第 6 期。

密大，由威廉斯继续募捐，准备筹存一笔供燕大新闻学系永久使用的基金，后因威廉斯去世，未能实现。

威廉斯院长为促成密苏里新闻学院与燕京大学合作建新闻学系作出了重要贡献，并在筹款和教学方面给予了有力的支持。据1931年至1933年任燕京大学新闻学系主任的黄宪昭教授的传略记载："开办燕大模式的新闻学系这个主意，早孕育于1926年。是年密苏里大学新闻学院院长沃尔特·威廉斯来华旅游，到广州访问该院校友黄宪昭。黄于1912年毕业于该院，是该院第一个获得新闻学学位的（中国）毕业生，两人都深感中国需要一代既能掌握中、英文，又能了解中国情况的中国记者从事对外宣传工作。威廉斯回国后为此筹款，并于1930年派聂士芬代表密苏里新闻学院与燕京大学校长司徒雷登达成协议，成立密苏里—燕京新闻学院。"[①]1929年，聂士芬与黄宪昭教授一起再度回到燕园，正式投入组建燕京大学新闻学系的工作中。

（二）发展期：密苏里新闻教育模式的全方位横向移植

1929年9月，燕京大学新闻学系恢复重建，隶属文学院，聂士芬任系主任。由于在美国筹得五年办系经费，燕京大学新闻学系正式进入一个新的发展期，很快成为当时中国最具影响力的新闻教育机构。赵敏恒评价："远东方面最新式而设备最完全的新闻学校，要算是北平燕京大学的新闻专科，由美国新闻界所创办的。"[②]

9月27日至10月1日，庆祝燕京大学海淀新校舍落成，重新组建的燕大新闻学系同时成立。大礼堂北端一组新房舍，用为新闻系办公室；南端是哈佛—燕京学社。重建后的燕京大学新闻系仍然隶属于文学院，被认为是当时最完善的一个新闻系。

1934年，五年的办学经费用完，学校还是坚持继续开办新闻学系。而此时，美国正值经济危机过后，经费难以筹集，新闻系的生存再次陷入困境。这

---

① 黎秀石：《三十年代初期的燕大新闻学系》，载燕大文史资料编委会：《燕大文史资料》（第七辑），北京大学出版社1993年版，第108页。

② 赵敏恒：《外人在华新闻事业》，中国太平洋国际学会1932年版，第14页。

时，系主任梁士纯转向国内报界及热心新闻教育的人士求援，同时敦请全国报界先进人士，组织燕京大学新闻学系协助委员会，推《大公报》主笔张季鸾为主席，以作财政上、计划上的种种援助。① 同时，黄宪昭和梁士纯也积极寻求中国政府、官员、军界的帮助。1934 年 10 月，聂士芬积极推动密苏里大学与燕京大学合作基金会的建立，筹集经费，以协助燕大新闻学系的发展。1934 年 12 月 17 日，密苏里—燕京合作基金委员会正式成立。② 办系经费问题得以解决，新闻系的生存问题也就得到解决。1935 年 2 月，校务会议正式通过新闻学系为燕大之一部。③

这一时期，新闻学系学生的理论能力、业务能力和英文水平都得到提高。1929 年，共有 46 名男生和 3 名女生选读新闻课程，其中 20 人主修新闻，其余为外系的学生选修新闻课程。④1934 年底，新闻学系的学生人数增加到 59 人，当年毕业学生有 17 人。⑤1935 年 10 月 5 日的统计，燕大新闻学系共有学生 83 人，其中男生 69 人，女生 14 人，四年级学生 10 人。⑥ 司徒雷登在回忆录中提到："在一段时期内，中央通讯社在所有大国首都的常驻代表几乎都是这个系的毕业生，中国本土的报社中也可以随处看到我们学生的身影。"⑦

这一时期，燕大新闻系里有很多来自密苏里大学新闻学院的老师和学生，如聂士芬、黄宪昭、马丁富（Frank L.Martin）（第一位访问燕京的密苏里教授）、葛鲁甫（Samuel D.Groff）（密苏里新闻学院来燕大新闻系交换的第一位研究生）、

① 肖东发主编：《新闻学在北大》，北京大学出版社 2006 年版，第 59 页。

② 肖郎、费迎晓：《燕京大学新闻学系人才培养目标及改革实践》，《高等教育研究》2007 年第 6 期。

③ 肖东发主编：《新闻学在北大》，北京大学出版社 2006 年版，第 59 页。

④ 卢祺新、葛鲁甫：《燕京新闻系》，载燕大文史资料编委会：《燕大文史资料》（第三辑），北京大学出版社 1990 年版，第 31 页。

⑤ 殷韦：《燕京大学新闻学系：以往—现在—将来——一切的一切》，载燕大文史资料编委会：《燕大文史资料》（第七辑），第 87 页。

⑥ 1935 年"学生的各种统计"，北京大学档案馆，立卷单位燕京大学，案卷编号 YJ46059（1），转引自林牧茵：《移植与流变——密苏里大学新闻教育模式在中国（1921—1952）》，第 136 页。

⑦ ［美］司徒雷登：《在华五十年》，第 66—67 页。

白雅各（James D.White）（密苏里新闻学院来燕大新闻系交换的第二位研究生）和斯诺（Edgar Snow）等。燕大新闻学系与密苏里大学有着密切的合作，教育理念、课程设置、教学活动和师资建设等都受到密苏里新闻学院的影响，因此，"燕大新闻教育全都是美国式的，因为四名教师不是美国人就是接受美国教育的。当时，所有的新闻教科书或参考书，没有一本是中文的。"①

1. 施教方针与课程设置

燕大新闻学系恢复之初，提出："燕大新闻学系的主要目的，是借鼓励许多受过良好教育，有理想的人从事新闻工作，以协助中国发展出高尚、富有服务精神及负责任的新闻事业。课程主要是让学生得到初步的新闻训练，以期他们能够把新闻事业树立成最具潜力的事业，成为促进公益及国际友好关系的砥柱。"②此时的新闻学系施教方针为：本学系之目的在培养报界人才，授予广博之专门知能。……俾学生得分途发展，备尽所长。③

在"授予广博之专门知能"的方针之下，主修的课程较前一期增加了很多：少至 13 门，多至 18 门。主修功课的毕业学分的最低限度为 32 学分。关于普通课程的规定是：主修学生应当选定一个与报业有关系的系，并选修 20 学分以上的功课，这就是所谓辅修。1929 年新闻学系所注重的辅修功课为社会科学；从 1930 年到 1934 年，所规定的辅修功课包括社会科学和文字。④

1934 年夏，燕大新闻学系与密苏里大学的五年试办期满，新任系主任梁士纯转向国内报界及热心新闻学教育的人士求援，此时的施教方针有所变化："新闻学乃多方面之科学，与人生任何部分皆有关系。因此新闻人才，不但应具有专门的学识与训练，对于各种学识，皆宜有清晰之概念。是以本学系一方面对于新闻的专门学识极为注重，而同时对于其他与新闻学有特殊关系之学科

---

① 卢祺新、葛鲁甫：《燕京新闻系》，载燕大文史资料编委会：《燕大文史资料》（第三辑），第 31 页。

② 卢祺新、葛鲁甫：《燕京新闻系》，载燕大文史资料编委会：《燕大文史资料》（第三辑），第 29 页。

③ 肖东发主编：《新闻学在北大》，北京大学出版社 2006 年版，第 59 页。

④ 肖东发主编：《新闻学在北大》，第 60 页。

亦为重视。"①

对于燕京大学新闻教育的使命，1934 年创刊的《燕京新闻》第 1 卷特 1 辑，有篇署名文章认为新闻教育除训练新闻人才，还有以下使命：

（一）进行新闻事业之研究，如燕大新闻系罗文达教授的《北平报纸之研究》。

（二）进行新闻报纸的改良实验。如《燕京新闻》采用白话报道，与社会合作，拟在清河镇试办农村社区报道等。

（三）是年担任新闻系主任的梁士纯教授，主张新闻系应培养"今日中国报界所缺乏的……有远见，有魄力，有主张……能负重大责任，有创见及改革能力的领袖人才"。②

可见，这时的教育理念更加注重以通识教育扩大学生的知识面，不仅只是专注于新闻专业知识，而且对于哲学、法学、经济学、政治学和心理学等人文社科类知识均要有所掌握，成为一个满足时代发展的新闻健全人才。

系主任梁士纯上任后，新闻学系的施教方针发生变化，课程设置也随之发生变化。由此，要求主修新闻专业的学生，辅修一门与新闻有特殊关系的学科，如政治、经济、社会、历史等。新闻学课程按要求分为四类：

一、必修基础课：国文一年，英文两年，16 学分；法学院政治、经济、社会学基础课选读两门；理学院数、理、化、生物基础课选读一门；历史基础课一门；共 20 学分。并按全校本科生必修体育的规定，修完三年体育课，共 6 学分。

二、主修课：新闻专业课程，包括实习和论文，共 44 学分。

三、副修课：选定一门学科，不得少于 20 学分。

四、选修课：依本专业学习需要及本人志趣选修其他学科，约 30 学分以

---

① 《中国新闻教育之现在与将来》，《大公报》1936 年 5 月 9 日。
② 梁士纯：《事在人为》，载燕大文史资料编委会：《燕大文史资料》（第七辑），第 93—94 页。

上，四年修满 136 学分。学生编级，按各人所得学分编定，大体是：

表9—1　燕京大学各年级选修课学分分布情况①

	一年级	二年级	三年级	四年级
第一学期	0—18 学分	36—54 学分	72—88 学分	104—136 学分
第二学期	19—35 学分	55—71 学分	89—103 学分	

一般每门课程按燕大 10 分制的记分方法，取得 3 分（相当百分制的 61—65 分）即可获得学分。但主修课必须 5 分以上才算及格，获得学分。总学年成绩也须平均 5 分（相当百分制的 71—75 分）才算及格。

此时的课程安排、选课、学分制度，体现了燕大新闻教育的专业教育与通才教育的特点，既培养学生独立思考的能力，又施以全面的基础教育，以求培养出专业基础扎实、学识广博的新闻人才。

2. 新闻教学实践活动

燕京大学吸纳的"密苏里模式"，主张学新闻最佳的方式是实践，强调动手做和职业取向。②由此，燕大新闻学系的教育模式同样注重课堂教学与新闻实践的结合。根据新闻系《本系学则》规定："本学系课程，理论与实习并重。实习共有三方面：计（一）本学系之刊物，（二）报纸及杂志之投稿，（三）假期间及毕业后在报馆之实习。"③学校和各大城市的报馆都有合作，尤其是平津地区，这些报馆给学生提供实习机会。

建系的最初几年，新闻学系与密大新闻学院相约，效仿该院每年举行一次全球性的新闻讨论会或活动周的传统做法，每年 4 月，两校同时举办新闻讲座会，燕大的"新闻讨论会"由本学系新闻学会在系领导下负责组织。第一届"新闻讨论会"（当时称"新闻评论会"）于 1931 年 4 月 1 日至 3 日举行，主席

---

① 燕京大学校友校史编写委员会编：《燕京大学史稿》，第 119 页。

② 张咏、李金铨：《密苏里新闻教育在现代中国的移植：兼论帝国使命、美国实用主义与中国现代化》。

③ 《中国新闻教育之现在与将来》，《大公报》1936 年 5 月 9 日。

团有平津各大报社社长、主笔，本校学者及新闻学会干事，系主任黄宪昭担任秘书长，主持活动。4 月 1 日至 2 日，《大公报》社长胡政之、美国合众社记者贝思、英国路透社记者伊文思等进行演讲，3 日组织讨论和集会。①

1932 年到 1935 年的四届"新闻讨论会"，都在每年 4 月 28 日校友返校日举行，会期仍为 3 天。第二届新闻讨论会由密苏里新闻学院副院长马丁富主持，当时他与燕大新闻学系主任聂士芬交换来系任教。讨论主题为中学刊物，并举行了中外文报纸展览，展出报纸二百多种，燕大出版物三十多种，本系出版物八种及前清报纸珍品及中学刊物等。1933 年，第三届讨论会以讨论小报及中学刊物为主题，平津各主要报纸及小报记者、主笔、平民大学新闻学系同学等到会，演讲者有平津报界名人成舍我、吴秋尘、许兴凯及立法院副院长邵元冲等。会上举办小报展览，展出由新闻系李亦君同学收集整理的中文及英、美、法、日等小报 300 余种。第四届有报界名人《大公报》曹谷冰、《包头日报》李孕育、林仲易及校友姜公伟、高青孝、黄庆枢等演讲。第五届邀请的演讲员不是新闻界人士，而是学科的知名学者，从不同的角度对新闻学予以评论和探讨，集中谈新闻学与其他学科的关系。②

燕大由学系主办、新闻学会及本系同学自办的出版物多种，都是学生的新闻实践园地。1931 年 9 月 10 日，系主任黄宪昭指导创办《平西报》。《发刊词》称该报"目的在使平西地方，亦有报纸。同时可使本学会会员得有编辑各种定期刊物实习。"《平西报》每周二、四、日出版，4 开 4 版，3 版中文，1 版英文。报道范围包括学校生活和燕大周边地区消息。出刊不久，即发生国人共愤的九一八事变，第一版要闻以报道时局和学生爱国救亡活动为主。1932 年，交换教授马丁富来校后，《平西报》由四开改为对开版，与一般报纸同样大小，内容扩及世界和国内新闻，稿源为五家外国新闻通讯社、几家中国新闻通讯社新闻稿和自己采编的本地区新闻。1932 年 2 月 1 日，在原来中英文报纸合刊

---

① 燕京大学校友校史编写委员会编：《燕京大学史稿》，第 120 页。

② 《新闻系讨论会的前瞻》，《燕京新闻》第 1 卷特 1 辑，载燕大文史资料编委会：《燕大文史资料》（第七辑），北京大学出版社 1993 年版，第 96—97 页。

不变的情况下，增出一份英文《平西报》城市版周六刊，每次出 4 开 14 版，卷号另起。因为当时日寇对华北虎视眈眈，强迫城内唯一的英文《北平导报》停刊，《平西报》英文城市版于 2 月 16 日迁至城内东单二条出版，本科学生饶世芬任总经理，葛鲁甫讲师、汤德臣助教和本科生费雪（F.M.Fisher）负责编辑事务，版面增为两大张，几乎成为北平当时外籍人士唯一的英文新闻来源。直到半年后，城内有了英国人办的《北平纪事报》，《平西报》英文版才迁回学校，改为晚刊。1933 年后《平西报》恢复中、英文合刊，到 1934 年 9 月《燕京新闻》创刊后停办①。

燕大新闻学系早期出版物，还有新闻学会出版的《新中国》月刊等。到 1934 年 9 月，在系主任梁士纯主持下，新闻学系实习报纸以《燕京新闻》的名称继续出版，卷号另起，延续到 40 年代。截至 1937 年七七事变前，由新闻学系出版和学生自办的出版物，有八种之多，都是学生新闻实践的重要园地。②

3. 师资力量加强

在先后担任系主任的聂士芬、黄宪昭、梁士纯教授和来系执教的马丁富等人的共同努力下，新闻系的建制、学则、各年度教学规划、校内外实习安

图 9—6　聂士芬 ③

排等，逐步走上正轨。而这个时期最突出的，是教学力量大大加强。新闻系专任教职人员历来精干，从未超出四五人，但自 1931 年开始，大量聘用校内外专家，尤其是新闻界有声望、有经验的报业专家、著名报人、外国报刊及通讯社驻华记者来系兼课，讲授专业课程或开讲座、做专题演讲，由此形成燕大新闻学系的教学传统，并因教师队伍知名度高，实力雄厚获得声誉。

1929 年至 1937 年这个时期，新闻系教师包括四个

---

① 葛鲁甫：《回忆〈平西报〉》，载冰心、萧乾主编：《燕大文史资料》（第五辑），北京大学出版社 1991 年版，第 41—43 页。

② 燕京大学校友校史编写委员会编：《燕京大学史稿》，第 121—122 页。

③ 图片来源：《燕大年刊》1930 年，第 62 页。

方面：专任教师、国内资深报人和报业专家、外国报纸和通讯社驻华记者、本校兼课教师。（一）专任教师主要来自密苏里新闻学院和中国新闻界。密苏里新闻学院的老师有聂士芬、马丁富、威廉斯夫人（谢文兰）、葛鲁甫、白雅各；来自中国新闻界的老师有黄宪昭、梁士纯、卢祺新、汤德臣、徐兆镛、苏良克、黄丽卿、蒋荫恩等。（二）国内资深报人和报业专家有张友渔、成舍我、陈博生、孙瑞芹、刘豁轩、管翼贤、胡政之、曹谷冰等。（三）外国报纸和通讯社驻华记者有罗文达（Rudolph

图9—7　燕京大学新闻学系职教员
从右至左：葛鲁甫、卢祺新、聂士芬（主任）、黄宪昭 [1]

图9—8　燕京大学新闻学系全体师生 [2]

Lowenthal）、斯诺、田丕烈（H.J. Timperley）等。（四）本校兼课教师有张东荪、刘廷芳等教授。[3]

---

[1]　图片来源：《良友》1930年第47期。

[2]　图片来源：《报学季刊》第1卷第3期。

[3]　燕京大学校友校史编写委员会编：《燕京大学史稿》，第122—124页。

图9—9　燕京大学新闻学系主任梁士纯①

图9—10　燕京大学新闻学系主任蒋荫恩②

可见，这一时期燕大新闻学系的师资力量最为雄厚，汇集了新闻界海内外学界和业界知名人士，使学生的新闻专业知识、中英文的业务能力均得到快速提高。这一时期的毕业生很快成为新闻界的中流砥柱，如1937年中国抗日战争全面爆发到全世界反法西斯战争胜利期间，毕业于燕大新闻系的学生活跃在海内外的新闻战线上，任伶逊、汤德臣、卢祺新、沈剑虹、徐兆镛等人作为中央社驻世界各地的记者，积极投身国际抗日宣传中。二战胜利前夕，旧金山会议报道的中国记者萧乾、卢祺新、宋德和、汤德臣均为燕大新闻系的毕业生。陈翰伯、蒋荫恩、余梦燕、王继朴、陈封雄等则在抗日战争年代活跃在重庆、成都、桂林、香港等地进行报道。

（三）抗战及至结束时期：燕大新闻学系与密苏里新闻学院逐渐脱离

1934年下半年，密苏里新闻学院与燕大新闻学系的五年合作试办期将结束，燕大新闻学系的发展将转向寻求国内新闻界的支持。为了让燕大新闻学系平稳渡过这一艰难时期，12月17日，燕京密苏里合作基金委员会在密苏里大学成立。该委员会职责主要是为燕京大学新闻学系提供资助，但事实上，委员会成立后发挥的作用并不大。③1935年7

---

① 图片来源：《报学季刊》第1卷第3期。

② 图片来源：《燕大年刊》1948年，第32页。

③ 邓绍根：《中美新闻教育交流的历史友谊——密苏里新闻学院支持燕大新闻学系建设的过程和措施探析》，《国际新闻界》2012年第6期。

月底，密苏里新闻学院威廉斯院长逝世后，密苏里新闻学院对燕大新闻学系的支持不如以前。这时，又加之中国政局的混乱以及后期的抗日战争全面爆发，燕大新闻学系利用国内报界的资源，结合中国国情，走中国新闻教育本土化道路。

图 9—11　美新闻界名宿威廉斯博士 [2]

　　燕大新闻学系转向国内发展始自刘豁轩，而真正驶入中式新闻教育轨道的带领人则是蒋荫恩。[1] 七七事变后，北方一些国立大学纷纷南迁。燕京作为美国教会创办的私立大学，决定留在北平。燕大新闻学系的生存更加艰难，首先，原系主任梁士纯去美国未能返回，校当局临时决定请曾任天津《益世报》总经理、总编辑的刘豁轩代理系主任，主持新闻学系工作，后任命为主任。他出任系主任后，在系训中强调："本学系之目的：一为造就领导的报人，使能改造报纸现状，促进报业发展，以期实现报纸在现代社会之崇高使命；二为造就适合于高尚的职业环境之报人，使其所学切合于报业之需要，将来并有前进发展之能力。"[3] 为实现"造就领导的报人"和"造就适合于高尚的职业环境之报人"的新闻教育目标，刘豁轩主张新闻教育应避免过度职业化、技术化，应结合中国国情培养服务于中国社会的报人，发展中国本土的新闻学术，改变"一本可看的关于报学的中文书籍都没有"的新闻教育现状。为此，他作出一系列的教学工作改变，为培养适应抗战救亡的新闻人才，教学中增设了宣传、舆论类课程，后因抗战全面爆发，专业课程一度骤减至 7 门（见表 9—2）；带领学生恢复《燕京新闻》；加强对教员和学生的学生能力培养，组织师生撰写、出版关于中国报业发展现状的论文等。但由于当时中国社会动荡不安，抗日战争全面

---

①　胡百精、王学驹：《专业自主性、回应社会与中西平衡：燕京大学新闻教育的面向——基于 160 篇燕大新闻系毕业论文的视角》，《新闻与传播研究》2018 年第 12 期。

②　图片来源：《报学季刊》1935 年第 1 卷第 4 期。

③　刘豁轩：《报学论丛》，天津益世报馆 1946 年版，第 106 页。

图9—12　燕京大学新闻学系学生王若兰（左）、祁敏（右）①，应《大公报》之聘参加大会采访工作

爆发，燕大新闻学系推动中国新闻教育本土化的改造工作并未成功，真正作出实质性改变的应属蒋荫恩担任系主任期间。

1941年12月8日，太平洋战争爆发，燕京大学被迫关门。1942年秋，燕京大学在成都复课，新闻学系同日开课。蒋荫恩担任系主任职务和主课教师，他熟悉燕大新闻学系的密苏里新闻教育体系，又有办报经验，能把严格的业务训练、质量要求，与当时国际国内战局、政治形势同新闻教育实践结合起来。②因此，他充分利用大后方集中了内迁大报、通讯社和高等学校、中外资深报人、专家、学者云集的有利条件，聘请报界名流、报业巨子来校兼课或作专题讲演、讲座。③与此同时，为了提升学生的新闻实践活动能力，他让学生主持《燕京新闻》的业务工作，鼓励学生积极投身于社会报道中，向国际友人宣传中国

图9—13　燕京大学新闻学系学生之课外实习：练习排字（左）、练习印刷（右）④

---

① 图片来源：《青岛画报》1934年第8期。

② 燕京大学校友校史编写委员会编：《燕京大学史稿》，第132页。

③ 燕京大学校友校史编写委员会编：《燕京大学史稿》，第130页。

④ 图片来源：《报学季刊》1935年第1卷第4期。

的抗战，逐步使《燕京新闻》面向社会。他也支持学生办报、办刊，如支持学生创办"燕京文摘社"和《成都周刊》。1945 年前后，燕大新闻学系课程逐渐恢复和拓展，选修和必修课程一度增至 15 门（见表 9—2）。这一切教学活动都有助于学生了解中国报界发展现状，知晓中国报界需要对社会作出重要贡献和拥有远大抱负的领袖报人。因此新闻界人士徐铸成、赵超构等评价："燕大新闻系学生一毕业就能用。"①

表 9—2 燕大新闻学系课程设置沿革 ②

1932 年前后	新闻学导言、报章文字、新闻之采访与编辑、比较新闻学、特载文字、社论、出版须知、通讯练习、报纸参考资料、报纸图画、广告原理、营业及印刷法、新闻学史
1936 年前后	新闻学概论、新闻写作与编辑、新闻采访、新闻评论、特载文字、社论、管理及营业、通信、中国现代刊物、实用宣传学、舆论与宣传、新闻学史
抗战爆发后	报学概论、新闻采访、新闻编辑、报业经营、报纸翻译、报学史、论文
1945 年前后	新闻学概论（必修）、新闻编辑（必修）、新闻采访（必修）、比较新闻学（选修）、新闻伦理（选修）、社论研究（必修）、印刷研究（选修）、新闻哲学（选修）、时事专题研究（必修）、宣传学（选修）、广告与发行（选修）、新闻法令（选修）、中国报业史（必修）、英文新闻编辑与写作（必修）、报业管理（必修）

1945 年 8 月 15 日，日本战败投降，随后，燕京大学复校。这时新闻学系只开了六门专业课程，没有英文新闻课程和英文实习园地。此时，密苏里新闻学院仍承认燕大新闻学系本科学历，并接受毕业生进修，李肇基、曹德谦等 1947 年后赴该院深造，但其他形式的联系则完全中断。③ 在新的形势下，新闻学系依靠燕京大学文、理、法学院的教学规模已逐步恢复的优势，敦促学生修读外文、政治、经济和法律等与新闻紧密相连的学科，利用实习机会，加强学生的新闻实践，达到通识教育与新闻理论、业务能力相结合的教育目的。

---

① 燕京大学校友校史编写委员会编：《燕京大学史稿》，第 135 页。

② 胡百精、王学驹：《专业自主性、回应社会与中西平衡：燕京大学新闻教育的面向——基于 160 篇燕大新闻系毕业论文的视角》，《新闻与传播研究》2018 年第 12 期。

③ 燕京大学校友校史编写委员会编：《燕京大学史稿》，第 136 页。

　　新中国成立后，系主任蒋荫恩回到新闻学系继续担任系主任、教授，新闻学系的课程设置和师资力量有所加强。1951 年 2 月，中央人民政府教育部宣布接管燕大，改为国立燕京大学。1952 年 7 月，在全国院系调整中，国立燕京大学新闻学系并入北京大学中文系编辑专业（后改称新闻专业），后又并入中国人民大学新闻系。

三、其他主要新闻专科学校的新闻教育

（一）北平新闻专科学校

　　1933 年 2 月，北平《世界日报》报社与南京《民生报》报社合力创办北平新闻专科学校，校长成舍我。该校目的是：改进中国新闻事业，及训练手脑并用之新闻人才。①

　　成舍我组织北平新闻专科学校的动机，是认为当时中国的报纸有两件亟当注意的事：

　　第一，"现在国内的报纸，大半可以说，只是特殊阶级的读物，而不是社会大众的读物。""报纸的内容，不是大众所需要读的，报纸的定价，又不是一般劳苦大众所读得起的。"这导致中国的报纸不能发达，进而国民变得越加愚昧、闭塞。中国新闻界应该负重大责任，在国难当前要"有急起直追转变我们目标的必要"。报纸要进行改革，"内容应由政治转到广义的社会，读者应由少数特殊阶级转到全国劳动大众。就是要将向来被视为特殊阶级的读物，变成大众的读物，使全国士农工商，都能看报，用报纸来唤起全国民众，共赴国难，抵御外侮。"②

　　第二，"中国报纸，在商业不发达的地方，虽然还埋没在手工业时代的状况，而在通商大埠，则渐次已有资本化的倾向。"报馆里面的"劳资的对立，

---

① 贺逸文：《成舍我创办新闻专科学校》，《新闻研究资料》1981 年第 4 期。
② 成舍我：《我所理想的新闻教育》，《报学季刊》1935 年第 1 卷第 3 期。

日趋尖锐"，脑力劳动者和体力劳动者易发生冲突，编辑部和印刷部总难合作。但"我们要预防这种危机，就应该设法使一个报馆，成为一个合作的集团，由排字工人起，至社长止，都要忠诚合作，全成报纸的主人，不但要消灭资本劳动两阶级的对立，并且要融合劳心劳力，使他们同为一个报馆的生产者。"①

为实现改革中国的新闻事业的理想，成舍我经过缜密的考虑，认为"最好先办一新闻学校，一方面训练未来的人才，一方面在学校里可以创办一个民众化的报纸。"②最后，成舍我"以私人能力来创办一个以合乎实用，循序渐进为目的的新闻专科学校"③，即北平新闻专科学校。

1. 北平新闻专科学校的组织与管理

1932 年 12 月，成舍我校长就学校的各项事务进行筹备，确定校舍、制定预算、制定学校规章、安排课程、聘请教职员工；1933 年 1 月 11 日，呈准北平市社会局备案。

待学校的筹备工作完成后，1933 年 2 月，北平新闻专科学校开始招考初级职业班新生，招生名额 40 人。投考学生须具备下列资格：甲、曾在高级小学毕业，或虽未毕业，而自信已具有与高小毕业相等之学力；乙、年龄在 14 岁以上，18 岁以下；丙、体质强健，无不良嗜好，且能吃苦耐劳，无纨绔习气者。考试科目是国文、常识测验、体格检查、口试。④在招生简章里有一项"特别注意"："本校目的，既在改进中国之新闻事业，及训练'手脑并用'之新闻人才，则凡投考本校者，其本身及其家长，务必对于本校之宗旨，有详切之认识。如本人及其家长，怀抱一般投考洋八股式学校者之同样心理，冀图本身或其子弟，将来毕业后，能光宗耀祖，升官发财，则请千万勿误入此途。因新闻事业，最需要忠实勤奋，吃苦耐劳，而本校管理训练，亦将取极端严格主义。故凡有纨绔习气，或渴望将来升官发财者，即侥幸录取，亦必难得全始终，不

---

① 成舍我：《我所理想的新闻教育》。
② 成舍我：《我所理想的新闻教育》。
③ 成舍我：《我所理想的新闻教育》。
④ 贺逸文：《成舍我创办新闻专科学校》，《新闻研究资料》1981 年第 4 期。

仅贻害本校，亦实适以自误。投考之先，务希注意。"①2月3日开始报名，考生相当踊跃，截至16日，共400多人报名。

4月8日，第一届初级职业班在本校举行开学典礼仪式，成舍我在致辞中表明创办新专的目的有两点："一是训练实际应用的新闻人才；二是准备将来能在这个学校办个报纸。训练的方针，学科实习并重，学校是个工厂，同时又是个报馆，使毕业生能做用脑的新闻记者，和用手的排字工人。"②在学校的实习工厂房门上有副对联，颇引人注目，上联"莫刮他人脂膏"，下联"要滴自身血汗"，横批"手脑并用"，后来"手脑并用"成为该校的校训。③

5月2日，成舍我呈报市社会局转呈南京政府教育部，请准予设立校董会。6月16日，市社会局转奉教育部令，批准设立校董会。9月1日，函聘李煜瀛、蒋梦麟、李麟玉、李书华、管翼贤、吴前模、成平（即成舍我）为校董。1934年1月10日下午，校董会举行第一次会，各校董皆出席，通过决议：（一）推选成平为校长；（二）通过校董会章程；（三）核定本年度预算；（四）准备建筑校舍，扩充设备。④

成舍我因报社实行科学管理，需要适当人员，1933年11月，在"新专"开办报业管理夜班，以6个月期限，训练报业管理合格人员，免收学费。后由于《世界日报》利用南京某机关电台后，电报增多，报务人员更感缺乏，常常误事，因此又开办无线电特班。报业管理夜班和无线电特班更进一步表明："新专"是为《世界日报》训练所需要的工作人员⑤。

2. 北平新闻专科学校的独特教学设计

北平新闻专科学校的新闻教育课程和学制与当时大学新闻系的教育设计有很大差异。成舍我曾提过："新闻教育一方面是职业教育，一方面也是文化

---

① 贺逸文：《成舍我创办新闻专科学校》。
② 贺逸文：《成舍我创办新闻专科学校》。
③ 贺逸文：《成舍我创办新闻专科学校》。
④ 贺逸文：《成舍我创办新闻专科学校》。
⑤ 贺逸文：《成舍我创办新闻专科学校》。

教育的一种。技术的训练和学理的研究，都应该同样重视。不过就学习的便利，可以有先后时间的划分。"① 所以"新专"的学制分为三个阶段：第一，初级职业班；第二，高级职业班；第三，本科。第一、二两阶段，各为两年，第三阶段三年。初级班的目的是造就印刷工人；高级班造就发行、广告及事务上的管理人员；本科则为造就既常识充足，且学有专长，而对新闻事业又已得到深刻了解的编辑采访和报业指导者。②

初级职业班的训练方法是每日以半数时间讲授应用文字一般常识及新闻事业概要，其余时间从事技术科目实习。一般上午上学科课，有国文、英语、数学、报业常识、自然常识；下午是实习技术课。当时的教职员有：校长成舍我，副校长吴范寰，教务主任虞建中，教员张友渔、左笑鸿、萨空了、赵家骅、原景信等，工厂主任张孟吟，事务员葛孚青、叶静忱。每天下午实习课先是学排字，由张孟吟指导。开始是背字盘，两个月后实际操作，大半为报社排印单据及零星文件。一年后，《世界日报》增添北平增刊版，由学生编辑排版，吴范寰兼任教务主任负责指导。当时学生们特别刻苦，寒暑假时仍然坚持上实习课。③

1935年4月，第一届初级职业班毕业，最终2名女生保升高级班，6名在《世界日报》总管理处服务，男生12人到上海《立报》工作，2名保升高级班，其余根据自身情况选择升学或者另谋出路。④

第一届毕业生就业问题安排结束后，学校开始新一届的招生工作。该年，初级职业班正常招生，再增添一高级职业班。由于报社工作艰苦，有些女生难以胜任，则决定不再招收女生。招生广告说明了训练目的，高级班是注重报业管理、报业会计、报业经营、印刷机械及编辑采访等学科，毕业后能管理报社会计、印刷工厂，或担任助理编辑及采访等职务；初级职业班的训练项目与前

---

① 成舍我：《我所理想的新闻教育》。
② 成舍我：《我所理想的新闻教育》。
③ 贺逸文：《成舍我创办新闻专科学校》。
④ 贺逸文：《成舍我创办新闻专科学校》。

（前一届）相同，只是说明毕业后以能在印刷处实际工作为目的。[①]8月15日，举行考试，8月31日，复试揭晓，高级班正取32名，备取10名。初级班正取40名，备取20名。[②]

10月1日，学校开学。初、高级职业班均采取上午学科课，下午实习的教学方式。在学科课方面，高级班有新闻学、报业管理、自然科学大意、社会科学大意、国文、英文、数学、速记。初级班有报业常识、数学、国文、英文。这时的教员有赵家骅、彭芳草、吴谨铭、李翰章、李晓宇、林慰君、翁德辉等，职员有葛孚青、叶静忱、马五江、唐博佑。实习由技工两人指导。[③]

印刷实习是学生的重要学课。初级职业班的学生负责印刷，高级职业班的学生负责排字。最初，学生为《世界画报》排版、校对、印刷，后逐渐增加《世界日报》和《世界晚报》。为报社印刷、排版等实践活动使得学生们在学习期间得到锻炼，提高实践操作能力、灵活处理各种难题。1937年，这届初高级职业班毕业，因七七事变，学校停办，很多学生的毕业、安排工作事项未能得到妥当处置。

抗日战争爆发后，成舍我决定在桂林恢复北平新闻专科学校，但同时也面临经费、校址和申请官方立案等难题。后经多方筹备，1944年2月，北平新闻专科学校开始招生，最后录取40名正式生，10名试读生。4月3日，北平新闻专科学校初级职业班在桂林正式开课。原计划秋季开办高级职业班及本科各一班，因桂林沦陷，学校停办，未能实现。[④]

抗日战争胜利以后，《世界日报》在北京复刊，北平新闻专科学校没有复校。成舍我后定居台湾，继续其新闻教育事业，开办私立世界新闻高级职业学校，即后来著名的世新大学。

---

① 贺逸文：《成舍我创办新闻专科学校》。
② 贺逸文：《成舍我创办新闻专科学校》。
③ 贺逸文：《成舍我创办新闻专科学校》。
④ 贺逸文：《成舍我创办新闻专科学校》。

（二）北京平民大学新闻学系

1922 年 1 月，北京平民大学正式开学。由于当时中学毕业生日渐增多，但又苦于没有专门的大学可进，所以该校是"为应社会之需要而设"①。学校将杜威（John Dewey）所言的"社会即教育，教育即生活"②作为教育宗旨，认为"所学必求实用"。学校"以商为主，而辅之以文法"，第一年设预科，分商、文、法三部，文科将来准备设哲学、文学和新闻学三系。此后，学科体系不断完善，1923 年，第一届预科毕业，新闻系正式成立。该系聘北大报学教授徐宝璜为主任，北京国闻通讯社长吴天生、京报社长邵飘萍等为教授③，这是中国第一个国人自办的大学新闻系。

最初，《平民大学组织大纲（1923 年）》中，新闻学系的课程安排包括："新闻学概论、新闻采集法、新闻编辑法、新闻政策、新闻实习、广告学、速记学、现行法令纲要、社会学、社会政策、社会问题、经济学、哲学概论、法理学、政治学、政治学史、外交史、各国政党史、各国现代政治论、中国近代政治史、中国文学史、文学概论、英国文学史概论、美国文学史概论、第一外国文（英文）、第二外国文。"④当时教学资料缺乏，于是"有自编讲义者，有口授而令学生笔记者"⑤，在这艰苦的环境下，学生们的学习并未受到影响，而且有的同学将所学的知识整理成书出版，如 1927 年《北京平民大学五周年纪念增刊》中刊登"内容丰富之新闻学述要出版预告：本书为本校同学黄汝翼编著，定明年上季出版"⑥的消息。

---

① 《北京平民大学组织成立》，《申报》1922 年 1 月 9 日。

② 《北京平民大学组织成立》，《申报》1922 年 1 月 9 日。

③ 戈公振：《中国报学史》，商务印书馆 1935 年版，第 276 页。

④ 王学珍、张万仓编：《北京高等教育文献资料选编 1861—1948》，首都师范大学出版社 2004 年版，第 519 页。

⑤ 戈公振：《中国报学史》，商务印书馆 1935 年版，第 276 页。

⑥ 《内容丰富之新闻学述要出版预告》，《平大周刊》1927 年北京平民大学五周年纪念增刊，第 36 页。

北京平民大学提出了我国第一个四年制大学新闻教育方案①，徐宝璜根据"北京平民大学当时采用单位制，大学部各系规定需修完八十单元，其中必修课程在六十四单位左右"规定，改善原来的新闻教育计划，增加原来课程安排，课程数量由 26 门增加到 47 门，具体安排如下：

表9—3　平民大学新闻学系分年课程表②

学年	课程	课程（门）	学时
一	新闻学概论（2）；速记术（1）；经济学（3）；政治学（2）；文学概论（2）；哲学概论（2）；民法概要（2）；中国文学研究（2）；英文（读报）（2）；日文（读本文法）（2）；宪法（2）；文字学（1）	12	23
二	新闻采集法（1）；新闻编述法（1）；广告学（2）；社学会（2）；照相制版术（1）；财政学（3）；中国近代政治外交史（2）；平时国际公法（2）；统计学（2）；中国文学研究（2）；英文（读报）（2）；日文（读报）（2）；文字学（1）	13	23
三	新闻经营法（1）；新闻评论法（1）；采编实习（2）；评论实习（2）；时事研究（2）；现行法令纲要（2）；战时国际公法（2）；中国近代财政史（2）；现代金融概论（2）；近代小说（2）；英文（读报）（2）	11	20
四	新闻事业发达史（2）；特别评论法（戏评书评）（1）；出版法（1）；采编实习（2）；评论实习（2）；群众心理（2）；时事研究（2）；现代各国政治外交史（2）；现代社会问题（2）；近代戏剧（2）；英文（新闻学选读）（2）	11	20
总计		47	86

从课表可知，这份四年制的新闻教育方案设计合理、理念先进。第一，新闻专业教育与通识教育并重。课表中包含经济学、政治学、法学、中国文学研究、现代社会问题和近代戏剧等社科类课程，大量的社科类课程扩大学生的知识面，有助于学生未来从事新闻事业。第二，兼容学术研究和业务能力的融合培养。课表的第三、四学年度出现采编实习和评论实习课程，说明平民大学注重学生的业务实践能力，将此锻炼纳入学业考评中。第三，课程安排结合

① 周婷婷：《中国新闻传播教育的初曙——以北京大学新闻学研究会为中心的考察》，华中科技大学出版社 2013 年版，第 112 页。

② 《平民大学新闻学系分年课程表》，《寰球中国学生会周刊》1926 年第 238 期。

现实，难度循序渐进。分析课表可得，第一、二学年度集中讲授基础课程的理论知识，新闻专业课程掌握概论知识和新闻采、编、写等业务知识，其他社科类的课程也是掌握基础理论知识；第三、四学年度专业学习进入到新闻评论和新闻经营等难度较深的课程，这都需要学生有扎实的新闻基础知识，其他社科类课程也是紧密结合现实，与国际接轨。

北京平民大学新闻学系注重学生的实践能力，在徐宝璜的主持下，该系成立了"新闻学研究会"，创办了《北京平民大学新闻系级刊》，每半月出版一次，被戈公振称其为"报学界罕有之出版物"[2]。当时，该系规模不小，学生活动积极，不仅有新闻学研究会，而且成立"平大通讯社"，"精神颇佳，内外勤务分工合作"，"专重于社会新闻的采访"。[3]

图 9—14　中国北方第一个获得学位之女新闻家宜兴汪英女士 [1]

四、北京新闻学会的创建和发展

(一) 北京新闻学会的创建

1926 年秋，黄天鹏、王一心与《京报》记者张一苇开始筹备创办北京新闻学会。1927 年 1 月 1 日，北京新闻学会成立。当日并通过北京新闻学会简章（见附录 4：北京新闻学会简章），其简章明确规定：学会"由对于新闻事业有志人士所组合纯粹学术团体组织"，学会以"研究新闻学术，发展新闻事

---

① 图片来源：《图画时报》1927 年 6 月 8 日。

② 戈公振：《中国报学史》，商务印书馆 1935 年版，第 276 页。

③ 邓绍根：《百年奠基——论徐宝璜新闻传播教育的历史贡献和遗产》，《出版发行研究》2018 年第 10 期。

业"为宗旨。①《北京新闻学会纪略》对北京新闻学会的创办情况做了简要的记述：

> 北京新闻学会成立于民国十六年一月元旦，初为北京新闻界人士所倡导，后同志遍及中外，其旨趣及事业，各报纪载，尚称简要，记云：
>
> 北京新闻学会系都下矢志从事新闻事业者所组织，以研究新闻学术，发展新闻事业为宗旨，纯粹学术团体，为首都研究新闻学术之唯一机关，主要会务有探讨新闻学新术，调查新闻事业，举行新闻讲演，创办新闻博览所等。②

（二）北京新闻学会更名为中国新闻学会

1928 年 6 月，国民革命军北伐攻克北京。6 月 20 日，国民党中央政治会议第 145 次会议决议：北京改名北平。③ 北京新闻学会因此更名为中国新闻学会。《新闻学刊》的第二卷第 5 期上刊登了《中国新闻学会》一文，文中对更名原因和人事变动均进行了简要的说明：

> 北京新闻学会成立以来，纠合同志从事于新闻学术之研究，创行本刊，对于新闻学术作系统之讨论……兹者本会因北伐胜利，北京易名北平，会名所有北京二字，已不能存在，爰更名为中国新闻学会，以副其实。又大会议决组织委员会，执行一切会务，总会设沪，北平设分会，公举黄天鹏（编辑股），张一苇（会计股），吴海山（文书股），章熊（研究股—清华），李忠枢（研究股—法大），王诰（文书股—常川），姚道培（交际股—北平报），李燮铭（总务股—电报局），诸人为委员，分股负责。八月四日开委员会于中山公园水榭，议决扩大组织，征求会员，并作各种关

---

① 《北京新闻学会简章》，载黄天鹏编：《新闻学刊全集》，第 383 页。
② 《北京新闻学会纪略》，载黄天鹏编：《新闻学刊全集》，第 381—382 页。
③ 《中央政治会议记》，《申报》1928 年 6 月 21 日。

于新闻学术之演讲云。北平分会现广徵同志，备有简章，函索即寄。临时会址西城前老莱街五号，办公时间暂定每星期六日下午一时至六时。又在北平全名日报附出新闻周刊，业于八月二十日出版创刊号。周刊由分会负责编辑，与本刊为姊妹刊物。主编天庐氏应沪报聘南下，由赵连登（全民日报）张一苇（中国通讯社）二者负责编辑云。①

有研究者认为，1929 年黄天鹏到上海主编《报学月刊》后，该会活动也就停止了。②但是，具体时间仍存争议，有待进一步考证。

（三）命运多舛的《新闻学刊》

我国最早有关新闻学研究的刊物是《新闻周刊》，1919 年由北京大学新闻学研究会创办，后"因五四运动而停刊"。1924 年，北京平民大学创办《北京平民大学新闻系级刊》，被称为"报学界罕有之出版物"。严格意义上而言，这两本刊物主要目的是供学员实习而用，虽涉新闻学研究，但新闻学术研究并非其刊物主旨。此时，新闻学界并没有专门研究新闻学术的期刊，有学者对此现状感叹："中国的新闻事业虽有几十年的历史，却没有研究新闻事业的一种'学术的定期刊物'；虽有几千人的职业占定，却没有拿学术精神来结合互助的团体……打球赛马，穿衣服，吃菜，都有很多的刊物来讨论；那么，这很伟大而又很重要的新闻事业，会没有出个刊物来探讨的必要，岂非怪事。"③为改善这样的局面，1927 年 1 月 1 日，黄天鹏等人创办北京新闻学会，同日，学会会刊《新闻学刊》创刊，"发行期刊，专以提倡此学为事者，前此尚阙乎其未有闻也，有之则自新闻学刊始。"④

"刊之有徽，犹国之有旗，商之有标也"，《新闻学刊》的刊徽"采取天安门前崇柱，配以报纸背景"，象征着《新闻学刊》的旨趣与使命，详细图解如下：

---

① 《中国新闻学会消息》，《新闻学刊》1928 年第 2 卷第 5 期。

② 徐培汀、裘正义：《中国新闻传播学说史》，重庆出版社 1994 年版，第 305 页。

③ 笠丝：《二卷首语》，载黄天鹏编：《新闻学刊全集》，第 355—356 页。

④ 吴贯因：《吴序》，载黄天鹏编：《新闻学刊全集》，第 10 页。

柱为擎天　中国新闻事业有专门刊物，自吾刊始，吾幸何刊，而忝膺第一。即诠"中流砥柱"亦无不可。

龙云尊贵　新闻为神圣高尚事业，旧说云，龙为麟虫之长，天子为九五之尊，故以黄龙为象征也。即鼍龙之力伟声巨，亦足以睥睨一切矣。

狮表权威　狮为百兽之王，报乃民众喉舌，记者则社会之师表也。吾刊为报纸之报纸，自具一种权威之权威也。

报示背景　吾刊以研究新闻学术，发展新闻事业为宗旨，其对象则新闻纸也，故以报纸为背景，所以示其本质也。

冕乃太冠　世称新闻记者为无冕帝王，拿破仑曰"新闻记者一支笔，胜于三千毛瑟枪"，其尊崇记者可谓至矣，故用为全模之外影焉。[1]

刊徽中的"柱""龙""狮""报""冕"等形象生动地表达了《新闻学刊》"研究新闻学术，发展新闻事业"的宗旨，也表达了黄天鹏推动新闻研究学术化的远大理想，推进中国新闻事业科学化发展的崇高志向。

《新闻学刊》创刊之后，新闻界知名学者和著名报人，徐宝璜、胡政之、徐彬彬、鲍振青、戈公振、黄天鹏、周孝庵、顾红叶、王小隐、徐凌霄、张一苇等人"以其于新闻上各问题，条析缕分，竟委穷源，务使其为学术化"[2]，先后将研究成果发表在该刊物上。《新闻学刊》所刊登的研究成果主要涉及"构建中国早期新闻学研究的目标与框架""新闻学资料的收集、整理与新闻史研究""海外新闻学先进成果"等内容。[3] 由此，"新闻学刊，发行未及一年，然不胫而走，留心新闻学者，争手一编，以资研究"。[4]

《新闻学刊》创刊之际正值北洋军阀统治末期，社会动荡不安，政治局势紧张，致使《新闻学刊》的出版发行历经多次磨难，黄天鹏曾感叹："吾刊生

---

① 新史氏：《刊徽图解》，载黄天鹏编：《新闻学刊全集》，第387—388页。

② 吴贯因：《吴序》，载黄天鹏编：《新闻学刊全集》，第10页。

③ 齐辉、秦润施：《民初〈新闻学刊〉的出版境遇与学术探索》，《现代传播》2017年第10期。

④ 吴贯因：《吴序》，载黄天鹏编：《新闻学刊全集》，第10页。

不逢辰，命途多舛，数历风霜，几濒于殆！"①《新闻学刊》创办之初，北京新闻学会设有专门的发行部，主管发行和销售等事项。随后，天灾和人祸接踵而至，1927年夏，都门劝业场毁于火灾，《新闻学刊》经售处付诸一炬；与此同时，邮寄刊物屡遭扣留或失落。在进退两难之际，黄天鹏挚友张一苇"翩然莅都，讯予所苦"，愿"攘臂相助"，遂联合作家与读者，组织《新书林》，全权负责《新闻学刊》的发行工作。《新闻学刊》本是季刊，定期发行，但第二期送检便耽搁不少时间，未能如期发行。在第三期时，《新闻学刊》"恭候'出版执照'，从印刷到发行，整整半年的时光！"另外，编辑成员还不幸遭遇牢狱之灾，《新闻学刊》曾刊登《铁窗风味》和《三日软监记》两文，详细记载了编辑成员的不幸遭遇，黄天鹏也曾在《编辑后记》中提及："最令我们感慨的是《铁窗风味》，这是我们的纪实，也是本刊的一个劫运。记得戴天仇先生说，'坐监是记者的便饭，怕坐监的不是好记者'。我们既以笔椎当刀，利害自不应多所计较，但可怜我们处在这暗无天日的古城，这种地狱还不如的监内生涯，天外飞来之莫须有奇罪，不能不感到凄凉的悲痛。"②

　　《新闻学刊》问世一年后，中国新闻学会（原为北京新闻学会）北平分会

图9—15　黄天鹏②

图9—16　《新闻学刊》封面③

---

① 黄天鹏：《新书林故址题记》，载黄天鹏编：《新闻学刊全集》，第377页。

② 黄天鹏：《编辑后记》，载黄天鹏编：《新闻学刊全集》，第408页。

于 1928 年 8 月 20 日出版《新闻周刊》，附于北京《全民日报》发行，与《新闻学刊》互为"姊妹之杂志"。《新闻学刊》与《新闻周刊》的侧重点有所差别，前者"属期刊性质，侧重'学'字方面"，后者"为期较迟，并重于'新闻'之报告，所谓新闻之新闻者是也"。[1]《新闻周刊》出版四期后因故停刊。1929年 1 月，黄天鹏将《新闻学刊》改组扩大为《报学杂志》，按月刊行，由上海光华书局发行。至此，《新闻学刊》宣告终刊，在两年时间里，共计发行两卷八期，以及出版"增刊四号"，"内容精美，斐然有声"[2]。

第二节　北京报界团体的初创与发展

北京报界团体组织的发端要追溯到 1908 年北京报界公会的成立。之后，1912 年，北京国民党新闻团成立。1913 年，北京报界同志会成立。1914 年，北京新闻记者俱乐部成立。1918 年，北京报界联合会成立。1922 年，北京言论自由期成会成立。1923 年，酝酿成立北京新闻记者公会（当年未能成立）。1929年，北京新闻记者公会成立。这些相继成立的北京报界团体组织在争取言论自由、谋求报界生存空间、积极维护报界权益、规范新闻业发展上作出诸多努力。同时，北京报界团体的相继成立和积极活动，代表着报界承担起自身肩负的监督政府和向导国民的特殊社会职能，报人的职业群体意识逐渐生根发芽。

一、报界团体职业意识的发轫——北京报界公会

报界团体的成立是新闻业职业化发展的重要标志之一。报界团体职业意

---

① 黄天鹏：《新闻周刊发刊词》，载黄天鹏编：《新闻学刊全集》，第 360 页。

② 徐宝璜：《徐序》，载黄天鹏编：《新闻学刊全集》，第 5 页。

③ 图片来源：《新闻学刊》1927 年第 1 卷第 4 期。

④ 图片来源：全国报刊索引——晚清与民国期刊全文数据库。

识的发轫要追溯到 1902 年 6 月 17 日，英敛之在《大公报》创刊号上发表《〈大公报〉序》一文，声称："岁辛丑，同人拟创《大公报》于津门，至壬寅夏五而经营始成……凡我同人亦当猛自策励，坚善与人同之志，扩大公、无我之怀。"① 表明其时已有"报界同人"之概念，报人"群体"观念开始萌芽。②10月 2 日，梁启超在《新民丛报》上发表《敬告我同业诸君》一文，认为报馆有"监督政府"和"向导国民"两大职责，凸显出从业者意识到自身肩负着有别于其他行业的特殊社会职责。在报人职业群体意识日渐显现的背景下，组建报界团体的呼声也逐渐高涨。

1905 年 3 月 13 日，上海《时报》在"本馆论说"栏内发表了《宜创全国报馆记者同盟会说》，倡议成立全国性的记者同盟会，"报界之知有团体，似自此始"③。但从报界群体意识的自觉到报界团体的产生，其中经历了一段时间的孕育。1906 年 7 月 1 日，天津报馆俱乐部成立。1906 年 10 月，汉口报界总发行所成立。1907 年 12 月，广州报界公会成立。天津、武汉、广州等地报界团体的相继成立为上海、北京等地报业起到示范作用。1908 年，北京第一个报界团体——北京报界公会成立。

（一）北京报界公会成立

1906 年，北京报业日渐发达，报界已显现同盟意向，颇具联合趋势。1907 年，北京报界着手组建团体组织，加强联络，《大公报》称："北京报界日渐发达，然每不免有互相攻讦之处。近开北报馆主人廷部郎拟发公启，遍约北京报界诸志士，互商联合之法，以固团体、通消息为宗旨。"④1908 年，北京报界公会在宾宴茶楼召开成立大会，会上公推朱淇为会长，康士铎为副会长，约定此后"遇有报界公共之事，均由报界公会代表与官厅接洽"⑤。

① 《〈大公报〉序》，《大公报》1902 年 6 月 17 日。

② 赵建国：《分解与重构：清季民初的报界团体》，生活·读书·新知三联书店2008年版，第46页。

③ 戈公振：《中国报学史》，商务印书馆 1935 年版，第 296 页。

④ 《报界团体》，《大公报》1907 年 3 月 29 日。

⑤ 徐凌霄、徐一士：《凌霄一士随笔》，山西古籍出版社 1997 年版，第 641 页。

（二）北京报界公会争取言论自由的斗争

1901 年 1 月，清廷宣布实施"新政"，允许民间办报。与此同时，清政府还正式允许朝政信息的公开传布，部分开放了"言禁"。"报禁"和"言禁"的逐步开放，使得民间拥有更大创办报刊的自由空间。在这一历史背景下，一时出现了众多的报刊，形成了第二次国人办报高潮。新政期间，清政府先后颁布一批新闻出版法律法规，如 1906 年 7 月《大清印刷物件专律》、1906 年 10 月《报章应守规则九条》、1907 年 9 月《报馆暂行条规》、1908 年 3 月《大清报律》等，这些法律条文中有关限制报馆言论自由的内容遭到报界的群起反抗。北京报界公会作为近代北京地区第一个报业同业组织，积极参与了修正和抵制报律的活动。

1909 年 11 月，民政部奏请修正报律条文[①]，1910 年 10 月，民政部拟出修正报律理由书和报律 45 条[②]，交宪政馆妥核、修正。但修改案"比原案制限尤苛，其疵谬颇多不瑕"[③]。1910 年 10 月 15 日，北京报界公会及其成员《中国报》《北京日报》《京津时报》等七家报馆联名推荐代表起草《北京报界公会上资政院陈请书》，指责宪政编查馆核定的报律修正案"制限太苛，非斟酌删除，碍难遵守"[④]，指出第十一条、第二十六条和第十二条均是原律中的条文概括或略加修改而成，并根据新刑律、日本新闻条例对修正案一一揭示其弊端之处。陈请书中指出：我国对于国外未能适用国际公法，对于国内未能收回治外法权，第十二条的禁止登载秘密事项纯粹只能禁止中国的报纸，并不能禁止外国和"国中挂洋旗之报"不刊登，这样的报律只能导致"本国之报馆丧失新闻纸之效用，而不能与外国报界竞争"[⑤]。其中，对于大清报律还参考日本报律的做法，陈请书中驳斥道"日本新闻条例在该国已趋于末运，何我国尚奉为玉律

---

① 《民政部奏请修正报律条文》，《申报》1909 年 11 月 8 日。

② 《民政部修正报律案理由书》，《申报》1910 年 10 月 13—15 日。

③ 《北京报界公会上资政院陈请书》，《申报》1910 年 10 月 28 日。

④ 《北京报界公会上资政院陈请书》。

⑤ 《北京报界公会上资政院陈请书》。

金科耶"①，这些陈请书的内容均表明报界法律意识的增强，也体现出民间与政府针对新闻自由限度问题的博弈。

1910 年 10 月 28 日，《申报》刊登了北京报界公会会长朱淇发表的《北京报界公会代表上资政院请愿书》一文，认为"报律条文措词界限尚未明晰，乞再参订以便遵守"②。同时，对于第十一条、第十二条和第十四条逐一分析点评，指出其中不当之处，提出自己的修改意见，如建议将第十一条改为"凡属个人阴私，上无损于国家，下无害于社会，报纸即不得攻讦"③，建议在第十四条中的"豫（预）审事件于公判以前报纸不得登载等语"④ 后再加"凡该处地方未有公判者不得引用此律"⑤，等等，同时也认为报律多根据外国报律修订而来，国与国情形大不相同，所以外国的报律不能尽适用于清王朝。

北京报界公会的上书请愿得到全国报界的积极响应。《申报》发表《北京报界公会陈请书书后》，文中提到"今北京报界公会已上书资政院，陈请修正矣。观其词旨，于律文之纰缪，事势之窒碍，固已剖析切当"⑥，足以看出对北京报界公会的赞赏。《大公报》刊发《论官吏渎职律与报律宜同时施行》，主张"报律既颁，则官吏渎职治罪律亦宜亟共同实行于今日者也"⑦。

在北京报界公会的压力下，资政院和宪政馆进行了激烈的辩论，1911 年 1 月，《钦定报律》正式颁行实施，虽然《钦定报律》与《大清报律》实质上并无差别，但是对报馆的言论控制相较以往略为宽松。

（三）北京报界公会为维护报界公益而对抗

北京报界公会不仅积极为言论自由做斗争，对于遭受当局制裁的报馆和报人也积极援助。1909 年 7 月，上海公共租界工部局制造《神州日报》案，

---

① 《北京报界公会上资政院陈请书》。

② 《北京报界公会代表上资政院请愿书》，《申报》1910 年 10 月 28 日。

③ 《北京报界公会代表上资政院请愿书》。

④ 《北京报界公会代表上资政院请愿书》。

⑤ 《北京报界公会代表上资政院请愿书》。

⑥ 《北京报界公会陈请书书后》，《申报》1910 年 10 月 30 日。

⑦ 《论官吏渎职律与报律宜同时施行》，《大公报》1910 年 11 月 5 日。

北京报界公会致电该报馆表示支持："印人诉讼事，公会拟举代表向英使交
涉。请诸君子合力支持，以保我同胞言论权，并将全案始末及最近情形速复为
要。"①1909 年 8 月，上海《民呼日报》被指克扣甘肃旱灾赈款，主笔于右任、
陈非卿被拘留候审。北京报界公会代《民呼日报》申诉，发电指责蔡乃煌摧折
舆论，反对宪政。②北京报界公会对上海《神州日报》和《民呼日报》的声援
促进报界跨区域联合的步伐。

　　1911 年 1 月 7 日，在国会请愿活动中领衔组织学生罢课请愿的天津《公
民白话报》主笔温世霖，被当局逮捕并发戍新疆。③直隶警务公所向京师外城
总厅转达直隶总督函请，要求该厅转告且命令"京师各报馆关于此事除登载上
谕及告示外，不得妄发议论，俾免鼓惑而卫公安等"④。北京报界公会认定巡警
总厅的做法违反报律，拒不履行，上呈民政部并要求维持报律："夫报馆直辖
于警厅之下，服从于报律之中，不受他种官厅之钳制固不待言，即警厅亦不能
加以背律之制裁。该警道日前之文件，如系私函耶，则警厅不应掺杂于厅谕之
中；如系公文耶，则当援据报律云云。"⑤同年 1 月，《公论实报》因责备资政院，
后被警厅处罚，禁止发行并附加罚金一百元。北京报界公会为维持报律呈递民
政部，认为警厅以"人民对于官吏不当之处分，只能为行政诉愿，不得以商人
资格率行质问"⑥。

　　北京报界公会为维护报界权益而多次与政府官吏对抗，一系列的行动逐
渐受到政府的关注。当清政府与报界发生交涉时，清政府选择通过北京报界公
会来协调沟通，以期取得良好成果。1909 年 12 月，北京《公言报》与《爱国
报》发生冲突，《公言报》在外城警厅控告《爱国报》侮辱报界全体，《大公报》
指出警厅应当将全案函交北京报界公会并指令报界公会伙同各报馆"秉公论断，

---

① 方汉奇主编：《中国新闻事业编年史》，第 515 页。
② 《蔡乃煌瞒昧报界之电文》，《盛京时报》1909 年 8 月 18 日。
③ 方汉奇主编：《中国新闻事业编年史》，第 561 页。
④ 《外城总厅致报界公会函》，《大公报》1911 年 1 月 15 日。
⑤ 《京师报界又请维持报律》，《申报》1911 年 2 月 3 日。
⑥ 《京师报界又请维持报律》。

孰是孰非，妥为了结"①。1910年5月，清政府官员在政务处会议商讨整顿报界之事，认为办报的宗旨是代表舆论，宣达民情。"若另有别种用意，假国人公共之名目，作外人私下之机关，则是非颠倒，黑白混淆，殊于宪政有莫大之影响"②，于是准备在报律中增加一条："嗣后凡遇有此种情事，应由报界公会切实查明，公同惩办，倘漫不加察，一经部中查出，则报界公会亦决不能辞责。"③

北京报界公会在报馆与政府、报馆与报馆之间的沟通协调，积极处理矛盾，进而使得报界团体的地位得到提升，影响力与日俱增，同时也促进其他地区积极组建报界团体。但是，1911年10月，中国报界俱进会在北京召开第二次大会，会上提起三件议案，第三条议案是："在北京组织中国报界俱进会北京事务所，选举干事办理会务，解散旧有北京报界公会，经全体赞成，遂决议散会。"④

二、北京报界同志会的创立与报界团体的政治对抗

(一) 北京报界同志会创立缘由

1912年2月15日，南京临时参议院选举袁世凯为临时大总统，3月10日，袁世凯在北京就职。此时，中国政治权力形成以孙中山为代表的革命民主阵营和以袁世凯为首的反革命专制阵营，这种政治斗争格局，相当精确地反映在新闻界中。⑤

政治格局的改变相应导致报界的言论分属不同的党派，在政治斗争最为激烈的北京也出现了两派界限分明的报界团体组织。1912年11月4日，国民党机关报在京内外不下数十家，但各报言论不一，为统一政见，北京国民党新

① 《京师报界之冲突》，《大公报》1909年12月14日。

② 《报界中人注意》，《大公报》1910年5月17日。

③ 《报界中人注意》。

④ 《报界俱进会二次开会纪事》，《大公报》1911年10月25日。

⑤ 方汉奇主编：《中国新闻事业通史》（第一卷），第1032页。

闻团成立，成立大会上讨论通过《新闻团章程》。新闻团的成立对国民党系统的报刊有所裨益，新闻团向国务院、总统府及各部特派专员探访事实，然后分送国民党系统下的各报刊，可节省各报特派专员的经费。同时，新闻团的成立有助于国民党系统报刊的政见统一，减少内部隔阂和矛盾。①1913年2月21日，分属共和党、民主党、统一党的各报馆记者则公议创设北京报界同志会，以对抗国民党新闻团；3月16日，《民视报》《北京时报》《京津时报》《国维报》《新中国报》《北京日报》《燕京时报》《黄钟日报》《国民公报》《大自由报》《国华报》《天声报》等十几家非国民党系统的报馆在北京报界同志会俱乐部的基础上组建了北京报界同志会。在成立大会上，通过了《北京报界同志会规约》，宣布以"联络感情，交换知识而谋言论之健全为宗旨"，"凡内政外交有重要问题发生时，本会应开会商酌言论方针，以期共济时艰"。②北京报界同志会成立后，积极开展会务活动，完善章程，吸收新成员，《天声报》《国权报》相继加入，影响力日渐扩大，成为北京报界一个新的聚集中心。③形成了两个为适应当时政治斗争需要而组成的新闻社团，前者是孙中山领导的国民党系统报纸的联合社团，后者是袁世凯操纵的进步党系统报纸的联合社团。④

（二）政党报界团体之对抗

北京报界同志会成立是为对抗国民党新闻团而成立的，两派报界团体属于不同的政党，言论界限分明。如，1911年3月，《国风日报》在北京创刊，先后是同盟会、国民党在北京的主要言论机关。报刊内容主要是宣传反清革命，反对虚伪立宪，激烈抨击袁世凯谋叛、暗杀、卖国罪行，大量报道宋教仁被刺案真相。⑤

北京报界同志会拥护袁世凯政权。时人对其评价为："四五年来之报界同

---

①　《国民党新闻团开会纪事》，《申报》1912年11月10日。

②　方汉奇主编：《中国新闻事业编年史》（上），第685页。

③　《北京报界同志会之进行谈》，《申报》1913年3月25日。

④　北京市地方志编纂委员会编：《北京志·新闻出版广播电视卷　报业·通讯社志》，第398页。

⑤　夏征农、陈至立主编，熊月之等编著：《大辞海（中国近现代史卷）》，上海辞书出版社2013年版，第96页。

志会，完全在北政府元勋报或准元勋报之为经理者之手中，凡袁世凯之专制及称帝，段祺瑞之谋乱及造反，要皆为此一机关唯一之成绩，然则此报界同志会者，换言之，即叛逆同志会，罪恶同志会而已。"①

　　到第一届国会召开以前，两派斗争达到白热化，斗争的根本原因是替本集团的领导人物在议会和政府机构中争取席位，因而很大成分上是权力意气之争。②两派之争导致报纸的言论呈现两种截然相反的论调，黄远生在《一年以来政局之真相》中提到："甲党之报，今赞成而前反对。乙党之报，则今反对而实前赞成。……同此一人，而前后有尧桀之别；同此一事，而出入有霄壤之分。……推其原因所由来，不外所争在两派势力之消长，绝无与于国事之张弛而已。"③

　　1913 年，中国近代报刊经历了"癸丑报灾"。袁世凯为了建立独裁专制政权，用金钱收买和建立自己的御用报纸，大肆为自己的独裁专制统治宣传，破坏反对自身统治的报馆并残害记者、报人。经此报灾，北京的上百家报纸，只剩下 20 余家。④国民党新闻团损失惨重，有报道称："洎乎癸丑以还，民党失势，新闻团分子逃亡者半，遭显戮者半。京中言论界稍带民党彩色之报纸，从此无片影之留。彼报界同志会者，居然为鲁殿之灵光而巍然独存。"⑤在袁世凯统治时期，其意旨多通过筹安会转达到报界同志会，报界同志会下的各报馆因此言论一致，出现"民国二三年之报纸，专为袁家一人作记录，不知报纸为何物，且亦不知人格为何事"。⑥

---

① 戊午编译社：《北京新闻界之因果录》，载杨光辉等编：《中国近代报刊发展概况》，第 166 页。

② 方汉奇、史媛媛主编：《中国新闻事业图史》，第 108 页。

③ 《一年以来政局之真相》，载黄远庸：《远生遗著》（第一卷），商务印书馆 1920 年版，第 84 页。

④ 方汉奇、李矗主编：《中国新闻学之最》，第 174 页。

⑤ 戊午编译社：《北京新闻界之因果录》，载杨光辉等编：《中国近代报刊发展概况》，第 165—166 页。

⑥ 戊午编译社：《北京新闻界之因果录》，载杨光辉等编：《中国近代报刊发展概况》，第 171—172 页。

（三）北京报界同志会反对《报纸条例》实施的斗争

为了复辟称帝，袁世凯政府不惜用重金收买和创立自己的御用报馆，同时运用报律来钳制舆论，加强社会言论自由的控制。1914年4月2日，袁世凯政府在《大清报律》和日本《新闻纸法》的基础上，以"教令第四十三号"颁布"世界上报律比较之最恶者"①——《报纸条例》。《条例》共计三十六条，涉及报刊的注册手续、编辑印刷人的资质、保押费的缴纳和送审等内容，其中对于不能登载的事项也一一说明："诉讼及预审事件禁止旁听及未经公判者不得登载、外交海陆军事禁止登载者不得揭出"，不得揭载"诋毁政府淆乱国体、扰害公安败坏风俗"②，若违反规定，报馆、报人将遭受罚金甚至徒刑。

《报纸条例》颁布后，遭到新闻界的强烈反对。甚至北京报界同志会也认为报律繁苛，"其中所最反对者为第十条中各项及第四项中之关于其他政务中云云，文字范围失于太阔，殊觉不安，至如第十五条以下各条所列之种种处罚，亦过于激厉，如此报律果付实行，则报馆将来受苦不可名状，推其结果，将使报界之发达不能预期，真正之舆论难于发现，而所谓代表民意之机关亦从此永无绰然进行之余地矣。"③对此多次讨论后，决定上书大总统，"恳求斟酌改修其条例"④。

同时，北京报界同志会的代表谒见政府官员，陈述利弊。内务总长朱启钤回答："一、除外交军事秘密外，其他政务非有特别禁止者自可登。二、其他官署会议亦然，但国会之秘密会不在此内。三、登载个人事实，若关涉公益自非阴私。四、保押费可从缓。"⑤但是，朱启钤的回答并没有真正落实，1914年4月15日，北京各报馆接到警厅的命令，要求"发行人应于警察官署认可

---

① 方汉奇、李矗主编：《中国新闻学之最》，第174页。
② 《新报律内容之概略》，《申报》1914年4月4日。
③ 《北京报界同志会之陈情书》，《申报》1914年4月14日。
④ 《北京报界同志会之陈情书》。
⑤ "北京电"，《申报》1914年4月15日。

后报纸发行二十日前"依规分别缴纳保押费。①

（四）北京报界同志会对外交流与合作

1914 年，沃尔特·威廉斯环球考察各国新闻事业情况，3 月 27 日，威廉斯抵达北京，这是他首次访华。3 月 28 日，在北京报界同志会举行的欢迎会上，威廉斯邀请中国记者出席即将于次年召开的世界报界大会，中国新闻界人士欣然接受了邀请。1915 年 7 月 5 日，世界报业大会在美国旧金山召开成立大会，会期十天。但中国代表团未在当天抵达，暂由欧阳祺代表中国报界并进行演说。第二天，中国代表团正式出席会议，代表团成员：北京报界公会代表、广州《时敏日报》代表、香港《华字日报》代表李心灵、《循环日报》代表杨小鸥、英文《北京日报》代表冯穗，李心灵被推举为执行委员。这是中国报人在世界新闻界的首次出场，他们谦逊礼貌的举止，不卑不亢的发言，给与会各国代表留下了深刻印象，向世界展示了中国新闻从业者的素质和风采。国内对中国报界代表参与世界报业大会进行了报道：

美国旧金山特开之万国新闻记者大会，各国新闻界巨子列席者约达千余人。当时北京报界代表员李松龄君在席间演说，略谓中国报界势力之伟大，实现今所未曾有者也。使中世的君主国遽为今世的共和民国之先鞭，非政治家之谋猷，亦非乱党之力量，实乃中国报界之功绩也。中国将来恃兹社论指导之力，及新国民之努力经营，必益见国势展发。②

更值得关注的是，在首次世界报界大会上，中国代表李心灵提出"余深愿第三届会议即在敝国京都，不但敝国报界欢迎，余深信敝政府亦当极意欢迎"。但最终中国新闻界希望承办第三届世界报界大会的愿望没有实现。

---

① 《实行报纸条例之见端》，《申报》1914 年 4 月 16 日。
② 《万国记者大会之中国代表员》，《盛京时报》1915 年 8 月 22 日。

三、北京记者职业化的开端——北京新闻记者俱乐部

（一）北京新闻记者俱乐部的成立

民国初年，全国报界俱进会的活动引起了袁世凯的注意，因远在上海无法直接控制，于是指示御用报纸《亚细亚日报》负责人薛大可等人于 1914 年 12 月 18 日，发起筹备成立北京新闻记者俱乐部。[①] 该俱乐部成员主要由北京报界中人和上海旅京记者组成，成立大会上推举薛大可、乌泽声、陆哀、周泰霖四人为干事组织。该俱乐部以"谋交换知识，并发展新闻事业"为宗旨，虽然俱乐部宗旨继承了报界一直追求新闻事业发展的愿望，但它实际上是袁世凯鼓吹复辟帝制的工具。

（二）从报界联合化深入到记者职业化

《时报》在上海首倡组织全国性记者同盟会后，各地相继成立的报界公会、同志会等均以报馆为单位，如北京地区的北京报界公会和北京报界同志会均是以报馆为单位的组织团体，依托报馆的个体相互之间进行联络、沟通。但北京新闻记者俱乐部在简章中明确规定"凡为新闻记者皆可入本俱乐部为部友"[②]，说明北京新闻记者俱乐部是以新闻记者为个体的组织，这与之前的报界组织不同，呈现出报界联合的新趋向。报界组织的个人单位从报馆转变为记者本人，与当时记者职业化趋向有紧密联系。清末民初，新闻记者的报道成为人们了解信息的主要来源，因此新闻记者的工作重要性越发凸显，新闻记者的相互协助也是必不可少的。当时，北京地区有《申报》《时报》等大报的驻京记者，北京新闻记者俱乐部中的成员也包括来自上海地区的旅京记者，他们时刻关注着北京城内的政局变动，打探幕后消息，确保地方信息灵通。[③]

1914 年 12 月，《北京日报》在紧要新闻栏刊登"郝继贞案"和"庆余堂产业案"，《大国民日报》在紧要新闻栏登载"郝继贞案"，平政院认为两家报

①　马光仁：《我国早期的新闻界团体》，《新闻研究资料》1988 年第 1 期。

②　《北京新闻记者俱乐部新发起》，《申报》1914 年 12 月 18 日。

③　赵建国：《清末民初北京报业同业组织的演变》，《新闻大学》2006 年第 1 期。

馆的行为违反《报纸条例》中关于未经公布之案不得报道的规定，遂起诉这两家报馆。北京新闻记者俱乐部上书警厅，"要求转达各法庭，嗣后凡有预审案件拟禁止登载之例，预先知会报界团体转达各报"。[①] 同时，新闻记者俱乐部发表观点，认为"平政院为审理官吏之机关，报纸有监督官吏之责任，对于国家均有重大之天职。在此国家多事之秋，舆论界式微之际，甚冀彼此维持，若以前所载之事，平政院似不宜苛求也。"[②] 但最终，该组织因成员的政治态度有所不同，所以后续并没有太多实质性的联合活动，且袁氏去世后，这个组织也就自行消亡了。

四、北京报界联合会的成立

（一）北京报界联合会的成立缘由

袁世凯逝世后，报业有所复兴，各地报纸数量增加。北京报界同志会曾是为抗衡国民党新闻团而成立的，其后与国民党新闻团的对抗加剧了北京报界的分化。对于北京报业的发展，北京报界同志会未能作出相应的贡献。对此，《北京日报》极力支持改组北京报界同志会，一则可"革除报界同志会送稿各报之积弊也"；二则"同志会宜革除开赌之弊也"，因为"同志会附设有宣南俱乐部，开设麻雀、卜架等类赌博，每赌一场抽银若干，此种行为是借北京报界公共之名以开赌渔利"。[③]1916 年 10 月 1 日，北京报界同志会召开大会，商讨改革事宜。[④]4 日，北京报界同人在报界同志会开茶话会磋商改革事件，二十余家报馆参会，但未曾料到同志会干事部预先函致警署，请警署派警前来干涉，最后迫使停会，报界同人不欲与之理论，遂宣布改期另行召开大会。[⑤] 但

---

① 《北京报界之新交涉》，《申报》1914 年 12 月 27 日。

② 《北京报界之新交涉》。

③ 《北京报界同志会开会未成》，《申报》1916 年 10 月 5 日。

④ "专电"，《申报》1916 年 10 月 2 日。

⑤ 《北京报界同志会开会未成》。

最后改组事宜未能成功，一直被搁置。

由于北京报界同志会未能成功改组，但北京报界却急需一个同业组织来承担起联络同人、开展会务、对外交流和监督政府等职责。因此，1918年12月28日，北京报界联合会在北京成立。①1920年7月，北京报界同志会被警厅下令解散，其下的报馆归属到北京报界联合会。8月14日，北京报界联合会在《北京日报》分馆开会选举职员，结果北京七十余家报馆，到会者仅有二十四家。最后的选举结果为：朱淇当选为会长，王太素当选为副会长，张一鹤、郭岷澜、曹悲天、罗怡庵、庄仲皋、叶一舟当选为干事。②

（二）北京报界联合会内部矛盾重重

北京报界联合会虽成立，但未能成为北京报界强有力的组织核心，内部矛盾重重，所归并的各报馆与旧有报馆貌合神离，这也成为后来全国报界联合会第三次常会分裂的潜因。③

全国报界联合会第二次常会在广州召开，并决定第三次常会定于1921年5月5日在北京举行，广州报界联合会致函北京报界联合会，告知筹备第三次常会的事项。由此，北京报界联合会发布消息："凡我同业希派代表与会，共策进行"。④然而，3月31日，北京49家报馆和通讯社开会讨论全国报界联合会第三次大会筹备方法，朱淇的发言认为北京报界联合会已先行筹备，定好一家旅馆，发函通知各省同业者并已得到30余家的回复，就没有必要再另行筹备。反对朱淇的《晓报》代表方懋超认为，全国报界联合会常会应由报界公开筹办，不能由少数报馆单独负责。《定一报》经理邱醒旦居中调和，邀请到会报馆加入朱淇筹备的组织中，也有参会者坚持"今日"定为正式筹备会，意见不一。正值辩论期间，朱淇之子朱祖成突然起身斗殴，指挥他人，推倒议席，现场大乱，后巡警入内维持秩序，将朱淇一派驱散。后各报馆继续开会，最终

---

① 方汉奇主编：《中国新闻事业编年史》，第861页。

② 《报界联合会选举职员》，《晨报》1920年8月15日。

③ 赵建国：《清末民初北京报业同业组织的演变》。

④ 《北京报界联合会启事》，《大公报》1921年2月24日。

经过公决，推定 18 名临时干事，讨论招待办法，并将决议函报警厅，同时由报界全体函知朱淇，不准冒用筹备委员名义并取消其临时委员长资格，且勒令取消《北京日报》分馆之全国报界大会筹备处木牌。①

北京报界为全国报界联合会第三次常会的筹备资格而分裂成两派，最终演变到用武力来解决争端，此等行为致使外国记者"无不匿笑"②。最终，分裂的两派各自举办了全国报界联合会第三次常会。对此现象，《大公报》发表评论："独是我报界负有指导各方之责，对于新旧国会议员党见不合，同室操戈，以及其他团体不能为坚固结合，以意思歧异，发生捣乱事实，每不惜加以忠告，或力予抨击，可谓能尽舆论之责。则对于本业之联合，宜如何祛除私意，求联合的真精神实现，以期言行一致，观水榭风潮，何矛盾若是？然则日以不能联合责人，而躬自蹈之，又奚以自解？"③

五、言论自由期成会的成立

（一）言论自由期成会成立的缘由

1922 年 10 月 22 日，神州通信社主任陈定远宴请京内外新闻界于西车站食堂，与会者四十余人。其间，陈定远致辞，称"此次参议院选举议长问题发生以来，敝社对于金钱运动选举之行为不惜加以严正之攻击。而于杨永泰个人则丝毫无仇隙之可言，质言之，敝社只攻击买票卖票之行为，而非攻击杨永泰之个人也，不料杨永泰拟向敝社提起诉讼，此事已成杨永泰与定远私人问题。"④但因此诉讼，陈定远向报界同人们提出两点希望：（一）希望同业组织一相当团体，要求国会及政府颁布一种报纸法律，以为新闻界言论自由永久之保障，以免受普通刑法及出版法之摧残；（二）希望同业中人对于此次参议院议

---

① 《昨日水榭报界开会之武剧》，《晨报》1921 年 4 月 2 日。

② 赵建国：《清末民初北京报业同业组织的演变》。

③ 《报界联合之现势与前途》，《大公报》1921 年 4 月 6 日。

④ 《京报界与参院选举》，《申报》1922 年 10 月 25 日。

员用金钱运动选举之事，向法庭提出警告，请求执行职务，严格检查，以明是非曲直。

当即，陈定远提出的两点希望引起在座同人们的讨论，相继发言，最后由孙几伊、潘鼎新、林天木等人将众人的讨论分为两层：

（一）组织一"言论自由期成会"、以今日到会诸君为发起人并邀约未到会各报各通信社加入、专以促成"新闻纸保护法"为宗旨；

（二）对法庭提出警告之办法、则以今日到会诸君列名、发一公函、请其依法检查参议院选举有无舞弊情事之证据。

在场同人对提出的两项办法都一致赞成，立即推定潘鼎新、周书、余调生、金缄三、林超然、孙几伊、邵振青、陈定远、庄仲皋、林天木、蒲伯英、张维城、秦墨晒等十三人为筹备员，宣武门大街时中日报社为筹备处，并定23日开言论自由期成会的筹备会，讨论进行办法。[①]

一直以来，当局"对待报界，一面用出版法，一面又用新刑律，新刑律更为严酷"[②]，报馆、报人也多次遭受诉讼，由此报界同人们希望能有一种新闻界保障法。于是言论自由期成会顺势而生，该组织不涉及他事，仅为报界争取言论自由。

（二）言论自由期成会的成立过程

23日，言论自由期成会第一次筹备会顺利举行，公推孙几伊为临时主席，报告开会宗旨，经张维城、金缄三、潘鼎新、庄仲皋、余调生、周书、管翼贤等发表意见，结果决定由文书干事拟定筹备处简章草案，并登布广告，请全国新闻界及各出版人，一律加入，并定26日在时中日报社开第二次筹备会。[③]为欢迎言论界全体加入，言论自由期成会特发出通告：

> 敬启者，本会订于一十六日下午二时（星期四）仍假宣外大街时中日报

---

① 《京报界与参院选举》。

② 《昨日新闻界之集会递呈催检察厅进行发起言论自由期成会》，《大公报》1922年10月23日。

③ 《言论自由期成会昨开筹备会》，《晨报》1922年10月24日。

开第二次筹备会，兹特函请贵社派代表一人加入本会，共商办法，以利进行，事关同业公益，届期务盼惠临，并颂撰祺，言论自由期成会筹备处谨启。①

11月10日，言论自由期成会在铁门胡同安庆会馆召开成立大会，京内外各新闻记者及著作家共一百四十余人参与，公推大同通信社林天木为临时主席，宣布开会宗旨，继由金缄三、潘鼎新报告筹备经过情形，京内外各报馆对于此举表示支持。② 后讨论简章，并逐条加以修正，简章修正如下：

言论自由期成会简章

第一条　本会定名为言论自由期成会。

第二条　本会以向国会请愿，废止妨害言论自由一切法规，并另定保护言论自由条例为宗旨。

第三条　本会暂借顺治门外一九四号为事务所。

第四条　凡京内外之各报馆、各通信社记者，及各通信员，皆得为本会会员，著作家经本会会员二人以上之介绍者，亦得为本会会员。

第五条　本会设评议、干事两部，其组织如下：

（一）评议部，设评议员六十人，决议本会一切事项。

（二）干事部，设文牍、会计、庶务三组，每组干事五人，分任本会一切事项。

第六条　前条规定各职员由大会公推之。

第七条　本会会期分大会、干事、评议会三种，大会遇有特别事故时，得召集之，干事、评议会开会，则由各该会随时召集之。

第八条　本会经费，由全体会员共同负担之，不得向外界募集。

第九条　本会俟达到言论自由目的时，即行解散。

---

① 《言论自由期成会今日开会》，《晨报》1922年10月26日。

② 《言论自由期成会之成立大会》，《大公报》1922年11月11日。

第十条　本会会员不得假借本会名义，向外界有其他行动，如有上项情事，经本会会员发觉，查有实据者，除宣布除名外，并予以相当之处置。

第十一条　本简章自大会通过之日起，发生效力。①

简章通过后，即依议事程序，照章推定孙几伊、周书等五人为文书干事，万璞、庄仲高等五人为会计干事，潘鼎新、胡济苍等五人为庶务干事，并推定京内外报馆通信记者驻京通信员及成本曾之著作家等五十余人为评议员。职员选定后讨论经费问题，最后众人主张十日内交出捐助款，遂散会。②

段祺瑞执政后，仍沿用袁世凯时期颁布的新闻出版法令，继续实行新闻邮电检查制度。1918年8月，当局又设立新闻检查局，10月又颁布比《报纸条例》更为严苛的《报纸法》。作为政治权力中心的北京地区，其报业发展受到严苛的新闻管制，言论自由期成会便在这样的环境下诞生了。从上文的简章可知，言论自由期成会直接冠以"言论自由"的组织名称，以"向国会请愿，废止妨害言论自由一切法规，并另定保护言论自由条例"为宗旨，凸显了该团体为争取新闻言论自由的决心。同时，言论自由期成会不只局限在北京新闻界，而是扩展到全国各地，集聚全国报界人士追求新闻自由的力量。

六、北京新闻记者公会的筹备

（一）北京新闻记者公会的酝酿

1919年8月22日，潘公弼遭拘禁，邵飘萍出走，《京报》被封。③10月24日，北京《国民日报》被军阀政府查封。④1920年7月11日，京师警厅对

---

① 《言论自由期成会之成立大会》。

② 《言论自由期成会之成立大会》。

③ 程曼丽、乔云霞主编：《中国新闻传媒人物志》（第2辑），长城出版社2014年版，第344页。

④ 方汉奇主编：《中国新闻事业编年史》，第891页。

新闻界下达第 91 号《布告》，称"近来时局倥扰，谣诼繁兴，凡服务新闻界者自当格外审慎，以持平之论调记载真确之事实，庶不至妨碍时局，摇动人心。"倘再有捏造新闻与他处通讯者，则是"有心煽惑，别有作用"，将"依法严惩"。[1]8 月 9 日，北京《公言报》被直系军阀查封，该报原编撰人王世澄被捕。[2]1922 年 2 月 10 日，《新社会报》被北京政府警察厅勒令停刊 3 个月。[3]1923 年，北京亚洲通讯社记者林超然被捕。[4] 京津晚报社、民治通信社先后两度被封，记者被捕。[5] 上海《新闻报》驻京通讯员张继斋被捕。[6] 封禁报馆，逮捕记者，侵犯住宅等相继发生的多起当局迫害新闻界事件都表明了新闻记者的执业环境渐趋恶化。京津晚报社被封后，《大公报》曾发表《京津晚报被封电》，称："记者一文弱书生，临之以威，何足谓武，亦徒以自暴其摧残舆论之罪耳。往事已矣，来日方长，舆论前途，悲观曷极。"[7]北京舆论环境的日渐恶劣，报社的言论自由和新闻记者的身体自由均未得到有效保障，此时"为谋新闻界共同利益起见，实有组织团体之必要。"[8]1923 年 11 月 24 日，《京报》发表《新闻界开会讨论组织团体》，称"北京各业均有团体，惟新闻界独无结合。每次虽有组织，卒因意见分歧，难得美满结果，殊为憾事。"于是《京报》《北京晚报》等 26 家报馆提议成立组织团体，号召北京报界同人参加 25 日的发起大会，"共商办法，俾成立一最巩固、最永久之团体。"[9]

25 日，共有 96 家报馆、通讯社的 130 余名记者参与发起大会，"到会者之踊跃，可谓空前未有。"众人经过讨论后，暂定名为北京新闻记者公会，公

① 方汉奇主编：《中国新闻事业编年史》，第 905 页。
② 方汉奇主编：《中国新闻事业编年史》，第 905 页。
③ 邱沛篁等主编：《新闻传播百科全书》，四川人民出版社 2000 年版，第 482 页。
④ 《北京亚洲通信社记者被捕》，《申报》1923 年 2 月 6 日。
⑤ 《高王一怒饬封两报社》，《申报》1923 年 11 月 22 日。
⑥ 《新闻报发电员全释放矣》，《京报》1923 年 11 月 22 日。
⑦ 《京津晚报被封电》，《大公报》1923 年 7 月 28 日。
⑧ 《新闻界开会讨论组织团体》，《京报》1923 年 11 月 24 日。
⑨ 《新闻界开会讨论组织团体》。

推《京报》记者邵飘萍为临时主席，开会宗旨为"求得新闻记者言论及身体自由之保障"，加入时以新闻记者个人为单位。①12月6日，北京新闻记者公会召开第三次筹备委员会，公推《大晚报》记者朱我农为主席，朱我农逐条宣读简章内容，筹备员共同讨论，逐条加以修正，最终定名为《北京新闻记者公会简章草案》，简章内容涉及记者公会名称、宗旨、会员、组织、会期、会费、经费、出会、会址和附则十项内容。简章讨论结束后，又推定叶我心、林众可、林质生、裴由辛、刘仰乾、方梦超、邵飘萍、朱我农、管翼贤等9人为成立大会会场布置筹备员，并定9日开成立大会。②

（二）"金佛郎案"致北京新闻记者公会中止

北京新闻记者公会召开第三次筹备会当天，日本人所办的日本电报通信社发表了一段骇人听闻的消息：

某京报包办金佛郎案之黑幕
为买舆论三十家　月给津贴补助费三万九千元

王叔鲁此次上台，第一目标，即为恢复金佛郎案。故对于收买中法实业银行存款，约达八百万元之多（收买之数，约在三四折）。又恐国会舆论，同时攻击，对外态度，故作镇静，以为缓兵之计。其实暗中进行之烈猛，手段之毒辣，实为外间所未深悉。不恤人言，不畏天命，敢决之心，事在必行。日前夜在东城三条五号某宅，邀约某报记者密谈至三小时之久，对于收买京内外报社，预定三十家，月给津贴三万五千元。对于某社每月另拨补助费四千元，已由金城盐业华北各家，先后拨给支票六千元。如驻京某报记者，某某通信社，某日报，已被其收买者，已有十八家。其津贴数目，自一百元至千元不等。其言论，总以鼓吹此事缓至明春实行，为通过之条件。惟中央公园所组织之新闻记者公会中人，颇不以某记者此

---

① 《北京新闻记者之大团结》，《京报》1923年11月26日。

② 《新闻记者公会通过简章草案》，《京报》1923年12月7日。

举为然，已发出通知，预约同业，俟下星期（九日），在公园开成立大会，提出质问。想该时必有一番热闹云。①

　　这则消息一出，立即引起北京报界的注意，《京报》《晨报》《益世报》等多家报社先后发声。《京报》质疑日本电报通信社发布的消息，认为此则消息"极有关于新闻界之名誉，且易致报界自相疑贰"，因此追问"某报究系何报？某记者究系何人？金城盐业等何日支给付诸谁氏？被收买者那十八家？"希望日本电报通讯社"本诸新闻之事实，索性痛痛快快，明白宣布，勿稍隐饰，以免自爱者亦同受收买之嫌"。② 同时，邵飘萍在《京报》上发表评论，认为"言论界信用之薄弱，基础之不固"导致"收买舆论之宣传"的盛行，是"言论界之大耻奇辱"。同时，"报界无真实巩固之团体"也是宣传盛行的重要原因，故"赞成同业有一公共机关，以多得切磋之机会。"作为北京记者公会的主要筹备员，邵飘萍坚持"对于章程之起草，既力取公开合议，绝对不许有少数人垄断之可能，果能开诚布公，使团体永久坚固。"那么"政府纵有蔑视压迫言论界之举动，亦无从可以侵入，社会上疑鬼疑神之风说，更无从可以发生。"③《晨报》指出日本电报通讯社的消息"似乎不确"，追问通讯社"何以能指出地点，日时，数额及发出支票之银行？"④《益世报》发表评论，疾呼报业同人们"勿再取可此可彼冷静旁观的态度，彻底地加以研究，继续为极鲜明极坚决的主张，则谣言庶乎无机可入。"⑤

　　对于当局收买舆论之风说，其真实性并未得到证实，但这样的消息却导致了新闻界互相猜疑。12 月 9 日，北京新闻记者公会按照预定日期在中央公园召开成立大会，在会场前会员签到处散发一种传单，原文如下：

---

①　《某京报包办金佛郎案之黑幕》，《晨报》1923 年 12 月 7 日。

②　《应彻底根究有关报界之新闻》，《京报》1923 年 12 月 7 日。

③　《北京报界之宜自警惕》，《京报》1923 年 12 月 7 日。

④　《果有如此重大黑幕耶》，《晨报》1923 年 12 月 7 日。

⑤　《何以涤此污》，《益世报》1923 年 12 月 8 日。

　　会员注意，闻今日有少数政派分子，欲假借新闻记者公会名义，要挟大众签名发反对金佛郎案之通电。查本会不应有政治主张，无论反对赞成，皆系政治作用，如有欲利用以助反直系者，同人对双方无所偏袒，誓不承认，希大家注意。同人公启。①

　　传单引起大众讨论，众人根据传单上的字迹猜测是邵飘萍创办的新闻编译社所发，但会中同人"多不知情"，并认为"不应捏用同人名义"。下午一时许，会议正式开始，公推年长者《山西日报》驻京记者梁树棠为大会主席，报告开会后，神州通信社记者管翼贤报告筹备经过。《五点钟晚报》记者郑知非、《京津新报》记者章弃材等多人因"传单指反对金佛郎案者为反直派，且捏用同人名义"，所以手持"同人公启"传单，主张先"根究谁人所发"。《大晚报》记者朱我农主张先依次序开会，再解决传单问题。大同通信社记者林天木，大陆通信社记者陆少游均主张先追究"传单系何人所发，先付惩戒，然后再依次序开会"。随后，民生通信社记者卓博公、《五点钟晚报》记者郑知非报告说通过会场巡警查询到传单系邵飘萍所发，顿时引起众人质问邵飘萍"何以发此传单"？邵飘萍承认"传单系我所发，但此乃个人之事"。邵飘萍的回答并没有让在场众人满意，更是"同起质问，既系个人所发，何得用同人名义，又何以指反对金佛郎案者即为助反直系"，一时"人声鼎沸，会场秩序大乱"。随后，邵飘萍趁人声鼎沸之时退席，众人围绕电报通信社所发的报界受贿事和传单问题进行讨论。②

　　12月10日，《京报》发表《贻笑万国之北京报界团体》一文，称"北京新闻记者公会，原为报界公益所设，不涉政治问题"，但"昨日有一班醉醺醺者临时闯入，大呼大嚷，有意破坏，秩序遂以大乱"，认为其"真是贻笑万国，可为悲观"，最后声明"宣告脱离"北京新闻记者公会，"一切不再过问"。③

①　《昨日之新闻记者公会》，《益世报》1923 年 12 月 10 日。

②　《昨日之新闻记者公会》。

③　《贻笑万国之北京报界团体》，《京报》1923 年 12 月 10 日。

苏民报驻京记者发布声明"同人等并不加入北京报界任何团体，所以北京报界的事，概不与闻"。[①] 北京新闻记者公会筹备员林众可认为"因昨日成立会中之情形与发起时之宗旨相悖"，所以"特宣告脱离关系"，且表示"系此后所有少数人之行动众可概不过问"。[②] 周书、季云飞、陈冕雅、徐努力、周邦式、黄时杰、陈迪光、庐霖初、尹奉初、管翼贤、田梓安、叶我心等人集体登报，表示"本日（12月9日）中央公园董事会新闻界开会，本人等系以新闻记者个人资格到会，专为参与新闻记者公会团体组织之事。此外非本问题范围内之一切表决，本人等概未参与，不能连带负责，特此郑重声明。"[③] 众人纷纷登报申明与北京新闻记者公会撇清关系，由此，一直积极筹备的北京新闻记者公会中止。

七、北京报界团体的发展（1927—1949）

1927 年 4 月 18 日，蒋介石领导的国民政府在南京举行成立典礼。1928 年国民党向全国宣布军政时期结束，训政时期开始。国民党施行训政体制，确立国民党一党专政的政治制度、言论上明确舆论统一。与此同时，国民政府颁布法令加强对各类团体组织的管理。1929 年 12 月，国民政府公布《人民团体设立程序案》，将人民团体分为职业团体和社会团体两类。[④]1930 年，在相关部门的文件中已经明确区分职业团体与自由职业团体，其中自由职业团体指由律师、医生、会计师、工程师和记者所组成的团体。[⑤] 国民党中央执委会宣传部通令各地新闻单位组建社会法人团体，各地纷纷成立新闻记者公合会，新闻记者公会成为新闻记者群体最主要的职业团体。"一时如风起云涌，在县有县

---

① 《苏〈民报〉驻京记者启事》，《京报》1923 年 12 月 10 日。

② 《林众可启事》，《京报》1923 年 12 月 10 日。

③ 《无题》，《京报》1923 年 12 月 10 日。

④ 《国府明令公布》，《益世报》1929 年 12 月 5 日。

⑤ 田中初、余波：《职业团体与新闻记者职业化——以二十世纪三十年代为中心》，《新闻大学》2016 年第 3 期。

新闻记者联合会，在省有全省新闻界联合会，在市有市新闻记者联合会。"①在此环境下，北京新闻记者公会成立。1927—1937 年，国民党施行训政，对新闻团体进行制度性管理。但其实质是为追求党化新闻团体，控制新闻界言论，并非旨在推动新闻职业化。②

1937 年，北平沦陷，北平原有的新闻社团已大部分解体。1939 年 1 月 2 日，日本侵略者成立了"北京新闻协会"，该新闻社团成立时发表宣言为其侵略行径粉饰：

慨自皇帝至今，垂五千年。凡我黄人所辛苦保持而号为东方文化、礼教之经之法者，古圣先王，靡不以为立民之本；贤人君子，斤斤保持，端欲以此化民成俗，藉神州禹域之众。乃党人柄政，趋重末流，以礼教为腐朽，弃之不足，益以破坏。时祇十稔，中国仅有之文教，几扫地而尽。识者痛之，相与颦首蹙额，私夏于燕息之间，叹为无可如何。即号称职司国民喉舌之吾新闻同人，亦喑若寒蝉，不敢作嘤鸣之求，冀保文教于几堕。是亦大可哀已。今者党府崩溃，新政树立，中国甦生，已共友邦趋入建设东亚新秩序之途径，是诚吾新闻同人得获充分发挥其天职之良机，非仅图复东方固有之礼教文化已也。盖新闻纸者，国民瞻听之所存，且供施政者取求，以占民心之向背，而定其举措方针也。是以必闻之录，恒求其实。一言之发，恒审其中。偶或不慎，动关国民之休戚。主旨纯驳，则人心风俗，由以醇醨。是皆新闻同人，应恻然同情，不可掉以轻心者。然而言之匪艰，行之维艰，兹事体大，非群力以赴，莫能奏效。此北京新闻记者协会之所以心须应运而生，更可藉以补个人智识之不足，同业感情之融洽，戮力同心，以求新闻事业之发达。……协会成立，愿同人立为禁例者二：混乱黑白，颠倒是非，苟快愤好之私，但以门户为事，此其一；知人之过

①　潘觉民：《我国新闻界协作运动的回顾和前瞻》，《报学季刊》1934 年第 1 期。
②　虞文俊：《规范与限制：国民党新闻团体政策之考察（1927—1937）》，《现代传播》2017 年第 7 期。

而不知其所以过，盲以新奇炫世之说，不察实际之如何，此其二。凡此二者，同人应引为深戒。果能共勉，则三代直道，自可畅行于今日。国可以不亡，世可以不乱，浇漓风尚，更可为之一变。国利民福，实攸赖之。[①]

1945 年抗日战争胜利后，北京相继涌现出一批新闻社团。北平市报业公会、北平新闻界联合会、北平市记者公会相继成立，这三个社团均是国民党市党部、北平市政府社会局支持的新闻社团，它们经常以"行业代表"的面貌出现于各种社会组织活动中，但并不为报界人士所承认。1946 年 3 月，北平市出版业联合会成立，该社团由《解放》报、《人言周刊》、新华通讯社北平分社、中外出版社等 29 个进步新闻、出版单位及书店组成，致力于保障出版发行的自由和民主文化事业的发展。1946 年 10 月，北平市报业印刷职业公会成立，该社团是各报馆的印刷工人以无统一组织为理由，民主选举而来的公会组织，该组织致力于改善印刷工人生活、提高印刷工人社会地位。[②]

附　录

附录 1：蔡元培在北京大学新闻研究会成立大会上的演说词 [③]

凡事皆有术而后有学。外国之新闻学，起于新闻发展以后。我国自有新闻以来，不过数十年，则至今日而始从事于新闻学，固无足怪。我国第一新闻，是为《申报》。盖以前虽有所谓邸抄若京报，是不过辑录成文，非如新闻

---

① 《北京新闻协会》，原载《北京新闻协会会报》第 1 期，载吴廷燮等撰：《北京市志稿》（第 6 卷），北京燕山出版社 1998 年版，第 225—227 页。

② 北京市地方志编纂委员会编：《北京志·新闻出版广播电视卷　报业·通讯社志》，第 399—401 页。

③ 《本校纪事·新闻研究会成立记》，《北京大学日刊》1918 年 10 月 16 日。

之有采访、有评论也。故言新闻，自《申报》始。《申报》为西人所创设，实以外国之新闻为模范。其后乃有《沪报》《新闻报》等。戊戌以后，始有《中外日报》《时报》《苏报》等。十五年前，鄙人在爱国学社办事时，与《苏报》颇有关系。其后亦尝从事于《俄事警闻》《警钟日报》等。其时于新闻术，实毫无所研究，不过借此以鼓吹一种主义耳。即其他《新闻报》《申报》等，虽专营新闻业，而其规模亦尚小。民国元年以后，新闻骤增，仅北京一隅，闻有八十余种。自然淘汰之结果，其能持续至今者，较十余年前之规模大不同矣。惟其发展之道，全恃经验，如日官僚之办事然。苟不济之以学理，则进步殆亦有限。此吾人取以提出新闻学之意也。

新闻之内容，几与各种科学，无不相关。外国新闻，多有特辟科学、美术、音乐、戏曲等栏者，固非专家不能下笔。即普通纪事，如旅行、探险、营业、犯罪、政闻、战报等，无不与地理、历史、经济、法律、政治、社会等学有关。而采访编辑之务，尤与心理学有密切之关系。至于记述辩论，则论理学，及文学，亦所兼资者也。根据是等科学，而应用于新闻界特别之经验，是以有新闻学。欧美各国，科学发达，新闻界之经验又丰富，故新闻学早已成立。而我国则尚为斯学萌芽之期不能不仿《申报》之例，先介绍欧美新闻学。是为吾人第一目的。我国社会，与外国社会，有特别不同之点。因而我国新闻界之经验，亦与外国有特别不同之点。吾人本特别之经验，而归纳之以印证学理，或可使新闻学有特别之发展。是为吾人第二目的，想到会诸君，均所赞成也。

抑鄙人对于我国新闻界。尚有一种特别之感想，乘今日集会之机会，报告于诸君，即新闻中常有猥亵之纪闻若广告是也。闻英国新闻，虽治疗霉素之广告，亦所绝无。其他各国，虽疾病之名词，无所谓忌讳，而春药之揭帖，冶游之指南，则绝对无之。新闻自有品格也。吾国新闻，于正张中无不提倡道德；而广告中，则诲淫之药品与小说，触目皆是；或且附印小报，特辟花国新闻等栏；且广收妓寮之广告。此不特新闻家自毁其品格，而其贻害于社会之罪，尤不可恕。诸君既研究新闻学，必皆与新闻界有直接或间接之关系，幸有以纠正之。

附录 2：新闻研究会之改组纪事 ①

　　新闻研究会于十九日午后在文科第三十四教室，开改组大会。校长亲临演说。会员对于起草员所拟之简章，略加修正通过。随即选举职员，结果为校长当选为正会长，徐君宝璜以二十三票当选为副会长，曹君杰以九票陈君公博以五票当选为干事，此外黄君欣得四票，谭君鸣谦得三票，冯君嗣贤张君廷珍谭君植棠各得一票。

　　是日会员到会者为：

缪金源　徐思达　傅馥桂　冯嗣贤　曹　杰　何邦瑞　谭植棠　温锡锐

毛泽东　区声白　谭鸣谦　黄　欣　肖鸣籁　杜近渭　马义述　来焕文

陈公博　丘昭文　徐恭典　姜绍谟　杨立诚　李吴祯　倪世积　章韫昭

诸君未到者为：

王南邱　罗璈阶　张廷珍　常　惠　钟希尹　陈秉瀚　朱云光　易道尊

严显扬

是日通过之简章，其全文如下：

北京大学新闻学研究会简章

一、本会定名为北京大学新闻学研究会。

二、本会以研究新闻学理、增长新闻经验、以谋求新闻事业之发展为宗旨。

三、本会研究之重要项目，暂定如下：

　　（甲）新闻学之根本智识。

　　（乙）新闻之采集。

　　（丙）新闻之编辑。

　　（丁）新闻之造题。

　　（戊）新闻之通信。

----

① 《本校纪事·新闻研究之改组纪事》，《北京大学日刊》1919 年 2 月 20 日。

（己）新闻社与新闻通讯社之组织。

（庚）评论。

（辛）广告术。

（壬）实验新闻学。

四、本会为增长会员新闻经验起见，应办事项如下：

（甲）本会可随时介绍会员，往各新闻社参观考察，及与中外通讯社
　　　联络接洽，但须先得该新闻社及中外通讯社之同意。

（乙）

　　　（1）日刊或周刊。

　　　（2）中外通讯社。

以上（乙）项当视本会会务发达之程度，然后举行之。

五、本会隶属于北京大学凡校内外人均可入会为会员。

六、本会设会长一人、副会长一人、导师若干人、干事二人。

（甲）会长由校长任之，副会长由会员公推本会导师一人兼任之，其
　　　职务均为持续会务、督促进行。

（乙）导师由会长聘请之。

（丙）干事办理会内一切事务，由会员互选充之。至文牍会计事务，
　　　由会长指定本校事务员一人任之。

七、本会开会分为三种。

（甲）大会，每年举行两次。职员每年改选一次，于每年开第一次大
　　　会时举行之。

（乙）研究会，每周举行两次。但得临时增加之。研究之方法、采讲
　　　授联席二种形式。

（丙）临时会，无定期。遇有特别事项发生时由会长召集之。

八、校内会员每人年纳会费现洋四元，校外会员年纳现洋八元，分二期
交纳。既缴之费，无论何种情形，概不退还。

九、研究满一年以上，由本会发给证书。

十、本会会章，有未尽善时，得于开大会时，提出修改之。

附录 3：蔡元培在北京大学新闻学研究会第一次研究期满式上的讲话 ①

今日为本校新闻学研究会之第一次结束。本校之有新闻学研究，于中国亦实为第一次。故今兹结束，实可谓为中国新闻学研究之第一次结束。

凡一科学之成立，必先有事实，然后有学理。以无事实，则无经验可言；无经验，则学理亦无由发生。现吾人之新闻研究会，虽无闳大之印刷机关，似与普通之报馆不侔，故经验亦不能谓之大备。但科学之起，必始于草创，始于简单。今虽为本会之草创时期，然他日固可由周刊，进而办日刊。且经验之不足，又不独吾人为然；即外国大学之新闻科，其成绩亦未能谓为完满。盖新闻为经验之事业，非从事于新闻之人，以其经验发为学理，则成绩终无由十分完满也。

今日本会之发给证书，故亦非为经验已经完备，不过谓为经验之始而已。新闻事业既全恃经验，此后从事新闻事业之人，能以其一身经验，研究学理，而引进于学校中，乃吾所深望者也。

至本会所办之《新闻周刊》，五四以后，因人事倥偬，遂至停刊，余甚惋惜。盖本《周刊》纯重事实，提要钩元。而且至五四以后，本校与外界接触之机愈多。凡一问题之起，非先有事实之标准，即多费考量，亦无由解决。而吾校所出之《周刊》，能将一国内外之大事，提要钩元，即示标准之意。曩保定某中学校长晤余，曾谓该校学生平时以学课关系，无暇读报。后见本校《周刊》出版，能将事实钩元提要，非常欢迎。五四停版以来，深为本周刊抱憾不置。由此观察，则外间表同情于《周刊》者，大不乏人。故吾甚希望此后周刊之能继续出版也。

① 《本校纪事·新闻学研究会发给证书纪事》，《北京大学日刊》1919 年 10 月 21 日。

附录 4：北京新闻学会简章 ①

大纲第一

　　一　定名　本会定名为北京新闻学会（以本会会址设在北京，故名）

　　二　宗旨　本会以研究新闻学术发展新闻事业为宗旨，附属之各地分会其宗旨同

　　三　组织　本会由对于新闻事业有志人士所组合，纯粹学术团体，组织细则另具详章

　　四　会址　本会总会设北京，各地得设分会

组织第二

　　一　会员　本会组织以会员为单位

　　（甲）对新闻颇具兴趣而决心从事新闻事业者

　　（乙）对新闻事业有相当之研究与著述者

　　（丙）从事新闻记者生涯及研究新闻学术者

　　（丁）其他凡经本会特别认可者

　　此四种会员入会手续须经会员二人以上之介绍大会三分之二之通过填具履历表缴纳一切会费始得为正式会员

　　二　顾问　本会得聘请富于新闻学识及名新闻家若干人为顾问，由大会议聘以指导进行事宜

　　三　职员　本会采取委员制分股办事，由大会记名选举，任期一年，连举得连任

　　计文书、研究、交际、编辑、会计、总务共六股，每股各设主任一人，股员若干人，由各主任聘定之

会务第三

　　一　事业　本会会务由各股分工规画，纲要为研究新闻学术调查、新闻

---

① 《北京新闻学会简章》，载黄天鹏编：《新闻学刊全集》，第 383—386 页。

事业举行、新闻演讲筹备、新闻博览会、编辑新闻学书报等，依次其性质由各股负责进行

二　职权　本会各股职权如下：（子）文书股司理本会交牍记录事宜（丑）研究股专掌研究事业设置参考图书及讲演等（寅）交际股专司对内对外交际事宜（卯）编辑股主编丛书及会刊事务（辰）会计股专司收支款项（巳）总务股总理其他一切会务

三　集会（一）常会大会每年二次于春秋二季行之（二）临时大会遇有特别事项由文书召集之（三）委员会由其自定（四）特别会由主任定之

经费第四

一　基金　凡会员应缴基金一元出版金五元

二　会费　凡会员应年纳会费一元

三　捐款　本会经费不敷时得举行特别捐

规约第五

一　本会为学术团体不涉其他事宜凡会员应恪守此旨

二　本会会员应尽力发展会务若有妨害本会名誉事项应受大会处分

附则第六

一　本简章有未善处得以多数之同意修改之

二　本简章自中华民国十六年一月一日起施行

附录 5：北京新闻教育起源大事年表

时间	事件
1912 年 6 月 4 日	中国报界俱进会在上海召开特别大会，首次在决议案中提出设立新闻学校。
1918 年夏	徐宝璜的《新闻学》著作完稿。
1918 年 10 月 14 日	北京大学新闻研究会成立，这是中国第一个系统讲授并集体研究新闻学的团体。
1919 年 2 月 19 日	北京大学新闻研究会举行改组大会，正式改名为北京大学新闻学研究会。

续表

时间	事件
1919 年 2 月 24 日	北京大学新闻学研究会业经全体决议筹办周刊及通讯社计划大纲及演讲会大纲两案。
1919 年 4 月 20 日	北京大学新闻学研究会出版《新闻周刊》，不仅为中国唯一传播新闻学识之报，且为中国首先采用横行式之报。
1919 年 10 月 16 日	北京大学新闻学研究会第一次研究期满颁发证书。（这时《新闻周刊》已经停刊）。
1919 年 12 月 6 日	徐宝璜《新闻学》出版，每本大洋五角，本校同人购买实售八折。
1920 年 1 月	北京大学中国文学系添设新闻学课程，徐宝璜担任教师。
1920 年 12 月 17 日	《北京大学日刊》最后一次刊登有北京大学新闻学研究会的信息。
1923 年	北京平民大学报学系正式成立。
1923 年	北京平民大学新闻学系成立新闻学会。
1924 年 4 月	燕京大学开始创办新闻学系，由白瑞登和聂士芬合作，白瑞登任系主任。
1926 年 10 月	白瑞登离校回美国筹款，聂士芬代理系主任。
1927 年 1 月 1 日	北京新闻学会成立，《新闻学会》创刊。
1927 年	白瑞登因病辞职，新闻系部分课程暂停。
1927 年 2 月 22 日	北京平民大学举行了政治经济、法律、商业、领事、新闻各系毕业典礼，新闻学系第一届毕业生顺利毕业。
1928 年	聂士芬回到密苏里新闻学院，推动燕大新闻系的重建工作。
1928 年 8 月 20 日	中国新闻学会（原为北京新闻学会）北平分会出版《新闻周刊》，附于北京《全民日报》发行，与《新闻学刊》互为"姊妹之杂志"。
1929 年 1 月	黄天鹏将《新闻学刊》改组扩大为《报学杂志》，按月刊行，由上海光华书局发行。至此，《新闻学刊》宣告终刊。
1929 年	重新组建的燕大新闻系成立。燕大新闻系隶属文学院，聂士芬任系主任。
1931 年 4 月 1—3 日	燕京大学第一届"新闻讨论会"举行，系主任黄宪昭亲任秘书长，主持活动。
1931 年 9 月	燕京大学黄宪昭指导创办《平西报》。
1932 年 2 月 1 日	燕京大学新闻学系增出一份英文《平西报》城市版周六刊，每次出四开一四版，卷号另起。
1932 年 4 月 28 日	燕京大学第二届新闻学讨论会举行，密苏里新闻学院副院长马丁富主持。
1933 年 4 月 8 日	北平新闻专修科举行开学典礼仪式。
1933 年	《平西报》恢复中、英文合刊，到 1934 年 9 月《燕京新闻》创刊后停刊。
1933 年 4 月 12 日	北平新闻专科学校开学（只开办了初级职业班）。
1933 年 10 月 19 日	北平新闻专科学校举行第一次校董会推选成平（成舍我）为本校校长。
1934 年 9 月	《燕京新闻》创刊。

续表

时间	事件
1935 年 4 月	北平新闻专科学校第一届初级职业班毕业。
1935 年 9 月	北平新闻专科学校开办高级职业班。
1937 年 7 月	北平新闻专科学校决定开办本科,7月已登报招生,因北平沦陷,学校停办。
1937 年	燕大新闻系主任梁士纯赴美未归,由刘豁轩代理系主任(后被任命为主任),并增聘曾任多家英文报刊、通讯社的孙瑞芹来新闻系任教。
1937 年 11 月 8 日	《燕京新闻》复刊。
1941 年 12 月 8 日	太平洋事变,日本侵略入据燕园,燕大被迫关门。
1942 年 10 月 2 日	燕京大学在成都复课,新闻系同日开课。
1944 年 4 月 3 日	北平新闻专科学校在桂林复校(只开办了初级职业班)。
1944 年夏	成舍我宣布学校(北平新闻专科学校桂林分校)停办,并宣告教职员和学生,有愿到重庆的,负责介绍职业。抗日战争胜利以后,北平新闻专科学校也没有在北平复校。
1949 年 10 月 1 日	蒋荫恩重返燕大新闻系,继续担任系主任、教授。
1951 年 2 月	中央人民政府教育部宣布接管燕大,改为国立燕京大学,任命陆志伟为校长。
1952 年 7 月	经过院系调整,国立燕京大学的校名取消,新闻系并入北京大学中文系为编辑专业(后改称新闻专业),后又并入中国人民大学新闻系。

北京报界团体发展大事年表

时间	事件
1905 年 3 月 13 日	上海《时报》发表《宜创全国报馆记者同盟会说》一文,倡议成立全国性的记者同盟会。
1908 年	北京报界公会在宾宴茶楼召开成立大会,公推朱淇为会长,康士铎为副会长,此后"遇有报界公共之事,均由报界公会代表与官厅接洽",北京报界的联合趋势明显加强。
1911 年 10 月	中国报界俱进会在北京召开第二次大会,会上提起三件议案,第三条议案是:"在北京组织,中国报界俱进会北京事务所选举干事办理会务,解散旧有北京报界公会,经全体赞成,遂决议散会。"
1912 年 11 月 4 日	国民党机关报在京内外不下数十家,但各报言论不一,为统一政见,北京国民党新闻团成立。
1913 年 2 月 21 日	分属共和党、民主党、统一党的各报馆记者则公议创设北京报界同志会俱乐部,以对抗国民党新闻团。
1913 年 3 月 16 日	十几家非国民党系统的报馆在北京报界同志会俱乐部基础上联合成立北京报界同志会,并通过《北京报界同志会规约》。

续表

时间	事件
1914 年 4 月 2 日	袁世凯政府在《大清报律》和日本《新闻纸法》的基础上，以"教令第四十三号"颁布"世界上报律比较之罪恶者"的《报纸条例》。
1914 年 12 月上旬	北京报界中人与外地旅京记者发起成立北京新闻记者俱乐部，薛大可、乌泽声、陆哀、周秦霖四人被公推为干事。
1915 年 7 月 5 日	世界报业大会在美国旧金山召开成立大会，会期十天。这是中国报人在世界新闻界的首次出场。
1916 年 10 月 2 日	北京报界同志会召开大会，商议改革事宜。但由于警员前来干涉，迫使停会。改组搁浅，最后不了了之。
1918 年 12 月 28 日	北京报界联合会正式成立。在此后的一段时间内，北京报界联合会与报界同志会同时并存。
1920 年 7 月	北京报界同志会被警厅下令解散，其下的报馆归属到北京报界联合会。
1920 年 8 月 14 日	北京报界联合会在《北京日报》分馆开会选举职员，结果北京七十余家报馆，到会者仅有二十四家。
1922 年 10 月 23 日	言论自由期成会第一次筹备会顺利举行。
1922 年 11 月 10 日	言论自由期成会召开成立大会，京内外各新闻记者及著作家共一百四十余人参与，公推大同通信社林天木为主席。
1923 年 11 月 24 日	《京报》发表《新闻界开会讨论组织团体》。《京报》《北京晚报》等 26 家报馆提议成立组织团体，号召北京报界同人参加 25 日的发起大会。
1923 年 11 月 25 日	96 家报馆、通讯社的 130 余名记者参与发起大会。众人经过讨论后，暂定名为北京新闻记者公会，公推《京报》记者邵飘萍为临时主席。
1923 年 12 月 6 日	北京新闻记者公会召开第三次筹备委员会。
1923 年 12 月 9 日	北京新闻记者公会按照预定日期在中央公园召开成立大会，但因"金佛郎案"，未能成功成立。
1930 年	国民政府相关部门的文件中已经明确区分职业团体与自由职业团体，其中记者所组成的属于自由职业团体。
1938 年 1 月	日本侵略者成立了"北京新闻协会"。
1945 年	北平市报业公会成立。
1945 年 9 月	北平新闻界联合会成立。
1946 年 3 月	北平市出版业联合会成立。
1946 年 9 月	北平市记者公会成立。
1946 年 10 月	北平市报业印刷职业公会成立。

参考文献

一、史料类

（一）报刊类

《报学季刊》

《北方经济旬刊》

《北京大学日刊》

《北京大学学生周刊》

《北京大学月刊》

《北京华字汇报》

《北京女报》

《北京晚报》

《北京益世报》

《北平上智编译馆馆刊》

《北平特别市公安局公报》

《北洋画报》

《晨报》

《大公报》

《大同报》

《帝国日报》

《电声日报》

《电讯》

《电影报》

《东方杂志》

《恩友》

《法令周刊》

《妇女之友》

《工人周刊》

《工艺报》

《光明日报》

《广播周报》

《广益丛报》

《国风报》

《国民公报》

《国民日日报汇编》

《国民杂志》

《国学丛刊》

《湖南公报》

《华北日报》

《华北新报》

《环球》

《寰球中国学生会周刊》

《家》

《甲寅》

《教育公报》

《金刚钻报》

《津津月刊》

《进修》

《京报》

《京报》副刊

《京报副刊·妇女周刊》

《京话报》

《经济丛编》

《经世日报》

《经世战时特刊》

《晶报》

《军国杂志》

《科学的中国》

《立言画刊》

《联合画报》

《良友》

《临时政府公报》

《六合丛谈》

《鹭江报》

《每周评论》

《蒙疆新报》

《猛进周刊》

《民报》

《民国日报》

《民立报》

《民权报》

《民言报》

《民意日报》

《末世牧声》

《内阁官报》

《内蒙古日报》

《女子白话报》

《女子白话旬报》

《平报》

《平大周刊》

《前线》

《强学报》

《侨声》

《青岛画报》

《青年杂志》

《人民日报》

《日新画报》

《三六九画报》

《社会党月刊》

《社会日报》

《申报》

《申报无线电周刊》

《神州日报》

《盛京时报》

《时报（本埠增刊）》

《时报》

《时务报》

《实报》

《实业公报》

《实用无线电杂志》

《顺天时报》

《四川官报》

《天津华北新报》

《真善美报》

《天津中美日报》

《铁路月刊：平汉线》

《通学报》

《图画时报》

《无线电半月刊》

《无线电世界》

《无线电问答汇刊》

《戏剧报》

《霞光画报》

《先驱》

《宪法公言》

《新北京报》

《新光（北平)》

《新华日报》

《新民报》

《新民丛报》

《新社会报》

《新朔望报》

《新天津》

《新闻报》

《新闻学报》

《新闻学刊》

《醒农》

《选报》

《亚东丛报》

《亚细亚日报》

《燕大年刊》

《燕都时事画报》

《益世报》

《语丝》

《育英周刊》

《浙江潮

《浙江五日报》

《振华五日大事记》

《政府公报》

《直隶白话报》

《中国青年》

《中国文艺》

《中国无线电》

《中华报》

《中西闻见录》

《中央党务公报》

《中央日报》

《重庆商会公报》

《字林西报》

新华社新闻稿

（二）汇编类

《当代中国的广播电视》编辑部：《中国广播电视大事记》，北京广播学院出版社 1987年版。

《解放日报、新华总社编委会会议记录》，原件存中央档案馆。

《禁止收听敌台》，重庆市档案馆，全宗 0053，目录 0023，卷宗 0050。

《新华社文件资料选编》（第一辑），新华社新闻研究部 1981 年编。

北京档案馆编：《日伪在北京地区的五次治安强化运动》（上册），燕山出版社 1987 年版。

北京市档案馆编：《档案中的北京党史与党建》，新华出版社 2011 年版。

北京市档案馆编：《日伪北京新民会》，光明日报出版社 1989 年版。

北京市地方志编纂委员会：《北京志·共产党卷》，北京出版社 2012 年版。

北京市地方志编纂委员会编：《北京志·新闻出版广播电视卷　广播电视志》，北京出版社 2006 年版。

北京市政协文史资料研究委员会编：《日统治下的北平》，北北京出版社 1987 年版。

北京图书馆编：《民国时期总书目（1911—1949)》（文化科学·艺术），书目文献出版社 1994 年版。

北洋政府京师警察总监殷鸿寿向北洋政府内务部的报告，原件存南京国家第二档案馆。

冰心、萧乾主编：《燕大文史资料》（第五辑），北京大学出版社 1991 年版。

敌伪资料特辑（第 6 号），河北省档案馆藏。

方汉奇、王润泽主编：《中国人民大学图书馆藏燕京大学新闻系毕业论文汇编（全三十四册)》，国家图书馆出版社 2014 年版。

　　管翼贤纂辑：《民国丛书》（第 4 编 46　文化·教育·体育类　新闻学集成　第 6 辑），中华新闻学院 1943 年版。

　　河北省档案馆编：《敌内资料特辑》（第 6 号），河北省档案馆藏抗战档案选编，中华书局 2020 年版。

　　河北省档案馆编：《河北省政府公报》（第 8 号），河北省档案馆藏抗战档案选编，中华书局 2020 年版。

　　河北省档案馆编：《天津特别市公署公报》（第 2 号），河北省档案馆藏抗战档案选编，中华书局 2020 年版。

　　骆宝善、刘路生主编：《袁世凯全集》，河南大学出版社 2013 年版。

　　倪延年主编：《中国新闻法制通史》（第 5 卷　史料卷　上），南京师范大学出版社 2015 年版。

　　上海社会科学院历史研究所：《五卅运动史料》（第 1 卷），上海人民出版社 1981 年版。

　　上海市档案馆：《日伪上海市政府》，档案出版社 1986 年版。

　　上海图书馆编：《中国近代期刊篇目汇录》（第 2 卷），上海人民出版社 1981 年版。

　　沈云龙主编：《近代中国史料丛刊》（第 92 辑　戊戌政变记　丁酉重刊），文海出版社 1973 年版。

　　首都图书馆北京地方文献部编：《北京地方文献报刊资料索引历史部分》，首都图书馆 1988 年版。

　　台湾"中央通讯社"编印：《七十年来中华民国新闻通讯事业》，台湾"中央通讯社" 1981 年版。

　　汪伪政府立法院编译处：《中华民国法规汇编》（三），中华书局 1935 年版。

　　王文彬编：《中国现代报史资料汇辑》，重庆出版社 1996 年版。

　　王学珍、张万仓编：《北京高等教育文献资料选编（1861—1948)》，首都师范大学出版社 2004 年版。

　　西北政法学院法制史教研室编：《中国近代法制史资料选辑（1840—1949)》（第 1 辑），西北政法学院法制史教研室编印 1985 年版。

　　夏征农、陈至立主编，熊月之等编著：《大辞海（中国近现代史卷)》，上海辞书出版社 2013 年版。

　　燕大文史资料编委会：《燕大文史资料》（第七辑），北京大学出版社 1993 年版。

　　燕大文史资料编委会：《燕大文史资料》（第三辑），北京大学出版社 1990 年版。

　　燕京大学校友校史编写委员会编：《燕京大学史稿》，人民中国出版社 1999 年版。

　　虞和平主编：《近代史所藏清代名人稿本抄本》（第 3 辑第 6 册)，大象出版社 2017 年版。

　　张静庐辑注：《中国近代出版史料初编》，中华书局 1957 年版。

　　中共中央党校党史教研室：《中国共产党史稿》（第一分册），人民出版社 1981 年版。

　　中共中央宣传部办公厅、中央档案馆编研部编：《中国共产党宣传工作文献选编：1937—1949》，学习出版社 1996 年版。

中国第二历史档案馆编：《中华民国史档案资料汇编》（第 3 辑　文化），江苏古籍出版社 1991 年版。

中国第二历史档案馆档案，第 718 宗，第 70（重）卷。

中国科学院历史研究所第三所近代史资料编辑组编：《五四爱国运动资料》，科学出版社 1959 年版。

中国人民解放军原政治学院政治工作教研室选编：《军队政治工作历史资料》（第 13 册），中国人民解放军战士出版社 1982 年版。

中国人民政治协商会议北京市委员会文史资料委员会编：《文史资料选编》（第 13 辑），北京出版社 1982 年版。

中国社会科学院现代史研究室、中国革命博物馆党史研究室编：《"一大"前后：中国共产党第一次全国代表大会前后资料选编》（一），人民出版社 1980 年版。

中国社会科学院新闻研究所：《中国共产党新闻工作文件汇编（上卷：1921—1949)》，新华出版社 1980 年版。

中国史学会主编：《中国近代史资料丛刊》（戊戌变法　四），上海人民出版社 1957 年版。

中华大典编纂委员会：《中华大典》（理化典　中西会通分典 1），山东教育出版社 2018 年版。

中央档案馆编：《中共中央文件选集》，中共中央党校出版社 1982 年版。

中央人民广播电台研究室、北京广播学院新闻系编：《解放区广播历史资料选编》(1940—1949)，中国广播电视出版社 1985 年版。

中央社六十周年社庆筹备委员会：《中央社六十年》，1984 年版。

二、中文论著

艾红红：《中国民营广播史》，花木兰出版社 2017 年版。

白瑞华：《中国报纸 1800—1912》，暨南大学出版社 2011 年版。

白润生：《中国少数民族文字报刊史纲》，中央民族大学出版社 1994 年版。

白润生：《中国新闻通史纲要》，中央民族大学出版社 2004 年版。

包天笑：《钏影楼回忆录　钏影楼回忆录续编》，三晋出版社 2014 年版。

毕克官：《中国漫画史话》，山东人民出版社 1982 年版。

蔡德金、李惠贤：《汪精卫伪国民政府纪事》，中国社会科学出版社 1982 年版。

蔡斐：《重庆近代新闻传播史稿　1897—1949》，重庆出版社 2017 年版。

蔡铭泽：《中国国民党党报历史研究（1927—1949)》，团结出版社 1998 年版。

蔡元培：《蔡元培伦理学史》，吉林出版集团股份有限公司 2017 年版。

曾虚白：《中国新闻史》，三民书局股份有限公司 1997 年版。

陈独秀：《读秀文存·论文》，首都经济贸易大学出版社 2018 年版。

陈钢：《晚清媒介技术发展与传媒制度变迁》，上海交通大学出版社 2011 年版。

陈建功：《百年中文文学期刊图典》（上），文化艺术出版社 2009 年版。

陈铭德等：《〈新民报〉春秋》，重庆出版社 1987 年版。

陈平原：《图像晚清：〈点石斋画报〉之外》，东方出版社 2014 年版。

陈其相等主编：《毛泽东编辑思想与实践》，广西师范大学出版社 1998 年版。

陈旭麓主编：《近代中国八十年》，上海人民出版社 2019 年版。

陈忠纯：《民初的媒体与政治：1912—1916 年政党报刊与政争》，厦门大学出版社 2011 年版。

程丽红：《清代报人研究》，社会科学文献出版社 2008 年版。

程曼丽、乔云霞主编：《中国新闻传媒人物志》（第 1 辑），长城出版社 2014 年版。

程曼丽、乔云霞主编：《中国新闻传媒人物志》（第 2 辑），长城出版社 2014 年版。

邓绍根：《中国新闻学的的筚路蓝缕：北京大学新闻学研究会》，清华大学出版社 2015 年版。

丁淦林、方厚枢：《20 世纪中国学术大典　新闻学传播学出版学》，福建教育出版社 2005 年版。

丁淦林等：《中国新闻事业史新编》，四川人民出版社 1998 年版。

方汉奇、李矗主编：《中国新闻学之最》，新华出版社 2005 年版。

方汉奇、史媛媛主编：《中国新闻事业图史》，福建人民出版社 2006 年版。

方汉奇：《报史与报人》，新华出版社 1991 年版。

方汉奇：《中国近代报刊史》，山西教育出版社 1991 年版。

方汉奇：《中国新闻事业通史》（第 1 卷），中国人民大学出版社 2004 年版。

方汉奇等：《中国新闻传播史》，中国人民大学出版社 2002 年版。

方汉奇主编：《中国新闻事业编年史（第 2 版）》（上），福建人民出版社 2018 年版。

方汉奇主编：《中国新闻事业编年史》（上），福建人民出版社 2000 年版。

冯悦：《日本在华官方报　英文〈华北正报〉（1919—1930）研究》，新华出版社 2008 年版。

傅华：《北京西城文化史》，北京燕山出版社 2007 年版。

傅斯年：《中国人的德行》，中国工人出版社 2016 年版。

高景森：《沦陷时期北平之报业》（燕京大学新闻学系本科毕业论文），中国人民大学文库，1946 年。

高平叔、王世儒编注：《蔡元培书信集》（上），浙江教育出版社 2000 年版。

戈公振：《中国报学史》，上海古籍出版社 2014 年版。

关梅：《报人与专家》，南京师范大学出版社 2018 年版。

广州岭南文化研究会编：《西关文化》，广东人民出版社 2013 年版。

郭文友：《千秋引恨——郁达夫年谱长编》，四川人民出版社 1996 年版。

韩丛耀主编：《中华图像文化史·插图卷·上》，中国摄影出版社 2016 年版。

郝平：《无奈的结局——司徒雷登与中国》，北京大学出版社 2002 年版。

胡绳：《从鸦片战争到五四运动》（简本），红旗出版社 1982 年版。

胡适：《胡适精选集》，万卷出版公司 2014 年版。

胡适：《胡适文存 2》（最新修订典藏版），华文出版社 2013 年版。

胡素萍：《李佳白与清末民初的中国社会》，中山大学出版社 2009 年版。

湖北美术出版社编：《辛亥革命图史》，湖北美术出版社 2011 年版。

黄河编著：《北京报刊史话》，文化艺术出版社 1992 年版。

黄梁梦：《新闻记者的故事》，上海联合书店 1931 年版。

黄天鹏：《中国新闻事业》，上海联合书店 1930 年版。

黄天鹏主编：《新闻学论集》，光华书局 1930 年版。

黄远庸：《远生遗著》（第一卷），商务印书馆 1920 年版。

纪能文、罗思东：《康有为传》，安徽人民出版社 1998 年版。

姜纬堂、刘宁元主编：《北京妇女报刊考 1905—1949》，光明日报出版社 1990 年版。

蒋国珍：《中国新闻发达史》，世界书局 1927 年版。

金冲及：《二十世纪中国史纲》，社会科学文献出版社 2009 年版。

金梁：《光宣小记》，上海书店出版社 1998 年版。

康有为：《康有为全集》（第 1 集），上海古籍出版社 1987 年版。

赖光临：《七十年中央报业史》，"中央日报" 1984 年版。

赖光临：《中国新闻传播史》，三民书局股份有限公司 1978 年版。

老舍：《老舍文集　长篇小说 2》，哈尔滨：黑龙江科学技术出版社 2017 年版。

李彬：《中国新闻社会史 1815—2005》，上海交通大学出版社 2007 年版。

李诚毅：《三十年来家国》（再版），振华出版社 1962 年版。

李剑农：《中国近百年政治史》，上海人民出版社 2014 年版。

李杰琼：《半殖民主义语境中的"断裂"报格：北方小型报先驱〈实报〉与报人管翼贤》，中国社会科学出版社 2015 年版。

李金铨主编：《文人论政：知识分子与报刊》，广西师范大学出版社 2008 年版。

李良玉：《动荡时代的知识分子》，浙江人民出版社 1990 年版。

李仁渊：《晚清的新式传播媒体与知识分子：以报刊出版为中心的讨论》，稻乡出版社 2005 年版。

李秀云：《中国新闻学术史（1834—1949）》，新华出版社 2004 年版。

李瞻主编：《中国新闻史》，台湾学生书局 1979 年版。

李庄：《李庄文集》回忆录编（上），人民日报出版社、宁夏人民出版社 2004 年版。

梁家禄编：《中国新闻业史古代至 1949 年》，广西人民出版社 1984 年版。

梁小进主编：《郭嵩焘全集 14》，岳麓书社 2018 年版。

廖盖隆主编：《中国共产党历史大辞典——新民主主义革命时期》，中共中央党校出版社 2011 年版。

廖梅：《汪康年：从民权论到文化保守主义》，上海古籍出版社 2001 年版。

林牧茵：《移植与流变——密苏里大学新闻教育模式在中国（1921—1952)》，复旦大学出版社 2013 年版。

林溪声、张耐冬：《邵飘萍与京报》，中华书局 2008 年版。

林语堂：《中国新闻舆论史》，暨南大学出版社 2011 年版。

刘豁轩：《报学论丛》，天津益世报馆 1946 年版。

刘家林：《中国新闻通史》，武汉大学出版社 1995 年版。

刘望龄：《黑血·金鼓　辛亥前后湖北报刊史事长编 1866—1911》，湖北教育出版社 1991 年版。

刘晓臣：《日伪电影报刊研究及其"满映"宣传（1937—1945）》，中国电影艺术研究中心 2014 年版。

刘再复、林岗：《传统与中国人：关于"五四"新文化运动若干基本主题的再反省与再批评》，生活·读书·新知三联书店 1988 年版。

刘哲民编：《近现代出版新闻法规汇编》，学林出版社 1992 年版。

鲁迅：《鲁迅全集》（第 4 卷），人民文学出版社 1982 年版。

鲁迅著，陈淑渝、肖振鸣整理：《编年体鲁迅著作全集　插图本　1923—1925》，福建教育出版社 2006 年版。

罗章龙：《椿园载记》，生活·读书·新知三联书店 1984 年版。

罗志田：《权势转移　近代中国的思想、社会与学术》，湖北人民出版社 1999 年版。

罗志田：《中国的近代·大国的历史转身》，商务印书馆 2019 年版。

马光仁：《上海新闻史》，复旦大学出版社 1996 年版。

马光仁主编：《上海新闻 1850—1949》，复旦大学出版社 1996 年版。

马艺：《天津新闻史》，天津人民出版社 2015 年版。

马越编著：《北京大学中文系简史》，北京大学出版社 1998 年版。

马芷庠编：《北平旅行指南》，经济新闻社 1937 年版。

缪斌：《新民主义》，北京晨报社，1938 年。

宁树藩主编：《中国地区比较新闻史》（上卷），复旦大学出版社 2018 年版。

彭望苏：《北京报界先声·20 世纪之初的彭翼仲与〈京话日报〉》，商务印书馆，2013 年。

邱沛篁主编：《新闻传播百科全书》，四川人民出版社 1998 年版。

任白涛：《日本对华的宣传政策》，商务印书馆 1940 年版。

上海市广播电视局等合编：《旧中国的上海广播事业》，档案出版社 1985 年版。

上海图书馆编：《汪康年师友书札》，上海书店出版社 2017 年版。

邵飘萍：《实际应用新闻学》，京报馆 1923 年版。

邵飘萍：《新闻学总论》，京报馆 1924 年版。

沈国威、内田庆市、松浦章编著：《遐迩贯珍·附解题·索引》，上海辞书出版社 2005 年版。

史和等编：《中国近代报刊名录》，福建人民出版社 1991 年版。

史媛媛：《清代前中期新闻传播史》，福建人民出版社 2008 年版。

宋德福主编：《中国政府管理与改革》，中国法制出版社 2001 年版。

孙义慈：《战时新闻检查的理论与实际》，军事委员会战时新闻检查局 1941 年版。

汤志钧编：《康有为政论集》，中华书局 1981 年版。

唐海江：《清末政论报刊与民众动员：一种政治文化的视角》，清华大学出版社 2007 年版。

陶菊隐：《北洋军阀统治时期史话》（第 3 册），生活·读书·新知三联书店 1957 年版。

田景昆、郑晓燕编：《中国近现代妇女报刊通览》，海洋出版社 1990 年版。

汪诒年纂辑：《汪穰卿先生传记》，中华书局 2007 年版。

汪英宾：《中国本土报刊的兴起》，暨南大学出版社 2013 年版。

王洪祥主编：《中国现代新闻史》，新华出版社 1997 年版。

王建朗、黄克武主编：《两岸新编中国近代史·民国卷（上）》，社会科学文献出版社 2016 年版。

王奇生：《革命与反革命：社会文化视野下的民国政治》，社会科学文献出版社 2010 年版。

王润泽：《北洋政府时期的新闻业及其现代化 1916—1928》，中国人民大学出版社 2010 年版。

王天根：《清末民初报刊与革命舆论的媒介建构·中国近代报刊史探索》，合肥工业大学出版社 2010 年版。

王向远：《日本对中国的文化侵略》，昆仑出版社 2015 年版。

王云五：《报人·报史·报学》，台湾商务印书馆 1967 年版。

魏宏运主编：《中国现代史稿》（下），哈尔滨：黑龙江人民出版社 1981 年版。

魏永征：《中国新闻传播法纲要》，上海社会科学院出版社 1999 年版。

文昊编：《他们是怎样办报的》，中国文史出版社 2005 年版。

吴廷俊：《中国新闻传播史稿》，华中理工大学出版社 1999 年版。

吴廷燮等撰：《北京市志稿》（第 6 卷），北京燕山出版社 1998 年版。

伍启元：《中国新文化运动概观》，黄山书社 2008 年版。

夏东元编：《郑观应集》，上海人民出版社 1982 年版。

肖东发主编：《新闻学在北大》，北京大学出版社 2006 年版。

肖甡：《中国共产党史稿》（第 1 卷），四川人民出版社 2011 年版。

谢彬撰、戴天仇等：《民国政党史》，中华书局 2007 年版。

新华社新闻研究所编：《光荣与梦想——"新华社 80 年历程回顾与思考"学术研讨会文集》，新华出版社 2011 年版。

新华通讯社史编写组：《新华通讯社史》第一卷，新华出版社 2010 年版。

徐宝璜：《新闻学》，中国人民大学出版社 1994 年版。

徐凌霄、徐一士：《凌霄一士随笔》，山西古籍出版社 1997 年版。

徐培汀、裘正义：《中国新闻传播学说史》，重庆出版社 1994 年版。

徐培汀：《20 世纪中国新闻学与传播学》（新闻史学史卷），复旦大学出版社 2001 年版。

徐松荣：《维新派与近代报刊》，山西古籍出版社 1998 年版。

徐中煜：《清末新闻出版案件研究·1900—1911·以苏报案为中心》，上海古籍出版社 2010 年版。

徐铸成：《旧闻杂忆》，生活·读书·新知三联书店 2009 年版。

徐铸成：《徐铸成回忆录》，生活·读书·新知三联书店 1998 年版。

颜浩：《北京的舆论环境与文人团体：1920—1928》，北京大学出版社 2008 年版。

杨光辉：《中国近代报刊发展概况》，新华出版社 1986 年版。

杨永兴：《张闻天的新闻实践研究》，光明日报出版社 2017 年版。

杨幼炯：《中国政党史》，上海书店出版社 1984 年版。

姚金果、苏若群：《张国焘传》，天地出版社 2018 年版。

姚鹓雏：《姚鹓雏文集·杂著卷》（上），上海古籍出版社 2012 年版。

叶再生：《中国近代现代出版通史》，华文出版社 2002 年版。

尹韵公：《中国明代新闻传播史》，重庆出版社 1990 年版。

虞宝棠：《国民政府与民国经济》，华东师范大学出版社 1998 年版。

张百熙：《张百熙集》，岳麓书社 2008 年版。

张风纲编：《旧京醒世画报：晚清市井百态》，中国文联出版社 2003 年版。

张国焘：《我的回忆》，东方出版社 2004 年版。

张静庐：《中国的新闻纸》（第 2 版），光华书局 1929 年版。

张静如等主编：《中国青年运动词典》，河北人民出版社 1987 年版。

张磊主编：《孙中山词典》，广东人民出版社 1994 年版。

张鸣：《辛亥：摇晃的中国》，广西师范大学出版社 2011 年版。

张朋园：《梁启超与民国政治》，吉林出版集团有限责任公司 2007 年版。

张荣铮等点校：《大清律例》，天津古籍出版社 1993 年版。

张深切：《张深切与他的时代（影集）》，载《张深切全集》（卷十二），文经出版社 1998 年版。

张树栋：《中华印刷通史》，印刷工业出版社 1999 年版。

张树军主编：《图文中国共产党纪事 1　1919—1931》，河北人民出版社 2011 年版。

张伟仁主编：《中国法制史书目·第 2 册》，"中央研究院"历史语言研究所 1976 年"。

张玮瑛等主编：《燕京大学史稿 1919—1952》，人民中国出版社 1999 年版。

张宪文：《中华民国史纲》，河南人民出版社 1985 年版。

张雪根：《从邸报到光复报　清朝报刊藏记》，浙江工商大学出版社 2014 年版。

张友鸾等：《世界日报兴衰史》，重庆出版社 1982 年版。

张宗平、吕永和译：《清末北京志资料》，北京燕山出版社 1994 年版。

章开沅：《辛亥革命辞典》，武汉出版社 2011 年版。

章开沅：《章开沅文集》（第 3 卷），华中师范大学出版社 2015 年版。

章清编：《近代中国"社会重心"的转移与读书人新的角色》，上海人民出版社 2012 年版。

章玉政：《刘文典传》，安徽大学出版社 2018 年版。

赵建国：《分解与重构：清季民初的报界团体》，生活·读书·新知三联书店 2008 年版。

赵敏恒：《外人在华新闻事业》，中国太平洋国际学会 1932 年版。

赵晓兰、吴潮：《传教士中文报刊史》，复旦大学出版社 2011 年版。

赵玉明、艾红红、刘书峰主编：《新修地方志早期广播史料汇编》（上），中国广播影视出版社 2016 年版。

赵玉明主编:《现代中国广播史料选编》,汕头大学出版社 2007 年版。

赵玉明:《中国广播电视通史》,中国广播影视出版社 2014 年版。

郑观应:《盛世危言》,华夏出版社 2002 年版。

仲芳氏:《庚子记事》,中华书局 1978 年版。

周利成:《中国老画报　北京老画报》,天津古籍出版社 2011 年版。

周三多主编:《管理学　原理与方法》,复旦大学出版社 1997 年版。

周婷婷:《中国新闻教育的初曙:以北京大学新闻学研究会为中心的考察》,华中科技大学出版社 2013 年版。

朱传誉:《先秦唐宋明清传播事业论集》,台湾商务印书馆股份有限公司 1988 年版。

朱家雄编:《北大文章永流传》,中国广播电视出版社 2006 年版。

朱小平:《清朝被遗忘的那些事·听雨楼杂札》,作家出版社 2015 年版。

朱耀廷主编:《北京文化史研究》,光明日报出版社 2008 年版。

邹鲁:《中国国民党史稿》,上海书店出版社 1989 年版。

邹小站:《章士钊社会政治思想研究（1903—1927 年)》,湖南教育出版社 2011 年版。

三、中文译著

［美］班威廉、克兰尔著,斐然、何文介、吴楚译:《新西行漫记》,新华出版社 1988 年版。

［美］丁韪良著,沈鸿、恽文杰、郝田虎译:《花甲记忆》（修订译本）,学林出版社 2019 年版。

［美］司徒雷登著,常江译:《在华五十年》,海南出版社 2010 年版。

［日］堀场一雄著,王培岚译:《日本对华战争指导史》,世界知识出版社 2017 年版。

［日］日本防卫厅战史室编,天津市政协编译组译:《华北治安战》（上）,天津人民出版社 1982 年版。

［日］松本君平等著,余家宏等编注:《新闻文存》,中国新闻出版社 1987 年版。

［日］中野江汉著,韩秋韵译:《北京繁昌记》,北京联合出版公司,2017 年。

［英］米怜著,北京外国语大学中国海外汉学研究中心翻译组译:《新教在华传教前十年回顾》,大象出版社 2008 年版。

［英］汤因比著,石础缩编:《历史研究》,浙江人民出版社 1989 年版。

四、外文论著

Porter Henry Dwight, William Scott Ament, Missionary of the American Board to China, New York: Revell, 1911.

［日］白井胜美：《走向太平洋战争的道路：日中战争之政治进程》（第四卷），朝日新闻社 1963 年版。

五、期刊文章

伯韬：《北京之新闻界》，《国闻周报》1925 年 4 月 12 日第 2 卷第 13 期。

曾德刚：《北京"新国民运动"的思考》，《唐山师范学院学报》2008 年第 1 期。

曾宪明：《旧中国民营报人同途殊归现象分析》，《新闻与传播研究》2003 年第 2 期。

陈继静、郑壹：《殖民报刊的奴化宣传批判：以北平沦陷区〈新民报〉为例（1938—1944)》，《新闻春秋》2021 年第 5 期。

程曼丽：《华北地区最后一份汉奸报纸——〈华北新报〉研究》，《新闻与传播研究》2004 年第 3 期。

褚晓琦：《民国时期塔斯社上海分社在华宣传活动》，《史林》2015 年第 3 期。

崔银河：《〈晨报〉副刊与中国现代文学》，《辽宁师范大学学报（社会科学版)》2007 年第 1 期。

邓绍根、罗诗婷：《考释百年中国新闻学的萌芽起点：1833 年——兼论中国最早新闻学专文的归属》，《东岳论丛》2009 年第 9 期。

邓绍根：《百年奠基：论徐宝璜新闻传播教育的历史贡献和遗产》，《出版发行研究》2018 年第 10 期。

邓绍根：《邵飘萍与北京大学新闻学研究会》，《新闻爱好者》2008 年第 12 期。

邓绍根：《中美新闻教育交流的历史友谊——密苏里新闻学院支持燕大新闻学系建设的过程和措施探析》，《国际新闻界》2012 年第 6 期。

邓亦武：《北京政府的文化政策与新文化运动》，《民国春秋》2000 年第 2 期。

董卫民：《近现代画报出版与新闻摄影"视觉转场"》，《编辑之友》2018 年第 11 期。

方汉奇：《清代北京的民间报房与京报》，《新闻研究资料》1990 年第 4 期。

方汉奇：《新闻学研究会》，《新闻战线》1979 年第 2 期。

冯昊、史育婷：《沦陷语境中的民族意识——编辑者对〈中国文艺〉影响的考察》，《江西师范大学学报（哲学社会科学版)》2009 年第 1 期。

高杨文：《北京红色出版概览（1915—1949)》，《北京党史》2019 年第 2 期。

关家铮：《二十世纪四十年代北平〈华北日报〉的〈俗文学〉周刊》，《中国文哲研究通讯》2002 年第 2 期。

郭贵儒、陶琴：《日伪在华北新闻统制述略》，《民国档案》2003 年第 4 期。

哈艳秋等：《民初新闻教育思想对当前新闻教育改革的启示》，《新闻爱好者》2013 年第 1 期。

贺逸文：《成舍我创办新闻专科学校》，《新闻研究资料》1981 年第 4 期。

侯晓晨：《晚清〈京话日报〉（1904—1905）所刊五种小说研究》，《明清小说研究》

2014 年第 3 期。

胡百精、王学驹：《专业自主性、回应社会与中西平衡：燕京大学新闻教育的面向——基于 160 篇燕大新闻系毕业论文的视角》，《新闻与传播研究》2018 年第 12 期。

黄河：《北平沦陷后的敌伪报纸》，《新闻研究资料》1991 年第 3 期。

黄粱梦：《外人在中国经营之通讯业》，载黄天鹏编：《新闻学刊全集》。

黄兴涛：《现代"中华民族"观念形成的历史考察——兼论辛亥革命与中华民族认同之关系》，《浙江社会科学》2002 年第 1 期。

来丰：《中国通讯社发展史》，复旦大学博士学位论文，2002 年。

李静：《〈晨报副刊〉与五四杂文的繁荣》，《山东社会科学》2006 年第 10 期。

李雷波：《抗战前北京"晨报"编辑出版系统演变考实》，《民国研究》2014 年第 1 期。

廖声武：《清末民季新闻团体的发展及其作用》，《湖北社会科学》2014 年第 11 期。

刘继忠、赵佳鹏：《新闻媒体的抗战贡献——以主流媒体的抗战宣传为中心的探讨》，《青年记者》2015 年第 22 期。

卢家银：《民初报界抵制报律的深层原因分析——以〈暂行报律〉事件为中心》，《国际新闻界》2009 年第 3 期。

陆彬良：《我国第一个新闻学研究团体——北京大学新闻学研究会始末》，《新闻与传播研究》1980 年第 3 期。

路鹏程：《论民国时期报人跳槽的动因及影响》，《新闻记者》2012 年第 12 期。

罗映纯、林如鹏：《公共交往与民国职业报人群体的形成》，《新闻与传播研究》2012 年第 5 期。

罗章龙：《记北方劳动组合书记部》，《社会科学战线》1983 年第 3 期。

罗章龙：《忆北京大学新闻学研究会与邵振青》，《新闻与传播研究》1980 年第 3 期。

马光仁：《旧上海通讯社的发展》，《新闻研究资料》1992 年第 4 期。

马光仁：《我国早期的新闻界团体》，《新闻研究资料》1988 年第 1 期。

倪延年：《民国时期中国共产党新闻宣传的五次转折及其动因分析》，《新闻大学》2017 年第 6 期。

齐辉、秦润施：《民初〈新闻学刊〉的出版境遇与学术探索》，《现代传播》2017 年第 10 期。

钱晓文：《民初政党报刊与政党政治》，《新闻爱好者》2012 年第 7 期。

钱晓文：《试析北京〈晨报〉的编辑方针》，《新闻大学》1999 年第 4 期。

乔贺、唐亚明：《电报技术对晚清新闻事业的影响》，《编辑之友》2017 年第 1 期。

曲扬：《日伪〈津津月刊〉的创办及其对华政治宣传》，载全球修辞学会：《媒介秩序与媒介文明研讨会暨第二届新闻传播伦理与法制学术研讨会论文集》，2015 年。

任超：《抗战时期日本对北平的文化侵略》，《北京党史》2019 年第 2 期。

邵飘萍：《我国新闻学进步之趋势》，《东方杂志》第 21 卷第 6 号。

宋鹤琴：《解放前的北京广播事业》，《现代传播》1984 年第 2 期。

苏雨田、夏铁汉：《实报之一年》，《实报增刊》（再版），1929 年 11 月。

孙孚凌：《我在北京工作和生活的 60 年》，《北京党史》2009 年第 4 期。

孙藜：《书写与密码：晚清皇朝"灵晕"的离散》，《新闻与传播研究》2018 年第 9 期。

孙政：《北平〈解放〉报和新华社北平分社简史》，《解放战争时期北平地下党斗争史料（文委）》，中共北京市委党史研究室 1993 年编印。

唐海江、刘欣：《近代中国新闻界对摄影术的认知与运用考》，《现代传播》2018 年第 5 期。

田中初、余波：《职业团体与新闻记者职业化——以二十世纪三十年代为中心》，《新闻大学》2016 年第 3 期。

王迪：《解放时的北京新闻界》，《新闻与传播研究》1985 年第 1 期。

王鸿莉：《清末北京下层启蒙运动初论：〈京话日报〉的兴起》，《满学论丛（第一辑）》2011 年第 1 期，

王明亮：《电话在早期中国新闻事业中的应用》，《新闻春秋》2012 年第 4 期。

王瑞：《日占时期（1937—1945 年）北平出版业发展状况与特点分析》，《北京印刷学院学报》2010 年第 3 期。

王润泽、杨奇光：《触电的谎言与真相："电传假新闻"事件的媒介记忆重访》，《现代传播（中国传媒大学学报）》2018 年第 10 期。

王润泽：《现实与理想的图景：民初报人现代报刊意识探析（1916—1928)》，《国际新闻界》2010 年第 1 期。

王润泽：《张学良为什么不肯施救邵飘萍——兼论邵飘萍的死因》，《新闻与写作》2008 年第 4 期。

王天根：《政治偶像建构与清末民初报刊表述的政治》，《新闻与传播研究》2008 年第 1 期。

王晓凤：《日本侵华战争中的新闻谋略》，《河北学刊》2002 年第 2 期。

王隐菊：《沦陷时期北平的新闻业》，《文史月刊》2013 年第 12 期。

吴廷俊、肖志峰：《中西近代报人"曹汉现象"之比较》，《浙江传媒学院学报》2006 年第 4 期。

肖郎、费迎晓：《燕京大学新闻学系人才培养目标及改革实践》，《高等教育研究》2007 年第 6 期。

许金生：《近代日本在华宣传与谍报机构东方通信社研究》，《史林》2014 年第 5 期。

许莹、吴廷俊：《中国第一家海外通信社"远东通信社"的理念与实践》，《国际新闻界》2009 年第 8 期。

杨懋春：《清末五十年的维新变法运动》，《近代中国》1977 年第 3 期。

杨晓娟、贺慧桐：《冲突到共识：1912—1913 年报界维权抗争探析》，《国际新闻界》2019 年第 5 期。

杨早：《京沪白话报：启蒙的两种路向——〈中国白话报〉〈京话日报〉之比较》，《北京社会科学》2003 年第 3 期。

姚福申：《中国晚报史考略》，《新闻大学》1999 年第 1 期。

叶向阳：《从英文〈北平时事日报〉社论看其对战后若干重大问题的态度》，《国际汉学》2016 年第 4 期。

余玉:《清末民初新闻团体争取言论自由的历史轨迹》,《现代传播(中国传媒大学学报)》2014 年第 10 期。

虞文俊:《规范与限制:国民党新闻团体政策之考察(1927—1937)》,《现代传播》2017 年第 7 期。

张功臣:《外国记者看到的近代中国图景》,《国际新闻界》1996 年第 6 期。

张功臣:《与中国革命同行——三十年代前后美国在华记者报道记略》,《国际新闻界》1996 年第 3 期。

张功臣:《中国早期的外报记者》,《国际新闻界》1995 年第 21 期。

张季鸾:《追悼飘萍先生》,《京报》之《邵飘萍先生被难纪念特刊》,1929 年 4 月 24 日。

张寿颐:《北平解放初期接管报社和广播电台纪实》,《北京党史》1989 年第 1 期。

张友渔:《报人生涯三十年》,《新闻研究资料》1982 年第 3 期。

赵建国:《清末民初北京报业同业组织的演变》,《新闻大学》2006 年第 1 期。

赵楠、吴晓东:《〈晨报副刊〉与沈从文的早期创作》,《华中师范大学学报(人文社会科学版)》2013 年第 2 期。

赵孝章:《旧事溯源——在中央社北平分社工作片断》,《新闻研究资料》1985 年第 5 期。

周建瑜:《简析新民主主义革命时期中国共产党新闻舆论思想的形成》,《中共四川省委党校学报》2017 年第 2 期。

周奇、赵建国:《近代中国报人群体的兴起与社会变迁》,《学术月刊》2008 年第 10 期。

周迅:《开国大典实况广播幕后的故事》,《中国广播》2019 年第 2 期。

朱叶:《国民政府对汪伪"和平运动"的广播战》,《学术交流》2017 年第 12 期。

左笑鸿:《古都新闻界拾零》,《新闻研究资料》1984 年第 22 期。

六、学位论文

李聪:《民国北平广播电台研究》,宁夏大学硕士学位论文,2014 年。

毛宇飞:《华北沦陷区〈中国文艺〉期刊研究》,江西师范大学硕士学位论文,2014 年。

徐梓善:《沦陷时期日本在华的奴化新闻教育研究:以"中华新闻学院"为例》,重庆大学硕士学位论文,2020 年。

后 记

　　北京地区是中国新闻业重镇，新闻传播历史悠久，在中国新闻史中占有举足轻重的地位。在办报历史、报刊数量、报刊质量、报刊影响等方面都有过辉煌历史，甚至某个历史阶段还对全国新闻业的发展起到示范效应。对此，戈公振《中国报学史》和方汉奇《中国新闻事业通史》等著作都作出肯定的回答和论述。

　　系统研究"北京新闻史"是诸多新闻史学者的期待。2019 年"北京市与中央高校共建双一流大学"遴选项目"北京新闻史研究"获得通过，旨在推动北京新闻史研究的开展。由于时间紧，任务重，结合目前地方新闻史研究的基本路径，本课题本着"先有后好"的原则，先将 1949 年前北京地区新闻事业发展基本情况梳理清楚，拿出一个北京新闻媒体发展的时空分布"门牌号码"。与此同时，也在推进具有主题性的深入研究，如 2021 年中国人民大学新闻学院博士毕业论文中，就有《北京地区新闻业发展史研究（1872—1928）》，更加全面细致地研究这一阶段北京新闻自身的发展及其与政治经济社会文化等的关系。类似研究还在继续。

　　本书研究分工如下：

　　第一章：高璐、王润泽、李佳佳

　　第二章：高璐、王润泽

第三章：高璐、王润泽

第四章：刘洋、李静、王润泽

第五章：陈继静

第六章：杨奇光、王靖雨、赵云泽

第七章：万京华、王会

第八章：艾红红、周微、徐瑶

第九章：向芬、谭丽

全书统稿工作由王润泽负责。

相较于北京地区内容丰富的新闻发展史，本书只是按时间、媒体类别和属性等进行了初步分析和整理，从史料上看，挂一漏万，从研究领域上看，也仅涉及一些基本问题。课题组在后续研究中，会不断丰富完善。恳请方家批评指正！

责任编辑：陈佳冉

封面设计：徐　晖　王欢欢

图书在版编目（CIP）数据

北京新闻史：1421—1949 / 王润泽 等著 . — 北京：人民出版社，2024.3

ISBN 978 - 7 - 01 - 025960 - 4

I. ①北…　II. ①王…　III. ①新闻事业史－北京 –1421-1949　IV. ① G219.271

中国国家版本馆 CIP 数据核字（2023）第 220831 号

北京新闻史（1421—1949）
BEIJING XINWEN SHI 1421-1949

王润泽　等　著

人民出版社 出版发行

（100706　北京市东城区隆福寺街 99 号）

北京华联印刷有限公司印刷　新华书店经销

2024 年 3 月第 1 版　2024 年 3 月北京第 1 次印刷

开本：787 毫米 ×1092 毫米 1/16　印张：38.5

字数：602 千字

ISBN 978 - 7 - 01 - 025960 - 4　定价：128.00 元

邮购地址 100706　北京市东城区隆福寺街 99 号

人民东方图书销售中心　电话（010）65250042　65289539